L ES QUATRE ÉVANGILES

ÉDITIONS DE LA BIBLE DES PEUPLES

BIBLE DES PEUPLES, grand format, avec appareil critique, illustrations, cartes.
BIBLE DES PEUPLES, format poche, couverture cuir avec zip, notes complètes.
BIBLE DES PEUPLES, format poche, couverture vinyle, sous étui, notes complètes.

OUVRAGES DE LOUIS HURAULT

GUIDE DE TERRE SAINTE — ROUTES BIBLIQUES, Fayard, 1998.

Les Quatre Évangiles

Traduits des textes originaux grecs,
présentés et commentés
pour ceux qui cherchent Dieu
par Bernard et Louis Hurault.

LA
BIBLE
des peuples

Sarment

Pour toute question, nos lecteurs peuvent s'adresser à :
Service Biblique Francophone
Association Saint-Martin, BP 16, F-78920 Ecquevilly (France)
e-mail : service.biblique@wanadoo.fr

Imprimatur, pour la traduction : Conférence épiscopale du Zaïre, 27 février 1995.
© Éditions Le Sarment, 2001.
© Bernard et Louis Hurault, 2001.

Entrez dans l'Évangile

L'Évangile est au cœur de la Bible, il l'illumine tout entière. C'est le livre où vous rencontrerez de la façon la plus directe la personne même de Jésus, le Fils du Dieu unique. Nous aimerions cependant que la lecture de ce livre vous invite à visiter les terrains qui l'entourent : l'Évangile ne livre ses secrets que si on le replace au cœur de l'expérience biblique.

Nous n'avons pas accepté sans réticences de préparer cette édition des Évangiles dont le texte et les commentaires sont extraits de la *Bible des Peuples*, il nous semblait que la Bible ne doit pas se vendre au détail. Et pourtant les raisons ne manquent pas pour donner l'essentiel en solo avec toute sa force d'impact. Nous avons donc cherché un moyen terme. Â côté des notes et commentaires qui voudraient faciliter la compréhension du texte, nous donnons des extraits des autres livres sacrés, tantôt de l'Ancien comme du Nouveau Testament, qui aideront le lecteur à situer l'Évangile dans l'ensemble de la Bible.

Mais il faudra bien qu'un jour vous accueilliez l'Écriture tout entière.

Une des raisons qui nous ont incités à publier ce livre est l'absence injustifiable de la Bible et tout spécialement de l'Évangile dans la culture et dans l'enseignement. La Bible est l'une des deux racines de la culture européenne et tout spécialement française, et par ailleurs nous n'aurions jamais eu l'an 2000 s'il n'y avait pas eu Jésus et l'Évangile il y a deux mille ans. Nous ne faisons pas seulement allusion au fait que l'on compte les siècles à partir de lui : s'il n'y avait pas eu l'Évangile, nous n'aurions jamais connu les valeurs d'humanité qui ont été données au monde par le christianisme. Suprématie de l'amour, valeur de la personne humaine, respect du prochain, abolition des barrières, le service des plus pauvres, l'humilité, et plus encore : le sens du pardon.

Il ne suffit pas de déplorer les aveuglements de l'âge classique qui, en délaissant la Bible, a perdu ce qui au même moment assurait la supériorité de la culture anglo-saxonne. Il ne servirait de rien de dénoncer la persécution culturelle du christianisme sous couleur de laïcité qui, depuis plus d'un siècle, a été le privilège de la France dans le monde occidental, si les chrétiens eux-mêmes gardent la Bonne Nouvelle sous le boisseau.

Car c'est un fait que l'Église de France non plus n'a pas de quoi se glorifier dans ce domaine. L'immense majorité des enfants qui font leur première communion n'a jamais appris à manier un Nouveau Testament : inutile de demander si les mots de l'Évangile se sont enracinés dans leur mémoire. Ce petit livre voudrait aider ses lecteurs à amorcer une conversion à la Parole.

En réalité, nous nous sentons quelque peu gênés nous-mêmes d'avoir mis tant de commentaires et d'explications au bas des pages : nous risquons d'avoir ainsi fermé des portes et entravé l'œuvre de l'Esprit dont la Parole de Dieu est toujours porteuse. Dieu veuille que la graine germe chez quelques-uns pour le moins.

Celui que *dit* la Bible

Vous n'auriez pas la Bible avec ses livres de l'Ancien et du Nouveau Testament s'il n'y avait pas d'abord un fait : Jésus est ressuscité ! Ce fait est si lourd de conséquences, si écrasant pour notre intelligence, si difficile à accepter pour des êtres de chair, que personne n'arrive à la foi s'il n'en a pas reçu la grâce. Mais tout chrétien se porte témoin de ce fait : le Christ est vivant, il est sorti de Dieu et il est retourné à Dieu, entraînant avec lui l'histoire humaine et tout l'univers. Et c'est ce témoignage que la Bible vous apporte.

Les temps de l'attente

Le Livre était commencé bien avant que Jésus ne vienne. Car le Fils de Dieu n'est pas tombé du ciel sur un coin de désert. Depuis des millénaires, la terre et l'histoire avaient été lentement préparées. Jésus est né dans un peuple, Israël, que Dieu avait choisi pour une mission unique. Durant quelque quinze ou dix-huit siècles, Dieu s'était révélé à Israël, et ç'avait toujours été pour entretenir l'espérance : Dieu aime les hommes, il leur réserve quelque chose d'extraordinaire, il faut être prêt pour le rendez-vous. De cette histoire et de ces réveils de l'espérance, des livres étaient nés : nous les trouvons dans notre Ancien Testament.

Lorsque Jésus est né, il n'y avait pas encore une Bible comme nous en avons une, définitive et intouchable. On avait une collection de livres généralement reconnus comme sacrés, de nouveaux ouvrages venaient s'y ajouter, mais le Livre n'était pas encore fermé, l'espérance maintenait la porte ouverte.

Dieu promettait un salut, et nul n'en doutait. Le Sauveur est venu, mais il n'a pas été ce qu'on attendait. Alors s'est reproduit ce que l'histoire biblique avait déjà connu : seul un petit reste, pour parler comme les prophètes, a été au rendez-vous, et l'ensemble du peuple est passé à côté.

Et pourtant, Jésus-Christ, mort en croix, ressuscité le troisième jour, manifesté comme Fils de Dieu et Seigneur de l'histoire, c'était là le dernier mot de Dieu, la Sagesse suprême de celui qui nous aime et qui nous appelle à partager son éternité. Il a été reconnu par ceux qui se nourrissaient de la parole des prophètes. Les premières communautés chrétiennes ont essayé de vivre et de proclamer ce qu'elles avaient compris de ce trait de lumière éblouissant. C'est alors qu'ont été rédigés les ÉVANGILES et les autres écrits du Nouveau Testament, et le Livre s'est trouvé accompli.

Les temps nouveaux

Mais avec la venue de Jésus, on a compris que le passé d'Israël n'était qu'une première étape de l'histoire et qu'on était entré dans une ère nouvelle. On pouvait désormais se passer du Temple, de la terre promise et de la Loi juive, car Jésus avait inauguré les temps définitifs où Dieu s'adresse à tous les hommes et leur demande de le servir en esprit et en vérité. Mais les anciennes Écritures étaient là, irremplaçables, toujours aptes à instruire et à réveiller l'esprit ; loin de vieillir, elles recevaient aujourd'hui une nouvelle jeunesse. L'Évangile de Jésus-Christ donnait la clé de l'Ancien Testament en même temps qu'il ouvrait l'avenir : cette longue histoire était celle de l'amour de Dieu et de sa patiente pédagogie, avec les personnes comme avec les peuples ; chacun pouvait y reconnaître son propre itinéraire et les traces de Dieu dans l'histoire actuelle. Instruit par cette sagesse, on saisissait beaucoup mieux les richesses de l'Évangile : finalement, la Bible unique éclairait tout le destin des hommes.

L'Évangile et les Évangiles

La tradition des apôtres

Jésus est mort sans avoir rien écrit. Il avait consacré la majeure partie de son temps à former ses apôtres ; ils vivaient avec lui, comme faisaient les disciples des maîtres juifs. Au lieu de multiplier les discours, Jésus répétait de mille manières les vérités essentielles. Les apôtres avaient donc les instructions de leur maître gravées dans leur mémoire, et sans aucun doute ils se sont préoccupés de mettre en forme cet enseignement de Jésus dès les premiers jours qui ont suivi la Pentecôte.

Bien entendu, nous aimerions connaître les propres paroles de Jésus, mais dès les débuts l'Église a considéré que seuls les apôtres étaient ses témoins authentiques, et qu'ils l'avaient compris comme Dieu voulait qu'on le comprenne et que l'on croie en lui. On appelle *Tradition des apôtres* l'ensemble des événements et des enseignements de Jésus que les apôtres ont prêchés et commentés et que nous retrouvons dans nos quatre Évangiles.

L'Évangile hébreu, puis grec

Dans les premiers temps après la Pentecôte, il n'y a pas d'autre règle de foi que le témoignage des apôtres. Prédication, justification de la foi nouvelle, annonce à ceux qui ne se sont pas encore convertis, tout se fait par la parole (Actes 4,42). Mais lorsque commence à Jérusalem (Actes 6), une communauté de langue grecque qui a ses réunions, sa vie propre, ses contacts avec les Juifs d'autres pays qui viennent en pèlerinage à la ville sainte, les écrits deviennent indispensables, aussi bien pour la catéchèse que pour la liturgie. C'est peut-être à ce moment qu'est rédigée la première source de nos Évangiles, ou si l'on veut, le premier texte antérieur à nos Évangiles et qui leur a servi de base. La plus ancienne tradition dit que l'Évangile a d'abord été rédigé en hébreu pour les croyants venus du judaïsme, et cette information est confirmée par les nombreux sémitismes que les spécialistes relèvent dans nos Évangiles actuels. Cependant, il y eut très tôt à Jérusalem des chrétiens d'origine juive mais de langue grecque, ceux qu'on appelle les Hellénistes (Actes 6,1). Le premier recueil évangélique fut donc vraisemblablement traduit très tôt en grec, en l'an 36 ou peu après.

Le document des hellénistes

L'un des responsables de la communauté helléniste, Étienne, s'est attiré rapidement la haine des Juifs par sa prédication très convaincue : il est lapidé par les Pharisiens (Actes 7). Les hellénistes se dispersent et portent l'Évangile en Samarie. Ils y avaient intégré plusieurs paroles de Jésus sur le Temple, la vraie pureté, les traditions des Pharisiens. On les avait négligées précédemment, mais pour les hellénistes elles étaient importantes. Elles forment un bloc très cohérent qui se retrouvera identique dans les Évangiles de Matthieu 15-16 et de Marc 7-8, mais que Luc n'a pas connu.

La fameuse source Q

Quelques années plus tard, Pierre descend à Césarée, la capitale romaine de la Palestine, il y baptise le centurion Cornelius (Actes 10). Une église commence, dans laquelle participent un certain nombre de non-Juifs qui déjà étaient adorateurs de Dieu, c'est-à-dire sympathisants de la religion juive. Il semble bien que cette communauté soit le lieu d'origine de la seconde source des Évangiles de Mathieu et de Luc, habituellement désignée sous le nom de *source Q*.

Les Évangiles synoptiques

C'est de ces premiers documents que sont nés les Évangiles, l'Église en a reconnu quatre. Laissons de côté pour l'instant l'Évangile de Jean qui a une autre histoire : il nous reste ceux de Matthieu, Marc et Luc. Deux faits s'imposent à première vue : d'abord, Marc est beaucoup plus court et il ignore bien des paroles de Jésus que nous trouvons chez Matthieu et Luc ; ensuite, presque tous les épisodes rapportés par Marc sont aussi rapportés par Matthieu et par Luc. On appelle donc ces trois Évangiles les *Évangiles synoptiques,* ce qui veut dire que très souvent on peut les mettre en colonnes parallèles pour comparer leurs trois récits d'un même événement. Voir la table simplifiée des passages d'Évangile en fin de volume.

Qui a écrit les Évangiles, et à quelle date ?

Voici une question extrêmement controversée, non seulement parce que nos informations sont limitées, mais aussi et plus encore parce que nul n'est impartial devant une telle question. Pascal a dit que les hommes mettraient en doute le « deux par deux font quatre » s'ils y avaient quelque intérêt. Or personne ne peut rester indifférent face au message de l'Évangile. Il est clair qu'il présente Jésus comme le Fils unique de Dieu, mort et ressuscité, sauveur de tous les hommes, et ce sont là des affirmations impossibles à accepter si l'on n'a pas la foi. Donc tout chercheur, quelle que soit son honnêteté, abordera les témoignages de façon très différente selon qu'il a ou qu'il n'a pas la foi.

Le croyant préférerait penser que les Évangiles ont été écrits très tôt, par des témoins directs, mais si ce n'est pas le cas, la foi n'en est pas déconcertée, car il sait que le livre sacré est Parole de Dieu, quels que soient leurs auteurs et la façon dont ils sont intervenus dans le texte.

Ce n'est pas le cas pour l'incroyant, qui ne peut pas accepter le témoignage tel qu'il est. Comme il hésite à penser que les apôtres ont falsifié la vérité, il fera l'impossible pour placer beaucoup d'années et d'intermédiaires entre les témoins directs de Jésus et les Évangiles que nous possédons. Il imaginera de longues traditions orales, des récits antérieurs qui se copient, se déforment, s'adaptent aux besoins du moment. Cela explique qu'une forte pression se soit exercée de façon constante pour reculer la date de composition des Évangiles jusqu'à la fin du premier siècle, et cela alors même que les experts reconnaissaient en privé qu'il n'avaient aucun argument sérieux pour le faire, et que c'était seulement leur sentiment.

Les repères historiques

Pour qui veut situer les Évangiles dans l'histoire, deux dates sont à retenir, l'une et l'autre importantes pour l'Église, décisives également sur le plan des écrits, car elles permettent de situer les Évangiles de Matthieu, Marc et Luc.

La première est l'année 62-63. En Palestine, le grand prêtre Ananias, profitant de l'absence du gouverneur romain, fait lapider Jacques, évêque de Jérusalem, et les chrétiens sont exclus des synagogues. Au même moment à Rome, Néron se débarrasse de son sage conseiller Sénèque et commence son règne tyrannique. Jusque-là, les autorités romaines voyaient les chrétiens comme une secte juive et ils jouissaient dans l'empire de la tolérance que les Juifs avaient acquise. Mais maintenant Néron ne fait plus la confusion, car certains de ses conseillers juifs se font les avocats des sadducéens de Jérusalem. De plus, l'impératrice Poppée est une sympathisante de la foi juive. Les chrétiens sont donc devenus une secte illégale et dès 64 ou 65, c'est la grande persécution à Rome même, avec l'exécution de Pierre et de Paul.

La seconde date importante est celle de la ruine de Jérusalem en l'an 70, à la suite des quatre ans de guerre contre les Romains. La vie d'Israël a été bouleversée par cette tragédie, désormais il sera impossible de parler des événements de Palestine comme on le faisait auparavant. L'Église, pour sa part, s'est recentrée sur le monde romain.

Il est hors de doute que nos trois premiers Évangiles ignorent ces derniers événements, ils sont donc antérieurs.

Luc, compagnon de Paul dans ses voyages, a dû rédiger son œuvre en deux volumes (l'Évangile et les Actes) dans les années 62-64. Il a terminé les Actes un peu avant la mort de Paul, que son livre ignore. Il a repris l'Évangile grec que Paul utilisait dans ses missions, une traduction nouvelle et plus complète de l'Évangile hébreu de Jérusalem. Il l'a complété grâce à d'autres documents qu'il avait trouvés dans les églises de Palestine, notamment la fameuse source Q.

Notre Évangile de Matthieu doit avoir été écrit au même moment ou presque. Son auteur a été témoin de l'excommunication des chrétiens et c'est pourquoi il veut les rassurer : même exclus, ils sont le véritable Israël. Mais, et cela vaut aussi pour Luc, il ne pouvait pas écrire comme il l'a fait s'il avait connu la destruction de Jérusalem et du Temple en l'an 70. Cet ouvrage reprend l'Évangile en grec que l'on devait aux chrétiens hellénistes venus à Antioche, avec tout l'apport que ceux-ci avaient introduit et dont nous avons parlé plus haut. Il intègre divers autres documents dont la source Q.

Quant à Marc, secrétaire de Pierre (1 P 5,13) après avoir été l'assistant de Paul (Actes 12,25 ; Philémon 24), une lecture attentive montre qu'il a été témoin des persécutions romaines, mais sans doute pas encore de la ruine de Jérusalem. Son Évangile est plus court que ceux de Matthieu et de Luc, car il s'est contenté de reproduire le premier Évangile, que nous appelons l'Évangile de Jérusalem, mais il l'a fait en combinant les deux versions grecques qu'on en avait faites : celle des hellénistes, déjà utilisée par Matthieu, et celle de Paul déjà utilisée par Luc.

L'Évangile et les Lettres de Jean

Chose curieuse, l'Évangile de Jean est à la fois le texte le plus récent du Nouveau Testament, sans doute publié vers 95, et celui dont on a les fragments les plus anciens. Certains papyrus, retrouvés dans les sables d'Égypte, datent des années 110-130.

Jean n'avait plus à composer un ensemble de documents provenant du témoignage des apôtres, les Évangiles synoptiques étaient diffusés à son époque. De ce matériel, il ne reprendra que quelques pages, car son souci est de donner son témoignage personnel. Voir à ce sujet l'introduction à cet Évangile.

L'unité des quatre Évangiles

Après ce qui a été dit sur l'origine de nos quatre Évangiles, on peut se demander pourquoi seuls ceux-ci ont été retenus par l'Église. Car il y a eu d'autres Évangiles, mais c'est un fait que les quatre qui nous sont restés sont nettement plus anciens, et qu'en quelques années, ils ont été connus et reçus dans l'Église entière. Ceux qui ont été rédigés au siècle suivant étaient dans la plupart des cas l'œuvre de penseurs. Ils niaient que le Fils de Dieu ait été réellement homme et ils ne voulaient pas qu'il ait souffert et soit mort en croix. Ces Évangiles, appelés Évangiles apocryphes, dont certaines revues parlent aujourd'hui avec enthousiasme, n'ont été accueillis, en fait, que dans des cercles très limités.

À la différence de ces écrits, nos Évangiles respiraient la même foi. Le philosophe et martyr saint Justin regardait les Évangiles comme des « souvenirs » des apôtres. Il avait saisi là un aspect important de la lecture biblique, laquelle n'est pas d'abord destinée à transmettre des enseignements : elle nous met face à des témoignages. L'Église devait donc accepter de prendre les quatre Évangiles tels qu'ils étaient, avec leurs petites contradictions qui donnaient du travail et ouvraient des pistes à leurs commentateurs. Et si Jean, pour sa part, donnait à l'Église un Évangile spirituel, souvent bien distant des synoptiques, on lui savait gré d'avoir enseigné une gnose (ou science) chrétienne qui ne diminuait en rien la rédemption du Christ. Il avait respecté l'essentiel : que le Verbe de Dieu ait accompli les Écritures et la prophétie d'Isaïe en acceptant dans sa chair la passion et la mort pour le péché.

Les différences, parfois les contradictions entre les Évangiles, sont comme une garantie de leur sincérité : ils n'ont pas cherché des accommodements afin de répéter la même leçon. Dans les siècles passés, on est parfois resté hypnotisé par ces différences ; comme on croyait que les textes sacrés avaient été dictés par l'Esprit Saint ou par quelque ange du Seigneur, l'ange devait connaître tous les détails et, si l'évangéliste n'était pas sourd, la moindre différence posait un problème assez sérieux. Aujourd'hui, l'objection est dépassée : s'il y avait un aveugle à la sortie de Jéricho, ou deux, qu'est-ce que cela change ?

Pouvons-nous croire ce que dit l'Évangile ?

Nombreux sont ceux qui mettent en question le témoignage des Évangiles. Pour aller à l'essentiel, derrière tous les arguments, il y a l'impossibilité d'accepter la divinité de Jésus. Même chez les chrétiens, certains se montrent très réservés au sujet de tout ce qui pourrait être miracle au sens fort, c'est-à-dire intervention manifeste de Dieu à travers Jésus.

C'est peut-être parce qu'ils ont été formés dans une culture scientiste et technique, qui ne reçoit pour vrai que ce qui entre dans les cadres de la science expérimentale. Un monde est né, qui se couvre d'assurances alors qu'il ne vit que dans l'instant présent ; dans ce monde, on n'attend pas grand-chose de Dieu, et Dieu n'y multiplie pas ses miracles. Beaucoup font donc le raisonnement suivant : si maintenant je ne peux voir des faits semblables à ceux que rapporte l'Évangile, comment croire que c'est arrivé autrefois ? Tout serait différent s'ils faisaient partie d'une Église fervente, dont les membres sont assez pauvres pour avoir besoin de Dieu, assez simples pour ne pas vivre en aveugles face à lui. Car alors ils seraient témoins des constantes interventions de Dieu, et rien de ce que dit l'Évangile ne leur paraîtrait irrecevable.

Comme il a été dit plus haut, on a beau vouloir être objectif, on n'est jamais impartial devant l'Évangile, car il met en cause toute notre vie, et pas seulement nos idées sur tel ou tel point. Si nous ne remplissons pas les conditions qui permettent de « voir Dieu », nous nous sentirons mal à l'aise tant que nous n'aurons pas trouvé le moyen de réduire les témoignages de l'Évangile à la mesure de notre raisonnable. C'est pourquoi bien des lecteurs, tout en admirant l'Évangile, cherchent mille raisons pour refuser ce qui les bouscule : son témoignage sur le Dieu fait homme, un Dieu qui bouge et qui ressuscite les morts.

La force du témoignage apostolique

Aucune raison historique ou scientifique n'a pu invalider le témoignage de l'Évangile. On peut toujours refuser un témoignage, mais il faut alors en apporter la preuve. Le témoin n'a pas à prouver qu'il dit vrai tant qu'on ne l'a pas pris en défaut, et de même le croyant n'a pas à prouver que l'Évangile est crédible.

Il n'y aurait rien de plus fastidieux que de parcourir les milliers de livres qui ont été et sont encore écrits pour disséquer les Évangiles et, finalement, pour étouffer leur témoignage. Chaque année amène de nouvelles hypothèses, et dix ans après, quelqu'un se charge de démontrer qu'elles ne tiennent pas.

C'est que l'exégèse, la science de l'explication des textes, n'éclaire que les décors si l'on ne veut pas comprendre à partir de la foi ce qui est né d'une expérience de la foi. Ainsi donc, quand on aura fini d'écouter, d'étudier et de soupeser les raisons, il faudra en revenir à ce que Jésus a affirmé : la foi est un don de Dieu, et nul ne vient au Fils si le Père ne l'a pas attiré. Lire l'Évangile, le méditer, le confronter avec notre réalité, c'est une épreuve où nous nous engageons tout entiers, et c'est en donnant tout qu'on rejoint celui qui est Tout.

Si nous voulons que l'Évangile nous attire un peu plus, regardons ce que Dieu a fait en ceux qui ont cru, ceux qu'on appelle, ou qu'on pourrait appeler, des saints. La Parole de Dieu a été vécue, écrite et transmise dans le souffle de l'Esprit, seul l'Esprit peut nous en donner l'intelligence (Jn 16,13).

Je proclamerai ta grandeur, Père,
Seigneur du ciel et de la terre,
car tu as caché ces choses
aux sages comme aux intelligents
et tu les as révélées à des tout-petits.

(Mt 11, 25)

Origine de l'Évangile de Matthieu

L'évangile dit de saint Matthieu a toujours été placé en tête des quatre. De fait il est fort difficile de savoir s'il a bien pour auteur l'apôtre dont il est question en 9,9 ou s'il doit son nom au fait que Matthieu était l'auteur du principal document dont il fait usage.

Quant à la date, cet évangile est avec celui de Luc l'un des deux plus anciens. Il a été rédigé selon toute vraisemblance en 64 ou 65, lorsque la mise à mort de Jacques, évêque de Jérusalem, par ordre du grand prêtre marqua l'exclusion définitive des chrétiens par le judaïsme.

Matthieu a donc composé divers écrits antérieurs dont les deux plus importants se retrouvent chez Luc sous une forme assez semblable. Il voulait rassurer les chrétiens d'origine juive, leur montrant que si la foi en Jésus, le Messie annoncé par la Bible, les faisait rejeter par l'ensemble de leur peuple, cela ne les empêchait pas d'être les véritables héritiers des prophètes et de l'histoire sacrée.

Des quatre évangélistes, Matthieu est celui qui s'est le plus attaché à conserver l'image de Jésus, maître de la Loi de Dieu. En toute occasion il raccourcit le récit des faits et passe aux enseigne-ments.

Son évangile s'articule sur cinq grands « discours » aux chapitres 5-7, 10, 13, 18, 24-25.

N.B. : Pour faciliter l'usage et l'étude des textes du Nouveau Testament, on les a divisés en chapitres puis en versets au Moyen âge et à la Renaissance. Quand on donne une référence on cite toujours le chapitre puis le verset. Sur cette page, au premier paragraphe : 9,9 signifie : chapitre 9 (les gros chiffres), verset 9.

ÉVANGILE SELON
SAINT MATTHIEU

La Lettre aux Hébreux 9,28 rappelle que Jésus, comme son nom l'indique, nous sauve du péché.

Il a été sacrifié une seule fois pour enlever le péché de la multitude. Une deuxième fois il se montrera à ceux qui l'attendent comme leur sauveur, mais ce ne sera plus pour le péché.

Quelques dates, toutes avant notre ère :

Abraham	environ 1800	
Isaac	environ 1700	
Jacob		environ 1600
David roi		1000-970
Salomon		970-931
Exil à Babylone		587
Retour de l'Exil		537

Naissance de Jésus l'an 6 ou l'an 7 avant notre ère : voir Luc 2,1.

• **1.**1 Ce document sur les origines de Jésus n'est pas une liste complète, il suffit pour nous montrer que Jésus s'enracine dans un peuple très spécial, le peuple d'Israël (aujourd'hui nous disons : les Juifs). Dieu avait choisi ce peuple pour en faire son propre peuple.

L'Ancien Testament de nos Bibles contient l'histoire de ce peuple. Au début, des clans nomades dont on rappelait les ancêtres : *Abraham, Jacob…* Ils avaient reçu les premières promesses de Dieu.

Puis une nation gouvernée par des rois, les descendants de *David.* Dieu avait promis à David que l'un de ses descendants inaugurerait un monde nouveau : Jésus sera un fils de David.

Mais les rois avaient perdu le pouvoir, leurs descendants rentrent dans le peuple, l'un d'entre eux sera *Joseph,* le père adoptif de Jésus.

Jésus arrive au terme d'une très longue histoire marquée par la souffrance et le péché, mais aussi par l'espérance et la grâce. Le Sauveur est la fleur et le fruit de notre terre tout autant que de la race élue. Voir aussi Lc 3,23.

• **1.**18 Jésus n'est pas fils de Joseph. Le paragraphe qui commence entend rappeler que Jésus est à la fois le descendant légitime de David, grâce à Joseph, et le Fils de Dieu, conçu de l'Esprit Saint par une mère vierge.

Marie avait été donnée en mariage. Chez les Juifs, les fiançailles donnaient déjà tous les droits de la vie conjugale ; cependant la femme continuait à vivre chez ses parents et sous leur tutelle, sans droits réels et sans liberté vraie. Une femme appartenait nécessairement à un homme, soit à son père, soit à son mari, soit au fils aîné si elle était veuve. Marie était donc déjà la femme de Joseph, mais elle ne serait sous sa tutelle que lorsqu'il l'aurait reçue chez lui (v 20 et 24).

Joseph pensa à la renvoyer (1,19). Marie a confié à Joseph l'événement inouï : Dieu l'avait choisie de toute éternité. Joseph s'effraye : qui est-il pour jouer un rôle dans un tel mystère ? Le songe et l'ange lui montrent que lui aussi a une mission à remplir : il est descendant de David et s'il joue le rôle de père adoptif, Jésus sera fils de David. Jésus né de Marie dans le temps, est le Fils unique du Père, né de Dieu dans l'éternité, et il n'y a pas de place pour deux pères. C'est ainsi que la paternité adoptive de Joseph recouvre et protège un mystère.

Tu lui donneras le nom de Jésus. Jésus est la forme française de Yeshu'a qui signifie *Sauveur.*

Les ancêtres de Jésus

1 • [1]Document sur les origines de Jésus-Christ, fils de David et fils d'Abraham.

[2]Abraham est le père d'Isaac ; Isaac, le père de Jacob ; Jacob, le père de Juda et ses frères ; [3]Juda, le père de Farès et Zara, dont la mère est Thamar. Farès est le père d'Esron ; Esron, le père d'Aram ; [4]Aram, le père d'Aminadab ; Aminadab, le père de Nahason ; Nahason, le père de Salmon ; [5]Salmon, le père de Booz, et Rahab est sa mère ; Booz est le père de Obed, et Ruth est sa mère ; Obed est le père de Jessé ; [6]Jessé, le père du roi David.

David est le père de Salomon, dont la mère avait été la femme d'Urie. [7]Salomon est le père de Roboam ; Roboam, le père d'Abias ; Abias, le père d'Asaph ; [8]Asaph, le père de Josaphat ; Josaphat, le père de Joram ; Joram, le père d'Ozias ; [9]Ozias, le père de Joatam ; Joatam, le père d'Acaz ; Acaz, le père d'Ezéquias ; [10]Ezéquias, le père de Manassé ; Manassé, le père d'Amon ; Amon, le père de Josias ; [11]Josias, le père de Jéconias et de ses frères avant l'exil à Babylone.

[12]Après l'exil à Babylone, c'est Jéconias, le père de Salatiel ; Salatiel, le père de Zorobabel ; [13]Zorobabel, le père de Abiud ; Abiud, le père d'Eliakim ; Eliakim, le père d'Azor ; [14]Azor, le père de Sadoq ; Sadoq, le père d'Akim ; Akim, le père d'Elioud ; [15]Elioud, le père d'Eléazar ; Eléazar, le père de Mathan ; Mathan, le père de Jacob ; [16]Jacob, le père de Joseph, l'époux de Marie, et c'est d'elle qu'est né Jésus qu'on appelle Christ.

[17]Donc au total, cela fait quatorze générations d'Abraham à David, quatorze générations de David jusqu'à l'exil à Babylone, et quatorze générations depuis l'exil à Babylone jusqu'au Christ.

Jésus naît d'une mère vierge

• [18]Voici quelle fut l'origine de Jésus, le Christ. Sa mère, Marie, avait été donnée en mariage à Joseph, mais avant qu'ils ne vivent ensemble, elle se trouva enceinte par une intervention de l'Esprit Saint. [19]Joseph, son mari, pensa à la renvoyer. Mais c'était un homme droit et il voulait agir discrètement pour ne pas lui faire du tort.

[20]Comme il en était préoccupé, un ange du Seigneur vint se manifester à lui dans un rêve et lui dit : « Joseph, fils de David, n'aie pas peur de prendre chez toi Marie, ton épouse. La voilà enceinte par l'intervention de l'Esprit Saint ; [21]elle mettra au monde un fils et tu lui donneras le nom de Jésus ; car c'est lui qui sauvera son peuple de ses péchés. »

[22]Tout cela fut donc l'accomplissement de ce que le Seigneur avait

La Première Lettre de Jean, 1,6 nous rappelle que Jésus vient pour la purification du péché :

Mais si notre vie se déroule dans la lumière, nous sommes en communion les uns avec les autres et le sang de Jésus, son Fils, nous purifie de tout péché.

Jésus échappe au massacre. Peut-être Matthieu pensait-il alors à la délivrance de Pierre : Actes des apôtres 12.

On arrivait au jour où Hérode devait le faire comparaître ; cette nuit même Pierre dormait entre deux soldats, lié par deux chaînes, et des gardes devant la porte gardaient la prison. D'un seul coup une lumière resplendit dans la pièce : l'ange du Seigneur est là ! Il frappe Pierre au côté et le réveille en lui disant : « Vite, lève-toi ! » Au même moment les chaînes tombent de ses mains.

L'ange lui dit : « Passe ta ceinture et attache tes sandales. » Pierre le fait. Il lui dit : « Mets ton manteau et suis-moi. » Pierre sort et le suit. Pierre ne voyait pas que tout ce qu'il faisait avec l'ange était du réel : il croyait rêver. Ils passent le premier poste de garde, puis le second, et ils arrivent à la porte de fer qui donne à la rue : elle s'ouvre d'elle-même devant eux et ils sortent. Ils enfilent une première rue, puis l'ange le laisse.

Alors Pierre reprend conscience et il dit : « Cette fois-ci, c'est bien vrai, je vois que le Seigneur a envoyé son ange pour me tirer des mains d'Hérode. »

• 2.1 Matthieu savait très peu de l'enfance de Jésus. Il a pourtant rédigé ce chapitre dans le goût des « vies de saints » qu'on aimait alors. Son propos n'était pas tant de rapporter des faits comme de montrer en images ce que serait plus tard le destin de Jésus : il sera persécuté par les siens alors que de loin on viendra à lui.

Hérode représente le pouvoir intolérant. Les Mages, des prêtres d'orient, faiseurs d'horoscopes arrivent du bout du monde pour voir et entendre l'Évangile. Et l'étoile, ne la cherchons pas dans les annales astronomiques : c'est l'image d'un appel de Dieu que comprennent les cœurs simples, mais qui rend furieux les tenants du pouvoir et de la science.

• 2.13 Jésus partage les souffrances passées et présentes de son peuple. Jésus fera le chemin qu'ils ont fait, revenant d'Égypte, la terre d'exil, à la Terre Promise. La persécution commence avec sa naissance et continuera jusqu'à sa mort.

dit par la bouche du prophète : ²³ *Voici que la vierge est enceinte et met au monde un fils. On l'appellera Emmanuel, ce qui veut dire Dieu-avec-nous.*

²⁴ Quand Joseph se réveilla, il fit ce que l'ange lui avait ordonné et il prit avec lui son épouse. ²⁵ Il n'avait donc pas eu de relations avec elle quand elle mit au monde un fils ; il lui donna le nom de Jésus.

Des mages viennent de l'Orient

2 • ¹ Jésus était né à Bethléem de Juda, au temps du roi Hérode ; alors, des pays de l'Orient, des mages arrivèrent à Jérusalem ² et demandèrent : « Où se trouve le roi des Juifs qui vient de naître ? Nous avons vu son étoile à l'orient et nous sommes venus pour lui rendre hommage. »

³ Quand le roi Hérode l'apprit, il en eut un choc, et tout Jérusalem avec lui. ⁴ Il réunit tous les chefs des prêtres et ceux qui enseignaient la religion au peuple, car il voulait leur faire préciser où devait naître le Christ. ⁵ Ils lui firent cette réponse : « C'est à Bethléem de Juda. Car il est écrit dans le livre du prophète : ⁶ *Toi, Bethléem en Juda, tu n'es pas le dernier des chefs-lieux de Juda, car c'est de toi que sortira le chef, le pasteur de mon peuple Israël.* »

⁷ Alors Hérode convoqua les mages en secret et leur fit préciser le moment où l'étoile leur était apparue. ⁸ Il les mit sur le chemin de Bethléem et leur dit : « Allez là-bas et tâchez de bien vous informer sur cet enfant. Si vous le trouvez, vous me le direz, et moi aussi j'irai lui rendre hommage. »

⁹ Après cette entrevue avec le roi ils se mirent en route, et voici que l'étoile qu'ils avaient vue en Orient les conduisait. Finalement elle s'arrêta au dessus de l'endroit où se trouvait l'enfant. ¹⁰ Revoir l'étoile fut pour eux une grande joie ; ¹¹ ils entrèrent dans la maison, ils virent l'enfant avec Marie sa mère et ils se prosternèrent pour l'adorer. Ils ouvrirent alors leurs coffres et lui firent des cadeaux : de l'or, de l'encens et de la myrrhe.

¹² Ils reçurent alors un avertissement au moyen d'un rêve : ils ne devaient pas revoir Hérode. Ils repartirent donc vers leur pays par un autre chemin.

La fuite en Égypte

• ¹³ Après le départ des mages, un ange du Seigneur vint se manifester à Joseph au cours d'un rêve. Il lui dit : « Lève-toi, prends l'enfant et sa mère et va te réfugier au pays d'Égypte. Tu y resteras jusqu'à ce que je te le dise, car Hérode va rechercher l'enfant pour le faire périr. »

Extraits du prophète Malachie 3,1-2 et 22-24.

Voici que j'envoie mon messager pour aplanir le chemin devant moi ; et soudain le Seigneur que vous cherchez entrera dans son Temple. Voici venir l'ange de l'alliance, dit Yahvé Sabaot, qui résistera au jour de sa venue, qui restera debout quand il apparaîtra ? Car il sera comme le feu du fondeur, comme le détergent du blanchisseur.

Souvenez-vous de la loi de Moïse, mon serviteur ; à l'Horeb je lui ai donné pour tout Israël mes lois et mes décisions. Maintenant je vous envoie Élie le Prophète, juste avant que vienne le jour de Yahvé, jour grand et redoutable. Il réconciliera les pères avec leurs fils et les fils avec leurs pères, de sorte que, lors de ma venue, je n'aie pas à maudire la terre.

• **2.19 Le retour à Nazareth.** Ainsi se terminent ces récits qui sont comme une belle image au début du livre. Jésus passera trente ans dans ce petit village de Galilée, considérée par les Juifs de Judée comme une province à moitié étrangère et païenne : 4,15 ; c'est là qu'il grandit et travaille comme *charpentier* (Mc 6,3).

• **2.21** Beaucoup se demandent ce que Jésus a fait entre l'âge de douze ans, quand on l'a remarqué dans le Temple (Lc 2,41), et l'âge de trente ans ou plus, lorsqu'il commence son ministère public. Certains charlatans profitent du silence de l'Évangile pour imaginer Jésus en Inde apprenant la magie et l'art de faire des miracles auprès des fakirs, ou même mieux en visite auprès des extra-terrestres ! Ces imaginations qui ne s'appuient sur aucune donnée historique n'ont pas d'autre but, habituellement, que de noyer l'histoire de Jésus dans le brouillard des « on dit ».

Rappelons d'abord que l'évangile ne s'est jamais donné pour une biographie de Jésus, un récit de sa vie de sa naissance à sa mort. Il contient le témoignage des apôtres de Jésus, les faits à travers lesquels ils ont reconnu le Fils de Dieu venu parmi nous.

Ensuite, lisons Matthieu 13,54-56. Lorsque les gens de Nazareth s'étonnent des miracles de Jésus, ils ne disent pas : « Il est resté longtemps à l'étranger, c'est sans doute là-bas qu'il a appris ! » Ils se demandent plutôt : Qu'est-ce qui est arrivé au fils du charpentier ? Nous qui le connaissions depuis si longtemps, nous n'attendions pas cela.

• **3.1 Le vrai début de l'Évangile** est la prédication de Jean-Baptiste. Ici Matthieu compare Jésus et Jean, le baptême de Jean et celui de Jésus. Voir commentaires de Mc 1,1 et Lc 3.

Par ce baptême Jésus s'identifie avec son peuple, plus précisément avec ce monde des gens sans titre qui sont allés entendre un appel à la conversion. C'est pour lui l'occasion d'une expérience religieuse profonde qui rappelle celle des grands prophètes. Ce que dit la voix ? Elle donne à Jésus sa mission, il sera Fils et serviteur du Père (Ps 2 et Is 42,1).

[14] Joseph se leva aussitôt ; cette même nuit il prit l'enfant et sa mère et partit au loin vers l'Égypte. [15] Il y resta jusqu'à la mort d'Hérode et de cette façon s'accomplit ce que le Seigneur avait dit par la bouche du prophète : *J'ai fait revenir mon fils d'Égypte.*

[16] Quand Hérode se rendit compte qu'il s'était laissé avoir par les mages, il devint furieux. Il envoya massacrer tous les enfants de Bethléem et des environs, tous ceux qui avaient moins de deux ans, selon les précisions que lui avaient données les mages.

[17] De cette façon s'accomplit ce qui avait été dit par le prophète Jérémie : [18] *On a entendu des cris à Rama, on gémit et on ne finit pas de se lamenter. C'est Rachel qui pleure ses enfants ; ils ne sont plus, et elle ne veut pas s'en consoler.*

Joseph et Marie retournent à Nazareth

• [19] Après la mort d'Hérode, voilà qu'un ange du Seigneur apparaît à Joseph en Égypte au cours d'un rêve ; [20] il lui dit : « Lève-toi, prends l'enfant et sa mère et retourne au pays d'Israël, car ils sont morts, ceux qui en voulaient à la vie de l'enfant. »

• [21] Quand Joseph se réveille, il prend l'enfant et sa mère pour rentrer au pays d'Israël. [22] Mais lorsqu'il apprend qu'Arkelaüs règne en Judée à la place de son père Hérode, il a peur d'y retourner. Ayant reçu des instructions au cours d'un rêve, il s'éloigne vers la Galilée [23] et il s'y établit dans un village appelé Nazareth. De cette façon s'accomplira ce qui a été dit par la bouche des prophètes : *On l'appellera Nazaréen.*

Jean-Baptiste prépare la venue de Jésus

3 • [1] En ces jours-là, Jean le Bâtisseur fait son apparition et commence à prêcher dans le désert de Juda [2] avec ce message : « Convertissez-vous, car le règne de Dieu est tout proche. »

[3] C'était bien Jean que le prophète Isaïe avait en vue quand il disait : *Une voix crie dans le désert : Préparez le chemin du Seigneur, aplanissez le sol devant lui.* [4] Jean avait un manteau en poils de chameau et un pagne de peau autour des reins ; il se nourrissait de sauterelles et de miel d'abeilles sauvages. [5] On se mettait en marche vers lui de Jérusalem, de toute la Judée et de la vallée du Jourdain ; [6] les gens confessaient leurs péchés et se faisaient baptiser dans les eaux du Jourdain.

[7] Jean vit arriver sur les lieux du baptême un certain nombre de Pharisiens et de Saducéens. Il leur dit : « Race de vipères, qui vous donnera le moyen d'échapper à la Colère qui vient ? [8] Convertissez-vous et qu'on en voie le fruit. [9] Ne croyez pas qu'il vous suffira de dire :

Extrait des Actes des Apôtres 19,1-6

Dans le temps qu'Apollos était à Corinthe, Paul voyageait à Éphèse, passant par la montagne, et il y trouvait quelques disciples.

Il leur demande : « Avez-vous reçu l'Esprit Saint quand vous avez cru ? » Ils répondent : « Nous n'avons même pas entendu dire qu'on reçoive l'Esprit Saint. » Paul leur dit : « Quel baptême avez-vous reçu ? » Ils répondent : « Le baptême de Jean. »

Alors Paul explique : « Lorsque Jean baptisait en vue d'un changement de vie, il disait au peuple de croire en celui qui viendrait après lui, et c'est Jésus. » En entendant cela, ils se font baptiser au nom du Seigneur Jésus. Paul alors leur impose les mains et l'Esprit Saint vient sur eux : ils commencent à parler en langues et à prophétiser. Les hommes dont il s'agit étaient une douzaine en tout.

Psaume 91

Toi qui demeures au refuge du Très-Haut
et qui te loges à l'ombre du Puissant,
dis au Seigneur : « Tu es mon abri, mon rempart,
mon Dieu en qui je me confie ! »
Il te fera échapper au filet du chasseur,
il te protégera des démons du malheur.
Le mal ne t'atteindra pas,
car il donnera un ordre à ses anges,
pour qu'ils t'escortent sur tous tes chemins.
Dans leurs mains ils te porteront
pour que ton pied ne butte pas sur la pierre.
Tu passeras sur les fauves et les serpents,
tu piétineras le jeune lion et le dragon.
Puisqu'il s'est lié à moi, je le délivrerai,
je veux le protéger, car il a connu mon Nom.
Qu'il m'appelle, je lui répondrai, je serai avec lui dans l'angoisse ;
je le sauverai, je lui donnerai la gloire.

• **4.1** Jésus est envoyé comme prophète et sauveur, et il le sait. Mais de quelle façon va-t-il l'être, et comment Dieu va-t-il agir vis-à-vis de ce fils ? C'est cela même qui va être mis en question, et qui va s'éclairer au travers de l'épreuve. L'épreuve allait être présente tout au long du ministère de Jésus : les opposants allaient lui demander des signes, des miracles, et ses propres disciples lui demanderaient de s'occuper davantage de lui-même. C'est cette épreuve permanente qui nous est présentée ici dans les trois tentations.

Les anges s'approchent et ils le servent. Après avoir repoussé les tentations, Jésus est dans la paix totale. La pureté de son cœur lui donne accès à un monde spirituel, invisible mais aussi réel que les choses et les êtres qui nous entourent. Étant Fils de Dieu, il est roi parmi les esprits qui servent son Père.

Abraham est notre père ! Car, je vous le dis, Dieu est capable de faire sortir même de ces pierres des enfants d'Abraham. ¹⁰Déjà la hache est au pied de l'arbre : tout arbre qui ne produit pas de bons fruits va être abattu et jeté au feu.

¹¹Moi je vous donne un baptême d'eau, en vue d'une conversion, mais derrière moi vient un autre plus fort que moi, et je ne mérite même pas de lui présenter ses sandales. Lui vous baptisera dans l'Esprit Saint et dans le feu. ¹²Il tient déjà la pelle en main pour nettoyer son blé ; il amassera le grain dans son grenier et brûlera la paille dans le feu qui ne s'éteint pas. »

Jésus reçoit le baptême de Jean

¹³C'est alors que Jésus vient de la Galilée au Jourdain pour trouver Jean et se faire baptiser par lui. ¹⁴Jean cherche à l'en détourner : « Quoi ? Tu viens à moi ? C'est moi qui devrais me faire baptiser par toi ! » ¹⁵Mais Jésus lui répond : « Laisse donc, c'est seulement de cette façon que tout sera dans l'ordre. » Alors Jean le laisse faire.

¹⁶Le baptême terminé, Jésus sortit des eaux. Alors les cieux s'ouvrirent et Jésus vit l'Esprit de Dieu qui descendait comme fait la colombe et s'arrêtait sur lui. ¹⁷Une voix se fit entendre, venant du Ciel : « C'est lui mon Fils, le Bien-Aimé, celui en qui je me complais. »

Jésus est tenté au désert

4 • ¹Jésus fut alors conduit par l'Esprit au désert pour y être tenté par le diable. ²Il resta quarante jours et quarante nuits sans manger, après quoi il eut faim. ³Le tentateur s'approche donc et lui dit : « Si tu es Fils de Dieu, dis à ces pierres qu'elles deviennent des pains. » ⁴Mais Jésus lui répond : « Il est écrit que *l'homme ne vit pas seulement de pain, mais de toute parole qui sort de la bouche de Dieu.* »

⁵Alors le diable l'emmène à la Ville Sainte et le dépose sur le rempart du Temple. ⁶Et il lui dit : « Si tu es Fils de Dieu, jette-toi en bas, car il est écrit : *Il a donné pour toi un ordre à ses anges ; de leurs mains ils te tiendront, de peur que ton pied ne heurte quelque pierre.* »

⁷Mais Jésus lui répond : « Il est écrit aussi : *Tu ne mettras pas au défi le Seigneur ton Dieu.* »

⁸Une fois encore le diable l'emmène à une très haute montagne et lui montre toutes les nations du monde, dans toute leur splendeur. ⁹Et il lui dit : « Je te donnerai tout cela si tu tombes à mes pieds pour m'adorer. » ¹⁰Mais Jésus lui dit : « Retire-toi, Satan ; car il est écrit : *Tu adoreras le Seigneur ton Dieu, c'est lui seul que tu serviras.* »

Nous donnons la suite du poème d'Isaïe dont l'évangile cite ici les premiers mots (Is 9,1).

Comme ils restaient en terre de ténèbres,
une lumière a brillé sur eux.
Tu as multiplié la nation, tu as fait déborder sa joie.
Ils sont en fête devant toi comme au jour de la moisson,
c'est la joie comme au partage du butin.
Car le joug qui pesait sur eux,
le bâton qui frappait ses épaules,
le fouet de son surveillant,
tu les as brisés comme au jour de Madian.
Les chaussures de guerre,
le manteau souillé de sang sont brûlés,
jetés en pâture aux flammes.
Oui, un enfant nous est né, un fils nous a été donné.
L'insigne du pouvoir est placé sur son épaule.
on lui donne ce nom : « Conseiller-merveilleux, Dieu-fort,
Père-éternel, Prince-de-la-paix. »

Voici dans le Deuxième livre de Samuel 7,12 la promesse de Dieu qui s'est précisée au cours des temps : un fils de David règnera pour toujours. Jésus sera le fils de David qu'on attendait.

Lorsque tes jours seront achevés et que tu te coucheras avec tes pères, j'élève-rai après toi ton descendant, celui qui sort de tes entrailles et j'affermirai sa royauté... Ta maison et ta royauté dureront à jamais devant moi, ton trône sera ferme à jamais.

• **4.17** *Le Royaume des Cieux est là.* Les Juifs en ce temps-là ne prononçaient pas le nom de Dieu, et très souvent ils disaient à la place : « Les Cieux » (voir en Mt 5,1). Le Royaume des Cieux est le Royaume de Dieu. Dieu vient régner parmi nous, c'est-à-dire que dès maintenant, si nous croyons à l'Évangile, une expérience unique va s'ouvrir à nous. Une nouvelle vision de l'existence, de nos problèmes grands et petits ; une façon nouvelle d'aimer ceux que nous aimons ou que nous n'aimons pas, une énergie. C'est Dieu qui sera pour nous le centre, non pas nous-mêmes, et cela sera suffisant pour nous donner la paix et la joie. Nous allons découvrir jour à jour que notre vie a un sens, que nous sommes importants et que Dieu nous aime personnellement.

Convertissez-vous. La conversion, c'est un retournement de notre vie parce que nous avons accueilli l'appel et les paroles de Jésus.

[11] Alors le diable le laisse. Aussitôt des anges s'approchent, et ils le servent.

Jésus se fixe à Capharnaüm

[12] Quand Jésus apprend que Jean a été arrêté, il s'éloigne et va en Galilée. [13] Là il laisse Nazareth et vient séjourner à Capharnaüm, sur le bord de mer, à la frontière de Zabulon et de Nephtali. [14] Ainsi va s'accomplir ce qu'a dit le prophète Isaïe :

[15] *Écoutez, terres de Zabulon et de Nephtali, route de la mer et rives du Jourdain, et toi Galilée province des païens ! [16] Le peuple jeté dans les ténèbres a vu une grande lumière. Pour ceux qui restaient dans l'ombre, au pays de la mort, une lumière s'est levée.*

JÉSUS APPORTE LA BONNE NOUVELLE

L'appel des premiers disciples

• [17] Dès ce moment Jésus commença à proclamer son message. Il disait : « Convertissez-vous, car le Règne de Dieu est là. »

[18] Comme Jésus passait le long de la mer de Galilée, il y avait là deux frères, Simon qu'on appelle Pierre, et André son frère. Il les vit qui jetaient leurs filets dans la mer, car ils étaient pêcheurs, [19] et il leur dit : « Venez, suivez-moi. Je ferai de vous des pêcheurs d'hommes. » [20] Aussitôt ils laissèrent leurs filets et le suivirent.

[21] Un peu plus loin, Jésus vit encore deux frères, Jacques fils de Zébédée, et Jean son frère ; ils étaient avec leur père Zébédée dans la barque, en train d'arranger leurs filets. Jésus les appela ; [22] aussitôt ils laissèrent leur père avec la barque et commencèrent à le suivre.

Jésus se fait connaître en Galilée

[23] Jésus circulait dans toute la Galilée. Il les enseignait dans leurs synagogues, il proclamait la Bonne Nouvelle du Royaume et guérissait le peuple de tout mal et maladie. [24] On entendait parler de lui dans toute la province de Syrie. On lui amenait tous ceux qui allaient mal, des gens atteints de douleurs ou de maladies diverses, ou qui avaient un démon, ainsi que des épileptiques et des paralysés : Jésus les guérissait tous.

[25] Des foules commencèrent à le suivre ; on venait de la Galilée, de la Décapole, de Jérusalem, de Judée et de l'autre rive du Jourdain.

• **5.1** Jésus parlait aux foules en quelque endroit des collines qui bordent le lac de Tibériade. Mais le livre parle bien *d'une montagne* pour rappeler le Mont Sinaï où treize siècles auparavant, Moïse avait donné la Loi de Dieu au peuple d'Israël. Ici Matthieu présente Jésus comme le Maître qui donne à Israël et à tous les hommes la Loi nouvelle et définitive.

Heureux ! Matthieu redit cette félicitations de Jésus à ceux qui sont entrés, de corps et de cœur, dans le peuple de Jésus et qui maintenant sont soutenus par une communauté chrétienne. Délivrés du bombardement de la publicité qui veut faire croire qu'un portable, ou une sauce tomate, ou un CD seront suffisants pour nous combler de joie. L'évangile, d'une certaine façon, contemple les merveilles que Dieu a réalisées en ceux que le monde tient pour des malchanceux mais qui, en réalité, ont reçu la meilleure part. Mères de trisomiques qui ont refusé d'avorter, parents qui ont choisi la famille plutôt que les mirages du progrès…

Ceux qui sont dits heureux ne le sont pas parce qu'ils souffrent : l'expression sonnerait mal. Ils le sont parce qu'on leur ouvre le Royaume.

Le Royaume des Cieux est à eux (3) Il faut comprendre le terme *Cieux* selon son usage à l'époque de Jésus. Par suite de leur extrême respect de Dieu, les Juifs ne prononçaient pas son nom : ils le désignaient par d'autres mots comme les Cieux, la Gloire, la Puissance. Le Royaume des Cieux veut dire littéralement le Royaume de Dieu, tout comme le Père des Cieux veut dire : Dieu le Père. Dans la bouche de Jésus le Royaume des Cieux ne désigne pas, habituellement, la récompense qui nous est promise après la mort, mais une nouvelle expérience de Dieu et de la vie qui nous est offerte dès à présent.

Jusqu'à la venue de Jésus on avait attendu. Jésus nous dit qu'un nouvel âge a commencé : Dieu est parmi nous et son Royaume est déjà là pour *ceux qui ont le cœur pur,* c'est-à-dire que leurs désirs ont été purifiés : ils verront Dieu.

Heureux… les persécutés. Comme Luc, Matthieu développe cette dernière béatitude, car, où que nous soyons, nous ne pouvons pas vivre l'Évangile sans souffrir persécution.

• **5.13** Pour les Juifs, le sel n'était pas d'abord ce qui donne du goût, mais ce qui conserve les aliments. Les disciples de Jésus sont donc le sel de la terre si, grâce à eux, le monde reste dans la lumière de Dieu. Ils doivent maintenir l'aspiration à la vraie justice et ne jamais permettre que les sociétés humaines se contentent de leur médiocrité.

• **5.17** Ici commence la présentation de la nouvelle Loi. Nous sommes loin de ce qu'on cherche souvent dans une religion : des pratiques à observer, des jeûnes, des prières et des bonnes œuvres par lesquelles on mérite le salut. Jésus n'en parlera guère car la Bible s'est déjà longuement étendue à ce sujet, et l'étude même de la Bible montre que ces lois et pratiques sont toujours liées à une certaine culture, et qu'elles doivent s'adapter avec le temps.

La Loi (18) : ce mot désignait parfois toute la religion d'Israël. Toute la Loi *doit se réaliser* (18). Ici, Jésus affirme que la religion de l'Ancien Testament était une étape provisoire, mais nécessaire de notre histoire.

Au moment où il va nous enseigner une nouvelle manière de comprendre la Loi de Dieu, Jésus nous met en garde contre la tentation de facilité. Beaucoup pourraient mal interpréter les paroles de Jésus et dire : Tant mieux, avec lui pas d'obligations, la religion devient facile ! C'est pourquoi Jésus précise que celui qui *écarte un des plus petits commandements* n'entrera pas dans le Royaume. Il en est de même pour tous ceux qui trouvent des prétextes pour excuser leur paresse : Ces commandements ne sont pas si importants ! Jésus montre l'esprit de la Loi à ceux qui se sont déjà soumis à une loi.

Bienheureux !

5 • ¹ Quand Jésus vit tout ce peuple, il gravit la montagne. Là il s'assit et ses disciples s'approchèrent de lui, ² il ouvrit la bouche et commença à les enseigner :

³ « Heureux ceux qui ont un cœur de pauvre, le Royaume des Cieux est à eux.

⁴ Heureux les doux, ils auront la terre en héritage.

⁵ Heureux ceux qui sont dans le deuil, ils seront réconfortés.

⁶ Heureux ceux qui ont faim et soif de la justice, ils seront rassasiés.

⁷ Heureux les miséricordieux, ils auront droit à la miséricorde.

⁸ Heureux ceux qui ont le cœur pur, ils verront Dieu.

⁹ Heureux ceux qui sèment la paix, ils seront appelés enfants de Dieu.

¹⁰ Heureux ceux qui sont persécutés quand ils agissent en toute droiture, le Royaume des Cieux est à eux.

¹¹ Oui, heureux serez-vous quand on vous insultera à cause de moi, et qu'on vous poursuivra, et qu'on dira sur vous toute sorte de calomnies. ¹² Soyez heureux, soyez joyeux, car vous avez dans les cieux une belle récompense. On poursuivait tout pareillement les prophètes qui étaient avant vous. »

Sel et lumière de la terre

• ¹³ « Vous êtes le sel de la terre. Mais si le sel perd son mordant, avec quoi le salera-t-on ? Il ne sert plus à rien ; on le jette dehors et il sera piétiné.

¹⁴ Vous êtes la lumière du monde. Comment cacher une ville bâtie au sommet de la montagne ? ¹⁵ Personne n'allume une lampe pour la mettre sous un meuble : on la met sur un lampadaire, et elle donne sa lumière à toute la maison. ¹⁶ Que votre lumière, de même, brille devant les hommes : qu'ils voient vos bonnes œuvres, et qu'ils rendent gloire à votre Père qui est dans les Cieux. »

Une loi plus parfaite

• ¹⁷ « Ne croyez pas que je suis venu défaire la Loi et les Prophètes : je ne suis pas venu pour défaire, mais pour amener à l'état parfait. ¹⁸ En vérité, je vous le dis, pas une lettre, pas une virgule de la Loi ne passera avant que ne passent le ciel et la terre : tout se réalisera.

¹⁹ Si quelqu'un écarte un des plus petits commandements et enseigne aux autres à faire de même, il sera mis au dernier rang dans le Royaume des Cieux. Mais si quelqu'un les met en pratique et les enseigne, celui-là sera grand dans le Royaume des Cieux.

• **5.21** Ici commencent les oppositions : *Vous avez entendu… mais moi je vous dis.* Jésus ne remet pas en cause les exigences de la Bible, il ne se contente pas non plus d'en faire le commentaire ; la loi du Christ, c'est un appel à la purification du cœur, c'est-à-dire de nos intentions et de nos désirs. C'est une lucidité nouvelle qui naît d'un regard jeté sur Dieu. Quand nous nous tournons vers le Père (et c'est là la grande nouveauté : imiter Dieu-Père : Mt 5,48), nous découvrons combien les critères humains de la moralité sont imparfaits.

N'appelons pas péché seulement ce qui se voit et se condamne. Mes péchés sont toutes ces mauvaises pensées et désirs que j'entretiens en moi et qui produisent de mauvaises actions quand l'occasion se présente. Jésus reviendra bien des fois sur ce point : 12,34.

Jusqu'à ce que tu aies restitué le dernier centime. Si nous ne sommes pas purifiés ici-bas, nous le serons à la mort : l'Église appelle cette purification : le « Purgatoire ». C'est alors que l'Esprit devra brûler en nous les racines du mal jusqu'à la dernière poussière.

• **5.27** *Tu ne commettras pas d'adultère.* Pour beaucoup, la fidélité conjugale est une loi pesante et démodée, qu'on se contente d'admirer chez les autres. Jésus replace la fidélité parmi les lois du monde intérieur, dans lequel Dieu, Le Fidèle, vient régner.

Si ton œil droit (29). Sachez renoncer à tout, dira Jésus, et ici il précise : jusqu'à votre intégrité physique. Chacun pense : « Je veux vivre ma vie » ; et pour justifier l'avortement on dira : « Chaque femme dispose de son corps ». Jésus répond que la vraie vie est ailleurs et que le vrai moi se crée en acceptant des mutilations de l'existence présente.

On se plaint de la vie et du monde, on se conserve à tout prix pour en jouir. Et si c'était cela le vrai péché et la vraie chute, cette peur du risque, et de sacrifier sa vie pour répondre à l'appel de Dieu ? Jésus parle d'un *enfer du feu* car il n'y a rien de pire que cela : une vie qui n'aura rien enfanté, et le moi de l'éternité qui aura avorté.

• **5.31** *Celui qui renvoie sa femme…* Voir Mc 10,1 ; Mt 19,2.

Sauf pour infidélité. Dans ce cas, les plus anciens textes chrétiens enseignaient que l'on pouvait divorcer, mais pas se remarier.

Sauf pour infidélité. Le texte n'est pas clair. On peut aussi traduire : *excepté en cas d'union illégitime.* Dans ce cas il s'agirait de nouveaux chrétiens qui, en entrant dans l'Église, ont rompu leur relation illégitime.

• **5.33** *Tout le reste vient du démon,* et de la préoccupation pour se défendre et se justifier aux yeux des autres. Les enfants de Dieu laissent au Père le soin de leur réputation et de leur personne. La vérité se saura toujours, et nous honorons le Père quand nous nous contentons simplement de donner notre témoignage (voir aussi Mt 23,16 ; Jc 5,12).

²⁰ Je vous le dis : si votre idéal de perfection ne dépasse pas celui des maîtres de la Loi et des Pharisiens, vous ne pouvez pas entrer dans le Royaume des Cieux. »

Accepter pleinement son prochain

• ²¹ « Vous venez d'entendre qu'on a dit à vos ancêtres : *Tu ne tueras pas. Si quelqu'un a tué, il doit passer en jugement.* ²² Mais moi je vous dis : si quelqu'un se met en colère contre son frère, il mérite un jugement ; si quelqu'un traite son frère de fou, il mérite une sentence du Conseil suprême ; s'il lui a dit : Sois maudit ! il mérite d'aller à l'enfer du feu.

²³ Quand donc tu t'avances pour présenter à l'autel ton offrande, si tu te souviens que ton frère a quelque chose à te reprocher, ²⁴ laisse là devant l'autel ton offrande, et va d'abord te réconcilier avec ton frère. Ensuite tu reviendras présenter ton offrande.

²⁵ Trouve tout de suite un accord avec ton adversaire pendant que vous êtes en chemin l'un et l'autre. Ton adversaire peut-être te mettrait entre les mains du juge, le juge te remettrait au policier et tu serais mis en prison. ²⁶ En vérité, je te le dis, tu n'en sortiras pas tant que tu n'auras pas payé le dernier centime. »

Le regard de l'homme sur la femme

• ²⁷ « Vous venez d'entendre qu'il a été dit : *Tu ne commettras pas d'adultère.* ²⁸ Mais moi je vous dis : celui qui regarde une femme pour satisfaire son désir a déjà commis l'adultère dans son cœur. ²⁹ Si ton œil droit te mène à la chute, arrache-le et jette-le loin de toi. Il vaut mieux pour toi perdre un de tes membres plutôt que d'avoir ton corps entier jeté dans l'enfer du feu. ³⁰ Et si c'est ta main droite qui te mène à la chute, coupe-la et jette-la. C'est ton intérêt de perdre un de tes membres plutôt que d'avoir ton corps jeté tout entier dans la géhenne.

• ³¹ Il a été dit : *Celui qui renvoie sa femme devra lui donner un billet de divorce.* ³² Mais moi je vous dis : celui qui renvoie sa femme, sauf pour infidélité, la fait devenir adultère. Et celui qui épouse cette femme renvoyée commet lui aussi un adultère. »

Ne pas jurer

• ³³ « Vous avez entendu qu'on a dit à vos ancêtres : *Tu ne reviendras pas sur tes serments ; tu donneras au Seigneur ce que tu as juré.* ³⁴ Mais moi je vous dis de ne pas jurer du tout : ni par le ciel, parce que c'est *le trône de Dieu,* ³⁵ ni par la terre, parce que c'est *son marchepied,* ni par Jérusa-

De la Première Lettre de Pierre aux chrétiens mal vus ou persécutés (4,12) :

Frères bien aimés, ne vous étonnez pas du feu qui a flambé au milieu de vous : qu'une telle épreuve survienne n'a rien d'étrange.

Réjouissez-vous de communier aux souffrances du Christ : car vous connaî-trez les grandes joies le jour où sa Gloire se montrera à découvert.

Heureux êtes-vous si l'on vous traite de tous les noms à cause du Christ, car la gloire et l'Esprit de Dieu reposent sur vous.

Il ne faudrait pas que vous soyez condamnés comme meurtriers ou voleurs ou complices de malfaiteurs. Mais si c'est pour être chrétiens, n'ayez pas de honte : que ce nom soit un moyen de rendre gloire à Dieu.

• **5.38** *Œil pour œil, dent pour dent.* Nous le lisons dans la Bible parce que, dans le contexte d'alors, c'était une saine maxime. Elle rappelait aux juges le devoir de défendre ses membres contre ceux qui abusent du faible.

Ne résiste pas au méchant. Jésus nous demande de jeter sur l'adversaire le même regard qu'il peut jeter sur nous : lequel est le méchant ?

Présente encore l'autre joue : sors le premier de l'engrenage de la violence. Déconcerte l'autre en faisant précisément le geste qu'il n'attendait pas : peut-être alors se rendra-t-il compte qu'il se trompait. Ce renoncement à la violence et à nos intérêts obligera le Père à se manifester et à prendre notre défense ; Jésus veut nous amener à « voir Dieu » agissant dans notre vie.

• **5.43** *Tu aimeras ton prochain.* L'Ancien Testament parlait d'aimer le prochain, et il s'agissait de solidarité entre les membres du peuple de Dieu. Avec l'Évangile il s'agit de beaucoup plus que d'un élargissement : c'est l'entrée dans un monde totalement différent. La solidarité à l'intérieur du groupe s'appuie sur un instinct inscrit dans la nature. Mais les groupes sociaux n'existent et ne trouvent leur identité qu'en s'opposant à d'autres.

Tu ne feras pas de cadeau à ton ennemi. Cela ne se trouve pas tel quel dans la Bible, mais on en a l'équivalent en divers endroits. Parlant des ennemis de la nation et non des ennemis personnels, il est demandé de se méfier d'eux, de ne pas les aider, plutôt que de partager leurs erreurs.

Jésus nous a ouvert l'esprit sur l'amour du prochain qui prend pour modèle l'amour universel du Dieu Père. Quand nous comprenons que chaque personne a sa place dans ce monde et que Dieu dirige tout pour le bénéfice de tous, nous voyons comme Dieu et nous sommes *parfaits comme le Père est parfait.*

• **6.1** Après les six oppositions (« mais moi, je vous dis… »), Matthieu nous donne trois exemples d'un autre secret sans lequel nous ne verrons pas Dieu : agir pour lui seul, sans vouloir que qui que ce soit le sache, et de telle façon que nous-mêmes l'aurons aussitôt oublié.

Ceux qui jouent la comédie. Il est peut-être difficile de ne pas jouer la comédie pour les autres, mais il est bien plus difficile de faire le bien sans se regarder soi-même : c'est pourtant le secret qui nous fait entrer dans les secrets de Dieu.

• **6.5** Centrer notre esprit et notre cœur sur Dieu, Père et ami, un Dieu qui nous aime et nous attend toujours pour partager un moment de silence. Prier, ce n'est pas parler beaucoup, ni vouloir imposer notre volonté à Dieu, mais abandonner notre vie entre les mains aimantes du Père.

lem, parce que c'est *la ville du grand Roi.* [36] Tu ne jureras pas davantage par ta tête parce que tu ne peux même pas rendre noir ou blanc un seul de tes cheveux. [37] Donc, que votre "oui" soit oui, et votre "non", non ; tout le reste vient du démon. »

Aimer ses ennemis

• [38] « Vous avez entendu qu'il a été dit : *Œil pour œil, dent pour dent.* [39] Mais moi je vous dis de ne pas résister au méchant. Si on te frappe sur la joue droite, présente encore l'autre joue. [40] Et si quelqu'un veut te réclamer ta tunique, donne-lui aussi ton manteau. [41] Si quelqu'un t'impose une corvée, un kilomètre à faire, fais-en deux avec lui. [42] Donne à celui qui te demande et ne te détourne pas de celui qui veut t'emprunter.

• [43] Vous avez entendu qu'il a été dit : *Tu aimeras ton prochain et tu ne feras pas de cadeau à ton ennemi.* [44] Mais moi je vous dis : aimez vos ennemis et priez pour ceux qui vous persécutent. [45] C'est ainsi que vous serez les fils de votre Père des Cieux, lui qui fait briller le soleil sur les méchants comme sur les bons, et qui fait pleuvoir pour les gens honnêtes comme pour les malhonnêtes.

[46] D'ailleurs, quand vous aimez ceux qui vous aiment, quelle récompense méritez-vous ? Même les publicains le font. [47] Et si vous saluez seulement ceux qui sont de votre bord, que faites-vous d'extraordinaire ? Les païens eux-mêmes le font. [48] Donc vous, vous serez parfaits comme votre Père du Ciel est parfait. »

Faire le bien sans le dire

6 • [1] « Évitez de faire vos bonnes actions devant les gens de façon à ce qu'ils vous remarquent. Car alors vous n'avez pas de récompense à attendre de votre Père des Cieux.

[2] Donc, si tu donnes aux pauvres, ne fais pas sonner la trompette devant toi ; n'imite pas ceux qui jouent la comédie dans les synagogues et dans les rues, et qui veulent que les gens les admirent. En vérité, je vous le dis, ils ont déjà leur récompense. [3] Pour toi, par contre, que ta main gauche ignore ce que fait ta main droite quand elle donne aux pauvres ; [4] ainsi ton aumône restera chose secrète, et ton Père qui voit dans le secret te le rendra. »

Une prière qui soit vraie

• [5] « Quand vous priez, n'imitez pas ceux qui jouent la comédie. Ils aiment se planter en prière dans les synagogues, ou à l'angle de la place,

• **6.9** Jésus donne le *Notre Père* à ses disciples comme la prière parfaite qui exprime ce que les enfants de Dieu doivent demander, et dans l'ordre où ils doivent le désirer. Nous avons deux textes du Notre Père, et celui de Luc est plus court (11,1). Les contemporains de Jésus employaient le mot *Ciel* pour désigner Dieu parce qu'ils ne devaient pas prononcer son nom. De même Jésus dit : *Notre Père qui es dans les cieux*, c'est-à-dire : Dieu Père.

En nous tournant vers le Père qui est aux cieux, nous ne voulons pas dire qu'il est loin, ou très au-dessus de nous. Nous essayons seulement d'élever notre esprit vers lui. Nous reconnaissons que nos paroles ne sont pas dignes de lui, que nos préoccupations sont égoïstes et limitées quand nous les comparons à l'ampleur de ses pensées et à la générosité de son amour. Nous tourner vers lui et l'appeler notre Père nous est devenu naturel, mais c'est un privilège de ceux que Jésus a enseignés.

Que ton Nom soit sanctifié ! Que ton nom soit connu et proclamé saint ! Que ta splendeur et ta générosité se voient en tous ceux qui deviennent tes enfants (5,16). Que ceux qui gardent tes paroles accueillent ta présence et tes richesses.

Que ton règne vienne. Dieu règne en tout lieu où les hommes l'ont connu par la parole de Jésus. Les croyants le reconnaissent dans le don de son Fils, dans l'humiliation du Fils et dans leur amour mutuel. Les enfants de Dieu sont des personnes réconciliées ; ils deviennent un ferment dans la société et toute la personne humaine avec ses projets, son travail, ses plans économiques et politiques, avance vers le but commun : tout et tous doivent revenir au Père.

Que ta volonté soit faite. Telles seront les paroles de Jésus à Gethsémani ; cette parole condamne bien des prières où nous voudrions obliger Dieu à agir. Certains croient que leur foi est grande parce qu'ils s'adressent toujours à Dieu pour résoudre leurs problèmes. En réalité les enfants de Dieu élèvent leur esprit vers lui pour que la volonté de Dieu devienne leur propre volonté.

Sur la terre comme au ciel. Cette précision s'applique aux trois demandes précédentes. Nous, qui vivons dans le temps, témoins d'une mise au monde dans la douleur, d'un triomphe apparent du mal, nous prions que tout se fasse d'accord avec le plan de Dieu, qui finalement se réalisera.

Nous demandons au Père le *pain* qu'il a promis à ceux qui sont attentifs à sa Parole. L'homme moderne pense que tout son bien-être matériel provient de ses propres efforts. Mais la Bible nous dit que tout dépend à la fois de Dieu et de nous-mêmes. Celui qui attend de Dieu, non pas *son* pain, mais *notre* pain, mettra toute son énergie à trouver un emploi, à faire un travail utile et à faire avancer la justice là où il travaille.

Le Notre Père parle des *dettes* que nous devons pardonner (6,12). Mais dans 6,14 nous lisons les *offenses*. Il est clair que pour Jésus, dettes et offenses se ressemblent. Dieu veut nous pardonner et nous rapprocher de lui, mais comment le fera-t-il si nous nous cramponnons aux choses de ce monde ?

Ne nous laisse pas tomber dans la tentation. Ainsi parle celui qui est conscient de sa faiblesse. Et nous serons encore plus prudents si nous savons que l'ennemi n'est pas *le mal* mais *le Mauvais*. Quelqu'un, plus fort que nous, est à l'affût pour nous égarer et nous jeter à terre, si nous négligeons les moyens que Jésus nous donne pour persévérer dans la foi et dans l'Église.

• **6.16** Le jeûne se pratique dans toutes les religions : c'est une manière d'attirer l'attention de Dieu, surtout quand il nous arrive de grands malheurs ; cela convient à ceux qui se sentent coupables et désirent éveiller la miséricorde de Dieu. C'est aussi un moyen d'apprendre la maîtrise de soi et de stimuler notre énergie pour nous préparer à recevoir les grâces de Dieu. La Bible accorde une place limitée au jeûne ; les prophètes déclarent qu'il ne sert à rien s'il ne va pas de pair avec une attitude plus juste envers notre prochain.

• **6.19** Pendant des siècles la majorité des hommes n'ont guère eu de réserves personnelles : la famille ou le clan les prenait en charge dans l'adversité. Aujourd'hui chacun

pour que les gens les remarquent. En vérité, je vous le dis, ils ont déjà leur récompense. [6] Toi, au contraire, quand tu veux prier, entre dans ta chambre et ferme la porte afin de prier ton Père qui est là dans le secret ; et ton Père qui voit dans le secret te le rendra.

[7] Quand vous priez, pas de discours interminables comme en font les païens : ils croient qu'à force de parler ils seront entendus. [8] Ne leur ressemblez pas. Pensez-y : avant même que vous ne demandiez, votre Père sait de quoi vous avez besoin. »

Le Notre Père

• [9] « Vous donc priez ainsi :
Notre Père qui es dans les cieux,
que ton Nom soit sanctifié,
[10] que ton règne vienne,
que ta volonté se fasse
sur la terre comme au ciel.
[11] Donne-nous aujourd'hui le pain qu'il nous faut ;
[12] pardonne-nous, toi, nos dettes,
comme nous l'avons fait pour ceux qui nous doivent,
[13] et ne nous laisse pas tomber dans la tentation,
mais délivre-nous du Mauvais.

[14] Sachez-le : si vous pardonnez aux autres leurs offenses, votre Père céleste vous pardonnera aussi. [15] Mais si vous ne pardonnez pas aux autres, votre Père non plus ne vous pardonnera pas vos offenses. »

Le jeûne

• [16] « Et quand vous jeûnez, ne prenez pas un air triste comme ceux qui jouent la comédie ; ils se font une figure transparente pour que les gens voient bien qu'ils jeûnent. En vérité, je vous le dis, ils tiennent déjà leur récompense.

[17] Toi, par contre, le jour où tu jeûnes, parfume ta tête et lave-toi le visage. [18] Ainsi ton jeûne ne sera pas remarqué par les autres, mais par ton Père qui est là dans le secret, et ton Père qui est là dans le secret te le rendra. »

Les sécurités

• [19] « N'amassez pas richesses et réserves sur cette terre, là où les mites et les vers font des ravages, là où les voleurs percent le mur et emportent tout. [20] Amassez-vous richesses et réserves dans le Ciel, là où il n'y a ni mites ni vers pour faire des ravages, et pas de voleurs pour percer

Les citoyens du ciel ne vivent que pour Dieu : Lettre aux Colossiens 3,1 et 22.

Si vous êtes ressuscités avec le Christ, cherchez les choses d'en haut, là où le Christ siège à la droite de Dieu.

Pensez que vous êtes morts et que votre vie est cachée en Dieu avec le Christ ; quand le Christ apparaîtra, lui qui est votre vie, vous apparaîtrez vous aussi avec lui dans la gloire.

Vous, esclaves, obéissez avec exactitude à vos maîtres de la terre, pas seulement quand on vous surveille ou pour être bien vus, mais avec un cœur droit, comme vous respectez le Seigneur. Ce que vous faites, faites-le de vous-mêmes comme si c'était pour le Seigneur et non pour des hommes.

D'ailleurs, c'est le Seigneur qui vous récompensera et vous donnera l'héritage. Vous êtes au service du Christ, votre maître.

---

doit se prendre en charge ; c'est peut-être mieux, mais comment échapper à cette obsession du futur à assurer ? Jésus nous invite une fois encore à croire en la Providence du Père : si nous nous chargeons de ses affaires, il se chargera des nôtres.

Là aussi sera ton cœur. (Dans la culture juive, le cœur est le lieu des jugements et des décisions). Ce n'est pas moi qui possède les choses, mais ce sont elles qui me possèdent et qui m'imposent peu à peu tel ou tel style de vie.

• **6.22** *L'œil* est ici la conscience. Jésus souligne ce qu'il vient de dire : notre conscience égarée nous égare et nous replie sur nous-mêmes

• **6.24** *Personne ne peut servir deux maîtres.* L'argent est un faux dieu parce qu'il promet bonheur et sécurité pour l'avenir, mais en nous faisant perdre notre véritable richesse : le moment présent.

L'argent et les comptes en banque sont des moyens nécessaires. Mais quand nous ne pensons qu'à assurer l'avenir, en bons avares du compte en banque, nous sommes incapables de vivre vraiment et librement ; nous négligeons notre croissance personnelle, notre vie de famille, et nous rampons devant les puissants.

Pourquoi cette comparaison avec les fleurs et les oiseaux ? Jésus nous montre que si Dieu soigne et embellit la plus petite de ses créatures, il s'intéresse encore plus à chacun de nous et désire que notre vie soit belle, noble et parfaite.

Cherchez d'abord son Royaume et sa justice. Il s'agit là de choses très concrètes : le Royaume, c'est-à-dire une transparence de Dieu dans notre vie ; sa justice, c'est-à-dire une mise en ordre sous son regard de tout ce que nous sommes et ce que nous faisons. Un beau risque à prendre pour un jeune, pour un couple : commencer à penser avenir, famille et activités apostoliques selon les critères de l'Évangile et non plus sous la pression de la course au niveau de vie. Donner son temps pour l'Évangile ; aimer les enfants comme Dieu les aime, ceux qui ont appris à avoir moins pour partager avec les frères et sœurs, et qui vivront pour une mission, non celui qu'on munit de diplômes pour que l'argent lui vienne.

• **7.1** *Ne jugez pas.* Nous devons juger dans le sens de distinguer entre le bien et le mal autour de nous. Même si c'est un facteur de réussite que de ne jamais mécontenter personne, il faudra avoir le courage de dire à d'autres ce qu'ils font de mal (voir Lev 19,17 ; Ga 6,15). Mais ici *juger* a le sens de condamner parce qu'on se croit supérieur.

le mur et tout emporter. ²¹Oui ! Là où est ton trésor, là aussi sera ton cœur.

• ²²L'œil est ta lampe. Si tu as l'œil sain, toute ta personne profite de la lumière. ²³Mais si ton œil est mauvais, ton être entier est dans le noir. Si la lumière qui était en toi est devenue ténèbres, que deviendront tes propres ténèbres ! »

Nul ne peut servir deux maîtres

• ²⁴« Personne ne peut servir bien deux maîtres ; il détestera l'un et aimera l'autre, ou bien il soignera le premier et se moquera de l'autre. Vous ne pouvez pas servir Dieu et le Dieu-Argent.

²⁵C'est pourquoi je vous dis : ne vous tourmentez pas pour votre vie avec des questions de nourriture, ni pour votre corps avec des questions de vêtement. La vie n'est-elle pas plus que la nourriture et le corps plus que le vêtement ?

²⁶Regardez les oiseaux du ciel : ils ne sèment pas, ils ne moissonnent pas, ils n'ont pas de réserves ni de greniers, mais votre Père du Ciel les nourrit. Et vous alors ? Ne valez-vous pas beaucoup plus qu'eux ? ²⁷Qui d'entre vous, à force de s'inquiéter, pourra prolonger sa vie d'une seule coudée ?

²⁸Et le vêtement, pourquoi vous en préoccuper ? Voyez comment sortent les lys des champs et instruisez-vous. Ils ne peinent pas, ils ne tissent pas, ²⁹mais je vous dis que Salomon dans toute sa gloire n'était pas habillé comme l'un d'eux. ³⁰Si Dieu habille ainsi la plante sauvage qui aujourd'hui se dresse mais demain sera jetée au four, ne fera-t-il pas beaucoup mieux pour vous ? Vous avez bien peu la foi !

³¹Donc laissez là vos inquiétudes : Qu'allons-nous manger ? Qu'allons-nous boire ? Comment nous habiller ? ³²laissez les païens courir après toutes ces choses, car votre Père du ciel sait que tout cela vous est nécessaire.

³³Cherchez d'abord son royaume et sa justice, et tout le reste vous sera donné en plus. ³⁴Cessez de vous inquiéter pour demain et demain s'inquiétera pour lui-même : à chaque jour suffit sa peine. »

La paille et la poutre

7 • ¹« Ne jugez pas et vous ne serez pas jugés. ²Car vous serez jugés de la même façon que vous jugez les autres, et la mesure que vous utilisez servira aussi pour vous.

³Quoi ! Tu vois la paille dans l'œil de ton frère et tu ne remarques pas la poutre qui est dans le tien ? ⁴Et tu vas dire à ton frère : Laisse-moi

La Lettre de Jacques 1,19 nous met en garde contre la religion qui en reste à des mots et des sentiments.

Remplacez donc par la douceur toutes les ordures et les excès du mal, et accueillez la parole qu'on a semée en vous, qui a le pouvoir de sauver vos âmes. Ne soyez pas seulement des auditeurs de la parole ; passez à l'action, ou bien vous êtes dans l'illusion.

Un auditeur de la parole qui ne passe pas à l'action est comme cet homme qui observait son visage dans un miroir ; il se regardait, mais sitôt parti il ne savait plus comment il était.

C'est le contraire pour celui qui se penche sur la loi parfaite, la loi libératrice, et qui s'y attarde, et qui passe aux œuvres au lieu de rester un auditeur. Heureux est-il, car il a mis en pratique.

Si quelqu'un se croit très religieux alors qu'il ne contrôle pas ses paroles, il se trompe lui-même et sa religion ne vaut rien.

Voici quelle est la religion sincère et sans reproche aux yeux de Dieu notre Père : prendre soin des orphelins et des veuves en détresse et ne pas se laisser contaminer par le monde.

• **7.6** *Ne mettez pas vos perles à la vue des porcs.* Jésus avertit ses disciples vivant dans un monde hostile. Il ne faut pas tout dire à tout le monde. Dieu nous a donné des dons merveilleux : il ne faut pas en parler sans discernement avec le premier rencontré en pensant que cela l'amènera à la foi.

• **7.7** Voir le commentaire de Lc 11,9 ; Jn 14,13.

• **7.13** *Entrez par la porte étroite.* Jésus n'a jamais dit si ceux qui partageront la vie éternelle seront nombreux ou pas. Mais il a souvent répété que très peu *seraient choisis parmi les nombreux appelés.* Cela veut dire que même si de nombreuses personnes ont eu le privilège de le rencontrer, très peu font l'expérience des richesses de l'Évangile et produisent des fruits. Les élus sont ceux qui persévèrent et qui recherchent la véritable liberté.

• **7.15** Les prophètes se couvraient d'une peau de mouton en guise de manteau : un loup pouvait s'y cacher. Le monde a toujours eu beaucoup de *faux prophètes,* habituellement les prophètes du bonheur facile. Il serait bon cependant de se demander pourquoi notre société où il est interdit d'interdire sème la mort en tant de domaines, et nous fait un monde mesquin, si incapable de croire et d'espérer.

Iriez-vous chercher des raisins sur les épines (16). Jésus nous invite à considérer les faits et à en tirer des conclusions. Mais comme cela nous coûte de regarder lucidement la réalité, nous préférons discuter sur des idées. Jésus, formé par le travail manuel, se méfie des discours et des théories.

• **7.21** Au jour du jugement *beaucoup me diront.* Si nous enseignons ou si nous faisons des miracles, ces dons et ces ministères sont pour le bien de la communauté et ne signifient pas que nous sommes dans la grâce de Dieu. La vraie foi se manifeste par l'amour et la fidélité : elle nous conduit à suivre la Loi.

Si quelqu'un écoute mes paroles (24). Ceux qui ont reçu la parole doivent rester sur leur garde : s'ils ne bâtissent pas leur vie sur des bases solides comme la méditation biblique, la générosité, la lutte contre ce qui entraîne au mal, le partage dans la communauté chrétienne, tout s'écroulera plus tard.

t'enlever de l'œil cette paille, alors que la poutre reste là dans ton œil !
[5] Mais tu joues la comédie ! Enlève d'abord de ton œil la poutre, et ensuite tu verras comment enlever la paille de l'œil de ton frère.

• [6] Ne donnez pas aux chiens ce qui est saint, n'étalez pas vos perles à la vue des porcs ; ils pourraient bien les piétiner, et se retourner ensuite pour vous déchirer.

Demandez et l'on vous donnera

• [7] « Demandez et l'on vous donnera, cherchez et vous trouverez, frappez à la porte et l'on vous ouvrira ; [8] car quiconque demande reçoit, celui qui cherche trouve, et l'on ouvre à celui qui frappe. [9] Si votre fils vous demande du pain, lui donnerez-vous une pierre ? [10] Et s'il demande du poisson, lui donnerez-vous un serpent ? [11] Mauvais comme vous êtes, vous savez donner de bonnes choses à vos enfants : combien plus alors votre Père qui est dans les cieux donnera-t-il de bonnes choses à ceux qui le prient.

[12] Faites donc pour les autres tout ce que vous voulez qu'on fasse pour vous, c'est bien ce que disent la Loi et les Prophètes. »

La porte étroite

• [13] « Entrez par la porte étroite. Oui, grande ouverte est la porte, large est le chemin qui mène à la perdition, et c'est une foule qui s'y engage. [14] Mais comme elle est étroite la porte qui mène à la vie, comme le chemin est resserré ! Et ceux qui le trouvent sont bien peu. »

On reconnaît l'arbre à ses fruits

• [15] « Méfiez-vous des faux prophètes ! Ils arrivent chez vous avec leur peau de mouton, mais à l'intérieur ce sont des loups prêts à dévorer. [16] Vous les reconnaîtrez à leurs fruits. Iriez-vous chercher des raisins dans les épines ou des figues sur les ronces ?

[17] C'est la même chose pour tout arbre sain : il produit de bons fruits ; et tout arbre malade produit de mauvais fruits. [18] Un arbre sain ne peut pas produire de mauvais fruits, et un arbre malade ne peut pas produire de bons fruits. [19] Mais tout arbre qui ne donne pas de beaux fruits, on le coupe et on le jette au feu.

[20] Donc vous les reconnaîtrez à leurs fruits. »

La maison construite sur le roc

• [21] « Il ne suffira pas de me dire : "Seigneur ! Seigneur !" pour entrer dans le Royaume des Cieux ; entrera celui qui fait la volonté de mon

Extrait du Lévitique 14,1-9

Voici la loi au sujet de la purification du lépreux.

On le conduira au prêtre. Le prêtre sortira du camp pour l'examiner et devra vérifier que la plaie de lèpre est guérie. Alors le prêtre ordonnera qu'on prenne pour celui qui doit être purifié, deux oiseaux purs, vivants, du bois de cèdre, du cramoisi et de l'hysope.

Le prêtre ordonnera d'immoler le premier oiseau sur un vase d'argile, au-dessus d'une eau vive. Il prendra l'oiseau encore vivant, le bois de cèdre, le cramoisi et l'hysope, et il plongera le tout dans le sang de l'oiseau immolé au-dessus de l'eau vive. Ensuite il aspergera sept fois celui qui doit être purifié de la lèpre ; il le déclarera pur et lâchera l'oiseau vivant en pleine campagne.

Celui qui aura été purifié lavera ses vêtements, rasera tout son poil et se baignera dans l'eau : alors il sera pur. Après cela il rentrera au camp mais restera sept jours hors de sa tente. Le septième jour il se rasera de nouveau : il rasera sa tête, son menton et ses sourcils. Il rasera tout son poil, lavera ses vêtements et se baignera dans l'eau : il sera pur.

• **7.26** Ce paragraphe met fin au premier *Discours* de l'Évangile de Matthieu. Un nouveau Discours commencera au chapitre 10.

• **8.1** Dans cette nouvelle section de son évangile (8,1-9,35) Matthieu a placé une collection de miracles Pour lui, ces miracles ne sont pas seulement des choses extraordinaires : ils nous révèlent les traits du véritable disciple de Jésus.

D'abord, le lépreux guéri : un acte de courage de la part de Jésus, et un acte qui viole ouvertement la « loi de pureté ».

Ensuite (8,5), la foi du centurion, l'officier romain. Jésus parle des Juifs qui vont être exclus du Royaume de Dieu. Cela pourrait valoir aussi pour les nouveaux héritiers du Royaume que sont les chrétiens d'Occident.

Ils seront jetés dans les ténèbres. Ne parlons pas tout de suite de l'enfer : Jésus emploie le langage des prophètes. Mais s'en tenir aux apparences d'une religion apprise au lieu de croire, c'est aller n'importe où ailleurs que là où est la vie.

Père des cieux.

²² Beaucoup me diront en ce jour-là : "Seigneur, Seigneur, nous avons prophétisé en ton nom ; nous avons chassé les démons grâce à ton nom ; nous avons fait par ton Nom beaucoup de miracles." ²³ Mais alors je leur dirai en face : "Je ne vous ai jamais connus, *éloignez-vous de moi, vous tous qui travaillez pour le mal."*

²⁴ C'est pourquoi, si quelqu'un écoute mes paroles que voilà et les met en pratique, on pourra dire de lui : voici un homme avisé qui a bâti sa maison sur le roc. ²⁵ L'averse est tombée, les torrents sont venus et les vents ont soufflé ; ils se sont jetés sur cette maison, mais elle ne s'est pas écroulée car elle était fondée sur le roc.

• ²⁶ Par contre, si quelqu'un écoute mes paroles que voilà et ne les met pas en pratique, on pourra dire de lui : voici un homme sans cervelle qui a bâti sa maison sur le sable. ²⁷ L'averse est tombée, les torrents sont venus et les vents ont soufflé ; ils se sont jetés sur cette maison et elle s'est écroulée : ce fut un vrai désastre ! »

²⁸ Quand Jésus termina ce discours, son enseignement avait beaucoup frappé les foules ; ²⁹ c'est qu'il les enseignait avec autorité et non pas comme leurs maîtres de la Loi.

Guérison d'un lépreux

8 • ¹ Jésus descendit de la montagne et une foule nombreuse se mit à le suivre. ² Alors s'approche un lépreux, il se prosterne devant lui en disant : « Seigneur, si tu veux, tu peux me purifier. » ³ Jésus étend la main et le touche en disant : « Eh bien, je le veux, sois purifié ! » Et aussitôt il est pur : plus de lèpre. ⁴ Alors Jésus lui dit : « Écoute bien, n'en parle à personne, mais va te montrer aux prêtres et présente l'offrande comme Moïse l'a ordonné : tu feras ainsi ta déclaration. »

Jésus guérit le serviteur d'un officier

⁵ Comme Jésus partait pour Capharnaüm, un officier s'approcha et lui fit cette demande : ⁶ « Seigneur, mon serviteur est au lit à la maison. Il est paralysé et il souffre terriblement. » ⁷ Jésus lui dit : « J'y vais et je le guérirai. »

⁸ L'officier répondit : « Seigneur, qui suis-je pour que tu viennes sous mon toit ? Dis un mot seulement et mon serviteur sera guéri. ⁹ Moi-même j'obéis, mais j'ai aussi des soldats sous mes ordres. Quand je dis à l'un : Pars ! il part. Je dis à un autre : Viens ! et il vient. Je dis à mon serviteur : Fais cela ! et il le fait. »

Les habitués de la religion ont toujours du mal à accepter que les nouveaux venus partagent leurs droits. Nous le lisons dans Les Actes des apôtres 13,44 lorsque les païens accourent pour entendre la prédication de Paul.

Le sabbat suivant, presque toute la ville était là pour entendre Paul qui fit une longue exposition sur le Seigneur. Les Juifs furent pris de jalousie en voyant tout ce monde et ils commencèrent à contredire Paul avec des insultes.

Paul et Barnabé ne se laissèrent pas démonter ; ils leur dirent : « C'est à vous qu'il fallait d'abord annoncer la parole de Dieu. Mais, puisque vous la rejetez, nous allons nous adresser aux païens. Le Seigneur lui-même nous en fait un devoir : Je fais de toi la lumière des nations, tu porteras mon salut jusqu'aux extrémités du monde.

Ceux qui n'étaient pas Juifs se réjouissaient d'entendre cela, et ils prenaient en estime la parole de Dieu. Un certain nombre eurent la foi, tous ceux qui étaient destinés à la vie éternelle.

BRÈVE HISTOIRE D'ISRAËL AVANT JÉSUS

Quatre grandes étapes au cours de dix-huit siècles :

1. Le temps des **Patriarches** et de la vie nomade. Du dix huitième au quinzième siècles on garde les traditions relatives à quelques grands ancêtres, chefs de clan, qui ont vécu une relation simple avec Dieu et qui ont reçu de lui des promesses : **Abraham, Isaac, Jacob-Israël.**

2. La sortie d'Égypte et l'installation sur la Terre Promise. Vers 1240, la révélation à **Moïse** au désert du **Sinaï. Alliance** exclusive avec Yahvé, le Dieu unique, le Dieu juste, le Dieu saint qui ne tolère aucune représentation de lui-même. Les clans qui ont franchi la mer avec lui communiquent peu à peu leur foi à d'autres nomades durant les 40 ans qu'ils séjournent à l'oasis de **Cadès**. Ils s'imposent peu à peu en **Palestine** : à retenir le nom de **Josué**.

3. Le temps des rois. **David,** roi de tout Israël en l'an 1000, reçoit une promesse de Dieu qui lier à ses descendants l'œuvre de Dieu dans le monde. Il fait de **Jérusalem** sa capitale. Son fils **Salomon** y construit le **Temple**. Peu après ce royaume se divise, Israël au nord, **Juda** (d'où vient le mot Juifs) au sud. Le royaume d'Israël dont la capitale est Samarie disparaît en 721. A son tour le royaume de Juda est détruit en 587 et les Juifs déportés à **Babylone**.

Durant ces quatre siècles, les prophètes ont donné à la foi israélite ses traits essentiels. Il faut retenir les d'**Élie** et **Élisée**, puis ceux des quatre grands prophètes auxquels sont attribués des livres que la Bible a conservés : **Isaïe, Jérémie, Ezéchiel, Daniel.**

4. En 587, **Cyrus** le Perse prend Babylone et les Juifs reviennent sur leur terre, une petite communauté qui s'affermit autour du Temple et du culte, sous l'autorité des prêtres, rédacteurs et gardiens de la « **Loi de Moïse** ». La province est partie de l'empire perse, puis des successeurs du conquérant Alexandre établis en Égypte, puis des souverains Syriens.

Très violente persécution syrienne de 175 à 160 et résistance nationale dirigée par la famille des Maccabées. Les Juifs retrouvent leur indépendance sous le règne et la tyrannie des Maccabéens ou **Asmonéens**. Les divisions internes facilitent l'entrée en scène des **Romains** avec Pompée en 63 avant notre ère. De 40 à 4 avant notre ère, le dernier souverain, **Hérode le Grand**, est le protégé des Romains. Deux ans avant sa mort (6 avant notre ère), naissance de Jésus.

Lorsque paraît Jésus le peuple juif reste tendu vers l'avenir, on continue d'attendre le roi, prophète et libérateur que la Bible appelle le Messie (l'homme consacré par Dieu).

[10] Jésus l'écoutait, et il en était dans l'admiration. Alors il déclara à ceux qui l'accompagnaient : « En vérité, je vous le dis, je n'ai rencontré une telle foi chez personne en Israël. [11] Je vous l'affirme : beaucoup viendront de l'orient et de l'occident et seront au festin avec Abraham, Isaac et Jacob dans le Royaume des Cieux. [12] Et par contre, ceux pour qui était le Royaume seront jetés dehors dans les ténèbres. Là il y aura pleurs et grincements de dents. »

[13] Alors Jésus dit à l'officier : « Va, et que tout se fasse pour toi comme tu as cru. » A l'instant même le serviteur fut guéri.

Guérisons à la maison de Pierre

[14] Jésus arriva à la maison de Pierre ; il y trouva la belle-mère de ce dernier au lit avec de la fièvre. [15] Il lui prit alors la main et la fièvre tomba. Elle se leva et se mit à leur faire le service. [16] Le soir venu, on commença à lui amener des personnes qui souffraient de divers démons. D'un mot il chassa les esprits, et il guérit tous ceux qui allaient mal. [17] Ainsi s'accomplissait la parole dite autrefois par le prophète Isaïe : *Il a pris nos faiblesses, lui-même a porté nos maladies.*

Jésus prêche au bord du lac

[18] Comme Jésus se voyait pressé par la foule, il donna l'ordre de passer sur l'autre rive. [19] A ce moment-là, un expert de la Loi s'approcha pour lui dire : « Maître, je suis prêt à te suivre partout où tu iras ! » [20] Jésus lui répondit : « Les renards ont un terrier, les oiseaux du ciel ont un nid ; mais le Fils de l'Homme n'a pas où reposer sa tête. »

[21] Un autre disciple de Jésus lui dit : « Seigneur, permets-moi d'abord de retourner, que je puisse enterrer mon père. » [22] Jésus lui dit : « Suis-moi, et laisse les morts enterrer leurs morts. »

Jésus apaise la tempête

[23] Jésus monta dans la barque et ses disciples le suivirent. [24] Mais la mer devint de plus en plus agitée, si bien que des vagues passaient par-dessus la barque ; et lui dormait.

[25] Ils s'approchent donc et le réveillent en lui disant : « Seigneur, sauve-nous, nous sommes perdus ! » [26] Mais lui leur dit : « Comme vous êtes peureux, gens de peu de foi ! » Jésus se lève alors, il rappelle à l'ordre les vents et la mer, et c'est le grand calme. [27] Les gens en étaient tout étonnés ; ils disaient : « Mais que peut-il bien être ? Même les vents et la mer lui obéissent ! »

Dans les Actes des Apôtres (14. 8) on lit une intervention semblable de Paul : il guérit un paralysé en invoquant le nom de Jésus

On pouvait voir à Lystres un homme impotent assis les jambes croisées. C'était un invalide de naissance : il n'avait jamais marché. Tandis qu'il écoutait le discours de Paul, celui-ci le fixa du regard et vit qu'il avait la foi pour être sauvé. Alors il lui dit d'une voix forte : « Lève-toi, tiens-toi sur tes pieds ! » Il se leva d'un bond et commença à marcher.

En voyant ce que Paul venait de faire, la foule se mit à crier dans son dialecte, en lycaonien : « Les dieux ont pris forme humaine et sont descendus chez nous ! » Pour eux Barnabé était Zeus, et Paul, Hermès, car c'est lui qui parlait le plus. Le prêtre du Zeus de l'entrée de la ville amena des taureaux et des guirlandes, car il s'était mis d'accord avec la foule pour les offrir en sacrifice.

En entendant cela, les apôtres Barnabé et Paul déchirèrent leurs vêtements ; ils se précipitèrent vers la foule en criant : « Que faites-vous ? Comme vous, nous sommes humains et mortels, et nous venons justement vous dire de laisser toutes ces choses sans valeur, et de vous tourner vers le Dieu vivant qui a fait le ciel et la terre ainsi que la mer, avec tout ce qu'ils contiennent. Au cours des générations passées il a laissé les nations suivre chacune son chemin. Mais en même temps il répandait ses bienfaits, car il ne voulait pas rester inconnaissable ; c'est lui qui vous donne les pluies du ciel, la saison des récoltes, la nourriture abondante ; c'est lui qui met la joie dans vos cœurs. »

Paul et Barnabé développèrent ce thème ; ils eurent bien du mal à empêcher la foule de leur offrir un sacrifice.

Psaume 32,1-5

Heureux qui a sa faute pardonnée,
son péché effacé ;
heureux cet homme que le Seigneur voit sans dette
et dont l'esprit n'a rien à cacher.
Tant que je me suis tu, un feu rongeait mes os.
Tout le jour je criais ma plainte
car nuit et jour ta main pesait sur moi ;
pour moi plus de verdeur mais le feu de l'été.
Je t'ai fait connaître mon péché,
je n'ai plus caché ma faute, j'ai dit :
« Devant le Seigneur je reconnaîtrai mon tort »,
et tu as remis ma dette, pardonné mon péché.

Les démons et les cochons

[28] Quand Jésus atteignit le rivage, sur le territoire de Gadara, deux possédés du démon sortirent du milieu des tombes et vinrent à sa rencontre. C'étaient des hommes si sauvages que personne ne pouvait passer sur ce chemin. [29] Et voici qu'ils se mettent à crier : « Qu'est-ce que tu nous veux, fils de Dieu ? Es-tu venu pour nous torturer avant l'heure ? »

[30] A une certaine distance il y avait un troupeau de cochons qui cherchaient leur nourriture. [31] Les démons lui font alors cette demande : « Si tu veux nous mettre dehors, envoie-nous dans ce troupeau de cochons. » [32] Jésus leur dit : « Allez. » Ils sortent donc et s'en vont vers les cochons, et voilà tout le troupeau qui dévale la pente jusqu'à la mer où les bêtes se noient.

[33] Les gardiens de cochons s'enfuient vers la ville et, quand ils arrivent, ils racontent l'affaire des possédés. [34] Tous les gens de la ville sortent alors de chez eux à la rencontre de Jésus et, aussitôt qu'ils le voient, ils lui demandent de quitter leur territoire.

Jésus guérit un paralytique

9 [1] Jésus monta dans la barque pour faire la traversée et il arriva dans sa ville. [2] A ce moment on lui amena un homme paralysé, étendu sur un brancard. Jésus vit la foi de ces gens et il dit au paralysé : « Courage, mon gars, tes péchés sont pardonnés ! »

[3] Il y avait là des maîtres de la Loi ; aussitôt ils se disent : « Cet homme se moque de Dieu ! » [4] Mais Jésus a vu ce qu'ils pensent, et il leur dit : « Pourquoi faites-vous ces réflexions méchantes ? [5] Quel est le plus facile à dire : Tes péchés sont pardonnés, ou : Lève-toi et marche ? [6] Sachez donc que le Fils de l'Homme a autorité sur la terre pour pardonner les péchés. » Jésus dit alors au paralysé : « Lève-toi, prends ton brancard et rentre chez toi. » [7] L'homme se leva et rentra chez lui. [8] En voyant cela la foule fut saisie de crainte ; elle rendait gloire à Dieu pour avoir donné un tel pouvoir à des humains.

Jésus appelle l'apôtre Matthieu

[9] Jésus s'en alla plus loin et vit celui qui était à la douane. Il dit à cet homme, un dénommé Matthieu : « Suis-moi ! » L'autre se leva et se mit à le suivre.

[10] Comme Jésus était là à table dans la maison, un certain nombre de collecteurs de l'impôt et d'autres pécheurs étaient installés avec Jésus

46

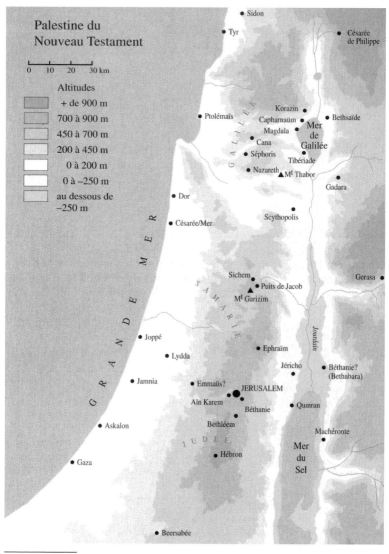

Palestine du
Nouveau Testament

0   10   20   30 km

Altitudes
+ de 900 m
700 à 900 m
450 à 700 m
200 à 450 m
0 à 200 m
0 à −250 m
au dessous de
−250 m

Sidon
Tyr
Césarée
de Philippe
GALILÉE
Ptolémaïs
Korazin
Capharnaüm
Bethsaïde
Magdala
Mer
Cana
de
Séphoris
Galilée
Tibériade
Nazareth
Mᵗ Thabor
Gadara
Dor
Scythopolis
Césarée/Mer
GRANDE MER
SAMARIE
Sichem
Gerasa
Puits de Jacob
Mᵗ Garizim
Jourdain
Joppé
Ephraïm
Lydda
Jéricho
Béthanie?
(Bethabara)
Jamnia
Emmaüs?
JERUSALEM
Aïn Karem
Béthanie
Qumran
Bethléem
JUDÉE
Mer
Askalon
Machéronte
Gaza
Hébron
du
Sel

Beersabée

La Galilée, la province du nord, à l'ouest du Jourdain.

La Décapole : « Les dix villes », secteur à majorité non juive encastré entre la Galilée, la Samarie et le Jourdain.

La Judée avec Jérusalem, la capitale juive au sud.

et ses disciples. [11] En voyant cela, les Pharisiens commencent à discuter avec ses disciples : « Comment votre maître peut-il manger avec des collecteurs de l'impôt et des pécheurs ? »

[12] Mais Jésus l'entend et leur dit : « Ce ne sont pas les bien-portants qui ont besoin d'un médecin, mais les malades. [13] Allez donc apprendre ce que veut dire cette parole : *C'est la miséricorde que j'aime, non les offrandes !* Je ne suis pas venu, moi, pour appeler des justes mais des pécheurs. »

L'évangile n'est pas un raccommodage

[14] A leur tour les disciples de Jean s'approchent et lui disent : « Nous jeûnons souvent et les Pharisiens également ; pourquoi tes disciples n'ont-ils pas de jours de jeûne ? » [15] Jésus leur répond : « Vous ne pouvez tout de même pas imposer le deuil aux compagnons du nouvel époux tant que l'époux est avec eux. Le jour viendra où l'époux leur sera enlevé ; alors ils jeûneront.

[16] On ne rapièce pas un vieux vêtement avec une pièce de tissu qui n'a pas encore été lavé ; sinon la pièce tire sur le vêtement et la déchirure devient pire. [17] On ne met pas non plus du vin nouveau dans de vieilles outres ; sinon les outres craquent, le vin se répand et les outres sont perdues. On met le vin nouveau dans des outres neuves, et ils se conservent pareillement. »

Jésus ressuscite la fille d'un chef

[18] Comme Jésus leur parlait, voici qu'un chef arrive et se prosterne devant lui en disant : « Ma fille vient de mourir. Viens pourtant, tu lui imposeras la main et elle vivra. » [19] Jésus se leva donc pour l'accompagner avec ses disciples.

[20] C'est alors qu'une femme s'approcha par derrière et vint toucher la frange de son manteau. Cette femme souffrait de pertes de sang depuis une douzaine d'années [21] et elle se disait : « Si je pouvais seulement toucher son vêtement, je serais sauvée ! » [22] Jésus se retourna et, la voyant, il lui dit : « Courage, ma fille, ta foi t'a sauvée. » Et dès ce moment la femme fut sauvée.

[23] Lorsque Jésus arriva à la maison du chef, il vit les joueurs de flûte et tous les gens qui faisaient du tapage. [24] Et il leur dit : « Retirez-vous, la fillette dort, elle n'est pas morte ! » Les gens se moquaient de lui. [25] On les mit pourtant dehors, et lui entra. Il prit la fillette par la main et elle se leva.

[26] Cette affaire fit du bruit dans toute la région.

La foi qui obtient le miracle : dans les Actes 3,1.

Comme Pierre et Jean étaient sur le point d'entrer au Temple, l'infirme leur demanda l'aumône.

Alors Pierre le fixe du regard, tout comme Jean, et il lui dit : « Regarde-nous ! » L'homme ne les lâchait pas du regard car il s'attendait à recevoir quelque chose. Mais Pierre lui dit : « Je n'ai ni or ni argent, je te donnerai ce que j'ai : au nom du Messie, Jésus de Nazareth, lève-toi et marche ! »

Pierre le prend de la main et le met debout : l'autre aussitôt sent que ses pieds et ses chevilles deviennent fermes. Il saute, se met sur pieds et commence à marcher, puis il entre au Temple avec eux, marchant, sautant et rendant grâces à Dieu.

Tout le monde le voit marcher et rendre grâces à Dieu, et alors on le reconnaît : « C'est lui le mendiant de la Belle Porte du Temple ! »

Cela produisit un vrai choc : tous étaient stupéfaits de ce qui venait de lui arriver. L'homme ne quittait pas Pierre et Jean, si bien que tout le peuple accourut et se retrouva autour d'eux au Portique de Salomon, incapable de dire un mot.

• **9.35** *Il eut pitié d'eux…* En Jésus, Dieu lui-même était venu guérir l'humanité. Mais, comme il s'agit là d'une tâche longue et difficile, il fallait des signes visibles pour nous aider à croire que quelque chose se fait ; c'est pourquoi Jésus devait guérir les malades. Mais de nos jours encore, les communautés chrétiennes doivent donner des signes du salut qu'elles apportent.

Jésus demande que chacun de nous mette ses talents au service de l'humanité. Mais il a aussi besoin *d'ouvriers pour la moisson* du Royaume, c'est-à-dire pour transmettre l'appel de Dieu et pour rassembler en Église.

• **10.1** Jusqu'à ce moment-là, Jésus prêchait dans les synagogues autour de Capharnaüm. Maintenant il est connu, il a des disciples et il commence à attirer la foule. C'est alors qu'il établit le groupe des « Douze ». Il a besoin d'eux pour organiser ses réunions, pour transmettre sa doctrine et pour multiplier les signes miraculeux qu'il accomplit parmi les malades. Les *douze*, voir le commentaire de Mc 3,13.

• **10.5** Jésus a commencé une mission en Galilée, il forme et envoie les missionnaires. *Apôtre* veut dire : envoyé, et *mission* aussi veut dire : envoi.

Le Père a envoyé son Fils sur terre, et le Fils à son tour envoie ses apôtres. Le Père envoie des messagers de sa Parole, mais il envoie aussi son Esprit pour toucher le cœur et l'esprit de ceux qui écoutent. Grâce à l'Esprit, ils reconnaîtront la parole de Dieu dans les pauvres discours de ces messagers sans grande instruction. L'Esprit donnera des signes : guérisons et grâces étonnantes qui appuieront le témoignage des envoyés.

Ce chapitre nous parle de la mission, premier souci de la communauté chrétienne. Dans la première partie (5-16) Jésus s'adresse aux premiers missionnaires de Galilée. Dans une seconde partie (17-42) Matthieu réunit des paroles que Jésus a prononcées en des circonstances très diverses.

N'allez pas vers les païens. Jésus suit le plan de salut de son Père comme il est prévu dans la Bible. Le Sauveur devait d'abord rassembler les brebis perdues d'Israël et conduire ensuite au salut toutes les nations païennes.

[27] Comme Jésus quittait cet endroit, deux aveugles le suivirent qui criaient par derrière : « Fils de David, aie pitié de nous ! »

Jésus guérit deux aveugles

[28] Au moment où Jésus entra dans la maison, les aveugles s'approchèrent et Jésus leur dit : « Croyez-vous vraiment que je peux le faire ? » Ils répondirent : « Oui, Seigneur. » [29] Alors Jésus toucha leurs yeux et dit : « Qu'il vous arrive comme vous avez cru. » [30] Et leurs yeux s'ouvrirent. Jésus leur fit la leçon : « Faites en sorte que personne ne le sache ! » [31] Mais dès qu'ils furent sortis, ils parlèrent de lui dans toute la région.

[32] Les aveugles étaient tout juste sortis lorsqu'on présenta à Jésus un homme qui avait un démon : il ne pouvait pas parler. [33] Jésus chassa le démon et le muet commença à parler. Voilà donc la foule tout émerveillée, car les gens disaient : « On n'a jamais rien vu de pareil en Israël ! » [34] Cependant les Pharisiens étaient là pour dire : « Il chasse les démons avec l'aide du chef des démons ! »

• [35] Jésus faisait la tournée des villes et des villages. Il enseignait dans leurs synagogues, il proclamait la Bonne Nouvelle du Royaume et guérissait n'importe quel mal ou maladie. [36] En voyant ces foules il eut pitié d'elles, car elles étaient accablées et sans réaction, comme des brebis qui n'ont pas de berger. [37] Alors il dit à ses disciples : « La moisson est abondante et les ouvriers sont peu nombreux. [38] Priez donc le Seigneur de la moisson pour qu'il envoie des ouvriers à sa moisson. »

LA BONNE NOUVELLE N'EST PAS REÇUE

Les douze apôtres

10 • [1] Jésus appela ses douze disciples ; il leur donna autorité sur les esprits impurs pour les jeter dehors, et pour guérir n'importe quel mal ou maladie. [2] Voici les noms des douze apôtres : d'abord Simon appelé Pierre, et André son frère ; puis Jacques fils de Zébédée, et Jean son frère ; [3] Philippe et Barthélemy ; Thomas et Matthieu, l'employé de l'impôt ; Jacques fils d'Alphée, et Thaddée ; [4] Simon le Cananéen et Judas l'Iscariote, celui qui l'a livré.

Jésus envoie les premiers missionnaires

• [5] Ces Douze, Jésus les envoya en mission. Il leur dit : « N'allez pas vers les païens, n'entrez pas dans une ville de Samaritains ; [6] mais allez plutôt vers les brebis perdues du peuple d'Israël.

PREMIÈRES PERSÉCUTIONS ET PREMIERS MARTYRS

Bien des commentateurs ont voulu minimiser la valeur de ces avertissements. Selon eux, l'évangile projetterait sur le temps de Jésus une situation qui est en réalité d'un temps bien postérieur. C'est oublier qu'en Galilée le groupe de Jésus a vécu sous la menace constante des Hérodiens (voir : Lc 13,31).

A Jérusalem Jésus était sous la menace des prêtres et Jean rappelle que la menace était constante. A la fin Jésus était de fait exclu de la communauté juive. Et le grand conseil juif obtient sa mise en croix en l'an 30.

Peu après la Pentecôte, les apôtres sont arrêtés, ils reçoivent la bastonnade.

En l'an 36 le grand prêtre profite de l'absence du gouverneur romain pour faire lapider Étienne.

En l'an 40 Hérode fait décapiter l'apôtre Jacques et il aurait fait de même pour Pierre s'il n'avait encore été délivré.

En l'an 62 le grand prêtre fait lapider Jacques « frère du Seigneur », fort estimé de tout le peuple à Jérusalem, et les chrétiens sont exclus du Temple.

En l'an 64, les chrétiens sont considérés par les Romains comme une religion illégale du fait qu'ils ne sont plus protégés par le statut spécial des Juifs. Et c'est alors qu'a lieu la persécution terrible de Néron dans laquelle périssent Pierre et Paul.

• **10.16** Ici Matthieu nous présente des avis que Jésus a donnés à ses témoins. En grec témoin se dit : *martyr*. Certains de ces martyrs ont vite été glorifiés, le plus grand nombre sont restés inconnus. Ils ont souvent été défigurés par les calomnies (5,11 ; Lc 21,17), ce qui a permis de les isoler, même de la communauté chrétienne, et ensuite de les éliminer.

Dans certains cas, des communautés chrétiennes entières ont été massacrées, comme au temps de l'empire romain ou, plus près de nous, les Arméniens. Et cela continue de nos jours en bien des pays sans que la presse en parle.

Jésus va dire qu'il ne faut pas chercher la mort (23), mais aussi il affirme que la persécution de ses témoins fera avancer l'évangélisation (18).

En réalité, Jésus ne parle pas seulement de ceux qui sont massacrés. Beaucoup plus nombreux, et sans doute plus proches de nous, sont ceux qui ont eu à vaincre la peur (26 ; 28 ; 31) pour être ses témoins dans les rues, les écoles et les lieux de détente de ce monde où souvent règne la violence.

• **10.19** *Ne vous tourmentez pas.* Les témoins du Christ s'identifient davantage au Christ quand ils sont persécutés et emprisonnés : alors ils ne doivent pas douter de l'aide qu'ils recevront de l'Esprit.

• **10.23** *Vous n'aurez pas fini de faire la tournée…* Cette phrase serait mieux placée dans la première partie du discours concernant la mission en Galilée. Mais Matthieu l'applique aux futurs missionnaires en lui donnant un sens différent : même s'ils sont chassés de partout, ils ne manqueront pas de travail jusqu'à ce que le Christ revienne.

⁷ Partout où vous passerez, vous ferez cette annonce : « Le Royaume des Cieux est là, tout proche ! » ⁸ Guérissez les malades, réveillez les morts, purifiez les lépreux, chassez les démons. Vous avez reçu gratuitement, vous donnerez gratuitement.

⁹ Ne prenez pas d'argent dans vos ceintures, pas plus de petite monnaie que de pièces d'or ou d'argent ; ¹⁰ ni sac de voyage, ni tunique de rechange, ni chaussures, ni bâton : pensez que l'ouvrier a droit à sa nourriture.

¹¹ Quand vous entrerez dans une ville ou un village, faites-vous donner le nom d'une personne convenable, et restez là jusqu'à ce que vous repartiez. ¹² En entrant dans cette maison vous lui souhaiterez la paix. ¹³ Si la maison en est digne, la paix viendra sur elle ; si elle n'en est pas digne, la paix que vous offrez reviendra sur vous.

¹⁴ Si l'on ne vous reçoit pas, si l'on n'écoute pas vos paroles, au moment de sortir de cette maison ou de cette ville, vous secouerez la poussière de vos pieds. ¹⁵ En vérité, je vous le dis, le pays de Sodome et de Gomorrhe s'en tirera à meilleur compte que cette ville au jour du jugement. »

Les témoins de Jésus sont persécutés

• ¹⁶ « Allez ; je vous envoie comme des brebis au milieu de loups. Soyez donc adroits comme le serpent, mais simples comme la colombe. ¹⁷ Méfiez-vous des hommes ! Ils vous livreront à leurs conseils de communauté et vous serez fouettés dans leurs synagogues. ¹⁸ A cause de moi on vous traînera devant des gouverneurs et des rois ; et vous rendrez témoignage face à eux et aux païens.

• ¹⁹ Quand on vous livrera, ne vous tourmentez pas pour ce que vous direz et comment vous le direz, car ce que vous aurez à dire vous sera donné au moment même. ²⁰ D'ailleurs ce n'est pas vous qui parlerez, c'est l'Esprit de votre Père qui parlera en vous. ²¹ Le frère livrera son frère à la mort, et le père son enfant. Les enfants accuseront leurs parents et les feront mourir. ²² Rien qu'à cause de mon nom vous serez haïs de tous ; mais celui qui restera ferme jusqu'à la fin sera sauvé.

• ²³ Quand on vous persécutera dans une ville, fuyez vers une autre. En vérité, je vous le dis, vous n'aurez pas fini la tournée des villes d'Israël avant que ne vienne le Fils de l'Homme.

²⁴ Le disciple n'est pas au-dessus du maître, ni le serviteur au-dessus de son seigneur. ²⁵ Ce sera déjà bien si le disciple est comme son maître et le serviteur comme son seigneur. S'ils ont traité de démon le maître de maison, ce sera pire encore pour les gens de sa maison. »

Le texte d'Isaïe 30,8 est l'un des nombreux textes qui montrent comment le peuple de Dieu refuse de voir les signes que Dieu lui adresse à chaque instant.

Tu vas écrire ceci sur une tablette ; inscris-le sur un document, que ce soit un témoin pour toujours jusqu'au dernier jour.

Car c'est un peuple rebelle,
ce sont des fils infidèles,
des fils qui n'aiment pas entendre ce qu'enseigne Yahvé.
Ils ont dit aux voyants : «Ne voyez rien !»
aux visionnaires : «Plus de visions sur la réalité !
Dites-nous des choses agréables,
voyez des choses fantastiques.
Déviez de la route, sortez du chemin,
ne nous ramenez plus le Saint d'Israël !»

• **10.28** Nous sommes lâches et Jésus le sait. Il a déjà dit : « N'ayez pas peur », quand il nous invitait à ne pas placer notre sécurité dans l'argent. Maintenant, à propos de la crainte de la répression, il ajoute : « Si vous ne pouvez pas vous débarrasser de votre peur, regardez d'où vient la plus grande menace : de Dieu ou des hommes ? »

C'est le seul endroit où Jésus parle de « craindre Dieu ». Quand l'Ancien Testament parle de la crainte de Dieu, il s'agit généralement du respect que l'on doit avoir envers Dieu. Mais le respect est loin de la peur. Dieu ne menace pas de nous « envoyer » en enfer, il nous rappelle que si nous le perdons, nous nous perdons nous-mêmes.

• **10.32** *Celui qui me reconnaîtra.* Après avoir insisté sur le pouvoir souverain de son Père, Jésus s'élève au même niveau : c'est lui qui décidera notre sort éternel.

• **10.34** *Ne croyez pas que je sois venu apporter la paix à la terre.* La paix des croyants leur vient de la certitude que Dieu les aime : c'est ce que disaient les anges à Bethléem : Lc 2,14. Mais Jésus n'apporte pas la paix au monde parce que la tranquillité du monde est faite de confusions, de demi-vérités, de mauvais équilibre entre la cupidité et la crainte du risque. La paix du monde, dans la famille ou dans la société, dissimule souvent un ordre injuste imposé par les plus forts ou la médiocrité.

Il n'est pas digne de moi… (37) Ceux qui aiment le Christ trouvent bien des motifs pour se libérer des liens qui maintiennent les uns et les autres dans la médiocrité ou dans mille esclavages.

Ne craignez pas

²⁶ « Donc ne les craignez pas. Il n'y a rien de caché qui ne doive être découvert, rien de secret qui ne sera connu. ²⁷ Ce que je vous dis dans l'obscurité, dites-le en plein jour, et ce qu'on vous a dit à l'oreille, criez-le sur les toits.

• ²⁸ Ne craignez pas ceux qui tuent le corps mais ne peuvent tuer l'âme. Craignez plutôt celui qui peut faire périr l'âme et le corps dans l'enfer. ²⁹ Deux moineaux ne valent qu'une monnaie, n'est-ce pas ? Or pas un d'entre eux ne tombe au sol sans l'accord de votre Père. ³⁰ Quant à vous, même vos cheveux sont tous comptés. ³¹ Donc ne craignez pas : vous valez tout de même plus qu'une volée de moineaux.

• ³² Celui qui me reconnaîtra devant les hommes, je le reconnaîtrai devant mon Père du Ciel. ³³ Mais si quelqu'un me renie devant les hommes, moi aussi je le renierai devant mon Père du Ciel. »

Quand l'évangile divise les familles

• ³⁴ « Ne croyez pas que je sois venu apporter la paix à la terre. Je ne suis pas venu amener la paix mais l'épée. ³⁵ Je suis venu pour créer la division : on sera *contre son propre père, la fille s'opposera à sa mère et la jeune mariée à sa belle-mère.* ³⁶ Chacun aura pour ennemis les gens de sa maison.

³⁷ Celui qui aime son père ou sa mère plus que moi n'est pas digne de moi. Celui qui aime son fils ou sa fille plus que moi n'est pas digne de moi. ³⁸ Et celui qui ne prend pas sa croix pour marcher derrière moi n'est pas digne de moi. ³⁹ Celui qui veut sauver sa vie la perdra, et celui qui la sacrifie pour moi l'aura finalement sauvée.

⁴⁰ Celui qui vous accueille m'accueille, et celui qui m'accueille accueille Celui qui m'a envoyé. ⁴¹ Celui qui accueille un prophète parce que c'est un prophète, recevra une récompense de prophète ; celui qui accueille un homme juste parce que c'est un juste, sa récompense sera celle qui convient pour un juste. ⁴² Et celui qui donne un verre d'eau fraîche à l'un de ces petits parce qu'il est mon disciple, je vous dis qu'il ne perdra pas sa récompense. »

Jésus se situe lui-même par rapport à Jean-Baptiste

11 ¹ Jésus donna donc ses instructions à ses douze disciples ; lorsqu'il eut terminé, il partit pour enseigner et prêcher dans les villes de la région.

La mort en croix du Fils de Dieu nous donne sur le monde, sur la vie et sur Dieu une connaissance qui échappe aux sages (1ère Corinthiens 1,19).

L'Écriture l'a bien dit : « Je détruirai la sagesse des sages et je réduirai à rien les raisons de ceux qui savent. »

Voilà pour faire taire le sage, et l'homme cultivé, et le théoricien de ce monde ! La sagesse de ce monde, Dieu l'a mise au rang des fous, n'est-il pas vrai !

C'est que le monde, avec sa sagesse, n'a pas reconnu Dieu quand il mettait en œuvre sa sagesse. Il a donc plu à Dieu de sauver des croyants grâce à une folie que nous proclamons.

Dans une des fresques de l'Apocalypse (11,3) les témoins de Jésus adressent au monde un dernier appel à la conversion. Comme pour Jean-Baptiste la mort fait partie de leur témoignage.

Je vais faire venir mes deux témoins qui doivent prophétiser durant mille deux cent soixante jours, vêtus de toile à sac.

Ils sont les deux oliviers et les deux lampes qui brûlent devant le Seigneur de toute la terre. Si quelqu'un leur fait du mal, un feu sortira de leur bouche pour consumer leurs ennemis : ainsi périra celui qui s'avise de leur faire du mal.

Tout le temps de leur activité prophétique, ils ont le pouvoir de fermer le ciel de sorte qu'il ne donne plus une goutte de pluie. Ils ont le pouvoir de changer les eaux en sang et de frapper la terre de toutes sortes de plaies aussi souvent qu'ils le veulent. Puis, quand ils auront fini de donner leur témoignage, la bête qui monte de l'abîme leur fera la guerre, les vaincra et les fera mourir.

• **11.2** Jésus a envoyé les premiers missionnaires : pour Matthieu c'est le moment de montrer comment vient le Royaume dont ils ont proclamé la venue. La visite des disciples de Jean aidera à voir ce qu'il apporte et ce qu'on n'a pas à attendre de lui.

Les pauvres entendent une bonne nouvelle… (v.5). Ce que Jésus proclame à ses contemporains est Évangile (ou Bonne Nouvelle) parce que c'est un message inespéré qui apporte à tout homme espérance et dignité.

Il ne s'est pas levé plus grand que Jean (v.11). Cette expression s'appliquait alors aux débuts d'un homme important, roi ou prophète.

Voir le commentaire de Lc 7.18.

• [2] Or voici que Jean-Baptiste, dans sa prison, entendait parler de ce que faisait le Christ, et il lui fit porter par ses disciples le message suivant : [3] « Es-tu celui qui doit venir ou devons-nous en attendre un autre ? » [4] Jésus leur donna cette réponse : « Allez voir Jean et racontez-lui ce que vous entendez et voyez : [5] les aveugles retrouvent la vue, les éclopés marchent, les lépreux sont purifiés, les sourds entendent, les morts se réveillent et les pauvres entendent une bonne nouvelle. [6] Mais heureux particulièrement celui qui me voit, si ce n'est pas pour sa chute. »

Jésus : Jean-Baptiste a mis fin à l'Ancien Testament

[7] Lorsque les hommes furent repartis, Jésus commença à parler de Jean à la foule : « Que cherchiez-vous à voir quand vous alliez au désert ? Un roseau agité par le vent ? [8] Qu'alliez-vous voir ? Un homme dans le luxe ? Mais les gens qui vivent dans le luxe se trouvent dans les palais des rois. [9] Alors pourquoi alliez-vous là-bas ? Pour voir un prophète ? Oui, je vous le dis, et plus qu'un prophète. [10] Car c'est de lui qu'il est écrit : *J'envoie mon messager devant toi pour qu'il te prépare le chemin.*

[11] Oui, je vous le dis, on n'a pas vu se lever plus grand que Jean parmi les fils de la femme. Et pourtant le plus petit dans le Royaume des Cieux est plus grand que lui.

[12] Depuis la venue de Jean-Baptiste jusqu'à présent, le Royaume des Cieux se prend par force et ce sont les plus décidés qui l'emportent. [13] Jusqu'à Jean on en restait à la prophétie, les prophètes comme la Loi, [14] et si vous voulez me croire, cet Élie qui devait revenir, c'est lui. [15] Celui qui a des oreilles, qu'il entende !

[16] Comment vais-je dépeindre la présente génération ? Elle fait penser à des gamins assis sur la place ; un groupe interpelle les autres : [17] Nous avons joué de la flûte pour vous et vous n'avez pas dansé ; et quand nous avons fait la lamentation, vous n'avez pas pleuré.

[18] Rappelez-vous Jean : il ne mangeait pas, il ne buvait pas, et quand il est venu on a dit : Il a un démon. [19] Et puis vient le Fils de l'Homme qui mange et qui boit, et l'on dit : Il aime le vin et la bonne chère, c'est un ami des collecteurs de l'impôt et des pécheurs ! Mais on verra que la Sagesse a bien fait les choses. »

Les villes qui se sont condamnées

[20] Alors Jésus commença à invectiver les villes où la plupart de ses miracles avaient eu lieu, car elles ne s'étaient pas converties : [21] « Mal-

Le prophète Jérémie rappelle la loi sacrée du sabbat (17,21)

Voici ce que Yahvé a dit : Ne faites pas votre malheur, ne transportez pas de fardeaux le jour du sabbat, ne les faites pas entrer par les portes de Jérusalem, ne faites aucun travail. Sanctifiez le jour du sabbat comme je l'ai commandé à vos pères. Eux n'ont pas écouté, ils n'en ont pas tenu compte.

Mais si vous m'écoutez — parole de Yahvé — si vous sanctifiez le jour du sabbat en ne faisant aucun travail, alors les portes de cette ville continueront de voir passer des rois successeurs de David. Ils entreront avec leurs chars et leurs chevaux, tout comme les gens de Juda, et cette ville sera toujours habitée.

Mais si vous ne m'écoutez pas, si vous ne sanctifiez pas le jour du sabbat, si vous portez des fardeaux et que vous passez avec par les portes de Jérusalem le jour du sabbat, alors je mettrai le feu à ces portes, il dévorera les palais de Jérusalem et ne s'éteindra plus.

• **11.25** L'intimité de Jésus et de son Père. Jésus priait et sa prière impressionnait les disciples. Nous avons ici une courte prière d'action de grâce inspirée par les événements les plus récents.

Tu as caché ces choses aux sages. Les gens intelligents ne sont pas exclus de la foi, bien sûr, mais c'est la gloire de Dieu que jamais la foi n'apparaisse comme un privilège des sages et intelligents ; la sagesse humaine ne donne jamais ce qui est essentiel, et souvent le cache. Il y avait alors en Palestine quelques sages et beaucoup de soi-disant sages, mais ils n'abondaient pas parmi les disciples de Jésus.

Tout m'a été remis. Dieu a fait le nécessaire pour qu'en tout temps et en tous lieux les hommes aient mille chemins pour aller vers lui. Mais seulement par Jésus nous avons dès cette vie la révélation du Père.

Apprenez que je suis doux et humble de cœur. L'humilité de Jésus nous révèle l'humilité de Dieu qui jamais ne cherche à nous rabaisser ou à nous intimider, mais au contraire veut nous élever jusqu'à lui. Cette humilité ne l'empêche pas d'être Dieu, et il pourra tout exiger de nous parce qu'il ne nous force pas de l'extérieur : son influence atteint les profondeurs du cœur.

Venez à moi : Je ne vais pas enlever votre fardeau, mais si vous acceptez mon joug, vous pourrez porter ce fardeau.

Jésus joue sur les mots *joug* et *fardeau* parce que les Juifs avaient l'habitude d'appeler « fardeau » l'enseignement divin communiqué aux élèves et « joug » la récitation balancée de ce qu'ils apprenaient par cœur.

Jésus, maître patient et humble, nous fait découvrir la miséricorde de Dieu dans notre vie et même dans notre propre croix. Il nous montre l'amour de Dieu, même dans les exigences de la Loi. Dieu seul est bon et l'autorité du Christ est bonne.

• **12.1** Conflits de Jésus avec les Pharisiens à propos du sabbat. Pourquoi l'évangile a-t-il insisté sur ces conflits ? Peut-être parce que le poids des obligations religieuses était au temps de Jésus un grand obstacle sur le chemin d'une découverte de Dieu. Peut-être aussi parce que les nouveaux chrétiens avaient vite refait d'autres lois auxquelles ils accordaient une importance exagérée.

heur à toi, Korazin ! Malheur à toi, Bethsaïde ! Si les miracles qui ont eu lieu chez vous avaient eu lieu dans Tyr et dans Sidon, depuis longtemps elles auraient fait pénitence avec le sac et la cendre. [22] Aussi je vous dis : Tyr et Sidon s'en tireront à meilleur compte que vous au jour du jugement.

[23] Et toi, Capharnaüm, *vas-tu t'élever jusqu'au ciel ? Non, tu descendras jusque chez les morts.* Car si l'on avait eu chez les gens de Sodome les miracles qui ont eu lieu chez toi, leur ville serait encore là aujourd'hui. [24] Aussi je vous dis : Sodome s'en tirera à meilleur compte que toi au jour du jugement.

Prenez sur vous mon joug

• [25] En cette même occasion Jésus éleva la voix et dit : « Je proclamerai tes grandeurs, Père, Seigneur du ciel et de la terre, car tu as caché ces choses aux sages et aux intelligents et tu les as révélées à des tout-petits. [26] Oui, Père, c'est cela qui t'a paru bon !

[27] Tout m'a été remis par mon Père et personne ne connaît vraiment le Fils, si ce n'est le Père ; et personne ne connaît vraiment le Père, si ce n'est le Fils et celui à qui le Fils veut le révéler.

[28] Venez à moi, vous tous qui peinez, qui êtes surchargés, et je vous donnerai le repos. [29] Prenez sur vous mon joug et apprenez de moi que je suis doux et humble de cœur, et vous trouverez le repos pour vos âmes. [30] Car mon joug est aisé et ma charge légère.

Jésus et le sabbat

12 • [1] En ce temps-là Jésus traversait des champs de blé, et c'était un jour de sabbat. Les disciples avaient faim et ils commencèrent à cueillir des épis pour les manger. [2] Les Pharisiens s'en aperçurent et ils lui dirent : « Regarde, tes disciples font ce qu'on n'a pas le droit de faire un jour de sabbat ! »

[3] Alors il leur dit : « N'avez-vous donc pas lu ce qu'a fait David un jour qu'il avait faim, lui et ses hommes ? [4] Il est entré dans la Maison de Dieu et ils ont mangé les pains de l'offrande, qui étaient interdits pour lui comme pour ses hommes, car seuls les prêtres peuvent en manger.

[5] N'avez-vous pas lu non plus dans la Loi que dans le Temple les prêtres n'observent pas le repos du sabbat ? Et ce n'est pas là une faute. [6] Je vous affirme qu'il y a ici mieux que le Temple. [7] Et si vous aviez compris cette parole : *c'est la miséricorde que j'aime, non les offrandes,* vous n'auriez pas condamné des innocents ! [8] Sachez que le Fils de l'Homme est Seigneur du sabbat. »

On a oublié les faibles et Dieu menace ceux qui avaient la charge du troupeau : en Jérémie 23,1.

Malheur aux bergers qui perdent et dispersent les brebis de mon pâturage ! Voici une parole de Yahvé, le Dieu d'Israël, pour les pasteurs qui font paître mon peuple :

Vous avez dispersé mes brebis, vous les avez chassées, vous ne vous en êtes pas occupés. C'est pourquoi maintenant je m'occupe de vous et de vos méfaits.

Je vais rassembler le reste de mes brebis de tous les pays où je les ai chassées, et je les ramènerai dans leurs pâturages ; là elles se développeront et se multiplieront.

Je choisirai pour elles des bergers qui les feront paître ; elles n'auront plus ni peur ni crainte, aucune ne se perdra — parole de Yahvé.

Voici venir des jours — parole de Yahvé, où je ferai sortir de David un germe juste. Un roi gouvernera avec sagesse, il établira dans le pays la justice et la droiture.

• **12.22** *Les gens de chez vous (27)*. Jésus fait allusion aux exorcistes juifs.

Le blasphème contre l'Esprit Saint (31). Il consiste à attribuer les actions de l'Esprit au diable, comme nous le voyons dans Mc 3,30.

En ce monde ou dans l'autre (32). C'est une expression juive qui veut dire que ce péché est impardonnable devant Dieu et devant les hommes. Comment pourrait-il être pardonné, celui qui refuse de reconnaître l'Esprit porteur de la miséricorde ?

Donnez-moi un bon arbre (33). C'est une autre application de la phrase que nous avons déjà lue dans 7,16. Ici, il s'agit des accusations des Pharisiens contre Jésus : ils calomnient tout ce qui est bon parce qu'ils ont le cœur malveillant.

Ce sont tes paroles qui te blanchiront ou te condamneront (37). Tout au long des années nous nous sommes construit une philosophie pratique et une vision de l'existence. A partir de là nous jugeons tout ce qui, chez les autres, remet en cause nos propres choix. C'est cela même, ces paroles par lesquelles nous nous justifions à nos propres yeux et condamnons les autres, qui nous vaudra une condamnation.

Jésus les a guéris le jour du sabbat

⁹Jésus alla plus loin et il entra dans une de leurs synagogues. ¹⁰Là se trouvait un homme avec une main paralysée. On lui posa alors une question, afin de pouvoir l'accuser ensuite : « Est-il permis de soigner, un jour de sabbat ? »

¹¹Jésus leur dit : « Si l'un de vous n'a qu'une seule brebis et qu'elle tombe dans un trou un jour de sabbat, n'ira-t-il pas la prendre et la remonter ? ¹²Un homme vaut sûrement plus qu'une brebis ! Donc, le jour du sabbat, il est permis de faire du bien. » ¹³Puis Jésus dit à l'homme : « Étends ta main ! » Il l'étendit : elle était redevenue saine comme l'autre main.

¹⁴Quand les Pharisiens sortirent, ils tinrent conseil pour voir comment se défaire de Jésus. ¹⁵Jésus, qui le savait, s'éloigna et bien des gens le suivirent. Il les guérit tous, ¹⁶mais il leur demandait avec insistance de ne pas parler de lui, ¹⁷car il fallait que s'accomplisse la parole du prophète Isaïe : *¹⁸ Voici mon serviteur que j'ai choisi ; c'est lui mon bien-aimé, celui qui fait mon plaisir. Je mettrai sur lui mon Esprit pour qu'il annonce le jugement aux nations.*

¹⁹Il ne discutera pas, il ne criera pas, on n'entendra pas sa voix sur les places. ²⁰Il n'écrasera pas le roseau brisé, il n'éteindra pas la mèche qui fume encore, jusqu'à ce qu'il fasse triompher le bon droit. ²¹L'espérance des nations reposera sur son nom.

Satan peut-il chasser Satan ?

• ²²On présenta alors à Jésus un homme possédé d'un démon : il était aveugle et muet. Mais Jésus le rétablit si bien que le muet parlait et voyait. ²³Tout le monde était dans l'admiration et les gens disaient : « C'est sûrement lui le fils de David. » ²⁴Mais les Pharisiens qui les entendaient répliquaient : « Celui qui lui permet de chasser les démons, c'est Beelzéboul, le chef des démons ! »

²⁵Jésus connaissait leurs réflexions et il leur dit : « Tout royaume qui se divise court à la ruine ; pas une ville, pas une institution ne durera si l'on y est divisé. ²⁶Si donc Satan chasse Satan, il est divisé et son royaume ne durera pas. ²⁷Si c'est Béelzéboul qui m'aide à faire sortir les démons, qui donc aide les gens de chez vous quand ils les font sortir ? Ce sont eux qui jugeront vos paroles. ²⁸Mais si c'est l'Esprit de Dieu qui avec moi fait sortir les démons, comprenez que le Royaume de Dieu est venu jusqu'à vous. ²⁹Comment entrera-t-on dans la maison du Fort pour lui prendre ses affaires ? Il faudra d'abord ligoter le Fort, et ensuite on pillera sa maison. »

Dans Exode 8,1 Yahvé défie le Pharaon et ses magiciens. Et il donne ces signes « venus du ciel » que les Pharisiens réclament à Jésus.

Yahvé dit à Moïse : « Tu diras à Aaron : Fais monter les grenouilles sur le pays d'Égypte. » Aaron étendit la main sur les eaux d'Égypte et les grenouilles montèrent et couvrirent tout le pays d'Égypte. Les magiciens firent la même chose avec leurs sortilèges et ils firent aussi monter des grenouilles sur le pays d'Égypte.

Le Pharaon fit appeler Moïse et Aaron : « Priez Yahvé pour que les grenouilles s'en aillent loin de moi et de mon peuple, et je permettrai que votre peuple aille offrir un sacrifice à Yahvé. » Moïse répondit au Pharaon : « Peux-tu me dire quand je devrai prier Yahvé pour toi, pour tes serviteurs et pour ton peuple, pour que les grenouilles disparaissent et qu'elles retournent dans le Nil ? »

Pharaon lui dit : « Demain ! » Moïse répondit : « D'accord ! Tu vas voir qu'il n'y a personne comme Yahvé notre Dieu. Les grenouilles s'éloigneront de toi et de tes maisons, de tes serviteurs et de ton peuple, et retourneront dans le Nil. » Moïse pria Yahvé au sujet des grenouilles qu'il avait envoyées contre le Pharaon. Yahvé exauça Moïse et les grenouilles crevèrent dans les maisons, dans les parcs et dans les champs. Mais quand le Pharaon vit que les choses s'arrangeaient, il s'endurcit et ne voulut pas les écouter.

• **12.**38 Voir en Matthieu 16,1.

Génération mauvaise et adultère. Dans la Bible cette expression désigne le croyant infidèle qui, sans renier Dieu dans ses paroles, garde d'autres dieux dans son cœur.

L'histoire de l'esprit impur, c'est-à-dire le démon, vise les contemporains de Jésus. Ils ont accueilli l'appel de Jean-Baptiste à la conversion, et pour un temps ils ont changé de conduite. Mais ils n'ont pas découvert la force intérieure qui leur aurait permis de continuer, et ils retourneront à leur aveuglement.

Les Ninivites : voir dans l'histoire de Jonas.

La reine du Sud : voir dans l'histoire de Salomon.

Le signe de Jonas est la résurrection de Jésus.

Jésus face aux calomnies

³⁰ « Qui n'est pas avec moi est contre moi, qui ne rassemble pas avec moi disperse ! ³¹ Aussi je vous dis : on pardonnera aux humains n'importe quel péché ou blasphème contre Dieu, mais le blasphème contre l'Esprit Saint ne sera pas pardonné. ³² Celui qui calomnie le Fils de l'Homme sera pardonné, mais celui qui calomnie l'Esprit Saint ne sera pardonné ni en ce monde ni dans l'autre.

³³ Prenez un bon arbre et vous aurez de bons fruits, prenez un arbre mauvais et vous aurez de mauvais fruits ; on reconnaîtra l'arbre à son fruit. ³⁴ Race de vipères, comment pourriez-vous avoir de bonnes paroles puisque vous êtes mauvais ?

La bouche dit ce qui déborde du cœur. ³⁵ L'homme bon a un bon fond et il en tire de bonnes choses, l'homme mauvais a un fond mauvais et il en tire le mal. ³⁶ Je vous l'affirme : tout ce qu'on aura dit sans raison, on en rendra compte au jour du jugement. ³⁷ Ce sont tes paroles qui te blanchiront, et ce sont tes paroles qui te condamneront. »

Jésus critique ceux de son temps

• ³⁸ A ce moment-là des maîtres de la Loi et des Pharisiens prirent la parole pour lui dire : « Maître, fais-nous donc voir un signe miraculeux. » ³⁹ Jésus leur répondit : « Génération mauvaise et adultère ! Vous réclamez un signe, mais vous n'en aurez pas d'autre que le signe du prophète Jonas. ⁴⁰ Tout comme Jonas a passé trois jours et trois nuits dans le ventre de la baleine, le Fils de l'Homme aussi restera trois jours et trois nuits au cœur de la terre.

⁴¹ Les hommes de Ninive ressusciteront pour le jugement tout comme cette génération et ils l'accuseront ; car eux se sont convertis à la prédication de Jonas, et ici il y a mieux que Jonas. ⁴² La reine du Sud ressuscitera pour le jugement avec cette génération et elle l'accusera ; car elle-même est venue du bout du monde pour entendre la sagesse de Salomon, et ici il y a mieux que Salomon. »

Les retours de l'esprit mauvais

⁴³ « Quand l'esprit impur est sorti de son homme, il va errant par des lieux arides à la recherche d'un toit, mais il n'en trouve pas. ⁴⁴ Alors il se dit : "Retournons à ma maison d'où je suis sorti."

En arrivant il la trouve débarrassée, balayée et décorée. ⁴⁵ Il s'en va donc et ramène avec lui sept autres esprits plus méchants que lui. Ils entrent et s'installent, et la nouvelle situation de cette personne est alors pire que la première : ce sera le cas pour cette génération mauvaise ! »

La Première Lettre de Pierre 1,10 rappelle aux baptisés qu'ils sont plus heureux que les prophètes : ce sont eux qui ont reçu de Jésus la connaissance des mystères de notre destin et de la marche du monde.

Les prophètes ont parlé de cette faveur que vous deviez recevoir, ils ont voulu savoir et ils se sont posé bien des questions à propos de ce salut. L'esprit du Christ était en eux et déjà leur faisait connaître ce que le Christ devait souffrir et la Gloire qui lui viendrait ensuite. Mais ils se demandaient : qui sera-t-il ? Quand cela sera-t-il ?

Ils préparaient ce qui maintient les anges en admiration, et qui maintenant vous a été annoncé par vos évangélisateurs en même temps que du ciel l'Esprit Saint vous était envoyé. Et il leur a été révélé que tout cela serait, sinon pour eux, du moins pour vous.

• **12.**46 *Sa mère et ses frères.* S'ils avaient été de vrais frères de Jésus, fils de Marie, l'évangile aurait dit : « Sa mère et les fils de sa mère », car c'était alors la seule façon correcte de les nommer ensemble. Ce point est traité plus à fond en Mc 3,31.

• **13.**1 Ici commence le troisième « discours de Jésus » dans l'Évangile de Matthieu. Jésus a fait proclamer par ses apôtres la venue du Royaume ; on en a vu les premiers signes : guérisons et victoires sur les démons, mais aussi les oppositions n'ont pas manqué et il semble que l'ensemble du peuple ne s'ouvre pas. Que penser de ce « Royaume de Dieu » qui change si peu ce qu'on vit concrètement ? Matthieu donne une réponse avec les sept paraboles qui suivent.

Jésus se sert de comparaisons, mais la *parabole* n'est pas n'importe quelle comparaison ; elle fait prendre conscience à l'auditeur de la situation dans laquelle il se trouve, et l'oblige à prendre parti.

Pour les auditeurs de Jésus, le règne de Dieu signifiait d'abord une libération de son peuple opprimé, et là, on voulait qu'il parle clairement. Mais Jésus, de son côté, ne pouvait donner de réponse qu'à ceux qui cheminaient avec lui ; car le Royaume fait partie de ces choses qu'on ne peut pas voir tant qu'on n'y a pas cru. Jésus n'en parlera qu'avec des images, et nous nous y retrouverons dans la mesure où nous en avons déjà quelque expérience.

Semer, c'est la preuve qu'on espère. Jésus s'est lancé dans une entreprise désespérée : sauver son peuple quand apparemment personne n'est en mesure de freiner la montée de la violence dans une société où les sectarismes vont grandissant. Et pour renverser le cours de l'histoire, il ne compte que sur la force de la Parole de Dieu proclamée et vécue. Il y aura une large part d'échecs, mais la moisson est assurée si le grain accepte de mourir en terre.

• **13.**11 *Il vous a été donné de connaître les mystères du Royaume,* à vous qui prenez l'appel du Christ au sérieux et qui décidez de le suivre. La citation d'Isaïe qui suit nous choque parfois parce que nous connaissons mal la façon de s'exprimer en hébreu. Jésus parle-t-il en paraboles parce que les auditeurs ne veulent pas comprendre, ou bien pour qu'ils ne comprennent pas ? C'est peut-être l'un et l'autre à la fois (comparer v.13 et 15). Voir le commentaire de Mc 4,11.

On donnera à celui qui a (12)*.* Ici « avoir » est au sens de produire, rapporter, comme l'arbre qui « a » du fruit. On donnera à celui qui fait fructifier.

Le Royaume des Cieux. Le terme « Cieux » est une expression juive pour désigner Dieu. En fait, Jésus annonçait que Dieu avait commencé à régner parmi nous.

La nouvelle famille de Jésus

• [46] Comme Jésus parlait à la foule, sa mère et ses frères étaient là dehors et voulaient lui parler. [47] Quelqu'un lui dit : « Ta mère et tes frères sont là dehors et ils voudraient te parler. »

[48] Mais lui répond à celui qui est venu l'avertir : « Qui est ma mère et qui sont mes frères ? » [49] De la main il montre ses disciples et dit : « Voilà ma mère et mes frères ! [50] Quiconque fait la volonté de mon Père des cieux est pour moi un frère, une sœur ou une mère. »

LES DOUZE S'ÉVEILLENT,
JÉSUS LEUR CONFIE SON ÉGLISE

La comparaison du semeur

13 • [1] Ce jour-là Jésus sort de la maison et va s'asseoir sur les bords du lac. [2] Mais c'est toute une foule qui s'assemble autour de lui, de sorte qu'il doit monter dans une barque où il s'assoit, pendant que tout son monde se tient sur le rivage. [3] Puis il se met à leur parler longuement en paraboles. Il leur dit :

« Voici que le semeur est sorti pour semer. [4] Pendant qu'il sème, une partie tombe au long du chemin et les oiseaux viennent et mangent les graines. [5] D'autres graines tombent sur la rocaille où elles n'ont guère de terre. Très vite sortent les tiges parce que la terre n'est pas profonde, [6] mais aussitôt que le soleil chauffe, elles sont grillées et se dessèchent parce qu'elles n'ont pas de racine. [7] D'autres graines tombent dans les épines, et les épines croissent et les étouffent. [8] D'autres tombent sur la belle terre et donnent du fruit, l'une cent, l'autre soixante et d'autres encore trente. [9] Que celui qui a des oreilles entende ! »

[10] Alors ses disciples s'approchent et lui disent : « Pourquoi leur parles-tu sous forme de paraboles ? »

La vérité est-elle bonne pour vous ?

• [11] Et lui leur dit ceci : « A vous il a été donné de connaître les mystères du Royaume des Cieux, mais pas à eux. [12] Car à celui qui a on donnera, et il aura en abondance, mais à celui qui n'a pas on enlèvera même ce qu'il a. [13] Voilà pourquoi je leur parle en paraboles. Car ils regardent sans voir et ils entendent sans entendre ni comprendre.

[14] A eux s'applique la prophétie d'Isaïe qui dit : *Écoutez, écoutez donc sans comprendre ! Regardez, regardez toujours sans rien voir ! [15] Oui, ce*

Les gens réclament des signes pour croire. Le prophète n'est pas là pour donner des signes, il n'y a pas d'autre moyen de sauver le monde que de demander à chacun de reconnaître ses trahisons : Ezéchiel 14,1.

Quelques anciens d'Israël sont venus chez moi et se sont assis près de moi. Alors une parole de Yahvé m'a été adressée : « Fils d'homme, ces hommes ont leurs idoles enracinées en leur cœur ; ils sont attachés à ce qui les fait pécher. Vais-je permettre qu'ils me consultent ?

Tu vas leur dire cette parole de Yahvé : Si quelqu'un en Israël porte en lui ses idoles et s'accroche à ce qui le fait pécher, il peut bien aller trouver le prophète : moi Yahvé je lui donnerai une réponse à la mesure de ses sales idoles. Je veux regagner le cœur de la maison d'Israël qui s'est éloignée de moi avec toutes ses ordures.

Tu diras donc à la maison d'Israël cette parole de Yahvé : Revenez vers moi, détournez-vous de vos idoles et renoncez à tous vos crimes. »

• **13**.18 Qui accueillera la Parole de Dieu ? Ce n'est pas une question d'intelligence, ou de capacité pour réfléchir, ou d'intérêt pour les choses religieuses : la reçoivent ceux qui sont ouverts à l'espérance.

• **13**.24 Avec la parabole de la *mauvaise herbe,* Jésus répond à ceux qui sont scandalisés de voir le mal présent partout. Dieu respecte les hommes. Il sait que la tentation est souvent plus forte que leurs bonnes intentions et qu'ils ont besoin de temps pour trouver et choisir le bien.

Dieu est patient. La réconciliation de tant de groupes opposés, de forces et de courants culturels si divers dans le monde, ne s'obtiendra qu'à la fin des temps. Entre-temps, nous ne devons pas qualifier les uns de bons et les autres de mauvais.

peuple a la conscience endurcie ; leurs oreilles ne savent plus entendre, leurs yeux sont bouchés. Ils ont peur de voir de leurs yeux et d'entendre de leurs oreilles, car alors leur cœur comprendrait et se convertirait, et moi je les guérirais.

[16] Mais vous, heureux vos yeux parce qu'ils voient et vos oreilles parce qu'elles entendent ! [17] Oui, je vous le dis, bien des prophètes et des justes auraient voulu voir ce que vous voyez et ne l'ont pas vu, ou entendre ce que vous entendez, et ne l'ont pas entendu. »

Jésus applique la parabole

- [18] « Vous donc, écoutez cette parabole du semeur.

[19] Un certain nombre entend la parole du Royaume sans l'entendre vraiment. C'est comme le grain semé trop près du chemin : le Mauvais arrive et arrache de leur cœur ce qui a été semé.

[20] Du grain a été semé sur la rocaille ; c'est celui qui écoute la parole et aussitôt l'accueille avec joie, [21] mais il change avec le temps, car il n'a pas de racines profondes. Pour peu que vienne une difficulté ou une persécution à cause de la parole, il abandonne aussitôt.

[22] Du grain est tombé dans les épines : c'est celui qui a écouté la parole et qui pourtant ne donnera pas de fruit. C'est que les préoccupations du monde et la séduction de la richesse sont venues étouffer cette parole.

[23] Du grain enfin a été semé sur la belle terre : voilà celui qui écoute la parole et l'accueille en lui. Il va donner du fruit et produire, peut-être cent, peut-être soixante, peut-être trente pour un. »

Le blé et la mauvaise herbe

- [24] Jésus leur présenta une autre parabole. Il leur dit : « Voici une image du Royaume des Cieux. Un homme a semé dans son champ de la bonne semence. [25] Pendant que les gens dormaient, l'ennemi est venu et a semé la mauvaise herbe au milieu du blé, puis il est parti. [26] Quand le blé en herbe a donné la tige et le grain, les mauvaises herbes aussi sont apparues. [27] Alors les serviteurs du maître de maison sont allés le trouver pour lui dire : "Seigneur, n'est-ce pas de la bonne semence que tu as semée dans ton champ ? Et d'où viennent ces mauvaises herbes ?" [28] Lui leur dit : "C'est un ennemi qui a fait cela." Alors les serviteurs lui demandent : "Veux-tu que nous allions les ramasser ?" [29] Mais il leur dit : "Ne le faites pas ; en ramassant les mauvaises herbes vous pourriez aussi arracher le blé. [30] Laissez-les donc grandir ensemble jusqu'à la moisson. Au moment de la mois-

• **13.**31 Jésus nous indique que le Royaume doit être un signe ; il se développera de telle manière qu'on ne pourra pas l'ignorer dans le monde. Tout courant spirituel, toute innovation culturelle, tout mouvement révolutionnaire, doit se concrétiser dans une institution qui lui donne un corps et le rend visible et efficace. Jésus annonce en quelque sorte cette Église qui sera porteuse (non pas propriétaire exclusive) du Royaume de Dieu.

Jésus ne se contente pas d'une « Église invisible », d'une fraternité sentimentale, d'une communion spirituelle de tous ceux qui croient en lui. Il veut un arbre immense (ailleurs Jésus parle de la ville bâtie sur le haut de la montagne) pour que tout le monde puisse voir que la graine était bonne et pleine de vie. Il nous faut des communautés chrétiennes organisées, des rapports entre ces communautés, une hiérarchie… Mais les chrétiens ne doivent pas s'enfermer dans leurs petites communautés, ni passer tout leur temps à travailler pour « leur » église. Il faut qu'ils soient utiles dans le monde en union avec tous les autres hommes de bonne volonté. Ils doivent être le levain dans la pâte et non pas former une pâte à part qui se voudrait un peu plus raffinée. Le levain transforme l'histoire humaine, non pas en conduisant tout le monde à l'église, mais en répandant l'Esprit qui donne la vie sur toutes les activités humaines.

• **13.**34 *Je parlerai en paraboles.* Les *secrets* du Royaume de Dieu que Jésus révèle répondent aux questions les plus importantes de l'humanité. Les réponses de Jésus déconcertent ceux qui sont trop habitués au langage des livres. Il nous offre quelque chose de plus riche grâce à ces figures ou énigmes qui nous demandent une part de créativité et auxquelles il nous faudra revenir. C'est seulement avec le temps que nous en découvrirons tout le sens.

• **13.**36 *Le champ, c'est le monde.* Cette parabole ne s'applique pas seulement à ce qui se passe en chacun de nous, elle nous parle d'un Royaume de Dieu qui se développe dans toutes les dimensions du monde profane. L'Histoire Sainte, ce n'est pas seulement l'histoire ancienne du pays de Jésus, mais toute l'histoire humaine dont le Christ ressuscité est le Seigneur.

Ce sera pareil à la fin du monde (40). Jésus nous parle d'un jugement. L'attente d'un jugement de Dieu sur le monde était un élément essentiel de la prédication des prophètes. Savoir avec certitude que notre vie va être jugée par celui qui voit le fond des cœurs est une des bases de la vision chrétienne de l'existence. Nous comprenons alors le caractère tragique des décisions que nous prenons jour après jour et qui dessinent comme un chemin vers la vérité ou un refus de la lumière. C'est seulement avec le temps que nous en découvrirons tout le sens. Cette certitude choque beaucoup de nos contemporains tout comme dans le passé elle a effrayé la majorité des hommes. Aujourd'hui certains se réfugient dans les illusions de la métempsycose et d'une série d'existences : les fautes de la vie présente pourraient être réparées dans la suivante.

Cette courte parabole contient un élément extrêmement révolutionnaire : le jugement est un secret de Dieu, et jusqu'à la fin du monde, le bien et le mal se trouvent mêlés en chacun de nous, aussi bien que dans les institutions. En fait, l'intérieur de l'homme est un grand mystère. Il n'y a pas un groupe des bons (nous, bien sûr, et ceux qui croient en Dieu, et ceux qui observent la même morale que nous…), et puis les autres. Mais alors, pourquoi Jésus divise-t-il ainsi les hommes ? Jésus a parlé comme parlaient les prophètes. Parler des bons et des méchants était une façon simple pour montrer que chacun de nous, en chacun de ses actes, fait un pas dans l'une des deux directions opposées.

Les *serviteurs* représentent les croyants, mais tout spécialement les « surveillants » de l'Église. Leur zèle pour réprimer ceux qu'ils jugent égarés afin de préserver ce qui leur semble bon est peut-être bien vicié de l'intérieur. Ils voudraient arrêter toutes les erreurs ? En fait ils ne croient qu'à la force, ou à l'autorité. Dieu préfère laisser les choses se clarifier : il veut que les hommes fassent leur expérience. Le mal est partie du mystère de la croix : faisant le bien et vivant dans la lumière, nous vaincrons le mal.

• **13.**44 Les paraboles du *trésor* et de la *perle* nous invitent à ne pas perdre l'occasion quand le Royaume de Dieu vient à nous.

son je dirai aux moissonneurs : ramassez d'abord les mauvaises herbes et faites-en des bottes pour les brûler. Ensuite vous rassemblerez le blé dans mon grenier."»

Le grain de moutarde et le levain

• [31] Jésus leur présenta une autre parabole : « Voulez-vous une image du Royaume des Cieux ? Pensez à la graine de moutarde qu'un homme a prise pour la semer dans son champ. [32] C'est la plus petite des graines, mais quand elle a grandi, elle est plus grande que les légumes. Elle devient un arbre, si bien que les oiseaux du ciel viennent s'abriter dans ses branches. »

[33] Jésus leur dit une autre parabole : « Voulez-vous encore une image du Royaume des Cieux ? Pensez au levain qu'une femme prend et enfouit dans trois mesures de farine, jusqu'à ce que tout soit levé. »

Jésus révèle le sens de la vie

• [34] Jésus disait tout cela aux foules en paraboles. Il ne leur disait rien sans faire usage de paraboles, [35] de sorte que s'accomplissait la parole du prophète : *J'ouvrirai la bouche et je parlerai en paraboles ; je ferai connaître des choses cachées depuis la fondation du monde.*

• [36] Après cela Jésus laisse la foule et vient à la maison. Alors ses disciples s'approchent de lui et lui disent : « Explique-nous la parabole des mauvaises herbes dans le champ. »

[37] Jésus leur dit : « Celui qui sème la bonne graine, c'est le Fils de l'Homme. [38] Le champ, c'est le monde ; la bonne graine, ce sont les enfants du Royaume ; les mauvaises herbes sont les sujets du Mauvais ; [39] l'ennemi qui les a semées, c'est le diable ; la moisson, c'est la fin du monde ; les moissonneurs sont les anges.

[40] Voyez comment on ramasse les mauvaises herbes pour les jeter au feu : ce sera pareil à la fin du monde. [41] Le Fils de l'Homme enverra ses anges pour qu'ils enlèvent de son Royaume tous les scandales, et aussi ceux qui faisaient le mal. [42] Et ils les jetteront dans la fournaise du feu : là il y aura pleurs et grincements de dents. [43] Par contre les justes brilleront comme le soleil dans le Royaume de leur Père. Que celui qui a des oreilles entende. »

Le trésor et la perle

• [44] « Le Royaume des Cieux est comme un trésor caché dans un champ. Celui qui l'a trouvé referme aussitôt la cachette ; c'est pour lui une telle joie qu'il s'en va vendre tout ce qu'il a et il achète ce champ.

La sagesse est une perle précieuse : dans Sirac 51,13.

Déjà quand j'étais jeune, avant tous mes voyages, j'ai carrément demandé la sagesse dans la prière. Je me tenais devant le Sanctuaire pour la demander, et jusqu'à la fin je la poursuivrai.

J'y ai trouvé ma joie : elle venait comme la fleur d'une grappe mûrissante. J'ai avancé droit mon chemin, et dès ma jeunesse j'ai suivi sa trace.

A peine avais-je tendu l'oreille de son côté qu'elle m'a été accordée, et j'y ai trouvé toute une doctrine. Comme j'ai progressé grâce à elle ! Je veux rendre gloire à celui qui me l'a donnée.

J'avais décidé de la mettre en pratique, j'ai ardemment cherché le bien et je n'ai pas à m'en repentir.

Elle m'a fait livrer de durs combats : je suis devenu exigeant sur la pratique de la Loi. J'élevais les mains vers le ciel, déplorant mes insuffisances à son sujet.

Je me suis tourné vers elle de toute mon âme, et je l'ai trouvée à force de purification. C'est d'ailleurs grâce à elle que, dès le début, je possédais mon cœur : maintenant elle ne m'abandonnera pas.

Bien des gens ont attendu pendant des années la parole, la personne ou le signe d'espoir qui donnerait un nouveau sens à leur vie et, un jour, ils en font la découverte. Alors ils comprennent qu'il y a derrière cette petite chose cela même qu'ils espéraient, et ils entrent avec joie dans le Royaume. Cependant la parabole ajoute : *Il referme la cachette.* En général, c'est Dieu qui cache de nouveau le trésor après nous l'avoir montré. Il ne sera à nous que lorsque nous aurons persévéré et souffert longtemps pour être capables de le recevoir.

• **13.47** L'Église a donné le Royaume à ceux qui y entraient, mais ils ne sont pas pour autant assurés qu'ils ne le perdront pas.

• **13.49** *Ils les jetteront dans la fournaise de feu.* Jésus n'hésite pas à reprendre cette image du feu qui faisait partie de sa culture. Aucune action mauvaise n'échappera au jugement : ne revient à Dieu que ce qui est pur, et le reste est brûlé.

L'idée d'un enfer éternel, qui semble bien présente derrière ces images, heurte bien des chrétiens. Il faut reconnaître qu'on en a fait un emploi abusif durant des siècles : la crainte de l'enfer était salutaire pour éduquer des barbares et les détourner du mal. Mais il est temps de donner la vérité de l'évangile : il faut distinguer le style d'une prédication populaire et l'attitude de Dieu vis-à-vis des pécheurs.

Jésus nous montre le résultat de nos mauvaises actions : nous nous perdons loin de Dieu, ce qui est la chose la plus terrible. Jésus ne parle pas seulement de crimes ou de fautes graves : dans la grande parabole de Mt 25,31-46 il envoie à l'enfer toutes les fautes que nous commettons journellement. Mais après avoir dit cela, il faut rappeler que Dieu sauve les pécheurs : la mort et la Résurrection de Jésus sont plus fortes que le pouvoir du mal dans le monde, elles ont assuré dès à présent le salut de l'humanité comme un tout.

Mais si Jésus avait vu dans ces paroles et ce « châtiment » quelque chose de contraire à la bonté infinie de Dieu, il l'aurait dit sans s'inquiéter du scandale. Il a parlé comme il l'a fait, parce que l'amour infini de Dieu ne nous enlève pas la liberté de lui échapper et de le défier.

• **13.51** Voici le disciple de Jésus devenu « *maître de la Loi* ». La méditation constante des paraboles de Jésus lui permettra d'en tirer toujours de nouveaux enseignements pour de nouvelles circonstances, en même temps qu'il verra mieux comment son expérience s'insère dans celle de l'Église.

⁴⁵ Voulez-vous une autre image du Royaume des Cieux ? Un marchand est à la recherche de belles perles. ⁴⁶ Or voici qu'il en trouve une de grande valeur ; aussitôt il s'en va vendre tout ce qu'il a et il achète la perle. »

La parabole du filet

- ⁴⁷ « Voici une autre image du Royaume des Cieux. Un filet a été jeté dans la mer et il y ramasse n'importe quoi. ⁴⁸ Quand il est plein, on le ramène sur le rivage et on s'assied pour mettre ce qui est bon dans des paniers. Et ce qui n'est pas bon, on le rejette.
- ⁴⁹ Ce sera pareil à la fin du monde : les anges viendront pour séparer les mauvais d'avec les justes, ⁵⁰ et ils les jetteront dans la fournaise du feu. Là il y aura pleurs et grincements de dents. »
- ⁵¹ Jésus leur dit alors : « Avez-vous tout compris ? » Ils lui répondent : « Oui ! » ⁵² Et Jésus leur dit : « Vous voyez, quand un maître en religion a été instruit du Royaume des Cieux, il est comme un maître de maison qui trouve toujours dans ses réserves de quoi distribuer, du neuf et du vieux. »

⁵³ Quand il eut terminé ces paraboles, Jésus quitta l'endroit. ⁵⁴ Il vint à passer par son village natal et il se mit à les enseigner dans leur synagogue.

Jésus mal reçu à Nazareth

Ils ne savaient qu'en penser et disaient : « D'où lui vient cette sagesse ? D'où lui viennent ces miracles ? ⁵⁵ N'est-il pas le fils du charpentier ? Sa mère s'appelle Marie, n'est-ce pas ? Et ses frères, c'est Jacques, c'est Joseph, c'est Simon et Jude ! ⁵⁶ Ses sœurs aussi sont toutes des nôtres ; alors, d'où lui vient tout cela ? »

⁵⁷ C'est ainsi qu'ils butaient et ne l'acceptaient pas ; mais Jésus leur dit : « Le seul endroit où l'on ne reconnaît pas un prophète, c'est dans sa patrie et dans sa famille. » ⁵⁸ Et à cause de leur manque de foi, il fit là peu de miracles.

Comment fut tué Jean-Baptiste

14 ¹ En ce temps-là la renommée de Jésus arriva jusqu'à Hérode, le tétrarque, ² et il dit à ses serviteurs : « Ce ne peut être que Jean-Baptiste ! Il a été ressuscité d'entre les morts et c'est pourquoi les forces supérieures agissent à travers lui. »

³ Il faut savoir qu'Hérode avait fait arrêter Jean et l'avait mis en prison avec des chaînes pour l'affaire d'Hérodiade, la femme de son frère Philippe. ⁴ Car Jean disait à Hérode : « Tu n'as pas le droit d'avoir cette

On lit dans Sirac (24,30) ces lignes où il s'émerveille lorsqu'il voit que la compréhension des Écritures, que Dieu lui a donnée, sera utile à beaucoup d'autres et qu'elle éveillera leurs esprits.

Pour ma part je n'étais qu'un petit chenal du fleuve, le ruisseau qu'on dérive vers un jardin. Mais j'ai pensé : « Je vais irriguer mon jardin, je veux arroser mes parterres. » Et voici que mon ruisseau est devenu un fleuve, et mon fleuve, une mer !

Que ma doctrine brille comme l'aurore, et que s'étende au loin sa lumière !

Que mes leçons se propagent comme paroles prophétiques : car je veux la laisser aux générations futures.

Voyez : je n'ai pas peiné pour moi seul, mais pour tous ceux qui cherchent la sagesse.

Dans l'Exode 16,11 Dieu donne la manne à un peuple qui toujours récrimine, mais qui de fait a faim.

Yahvé s'adressa à Moïse et lui dit : « J'ai entendu les murmures des Israélites, voici donc ce que tu leur diras : à la tombée du jour vous mangerez de la viande et au matin vous aurez du pain en quantité. Alors vous saurez que je suis Yahvé, votre Dieu. »

Au matin il y eut une couche de rosée autour du camp. Lorsque la couche de rosée se leva, voici que la surface du désert était couverte d'une croûte, pas plus épaisse que le givre sur la terre.

Quand les Israélites la virent, ils se dirent : « Manhu » (« Qu'est-ce que c'est ? ») car ils ne savaient pas ce que c'était. Alors Moïse leur dit : « C'est le pain que Yahvé vous donne en nourriture. »

femme. » [5] Hérode l'aurait bien fait mourir s'il n'avait pas craint le peuple ; en effet les gens le considéraient comme un prophète. [6] Mais voici qu'arrive l'anniversaire d'Hérode : la fille d'Hérodiade vient danser au milieu des invités et elle plaît tellement à Hérode [7] qu'il jure de lui donner tout ce qu'elle demandera. [8] Poussée par sa mère, elle répond : « Donne-moi ici, sur un plat, la tête de Jean-Baptiste. »

[9] Le roi est très ennuyé, car il a juré et tous les invités du banquet sont témoins ; alors il commande de la lui donner. [10] Il envoie un garde pour décapiter Jean dans sa prison ; [11] la tête est apportée sur un plat et donnée à l'adolescente qui la remet à sa mère.

[12] Après cela, les disciples de Jean vinrent prendre son corps pour l'ensevelir, puis ils portèrent la nouvelle à Jésus.

Première multiplication du pain

[13] Lorsque Jésus connut la nouvelle, il s'éloigna et partit discrètement avec la barque vers un lieu désert. Mais la foule l'apprit et les gens vinrent des villes à pied pour le rejoindre. [14] En débarquant, Jésus vit cette foule nombreuse, il eut pitié d'eux et il guérit leurs malades.

[15] Lorsque le soir arriva, ses disciples s'approchèrent de lui et lui dirent : « L'endroit est désert et l'heure est déjà passée. Renvoie cette foule pour qu'ils aillent s'acheter de quoi manger dans les villages voisins. »

[16] Mais Jésus leur dit : « Il n'est pas nécessaire qu'ils s'en aillent, donnez-leur vous-mêmes à manger. » [17] Ils lui disent : « Ici, nous n'avons que cinq pains et deux poissons ! » [18] Alors Jésus leur dit : « Apportez-les-moi ici ! » [19] Puis il donne l'ordre à tout le monde de s'étendre sur l'herbe. Il prend les cinq pains et les deux poissons, il lève le regard vers le ciel, il prononce la bénédiction et rompt le pain. Ensuite il donne le pain aux disciples et les disciples le donnent à la foule.

[20] Tous mangèrent et furent rassasiés, et l'on emporta les morceaux qui restaient : douze pleins paniers. [21] Pourtant ceux qui avaient mangé étaient près de cinq mille hommes, sans compter les femmes et les enfants.

Jésus marche sur les eaux du lac

[22] Aussitôt Jésus obligea les disciples à monter dans la barque et à passer sur l'autre rive sans l'attendre, pendant que lui renvoyait la foule. [23] Après l'avoir renvoyée, il gravit la montagne pour y prier à l'écart. La nuit était tombée et il était là, seul. [24] Pendant ce temps la barque était déjà loin de terre, bien secouée par les vagues, car le vent était contraire. [25] Jésus vint à eux peu avant le lever du jour : il marchait sur

Jésus et Pierre, le maître et le disciple. Au Deuxième Livre des Rois 2,5, Élisée, le disciple, n'a pas peur de demander, comme Pierre le fera avec Jésus, tout l'héritage de son maître.

Ils arrivèrent ainsi à Jéricho. Les frères prophètes qui étaient à Jéricho s'approchèrent d'Élisée : « Sais-tu, lui dirent-ils, que Yahvé enlèvera aujourd'hui ton maître au-dessus de toi ? » Il répondit : « Je le sais, mais gardez votre calme. »

Élie lui dit : « Reste ici, je te prie, car Yahvé m'envoie au Jourdain. » Il répondit : « Aussi vrai que Yahvé est vivant et que je suis vivant, je ne te quitterai pas. » Et les deux prirent la route. Une cinquantaine des frères prophètes allèrent aussi, ils restèrent à distance pendant que tous les deux s'arrêtaient au bord du Jourdain. Alors Élie prit son manteau et le roula ; il frappa les eaux avec et elles se partagèrent, de sorte que tous les deux passèrent à pied sec.

Lorsqu'ils eurent traversé, Élie dit à Élisée : « Que veux-tu que je fasse pour toi ? Demande-le avant que je ne sois enlevé d'auprès de toi. » Élisée répondit : « Que vienne sur moi une double part de ton esprit. » Élie répondit : « Tu demandes une chose difficile ! Si tu me vois pendant que je suis enlevé d'auprès de toi, tu l'auras ; sinon, cela ne sera pas. »

Ils parlaient tout en marchant, lorsqu'un char de feu et des chevaux de feu les séparèrent l'un de l'autre : Élie monta au ciel dans un tourbillon. Élisée le voyait et criait : « Mon père ! Mon père ! Char d'Israël et ses cavaliers ! » Puis il ne les vit plus. Il saisit alors ses vêtements et les déchira en deux parts.

Élisée ramassa le manteau d'Élie qui était tombé près de lui et il revint. Arrivé au bord du Jourdain il s'arrêta, il prit le manteau d'Élie et il en frappa les eaux. Elles ne se divisèrent pas. Alors il dit : « Où est le Dieu d'Élie, où est-il ? » Et comme il frappait les eaux, celles-ci se partagèrent en deux : Élisée traversa.

• **14.27** *Ordonne-moi de venir à toi.* Matthieu ne veut pas souligner le doute de Pierre, mais sa foi. Seul parmi les apôtres Pierre a osé désirer quelque chose qui semblait réservé à Jésus ; une fois revenu dans la barque avec ses compagnons, il devait être profondément renouvelé par une telle expérience que n'avait pas gâchée son bain forcé.

Homme de peu de foi ! Une fois de plus, Jésus réserve ses reproches à ses meilleurs disciples comme pour convaincre ses futurs disciples que nous sommes, que notre foi laisse encore beaucoup à désirer.

• **15.1** *Ils ne se lavent pas les mains.* Les Pharisiens défendent quelque chose d'excellent et que nous pratiquons nous-mêmes. Mais Jésus voit plus loin : toutes ces bonnes coutumes et pratiques religieuses (y compris les jeûnes, les pratiques de méditation) deviennent facilement un rideau de fumée qui nous dissimule l'essentiel : une disponibilité constante pour répondre aux appels de Dieu, et la confiance toute simple en sa miséricorde qui seule peut nous sauver.

• **15.**10 Voir le commentaire de Mc 7,14. *Pur et impur* Pour les Juifs, l'essentiel était le culte de Dieu et ils se préoccupaient beaucoup de savoir qui et quoi est digne de prendre part à ce culte. C'est ainsi qu'ils distinguaient entre ce qui est pur et impur. Jésus leur montre qu'il n'y a pas d'autre pureté que celle du cœur.

les eaux. ²⁶ En le voyant marcher sur la mer, les disciples furent effrayés. Ils disaient : « C'est un fantôme ! » et ils se mirent à crier tellement ils avaient peur.

• ²⁷ Tout de suite Jésus leur parla : « Remettez-vous, c'est moi, ne craignez pas ! » ²⁸ Pierre alors lui dit : « Seigneur, si c'est toi, donne-moi l'ordre d'aller sur l'eau jusqu'à toi. » ²⁹ Et Jésus lui dit : « Viens ! » Pierre descend donc de la barque ; il marche sur l'eau et s'approche de Jésus. ³⁰ Mais il voit que le vent est fort et il a peur, et comme il commence à s'enfoncer, il crie : « Seigneur, sauve-moi ! » ³¹ Aussitôt Jésus étend la main, le saisit et lui dit : « Homme de peu de foi ! Pourquoi as-tu hésité ? »

³² Au moment où ils remontaient dans la barque, le vent tomba ³³ et ceux qui étaient dans la barque se prosternèrent devant lui en disant : « Vraiment tu es Fils de Dieu ! »

³⁴ Ayant achevé la traversée, ils abordèrent la rive de Génésareth. ³⁵ Les hommes de l'endroit le reconnurent et le firent savoir dans tous les environs, de sorte qu'on amenait à Jésus tous ceux qui étaient mal en point. ³⁶ Ils lui demandaient de pouvoir seulement toucher la frange de son vêtement, et tous ceux qui la touchaient étaient sauvés.

Commandements de Dieu et enseignements des hommes

15 • ¹ Des Pharisiens et des maîtres de la Loi étaient arrivés de Jérusalem ; ils s'approchèrent de Jésus et lui demandèrent : ² « Pourquoi tes disciples laissent-ils de côté la tradition des anciens ? Ils ne se lavent pas les mains quand ils prennent leur repas. » ³ Alors Jésus leur dit : « Et vous, pourquoi laissez-vous de côté le commandement de Dieu au nom de votre tradition ? ⁴ Car Dieu a dit : *Honore ton père et ta mère*, et aussi : *celui qui maudit son père ou sa mère sera mis à mort*.

⁵ Mais selon vous, quelqu'un peut répondre à son père ou à sa mère : « Ce que tu pourrais attendre de moi, je l'ai consacré à Dieu. » ⁶ Et on n'est plus tenu d'aider son père ou sa mère. Donc, avec votre tradition, vous annulez la parole de Dieu. ⁷ Comédiens ! Le prophète Isaïe a joliment bien parlé de vous quand il a dit : ⁸ *Ce peuple m'honore des lèvres mais son cœur est loin de moi. ⁹ Leur culte ne vaut rien, les préceptes qu'ils enseignent ne sont que des lois humaines.* »

Ce qui sort de l'homme, voilà ce qui le rend impur

• ¹⁰ Alors Jésus appelle son monde. Il leur dit : « Écoutez et tâchez de comprendre. ¹¹ Ce qui entre dans la bouche ne rend pas la personne impure ; elle est rendue impure par ce qui sort de sa bouche. »

Lu au Deuxième Livre des Rois 4,1 : ces frères prophètes étaient les charisma–tiques de leur temps. C'étaient de pauvres diables, de ceux pour qui, avec ou sans Élisée, le Seigneur fait des merveilles.

Une des femmes des frères prophètes fit appel à Élisée : « Mon mari, est mort, dit-elle, et tu sais qu'il craignait Yahvé. Or un homme à qui nous devions de l'argent est venu prendre mes deux fils pour en faire ses esclaves. »

Élisée lui dit : « Que puis-je faire pour toi ? Dis-moi, qu'as-tu à la maison ? » Elle répondit : « Ta servante n'a rien du tout à la maison, sauf une petite cruche d'huile. »

Il lui dit : « Va demander à tous tes voisins des cruches, des cruches vides, et pas seulement quelques unes. Lorsque tu seras de retour, tu fermeras la porte sur toi et tes fils, tu verseras de ton huile dans toutes ces cruches, et à mesure qu'elles seront pleines, tu les mettras de côté. »

Alors elle s'en alla, elle ferma la porte sur elle et sur ses fils ; ils approchaient les cruches et elle les remplissait. Lorsque les cruches furent remplies, elle dit à son fils : « Apportes-en encore une. » Mais il lui répondit : « Il n'y en a plus. » Et l'huile s'arrêta de couler.

Nous lisons au Deuxième livre des Rois 4,42 ce récit du pain multiplié à la demande du prophète.

Un homme arriva de Baal-Chalicha ; dans son sac il apportait du pain à l'homme de Dieu : vingt pains d'orge et de blé que l'on avait faits avec la farine de la nouvelle récolte. Élisée lui dit : « Donne à ces hommes pour qu'ils mangent. » Mais son serviteur lui dit : « Je ne vais tout de même pas servir cela pour cent personnes. » Il reprit : « Donne à ces gens et qu'ils mangent, car voici ce que dit Yahvé : On en mangera et il en restera. » Il les servit donc, ils en mangèrent et laissèrent des restes comme Yahvé l'avait dit.

• **15.**29 Deux fois Jésus a multiplié le pain. C'est un de ses miracles qui nous impres–sionnent le plus. Le mot « miracle » est souvent dévalué. La Bible utilise divers mots pour désigner ce qui apparaît vraiment une œuvre de Dieu : signe, prodige, œuvre de puissance. Le miracle au sens fort est tout cela à la fois : un signe par lequel Dieu nous fait découvrir son vouloir ou l'ordre invisible du monde, un prodige qui déconcerte nos prévisions, une œuvre que Dieu seul était capable de réaliser.

La multiplication des pains est le genre de miracle qui choque le plus nos contemporains et leur confiance absolue dans des « lois de la nature » que Dieu même ne pourrait ignorer sans se contredire. Certains disent même : « Le miracle est encore plus beau si l'on imagine que Jésus a seulement invité les gens à partager leurs provisions personnelles, et finalement il y a eu assez pour tous : miracle de la solidarité ! »

Mais l'évangile ne prétend pas encenser la solidarité : il veut célébrer la liberté absolue de Dieu — et du Christ : la nature même doit se taire, parce qu'ici on ressuscite les morts. Tout au long de l'histoire chrétienne, le Seigneur a multiplié et continue de multiplier le pain, les aliments et même les boîtes de conserves, tout spécialement pour ceux qui avaient tout donné ou qui risquaient tout pour lui : il suffit d'écouter les témoins.

[12] Les disciples viennent dire à Jésus : « Sais-tu que les Pharisiens sont scandalisés de ce que tu viens de dire ? » [13] Il leur répond : « Toute plante que mon Père du ciel n'a pas plantée sera arrachée. [14] Laissez-les ; ce sont des guides aveugles, et quand un aveugle guide un autre aveugle, les deux tombent dans le fossé. » [15] Alors Pierre lui dit : « Mais explique-nous donc ta sentence. »

Qu'est ce que l'impureté ?

[16] Jésus répond : « Vous avez donc vous aussi l'esprit bouché ? [17] Vous ne comprenez pas que tout ce qui entre dans la bouche va dans le ventre et termine aux ordures ? [18] Mais ce qui sort de la bouche vient du cœur, et c'est cela qui rend l'homme impur. [19] Du cœur proviennent les pensées mauvaises, le meurtre, l'adultère, l'impureté, le vol, les faux témoignages et les calomnies. [20] Tout cela rend l'homme impur, mais manger sans s'être lavé les mains n'a jamais rendu quelqu'un impur. »

Jésus guérit la fille d'une païenne

[21] Jésus partit de là et s'en alla vers la frontière de Tyr et Sidon. [22] Une femme cananéenne, qui venait de ce territoire, arriva alors en criant : « Aie pitié de moi, Seigneur, fils de David ! Ma fille est affligée d'un démon ! » [23] Jésus ne répond rien. Les disciples insistent auprès de lui : « Renvoie-la, vois comme elle crie après nous ! » [24] Jésus leur répond : « Je n'ai été envoyé qu'aux brebis perdues du peuple d'Israël. »

[25] Mais la femme vient se jeter aux pieds de Jésus en lui disant : « Seigneur, fais quelque chose pour moi ! » [26] Jésus lui répond : « On ne prend pas le pain des enfants pour le jeter aux chiens. » [27] La femme lui dit : « Bien sûr, Seigneur, mais les petits chiens mangent les miettes qui tombent de la table des maîtres. » [28] Alors Jésus lui fait cette réponse : « Femme, ta foi est grande, que la chose se fasse comme tu le veux. » Et dès ce moment-là sa fille fut guérie.

Seconde multiplication des pains

• [29] Jésus partit de là et vint sur les bords de la mer de Galilée. Il gravit la montagne, et là il s'assit. [30] Toute une foule venait à lui ; ils amenaient leurs éclopés, des aveugles, des infirmes, des muets et beaucoup d'autres encore. Ils les jetaient à ses pieds et Jésus les guérissait. [31] En voyant cela la foule était émerveillée : les muets parlaient, les infirmes étaient guéris, les éclopés marchaient, les aveugles voyaient ! Et ils rendaient grâce au Dieu d'Israël.

LES PROPHÈTES

Les devins et voyants ne manquaient pas dans les pays du Moyen Orient. Les rois avaient leurs prophètes attitrés pour les assurer dans leurs décisions. Lorsque Israël s'est installé en Palestine, il a eu de même voyants et prophètes.

Cependant, dès le début, une partie de ces médiums ou inspirés ont pris un chemin particulier. Ils ont formé des groupes ou confréries dont la vocation était de maintenir la vocation propre d'Israël, le peuple que Dieu avait choisi.

Dans ces confréries des *fils de prophètes*, ou le plus souvent à côté d'elles, de fortes personnalités sont apparues, des hommes qui avaient reçu directement appel et mission de Dieu et dont la prédication, non-conformiste mais brûlante appelait à répondre à Dieu autrement que par des paroles et des célébrations. Ces hommes qui seuls ont été reconnus par la Bible comme porte-parole de Dieu partaient d'une expérience personnelle et se sentaient responsables d'une œuvre de Dieu dans l'histoire. A la différence des prophètes des pays voisins, ils n'étaient pas là pour réclamer qu'on bâtisse un temple ou qu'on fasse un peu plus d'offrandes à telle ou telle divinité : ils appelaient à une conversion du cœur. Au lieu de défendre la stabilité du régime, ils prenaient une position critique face aux autorités, aux novateurs et aux arrivistes. Parlant au nom de Dieu, ils insistaient sur la justice et le respect des faibles.

Des premiers grands prophètes, comme Élie et Élisée (aux alentours des années 830 avant notre ère) on n'avait que des souvenirs, non des écrits. Plus tard sont venus des prophètes qui écrivaient ou dont les disciples écrivaient l'essentiel de leurs prédication et de leurs oracles.

Ce sont les prophètes qui ont donné à la Bible son caractère propre entre toutes les littératures religieuses. Ils y ont inscrit l'espérance, les promesses de Dieu à son peuple, la menace d'un jugement qui détruirait le mal, la certitude que viendraient des temps nouveaux, l'attente d'un homme consacré par Dieu qui instaurerait l'ordre définitif.

Il y a dans l'histoire biblique un temps des prophètes. Il commence avec les rois, au dixième siècle, il s'éteint peu à peu après le retour d'Exil, au quatrième siècle. Alors se durcit le régime théocratique (le pouvoir des prêtres au nom de Dieu). On cesse d'espérer, on préfère gérer au mieux ce qu'on tient. Le peuple vit pour le Temple, le culte apparaît comme l'essentiel du service de Dieu, on observe une loi dont les mille préceptes visent en premier lieu à respecter la distinction entre ce qui est permis et défendu, ce qui est pur et impur.

En réaction contre ce système, un renouveau de vie spirituelle se fait jour deux siècles avant Jésus. Mais c'est lui qui renoue vraiment avec les prophètes. Il est reconnu comme prophète et il affirme qu'avec lui commencent les temps nouveaux annoncés par les prophètes.

• **16.**1 *Ils voulaient qu'il leur montre un signe qui vienne du ciel,* c'est-à-dire : *de Dieu.* Ils veulent un miracle qui prouverait sans aucun doute que Dieu est avec lui.

Vous n'aurez pas de signe. Jésus refuse de prouver son autorité en multipliant les miracles. Ceux qui aiment la vérité et qui cherchent le bien reconnaîtront la main de Dieu dans les actions de Jésus, et dans celles de ses disciples, même si beaucoup disent du mal d'eux.

Le signe de Jonas est la résurrection de Jésus (voir 12,40). Cependant, cette résurrection ne sera comprise que par les croyants. Ceux qui exigent des miracles avant de croire ne recevront pas de réponse.

• **16.**5 Les évangiles n'ont gardé que bien peu de choses de tout ce qui s'était échangé entre Jésus et ses apôtres durant leurs longs mois de vie commune. Quel bonheur qu'ils aient rapporté ici une des nombreuses bêtises qu'ils avaient dites devant lui. S'ils ont entendu de travers son avertissement, c'est qu'ils étaient trop préoccupés pour ces choses bien urgentes qu'on ferait toujours mieux de laisser aux soins de Dieu.

[32] Alors Jésus appela à lui ses disciples et leur dit : « J'ai vraiment compassion de ces gens, car voilà trois jours qu'ils sont avec moi et ils n'ont rien à manger. Je ne veux pas les renvoyer à jeun, car ils pourraient se trouver mal en chemin. » [33] Les disciples lui disent : « L'endroit est désert, comment pourrions-nous trouver assez de pain pour tant de gens ? » [34] Jésus leur demande : « Combien de pains avez-vous ? » Ils disent : « Sept, et quelques petits poissons. »

[35] Jésus demande aux gens de s'asseoir par terre. [36] Il prend les sept pains et les poissons, il rend grâces et rompt le pain, puis il commence à le donner aux disciples qui le distribuent à la foule.

[37] Tous mangèrent et furent rassasiés ; on ramassa ce qui restait, de quoi remplir sept corbeilles. [38] C'étaient pourtant près de quatre mille hommes qui avaient mangé, sans compter les femmes et les enfants. [39] Jésus renvoya la foule et monta dans la barque ; il s'en alla vers la frontière de Magadan.

Les signes des temps

16 • [1] Les Pharisiens et les Saducéens vinrent trouver Jésus pour le mettre à l'épreuve, ils voulaient qu'il leur montre un signe qui vienne du Ciel. [2] Il leur donna cette réponse : « Le soir vous dites : le temps sera beau car le ciel est bien rouge ; [3] et le matin : aujourd'hui nous aurons de la tempête, car le rouge du ciel n'est pas beau. Vous savez donc interpréter l'aspect du ciel, mais les signes des temps, vous ne le pouvez pas ! [4] Génération mauvaise et adultère ! Vous réclamez un signe et vous n'aurez pas de signe : seulement le signe de Jonas. » Jésus les laissa et s'en alla.

On a oublié de prendre du pain !

• [5] En partant vers l'autre rive, les disciples avaient oublié de prendre avec eux des pains. [6] A un moment Jésus leur dit : « Ouvrez l'œil et méfiez-vous du levain des Pharisiens et des Saducéens. » [7] Aussitôt ils se disent : « C'est vrai, nous n'avons pas pris de pain. »

[8] Jésus s'en aperçoit et leur dit : « Qu'est-ce qui vous préoccupe : vous n'avez pas de pain ? Vous avez bien peu la foi ! [9] Vous ne comprenez toujours pas, vous ne vous rappelez pas les cinq pains pour les cinq mille hommes et combien de paniers vous avez emportés ? [10] Ni les sept pains pour les quatre mille et combien de corbeilles vous avez rapportées ?

[11] Vous auriez pu penser que je ne vous parlais pas de pain. Je vous disais de vous garder du levain des Pharisiens et des Saducéens. »

Ici commence sans doute la seconde partie de l'Évangile de Matthieu, et c'est déjà l'annonce de la Passion de Jésus. Pour remettre en ordre l'humanité il fallait qu'une victime volontaire accepte de porter le poids du mal, et tout spécialement le déchaînement collectif des haines. Ce n'est qu'à partir d'une telle Passion que l'humanité pouvait réagir face à la violence et aux exclusions. On en lit quelque chose dans la Première Lettre de Pierre 2,21 :

En souffrant pour vous le Christ vous a laissé un exemple : vous devez suivre ses traces. Lui n'a pas fait le mal et n'a pas dit de mensonge. On l'insultait et il n'a pas insulté. Il n'a pas maudit quand il souffrait mais il s'en est remis à celui qui juge avec justice.

Il a pris nos péchés sur lui-même, sur le bois de la croix, pour que nous soyons délivrés de nos péchés et que nous vivions saintement. Vous avez été guéris grâce à son supplice.

Méfiez-vous du levain des Pharisiens et des Saducéens : voir Mc 8,11. L'opposition à Jésus est venue tout naturellement des autorités civiles et religieuses de son peuple. Comment Dieu pourrait-il visiter son peuple et être bien accueilli de la majorité de ses chefs, s'ils se sentent propriétaires de leurs titres ou de leur autorité ?

• **16.**13 Une des paraboles sur le Royaume de Dieu annonçait déjà l'Église (Mt 13,31-33). Le présent texte nous parle à nouveau de l'Église. Ce texte nous dit quelle est la pierre de base de l'Église : la foi en Jésus, Christ et Fils de Dieu. Il est centré sur la prééminence de Pierre parmi les apôtres. Il suggère que l'Église aura toujours besoin d'un chef visible.

La foi dans le Christ, Fils de Dieu, que Pierre est le premier parmi les apôtres à proclamer, vient en fait de Dieu. Cette foi ne provient pas *de la chair et du sang,* expression qui, pour les Juifs, veut dire quelque chose de purement humain. On ne croit pas au Christ à partir d'une conviction humaine, ou d'un attachement sentimental à sa personne. Les paroles de Jésus à Pierre, *tu es heureux, Simon,* sont vraies pour tous les croyants car c'est *le Père* qui nous a choisis et amenés au Christ : voir Jn 6,37 ; 6,44.

Le texte établit la prééminence de Pierre. Son nom était Simon, mais Jésus l'a surnommé Pierre (Jn 1,40) parce qu'il devait être la pierre de base de son Église. Changement de nom : signe d'une mission qui lui est donnée. Les paroles de Jésus à Pierre, valent-elles aussi pour ses successeurs ? Déjà dans l'Ancien Testament Dieu avait voulu que son peuple ait un centre visible : Jérusalem et la nation avaient comme centre le Temple et les rois, fils de David. Dieu avait promis à David que ses descendants régneraient pour toujours sur le Royaume de Dieu : cette promesse s'est accomplie avec le Christ. Maintenant, Jésus choisit Pierre pour qu'il soit la fondation visible de l'édifice. Ses successeurs seront dans l'Église ce que lui-même a été dans l'Église des premiers jours.

Pour les Juifs, *lier et délier* voulait dire : préciser ce qui est interdit et ce qui est permis. Pierre et ses successeurs, les papes, devront décider en dernier ressort qui fait partie du corps des croyants et qui en est exclu, et ce qui est, ou non, foi de l'Église.

L'histoire de la primitive Église montre que déjà dans les premiers siècles, les Églises locales étaient conscientes de l'autorité suprême de l'évêque de Rome, successeur de Pierre. Son rôle n'a pu que se développer au cours de l'histoire. Cependant, le fait de reconnaître cette mission du successeur de Pierre ne veut pas dire que sa parole doive couvrir toutes les autres voix dans une Église silencieuse, son autorité prend tout son sens dans une Église où chacun s'habitue à penser par lui-même et à dire ce qu'il pense.

• **16.**22 *Passe derrière moi, Satan…* Pierre veut barrer à Jésus le chemin de la croix, et Jésus reconnaît là le même esprit qui l'a tenté dans le désert. Que Pierre se range derrière Jésus et le suive comme il convient à un disciple.

¹² Alors ils comprirent ce que Jésus voulait dire : ils devaient se méfier, non pas du levain, mais de la doctrine des Pharisiens et des Saducéens.

La foi de Pierre et la promesse de Jésus

• ¹³ Jésus était allé dans la région de Césarée de Philippe. Là il posa à ses disciples cette question : « D'après les gens, qui suis-je, qui est le Fils de l'Homme ? » ¹⁴ Et ils répondirent : « Pour les uns tu es Jean-Baptiste, pour d'autres Élie, pour d'autres encore Jérémie ou l'un des prophètes. »

¹⁵ Jésus leur demanda : « Et vous, qui dites-vous que je suis ? » ¹⁶ Simon Pierre prit la parole : « Tu es le Messie, le Fils du Dieu vivant ! »

¹⁷ Jésus lui fit alors cette déclaration : « Heureux es-tu, Simon BarJona, car ce n'est pas la chair et le sang qui te l'ont révélé, mais mon Père qui est dans les cieux. ¹⁸ Et moi je te dis : Tu es Pierre et sur cette pierre je bâtirai mon Église, et les forces de mort ne l'emporteront pas sur elle. ¹⁹ Je te donnerai les clés du Royaume des Cieux. Ce que tu lieras ici sur terre sera lié dans le ciel, et ce que tu délieras sur la terre sera délié dans les cieux. »

²⁰ Alors Jésus donna l'ordre à ses disciples de ne dire à personne qu'il était, lui, le Messie.

Jésus annonce sa passion

²¹ A partir de ce moment Jésus commença à montrer à ses disciples qu'il devait partir pour Jérusalem. Là-bas il aurait à souffrir beaucoup de la part des Anciens, des chefs des prêtres et des maîtres de la Loi. On allait le tuer, mais il devait ressusciter le troisième jour.

• ²² Pierre alors le prend à part et commence à lui faire la leçon en disant : « Ne parle pas de malheur, cela ne t'arrivera pas, Seigneur ! » ²³ Mais Jésus se retourne et dit à Pierre : « Passe derrière moi, Satan, voudrais-tu me faire chuter ? Ta façon de voir n'est pas celle de Dieu, mais celle des hommes. »

Le disciple portera sa croix

²⁴ Jésus dit alors à ses disciples : « Si quelqu'un veut marcher derrière moi, qu'il renonce à lui-même, qu'il prenne sa croix et qu'il me suive. ²⁵ Celui qui veut sauver sa vie la perdra, mais s'il la perd pour moi, il la gagnera.

²⁶ Où est le bénéfice si l'on gagne le monde entier mais qu'on se détruit soi-même ? Avec quoi va-t-on racheter sa propre vie ?

LES LIVRES DE LA BIBLE

Le Nouveau Testament

Les quatre Évangiles dont nous donnons ici le texte sont les quatre premiers livres du Nouveau Testament. On donne ce nom aux 27 livres, rédigés en grec, de longueur fort inégale, que nous a laissés la génération des apôtres et de la première évangélisation.

L'Évangile de Luc n'était que le premier tome de l'œuvre de Luc, le second se nomme Actes des Apôtres et vient immédiatement après les Évangiles. En nombre de pages, ces cinq livres forment plus de la moitié du total.

Puis viennent les lettres de Paul, treize en total (aux Romains, aux Corinthiens, Galates, Éphésiens, Philippiens, Colossiens, Thessaloniciens, à Timothée, à Tite et à Philémon), la lettre aux Hébreux complétant la collection.

Puis les lettres dites *catholiques* : de Jacques, de Pierre, de Jean et de Jude.

Puis l'Apocalypse de Jean.

L'Ancien Testament

Les livres inspirés antérieurs à Jésus forment l'Ancien Testament, traditionnellement divisé en trois grandes catégories :

La Loi, ou Pentateuque, ou Livres de Moïse : Genèse, Exode, Lévitique, Nombres, Deutéronome.

Les livres d'histoire prophétique (Josué, Juges, Samuel, Rois) et les livres des prophètes : les trois grands (Isaïe, Jérémie, Ézéchiel) et les douze Mineurs.

Les écrits de sagesse : Livre des Psaumes, Job, Proverbes, Qoheleth, Cantique, Rut, Lamentations.

Ces trois catégories très anciennes ont accueilli divers livres plus récents, les uns rédigés en hébreu (Chroniques, Esdras, Daniel, Esther), les autres rédigés en grec et appelés deutérocanoniques (Maccabées, Tobie, Judith, Baruc, Sagesse, Sirac).

Celui qui veut sauver sa vie la perdra. Jésus rappelle la grande option de toute vie humaine : on ne peut réussir sa vie qu'en la donnant au service de Dieu et de ses frères.

• **17.**1 Voir en Mc 9,2.

• **17.**14 Voir en Mc 9,14.

²⁷ Pensez que le Fils de l'Homme viendra dans la gloire de son Père, entouré de ses anges, et alors il rendra à chacun selon ce qu'il a fait. ²⁸ En vérité, je vous le dis, certains qui sont ici ne feront pas l'expérience de la mort avant d'avoir vu la royauté et la venue du Fils de l'Homme. »

Jésus est transfiguré

17 • ¹ Six jours après, Jésus prit avec lui Pierre, Jacques et Jean son frère, et il les emmena à l'écart sur une haute montagne. ² Là, devant eux, il fut transfiguré. Son visage commença à rayonner comme le soleil pendant que ses vêtements devenaient blancs de lumière. ³ Puis ils virent Moïse et Élie qui parlaient avec Jésus.

⁴ Pierre prit la parole pour dire à Jésus : « Seigneur, cela tombe bien que nous soyons ici. Si tu le veux je vais dresser ici trois tentes, une pour toi, une pour Moïse et une pour Élie. »

⁵ Il parlait encore lorsqu'une nuée lumineuse vint les recouvrir et du milieu de la nuée une voix dit : « Celui-ci est mon Fils, le Bien-Aimé, celui en qui je me complais, écoutez-le ! »

⁶ En entendant cela, les disciples se jetèrent face contre terre et furent saisis d'une crainte extraordinaire. ⁷ Mais voici que Jésus s'approche et les touche. Il leur dit : « Levez-vous, n'ayez pas peur. » ⁸ Alors ils regardent : il n'y a plus personne, mais Jésus seul.

⁹ Comme ils descendent de la montagne, Jésus leur donne cet ordre : « Vous ne parlerez de cette vision à personne, jusqu'au jour où le Fils de l'Homme se lèvera d'entre les morts. »

Élie devait revenir…

¹⁰ Les disciples lui demandent : « Pourquoi donc les maîtres de la Loi disent-ils qu'Élie doit venir d'abord ? » ¹¹ Et Jésus leur répond : « Bien sûr, Élie doit venir et remettre tout en ordre… ¹² Mais je vous dis qu'Élie est déjà venu et on ne l'a pas reconnu ; au contraire ils lui ont fait tout ce qu'ils voulaient. Et ce sera pareil pour le Fils de l'Homme : il aura à souffrir d'eux. »

¹³ Alors les disciples comprirent que Jésus leur parlait de Jean-Baptiste.

Jésus guérit un épileptique

• ¹⁴ Comme il retrouvait la foule, un homme s'approcha de lui et le supplia à genoux : ¹⁵ « Seigneur, aie pitié de mon fils. Il est épileptique et il est vraiment mal ; il tombe souvent dans le feu et souvent dans l'eau. ¹⁶ Je l'ai présenté à tes disciples, mais ils n'ont pas été capables de le guérir. »

La vengeance, la solidarité du groupe qui rend le mal pour le mal, a toujours été pour les peuples le moyen de se défendre et de dominer les autres. Nous le lisons en Genèse 4, 23. Jésus demande aux siens de ne pas se venger. A cause de cela ils seront dans une situation de faiblesse face aux autres peuples et aux autres religions, mais c'est ainsi que le monde sera sauvé.

Lamek dit à ses femmes Ada et Sila :
« Écoutez ma voix, femmes de Lamek,
prêtez l'oreille à ma parole :
J'ai tué un homme pour une blessure,
un garçon pour une égratignure.
Car si Caïn est vengé sept fois,
Lamek le sera soixante-dix-sept fois. »

Mieux vaut pour toi entrer dans la vie avec un seul pied. Jésus souligne la valeur incomparable de la vie éternelle. A certains moments il nous faudra sacrifier emploi, sécurité ou même la vie si nous voulons gagner le Royaume.

Il est nécessaire que les scandales arrivent. Jésus vivait à une époque de violence, mais apparemment, il ne se plaint pas de cette situation. Il ne nous invite pas à rêver d'un paradis sur terre.

Le monde réel, celui que Dieu a créé et qu'il sauve, n'est pas une oasis de bonheur, mais un lieu où les personnes libres s'épanouissent en luttant. Les scandales font partie de ce monde, mais la force du mal ne diminue en rien la gloire que Dieu recevra de sa création à la fin des temps. La souffrance et la soif de justice seront source de sainteté.

• **18.**12 Matthieu reprend cette comparaison de Jésus pour nous montrer le souci particulier que la communauté et ses responsables doivent avoir des plus humbles et les plus éprouvés. Chacun des membres de la communauté est unique et doit être aimé et soutenu comme tel : comment le Père, comment la communauté pourraient-ils accepter qu'un seul des plus petits de ses membres *se perde ?*

• **18.**15 *Si ton frère a péché…* Jésus avait dit à Pierre : Tout ce que tu lies sur terre sera lié au ciel. Il le dit maintenant pour toute l'Église. Tous les conflits se règlent avec la certitude que le Christ est présent au milieu de nous.

Il ne semble pas que Jésus ait dit quoi que ce soit à ses apôtres sur les structures qui se mettraient en place (ou qui de même pourraient se défaire) dans l'Église : seulement un esprit communautaire. L'accueil des petits, le pardon continuel et l'acceptation des autres, la prière d'une communauté qui a des ambitions apostoliques et demande à Dieu à cor et à cri qu'il donne ce qu'on lui demande, c'est là toute la sagesse et tous les moyens de l'Église pour affronter les défis de l'évangélisation.

Le texte 18,15 est douteux. Il était peut-être écrit : *si ton frère a péché, va lui parler…,* auquel cas il s'agirait de l'effort de la communauté pour corriger celui qui s'est engagé sur une mauvaise voie.

• **18.**21 *Soixante-dix-sept fois* : le pardon s'oppose à la soif de vengeance. Nous devons pardonner, mais il faut aussi que le prochain manifeste le regret de ses fautes.

rabaisser au niveau de cet enfant, c'est lui le plus grand dans le Royaume des Cieux. [5]Et si quelqu'un reçoit en mon nom un enfant tel que je viens de dire, il me reçoit.

[6]Si quelqu'un devait faire chuter un de ces petits qui croient en moi, il vaudrait mieux pour lui qu'on lui attache au cou une meule de moulin et qu'on le fasse couler au plus profond de la mer. [7]Malheur au monde à cause des scandales ! Il est nécessaire que les scandales arrivent, mais malheur à celui qui est la cause du scandale.

[8]Si ta main ou ton pied doit te faire chuter, coupe-le et jette-le loin de toi. Il vaut mieux pour toi entrer dans la vie avec une seule main ou un seul pied, que d'avoir deux mains et deux pieds quand on te jettera au feu éternel. [9]Si ton œil doit te faire chuter, arrache-le et jette-le loin de toi. Mieux vaut pour toi entrer dans la vie avec un seul œil que d'en avoir deux et d'être jeté dans l'enfer du feu. »

Pensez d'abord à retrouver les égarés

[10]« Faites attention à ne mépriser aucun de ces petits. Je vous assure que leurs anges dans le ciel voient constamment le visage de mon Père des cieux. ([11]Oui, le Fils de l'Homme est venu sauver ce qui était perdu.)

• [12]Que se passe-t-il, d'après vous, si quelqu'un a cent brebis et que l'une d'elles vient à s'égarer ? Ne va-t-il pas laisser les quatre-vingt-dix-neuf autres dans la montagne pour partir à la recherche de celle qui s'est égarée ? [13]S'il peut la retrouver, je vous affirme qu'elle lui apporte plus de joie que les quatre-vingt-dix-neuf qui ne se sont pas égarées. [14]C'est la même chose chez votre Père des Cieux : là on ne veut pas qu'un seul de ces petits se perde. »

Régler les différends dans la communauté

• [15]« Si ton frère a péché, va le reprendre toi seul avec lui. S'il t'écoute, tu as gagné ton frère. [16]S'il ne t'écoute pas, prends avec toi une ou deux personnes *de façon que toute l'affaire se règle en présence de deux ou trois témoins.* [17]S'il ne les écoute pas, dis-le à l'Église, et s'il n'écoute pas l'Église, qu'il soit désormais pour toi comme un païen ou un publicain. [18]En vérité je vous le dis : tout ce que vous liez ici sur terre sera lié dans le ciel, et ce que vous déliez sur la terre sera délié dans le ciel.

[19]Je vous dis également que si deux d'entre vous se mettent d'accord ici, sur terre, pour demander quoi que ce soit, mon Père dans les cieux fera qu'ils l'obtiennent. [20]Car dès que deux ou trois sont réunis en mon nom, je suis là au milieu d'eux. »

• [21]Alors Pierre s'approche et lui pose cette question : « Seigneur, com-

Tout chrétien vit avec la certitude d'une dette annulée. Si nous en étions bien conscients, nous n'aurions pas tant besoin de psychiatres. Nous lisons ceci dans la Deuxième Lettre aux Corinthiens 5,17 :

Toute personne qui est dans le Christ est une création nouvelle. Ce qui était est du passé : il est remis à neuf. Tout est l'œuvre de Dieu qui nous a réconciliés avec lui par le Christ et qui, à nous-mêmes, nous confie l'œuvre de la réconciliation.

Dans le Christ Dieu réconciliait le monde avec lui-même et ne tenait plus les comptes de leurs fautes. Et il nous a confié le message de réconciliation. Oui, nous sommes les ambassadeurs du Christ, et à travers nous c'est Dieu qui appelle. Nous supplions au nom du Christ : Laissez-vous réconcilier avec Dieu !

Voici ce que le prophète Malachie écrivait, trois ou quatre siècles avant Jésus (Malachie 2,13) :

Voici une seconde chose que vous faites. Vous pleurez sur l'autel de Yahvé, vous poussez des cris et des lamentations parce que Yahvé refuse de regarder votre offrande et de la recevoir de vos mains. Vous dites : « Pourquoi ? »

Tout simplement parce que Yahvé te donne tort vis-à-vis de la femme de ta jeunesse ; elle était ta compagne, la femme de ton alliance, et tu l'as trompée. Dieu n'a-t-il pas fait un seul être qui a chair et souffle de vie ? Et que cherche cet être unique ? Une descendance donnée par Dieu. Ne trompe donc pas la femme de ta jeunesse. Car je déteste le divorce, dit Yahvé Dieu d'Israël, et ceux qui affichent tranquillement leur méfait — parole de Yahvé Sabaot. Veille sur ton esprit, et ne commets pas cette trahison.

• **18.23** Les offenses qui nous viennent de nos *compagnons* ne sont rien en comparaison de nos offenses envers Dieu. Et tandis que Dieu nous *efface la dette*, nous n'accordons même pas un répit aux autres. Dieu ne revendique pas ses droits, on dirait même qu'il les a oubliés ; tandis que nous, en les exigeant, nous nous comportons comme de *méchants serviteurs* (voir Mt 5,43).

Cette parabole va au-delà de nos problèmes personnels. Nous apprenons tous les jours le poids de haine que les différents peuples gardent accumulée les uns contre les autres, souvent lié à une différence de religion. La violence ne résout pas les conflits raciaux : le monde a surtout besoin d'apprendre à pardonner.

Le quatrième discours de l'évangile de Matthieu se termine par cette parabole sur l'obligation de pardonner. L'Église a toujours été très loin d'être sainte comme elle aurait dû. Mais, personne ne peut nier qu'elle a toujours été le lieu où l'on enseignait la miséricorde de Dieu et où les hommes ont appris à pardonner.

• **19.1** Toute société humaine a eu ses lois sur le mariage, et il en a été de même en Israël. Il y avait donc une loi sur le divorce en harmonie avec la différence de statut que la société accordait à l'homme et à la femme, et elle était dans la Bible. Jésus n'entre pas dans les discussions des Maîtres et interprètes de la Loi : il oppose à cette loi une autre parole de la Bible qui présente le point de vue de Dieu face à des attitudes humaines qu'il tolère.

Mieux vaut ne pas se marier. Comme d'habitude Jésus ne s'excuse pas de ses paroles si exigeantes ; au contraire il propose quelque chose de plus difficile encore à admettre. Il fait l'éloge de ceux à qui il est donné de choisir le célibat par amour du Royaume.

bien de fois vais-je pardonner à mon frère si de nouveau il me fait tort ? Jusqu'à sept fois ? » [22] Et Jésus lui dit : « Je ne dis pas sept fois, mais soixante-dix-sept fois. »

Celui qui n'a pas pardonné à son compagnon

• [23] « A ce propos, apprenez quelque chose du Royaume des Cieux. Un roi a décidé de demander des comptes à ses serviteurs, [24] et pour commencer on lui en présente un qui doit dix mille lingots d'or. [25] Comme il n'est pas en mesure de rembourser, son seigneur ordonne de le vendre avec sa femme, ses enfants et tout ce qu'il a, de manière à récupérer quelque chose.

[26] Alors le serviteur se jette à ses pieds, face contre terre, et lui dit : "Sois patient avec moi et je te rembourserai tout." [27] Le roi a une telle compassion de lui qu'il le remet en liberté, et même il efface sa dette.

[28] Mais aussitôt sorti, ce serviteur rencontre un compagnon de travail qui lui doit cent pièces. Il le prend à la gorge en lui disant : "Rends-moi ce que tu me dois." [29] Son compagnon se jette à ses pieds et le supplie : "Sois patient avec moi et je te rembourserai". [30] Mais l'autre refuse et s'en va le faire mettre en prison jusqu'à ce qu'il ait remboursé sa dette.

[31] En voyant cela, les autres compagnons sont profondément peinés et ils vont dénoncer à leur seigneur ce qui vient de se passer. [32] Le seigneur fait alors appeler l'autre et lui dit : "Méchant serviteur, quand tu m'as supplié, je t'ai libéré de toute cette dette ; [33] ne devais-tu pas toi aussi avoir pitié de ton compagnon comme j'ai eu pitié de toi ?" [34] Le seigneur était fort en colère et il le remit aux mains des bourreaux jusqu'à ce qu'il ait payé tout ce qu'il devait.

[35] Oui, mon Père des cieux vous traitera de la même façon si chacun de vous ne pardonne pas à son frère du fond de son cœur. »

Jésus parle du mariage
et de la continence « en vue du Royaume »

19. • [1] Jésus avait terminé son discours ; il quitta la Galilée et arriva aux frontières de la Judée par l'autre rive du Jourdain. [2] Une foule de gens était à ses côtés, et là encore il les guérissait.

[3] C'est alors que des Pharisiens viennent à lui et le mettent à l'épreuve avec cette question : « Un homme est-il autorisé à renvoyer sa femme pour n'importe quelle raison ? »

[4] Il leur fait cette réponse : « Vous n'avez donc pas lu que le Créateur au commencement *les fit homme et femme* [5] et dit : *Pour cette raison l'homme quittera son père et sa mère ; il s'attachera à sa femme et les deux seront une*

Le monde où vivait saint Paul, même païen et corrompu, n'avait pas l'obsession du sexe, propre à notre siècle. Dans la Première Lettre aux Corinthiens 7,1 il fait l'éloge du célibat librement choisi et rappelle à ceux qui se sont mariés ayant la foi, les paroles de Jésus.

Ne vous privez pas l'un de l'autre, sauf si c'est d'un commun accord et pour un certain temps, pour mieux vous donner à la prière. Et de nouveau vous aurez des relations ; autrement Satan pourrait vous faire tomber parce que vous dominez mal vos instincts.

Je vous donne cela comme un conseil : ce n'est pas un ordre. J'aimerais bien que tous soient comme moi, mais chacun a reçu de Dieu son propre don, l'un d'une façon, l'autre d'une autre.

Pour cela je dis à ceux qui ne sont pas mariés et aux veuves que ce serait bien de rester comme je suis. Mais s'ils ne sont pas maîtres d'eux-mêmes, qu'ils se marient. Il vaut mieux se marier que rester dans le feu.

A ceux qui sont mariés je donne cet ordre — non pas de moi, mais du Seigneur : que la femme ne se sépare pas de son mari. Si elle s'est séparée de son mari, qu'elle reste seule, ou qu'elle se réconcilie avec son mari. Et de même pour le mari : qu'il ne renvoie pas sa femme.

• **19.**16 Une question est posée à Jésus. Il en découvre les divers aspects et il donne trois réponses : *Un seul est bon.* Cet homme a été séduit par la personne de Jésus, et Jésus le renvoie au Père comme il le fait toujours. Il existe en effet une distorsion de la foi chrétienne, dangereuse parce qu'elle est très subtile : ne parler que de Jésus : « Jésus te regarde… Jésus t'aime… Jésus est amour… » alors que Jésus est tout entier tourné vers le Père et qu'il est venu pour nous conduire à lui. Aimer le Père signifie vouloir être parfait à la façon du Père et travailler pour son Royaume.

Cet homme voulait aussi savoir comment on acquiert la vie éternelle (le texte dit selon le style hébraïque : « avoir en héritage ») et Jésus dira clairement à la fin que, même si on observe les commandements, on ne « mérite » pas la vie éternelle : le salut est toujours un don de Dieu.

Enfin il y a la question qui nous préoccupe le plus car tout ce qui touche à l'argent nous atteint au cœur, et c'est là que l'Évangile nous fait peur : *Il est plus facile pour un chameau…*

Le problème de la pauvreté est au cœur de la famille dans le monde moderne : pour la plupart, croyants ou non croyants, les joies et les grâces que Dieu réserve à la famille nombreuse ne seront données qu'à ceux qui ont renoncé à tout mesurer selon les critères de l'argent et de la sécurité.

seule chair ? ⁶De sorte qu'ils ne sont plus deux mais une seule chair. Que l'homme ne sépare pas ce que Dieu a uni. »

⁷Les Pharisiens lui disent : « Mais alors, pourquoi Moïse a-t-il demandé de *donner un certificat de renvoi avant de divorcer ?* » ⁸Il leur dit : « Moïse vous a permis de renvoyer vos épouses, mais c'est à cause de votre conscience endurcie. Ce n'était pas ainsi au commencement, ⁹et moi je vous dis que celui qui renvoie sa femme — je ne parle pas du cas d'infidélité — et en épouse une autre, commet l'adultère. »

¹⁰Les disciples lui disent : « Si tel est le statut de l'homme et de la femme, il vaut mieux ne pas se marier. » ¹¹Et Jésus leur dit : « Voilà une chose que tous ne comprennent pas : il faut avoir reçu ce don. ¹²Il y a des eunuques qui le sont de naissance ; il y en a qui ont été mutilés par les hommes ; et il y en a d'autres qui se sont voulus tels pour le Royaume des Cieux. Que celui qui peut comprenne ! »

¹³A ce moment-là on lui amena des enfants pour qu'il prie pour eux en leur imposant les mains. Mais les disciples les recevaient très mal. ¹⁴Alors Jésus dit : « Laissez les enfants et ne les empêchez pas de venir près de moi. Sachez que le Royaume des Cieux est pour ceux qui leur ressemblent. » ¹⁵Jésus leur imposa les mains et reprit son chemin.

Le jeune homme riche

• ¹⁶Un homme vint à Jésus avec ces paroles : « Maître, que puis-je faire de bien pour avoir la vie éternelle ? » ¹⁷Jésus lui dit : « Pourquoi m'interroges-tu sur ce qui est bon ? Lui est bon, lui seul ! Mais si tu veux entrer dans la vie, garde les commandements. »

¹⁸L'autre demande : « Quels commandements ? » Jésus dit : « *Tu ne tueras pas, tu ne commettras pas d'adultère, tu ne voleras pas, tu ne feras pas de faux témoignage,* ¹⁹*honore ton père et ta mère.* Et encore : *Tu aimeras ton prochain comme toi-même.* »

²⁰Le jeune homme lui répond : « J'ai observé tout cela ; que me manque-t-il encore ? » ²¹Jésus lui dit : « Si tu veux être parfait, va, vends tout ce que tu as et donne-le aux pauvres pour avoir un trésor dans le ciel. Ensuite reviens et suis-moi. »

²²En entendant ces paroles, le jeune homme s'éloigna fort peiné, car c'était un gros propriétaire.

Tout laisser et tout gagner

²³Jésus dit alors à ses disciples : « En vérité, je vous le dis, il est difficile pour un riche d'entrer dans le Royaume des Cieux. ²⁴Oui, je vous le répète, il est plus facile pour un chameau de passer par le trou d'une

La Lettre aux Hébreux 10,32 nous rappelle ce que le baptême a coûté à bien des chrétiens dans la première Église et ce qu'il coûte encore dans les pays dominés par certaines religions.

Rappelez-vous les premiers jours. Peu après l'illumination vous avez eu à supporter un rude et douloureux combat. On vous a donnés en spectacle, on vous a insultés et maltraités, ou bien vous avez eu à vous montrer solidaires de ceux qu'on persécutait ainsi. Vous avez souffert avec les prisonniers et vous avez accepté avec joie la saisie de vos biens, sachant qu'une meilleure richesse vous était réservée.

Ce n'est donc pas le moment de renoncer à cette fermeté qui vous prépare une grande récompense. Il vous faut persévérer faisant la volonté de Dieu si vous voulez recevoir ce qui vous est promis.

On sait que la première communauté de Jérusalem avait fait un essai de vente et de mise en commun des biens : Actes 4,32.

La multitude des croyants n'avait qu'un cœur et une âme ; aucun d'eux ne considérait comme sien ce qui lui appartenait, mais ils mettaient tout en commun.

Aucun d'entre eux n'était dans le besoin, car tous ceux qui avaient des champs, des maisons, les vendaient et apportaient l'argent de la vente. Ils le déposaient aux pieds des apôtres et on le répartissait selon les besoins de chacun.

C'est ce que fit Joseph, un Lévite originaire de Chypre que les apôtres surnommèrent Barnabé, c'est-à-dire : Notre Consolation. Il vendit un champ dont il était propriétaire, apporta le prix de la vente et le déposa aux pieds des apôtres.

• **20.1** Cette parabole étonne bien des gens. Il leur semble injuste que tous les ouvriers reçoivent le même salaire sans tenir compte du travail et de la peine de chacun.

Il est certain que Jésus a voulu nous choquer et nous enlever cette idée que nous avons toujours en tête : « Nous avons des mérites et Dieu doit en tenir compte. »

Il serait bon cependant de regarder de plus près la parabole. Jésus fait une comparaison, non pas entre les différents travailleurs, mais entre différents groupes de travailleurs. Chaque groupe représente une nation, ou une classe sociale et, tandis que certains ont reçu la parole de Dieu depuis longtemps, d'autres viennent juste d'arriver à la foi.

Au fil des siècles Dieu appelle différents peuples à travailler dans sa vigne. Il appelle d'abord Abraham et il confie à ses descendants son œuvre dans le monde. Plus tard, à l'époque de Moïse, bien d'autres se sont joints à son groupe pour sortir d'Égypte, et cela a continué tout au long de l'histoire. Les anciens revendiquent sans cesse leur droit d'être mieux traités que les autres ; en réalité, la vigne ne leur a pas été confiée en exclusivité.

Ensuite, lorsque le Christ vient, l'Évangile est annoncé à d'autres peuples, païens jusque-là. Ils entrent dans l'Église et forment la chrétienté. Eux aussi se prétendront les propriétaires du Royaume de Dieu et de l'Église. De nos jours il semble bien que les peuples de la vieille Europe soient en train de perdre le royaume alors que les chrétiens de l'autre bout de la planète se font de plus en plus nombreux.

aiguille, que pour un riche d'entrer dans le Royaume de Dieu. »

²⁵ En entendant cela, les disciples restent abasourdis. Ils lui disent : « Mais alors, qui peut être sauvé ? » ²⁶ Jésus les regarde bien en face et leur dit : « Pour les hommes, c'est une chose impossible, mais pour Dieu tout est possible. »

²⁷ Pierre prend alors la parole et lui dit : « Maître, nous avons tout laissé pour te suivre : y aura-t-il quelque chose pour nous ? » ²⁸ Et Jésus leur déclare : « En vérité je vous le dis à vous qui m'avez suivi : lorsque viendra le monde nouveau et que le Fils de l'Homme siégera sur son trône dans la gloire, vous aussi vous siégerez sur douze trônes pour gouverner les douze tribus d'Israël.

²⁹ Quant à ceux qui laissent leur maison, leurs frères et sœurs, leur père et leur mère et même leurs enfants avec leurs champs à cause de mon nom, ils recevront cent fois plus, et ils auront aussi la vie éternelle.

³⁰ Beaucoup qui sont parmi les premiers seront derniers, et d'autres qui sont derniers seront premiers. »

Les ouvriers envoyés à la vigne

20• ¹ « Apprenez donc quelque chose du Royaume des Cieux. Un propriétaire est sorti à la première heure du jour afin d'embaucher des travailleurs pour sa vigne. ² Il se met d'accord avec les travailleurs pour un denier par jour et il les envoie à sa vigne.

³ Dans la matinée il en voit d'autres qui sont là sur la place sans rien faire, ⁴ et il leur dit : « Allez vous aussi à la vigne et je vous donnerai ce qui sera juste. » ⁵ Aussitôt ils y vont. Le propriétaire sort de nouveau à midi, puis dans l'après-midi, et il agit de la même façon. ⁶ A la tombée du jour — c'était la onzième heure, il sort et il en trouve qui sont là assis. Il leur dit : "Pourquoi restez-vous là toute la journée sans rien faire ?" ⁷ Eux lui répondent : "C'est que personne ne nous a embauchés." Et il leur dit : "Allez donc vous aussi à la vigne."

⁸ Le soir venu, le propriétaire de la vigne dit à son intendant : "Appelle les ouvriers et donne-leur leur salaire ; tu commenceras par les derniers et tu continueras jusqu'aux premiers."

⁹ Ceux qui ont été embauchés à la onzième heure se présentent donc les premiers ; ils reçoivent un denier. ¹⁰ Quand les premiers arrivés se présentent à leur tour, ils pensent qu'ils vont recevoir davantage, mais eux aussi reçoivent un denier. ¹¹ Pendant qu'on les paie, ils protestent contre le propriétaire : ¹² "Ces derniers, disent-ils, n'ont fait qu'une heure, et tu les mets sur le même plan que nous qui avons travaillé toute une journée au soleil."

En Colossiens 1,22 Paul nous dit que les apôtres ne sont pas là pour occuper les premières places mais pour partager les épreuves du Christ.

Et maintenant, mes souffrances pour vous sont ma joie ; je complète dans ma chair ce qui manque encore aux épreuves du Christ pour son corps qui est l'Église. J'en suis l'administrateur depuis que Dieu m'a confié la charge de mettre en œuvre chez vous le projet de Dieu, son plan mystérieux caché depuis des siècles et des siècles.

C'est là mon travail et je m'y dépense avec une énergie qui me vient de lui et agit puissamment en moi.

LE SIÈCLE DE JÉSUS

Tous les faits de l'évangile se situent dans une histoire fort bien connue et fort mouvementée, pour ne pas dire habituellement tragique et sanglante.

En l'an 63 av. J.C. le romain Pompée s'est emparé de la Palestine avec des massacres à Jérusalem. Il s'est imposé aux souverains tyranniques de la dynastie asmonéenne. Hérode le Grand (de l'an 40 à l'an 4 av. J.C.) sera le dernier d'entre eux. Avec lui la Palestine a connu bien des représailles. A sa mort, émeutes et répressions. Dans les années suivantes, révoltes en Galilée, banditisme et répression, des crucifiés par centaines.

Puis vient un calme relatif dans les années où Jésus se manifeste. Jean-Baptiste prêche dans les années 27-28. Il est exécuté en l'an 29.

Les grands prêtres, qui ont cumulé les pouvoirs civils et religieux durant cinq siècles, continuent d'exercer une autorité réelle sous le contrôle des Romains. Leur grand problème est d'éviter les conflits avec ces derniers. Anne, ses 5 fils et son gendre Caïphe se succèdent comme grands prêtres.

Arrivistes et bon politiques, ils redoutent les prophètes et les mouvements spirituels. Ils ont voulu ignorer Jean et ils feront semblant d'ignorer Jésus tant qu'il prêche en Galilée, sur les terres de Hérode Antipas. Mais le Temple est pour eux une chasse gardée et ils ne peuvent accepter que Jésus réunisse du monde autour de lui quand il s'arrête dans les cours ou sous les colonnades du Temple.

Jésus est mis à mort selon toute probabilité en l'an 30.

Après lui, en l'an 36, Étienne premier martyr. La même année, conversion de saint Paul. Les années suivantes la violence reprend en Palestine et ne cessera plus jusqu'à la guerre avec les romains (66-70) qui voit la destruction de Jérusalem. En l'an 62 le grand prêtre a profité de l'absence du gouverneur romain pour faire lapider Jacques, l'évêque de Jérusalem. Les chrétiens sont exclus du judaïsme. Cette exclusion aura bientôt pour conséquence la persécution des chrétiens par l'empire romain.

• **20.**20 Voir le commentaire de Mc 10,35

¹³ Il réplique à l'un d'eux : "Mon ami, je ne suis pas injuste avec toi. Nous étions d'accord pour un denier, n'est-ce pas ? ¹⁴ Prends ce qui te revient et va-t'en. Moi je veux donner à ce dernier autant qu'à toi. ¹⁵ N'ai-je pas le droit de faire chez moi ce que je veux ? Serait-ce que tu es envieux parce que moi je suis bon ?"

¹⁶ Oui, les derniers seront premiers, et les premiers, derniers. »

Troisième annonce de la Passion

¹⁷ Quand Jésus était sur la route de Jérusalem, il prit à part les Douze et, tout en marchant, il leur dit : ¹⁸ « Voici que nous montons à Jérusalem ; le Fils de l'Homme va être livré aux chefs des prêtres et aux maîtres de la Loi qui le condamneront à mort. ¹⁹ Ils le remettront aux étrangers qui vont l'humilier, le fouetter et le mettre en croix. Mais il ressuscitera le troisième jour. »

Jacques et Jean demandent les premières places

• ²⁰ A ce moment la mère des fils de Zébédée vint trouver Jésus avec ses fils et elle se prosterna pour lui demander une faveur. ²¹ Jésus lui dit : « Que veux-tu ? » Elle lui dit : « Tu as là mes deux fils. Ordonne que dans ton royaume ils siègent l'un à ta droite et l'autre à ta gauche. »

²² Jésus répondit : « Vous ne savez pas ce que vous demandez. Pouvez-vous boire la coupe que je dois boire ? » Ils dirent : « Oui, nous le pouvons. » ²³ Jésus leur dit : « Vous boirez donc à ma coupe. Mais de siéger à ma droite et à ma gauche, ce n'est pas à moi de le donner ; ce sera pour ceux à qui mon Père l'a destiné. »

²⁴ En entendant cela, les dix autres étaient indignés contre les deux frères. ²⁵ Jésus les appela et leur dit : « Vous savez que les chefs des nations païennes se conduisent en dictateurs, et leurs grands personnages abusent de leur autorité. ²⁶ Cela ne devra pas être chez vous. Si l'un d'entre vous veut être grand, qu'il se fasse votre serviteur, ²⁷ et si l'un d'entre vous veut être le premier, qu'il soit votre esclave, ²⁸ tout comme le Fils de l'Homme qui n'est pas venu pour être servi, mais pour servir et donner sa vie en rançon pour la multitude. »

²⁹ Comme ils sortaient de Jéricho, beaucoup de gens les accompagnaient. ³⁰ Or voici que deux aveugles étaient assis sur le bord du chemin. Quand ils apprirent que Jésus passait, ils crièrent : « Aie pitié de nous, Seigneur, fils de David ! » ³¹ Et comme les gens leur disaient de se taire, ils criaient encore plus fort : « Seigneur, fils de David, aie pitié de nous ! »

94

Lu au Psaume 118 :

Alléluia !
Louez le Seigneur car il est bon,
sa grâce est là pour toujours.

Dans mon angoisse je l'ai invoqué,
il m'a répondu, il m'a mis au large.
plutôt que de compter sur des hommes.
On m'a poussé, bien poussé pour me mettre à terre,
mais le Seigneur m'a secouru.

Je ne mourrai pas, mais je vivrai
et je dirai les hauts faits du Seigneur.
Le Seigneur m'a bien corrigé,
mais il ne m'a pas livré à la mort.

La pierre rejetée par les bâtisseurs
est devenue pierre d'angle.

« Béni soit celui qui vient au nom du Seigneur ! »

• **21.**1 Matthieu, Marc et Luc placent l'incident des vendeurs dans le Temple juste avant la Passion. En revanche, Jean situe cet incident au commencement de la mission de Jésus. Nous voyons donc une fois de plus que chacun des évangélistes dispose les événements suivant le plan qu'il a choisi pour développer le Mystère du salut. Leur but n'est pas de rédiger une vie de Jésus où les faits prendraient leur place dans l'ordre exact où ils ont eu lieu.

D'autre part, plusieurs détails de l'entrée triomphale de Jésus nous font penser à la fête des Tabernacles (qui se célébrait en septembre) plutôt qu'aux jours précédant la Pâque.

Les évangélistes ont peut-être situé l'entrée de Jésus à Jérusalem la veille de la Pâque pour la simple raison qu'ils ne mentionnaient qu'un seul déplacement de Jésus à Jérusalem.

Ils entraient à Bethphagé. Le petit village de Bethphagé se trouve à l'entrée est de Jérusalem. Selon la Loi, la Pâque devait se célébrer à Jérusalem, mais la ville était trop petite pour héberger les cent mille pèlerins venus pour la fête. On avait donc étendu les limites juridiques de Jérusalem afin d'inclure quelques villages comme Bethphagé. Ces jours-là, Jésus logeait à Béthanie (21,17).

Avec le chapitre 21 commence le ministère de Jésus à Jérusalem. Matthieu et Marc ont gardé la division primitive de l'évangile en deux temps : d'abord le ministère de Jésus en Galilée, ensuite, sa présence à Jérusalem où il sera mis à mort. Il suffit de lire l'évangile de Jean pour voir que Jésus est allé bien des fois à Jérusalem pour les fêtes de pèlerinage, comme le demandaient les lois religieuses, mais Matthieu et Marc n'en parlent pas. La semaine à Jérusalem est dominée par les conflits avec les autorités. Cela n'est pas dû à une attitude sectaire des évangélistes, comme s'ils voulaient faire passer les prêtres et les chefs pour des méchants. Mais ces conflits font ressortir un aspect essentiel du passage parmi nous de Jésus sauveur. Parce qu'il est le Fils de Dieu, il déconcerte tous ceux qui se sont habitués à organiser le monde à partir de la sagesse commune. Or les sages de ce monde ont toujours ignoré comment est Dieu et comment il pourrait remettre à neuf notre société et notre vie journalière. Tout y est plus ou moins vicié, même le meilleur, par de faux principes, par un égoïsme et une violence qui s'ignorent. Et finalement tout se liguera, on ne sait comment, pour que Jésus soit crucifié.

• **21.**12 Jésus purifie le Temple, accomplissant ce qu'avaient annoncé plusieurs prophètes.

³²Jésus s'arrêta et les appela. Il leur demanda : « Que voulez-vous que je fasse pour vous ? » ³³Ils répondirent : « Seigneur, que nos yeux s'ouvrent ! » ³⁴Jésus eut pitié d'eux et toucha leurs yeux. Aussitôt ils purent voir, et ils marchèrent à sa suite.

Jésus entre à Jérusalem

21 • ¹Ils étaient déjà près de Jérusalem et ils entraient dans Bethphagé sur le mont des Oliviers. Alors Jésus envoya deux disciples ²en leur disant : « Allez jusqu'au village d'en face. Vous trouverez tout de suite une ânesse attachée avec son petit. Vous la détacherez et vous me l'amènerez. ³Et si quelqu'un vous dit quelque chose, répondez que le Seigneur en a besoin mais qu'il les renverra aussitôt. »

⁴C'est ainsi que se réalisa la parole du prophète : ⁵*Dites à la fille de Sion : « Voici que ton roi vient à toi, pacifique et monté sur un âne, sur un ânon né pour servir. »*

⁶Les disciples allèrent et firent comme Jésus leur avait ordonné. ⁷Ils amenèrent l'ânesse et l'ânon ; ils les couvrirent de leurs manteaux et Jésus s'assit dessus.

⁸La foule était très nombreuse ; certains étendaient leurs manteaux sur le chemin, d'autres coupaient des rameaux sur les arbres et en couvraient le chemin. ⁹La foule qui allait devant ou qui suivait lançait des acclamations : « *Hosanna pour le fils de David ! Béni soit celui qui vient au nom du Seigneur ! Hosanna dans les hauteurs du ciel !* »

¹⁰Lorsque Jésus entra dans Jérusalem, toute la ville commença à s'agiter. On disait : « Qui est-ce ? » ¹¹Et les gens répondaient : « C'est le prophète Jésus, de Nazareth en Galilée ! »

Jésus purifie le Temple

• ¹²Jésus entra dans le Temple et il mit dehors tous ceux qui vendaient ou achetaient dans le Temple. Il retournait les tables des changeurs de monnaie et les sièges des vendeurs de colombes. ¹³Il leur disait : « Il est écrit : *Ma maison sera appelée maison de prière*, mais vous, vous en avez fait *une caverne de voleurs.* »

¹⁴Dans le Temple, des aveugles et des éclopés vinrent à lui et il les guérit.

¹⁵Les chefs des prêtres et les maîtres de la Loi voyaient tous les prodiges que Jésus réalisait ; ils voyaient aussi les enfants qui criaient dans le Temple : « Hosanna au fils de David ! » et ils étaient furieux. ¹⁶Ils lui dirent : « Entends-tu ce qu'ils disent ? » Et Jésus leur répondit : « Bien sûr. N'avez-vous jamais lu ces paroles : *Tu as mis ta louange dans la*

En Jérémie 7,2 nous lisons ces reproches de Dieu au peuple qui se croit protégé par le Temple alors qu'il vit dans l'injustice.

Voici ce que dit Yahvé Sabaot, le Dieu d'Israël :

Améliorez votre conduite, vos actes, et je resterai ici avec vous. Mais ne vous fiez pas à des paroles mensongères : « C'est ici le Temple de Yahvé ! Le Temple de Yahvé ! Le Temple de Yahvé ! »

Améliorez pour de bon votre conduite et vos actes. Qu'il y ait une vraie justice entre vous ; n'exploitez pas l'étranger, l'orphelin et la veuve ; ne répandez pas le sang innocent en ce lieu ; ne suivez pas d'autres dieux pour votre malheur. Alors je vous ferai rester en ce lieu, sur cette terre que j'ai donnée à vos pères depuis le commencement et pour toujours.

Mais vous mettez votre confiance dans des paroles creuses qui ne mènent à rien. Quoi ! Vous volez, vous tuez, vous commettez l'adultère, vous faites de faux serments, vous brûlez l'encens devant Baal, vous suivez d'autres dieux qui ne sont pas de chez vous… et ensuite vous venez vous présenter devant moi, dans ce Temple qui porte mon Nom !

Croyez-vous pouvoir commettre tranquillement toutes ces horreurs ? Ce Temple où s'est posé mon Nom, le regardez-vous comme une caverne de brigands ?

• **21.**18 L'incident précédent nous aide à comprendre l'étrange comportement de Jésus qui cherche des figues quand ce n'est pas la saison et *maudit* ensuite l'arbre comme s'il était responsable. Le geste de Jésus est destiné à attirer l'attention des apôtres, selon la manière d'enseigner des prophètes. Le figuier est l'image du peuple juif qui n'a pas produit (devrions-nous dire : du peuple de Dieu qui produit bien peu ?) les fruits que Dieu attendait.

• **21.**23 Jésus est ce que nous appellerions aujourd'hui un simple laïc. Il respecte les prêtres du peuple de Dieu et leurs grands prêtres. Mais il montre que s'ils veulent demander des comptes, il leur faut être prêts à donner une réponse sur les choses de Dieu quand le peuple en a besoin. Or ils n'ont pas voulu donner ces réponses à propos de Jean-Baptiste.

• **21.**28 Beaucoup de pécheurs s'étaient convertis à la suite de la prédication de Jean et avaient confessé leurs péchés. Ils étaient donc bien placés pour recevoir le message de Jésus qui leur ouvrait le Royaume de Dieu et leur montrait le vrai visage de Dieu le Père. C'est pour cette raison qu'ils *précèdent les prêtres,* lesquels sont restés indifférents à l'appel de Jean puisqu'ils n'éprouvaient ni le désir ni le besoin de se convertir.

bouche des enfants et des nourrissons ? »

¹⁷ Puis Jésus les laissa et sortit de la ville en direction de Béthanie pour y passer la nuit.

Malédiction du figuier

• ¹⁸ Au matin, comme Jésus regagnait la ville, il eut faim. ¹⁹ Il alla droit à un figuier qu'il avait vu près du chemin, mais il n'y trouva rien : il n'y avait que des feuilles. Alors il s'adressa à l'arbre : « Tu ne donneras plus de fruits, plus jamais ! » Et au même instant le figuier devint sec.

²⁰ En voyant cela les disciples étaient tout étonnés et ils lui demandaient : « Mais comment le figuier est-il devenu sec d'un seul coup ? »

²¹ Alors Jésus leur dit : « En vérité, je vous le dis, si vous avez la foi au point de ne pas hésiter, vous ferez beaucoup plus que de dessécher ce figuier ; vous direz à la montagne : Enlève-toi de là et jette-toi dans la mer, et cela se fera. ²² Tout ce que vous pouvez demander dans la prière, avec la foi vous l'obtiendrez. »

Les autorités qui ne se mouillaient pas

• ²³ Jésus entra dans le Temple. Il était là en train d'enseigner quand les chefs des prêtres et les anciens du peuple s'approchèrent pour lui demander : « De quelle autorité fais-tu tout cela ? Qui t'a chargé de le faire ? »

²⁴ Jésus leur dit : « Eh bien moi aussi je vais vous poser une question, une seule : ²⁵ quand Jean s'est mis à baptiser, était-ce une initiative du Ciel, ou bien humaine ? »

Les autres commencent à se dire : « Si nous parlons d'une initiative divine, il nous dira : pourquoi n'avez-vous pas cru en lui ? ²⁶ Et si nous disons que c'était une chose purement humaine, gare au peuple ! Car tous considèrent Jean comme un prophète. »

²⁷ Aussi répondent-ils à Jésus : « Nous ne savons pas. » Et lui de leur dire : « Je ne vous dirai pas non plus de quel droit je fais tout cela. »

Le fils qui dit oui et le fils qui dit non

• ²⁸ « Mais donnez-moi plutôt votre avis : un homme avait deux fils. Il s'adresse au premier pour lui dire : Mon garçon, va travailler aujourd'hui à ma vigne. ²⁹ Et lui répond : "Je n'en ai pas envie." Mais ensuite il se reprend et il y va. ³⁰ Le père s'adresse également à l'autre et lui dit la même chose ; il répond : « Bien sûr que oui, seigneur ! » Mais il n'y va pas. ³¹ Lequel des deux a fait la volonté du père ? » Ils répondent : « Le premier. »

Jésus a repris pour lui le Chant de la vigne qu'on lit en Isaïe 5,1 :

Mon ami avait une vigne sur un coteau fertile.
Il a travaillé la terre, enlevé les pierres,
il y a planté du raisin de choix,
il a construit une tour et creusé une cuve.
Il en attendait de bons raisins,
mais elle a donné des fruits sauvages.

Maintenant, habitants de Jérusalem,
jugez vous-mêmes entre moi et ma vigne.
Pouvait-on faire pour elle plus que je n'ai fait ?
J'en attendais de bons raisins,
pourquoi m'a-t-elle donné des fruits sauvages ?

Je vais vous dire ce que je ferai à ma vigne.
J'enlèverai la haie et elle sera broutée,
je briserai la clôture et on la piétinera.

J'en ferai une terre abandonnée,
elle ne sera plus taillée, ni travaillée,
mais épines et ronces y pousseront ;
j'interdirai aux nuages d'y laisser tomber la pluie.

Oui, la vigne de Yahvé Sabaot, c'est la maison d'Israël.
Il en attendait la justice et voici la méchanceté,
il en attendait le droit et voici des cris de violence.

• **21.**33 Voir le commentaire de Mc 12,1.

Le royaume de Dieu vous sera enlevé pour être donné à un peuple qui en donnera les fruits. La parole de Jésus ne vise pas seulement le peuple juif de son temps : observons le vieillissement et la stérilité apostolique de bien des secteurs de notre Église dans une société qui elle-même choisit la mort, acceptant que le dévergondage sexuel et l'avarice étouffent la famille et les raisons de vivre. Et s'il était dans le plan de Dieu de *donner à d'autres* ce Royaume pour lequel nous n'avons pas su vivre et travailler ?

Alors Jésus leur dit : « En vérité, je vous le dis, les collecteurs de l'impôt et les prostituées vous devancent sur le chemin du Royaume de Dieu. [32]Car Jean est venu vous montrer le chemin de la justice, mais vous n'avez pas cru en lui, alors que les collecteurs de l'impôt et les prostituées croyaient en lui. Et malgré leur exemple, vous ne vous êtes pas repris : même après coup vous n'avez pas cru en lui. »

Les vignerons assassins

• [33]« Écoutez donc une autre parabole : un propriétaire *a planté une vigne ; il l'a entourée d'un mur, il a creusé un pressoir, il a bâti un abri pour le garde.* Et puis il l'a remise à des fermiers pendant que lui s'en allait à l'étranger.

[34]Or voici qu'arrive le moment de la récolte, et il envoie ses serviteurs pour rencontrer les fermiers et prendre sa part de la récolte. [35]Mais les fermiers se rendent maîtres des serviteurs : ils frappent l'un, tuent l'autre et assomment un troisième à coups de pierres. [36]De nouveau des serviteurs sont envoyés, plus nombreux que les premiers, mais on les traite de la même manière.

[37]Alors lui, pour finir, leur envoie son fils. Il pensait en effet : ils auront du respect pour mon fils.

[38]Mais lorsque les fermiers voient le fils, ils se disent : "C'est lui l'héritier ; allons-y, tuons-le, et son héritage sera à nous." [39]Ils le saisissent donc, le jettent hors de la vigne et le tuent. [40]Maintenant, lorsque le maître de la vigne se présentera, comment va-t-il traiter ces fermiers ? »

[41]Les autres répondent : « Il enverra ces misérables à la mort qu'ils méritent et il remettra la vigne à d'autres fermiers : ceux-là lui en donneront les fruits quand viendra la saison. »

[42]Jésus leur dit : « Peut-être avez-vous lu ceci dans les Écritures : *La pierre rejetée par les constructeurs est devenue la pierre d'angle. C'est le Seigneur qui l'avait donnée, et nous restons à l'admirer.*

[43]Aussi je vous dis que le Royaume de Dieu vous sera enlevé pour être donné à un peuple qui en produira les fruits. [44]Quant à la pierre, celui qui tombera sur elle sera brisé, et celui sur qui elle tombera, elle l'écrasera ! »

[45]Les chefs des prêtres et les Pharisiens écoutaient ces paraboles, et ils comprirent que Jésus parlait pour eux. [46]Ils auraient voulu s'emparer de lui, mais ils craignaient la foule qui voyait en Jésus un prophète.

L'Apocalypse 3,1 reprendra l'image du vêtement pour le banquet dans un avertissement sévère à une communauté qui décline.

Écris à l'ange de l'Église qui est à Sardes : voici ce que dit celui qui a les sept esprits de Dieu, et les sept étoiles sont à lui.

Je connais tes œuvres : on te croit vivant mais tu es mort. Réveille-toi et affermis ceux qui restent mais sont près de mourir. Car tes œuvres m'ont paru bien minces à la lumière de Dieu. Rappelle-toi ce que tu as reçu et entendu ; mets-le en pratique et reprends-toi. Si tu ne restes pas éveillé, je viendrai à toi comme un voleur, et tu ne sais pas à quelle heure j'irai te surprendre.

J'ai pourtant quelques noms de ceux qui, à Sardes, n'ont pas souillé leurs vêtements ; ceux-là m'accompagneront vêtus de blanc car ils l'ont mérité.

Le vainqueur portera ce vêtement blanc. Jamais je n'effacerai son nom du livre de vie ; je proclamerai bien sûr son nom, devant mon Père et devant ses anges.

• **22.1** Il y a deux parties dans cette parabole.

Dans la première partie, Dieu nous invite à un banquet où il y a de la place pour tout le monde. Tout au long de l'histoire il a envoyé ses prophètes prêcher la justice, la miséricorde de Dieu et la confiance en lui. Mais le peuple juif qui n'a pas écouté l'appel de Dieu, écoutera encore moins Jésus. Le plan de Dieu n'échouera pas pour autant. Il envoie ses apôtres prêcher l'évangile aux nations étrangères : *allez aux sorties de la ville* pour que les non-Juifs entrent aussi dans l'Église.

L'eucharistie est la seule table du Christ que beaucoup de chrétiens connaissent. En y prenant part, nous ne devons pas oublier ce qui vient d'être dit. Notre rencontre autour de l'eucharistie doit nous rappeler que Dieu nous invite à nous préparer, dans la vie de tous les jours, pour le banquet qu'il réserve à toute l'humanité. Notre tâche est d'unir et de réconcilier tous les hommes.

Et si nous ne répondons pas ? Alors, peu à peu, la vie de la sainte Église universelle se retirera de nos assemblées de chrétiens bien installés et d'autres seront appelés à faire le travail de Dieu : *Invitez au banquet.*

Puis vient la seconde partie de la parabole : Vous chrétiens qui êtes déjà dans l'Église, est-ce que vous portez le nouvel habit ? Ne pensons pas que l'invité qui n'avait pas la tenue correcte était un pauvre. A l'époque, on avait coutume de procurer à tous les invités le vêtement qu'ils devaient porter au banquet. Celui-ci aurait pu en avoir un, mais il n'en a pas, c'est pourquoi *il n'a rien à répondre.*

• **22.14** *Beaucoup sont invités.* Certains s'alarment à la lecture de ce texte : est-ce que cela veut dire que quelques-uns seulement seront sauvés ?

Si nous appliquons cette phrase à la première partie de la parabole, elle veut dire que de ceux qui sont invités, peu participeront au banquet. Ces invités sont les Juifs, et de fait, très peu d'entre eux sont entrés dans l'Église de Jésus : choisis par Dieu pour être son peuple, ils n'ont pas su reconnaître en Jésus celui qui devait rassembler. Mais il faut aussi reconnaître que cette phrase se retrouve plusieurs fois dans l'évangile et qu'il ne faut peut-être pas la lier de façon trop étroite à cette parabole.

• **22.15** : voir Mc 12 et Lc 20

Un roi célèbre les noces de son fils

22 • ¹ Jésus reprit la parole pour les enseigner en paraboles : ² « Apprenez quelque chose du Royaume des Cieux. Un roi a préparé les noces de son fils. ³ Mais lorsqu'il envoie ses serviteurs pour appeler les invités aux noces, ils ne veulent pas venir. ⁴ De nouveau il envoie d'autres serviteurs pour dire aux invités : "J'ai maintenant mon banquet tout préparé. Mes taureaux et mes animaux à l'engrais sont déjà tués, tout est prêt ; venez aux noces ! "

⁵ Mais les invités s'en moquent et s'en vont, l'un à son champ, l'autre à son commerce. ⁶ D'autres se saisissent des serviteurs, leur font violence et les tuent.

⁷ Alors le roi se met en colère : il envoie ses troupes pour massacrer les meurtriers et mettre le feu à leur ville. ⁸ Puis il dit à ses serviteurs : "Les noces sont toujours là, mais les invités n'en étaient pas dignes. ⁹ Allez donc aux sorties de la ville et invitez aux noces tous ceux que vous trouverez. "

¹⁰ Les serviteurs sortent et ramassent sur les chemins tous ceux qu'ils trouvent, bons ou mauvais : la salle du festin se remplit de convives.

¹¹ Alors le roi entre pour voir de près ceux qui sont à table et il trouve là un homme qui n'a pas mis le vêtement des noces. ¹² Il lui dit : "Mon ami, comment es-tu entré ici sans avoir le vêtement des noces ?" Et l'autre ne répond rien. ¹³ Alors le roi dit à ceux qui l'accompagnent : "Liez-lui les mains et les pieds et jetez-le dehors, dans les ténèbres ; là il y aura pleurs et grincements de dents."

• ¹⁴ Sachez-le : beaucoup sont invités et peu sont élus. »

L'impôt dû à César

• ¹⁵ Les Pharisiens se déplacèrent pour voir ensemble comment prendre Jésus au piège dans ses propres paroles. ¹⁶ Ils lui envoyèrent donc leurs disciples en même temps que des Hérodiens, et ces gens lui dirent : « Maître, nous savons que tu es droit et que tu enseignes les chemins de Dieu selon la vérité, sans te laisser influencer par personne ; car tu ne cherches pas à te faire bien voir. ¹⁷ Dis-nous donc ton avis : est-il permis de payer l'impôt à César ou non ? »

¹⁸ Jésus a déjà vu leurs mauvaises intentions ; il leur répond : « Hypocrites, pourquoi essayez-vous de m'avoir ? ¹⁹ Faites-moi voir la monnaie qu'on donne pour l'impôt. » Et ils lui présentent un denier. ²⁰ Jésus leur dit : « Cette tête, et ce nom qu'on a gravé, de qui sont-ils ? » ²¹ Ils répondent : « De César ! » Alors Jésus leur dit : « Rendez à César ce qui est de César, et à Dieu ce qui est de Dieu. »

Nul ne peut vivre en profiteur de la collectivité, obéir aux lois et payer ses impôts fait partie de l'ordre voulu par Dieu : Lettre aux Romains 13,1.

Chacun dans cette vie doit obéir aux représentants de l'autorité. C'est de Dieu que vient toute autorité et les charges publiques ont été voulues par Dieu...

Donc il faut obéir, et pas seulement par peur du châtiment mais en conscience... C'est ainsi que vous devez payer les impôts. C'est encore comme fonctionnaires de Dieu qu'ils en exigent le paiement. Donc payez à chacun ce que vous lui devez : l'impôt s'il a droit à l'impôt, l'obéissance si c'est l'obéissance, le respect si c'est le respect.

Lu dans l'Exode 3,4-15 :

Yahvé vit que Moïse faisait un détour pour voir, et Dieu l'appela du milieu du buisson : « Moïse ! Moïse ! ». Il répondit : « Me voici ! » Dieu dit : « N'approche pas d'ici ! Retire tes sandales de tes pieds, car l'endroit où tu te trouves est un lieu saint. » Il ajouta : « Je suis le Dieu de ton père, le Dieu d'Abraham, le Dieu d'Isaac et le Dieu de Jacob. » Alors Moïse se cacha le visage, car il avait peur que son regard ne rencontre Dieu. (...)

Moïse dit à Dieu : « Bien ! Je vais aller trouver les Israélites et je leur dirai : Le Dieu de vos pères m'a envoyé vers vous. Mais ils me diront : Quel est son nom ? Que vais-je leur répondre ? »

Dieu dit à Moïse : « Je suis : JE SUIS ! » Puis il ajouta : « Tu diras aux Israélites : JE SUIS m'a envoyé vers vous. » Dieu dit encore à Moïse : « Voici ce que tu diras aux Israélites : YAHVÉ, le Dieu de vos pères, le Dieu d'Abraham, le Dieu d'Isaac et le Dieu de Jacob m'a envoyé vers vous. Ce sera là mon nom pour toujours, c'est ainsi que l'on m'invoquera de génération en génération.

Lu dans la Première Lettre de Jean (4,7) :

Mes bien-aimés, aimons-nous les uns les autres, car l'amour vient de Dieu. Celui qui aime est né de Dieu et connaît Dieu. Celui qui n'aime pas n'a pas connu Dieu, car Dieu est amour.

Vous savez comment l'amour de Dieu nous a été révélé : Dieu nous a envoyé son Fils unique dans le monde pour que par lui nous vivions.

Voilà comment est l'amour : ce n'est pas nous qui avons aimé Dieu, c'est lui qui nous a aimés, et il a envoyé son Fils pour qu'il soit la victime pour nos péchés.

Mes bien-aimés, si Dieu nous a aimés de cette façon, nous aussi nous devons nous aimer les uns les autres. Personne n'a jamais contemplé Dieu, mais si nous nous aimons les uns les autres, Dieu demeure en nous et son amour s'épanouit au milieu de nous. Comment savons-nous que nous demeurons en lui et lui en nous ? Parce qu'il nous a donné de son Esprit.

Mais aussi nous avons vu et nous affirmons que le Père a envoyé son Fils pour qu'il soit le Sauveur du monde ; et si quelqu'un reconnaît que Jésus est le Fils de Dieu, Dieu demeure en lui et lui en Dieu.

Nous avons connu l'amour que Dieu a pour nous et nous y avons cru. Dieu est amour et celui qui demeure dans l'amour demeure en Dieu, et Dieu en lui.

[22] En entendant cela, ils étaient très surpris. Ils laissèrent Jésus et s'en allèrent.

La résurrection des morts

[23] Un certain jour, des Saducéens vinrent trouver Jésus. Selon eux il n'y a pas de résurrection. Aussi l'interrogèrent-ils de la façon suivante : [24] « Maître, Moïse a dit : Si un homme meurt sans enfants, son frère prendra la veuve et donnera ainsi des héritiers au défunt. [25] Or il y avait chez nous sept frères ; le premier s'est marié et il est mort. Comme il n'avait pas d'héritier, il a laissé sa femme à son frère. [26] La même chose s'est passée pour le deuxième : il l'a laissée au troisième, et ainsi de suite pour les sept. [27] La femme est morte la dernière. [28] Dans le cas d'une résurrection, lequel des sept aura la femme ? Car tous l'ont eue pareillement. »

[29] Jésus répondit : « Vous êtes dans l'erreur, vous ne connaissez pas les Écritures et pas davantage la puissance de Dieu. [30] A la résurrection on ne prend plus de femme ou de mari : tous sont comme des anges de Dieu dans le ciel. [31] Quant à savoir s'il y a une résurrection, n'avez-vous pas lu ce que Dieu vous a dit : [32] *Je suis le Dieu d'Abraham, le Dieu d'Isaac et le Dieu de Jacob ?* Il n'est pas un Dieu des morts, mais des vivants ! »

[33] Une foule de gens écoutaient Jésus et ils étaient frappés de son enseignement. [34] Quand les Pharisiens apprirent que Jésus avait fermé la bouche aux Saducéens, ils vinrent en groupe, [35] et l'un d'eux voulut mettre Jésus à l'épreuve avec cette question : [36] « Maître, quel est le grand commandement de la Loi ? »

Le premier commandement

[37] Jésus lui dit : « *Tu aimeras le Seigneur ton Dieu de tout ton cœur, de toute ton âme* et de tout ton esprit. [38] Voilà le grand, le premier commandement. [39] Il y en a un deuxième tout à fait pareil : *Tu aimeras ton prochain comme toi-même.* [40] Toute la Loi et les Prophètes tournent autour de ces deux commandements. »

Le Messie, fils de David

[41] Profitant de ce que les Pharisiens étaient là réunis, Jésus leur posa cette question : [42] « Parlez-moi du Messie : à votre avis, de qui est-il fils ? » Ils lui répondirent : « De David ! » [43] Jésus leur dit : « Mais pourtant David lui donne le titre de *Seigneur* dans un texte inspiré. Il dit : [44] *Le Seigneur a dit à mon Seigneur : Siège à ma droite et vois comment je fais*

• **23.1** Le *cinquième discours* de l'évangile de Matthieu commence ici. Nous sommes à peu de jours du départ de Jésus de ce monde et Matthieu place en cet endroit des paroles et paraboles de Jésus qui éclairent l'attitude que ses disciples devront adopter face aux temps qui s'ouvrent devant eux.

A peine née, l'Église devra faire face à la puissante opposition des pouvoirs juifs, surtout celle des Pharisiens. Elle devra alors suivre sa propre voie et se séparer des communautés juives. C'est le fond du chapitre 23. Le chapitre 24 déclare que l'histoire va confirmer cette séparation par la ruine de la nation juive.

L'Église alors devra se tourner vers l'avenir et attendre le retour du Christ. Qu'elle ne perde pas son temps à attendre la fin du monde, mais qu'elle se tienne prête grâce à une vigilance active.

• **23.2** Jésus n'est pas de la tribu de Lévi à laquelle appartiennent les prêtres. Jésus n'appartient pas non plus à un parti religieux, comme celui des Pharisiens. Il est du côté du peuple et il regarde comment agissent les chefs du peuple de Dieu et l'élite religieuse organisée.

Visiblement Matthieu désire que les paroles de Jésus retombent sur les personnages importants des communautés pour lesquelles il écrit : d'avance Jésus juge les autorités de son Église et plus largement tout groupe qui se prétend le meilleur, le plus conscient, ou le plus efficace. Les Pharisiens prétendaient l'être, et dans un sens ils l'étaient.

Faites ce qu'ils disent. Le mauvais exemple des autorités ne discrédite pas la parole de Dieu et ne supprime pas non plus le devoir d'obéissance. Si Jésus disait d'écouter les successeurs de Moïse, à plus forte raison devons-nous écouter les successeurs des apôtres.

Jésus parle de la forme d'autorité. *Ne vous faites pas appeler maître ou père.* Ni *maître,* celui qui sait et devant qui on se tait, ni *père,* celui qu'on vénère et imite, oubliant de regarder directement Celui qui seul est bon. Personne dans l'Église ne doit éclipser *le Père* unique.

On dira qu'entre nous le mot « Père » exprime tout simplement une affection respectueuse, mais la parole de Jésus nous affirme que le mot a des effets pervers. L'Église devra être une communauté de personnes libres qui parlent avec franchise.

• **23.13** *Vous fermez la porte du Royaume des Cieux.* N'oublions pas que *le Royaume des Cieux* veut dire : le Royaume de Dieu. Bien des maîtres du peuple de Dieu sont un obstacle sur le chemin de la vraie connaissance de Dieu le Père ; jusque dans le moindre village, les Juifs avaient des maîtres de la Loi, mais en fait des foules venaient demander à Jésus ce que ceux-ci ne donnaient pas.

Vous dites : Jurer par le Temple (16-22). Jésus parle d'abus propres de son temps. Certains maîtres trouvaient des arguments pour ne pas respecter tous les serments : c'est ce qu'on a appelé plus tard la casuistique.

Comment Jésus a-t-il pu qualifier d'hypocrites ces hommes si attachés à leur foi ? Tous les Pharisiens n'étaient évidemment pas hypocrites, mais Jésus dénonce une déformation fréquente dans les élites religieuses. Il nous invite à nous méfier des institutions nées de ceux qui possèdent l'argent et la culture et qui ensuite prétendent diriger les autres – et l'Église – sans avoir appris la véritable humilité.

de tes ennemis ton marchepied. ⁴⁵ Si David lui donne le titre de Seigneur, comment peut-il être son fils ? » ⁴⁶ Et personne ne put lui répondre quoi que ce soit. Aussi, à partir de ce moment-là, personne n'osa plus lui poser ce genre de questions.

N'imitez pas les maîtres de la Loi

23. • ¹ Alors Jésus fit ce discours à la foule et à ses disciples :
• ² « Les maîtres de la Loi et les Pharisiens se sont assis sur la chaire de Moïse. ³ Faites et observez tout ce qu'ils vous disent, mais ne faites pas comme ils font, car ils disent et ne font pas.

⁴ Ils préparent de lourdes charges, et ils vous les mettent sur les épaules ; mais eux-mêmes ne bougeraient pas un doigt pour les remuer. ⁵ Tout ce qu'ils font, ils le font pour être vus des hommes : voyez ces larges citations de l'Écriture fixées à leur front, et ces longues franges à leurs manteaux ! ⁶ Ils aiment les premières places dans les repas, les premiers fauteuils à la synagogue ⁷ et les salutations sur la place ; ils aiment que les gens les appellent "Maître".

⁸ Mais vous, n'acceptez pas qu'on vous appelle "Maître", car vous n'avez qu'un Maître, et vous êtes tous frères. ⁹ Ne donnez à personne sur cette terre le titre de "Père", car vous n'avez qu'un Père, celui du ciel. ¹⁰ N'acceptez pas qu'on vous appelle "Guide", car seul le Christ est votre Guide.

¹¹ Que le plus grand d'entre vous soit votre serviteur. ¹² Car celui qui s'élève sera abaissé et celui qui s'humilie sera élevé. »

Sept malédictions contre les Pharisiens

• ¹³ « Malheur à vous, gens de la Loi et Pharisiens hypocrites ! Vous fermez aux autres le Royaume des Cieux ; vous-mêmes n'y entrez pas, et quand un autre est sur le point d'y entrer, vous l'en empêchez !

(¹⁴) ¹⁵ Malheur à vous, gens de la Loi et Pharisiens hypocrites ! Vous parcourez la terre et les mers pour recruter un prosélyte, et quand il l'est devenu, vous en faites un candidat à l'enfer deux fois pire que vous !

¹⁶ Malheur à vous, guides aveugles ! Vous dites : Si quelqu'un jure par le Sanctuaire, le serment n'oblige pas ; mais si on a prêté serment sur l'or du Sanctuaire, on est tenu. ¹⁷ Aveugles sans cervelle ! Quel est le plus grand : l'or, ou le sanctuaire qui rend sacré cet or ? ¹⁸ Et vous dites : Si l'on jure sur l'autel, le serment est nul ; mais si l'on jure sur l'offrande déposée sur l'autel, on est obligé. ¹⁹ Aveugles ! Quel est le plus grand : l'offrande, ou l'autel qui rend sacrée cette offrande ? ²⁰ Celui qui jure par l'autel, jure par l'autel et par tout ce qu'il y a dessus.

En Jérémie 20,7 nous avons la plainte du prophète persécuté.

Yahvé, tu m'as séduit et je me suis laissé séduire.
Tu m'as fait violence et tu as gagné.
Tout le jour je suis celui dont on rit ; tous se moquent de moi !

La parole de Yahvé est pour moi chaque jour
source d'humiliation et de moquerie.
Je me suis dit : « Je ne penserai plus à lui,
je ne parlerai plus en son nom ! »
Mais c'était en moi comme un feu brûlant, il dévorait mes os :
j'essayais de le contenir, mais je ne pouvais pas.

Je les entendais tout autour de moi :
« Dénoncez-le, oui, dénonçons-le ! »
Même mes proches guettaient ma chute :
« Au premier faux pas nous aurons le dessus,
alors nous nous vengerons de lui ! »

Mais Yahvé est avec moi comme un guerrier puissant,
c'est pourquoi mes ennemis tomberont :
pour eux ce ne sera pas le triomphe, mais l'échec et la honte.
Leur humiliation sera définitive, personne jamais ne l'oubliera.

• **23.29** Nous avons *les prophètes* d'une part, et de l'autre ceux qui *tuent les prophètes.* Les prophètes sont facilement condamnés quand ils remettent en cause l'union dans la médiocrité, ou même dans l'infidélité à la parole de Dieu.

Le peuple juif, harcelé par les étrangers, serrait les rangs autour du Temple, de la pratique religieuse et du groupe des Pharisiens. Sous l'emprise de la peur, les Juifs faisaient ce que fait toute société qui se sent menacée : ils devenaient fanatiquement conservateurs et se sentaient à l'abri dans les institutions que Dieu leur avait données dans le passé. C'est ainsi que les notables juifs laissèrent passer le moment où Dieu les visitait, ils s'enfoncèrent dans la voie qui devait mener leur nation à la ruine.

Nous observons le même phénomène actuellement. Notre génération se trouve brusquement confrontée dans tous les domaines à des crises et des menaces à l'échelle mondiale auxquelles nous n'étions pas préparés ; toutes nos certitudes sont mises en question, et c'est ainsi qu'on voit surgir dans toutes les religions des groupes fondamentalistes qui s'enferment dans des structures héritées du passé, quand ce n'est pas dans la violence aveugle.

Les communautés chrétiennes d'Europe, affrontées à une crise majeure, sauront-elles bâtir une Église plus pauvre, plus exigeante ? Seront-elles moins préoccupées de leur propre survivance que de l'Évangile donné au monde ?

• **23.37** Les prophètes avaient annoncé la ruine de Jérusalem en 587 comme le châtiment de son infidélité. Jésus reprend leur langage, mais la destruction annoncée aura une signification infiniment plus large, à la mesure même de sa mission qui le place au cœur et au sommet de toute l'histoire humaine. Le destin de Jésus récapitule l'Histoire : *le sang des prophètes,* son propre sang, celui des premiers chrétiens (34).

Votre maison (38). Il s'agit du Temple où reposait la présence de Dieu ; c'était là le cœur de la nation et le lieu du culte. Mais Dieu l'abandonne pour rejoindre ceux qui ont accueilli Jésus et qui ont trouvé en lui le Temple véritable (Jn 2,21).

[21] Celui qui jure par le Sanctuaire, jure par le Sanctuaire et par celui qui l'habite. [22] Et celui qui jure par le ciel, jure par le trône de Dieu et par celui qui y siège.

[23] Malheur à vous, maîtres de la Loi et Pharisiens hypocrites ! Vous payez la dîme jusque sur la menthe, l'anis et le cumin, mais vous oubliez ce qui a le plus de poids dans la Loi : la justice, la miséricorde et la foi ! Là sont les œuvres à faire, sans pour autant oublier le reste. [24] Guides aveugles, vous filtrez le moustique et vous avalez le chameau !

[25] Malheur à vous, maîtres de la Loi et Pharisiens hypocrites ! Vous purifiez l'extérieur de la coupe et du plat, mais l'intérieur s'est rempli par les abus et la convoitise. [26] Pharisien aveugle, purifie d'abord l'intérieur du plat, et l'extérieur aussi sera pur.

[27] Malheur à vous, maîtres de la Loi et Pharisiens hypocrites ! Vous ressemblez à des tombes qu'on a passées à la chaux : elles se présentent bien à l'extérieur, mais à l'intérieur ce ne sont qu'ossements de morts, des choses impures. [28] Vous aussi, à l'extérieur les gens vous voient comme des hommes justes ; mais à l'intérieur vous êtes pleins d'hypocrisie et de choses condamnables.

• [29] Malheur à vous, maîtres de la Loi et Pharisiens hypocrites ! Vous construisez des monuments pour les prophètes et vous ornez les tombeaux des hommes justes ; [30] et vous dites : Si nous avions vécu au temps de nos pères, nous n'aurions pas versé le sang des prophètes comme ils l'ont fait.

[31] Vous reconnaissez donc que vous êtes les fils de ceux qui ont tué les prophètes. [32] Faites comme vos pères et comblez la mesure ! »

Menaces pour la génération qui s'est enfermée dans la violence

[33] « Serpents, race de vipères, comment échapperez-vous au jugement de l'enfer ? [34] Maintenant je vous envoie des prophètes, des sages et des maîtres de la Loi, mais vous en tuerez et mettrez en croix, vous fouetterez les autres dans vos synagogues et vous les poursuivrez de ville en ville.

[35] A la fin, c'est tout le sang innocent répandu sur cette terre qui retombera sur vous, depuis le sang d'Abel, le juste, jusqu'au sang de Zacharie, fils de Barachie, que vous avez tué entre le sanctuaire et l'autel. [36] En vérité, je vous le dis, tout cela retombera sur cette génération.

• [37] Jérusalem ! Jérusalem ! toi qui assassines les prophètes et reçois à coups de pierres ceux qui te sont envoyés, combien de fois ai-je voulu rassembler tes enfants comme l'oiseau rassemble ses petits sous ses ailes ! Mais vous n'avez pas voulu. [38] *Votre Maison vous sera laissée vide.*

Six cents ans avant Jésus le prophète Ezéchiel (22,1) annonçait une première destruction de Jérusalem, alors toute proche. Mais le plus grave était la menace de Dieu de déserter son Temple. Et c'est ce qu'annonce l'Évangile en Mt 23,38.

Cette parole de Yahvé me fut adressée : « Fils d'homme, ne vas-tu pas juger la ville sanguinaire ? Fais-lui connaître tous ses crimes. Tu lui diras cette parole de Yahvé :

Malheur à cette ville : elle a avancé son heure avec le sang versé au milieu d'elle, elle s'est rendue impure avec les idoles qu'elle s'est faites. Le sang répandu fait de toi une coupable, tu t'es fait des idoles et tu en es restée souillée.

Tu as avancé ton heure et le terme de tes années est là : je vais faire de toi la honte des nations, un sujet de moqueries pour tous les peuples. Qu'ils soient proches ou lointains, ils se moqueront de toi pour avoir souillé ton nom et multiplié tes crimes.

• **24.**1 Le discours qui suit est fait de paroles prononcées par Jésus en des circonstances fort diverses. Jésus refuse les spéculations et nous rappelle que l'histoire chrétienne est faite de persécutions ; il nous encourage à la fidélité. Dans le paragraphe 24,4-28, Jésus parle d'une *très grande épreuve.* (21 & 29) qui précédera la destruction de Jérusalem dont les auditeurs de Jésus seront témoins. On pourra s'enfuir avant le désastre (15-20). *L'abomination du dévastateur* (15) : L'évangile reprend une expression de Daniel 9,27 pour désigner, cette fois, les troupes romaines maîtresses du Temple (voir commentaire de Mc 13,14).

Ce sera une période d'évangélisation, un temps de persécutions, de témoignage des chrétiens face au monde juif ou païen (9-14). Les Juifs qui n'ont pas reconnu Jésus comme leur sauveur se laisseront entraîner par d'autres sauveurs ou « messies » dans une révolte désastreuse contre les Romains.

Dans le paragraphe 26-28, Jésus montre que cette confusion générale au sujet du vrai sauveur n'a rien à voir avec ce qui se passera à son retour à la fin des temps.

Dans les versets 29-31, Jésus parle de son retour triomphant. Puis il réaffirme deux choses : les événements et les signes qui se rapportent à la fin de Jérusalem se produiront d'ici peu (32-35). Mais le *Jour*, celui du jugement, qui est aussi celui de Jésus (36 et 42) sera beaucoup plus tard.

La comparaison des *deux hommes* (ou *femmes*) travaillant côte à côte signifie que ce jugement ne séparera pas un peuple bon et croyant, d'autres peuples mauvais et mécréants : il séparera ceux-là même qui vivaient côte à côte, certains allant vers le Seigneur, d'autres à la condamnation (37-41).

Pourquoi est-ce que l'évangile met en parallèle la destruction de Jérusalem et la fin des temps ? Simplement parce que Matthieu écrit au moment où s'ébauche la vision chrétienne de l'histoire avec ses deux grandes étapes.

Nous avons d'abord la période de l'Ancien Testament. Dieu instruit le peuple d'Israël et le prépare pour que son histoire et ses expériences soient une lumière pour les autres peuples. A la fin de cette étape, Jésus arrive en pleine crise nationale pour aider son peuple à faire un pas décisif. Jésus leur dit : « Croyez ou vous mourrez ». Une minorité a cru, mais la nation a connu « la Colère » (Lc 21,23).

Alors le message est présenté aux autres nations, et ce sont les temps du Nouveau Testament. L'Église instruit tous les peuples, et il faut qu'ils mûrissent comme peuples et comme chrétiens. La Bible laisse entendre que tout débouchera sur une crise, universelle cette fois, où l'Évangile sera plus actuel que jamais : « Croyez ou vous mourrez ». Alors se termineront à la fois le Nouveau Testament et l'histoire.

[39] Oui, je vous le dis, vous ne me verrez plus jusqu'à ce que vous disiez : *Béni soit celui qui vient au nom du Seigneur.* »

La destruction de Jérusalem et la fin du monde

24 • [1] Comme Jésus sortait du Temple pour s'en aller, ses disciples s'approchèrent et lui firent admirer les bâtiments du Temple. [2] Mais il leur dit : « Vous voyez tout cela ? En vérité, je vous le dis, il ne restera pas ici pierre sur pierre : tout sera détruit. »

[3] Un peu plus tard, comme Jésus s'était assis au Mont des Oliviers, ses disciples vinrent lui demander en particulier : « Dis-nous quand cela aura lieu, et quel sera le signe de ta venue et de la fin des temps. »

[4] Jésus prit la parole et leur dit :

« Ne vous laissez pas égarer [5] lorsque plusieurs revendiqueront mon titre et diront : Je suis le Messie. Ils égareront bien des gens. [6] Vous entendrez parler de guerres et de rumeurs de guerre ; ne cédez pas à la panique. Cela doit arriver, mais ce ne sera pas encore la fin. [7] On verra des soulèvements : peuple contre peuple et nation contre nation. Il y aura des famines et des tremblements de terre en divers lieux, [8] mais tout cela ne sera que le début, les premières douleurs.

[9] Alors vous serez dénoncés et persécutés et l'on vous fera mourir, et vous serez haïs de tous les peuples à cause de mon nom. [10] Beaucoup alors chuteront ; ils se dénonceront les uns les autres et se haïront. [11] De faux prophètes se présenteront qui égareront bien des gens, [12] et le mal se généralisera de telle sorte que chez beaucoup l'amour se refroidira. [13] Mais celui qui tiendra bon jusqu'à la fin sera sauvé. [14] L'Évangile du Royaume sera proclamé dans le monde entier : toutes les nations en recevront l'annonce, et alors viendra la fin.

[15] Quand vous verrez ce que dit le prophète Daniel : *l'abomination du dévastateur installée dans le lieu saint* (que le lecteur comprenne !), [16] alors, fuyez à la montagne vous qui êtes en Judée. [17] Si tu es sur la terrasse de ta maison, ne redescends pas prendre tes affaires ; [18] si tu es aux champs, ne reviens pas chercher ton vêtement. [19] Ce sera grande malchance pour une femme que d'être enceinte ou d'allaiter en ces jours-là ! [20] Demandez à Dieu de n'avoir pas à fuir en hiver ou un jour de sabbat.

[21] Car ce sera une très grande *épreuve, comme il n'y en a pas eu depuis le début du monde* jusqu'à maintenant *et comme il n'en arrivera plus.* [22] Si le temps n'en était pas abrégé, personne n'en sortirait vivant, mais Dieu a abrégé ces jours par égard pour ses élus.

[23] Alors, si l'on vous dit que le Messie est ici ou là, ne le croyez pas. [24] Car de faux messies et de faux prophètes se présenteront ; ils feront

Dans sa Deuxième Lettre aux Thessaloniciens (2,1) Paul leur demande de ne pas s'affoler avec des rumeurs sur une fin du monde imminente.

Frères, parlons de cette venue du Seigneur Jésus-Christ et de notre rassemblement autour de lui. Nous vous supplions de ne pas perdre la tête si facilement et de ne pas vous affoler pour quelque manifestation de l'Esprit ou à cause d'une parole ou d'une lettre qu'on dit venir de nous, comme si le jour du Seigneur était imminent.

Ne vous laissez pas égarer, de quelque façon que ce soit. Il faudrait d'abord que se produise l'apostasie et que se manifeste l'adversaire de la religion, celui qui ne sait que ruiner, celui qui contredit et qui se met au-dessus de tout ce qu'on considère divin et sacré. Et il ira s'asseoir dans le Temple de Dieu pour montrer que Dieu, c'est lui.

La Deuxième Lettre de Pierre nous rappelle que tôt ou tard le Seigneur viendra et le monde présent se terminera.

Sachez d'abord que dans les derniers jours des gens se présenteront qui se laisseront mener par leurs désirs, et se moqueront de tout. Ils diront : « Qu'est devenue la promesse de sa venue ? Nos pères dans la foi sont morts et tout continue comme depuis le début du monde. »

N'oubliez pas, frères bien-aimés, qu'un seul jour du Seigneur vaut mille ans et mille ans ne sont pour lui qu'un seul jour. Le Seigneur n'est pas en retard pour sa promesse — puisque certains parlent de retard. C'est plutôt de la générosité à votre égard, car il ne veut pas que certains se perdent mais que tous arrivent à la conversion.

Le jour du Seigneur viendra comme un voleur. Alors les cieux s'en iront dans un grand vacarme, les éléments seront fondus par la chaleur et la terre brûlera avec tout ce qui s'y trouve.

Si tout doit disparaître ainsi, que devrait être votre conduite ! Menez donc une vie sainte et religieuse, attendez et faites tout pour que vienne le jour du Seigneur.

voir de grands signes et des prodiges au point d'égarer s'il était possible, même les élus. ²⁵ Mais je vous ai prévenus. ²⁶ Si donc on vous dit : "Il est là-bas au désert", n'y partez pas ; "Le voilà du côté des grottes", ne le croyez pas.

²⁷ Voyez comment l'éclair part de l'orient et enflamme le ciel jusqu'à l'occident : ce sera pareil à la venue du Fils de l'Homme. ²⁸ Là où le corps est tombé, là se rassemblent les vautours. »

La venue du Fils de l'Homme

²⁹ « Mais après l'épreuve de ces jours-là, *le soleil s'obscurcira, la lune ne donnera plus sa clarté, les étoiles tomberont* du ciel et *les forces cosmiques* seront déréglées.

³⁰ Alors apparaîtra dans le ciel le signe du Fils de l'Homme, et *toutes les races de la terre se frapperont la poitrine* quand elles verront *le Fils de l'Homme venant sur les nuées du ciel* avec puissance et grande gloire. ³¹ Il enverra ses anges avec une trompette sonore pour rassembler ses élus des quatre points de l'horizon, du plus lointain de l'univers.

³² Écoutez cette leçon tirée du figuier. Lorsque sa ramure redevient souple et que des feuilles lui poussent, vous savez que l'été est proche ; ³³ vous de même, quand vous verrez tout cela, sachez que c'est tout proche, sur le pas de la porte. ³⁴ En vérité, je vous le dis, cette génération ne passera pas que tout cela n'arrive. ³⁵ Le ciel et la terre passeront, mes paroles ne passeront pas.

³⁶ Quant à ce Jour, et quand ce sera l'heure, personne ne sait rien, pas même les anges dans le ciel, pas même le Fils : seul le Père.

³⁷ La venue du Fils de l'Homme rappellera le temps de Noé. ³⁸ Quelques jours encore avant le déluge, les gens mangeaient, ils buvaient, hommes et femmes se mariaient, jusqu'au jour où Noé entra dans l'arche. ³⁹ Ils n'ont rien su jusqu'à ce que vienne le déluge, et il les a tous emportés. Ce sera pareil pour la venue du Fils de l'Homme. ⁴⁰ Alors, de deux hommes dans un même champ, l'un sera pris, l'autre laissé. ⁴¹ De deux femmes qui tournent la meule côte à côte, l'une sera prise, l'autre laissée. »

Soyez prêts

⁴² « Veillez donc, car vous ne savez pas à quelle heure vient votre Seigneur. ⁴³ Pensez-y : si le maître de maison savait quand, cette nuit, viendra le voleur, il resterait éveillé et ne le laisserait pas percer son mur. ⁴⁴ Soyez donc prêts, vous aussi, car le Fils de l'Homme vient à l'heure que vous ne savez pas.

En Éphésiens 5,10 Paul nous dit comment rester des « éveillés ». Pour cela la communauté chrétienne nous est nécessaire.

Essayez de discerner ce qui plaît au Seigneur. Ne vous rendez pas complices des œuvres de ténèbres, car on n'y gagne rien ; dénoncez-les plutôt. On a honte même de dire ce qu'ils font en cachette, mais tout ce que la lumière a dénoncé vient au jour, et ce qui est venu au jour devient lumière.

Il est bien dit :
Réveille-toi, toi qui dors,
lève-toi d'entre les morts,
que t'illumine la lumière du Christ !

Examinez donc avec soin votre conduite, soyez sérieux et non irréfléchis. Faites bon usage du moment présent, car ces jours ne sont pas favorables. Donc, ne soyez pas irresponsables, mais cherchez à voir où est la volonté du Seigneur. Plus d'excès de vin ! Car cette ivresse mène à l'immoralité ; c'est l'Esprit qui vous mettra en forme.

Communiquez entre vous avec des psaumes, des hymnes, des cantiques spirituels. Que le Seigneur entende le chant et la musique de vos cœurs. Rendez grâces en tout temps et pour tout à Dieu le Père, par Jésus-Christ notre Seigneur.

• **25.1** Les trois paraboles qui suivent nous disent comment attendre le retour du Christ, éveillés et actifs. La première, celle des « dix vierges », comme dit le texte grec, est la plus belle parabole de la fidélité. Les dix, selon la coutume, attendent à la nuit le marié pour l'introduire à la maison de l'épouse. L'époux est en retard, ce qui ne devrait étonner personne. L'épouse, on n'en parle pas : peut-être découvriront-elles, à la fin, qu'il n'y en a pas d'autre qu'elles-mêmes.

Elles s'endorment. Une fois le soleil couché, tout est noir et « l'on ne peut plus rien faire » (Jn 9,4). Ce n'est donc plus un travail qu'on attend d'elles, mais la fidélité du cœur (Ct 5,2) : il faudra de l'huile pour maintenir la flamme allumée.

Ici comme en d'autres endroits, l'évangile nous montre que tout n'est pas fait avec la conversion et le premier enthousiasme : il faut durer (7,24). S'assurer une réserve d'huile, c'est prendre les moyens qui permettront de persévérer.

• **25.14** A l'époque de Jésus, un talent correspondait à trente kilos de métal précieux, mais, dans cette parabole, Jésus compare à des talents d'or les aptitudes que Dieu nous donne. Ce nouveau sens est resté dans notre culture.

Bon et fidèle serviteur. Fidèle : il vaudrait mieux traduire : « sur qui on peut compter ». Aucun terme du vocabulaire religieux dans cette parabole : Dieu mesure la façon dont on a mis en valeur ses talents, et le péché, c'est d'avoir gardé pour soi ce qu'on avait reçu. Quelle condamnation d'une société où il est si habituel de consommer ce qu'on a reçu : la formation humaine et les connaissances qu'on a héritées de sa patrie et qu'on ne transmettra pas à une descendance, les bienfaits d'une famille où les parents ont su se sacrifier pour leurs enfants, et peut-être la Parole de Dieu qu'on devait mettre en œuvre pour réaliser le grand dessein de Dieu sur le monde.

Tu savais que je moissonne là où je n'ai pas semé (26). Jésus reconnaît notre défiance inavouée à l'égard de Dieu, et il nous prend au mot : si nous n'aspirons pas à la place que l'Époux réserve à l'épouse (25,1), essayons au moins de ne pas être des serviteurs bons à rien.

⁴⁵ Imaginez un serviteur, digne de confiance et capable. Son seigneur lui a donné la responsabilité des gens de sa maison et c'est lui qui leur donne la nourriture en temps voulu. ⁴⁶ Heureux ce serviteur si son seigneur en rentrant le trouve occupé à faire ce qu'il doit. ⁴⁷ En vérité, je vous le dis, il lui confiera tout ce qui lui appartient.

⁴⁸ Par contre le mauvais serviteur se dit en lui-même : "Mon seigneur sera en retard." ⁴⁹ Et puis il commence à frapper ses compagnons de service, il mange et boit avec les buveurs. ⁵⁰ Mais le seigneur viendra le jour où son serviteur ne l'attendait pas, et à l'heure qu'il n'avait pas prévue. ⁵¹ Il lui enlèvera sa charge et le mettra avec les irresponsables. Là il y aura pleurs et grincements de dents. »

Parabole des dix jeunes filles

25 • ¹ « Voyez ce qui se passera alors dans le Royaume des Cieux. Dix jeunes filles ont pris leurs lampes et sont parties à la rencontre du marié. ² Cinq d'entre elles sont des étourdies, mais les cinq autres savent prévoir. ³ Les étourdies ont pris leurs lampes, mais n'ont pas emporté d'huile en plus, ⁴ tandis que les prévoyantes ont pris en même temps que leurs lampes une réserve d'huile. ⁵ Mais voici que le marié se fait attendre ; toutes les filles tombent de sommeil et bientôt elles s'endorment.

⁶ Au milieu de la nuit on entend un cri : "Voici le marié, sortez pour le recevoir !" ⁷ Toutes aussitôt se réveillent et préparent leurs lampes. ⁸ Les étourdies disent alors aux prévoyantes : "Donnez-nous de votre huile, car nos lampes sont près de s'éteindre." ⁹ Mais les prévoyantes répondent : "Il n'y en aurait sûrement pas assez pour nous et pour vous. Allez trouver ceux qui en vendent et achetez-en pour vous."

¹⁰ Les voilà donc parties pour en acheter, et c'est alors que le marié arrive. Celles qui sont prêtes à le recevoir entrent avec lui pour les noces, et on referme la porte. ¹¹ Plus tard arrivent aussi les autres : "Seigneur, Seigneur, disent-elles, ouvre-nous !" ¹² Mais lui répond : "En vérité, je vous le dis, je ne vous connais pas !"

¹³ Restez donc éveillés car vous ne savez ni le jour ni l'heure. »

La parabole des talents

• ¹⁴ « Écoutez encore ceci : Un homme, avant de partir à l'étranger, fait appeler ses serviteurs pour leur remettre son argent. ¹⁵ Il donne au premier cinq talents, à un autre deux, et au troisième un talent : à chacun selon sa capacité. Puis il part.

¹⁶ Celui qui a reçu les cinq talents va immédiatement les faire tra-

• **25.31** Jésus nous montre comment il jugera tous les hommes sans faire de distinction d'origine, lorsqu'il reviendra comme *Roi des nations.* Tous ceux qui ont partagé le destin commun des hommes, sans connaître le Christ, seront jugés par lui. En réalité, il ne les a jamais abandonnés, mais il a placé à côté d'eux « ces petits qui sont ses frères » pour le représenter. Le Roi révèle les innombrables gestes humains qui ont construit le meilleur de notre civilisation, et, face à lui, les hommes contemplent avec étonnement le Dieu qu'ils ont aimé ou dédaigné en leur prochain.

Ce ne sont pas des crimes que Jésus dénonce, mais cet égoïsme quotidien qui remplit nos vies. Il parle comme un père qui reprend ses enfants : Voilà ce qui va t'arriver si tu continues ! Espérons que l'immense majorité ne s'enterrera pas complètement ; mais certains choisissent consciemment leur perte, et ils sont capables d'aller jusqu'au bout. Dire que Dieu est tellement bon qu'il les sauvera au dernier moment, c'est affirmer ce que Jésus n'a jamais voulu dire. Cela signifierait qu'au fond, tout ce qu'on a vécu n'avait guère d'importance, et que notre liberté n'était qu'un jeu.

Quand vous ne l'avez pas fait pour un de ces petits. Jésus parle du prochain, qu'il soit ami ou ennemi. Il ne parle pas de servir la communauté, ou une classe, ou une nation en général. Nous nous servons souvent de ces termes pour exclure un groupe de personnes qui n'appartiennent pas à notre nation ou à notre parti. Par contre, ceux qui aiment vraiment reconnaissent leurs frères sans attacher grande importance à ces étiquettes : ce sont les personnes qui existent et qui vivent pour Dieu.

Ce que dit Jésus à propos du jugement vaut pour tous, chrétiens ou non-chrétiens. Mais ce serait une erreur de croire qu'elle couvre toutes les responsabilités des chrétiens. Ce n'est pas d'abord de pain et de vêtements que le monde a besoin, mais de la vérité et de l'espérance que Dieu a confiées aux disciples de son Fils.

L'évangile ne parle plus de coreligionnaires ou de compatriotes, au contraire. Il identifie le Christ avec les oubliés. C'est ainsi qu'il a introduit dans l'histoire la conscience d'une priorité des pauvres, le malaise devant toute marginalisation. Il a donné à l'effort humain une orientation que ne connaissaient pas les religions. Seul il a fait tomber les barrières entre les peuples. Il a osé remplacer le respect pour l'étranger par l'amour qui vient du cœur.

vailler et il en gagne cinq autres. [17] Celui qui en a reçu deux fait de même et en gagne deux autres. [18] Quant à celui qui n'en a reçu qu'un, il fait un trou dans la terre et cache l'argent de son maître.

[19] Longtemps après, le maître de ces serviteurs vient leur demander des comptes. [20] Celui qui a reçu les cinq talents lui en présente cinq de plus : "Seigneur, dit-il, tu m'as confié cinq talents, en voici cinq autres que j'ai gagnés." [21] Son maître alors lui déclare : "Très bien, bon et fidèle serviteur, tu as été fidèle pour une petite chose, je te confierai beaucoup plus ; viens partager la joie de ton maître."

[22] Celui qui a reçu les deux talents s'avance à son tour : "Seigneur, dit-il, tu m'as confié deux talents, en voici deux autres que j'ai gagnés." [23] Son maître répond : "Très bien, bon et fidèle serviteur, tu as été fidèle pour une petite chose, je te confierai beaucoup plus ; viens partager la joie de ton maître."

[24] Celui qui n'a reçu qu'un talent s'avance alors et dit : "Seigneur, je savais que tu es un homme dur. Tu moissonnes là où tu n'as pas semé et tu amasses quand tu n'as rien engagé. [25] J'ai donc pris peur et je suis allé cacher ton talent dans la terre. Voilà ce qui t'appartient."

[26] Mais son maître lui répond : "Mauvais serviteur, bon à rien, tu savais que je moissonne là où je n'ai pas semé et que j'amasse quand je n'ai rien engagé. [27] Mais alors, tu devais placer mon argent à la banque : à mon retour j'aurais repris ce qui est à moi avec les intérêts. [28] Prenez-lui donc ce talent et donnez-le à celui qui en a dix. [29] On donnera à celui qui produit et il sera dans l'abondance, mais celui qui ne produit pas, on lui prendra même ce qu'il a. [30] Et ce serviteur inutile, jetez-le dehors dans les ténèbres : là il y aura pleurs et grincements de dents. »

Le jugement final

• [31] « Lorsque le Fils de l'Homme viendra dans sa gloire accompagné de tous les anges, il s'assiéra sur le trône de Gloire, le sien. [32] Toutes les nations seront amenées devant lui ; il séparera les uns d'avec les autres, comme le berger sépare les brebis d'avec les chèvres. [33] A sa droite il rangera les brebis, et à sa gauche les chèvres.

[34] Alors le Roi dira à ceux qui sont à sa droite : "Venez, les bénis de mon Père, prenez possession du Royaume qui est préparé pour vous depuis la création du monde. [35] Car j'ai eu faim et vous m'avez donné à manger ; j'ai eu soif et vous m'avez donné à boire ; j'étais étranger et vous m'avez accueilli, [36] sans vêtement, et vous m'avez habillé. J'étais malade et vous m'avez visité, j'étais en prison et vous êtes venus vers moi."

Lorsque nous lisons la troisième parabole, qui commence en Mt 25,31, n'oublions pas que le respect et l'amour du prochain (le correligionnaire et le compatriote) étaient déjà exigés par le Lévitique 19,13.

Tu n'opprimeras pas ton prochain, tu ne le dépouilleras pas ; le salaire de celui qui travaille pour toi ne restera pas chez toi jusqu'au lendemain.

Tu ne prononceras pas de malédiction contre un sourd, tu ne mettras pas d'obstacle devant un aveugle pour le faire tomber ; mais tu auras la crainte de ton Dieu : je suis Yahvé.

Vous ne commettrez pas d'injustice dans les jugements. Tu ne feras pas de faveur au pauvre, tu ne feras pas d'honneur au puissant, mais tu jugeras ton prochain avec justice.

Tu ne calomnieras pas tes parents, tu n'exigeras pas le sang de ton prochain : je suis Yahvé !

Tu n'auras pas de haine dans ton cœur pour ton frère, mais tu le corrigeras, car en te taisant tu serais complice de son péché.

Tu ne te vengeras pas, tu ne garderas pas de rancune envers un fils de ton peuple, mais tu aimeras ton prochain comme toi-même : je suis Yahvé !

Lu au Psaume 63 :

[2] O Dieu, tu es mon Dieu et je te cherche.
Mon âme a soif de toi
et pour toi ma chair même se dessèche
comme une terre brûlée, épuisée, sans eau.

[3] C'est pourquoi j'allais te voir à ton sanctuaire
pour contempler ta puissance et ta gloire.
[4] Ta grâce est meilleure que la vie,
mes lèvres chanteront ta gloire.

[5] Je veux te bénir tout au long de ma vie,
et les mains levées, invoquer ton Nom.
[6] Mon âme s'en trouve rassasiée, grasse et moelleuse,
et mes lèvres joyeuses disent tes louanges.

[7] Je pense à toi sur ma couche,
je médite sur toi tout au long des veilles.
[8] Oui, tu es venu à mon aide,
et je crie ma joie à l'ombre de tes ailes.
[9] Je te suis, je me serre contre toi,
et tu me prends de ta main.

[37] Alors les justes lui demanderont : "Quand donc, Seigneur, t'avons-nous vu affamé pour ainsi te nourrir ? Quand t'avons-nous vu assoiffé et t'avons-nous donné à boire ? [38] Quand t'avons-nous vu étranger et t'avons-nous accueilli, quand étais-tu sans vêtements et t'avons-nous vêtu, [39] quand t'avons-nous vu malade ou en prison et sommes-nous venus à toi ?" [40] Et le roi leur répondra : "En vérité je vous le dis, tout ce que vous avez fait à l'un de ces petits qui sont mes frères, c'est à moi que vous l'avez fait."

[41] Puis il dira à ceux qui sont à sa gauche : "Retirez-vous loin de moi, maudits ! Allez au feu éternel qui a été préparé pour le démon et pour ses anges. [42] Car j'ai eu faim et vous ne m'avez pas donné à manger ; j'avais soif et vous ne m'avez pas donné à boire ; [43] j'étais étranger et vous ne m'avez pas accueilli, sans vêtement, et vous ne m'avez pas habillé ; malade et en prison, et vous ne m'avez pas visité."

[44] Tous alors protesteront : "Seigneur, quand t'avons-nous vu affamé ou assoiffé, quand t'avons-nous vu étranger, sans vêtement, malade et en prison, sans te porter secours ?" [45] Et lui leur répondra : "En vérité, je vous le dis, si vous ne l'avez pas fait à l'un de ces petits, c'est à moi que vous ne l'avez pas fait."

[46] Alors ceux-ci iront au châtiment éternel, et les justes à la vie éternelle. »

Le complot contre Jésus

26 [1] Après avoir terminé tous ces discours, Jésus dit à ses disciples : [2] « Vous savez que dans deux jours c'est la Pâque ; le Fils de l'Homme sera livré pour être mis en croix. » [3] Au même moment les chefs des prêtres et les Anciens du peuple se réunissaient à la résidence du Grand Prêtre, qui s'appelait Caïphe. [4] Là ils se mirent d'accord pour s'emparer de Jésus dans un coup monté et pour le mettre à mort. [5] Mais ils disaient : « Pas durant la fête, car le peuple pourrait s'agiter. »

Le repas de Béthanie

[6] Tandis que Jésus était à Béthanie dans la maison de Simon le lépreux, [7] une femme s'approcha de lui. Elle apportait un vase d'albâtre avec du parfum de myrrhe de grande valeur, et elle répandit le parfum sur sa tête pendant qu'il était allongé avec les invités. [8] En voyant cela les disciples s'indignèrent : « Pourquoi ce gâchis ? [9] On aurait pu vendre ce parfum très cher et donner l'argent aux pauvres. »

[10] Mais Jésus s'en aperçoit et il leur dit : « Pourquoi cherchez-vous des ennuis à cette femme ? Ce qu'elle vient de faire pour moi est une bonne œuvre. [11] Des pauvres, vous en avez toujours avec vous, mais

Nous lisons le rituel de la Pâque juive dans l'Exode 12,3.

Le dix de ce mois, que chacun se procure un agneau par famille, un agneau par maison. Si la maison est trop peu nombreuse pour un agneau, on se joindra au voisin le plus proche de la maison en tenant compte du nombre de personnes, et vous choisirez l'agneau en tenant compte de ce que chacun mange.

Vous prendrez un agneau sans défaut, mâle, né dans l'année. Vous pourrez prendre, soit un agneau, soit un cabri.

Vous le garderez jusqu'au quatorzième jour de ce mois, alors, à la tombée du jour, toute la communauté l'immolera. On prendra de son sang et on en mettra sur les deux montants et au-dessus de la porte des maisons dans lesquelles on le mangera.

On en mangera cette nuit-là la chair rôtie au feu avec des pains sans levain et des herbes amères. Vous n'en mangerez rien cru ou bouilli dans l'eau, mais rôti au feu avec la tête, les jambes et les tripes. Vous n'en garderez rien pour le matin : s'il en reste au matin, vous le brûlerez au feu.

Voici comment vous le mangerez : une ceinture autour des reins, les sandales aux pieds et le bâton à la main. Vous le mangerez sans vous attarder, car c'est la Pâque en l'honneur de Yahvé.

Dans la Première Lettre aux Corinthiens (11,17), Paul rappelle l'origine de nos eucharisties et s'élève contre l'inconscience avec laquelle certains y participent.

Quand vous vous réunissez et mangez, cela n'est guère un repas du Seigneur. Chacun prend les devants pour manger son propre repas ; l'un s'enivre et l'autre reste sur sa faim.

Vous avez vos maisons : ne pouvez-vous pas manger et boire chez vous ? Ou vous moquez-vous de l'Église de Dieu et voulez-vous insulter ceux qui n'ont rien ? Que puis-je vous dire ? Vous féliciter ? Pour cela sûrement pas.

Je vous ai moi-même transmis ce que j'avais reçu et qui venait du Seigneur : la nuit où il était livré, le Seigneur Jésus prit du pain, rendit grâce et le partagea en disant : « Ceci est mon corps donné pour vous, faites ceci en mémoire de moi. » De même pour le calice après le repas ; il dit : « Ceci est le calice, la nouvelle alliance grâce à mon sang. Toutes les fois que vous le ferez, faites-le en mémoire de moi. »

Donc, toutes les fois que vous mangez ce pain et buvez ce calice, vous proclamez la mort du Seigneur jusqu'à ce qu'il vienne. Si quelqu'un manque de respect quand il mange le pain ou boit le calice du Seigneur, il pèche contre le corps et le sang du Seigneur.

Que chacun donc fasse son examen avant de manger le pain et boire le calice. Car s'il ne reconnaît pas le corps, il mange et boit sa propre condamnation.

moi vous ne m'aurez pas toujours. [12] Elle préparait déjà ma sépulture quand elle a versé sur mon corps ce parfum de myrrhe. [13] En vérité je vous le dis, partout où cet Évangile sera proclamé, dans le monde entier, on dira aussi ce qu'elle a fait et on se souviendra d'elle. »

[14] A ce moment l'un des Douze, qui s'appelait Judas Iscariote, alla trouver les chefs des prêtres [15] et leur dit : « Combien me donnerez-vous pour que je vous le livre ? » Ils lui donnèrent trente pièces d'argent, [16] et dès lors il chercha l'occasion de le livrer.

Préparation pour la Pâque

[17] Le premier jour des Pains sans Levain, les disciples vinrent demander à Jésus : « Où mangeras-tu la Pâque ? Où veux-tu que nous la préparions ? » [18] Il leur dit : « Allez à la ville, chez un tel, et dites-lui : Le Maître te fait dire : mon heure est proche, je veux faire la Pâque chez toi avec mes disciples. »

[19] Les disciples firent comme Jésus l'avait ordonné et ils préparèrent la Pâque. [20] Le soir venu, Jésus se mit à table avec les Douze et, [21] pendant qu'ils mangeaient, il leur dit : « En vérité je vous le dis, l'un de vous va me livrer. »

[22] Ils en étaient profondément peinés et chacun se mit à lui demander : « Ce serait moi, Seigneur ? » [23] Et lui leur dit : « La main du traître était avec la mienne, prenant du même plat ! [24] Le Fils de l'Homme s'en va comme l'Écriture le dit de lui, mais malheur à cet homme par qui le Fils de l'Homme est livré. Il vaudrait mieux pour lui qu'il ne soit pas né. »

[25] Judas prit également la parole : « Ce serait moi, Seigneur ? » Et Jésus répondit : « Tu l'as dit. »

L'Eucharistie

[26] Pendant qu'ils mangeaient, Jésus prit du pain, prononça une bénédiction et le rompit. Puis il le donna aux disciples en disant : « Prenez et mangez, ceci est mon corps. »

[27] Ensuite il prit la coupe, il rendit grâce et la leur donna en disant : « Buvez-en tous ; [28] ceci est mon sang, le sang de l'alliance, qui est versé pour une multitude, pour le pardon des péchés. [29] Maintenant je vous le dis : je ne boirai plus de ce produit de la vigne jusqu'au jour où, avec vous, je boirai le vin nouveau dans le Royaume de mon Père. »

[30] Après cela ils chantèrent les hymnes et partirent vers le mont des Oliviers. [31] Alors Jésus leur dit : « Cette nuit vous allez tous chuter à

Le Psaume 69 est l'un de ceux qui nous livre les sentiments de Jésus face à sa Passion.

Ô Dieu, sauve-moi,
les eaux m'arrivent jusqu'à la gorge.
Je suis pris dans la boue du gouffre
et rien pour m'appuyer.
J'ai glissé jusqu'aux eaux profondes
et le flot me submerge.

Je m'épuise à crier
j'en ai la gorge en fièvre.
J'ai les yeux fatigués d'attendre mon Dieu.

Partout des ennemis à qui je n'ai rien fait,
il y en a plus que de cheveux sur ma tête !
Ils sont plus forts que moi
ceux qui sans raison me haïssent :
comment puis-je rendre ce que je n'ai pas pris ?

Ne couvre pas de honte ceux qui espèrent en toi,
ne permets pas qu'on méprise ceux qui te cherchent,
C'est pour toi que j'ai connu les affronts
et que la honte me couvre le visage.

Je suis devenu un étranger pour mes frères,
un inconnu pour les fils de ma mère.
Un amour jaloux pour ta Maison me dévore,
m'attire les insultes de ceux qui t'insultent.

• **26.**47 Voir le commentaire de Mc 14,43.

Le *baiser* de Judas : c'est ainsi que, chez les Juifs, un disciple saluait son maître.

Il tira son épée (51). Comme d'autres apôtres qui sans doute se sentaient proches des groupes zélotes, Pierre avait su trouver une épée (Lc 23,38).

Tous ceux qui prennent l'épée. Cette phrase ne condamne pas les soldats et les policiers nécessaires dans un monde violent. Jésus affirme seulement que ce n'est pas la force qui établit le Royaume de Dieu, ou qui conduit à la vie. La force entraîne toujours la mort (d'une manière ou d'une autre) pour les hommes et les institutions qui s'en servent, même là où elle est nécessaire.

cause de moi. Car il est écrit : *Je frapperai le pasteur et les brebis du troupeau seront dispersées.* ³²Mais quand je me relèverai, j'irai vous attendre en Galilée. »

³³Pierre lui dit : « Même si tous tombent et abandonnent, moi jamais ! » ³⁴Jésus répond : « En vérité je te le dis, cette nuit-même, avant que le coq ne chante, tu m'auras renié trois fois. » ³⁵Mais Pierre continue : « Même s'il me fallait mourir avec toi, je ne te renierais pas. » Et tous les disciples disent la même chose.

Dans le jardin de Gethsémani

³⁶Après cela Jésus arrive avec eux à une propriété appelée Gethsémani et il dit aux disciples : « Asseyez-vous ici pendant que j'irai prier là-bas. » ³⁷Jésus prend avec lui Pierre et les deux fils de Zébédée, et il commence à être envahi par la tristesse et l'angoisse. ³⁸Il leur dit : « Mon âme est triste à en mourir. Restez ici et veillez avec moi. »

³⁹Puis il s'éloigne un peu et se prosterne face contre terre pour prier, disant : « Mon Père, si c'est possible, que cette coupe s'éloigne de moi. Cependant, non pas comme je veux, mais comme tu veux. » ⁴⁰Jésus vient alors vers les disciples et les trouve endormis ; il dit à Pierre : « Vous n'avez donc pas été capables de rester une heure éveillés avec moi. ⁴¹Veillez et priez pour ne pas être pris dans la tentation. Car l'esprit est généreux, mais la chair est faible. »

⁴²De nouveau Jésus s'éloigne et il prie une deuxième fois : « Mon Père, si cette coupe ne peut passer sans que je la boive, que ta volonté soit faite ! » ⁴³Il revient et les trouve encore endormis : leurs yeux étaient lourds de sommeil. ⁴⁴Alors il les laisse, et une troisième fois il répète la même prière.

⁴⁵Lorsqu'il revient vers les disciples il leur dit : « C'est bien le moment de dormir et de vous reposer ! L'heure est venue, et le Fils de l'Homme va être livré entre les mains des pécheurs. ⁴⁶Levez-vous, allons ! Celui qui me trahit est déjà là. »

Jésus est arrêté

• ⁴⁷Jésus parlait encore lorsque arriva Judas, l'un des Douze, et avec lui les gens des chefs des prêtres et des Anciens du peuple, toute une troupe armée d'épées et de gourdins. ⁴⁸Celui qui le trahissait leur avait donné un signe : « C'est celui que j'embrasserai. Arrêtez-le. » ⁴⁹Aussitôt il approcha de Jésus et lui dit : « Salut, maître. » Et il l'embrassa.

⁵⁰Jésus lui dit : « Ami, fais donc ce qui t'amène. » ⁵¹A ce moment, un de ceux qui étaient avec Jésus tira son épée, frappa le serviteur du

Le Psaume 140 est l'un de ceux qui expriment le cri des innocents accusés : Jésus a voulu être l'un d'eux.

Délivre-moi, Seigneur, de l'homme mauvais,
garde-moi des violents qui méditent le mal en leur cœur,
et tout le jour incitent à la guerre.
Ils ont aiguisé leur langue comme le serpent
un venin de vipère est caché sous leur langue.

Garde-moi Seigneur de la main du méchant
et protège-moi du violent,
quand il s'apprête à faire trébucher mes pas.
Des insolents ont caché un filet devant moi,
ils ont tendu des lacets à mes pieds,
ils m'ont posé des pièges au bord du sentier.

J'ai dit alors au Seigneur : « C'est toi mon Dieu,
entends ma voix, Seigneur, quand je t'appelle.
Tu es puissant pour me sauver, Seigneur,
toi qui couvres ma tête au jour du combat.

Ne donne pas au méchant, Seigneur, ce qu'il a désiré,
ne laisse pas aboutir ses plans.

Dans la Première Lettre à Timothée Paul rappelle le témoignage de Jésus face à ses accusateurs : il était bien le Fils du Très Haut, et c'est cette déclaration qui l'a fait condamner.

Je te fais là une demande pressante en présence de Dieu qui donne la vie à tout l'univers et de Jésus-Christ qui a exprimé devant Ponce Pilate la profession de foi authentique : préserve le message révélé de tout ce qui peut le ternir ou l'adultérer, jusqu'au jour où se montrera Jésus-Christ, notre Seigneur.

Il nous sera présenté au moment voulu par le Dieu Bienheureux qui seul est puissant, le Roi des rois et Seigneur des seigneurs.

• **26.57** Il y a deux accusations contre Jésus. La première : *Je suis capable de détruire…* (61) est fausse dans un sens, mais elle reprend des affirmations de Jésus : il remplacerait le Temple de Jérusalem par une autre religion centrée sur sa propre personne (Jean 2,19). Il y avait là quelque chose de très subversif.

Pour les Juifs, il n'y avait rien de plus sacré que le Temple de Jérusalem, et attaquer le Temple c'était en même temps s'en prendre aux prêtres qui seuls pouvaient y célébrer les sacrifices rituels. En défendant les choses sacrées, ils défendaient aussi leurs propres intérêts.

La seconde accusation est la plus importante : voir le commentaire de Mc 14,53.

Jésus gardait le silence. Non pas par mépris pour ces hommes qui détenaient l'autorité religieuse, mais parce que Jésus voyait qu'il était inutile de discuter avec eux. Il se tait avec l'assurance de ceux qui ont remis leur cause entre les mains de Dieu.

Tu l'as dit (64). On devrait peut-être comprendre cette réponse de Jésus comme : « C'est toi qui le dis », faisant comprendre que Jésus ne l'entend pas comme le dit Caïphe. L'expression « fils de Dieu » s'appliquait alors aux rois, mais Jésus est le Fils de Dieu dans un autre sens.

Grand Prêtre et lui coupa l'oreille. ⁵² Alors Jésus lui dit : « Remets ton épée à sa place. Tous ceux qui prennent l'épée périssent par l'épée. ⁵³ Crois-tu que je ne pourrais pas faire appel à mon Père et il m'enverrait sur le champ douze légions d'anges ? ⁵⁴ Si les Écritures disent que cela doit être, ne doivent-elles pas s'accomplir ? »

⁵⁵ A ce moment Jésus dit à la foule : « Pour m'arrêter vous êtes venus avec épées et gourdins, comme si j'étais un brigand ! Tous les jours pourtant j'allais m'asseoir dans le Temple pour y enseigner, et vous ne m'avez pas arrêté ! ⁵⁶ Mais tout cela s'est fait de façon que s'accomplissent les écrits prophétiques. » A ce moment-là tous les disciples l'abandonnèrent et s'enfuirent.

Jésus comparaît devant le Conseil juif

• ⁵⁷ Ceux qui avaient arrêté Jésus l'amenèrent chez le Grand Prêtre Caïphe. Là se réunirent les maîtres de la Loi et les Anciens. ⁵⁸ Pierre avait suivi de loin, jusqu'à la résidence du Grand Prêtre ; il entra et s'assit avec les hommes de la police du Temple pour voir la fin.

⁵⁹ Les chefs des prêtres et tout le conseil du Sanhédrin cherchaient un faux témoignage pour condamner Jésus à mort. ⁶⁰ Plusieurs faux témoins se présentèrent, mais on ne trouva rien. Voici pourtant que deux se présentent ⁶¹ et déclarent : « Cet homme a dit : Je suis capable de détruire le Temple de Dieu et de le rebâtir en trois jours. »

Le témoignage de Jésus et la sentence

⁶² Alors le Grand Prêtre se lève et lui demande : « Tu ne réponds rien ? Quelle est cette histoire dont ils t'accusent ? » ⁶³ Mais Jésus gardait le silence.

Alors le Grand Prêtre lui dit : « Au nom du Dieu vivant, je t'ordonne de nous dire si tu es le Messie, le Fils de Dieu. » ⁶⁴ Et Jésus répond : « Tu l'as dit ! Et j'ajoute que dès maintenant vous verrez le Fils de l'Homme siéger à la droite du Tout-Puissant et venir sur les nuées du ciel. »

⁶⁵ Aussitôt le Grand Prêtre déchire ses vêtements en disant : « Il a blasphémé ! Qu'avons-nous à faire de témoins ? Vous venez d'entendre le blasphème. ⁶⁶ Quel est votre avis ? » Ils répondent : « Il mérite la mort ! » ⁶⁷ A ce moment on commence à le gifler et à lui cracher à la figure ; d'autres le frappent ⁶⁸ en disant : « Messie, fais le prophète, dis-nous qui t'a frappé ! »

Aussitôt après l'Ascension de Jésus, Pierre se préoccupera pour trouver un remplaçant de Judas : Actes 1,16. La phrase relative à sa mort ne devait pas faire partie de son discours.

« *Frères, il fallait que s'accomplisse l'Écriture. Car l'Esprit-Saint avait annoncé par la bouche de David le geste de Judas : il a guidé ceux qui sont venus arrêter Jésus, alors qu'il faisait partie de notre groupe et bénéficiait de la même charge. (Cet homme s'est acheté un champ avec ce qu'on lui a payé pour son crime, puis il s'est précipité la tête la première et il s'est ouvert par le milieu : ses intestins sortaient par la blessure ! L'affaire est connue de tous à Jérusalem et l'on a appelé ce champ : Aceldama, ce qui dans leur langue signifie : Champ du Sang.) »*

Psaume 115

*Il me plaît que le Seigneur ait entendu
l'appel de ma prière,
qu'il ait tourné vers moi son oreille
le jour où je criais vers lui.*

*Les filets de la mort se refermaient sur moi,
j'étais pris au lacet fatal
et ne voyais plus qu'angoisse et tristesse.
J'ai invoqué le nom du Seigneur :
« O Seigneur, sauve mon âme ! »*

*Le Seigneur est vraiment bon, il est juste,
notre Dieu est compatissant.
Le Seigneur prend soin des humbles,
il m'a sauvé, me voyant faible.*

*Reviens, mon âme, à ton repos
car le Seigneur t'a pris en charge. …/…*

• **26.**69 Le reniement de Pierre est ahurissant. Son ami Jean, bien connu chez le grand prêtre, l'a introduit à ses côtés (Jn 18). La jeune servante sait bien qui est Jean et ne lui dit rien ; elle n'adresse qu'une parole ironique à Pierre. Personne ne le menace, même pas les hommes qui se moquent simplement de lui à cause de son accent provincial de Galilée, comme celui de Jésus. Mais cela suffit pour que Pierre perde ses certitudes et s'effondre.

N'oublions pas que, pour Matthieu, Pierre est l'image du croyant, mais d'un de ces croyants qui toujours méritent d'être appelés : homme de peu de foi.

• **27.**1 Pourquoi cette seconde comparution de Jésus devant le Conseil suprême, ou Sanhédrin ? Il semble que dans la nuit Jésus fut présenté à Anne, ex-grand prêtre, à qui succédèrent ses cinq fils et son gendre Caïphe. Il conservait une réelle autorité entre les grandes familles sacerdotales. Mais il n'y avait pas le Sanhédrin entier, car il ne pouvait pas siéger légalement de nuit : le Conseil se réunit donc au matin.

• **27.**3 On savait que Judas s'était suicidé mais on n'en savait sans doute guère plus. Ce qui est dit ici ne s'accorde pas avec une rumeur qu'on lit dans les Actes 1,18.

Le reniement de Pierre

• [69] Pierre était toujours assis dehors dans la cour. Or voici qu'une petite servante s'approche et lui dit : « Toi aussi, tu étais avec Jésus le Galiléen. » [70] Mais lui le nie devant tout le monde et il répond : « Je ne sais pas ce que tu veux dire. »

[71] Comme il se rapproche de la porte pour sortir, une autre le voit et dit à ceux qui sont là : « Il accompagnait Jésus, le Nazaréen. » [72] De nouveau Pierre nie et même il jure : « Je ne connais pas cet homme ! »

[73] Un peu plus tard ceux qui sont présents disent à Pierre : « Tu es sûrement l'un des leurs, tu as bien l'accent de là-bas. » [74] Mais lui commence à lancer des malédictions et à jurer : « Je ne connais pas cet homme. » Presque aussitôt un coq chante [75] et Pierre se rappelle le mot que Jésus lui a dit : « Avant que le coq ne chante, tu m'auras renié trois fois. » Alors il sort et il pleure amèrement.

27 • [1] Au matin il y eut un conseil général des chefs des prêtres et des Anciens du peuple pour voir les moyens de mettre Jésus à mort. [2] Après l'avoir lié, ils le conduisirent chez Pilate, le gouverneur, pour le lui livrer.

La mort de Judas

• [3] Lorsque Judas, qui avait trahi Jésus, apprit sa condamnation, il fut pris de remords ; il vint rendre les trente pièces d'argent aux chefs des prêtres et aux Anciens. [4] Judas leur dit : « J'ai péché, j'ai fait mourir un innocent. »

Eux lui répondirent : « Qu'est-ce que cela nous fait ? C'est ton problème ! » [5] Alors il jeta les pièces d'argent en direction du Sanctuaire, il se retira et alla se pendre.

[6] Les chefs des prêtres ramassèrent les pièces, mais ils dirent : « Il n'est pas permis de les verser au trésor, car c'est le prix du sang versé. » [7] Aussi, après en avoir discuté, ils achetèrent avec cet argent le Champ du Potier pour y enterrer les étrangers.

[8] C'est la raison pour laquelle ce terrain s'est appelé jusqu'à maintenant le Champ du Sang. [9] De cette façon s'accomplit une parole du prophète Jérémie : *Ils ont pris les trente pièces d'argent, le prix de celui qu'on avait mis à prix, le prix fixé par les fils d'Israël, [10] et ils l'ont donné pour le champ du potier, comme le Seigneur me l'a demandé.*

Jésus comparaît devant Pilate

[11] Jésus fut amené devant le gouverneur, et le gouverneur l'interrogea.

…/…

Il a gardé mon âme de la mort,
mes yeux n'ont pas connu les larmes,
ni mon pied les faux pas.

Je marcherai en présence du Seigneur
sur la terre des vivants.

J'ai eu foi alors même que je disais :
« Je suis vraiment bien en peine. »
Alors j'ai dit dans mon trouble :
« Tout l'humain est déception ! »

Comment rendrai-je au Seigneur
tant d'attentions pour moi ?
J'élèverai la coupe pour une délivrance
et je célébrerai le Nom du Seigneur.

LE JEU DU ROI DÉCHU

Les soldats s'amusent au jeu du roi déchu. A Jérusalem, on a retrouvé une pierre gravée qui était un jeu de soldats. On y voit le parcours du roi à travers de nombreuses épreuves se terminant par son supplice. Les soldats font une réalité de ce jeu sans se rendre compte à quel point ils sont dans la vérité. Le triomphe du cortège des Rameaux conduit à l'arrestation de Jésus, mais son humiliation le prépare pour être roi et Sauveur de ses frères.

• **27.**24 *Pilate se fit apporter de l'eau…* Pour les Juifs, ce geste exprimait son refus de condamner personnellement Jésus.

• **27.**27 Dans le prétoire, ou la cour intérieure, les soldats se moquent de Jésus devant Pilate et tous ceux qui travaillent au palais. *Ils lui mettent une couronne sur la tête* (29). Elle était probablement faite de roseaux, entrelacés de longues épines, et tressés en forme de bonnet.

Jésus est sauveur parce qu'il est victime. Il brise tout l'engrenage de la violence parce qu'il endure l'extrême violence sans devenir violent. Dans son humiliation, Jésus montre la grandeur et la force de Dieu. Il prend sur lui toutes les humiliations de ceux qui sont sans défense, découragés, victimes sur lesquelles s'accumule la violence aveugle des peuples et de leurs dirigeants. Jésus porte le péché du monde comme Isaïe l'avait annoncé. Personne, dans l'avenir, ne pourra le contempler sans découvrir sa propre perversité et *pleurer sur celui qui a été transpercé* (Za 12,12). De cette rencontre avec un Dieu détesté et tué, et si différent du Dieu que l'on adore en son ciel, jaillira une *source pour laver le péché et l'impureté* des hommes (Za 13,1).

• **27.**31 *Ils lui donnèrent à boire du vin mêlé de fiel* (34). D'après Marc, on lui donne un vin aigre doux, boisson des soldats, avec de la myrrhe pour atténuer la douleur. Cette boisson avait probablement été préparée selon la coutume par les femmes charitables de Jérusalem. Mais Matthieu parle de vin mélangé à de la bile (une boisson exécrable), pour rappeler Ps 69,22.

Il lui dit : « Es-tu bien le roi des Juifs ? » Jésus répondit : « C'est toi qui le dis. » [12] Les chefs des prêtres et les Anciens du peuple firent alors entendre leurs accusations, mais il ne répondit rien. [13] Pilate lui demanda : « Tu n'entends pas toutes ces accusations contre toi ? » [14] Mais Jésus ne répondit absolument rien, de sorte que le gouverneur était fort étonné.

[15] Chaque année, pour la Fête, c'était la coutume que le gouverneur relâche un prisonnier, celui que le peuple lui réclamait. [16] Or ils avaient à ce moment un prisonnier fameux, le nommé Barabbas. [17] Comme ils étaient là rassemblés, Pilate leur dit : « Qui voulez-vous que je vous relâche, Barabbas, ou Jésus qu'on appelle le Messie ? » [18] Car Pilate savait bien qu'on lui avait livré Jésus pour des questions de rivalité.

[19] Comme Pilate siégeait à son tribunal, sa femme lui fit dire : « Ne lui fais rien ; c'est un homme droit et j'ai eu cette nuit à cause de lui un rêve qui m'a fait beaucoup souffrir. »

[20] Pour leur part les chefs des prêtres et les Anciens surent amener la foule à réclamer Barabbas et à faire périr Jésus. [21] Aussi, quand Pilate leur demanda : « Lequel des deux voulez-vous que je vous relâche ? » ils répondirent : « Barabbas ! » [22] Pilate leur dit : « Et que dois-je faire de Jésus qu'on appelle le Messie ? » Tous répondirent : « Qu'il soit mis en croix ! » [23] Il demanda : « Qu'a-t-il fait de mal ? » Mais ils ne firent que crier plus fort : « Qu'il soit mis en croix ! »

• [24] Pilate voyait qu'il ne gagnait rien et que l'agitation allait en augmentant ; il se fit apporter de l'eau et se lava les mains devant la foule en disant : « Si son sang est versé, moi j'en suis innocent, vous en répondrez ! » [25] Et tout le peuple dit : « Que son sang retombe sur nous et sur nos enfants ! »

[26] Donc Pilate leur libère Barabbas et il fait flageller Jésus avant de le remettre à ceux qui vont le crucifier.

• [27] Les soldats du gouverneur prennent Jésus avec eux dans la cour de garde, et ils appellent autour de lui tout le bataillon. [28] Ils lui enlèvent ses habits et le couvrent d'un manteau rouge de l'armée, [29] puis ils tressent avec des épines une couronne qu'ils lui mettent sur la tête, avec un roseau dans la main droite. Ensuite ils se mettent à genoux devant lui et ils le frappent en disant : « Salut, roi des Juifs ! » [30] Ils lui crachent dessus, prennent le roseau et frappent sur sa tête.

• [31] Lorsqu'on eut fini de se moquer de lui, on lui enleva le manteau de soldat et on lui remit ses vêtements. Puis on l'emmena pour le crucifier. [32] Juste en sortant, ils trouvèrent un certain Simon, qui était de Cyrène, et ils l'obligèrent à porter sa croix. [33] Ils vinrent ainsi à l'endroit

Déjà au temps de Paul il n'était pas facile de proclamer que le Sauveur du monde est un Juif crucifié : Première Lettre aux Corinthiens 1,22.

Alors que les Juifs attendent des miracles et les Grecs veulent de la sagesse, nous proclamons un Messie crucifié. Quel scandale pour les Juifs ! Et pour les autres, quelle folie ! Mais pour ceux que Dieu appelle, qu'ils soient Juifs ou Grecs, ce Messie est force de Dieu et sagesse de Dieu.

Oui, les folies de Dieu ont plus de sagesse que les hommes et la faiblesse de Dieu est plus forte que les humains.

Dans le Livre de la Sagesse (2,12), écrit un siècle avant Jésus, un texte prophétique dévoile les motifs profonds de ceux qui persécutent les justes. Il est cité ici par l'évangile.

Faisons la guerre à celui qui nous ennuie avec sa Loi : il critique notre conduite, il nous reproche de violer la Loi et nous fait honte de notre éducation.

Il se vante de connaître Dieu et se proclame un enfant du Seigneur. Sa seule présence contredit nos idées, et rien que de le voir nous insupporte !

Car il ne vit pas comme les autres, et son comportement est bizarre. Il nous considère comme des dégénérés, il croirait se souiller s'il faisait comme nous. Il parle de bonheur pour les justes tout à la fin, et il se vante d'avoir Dieu pour père.

Voyons donc si ce qu'il dit est vrai et faisons l'expérience : comment s'en tirera-t-il ? Si le juste est fils de Dieu, Dieu lui viendra en aide et le délivrera de ses adversaires.

Essayons sur lui les humiliations et la torture, voyons comment il les accepte, éprouvons sa patience. Et puis condamnons-le à une mort infamante puisque, d'après lui, quelqu'un interviendra. »

• **27.35** *C'est le roi des Juifs.* (37) Pour Pilate et le peuple en général, cette expression désignait un chef nationaliste. Mais les Juifs sont le peuple de Dieu, et le Père avait décidé qu'ils seraient associés au salut et aux souffrances du Christ d'une façon toute spéciale. En latin, les lettres I.N.R.I. (que nous voyons sur les crucifix) représentent les initiales de : Jésus de Nazareth, Roi des Juifs.

• **27.51** Ce paragraphe a été écrit dans le style très imagé et forcé des *apocalypses*. Il nous dit que la mort de Jésus marque l'arrivée du salut définitif : ce tremblement de terre, c'est en réalité la grande intervention de Dieu dans l'histoire.

Des apparitions de morts suggèrent aussi qu'avant de ressusciter, Jésus était « descendu chez les morts ». Cette expression ancienne, reprise dans notre Credo signifie qu'il a rejoint d'une façon mystérieuse mais réelle, ces multitudes historiques ou préhistoriques qui devaient l'attendre pour entrer dans la vie même de Dieu.

qu'on appelle Golgotha, c'est-à-dire le Crâne. [34] Là ils lui donnèrent à boire du vin mêlé de fiel. Jésus le goûta mais ne voulut pas en boire.

• [35] Alors ils le mirent en croix, puis *ils tirèrent au sort pour se partager ses vêtements* [36] *et ils restèrent là assis pour le garder.* [37] Au-dessus de sa tête, on avait écrit le motif de sa condamnation : « C'est Jésus, le roi des Juifs ! » [38] On avait aussi crucifié avec lui deux bandits, l'un à sa droite et l'autre à sa gauche. [39] Ceux qui passaient l'insultaient. *Ils hochaient la tête* [40] et disaient : « C'est toi qui détruis le Temple et le rebâtis en trois jours ! Sauve-toi donc, puisque tu es fils de Dieu, descends de ta croix ! »

[41] Les chefs des prêtres le ridiculisaient de la même façon, tout comme les maîtres de la Loi et les Anciens. Ils disaient : [42] « Il a sauvé les autres, mais il ne se sauvera pas lui-même ! Voilà bien le roi d'Israël ! Qu'il descende maintenant de la croix et nous croirons en lui. [43] *Il a mis sa confiance en Dieu, que Dieu maintenant le délivre s'il l'aime. Car il disait : Je suis le fils de Dieu.* » [44] Et de la même façon les bandits crucifiés avec lui l'insultaient.

[45] Tout le pays fut dans l'obscurité depuis midi jusqu'au milieu de l'après-midi. [46] On était à la neuvième heure du jour lorsque Jésus s'écria d'une voix forte : « Éli, Éli, lema sabacthani ? » ; ce qui veut dire : *Mon Dieu, mon Dieu, pourquoi m'as-tu abandonné ?*

[47] En l'entendant, plusieurs de ceux qui étaient présents firent cette réflexion : « Le voici qui appelle Élie ! » [48] L'un d'eux courut prendre une éponge, la trempa dans du vin acidulé et l'attacha à un roseau pour le faire boire. [49] Mais les autres lui disaient : « Laisse donc, voyons si Élie vient le sauver. »

[50] De nouveau Jésus poussa un grand cri et il rendit l'esprit.

Après la mort de Jésus

• [51] Et voici que le voile du sanctuaire se déchire en deux de haut en bas, la terre tremble, les pierres se fendent, [52] les tombeaux s'ouvrent, et bien des corps se relèvent, des hommes saints qui reposaient en paix. [53] Oui, après sa résurrection ils sortirent des tombeaux, entrèrent dans la ville sainte et apparurent à plusieurs personnes.

[54] A la suite de ce tremblement de terre, le capitaine et les autres qui gardaient Jésus avec lui furent remplis de crainte, voyant tout ce qui arrivait. Ils disaient : « Vraiment celui-ci était fils de Dieu. »

[55] Un groupe de femmes se trouvait sur place à quelque distance. Elles avaient accompagné Jésus depuis la Galilée pour le servir et elles suivaient tout ; [56] parmi elles se trouvaient Marie de Magdala, Marie mère de Jacques et Joseph, et la mère des fils de Zébédée.

Dans la Première Lettre de Pierre (3,18), un passage qui nous paraîtra sans doute étrange ou peu clair affirme que la mort de Jésus apporte la vie aux morts de tous les temps.

Le Christ est mort une seule fois pour les péchés et c'était le juste mourant pour les pécheurs, pour nous conduire à Dieu.

Il a pu être mis à mort : il était chair ; l'Esprit l'a rendu à la vie. C'est alors qu'il est allé prêcher aux emprisonnés, tous ces gens d'autrefois qui n'avaient pas voulu croire quand Dieu se montrait patient. C'était le temps de Noé qui, lui, construisait l'arche où quelques uns seulement, huit en tout, furent sauvés des eaux.

Vous reconnaissez là le baptême qui maintenant vous sauve.

• **28.**1 Sur l'ensemble des apparitions de Jésus ressuscité, voir le commentaire de Lc 24,1.

Mais voici que la terre tremble. Ce premier paragraphe, propre à Matthieu, est encore écrit en « style d'apocalypse », avec son ange resplendissant et ce nouveau tremblement de terre. Mais l'évangile se refuse à décrire une sortie triomphante de Jésus : le ressuscité ne sera vu que de ceux qui croient : les femmes qui le cherchaient le verront, les soldats et les dirigeants, qui ne le cherchaient pas, ne comprendront pas.

Lorsqu'on compare les récits des quatre évangiles, on trouve des contradictions de détails. Les parfums ont-ils été achetés la veille au soir, ou le matin du dimanche (Mc 16,1 et Lc 23,56) ? Et, selon Jean, Nicodème et Joseph d'Arimathie les avaient achetés (Jn 19,39). Pourquoi Jésus se présente-t-il aux femmes aussitôt après que l'ange leur a dit d'envoyer les apôtres le revoir en Galilée (Mt 28,8-9) ?

L'attitude qu'on prend face à ces contradictions dépend d'abord de l'idée qu'on se fait de la réaction des disciples de Jésus aussitôt après sa mort. Certains semblent croire que plus personne n'avait sa tête à lui, que cela a été un chaos total et que plus tard on s'est contenté de rassembler des rumeurs pour écrire un récit de la Passion et des apparitions de Jésus.

C'est oublier qu'il était entouré de personnes vraies, même si elles avaient des failles. On ne pouvait pas ne pas respecter les règles et les jeûnes du deuil, spécialement les parents de Jésus : Marie et sa « sœur » Marie avec ses fils Jacques et Joset (Mc 15,40). Et de plus on n'aurait pas fait le deuil sans graver oralement tout ce qui avait entouré la disparition du défunt. À la fin de la neuvaine, la famille et les amis proches doivent offrir un repas. Ensuite ils retourneront en Galilée.

C'est au groupe des femmes, très certainement, que nous devons l'essentiel du texte actuel de la Passion. Leur mention à la fin du récit (Mt 27,56 ; Mc 15,40 et Lc 23,49) est comme leur signature, car c'était aux femmes qu'il revenait habituellement de faire le panégyrique du mort. Et elles seront les premiers témoins de la Résurrection.

Jésus vint à leur rencontre (9). Toutes ne sont pas allées ensemble au tombeau : seule Marie Madeleine a eu droit à l'apparition rapportée en Jn 20,1.

Qu'ils partent en Galilée (10). Pourquoi Jésus donne-t-il ce rendez-vous s'il devait se présenter le même jour à Jérusalem ? (Lc 24,13-42). C'est qu'il ne s'agissait pas seulement pour eux de se retrouver là-bas. Ils vont faire un parcours de remémoration au cours duquel ils reverront les lieux, se rediront les expériences vécues et fixeront les récitations orales qu'ils en ont déjà gardées. Ce sera la préparation collective du témoignage apostolique, non pas comme on le ferait aujourd'hui en se réunissant autour d'une table et en mettant au clair des notes, mais à partir de strophes rythmées qui deviendront nos évangiles.

Il a dû y avoir diverses apparitions au cours de ce voyage auquel les femmes ne pouvaient pas ne pas participer. Matthieu n'en a gardé qu'une, à mi chemin du voyage qui les ramènera à Jérusalem, sur une montagne que Jésus leur avait indiquée, sans doute le Thabor de la Transfiguration. Cette apparition ne se confond donc pas avec l'Ascension que Luc situe au mont des Oliviers (Lc 24,50).

Jésus est mis au tombeau

[57] Le soir venu, un certain Joseph arriva. C'était un homme riche ; il était d'Arimathie et lui aussi disciple de Jésus. [58] Il s'était adressé à Pilate pour lui réclamer le corps de Jésus et Pilate avait donné l'ordre de le lui remettre.

[59] Joseph prit le corps et l'enveloppa dans un linceul propre. [60] Il le déposa dans un tombeau neuf qu'il s'était fait creuser dans le roc, et il fit rouler une grosse pierre devant l'entrée de la tombe. Puis il s'en alla. [61] Mais Marie de Magdala et l'autre Marie restaient là assises en face de la tombe.

La tombe est mise sous scellés

[62] Le lendemain — c'était le jour après la Préparation — les chefs des prêtres et les Pharisiens allèrent ensemble trouver Pilate [63] pour lui dire : « Seigneur, nous nous sommes rappelés que ce menteur a dit quand il vivait : Je ressusciterai le troisième jour. [64] Donne donc l'ordre de faire surveiller la tombe jusqu'au troisième jour. Il ne faudrait pas que ses disciples viennent le faire disparaître et disent ensuite au peuple : Il s'est relevé d'entre les morts. Cette seconde fraude serait pire que la première. »

[65] Pilate leur répondit : « Je vous donne une garde ; allez et faites garder comme vous le jugez bon. » [66] Ils se chargèrent donc de faire garder la tombe avec des scellés sur la pierre et, devant, un piquet de garde.

Jésus ressuscité se manifeste à ses disciples

28 • [1] Après le sabbat, à l'aube du premier jour de la semaine, Marie de Magdala était allée visiter la tombe avec l'autre Marie. [2] Mais voici que la terre tremble. L'ange du Seigneur descend du ciel et s'approche, il fait rouler la pierre, puis il s'assied dessus. [3] Son apparence est celle de l'éclair et son vêtement est blanc comme neige. [4] Il provoque une telle frayeur parmi ceux qui montent la garde, qu'ils restent sous le choc et sont comme morts.

[5] Mais l'ange s'adresse aux femmes et leur dit : « Vous, ne craignez pas ! Je sais que vous cherchez Jésus, le crucifié. [6] Mais il n'est pas ici, il est ressuscité comme il l'avait dit. Approchez et voyez l'endroit où on l'avait déposé, [7] et puis, vite, allez dire à ses disciples qu'il s'est relevé d'entre les morts. Déjà il vous précède en Galilée, et là vous le verrez. C'est là tout mon message. »

[8] Vite elles partirent de la tombe, partagées entre la joie immense et la frayeur, et elles coururent porter la nouvelle à ses disciples. [9] Jésus lui-

Cette première vision de l'Apocalypse de Jean (1,16) nous donne une idée de ce qu'est le « style d'apocalypse ».

J'entendis derrière moi une voix qui résonnait comme une trompette.

Au bruit je me suis retourné pour voir qui me parlait ; j'ai vu derrière moi sept lampes d'or et, au milieu des sept lampes, comme un fils d'homme dont le vêtement tombait sur les talons, avec une ceinture d'or à la hauteur de la poitrine. Sa tête et ses cheveux sont blancs comme laine blanche, comme la neige, et ses yeux sont une flamme de feu. Ses pieds brillent comme le bronze en fusion, et sa voix résonne comme les eaux d'un gros torrent. Il a sept étoiles dans sa main droite, et de sa bouche sort une épée aiguisée à double tranchant. Son visage resplendit comme le soleil.

Dans la Première Lettre aux Corinthiens (15,1), écrite plusieurs années avant l'évangile de Matthieu, Paul rappelle les apparitions de Jésus aux apôtres, c'est-à-dire à ceux qui devaient être ses témoins officiels.

Frères, je veux vous rappeler l'Évangile avec lequel je vous ai évangélisés. Vous l'avez reçu, vous y êtes restés fidèles et par lui vous êtes sauvés, à condition que vous gardiez la bonne nouvelle comme je vous l'ai annoncée.

Je vous ai transmis ceci d'abord, comme je l'avais reçu moi-même, que le Christ est mort pour nos péchés, en accord avec les Écritures ; qu'il a été enterré, et qu'il est ressuscité le troisième jour, en accord avec les Écritures.

Il s'est montré à Pierre, et ensuite aux Douze. Il s'est montré ensuite à plus de cinq cents frères à la fois, dont quelques-uns sont morts mais la plupart sont encore vivants. Il s'est montré à Jacques et ensuite à tous les apôtres. Et il s'est montré à moi, — j'allais dire à l'avorton — le dernier de tous.

• **28.16** Cette dernière rencontre est racontée dans les formes les plus simples. Pas d'apparition soudaine, ni de peur ; pas de démonstration physique de la réalité de Jésus. L'important sont les paroles de Jésus Maître.

Vous leur enseignerez tout ce que je vous ai ordonné. Ces enseignements du Christ occupent la première place dans l'évangile de Matthieu : nous devrons faire la volonté du Père telle que Jésus l'a révélée.

Faites des disciples de toutes les nations. Les apôtres porteront l'Évangile jusqu'au bout du monde et l'Église réunira convertis de toutes les nations.

Ceux qui croient sont baptisés au nom du Père et du Fils et du Saint-Esprit, les Trois Personnes que le Christ nous a révélées. Les Trois sont le même et unique Dieu : elles ont en commun le même Nom divin. En entrant dans l'Église, les baptisés entrent en communion avec le Père, avec le Fils et avec le Saint-Esprit.

Je suis avec vous tous les jours. Jésus est « Dieu-avec-nous » comme il était déjà dit en Mt 1,23. Jusqu'à la fin du temps. Les chrétiens de la première génération pensaient que le Christ ne tarderait pas à revenir, mais au moment où a été écrit cet évangile, ils avaient déjà compris que l'histoire allait durer ; la nation d'Israël avait rejeté le salut qui lui était offert et seule une minorité avait cru. C'était avec elle que Jésus maintenant s'engageait, avec ses apôtres et avec son Église.

même vint à leur rencontre et leur dit : « Jour de joie ! » Elles s'approchèrent pour embrasser ses pieds et se prosternèrent devant lui. [10] Alors Jésus leur dit : « Ne craignez pas. Allez dire à mes frères qu'ils partent en Galilée, là ils me verront. »

[11] Pendant qu'elles y vont, quelques-uns des gardes reviennent à la ville et racontent toute l'affaire aux chefs des prêtres. [12] Alors ils se réunissent avec les Anciens et décident de donner aux soldats une bonne somme d'argent [13] avec cette consigne : « Vous direz que ses disciples sont venus de nuit pendant que vous dormiez, et qu'ils ont fait disparaître son corps. [14] Si le gouverneur apprend quelque chose, nous saurons lui parler de façon que vous n'ayez pas d'ennuis. »

[15] Les soldats prirent donc l'argent et firent comme on leur demandait : jusqu'à maintenant on raconte cette histoire chez les Juifs.

Jésus envoie ses apôtres

• [16] Les onze disciples allèrent en Galilée, à la montagne que Jésus leur avait indiquée. [17] En le voyant ils se prosternèrent, mais certains gardaient des doutes.

[18] Alors Jésus s'approcha et leur dit : « Tout pouvoir m'a été donné au ciel et sur la terre. [19] Allez donc et faites-moi des disciples de toutes les nations. Vous les baptiserez au nom du Père et du Fils et de l'Esprit Saint, [20] et vous leur enseignerez, pour qu'ils l'observent, tout ce que je vous ai ordonné. Voici que je suis avec vous tous les jours jusqu'à la fin du temps. »

✠

Origine de l'Évangile de Marc

Marc est l'un des principaux personnages de second plan de la première génération chrétienne. Il était juif, membre de la première communauté, il a presque certainement connu et suivi Jésus, et dans la maison de sa mère se réunissait l'une des premières et des plus importantes communautés de Jérusalem. Il a suivi Paul, qui ensuite s'est séparé de lui. Il a été le secrétaire de Pierre, sans doute jusqu'à la mort de celui-ci, ce qui ne l'a pas empêché de rester en liens avec Paul.

Il a sans doute écrit son évangile peu après la mort de Pierre, dans les années 64-70. A la différence de Matthieu et de Luc, il n'a reproduit que le premier et le plus important des textes de catéchèse provenant des apôtres, lequel avait été traduit en grec dans les dix ans qui suivirent la Pentecôte. Son évangile est donc bien plus court, mais en le comparant avec ceux de Matthieu et de Luc on voit qu'il ajoute bien des détails concrets, caractéristiques d'un témoin direct et qui selon toute probabilité faisaient partie des récits de Pierre.

On peut caractériser son récit en deux mots : des faits, pas de discours.

ÉVANGILE SELON
SAINT MARC

PLAN DE L'ÉVANGILE DE MARC

L'évangile de Marc a gardé le plan de la première catéchèse des apôtres. Il ne dit rien de l'enfance et de la vie de Jésus à Nazareth. Le point de départ est la prédication de Jean-Baptiste, lequel a lancé son appel à la conversion dans les années 27-28.

Dans les versets 1 à 13, Marc nous donne en trois petits tableaux, trois grands axes de son évangile :

— (1-7) Jean-Baptiste annonce la venue de l'Envoyé de Dieu : ce Jésus dont nous parlera l'Évangile a été annoncé, préparé par tous les grands témoins de l'Ancien Testament. En lui et par lui va s'accomplir le salut de Dieu.

— (9-10) Jésus descend dans le Jourdain pour ouvrir aux hommes les portes de la véritable Terre Promise : il est le Fils bien aimé du Père sur qui repose l'Esprit. Jésus vient révéler le mystère de Dieu, le mystère d'amour du Dieu Père, Fils et Esprit.

— (11-13) Comme le Messie annoncé par Isaïe (Is 11), Jésus est en paix avec les bêtes sauvages comme avec les anges. En lui et par lui va s'accomplir la réconciliation de toute la Création avec son Dieu.

• **1.9** Sur le baptême de Jésus, voir les commentaires de Mt 3,1 et de Lc 3,1.

• **1.14** Dieu s'est fait homme. Jésus partage la vie du peuple de son temps, il enseigne par ses paroles et ses actes.

Les délais sont accomplis : les temps fixés par Dieu sont arrivés à leur terme et la manifestation de Dieu, annoncée par les prophètes, est toute proche.

Convertissez-vous et croyez à la Bonne Nouvelle : Dieu n'attend pas de l'homme des « œuvres », il les appelle à la foi. « Croyez que lui seul qui peut vous sauver ! »

Suivez-moi (17) : Jésus lance une invitation pressante à travailler avec lui pour le Royaume. De même tout au long des siècles le rassemblement des hommes dans l'Église de Jésus-Christ sera le signe de l'œuvre du salut que Dieu réalise par son Fils.

Eux aussitôt le suivirent (1,18), c'est-à-dire qu'ils commencèrent à vivre avec lui, laissant leur famille et leur travail. Comme les maîtres en religion de son époque, comme les rabbins, Jésus communique à ses disciples les enseignements qu'ils transmettront à d'autres.

Simon, André, Jacques et Jean. Jésus les connaissait déjà : il les avait rencontrés là où Jean-Baptiste prêchait (Jn 1,35).

Les débuts : Jean-Baptiste

1 [1] Commencement de la Bonne Nouvelle de Jésus-Christ, Fils de Dieu. [2] Il est écrit à ce sujet dans le prophète Isaïe : *Voici que j'envoie mon messager devant toi pour te préparer le chemin.* [3] *Une voix crie dans le désert : Préparez le chemin du Seigneur, aplanissez le sol devant lui.*

[4] C'est ainsi que Jean se mit à baptiser dans le désert ; il prêchait un baptême lié à un changement de vie, en vue d'obtenir le pardon des péchés. [5] Tout le pays de Judée et tout le peuple de Jérusalem venaient à lui et se faisaient baptiser par lui dans la rivière du Jourdain, en même temps qu'ils confessaient leurs péchés.

[6] Jean avait un manteau en poils de chameau et portait un pagne de peau autour des reins. Il se nourrissait de sauterelles et de miel d'abeilles sauvages. [7] Il disait bien clairement : « Un plus fort que moi vient derrière moi et je ne suis pas digne de délier, en me baissant, les lacets de ses sandales. [8] Je vous ai baptisés dans l'eau, mais lui vous baptisera dans l'Esprit Saint. »

JÉSUS SE RÉVÈLE COMME LE MESSIE

Jésus baptisé par Jean

• [9] En ces jours-là Jésus arriva de Nazareth en Galilée, et il fut baptisé par Jean dans le Jourdain. [10] Aussitôt, comme il remontait de l'eau, il vit les Cieux entrouverts : l'Esprit descendait sur lui comme fait la colombe, [11] et du ciel venaient ces paroles : « Tu es mon Fils, le Bien-Aimé, c'est en toi que je me complais. »

[12] Aussitôt, l'Esprit le poussa au désert [13] et, pendant quarante jours, il y fut tenté par Satan. Il était avec les bêtes sauvages et les anges le servaient.

Jésus appelle ses premiers disciples

• [14] Après l'arrestation de Jean, Jésus s'en alla en Galilée. Il proclamait la bonne nouvelle de Dieu [15] en ces termes : « Les délais sont accomplis, le Règne de Dieu est là, convertissez-vous et croyez à la Bonne Nouvelle ! »

[16] Comme Jésus passait le long de la mer de Galilée, il y avait là Simon et André, le frère de Simon. Il les vit qui jetaient leurs filets dans la mer, car ils étaient pêcheurs. [17] Jésus leur dit : « Venez, suivez-moi ! Je ferai de vous des pêcheurs d'hommes. » [18] Eux aussitôt laissèrent leurs filets et le suivirent.

LES DISCIPLES

Le premier noyau des disciples est un groupe naturel de pêcheurs du lac dont Pierre semble être le leader. Des hommes sans doute jeunes, restés disponibles, dans un temps et une culture où l'on était moins esclave que nous ne le sommes des contraintes du travail.

C'est en Galilée, la province du nord, peuplée à la fois de Juifs et de non-Juifs, souvent appelés Grecs, que se déroule toute la première moitié de l'Évangile de Marc. La catéchèse des apôtres comprenait deux parties : la première rapportait des actes et des paroles de Jésus en Galilée, la seconde contenait ses faits et gestes à Jérusalem dans les jours antérieurs à la Passion.

La manifestation divine à l'occasion du baptême par Jean ouvrait la première partie ; avec la Transfiguration de Jésus (9,1), on passait à la seconde.

• **1.21** Au début de son ministère, Jésus prêche dans les synagogues. *La synagogue* est la maison de prière des Juifs. Ils s'y rassemblent tous les samedis pour chanter les psaumes et y lire la Bible. Le responsable prêche et invite les autres à prendre la parole. C'est là que Jésus se fait connaître. Il n'est pas comme les autres maîtres de la loi qui répètent, interprètent et s'appuient sur les opinions de quelqu'un d'autre. Jésus parle en son propre nom et *avec autorité* : « En vérité, je vous dis… »

• **1.23** C'est avec la même autorité que Jésus expulse les démons. Par ce geste, Jésus nous révèle qu'il est venu pour nous délivrer de l'influence du démon lequel cherche à ruiner dans l'homme l'image de Dieu.

A l'époque de Jésus il y avait des personnes possédées par le démon ; il y en a aussi dans le temps de l'Église qui est le nôtre. Mais une chose est de parler *des* démons, ces cas de possession où l'esprit du mal se cache dans un désordre mental, autre chose est de parler du démon, cet esprit bien mystérieux que Jean appelle le Gouverneur du monde (Jn 14,30).

Ici Jésus nous montre, et il nous dira (3,15 ; 3,27), que le royaume de Dieu ne reste pas en paroles, mais qu'il est force.

• **1.29** Ici se manifeste la confiance toute simple de Pierre. Jésus est entré dans la maison et on lui parle de cette femme qui est alitée. Jésus apporte la paix et la santé, il nous montre comment rendre visite aux malades. Quoi de plus naturel que d'aller les visiter après la messe ? L'intérêt et l'amour de leurs frères dans le Christ attire sur eux les bienfaits de Dieu.

• **1.35** Depuis leur enfance les apôtres connaissaient Dieu et le priaient, mais lorsqu'ils commencent à vivre avec Jésus, ils comprennent tout de suite qu'il y a quelque chose d'extraordinaire en lui. Ils sont particulièrement frappés par l'intimité qui existe entre lui et Dieu. En vivant avec Jésus, ils éprouveront le désir de mieux connaître le Père, un peu comme Jésus le connaît (Lc 11,1 ; Jn 14,8 ; 15,15).

¹⁹ Un peu plus loin Jésus voit Jacques, fils de Zébédée, et Jean son frère ; ils sont eux aussi dans leur barque, et ils arrangent leurs filets. ²⁰ Jésus les appelle ; aussitôt ils laissent leur père Zébédée dans la barque avec les salariés, et ils commencent à le suivre.

Jésus enseigne et chasse les démons

• ²¹ Voici qu'ils s'arrêtent à Capharnaüm. Dès ce moment Jésus commence à enseigner les jours de sabbat, lorsqu'il vient à la synagogue. ²² Les gens étaient frappés de son enseignement, car il les enseignait avec autorité et non comme les maîtres de la Loi.

• ²³ Or il y avait là, dans leur synagogue, un homme habité par un esprit impur. ²⁴ Il se met à crier : « Que nous veux-tu, Jésus de Nazareth ? Es-tu venu pour nous perdre ? Je sais qui tu es : le Saint de Dieu ! »

²⁵ Jésus le menace et lui dit : « Tais-toi ! Sors de cet homme ! ²⁶ L'esprit impur le secoue violemment, pousse un grand cri et sort de lui. ²⁷ Tous sont stupéfaits et se disent l'un à l'autre : « Qu'est-ce que cela ? C'est du nouveau, cette façon d'enseigner avec autorité. Il commande même aux esprits impurs et ils lui obéissent ! ²⁸ Très rapidement sa renommée se répandit tout autour, à travers toute la Galilée.

Jésus chez Pierre à Capharnaüm

• ²⁹ En sortant de la synagogue, il se rendit à la maison de Simon et André, avec Jacques et Jean. ³⁰ La belle-mère de Simon était au lit avec de la fièvre : tout de suite ils lui en parlent. ³¹ Jésus s'approche et la soulève en la prenant par la main : la fièvre la quitte et elle commence à leur faire le service.

³² Au soir, dès que le soleil fut couché, on commença de lui amener tous ceux qui souffraient de maladies ou de démons. ³³ La ville entière se pressait devant sa porte. ³⁴ Jésus guérit de nombreux malades, atteints de diverses maladies, et chassa de nombreux démons. Mais il ne laissait pas parler les démons, car ils l'avaient reconnu.

Prière nocturne de Jésus

• ³⁵ Au petit matin, alors qu'il faisait encore nuit, Jésus se leva, sortit et s'en alla dans un lieu désert. Il y resta en prière. ³⁶ Simon et ses compagnons se mettent à sa recherche et, ³⁷ quand ils le trouvent, ils lui disent : « Tout le monde te cherche. » ³⁸ Il leur dit alors : « Sortons d'ici, allons aux villages voisins pour que j'y prêche aussi ; c'est pour cela que je suis sorti. »

LA LÈPRE

La lèpre que l'on connaissait alors n'était pas la maladie qu'on appelle aujourd'hui la lèpre. Mais elle était très contagieuse. La Loi de Moïse, préoccupée sauvegarder la santé de la communauté, expulsait les lépreux des agglomérations et ils vivaient en bandes à l'écart.

Cette maladie apparaissait comme un châtiment de Dieu, de sorte que la religion juive déclarait les lépreux impurs. S'ils guérissaient, ils étaient réintégrés moyennant un sacrifice d'expiation du péché.

• **1.40** Jésus quitte Capharnaüm pour annoncer la Bonne Nouvelle aux familles plus pauvres des campagnes. Il y rencontre les *lépreux*.

Par le geste de Jésus, la chair du lépreux redevient saine. Jésus a fait mieux qu'une simple guérison : le lépreux est réintégré dans la société, il redevient un homme comme les autres. La loi de Dieu et des hommes reconnaîtra sa dignité.

La Bonne Nouvelle ne se limite pas à des paroles, mais elle produit un changement. Avec elle il n'y aura plus de personnes marginalisées.

N'en parle à personne… (43) Très souvent, en particulier dans l'évangile de Marc, Jésus donne cet ordre à ceux qu'il vient de guérir de leur mal ou de délivrer du démon (1,25 ; 1,34 ; 1,44 ; 3,12 ; 5,43 ; 7,36 ; 8,26 ; 8,30). Si Jésus impose cette consigne de silence sur sa véritable identité durant toute la première partie de la vie publique, c'est à cause des préjugés de la foule. En effet la conception d'un Messie guerrier et vengeur était très répandue ; Jésus ne voulait pas qu'il y ait d'ambiguïté sur la mission qu'il venait accomplir.

Pour cette même raison, Marc utilise peu l'expression *Fils de Dieu* car elle n'avait pas alors le sens que nous lui donnons.

• **2.1** Avec le miracle du paralytique guéri et pardonné, Jésus apporte trois réponses en même temps : au malade, à ses amis et aux Pharisiens.

Quand il voit la foi de ces hommes. Très probablement ce sont les amis du paralytique qui avaient convaincu leur compagnon d'aller trouver Jésus, et Jésus récompense leur foi.

Mais Jésus dit tout de suite au paralysé : « *Tes péchés te sont pardonnés.* » Étranges propos ! Comment Jésus peut-il pardonner les péchés, si l'homme n'est ni conscient d'avoir commis une faute, ni repenti, ni dans l'attente du pardon ?

Il y a là sûrement quelque chose que l'Évangile ne dit pas : Jésus connaissait certaines angoisses de ce paralysé. C'est souvent la maladie qui nous fait prendre conscience de notre état de pécheur, et Jésus ne veut pas guérir sans qu'il y ait une réconciliation avec Dieu.

Les Pharisiens sont scandalisés par les paroles de Jésus : bien sûr, seul Dieu peut pardonner les péchés. Leur indignation est tout à fait justifiée, puisque ni eux, ni les autres, ni les disciples ne peuvent encore savoir que Jésus est le véritable Fils de Dieu. Cependant Jésus les réduit au silence : Si je guéris à la manière de Dieu, pourquoi ne pardonnerais-je pas aussi à la manière de Dieu ?

Heureux celui qui est assuré de son pardon par le regard et les paroles de Jésus ! Dieu est celui qui voit et qui aime, et il nous faut le rencontrer les yeux dans les yeux pour que le pardon soit vrai. C'est pourquoi Dieu s'est fait homme. Jésus pardonne les péchés parce qu'il est *fils d'homme* (Jn 5,27), et il désire que nous recevions le pardon de Dieu et des hommes au sein de la communauté chrétienne.

³⁹ Il alla donc prêcher dans leurs synagogues par toute la Galilée ; il chassait aussi les démons.

Guérison d'un lépreux

• ⁴⁰ Un lépreux s'approche de lui avec des supplications et des génuflexions ; il lui dit : « Si tu veux, tu peux me purifier. » ⁴¹ Jésus est pris de compassion ; il étend la main et le touche en lui disant : « Je le veux, sois purifié ! »

⁴² Aussitôt la lèpre le quitte, il est pur. ⁴³ Mais Jésus le sermonne et le met dehors ⁴⁴ en lui disant : « Surtout, n'en parle à personne ; va simplement te montrer au prêtre et présente l'offrande pour ta purification, comme Moïse l'a ordonné : tu feras ainsi ta déclaration. »

⁴⁵ L'homme n'était pas plus tôt sorti qu'il se mit à le crier partout et à répandre la nouvelle, si bien que Jésus ne pouvait plus se montrer dans une ville ; il restait à l'écart dans des lieux déserts. Même ainsi on venait à lui de toutes parts.

Jésus guérit un paralysé de son péché et de son infirmité

2 • ¹ Après quelque temps il revint à Capharnaüm. Quand on apprit qu'il était à la maison, ² beaucoup de gens s'y retrouvèrent, au point qu'il n'y avait plus de place devant la porte. Et lui, il leur annonçait la Parole.

³ Voici des gens qui arrivent et lui amènent un paralysé : ils sont quatre à le porter. ⁴ Comme ils ne peuvent le lui présenter à cause de la foule, ils défont le toit là où il se trouve et, après avoir fait un trou, ils font descendre le brancard sur lequel le paralysé est étendu.

⁵ Voyant leur foi, Jésus dit au paralysé : « Mon fils, tes péchés te sont pardonnés. » ⁶ Quelques maîtres de la Loi sont là assis, et ils font intérieurement cette remarque : ⁷ « Comment peut-il parler ainsi ? C'est un blasphème ! Qui peut pardonner les péchés sinon Dieu ? »

⁸ Mais Jésus sait déjà dans son esprit qu'ils se font en eux-mêmes ces réflexions. Aussi leur dit-il : « Pourquoi ruminez-vous cela dans vos cœurs ? ⁹ Quel est le plus facile : de dire au paralysé : "Tes péchés te sont pardonnés", ou de dire : "Lève-toi, prends ton brancard et marche" ? ¹⁰ Eh bien, vous saurez que sur la terre le Fils de l'homme a autorité pour remettre les péchés. » ¹¹ Jésus dit alors au paralysé : « Lève-toi, tu m'entends ! prends ton brancard et va-t'en chez toi. »

¹² L'homme se leva aussitôt, prit son brancard et sortit devant tout le monde ; tous en étaient stupéfaits et glorifiaient Dieu en disant : « Jamais nous n'avons vu chose pareille ! »

LES PUBLICAINS ET LES MAÎTRES DE LA LOI

Deux noms qui reviendront dans l'Évangile.

Le pays de Jésus était soumis aux Romains : les publicains, ou collecteurs de l'impôt étaient donc des Juifs qui travaillaient pour un pouvoir étranger.

Les « gros » publicains payaient une somme déterminée aux Romains et ensuite la récupéraient comme ils voulaient sur le terrain : riches et haïs. Les petits employés étaient considérés comme des traîtres, et les mendiants eux-mêmes refusaient leurs aumônes. Pourtant Jésus prend l'un d'entre eux, Lévi, parmi ses apôtres.

Les maîtres de la Loi étaient un peu comme les catéchistes ou les professeurs de religion. Ils admiraient l'enseignement de Jésus, mais ils ne considéraient pas les publicains et les autres pécheurs (ceux qui n'observaient pas les préceptes religieux) comme des frères.

• **2.13** Pour entrer dans la famille de Dieu, nous devons nous libérer des jugements tout faits que nous portons sur les autres. Dieu ne rejette personne et il veut tous nous sauver.

Lévi est probablement l'apôtre Matthieu (Mt 9,9) : dans ce cas, comme Simon surnommé Pierre par Jésus, Lévi aurait reçu le surnom de Matthieu.

• **2.18** *Pourquoi ne jeûnent-ils pas ?* Le jeûne, signe de pénitence et de repentir, accompagnait les prières adressées à Dieu pour qu'il vienne libérer son peuple. Mais déjà Dieu est là en sa personne de Jésus : la joie et la fête conviennent mieux que le jeûne. Les prophètes avaient annoncé *les noces* de Dieu avec son peuple au moment où il viendrait les visiter ; en se présentant comme *le marié*, Jésus annonce sa véritable identité.

Quel est ce *vin nouveau* ? C'est évidemment l'Évangile et l'ivresse de l'Esprit Saint qui pousse les disciples à n'importe quelle folie pour révéler l'amour du Père et la liberté qui leur a été donnée. Pour le comprendre, lisons *les Actes des Apôtres* et les vies des saints qui ont marqué l'histoire de l'Église.

Vieilles outres. N'allons pas dire que Jésus condamne des formes vieillies de la religion, ou des gens qui seulement font semblant : ici il s'oppose même à Jean-Baptiste. La réalité, c'est que l'Évangile ne s'enferme pas dans une religion, il la transfigure de l'intérieur.

Dieu veut nous donner l'Esprit, et l'Esprit ne s'enferme pas plus dans des règles que dans des outres.

• **2.23** Tout le monde trouvait normal que les passants prennent des fruits et arrachent des épis s'ils avaient faim. Mais les Pharisiens sont scandalisés parce que les disciples de Jésus le font le jour du sabbat, jour où tout travail est interdit.

Le sabbat a été fait pour l'homme. Jésus rappelle ici que toutes les lois mêmes les plus saintes n'ont qu'un but : la vie et le salut des hommes.

Le Fils de l'homme est Seigneur du sabbat (28). Face aux Juifs pour qui le repos du sabbat était le pilier de l'ordre établi par Dieu, Marc met en relief la totale liberté de Jésus.

Jésus est venu appeler les pécheurs

• ¹³ De nouveau Jésus sortit sur le bord de mer ; toute la foule venait à lui et il les enseignait. ¹⁴ En passant il vit Lévi, fils d'Alphée, installé au poste de douane. Il lui dit : « Suis-moi ! » L'autre se leva et commença à le suivre.

¹⁵ Comme il était à table dans la maison de Lévi, quelques collecteurs de l'impôt et autres pécheurs prirent place avec Jésus et ses disciples : il y en avait un certain nombre. Mais parmi ceux qui suivaient Jésus, ¹⁶ il y avait aussi des maîtres de la Loi du groupe des Pharisiens. En le voyant manger avec des pécheurs et des collecteurs de l'impôt, ils dirent à ses disciples : « Comment ! Il mange avec les collecteurs de l'impôt et les pécheurs ? »

¹⁷ Mais Jésus avait entendu ; il leur dit : « Ce ne sont pas les bien-portants qui ont besoin d'un médecin, mais les malades. Je ne suis pas venu, moi, pour appeler des justes mais des pécheurs. »

Le vin nouveau, dans des outres neuves !

• ¹⁸ Les disciples de Jean et les Pharisiens étaient en train de jeûner, et voici qu'on vient demander à Jésus : « Les disciples de Jean et ceux des Pharisiens jeûnent : pourquoi tes disciples ne jeûnent-ils pas ? » ¹⁹ Jésus leur répond : « Les compagnons du nouvel époux peuvent-ils jeûner pendant que l'époux est avec eux ? Aussi longtemps qu'ils ont l'époux avec eux, ils ne peuvent pas jeûner. ²⁰ Le jour viendra où l'époux leur sera enlevé, alors ils jeûneront.

²¹ « On ne rapièce pas un vieux vêtement avec une pièce de tissu qui n'a jamais été lavé ; autrement la pièce tire sur lui, le neuf emporte le vieux et la déchirure devient pire. ²² Personne ne met du vin nouveau dans de vieilles outres ; autrement le vin fait craquer les outres, et le vin comme les outres sont perdus. On met le vin nouveau dans des outres neuves ! »

• ²³ Or, un jour de sabbat, Jésus traversait des blés mûrs ; chemin faisant ses disciples commencèrent à cueillir des épis.

²⁴ Les Pharisiens lui dirent : « Regarde, pourquoi font-ils le jour du sabbat ce qui n'est pas permis ? » ²⁵ Jésus répondit : « Vous n'avez donc jamais lu ce qu'a fait David un jour où c'était urgent, car il avait faim, lui et ses hommes. ²⁶ Il est entré dans la Maison de Dieu, au temps du prêtre Abiathar, et il a mangé le pain de l'offrande que nul n'a le droit de manger, sauf les prêtres ; il en a donné de même à ses compagnons. »

²⁷ Jésus leur disait : « Le sabbat a été fait pour l'homme, et non l'homme pour le sabbat. ²⁸ Sachez que le Fils de l'homme est Seigneur, même du sabbat. »

144

• **3.**1 Ici Marc veut avant tout mettre en relief l'attitude de Jésus vis-à-vis du sabbat.

Pour les Pharisiens, il était permis de manquer au repos du sabbat pour sauver quelqu'un en danger de mort ; Jésus va élargir cette règle. Ne pas faire du bien, pour lui, c'est faire du mal, ne pas guérir c'est tuer. Le silence des Pharisiens est significatif : ils savent bien au plus profond d'eux-mêmes que Jésus a raison.

• **3.**13 Dans la tradition biblique, la montagne est un lieu de rencontre avec Dieu. Sur la montagne, Jésus appelle ceux qu'il va associer de façon spéciale à sa propre mission : ils seront *avec lui*, ils annonceront la Parole et chasseront les démons.

Que savons-nous de ces *douze* qui allaient devenir les messagers de Jésus et les maîtres de la foi ? Il y a d'abord des pêcheurs du Lac ; mais avec eux il y a un collecteur d'impôts — Matthieu —, un maître de la loi — Barthélemy —, et quelques autres encore dont nous savons seulement que Jésus les a choisis parmi le peuple.

Jésus est venu pour le salut de tous, mais il va commencer son œuvre avec les pauvres, cette grande majorité qui vit de façon très précaire et à laquelle il appartient.

Comme fils d'artisan, il a grandi parmi les gens simples de la campagne. Ensuite, il a choisi de continuer son travail manuel plutôt que de se former avec les maîtres de la loi. Jésus aurait pu se présenter avec un titre de « maître » et il aurait sûrement trouvé des assistants parmi les maîtres de la Loi, les prêtres ou les Pharisiens honnêtes. Mais non : il a préféré se former par le travail manuel sans autre préparation religieuse que les enseignements de la synagogue et l'expérience quotidienne.

• **3.**20 *Il est possédé par Béelzéboul.* Plus encore que les guérisons, les exorcismes préoccupent les Pharisiens et les maîtres de la Loi. Eux, qui sont les autorités religieuses, arrivent de Jérusalem pour voir Jésus de près. Jésus ne fait sûrement pas une distinction aussi tranchée que nous entre maladie et possession. C'est qu'en réalité, le démon est derrière toute la misère humaine.

Béelzéboul : c'est le nom d'une ancienne idole, un terme utilisé alors pour désigner le démon. *Personne ne peut entrer dans la maison du Fort* (27). Cet homme fort c'est le démon, et sa maison est la personne possédée. *Piller la maison* signifie enlever au démon le pouvoir sur sa victime.

Tout sera pardonné, péchés et blasphèmes. Et Matthieu ajoute : « Celui qui parle contre le Fils de l'homme sera pardonné » (Mt 12,32).

Jésus accepte d'être critiqué par ceux qui ne le comprennent pas : c'était le cas de beaucoup de Pharisiens. Mais c'était tout autre chose que d'appeler mal ce qui visiblement était bien.

Blasphémer (ou calomnier) *l'Esprit* Saint, c'est attribuer à l'esprit du mal une action qui vient de Dieu.

Tirant la conclusion des exorcismes, Jésus dit : *« Le Royaume de Dieu est venu jusqu'à vous ».* En réalité, la victoire sur Satan se gagne chaque jour. Notre prière, la prière insistante des communautés chrétiennes, le témoignage de vie et l'action courageuse des chrétiens sont efficaces pour refouler la présence démoniaque dans l'argent, l'exploitation des autres, la drogue ou la frénésie du sexe.

Guérison de l'homme à la main paralysée

3 • [1] De nouveau Jésus entra dans une synagogue ; il y avait là un homme à la main paralysée. [2] Des gens l'observaient, se demandant s'il allait le guérir un jour de sabbat : ils étaient prêts à le dénoncer.

[3] Jésus dit à l'homme qui avait la main paralysée : « Lève-toi et viens au milieu. » [4] Puis il leur dit : « Qu'est-ce qui est permis le jour du sabbat, faire du bien ou faire du mal, sauver une vie ou la laisser perdre ? » Eux se taisent. [5] Jésus les regarde l'un après l'autre avec colère, peiné de voir comme ils avaient la tête dure, puis il dit à l'homme : « Étends la main. » Celui-ci l'étend, sa main est guérie.

[6] Mais alors les Pharisiens sortent, et ils tiennent conseil avec les Hérodiens pour voir comment se défaire de Jésus.

[7] Jésus s'éloigna avec ses disciples en direction de la mer. Un nombre impressionnant de Galiléens le suivit ; [8] toute une foule vint à lui également de la Judée, de Jérusalem, de l'Idumée et d'au-delà du Jourdain, des environs de Tyr et de Sidon, car ils avaient appris tout ce qu'il faisait.

[9] Jésus demanda alors à ses disciples de tenir une barque à sa disposition pour ne pas être écrasé par la foule. [10] En effet, il faisait tellement de guérisons que tous ceux qui souffraient de quelque mal se pressaient contre lui pour essayer de le toucher. [11] Même les esprits impurs se laissaient tomber à ses pieds quand ils le voyaient ; ils criaient : « Tu es le Fils de Dieu ! » [12] Mais il les menaçait sévèrement, car il ne voulait pas qu'ils le fassent reconnaître.

Les douze apôtres de Jésus

• [13] Jésus gravit alors la montagne ; il appela à lui ceux qu'il voulut et ils allèrent le rejoindre. [14] C'est ainsi qu'il créa les « Douze » (qu'il nomma aussi apôtres) pour être avec lui ; il voulait les envoyer prêcher [15] et qu'ils aient autorité pour faire sortir les démons.

[16] Il établit donc les Douze : Simon, à qui il imposa le nom de Pierre ; [17] Jacques fils de Zébédée, et Jean, frère de Jacques — il leur imposa le nom de Boanerguès, ce qui veut dire : Fils du tonnerre —, [18] André, Philippe, Barthélemy, Matthieu, Thomas, Jacques fils d'Alphée, Thaddée, [19] Simon le Cananéen, et Judas Iscariote, celui-là même qui allait le livrer.

Le péché contre l'Esprit Saint

• [20] Jésus revint à la maison. De nouveau on s'y retrouva en grand nombre, si bien qu'ils ne pouvaient même plus manger.

L'ADMISTRATION DE LA PALESTINE

Imaginons la Palestine à cette époque dominée par une classe de grands propriétaires. Ces grands propriétaires sont les clients de quelques princes plus importants.

Lorsque Jésus prêche, les Romains administrent directement la Judée. le cœur du pays juif. La Galilée, à l'ouest du lac, est le territoire de Hérode Antipas, fils d'Hérode le Grand qui régnait lorsque Jésus est né. Son frère Philippe a le secteur à l'est du Jourdain (Lc 3,1). Le gouverneur romain de Syrie contrôle ces roitelets et lève ses propres impôts. Hérode est donc nécessairement allié des Romains. Les Pharisiens, nationalistes, ne pouvaient obtenir la condamnation de personne en Galilée sans la permission d'Hérode : il était donc important pour eux de s'assurer l'appui des partisans du roi.

• **3.31** Jésus relativise la solidarité qui liait étroitement l'individu à son groupe familial. L'évangile apprécie avant tout l'appel personnel que Dieu adresse à chacun de nous et la relation de chacun des enfants de Dieu au Père. L'esprit de corps ne pèsera plus beaucoup en comparaison de cette valeur essentielle : la façon dont chacun a réagi face à la Parole de Dieu. Quand nous nous engageons dans l'œuvre de Dieu, nous découvrons de nouveaux frères, de nouvelles sœurs et une mère, Marie, dont l'Évangile dit : « Heureuse es-tu d'avoir cru que les promesses de Dieu s'accompliraient. »

• **4.1** Voir commentaire de Mt 13,1 et Lc 8,4.

Le semeur est sorti pour semer. On était impatient de récolter les fruits de tant de souffrances et de sang répandu sous l'occupation romaine, et Jésus revenait aux semailles !

Voilà donc le grand paradoxe de l'Évangile, sur lequel nous continuons d'achopper : le Royaume est là et, avec lui, nous avons tout ce que Dieu peut donner en ce monde. Mais aussi, il est vrai que tout reste espérances. Après vingt siècles de christianisme, le Royaume est encore comme un champ qu'on vient d'ensemencer.

Une partie des graines *donnent du fruit* et se multiplient (8). Celui qui a des yeux pour voir ne peut pas ne pas voir combien de choses sont nées de l'Évangile et naissent encore partout où il est reçu. Le Royaume se lit dans la vie et les exemples des saints, connus ou non reconnus. La culture occidentale peut renier l'Évangile, cela n'empêchera pas qu'elle soit née de son dynamisme. L'Évangile est derrière tout ce qui a été entrepris et est entrepris pour donner au monde l'unité et la paix.

Bien d'autres aspects encore de la dignité humaine ou de la responsabilité de l'homme nous ont été révélés par les paroles de Jésus ; mais il fallait que tout cela mûrisse et se développe dans le cœur des hommes droits.

[21] En apprenant cela, les siens vinrent pour le reprendre, car ils disaient : « Il a perdu la tête ! » [22] Au même moment les maîtres de la Loi qui étaient descendus de Jérusalem affirmaient : « Il est possédé par Béelzéboul ; c'est le chef des démons qui lui permet de chasser les démons ! »

[23] Il les fit donc approcher et commença à raisonner avec des comparaisons : « Comment Satan peut-il faire sortir Satan ? [24] Si l'on est divisé à l'intérieur d'un royaume, ce royaume ne peut tenir. [25] Si l'on est divisé à l'intérieur d'une maison, cette maison ne tiendra pas. [26] Et si Satan s'en prend à lui-même, s'il est divisé, il ne tiendra pas, il est fini.

[27] « Personne ne peut entrer dans la maison du Fort pour piller ses affaires, sans avoir d'abord ligoté le Fort. Alors seulement on pillera sa maison. [28] En vérité, je vous dis, tout peut être pardonné aux hommes, quel que soit le nombre de leurs péchés et de leurs blasphèmes ; [29] mais pour qui blasphème contre l'Esprit Saint, il n'y aura jamais de pardon : car il est coupable d'une faute qui ne s'en ira jamais. » [30] C'était leur cas quand ils disaient : « Il a un esprit impur. »

La véritable famille de Jésus

• [31] Sur ce, arrivent sa mère et ses frères ; ils restent dehors et envoient quelqu'un pour l'appeler. [32] On dit à Jésus, alors que tout le monde est assis autour de lui : « Ta mère et tes frères sont là dehors, qui te cherchent. »

[33] Mais Jésus leur répond : « Qui est ma mère et qui sont mes frères ? » [34] Et promenant son regard sur ceux qui sont assis autour de lui, il déclare : « Vous voyez là ma mère et mes frères ; [35] celui qui fait la volonté de Dieu, c'est lui qui m'est un frère, une sœur ou une mère. »

Le semeur est sorti pour semer

4 • [1] De nouveau Jésus s'était mis à enseigner sur les bords du lac. La foule s'y rassemble autour de lui, en tel nombre qu'il monte dans une barque où il peut s'asseoir, restant sur la mer ; et tout le peuple est sur la rive, face à la mer.

[2] Jésus leur enseigne beaucoup de choses en paraboles, et dans son enseignement il leur dit :

[3] « Écoutez ! Voici que le semeur est sorti pour semer. [4] Pendant qu'il sème, une partie du grain tombe au long du chemin, et les oiseaux viennent la manger. [5] Une autre partie tombe sur la rocaille où elle n'a guère de terre. Très vite sort la tige parce que la terre n'est pas pro-

MYSTÈRE

Ici apparaît le mot mystère (4, 11), si rare dans les évangiles. Pour nos contemporains il évoque des choses séduisantes qui nous changeront des expériences ressassées. On imagine des pouvoirs mystérieux, des sensations enivrantes. On sera spectateur à bas prix de merveilles inconnues sans avoir eu besoin de se purifier et de se recréer soi-même.

Dans l'évangile le mot *mystère* désigne simplement, mais c'est beaucoup plus important, le dessein secret de Dieu Père sur le monde et sur les personnes.

Le mystère est là dans le monde de tous les jours, mais il reste mystérieux parce que les hommes ont une adresse merveilleuse pour ne pas le voir. Il leur suffit pour cela de se laisser prendre par les gadgets, la course au profit, l'attirance du sexe facile, et plus encore, l'indifférence à ce qui est vrai.

Le mystère que révèle l'évangile est l'art de rejoindre dans les personnes et dans nos activités ce qui se joue d'éternel.

Tout ce que nous voyons a comme deux faces. Tout se déroule dans le temps, mais un rideau seulement nous sépare de l'Éternité, et l'éternité, c'est Dieu Amour.

• 4.10 *C'est à vous qu'on a confié le mystère…* A vous qui avez répondu à l'appel de Dieu, et qui êtes entrés dans le groupe des disciples, le maître révèle peu à peu la façon d'agir de Dieu.

Ils ne voient pas et ne comprennent pas. Ce verset 12 est une citation d'un texte important d'Isaïe qui sera repris en Jn 12,40. Mais, le prophète utilise une forme grammaticale propre à l'hébreu. Dieu dit au prophète : « Endurcis leur cœur, parle pour que même en écoutant ils n'entendent pas. » Mais cela devrait se comprendre : « Tu n'arriveras qu'à endurcir leur cœur, tu parleras, et de fait ils écouteront mais ne voudront pas comprendre. » En aucun cas Dieu ne veut que quelqu'un se trompe ou reste dans l'ignorance.

Ceux du dehors, tout leur arrive en paraboles. Ceux qui n'ont pas été appelés à rencontrer le Christ ou qui, ayant été appelés, ont refusé, vivent dans un monde, celui du *dehors,* où ils ne sont pas sans la lumière de Dieu, mais elle leur arrive « en paraboles », c'est-à-dire à travers bien des intermédiaires et des limitations humaines. Dieu s'adapte à la capacité de ceux qui vivent dans un monde de demi-vérités, et il leur donne ce qui peut les faire avancer.

• 4.14 Voir le commentaire de Matthieu 13,18.

La parabole du semeur vient en tête de toutes les autres paraboles. Ici, Jésus nous dit le but de sa mission : il est venu inaugurer un nouvel âge de l'histoire des hommes : le royaume de Dieu est parmi nous maintenant.

Jésus nous parle de produire *trente, soixante…* La parole que nous écoutons transforme notre vie et donne efficacité à nos efforts pour sauver le monde.

• 4.21 Jésus attire notre attention : La mesure dont vous vous servez mesurera ce que vous recevez, c'est-à-dire que si vous agissez selon ce que vous avez appris, vous recevrez des forces et des connaissances nouvelles de Dieu.

Tout ce qui est caché. La parole agit *dans le secret* du cœur mais, quand nous découvrons la transformation qu'elle amène dans notre vie, nous révélons le secret qui fait notre bonheur.

fonde ; [6] mais quand le soleil commence à chauffer, elle est grillée et se dessèche parce qu'elle n'a pas de racines.

[7] « Une autre partie du grain tombe dans les épines. Les épines croissent et l'étouffent, et la graine ne porte pas de fruit. [8] D'autres, enfin, tombent dans la belle terre et donnent du fruit ; ces graines ont poussé, elles se sont développées et ont donné, l'une trente, l'autre soixante, l'autre cent.

[9] « Que celui qui a des oreilles pour entendre, entende ! »

- [10] Quand on se retrouve entre soi, ceux qui l'entourent avec les Douze le questionnent sur les paraboles. [11] Alors il leur dit : « C'est à vous qu'on a confié le mystère du Royaume de Dieu ; ceux du dehors, tout leur arrive en paraboles, [12] si bien que : *ils ont beau regarder ils ne voient pas, ils ont beau écouter, ils ne comprennent pas ; autrement ils se convertiraient et seraient pardonnés.* »

[13] Jésus leur dit : « Si vous ne comprenez pas cette parabole, comment comprendrez-vous toutes les autres ?

- [14] « Ce que sème le semeur, c'est la Parole. [15] Certains sont sur le bord du chemin quand on sème la Parole ; ils écoutent, mais Satan vient et enlève la Parole qui leur était destinée.

[16] « Chez d'autres on sème sur la pierraille : ils écoutent la Parole et aussitôt l'accueillent avec joie ; [17] mais chez eux les racines manquent, ils changent avec le temps. Pour peu que vienne une difficulté ou une persécution à cause de la Parole, ils chutent aussitôt. [18] Chez d'autres on sème au milieu des épines. Ceux-là ont écouté la Parole ; [19] et puis surviennent les soucis du monde, les illusions de la richesse et tous les autres désirs. Ils étouffent la Parole et elle reste stérile. [20] Chez d'autres on sème en belle terre ; ceux-là ont écouté la Parole, ils l'ont accueillie et ils portent du fruit, l'un trente, l'autre soixante, l'autre encore cent. »

Parabole de la lampe et de la mesure

- [21] Jésus leur dit : « Lorsque arrive la lampe, va-t-on la coiffer d'une caisse, la mettre sous le lit ? Ne sera-t-elle pas mise sur le lampadaire ? [22] Il n'y a rien de caché qui ne doive être mis au jour, rien de secret qui ne doive être éclairci. [23] Si quelqu'un a des oreilles pour entendre, qu'il entende ! »

[24] Il leur dit encore : « Que faites-vous, de ce que vous entendez ? On vous donnera selon la mesure même où vous en ferez bon usage, et vous recevrez mieux encore. [25] A celui qui produit, on donnera ; mais celui qui ne produit pas, on lui reprendra ce qu'il avait. »

LA MER

Dans la mentalité hébraïque, la mer est un rappel quotidien du chaos primitif, c'est là que se remuent les monstres marins dont seul Dieu, car il est le Tout-Puissant, peut se moquer : Béhémot, Léviathan et Rahab. En commandant à la mer : *Silence, tais-toi !* » tout comme il fait avec les démons (Mc 1,25), Jésus affirme son pouvoir divin sur les forces du mal.

Rappeler ce que ressentaient les gens d'alors face à cet élément instable qu'était la mer, cela ne signifie d'aucune manière que l'histoire n'est pas arrivée et que les apôtres, auteurs du récit, ont simplement voulu donner de façon imagée une leçon sur le pouvoir divin de Jésus. Ils ont tout simplement conté les faits qui les avaient amenés à la foi au Christ Fils de Dieu.

• **4.26** Les hommes s'impatientent toujours. Est-ce que le règne de la justice est pour bientôt ? Est-ce que la violence et la corruption prendront fin ? Jésus répond : des forces invincibles sont à l'œuvre en ce moment même dans le monde : elles font mûrir le royaume.

Combien de graines jetées au vent ! Un nouveau style de vie, une nouvelle chanson, une invention, un programme de radio ou de T. V… Quelques graines s'enracinent et poussent, jusqu'à produire des courants qui mobilisent les masses. Mais sachons découvrir les humbles commencements de l'œuvre de Dieu : la rencontre de quelques personnes de bonne volonté pour résoudre un problème de la communauté ; un geste amical dans un milieu fermé et froid ; un premier effort pour sourire à la vie après une grande déception. La graine se développe, et la personne qui a reçu la Parole prend de l'assurance sur le chemin que Dieu lui a tracé.

• **4.30** Voir le commentaire de Matthieu 13,31.

• **4.35** Dans les deux dernières paraboles, Jésus a montré la force et la croissance irrésistible du Royaume, et comme pour en donner un signe visible, Jésus va *passer sur l'autre rive du lac*, c'est-à-dire sur la rive païenne du lac de Galilée. Les deux miracles qu'il va accomplir montreront que sa victoire sur le démon dépasse les frontières d'Israël.

Devant toutes les formes du mal qui les agressent, au milieu des tempêtes qu'elles soulèvent, les hommes se demandent parfois si Dieu *ne dort pas.* Or Jésus est là. Seule la confiance dans la victoire de Jésus, Fils de Dieu, sur les forces du mal, pouvait leur permettre de surmonter cette peur.

Mais à l'instant même où ils découvrent en Jésus cette puissance divine, les apôtres sont *saisis d'une grande crainte* : plus qu'un ami, plus qu'un maître, Jésus se révélait à eux dans la vérité de son être. Et cette crainte de découvrir Dieu si proche d'eux, se faisait plus forte que la crainte qu'ils avaient eue devant la tempête quelques instants plus tôt.

• **5.1** Jésus a dompté la mer déchaînée, il a fait taire les forces du mal, et en débarquant sur la rive païenne du lac, il affronte le démon. Ici les images s'accumulent pour dépeindre le combat victorieux que Jésus va livrer au démon. Le texte nous dit par trois fois que le possédé habite dans les tombeaux, et par trois fois aussi, mentionne les chaînes avec lesquelles on a essayé, sans succès, de le lier. Rappelons que la triple répétition équivaut pour un Juif à un superlatif : c'est dire que le possédé a partie liée avec la mort, mais que personne ne peut le maîtriser. Cependant cet adversaire s'est *prosterné* reconnaissant ainsi la supériorité de *Jésus, Fils de Dieu, le Très-Haut,* qui l'oblige même à dire son nom. Là encore le nom est tout un symbole : *légion,* c'est-à-dire que cet homme est possédé par un régiment de démons.

Marc nous montre comment le démon, auteur de toute *impureté*, est renvoyé par Jésus dans son royaume : les porcs sont en effet, dans la tradition juive, des animaux impurs et la mer dans laquelle ils se jettent, le symbole de l'empire du mal.

La semence qui pousse toute seule

• ²⁶ Jésus leur dit : « Voici une image du Royaume de Dieu. Un homme a jeté la semence en terre. ²⁷ Après quoi, de jour et de nuit, qu'il dorme ou se lève, la graine pousse et se développe sans qu'il ait à y voir. ²⁸ D'elle-même la terre donne le fruit : d'abord apparaît l'herbe, puis l'épi, puis le blé plein l'épi. ²⁹ Et quand c'est bon à récolter on y lance la faux : l'heure de la moisson est arrivée. »

Le grain de moutarde

• ³⁰ Jésus dit encore : « A quoi vais-je comparer le Royaume de Dieu ? Quelle image en donner ? ³¹ Il est comme la graine de moutarde, la plus petite de celles que l'on sème en terre. ³² Mais une fois semée, elle monte et dépasse toutes les autres plantes ; elle fait de longues branches *et les oiseaux du ciel viennent chercher son ombre.* »

³³ Par beaucoup de paraboles semblables, il leur annonçait la Parole, s'adaptant à la capacité de leur intelligence. ³⁴ Il ne leur parlait jamais sans paraboles, mais il expliquait tout à ses disciples en particulier.

Jésus calme la tempête

• ³⁵ Il était déjà tard ce jour-là quand Jésus dit à ses disciples : « Passons sur l'autre rive. » ³⁶ Ils laissèrent la foule et prirent Jésus comme il était dans la barque ; d'autres barques l'accompagnaient. ³⁷ C'est alors que se lève une violente rafale de vent : les vagues se jettent sur la barque au point que déjà l'eau monte, ³⁸ mais lui, allongé sur le coussin à l'arrière, il dort.

Ils le tirent du sommeil et lui disent : « Cela ne te fait rien si nous coulons ! »

³⁹ Jésus s'est réveillé, il rappelle à l'ordre le vent et dit à la mer : « Silence ! Tais-toi ! » Aussitôt le vent tombe et c'est le grand calme.

⁴⁰ Alors il leur dit : « Pourquoi vous mettre dans un tel état ? Vous n'avez donc pas la foi ? » ⁴¹ Ils furent saisis d'une grande crainte ; ils se disaient l'un à l'autre : « Qui donc est-il ? Même le vent et la mer lui obéissent ! »

Le démoniaque de Gérasa

5 • ¹ Ils arrivèrent sur l'autre rive, au pays des Géraséniens. ² Jésus descendit de la barque et aussitôt vint à sa rencontre un homme qui sortait d'entre les tombes : il était possédé d'un esprit impur.

³ Cet homme habitait dans les tombes et personne ne pouvait le maîtriser, même avec une chaîne ; ⁴ souvent on lui avait passé des

La miséricorde inépuisable de Dieu telle qu'on la lisait dans le prophète Michée 7,18 :

Y a-t-il un Dieu comme toi qui enlève la faute, qui pardonne le crime et ne laisse pas pour toujours s'enflammer sa colère, un Dieu qui prenne plaisir à faire miséricorde ? Une fois de plus, aie pitié de nous, piétine nos fautes, jette tous nos péchés au fond de la mer.

Fais honneur à ta fidélité envers Jacob, à ta bonté envers Abraham, comme tu l'as juré à nos pères depuis les jours d'autrefois.

LES GÉRASÉNIENS

Les Géraséniens étaient les habitants d'un des districts à l'est du Lac de Tibériade. Un des secteurs non juifs de la Palestine. Ceci explique qu'on y élève des porcs, dont la viande est strictement interdite aux Juifs. Tout l'épisode montre un grand respect pour les coutumes juives relatives à ce qui est pur et impur. Et les démons tiennent à rester dans ce pays non purifié par la présence de croyants du vrai Dieu.

De même, le démon s'exprime comme pouvait le faire un non Juif, parlant du Dieu Très Haut pour désigner le Dieu unique de la Bible. Et le démon est légion, un mot qui évoquait immédiatement l'occupant romain.

Mais Jésus n'est pas le moins du monde dépaysé, il n'a pas une parole qui puisse marquer l'infériorité pour lui d'un non Juif, pas un appel à se faire Juif.

Au verset 13 le texte actuel parle de deux mille cochons, un nombre invraisemblable. Il y a sûrement eu une confusion lorsque l'original hébreu a été traduit en grec, car en hébreu il n'y a qu'un accent pour distinguer *deux mille* et *des bandes*.

Mais Jésus ne le permit pas (19) : C'est Jésus qui choisit *ceux qui seront avec lui*, c'est-à-dire les douze (Mc 3,13). Mais ce n'est pas pour autant que tous les autres, tous ceux qui ont rencontré Jésus et l'ont reconnu comme Fils de Dieu, n'ont rien à faire : ils doivent témoigner au milieu des leurs de ce que Jésus a fait pour eux et *comment il a eu pitié d'eux*. Ainsi Jésus rappelle la diversité des vocations.

entraves ou on l'avait lié de chaînes, mais il brisait les chaînes et faisait sauter les entraves : personne n'était capable de le dompter. [5] De nuit comme de jour il passait entre les tombes ou sur les collines, poussant des cris et se frappant avec des pierres.

[6] Apercevant Jésus de loin, il courut se prosterner devant lui, [7] puis il se mit à crier d'une voix forte : « Qu'est-ce que tu me veux, Jésus, Fils du Dieu Très-Haut ? Je t'en supplie au nom de Dieu, ne me torture pas ! » [8] C'est que Jésus lui disait : « Esprit impur, sors de cet homme ! » [9] Jésus l'interrogea : « Quel est ton nom ? » Il répondit : « Légion ! C'est là mon nom car nous sommes nombreux. » [10] Et ces démons le suppliaient de ne pas les renvoyer du pays.

[11] Or il y avait là un grand troupeau de porcs qui cherchait sa nourriture dans la montagne. [12] Les démons le supplièrent : « Envoie-nous vers les cochons, nous y entrerons ! » [13] Jésus le leur permit. Les esprits impurs sortirent aussitôt et entrèrent dans les cochons, et voici les bandes de cochons qui se précipitent dans le lac du haut de la falaise : elles s'y noyèrent.

[14] Ceux qui les gardaient prirent la fuite et racontèrent la chose en ville comme dans la campagne. On sortit donc pour voir ce qui s'était passé. [15] Lorsque les gens arrivent près de Jésus, ils voient l'homme qui avait eu la « légion » de démons : il était assis, habillé, dans tout son bon sens. Ils furent saisis de crainte. [16] Les témoins racontèrent ce qui était arrivé au démoniaque et l'histoire des cochons. [17] Alors les gens commencèrent à le supplier pour qu'il quitte le pays.

[18] Comme Jésus remontait dans la barque, l'ancien démoniaque insista beaucoup pour rester avec lui. [19] Mais Jésus ne le permit pas ; il lui dit : « Rentre plutôt chez toi, dans ta famille, et raconte-leur tout ce que le Seigneur a fait pour toi et comment il a eu pitié de toi. »

[20] L'homme s'éloigna et se mit à proclamer en Décapole tout ce que Jésus avait fait pour lui ; ils en étaient tous stupéfaits.

Jésus ressuscite la fille de Jaïre

[21] Jésus refit la traversée et débarqua sur l'autre rive. Bien des gens se regroupèrent autour de lui non loin de la mer.

[22] Un président de synagogue arriva, un certain Jaïre. En voyant Jésus, il tomba à ses pieds [23] et le supplia instamment : « Ma petite fille est au plus mal ; viens lui imposer les mains pour qu'elle soit sauvée et qu'elle vive ! »

[24] Aussitôt Jésus se mit en route, accompagné d'une foule nombreuse qui le suivait et le pressait de tous côtés.

LES MIRACLES

Bien des gens aujourd'hui sont déroutés par les miracles. Dans leur conscience « moderne et éclairée », ils ont peine à croire que le miracle soit possible. Il est inutile de discuter sur ce point si l'on n'a pas chois dès le départ entre se soumettre aveuglément à des préjugés philosophiques ou respecter les faits et les témoignages.

Que le monde soit une immense machine entièrement dominée par des lois tellement absolues que Dieu lui-même est limité, c'est un préjugé respectable tant que la preuve du contraire n'a pas été faite. Nous ne disons pas que Dieu contredit les lois dites nécessaires, nous disons qu'il garde la liberté de faire intervenir à tout instant d'autres lois. Car Dieu seul est nécessaire, et les lois dites « de la nature », en fait les lois mécaniques, ne sont que des reflets de sa sagesse. Elles n'en reflètent d'ailleurs qu'une partie et laissent à d'autres forces telles que l'amour, la foi, l'initiative créatrice, la possibilité de changer les règles du jeu.

L'Évangile est l'annonce d'un règne de Dieu sur terre, dès le moment présent. Cette annonce s'accompagne de signes discrets ou claironnants.

Lorsque Jésus ressuscite la fille de Jaïre ou lorsqu'il multiplie le pain, le signe qu'il offre est de telle nature que beaucoup sont incapables de le digérer et se feront une obligation de récuser a priori les faits et les témoignages. En revanche le signe sera compris de ceux qui sont capables de croire, surtout s'il sont déjà rencontré de tels signes au cours de leur vie.

Il y a là un pas à franchir. On sort d'un monde où tout se décidait par le raisonnement, et l'on entre dans un monde de personnes, le seul qui puisse recevoir et transmettre les vérités essentielles. La foi aux témoignages de l'évangile est inséparable de la joie, de l'espérance, d'un amour qui a dépassé la compassion et même la bonté active. Là où s'est perdue la foi aux miracles, l'expérience chrétienne s'est également fanée.

• **5.25** Les Juifs considéraient cette femme *impure* à cause de sa maladie. Elle rendrait *impure* toute personne qui la toucherait. C'est pour cette raison que la loi lui interdisait de se mêler aux autres, mais elle ose désobéir et entrer dans la foule pour toucher le vêtement de Jésus.

La foi de cette femme va la pousser à violer un interdit plus grave encore. Les « franges » du vêtement de l'homme sont un rappel de la présence de Dieu et de sa Loi ; les toucher en état d'impureté est un sacrilège. Mais la femme, dans sa foi intrépide, dans sa confiance sans limite en Jésus et en son pouvoir, prend ce risque… et Jésus lui dira simplement : « Ta foi t'a sauvée ».

• **5.35** Jaïre était *président de synagogue*, c'est-à-dire un des responsables de la communauté locale juive.

Les gens pleuraient et poussaient des cris. A l'époque, la coutume voulait que l'on engage des pleureuses professionnelles et des musiciens pour les enterrements. Maintenant, aux enterrements, nous avons de longs discours et des cérémonies : il nous faut à tout prix cacher ou exorciser cette réalité terrible pour qu'elle ne trouble pas notre paix apparente. Mais Jésus est venu pour nous conduire vers la vérité, à commencer par la vérité sur la vie et la mort.

Lève-toi ! Dès la première heure, les disciples de Jésus ont utilisé ce vocabulaire « dormir, se lever » pour parler de la mort et de la résurrection. Ils affirmaient par là leur foi : Jésus, Fils de Dieu, a vaincu définitivement la mort.

• **6.1** « *D'où lui vient tout cela ?* » Voir le commentaire de Mt 2,21.

Comme Jésus a toujours vécu parmi eux et qu'il n'a jamais rien fait d'extraordinaire, ils s'étonnent qu'en si peu de temps, il soit célèbre dans toute la Galilée. En fait ils ne le connaissent pas.

• [25]Il y avait là une femme qui depuis douze ans souffrait d'hémorragies. [26]Elle avait beaucoup souffert aux mains de nombreux médecins : toutes ses économies y avaient passé sans aucun résultat, son mal avait même empiré. [27]Comme elle avait entendu parler de Jésus, elle s'approcha par derrière dans la foule et toucha son vêtement. [28]Car elle se disait : « Si j'arrive à toucher, même ses vêtements, je serai sauvée. »

[29]Aussitôt son hémorragie s'arrêta et elle sentit dans son corps qu'elle était guérie de son mal. [30]Au même moment Jésus fut conscient de cette force qui sortait de lui ; il se retourna vers la foule et dit : « Qui a touché mes vêtements ? »

[31]Ses disciples lui disaient : « Tu vois bien que la foule te presse de tous côtés ; comment peux-tu demander qui t'a touché ? » [32]Mais Jésus continuait à chercher du regard celle qui l'avait fait.

[33]La femme alors arriva craintive et toute tremblante, sachant bien ce qui lui était arrivé. Elle tomba aux pieds de Jésus et lui dit toute la vérité. [34]Jésus lui dit : « Ma fille, ta foi t'a sauvée, va en paix et sois guérie du mal qui te tourmentait. »

• [35]Ils parlait encore lorsque des gens arrivèrent de chez le président de la synagogue ; ils lui dirent : « Ta fille est morte, pourquoi encore déranger le Maître ? » [36]Mais Jésus avait entendu ce qu'ils venaient de dire ; il dit au président de synagogue : « Ne crains pas, crois seulement ! » [37]Après quoi il ne laissa personne l'accompagner, si ce n'est Pierre, Jacques, et Jean, le frère de Jacques.

[38]Voici qu'ils arrivent à la maison du président de synagogue et Jésus voit tout un remue-ménage : les gens pleuraient et poussaient des cris. [39]Aussitôt entré il leur dit : « Pourquoi ce vacarme et tous ces sanglots ? La fillette n'est pas morte, mais elle dort. »

[40]Les gens se moquent de lui, mais il les met tous dehors. Il prend avec lui le père de l'enfant, la mère, et ses disciples, et il entre là où est la fillette. [41]Alors il la prend par la main et lui dit : « Talitha, koum ! (ce qui se traduit : Fillette, tu m'entends : lève-toi !) » [42]Aussitôt la fillette se lève et marche (elle avait douze ans).

Les parents étaient complètement hors d'eux-mêmes. [43]Jésus leur recommanda avec insistance de ne rien raconter à personne ; puis il dit de lui donner à manger.

N'est-ce pas le charpentier ?

6 • [1]Étant sorti de là, Jésus se dirigea vers son village natal et ses disciples le suivaient. [2]Arrivé le jour du sabbat, Jésus se mit à enseigner dans la synagogue et de nombreux auditeurs en étaient stupé-

156

LES FRÈRES DE JÉSUS

L'Église n'a jamais douté, ni de la virginité de Marie, ni du fait que Jésus ait été son seul fils, comme il est le Fils unique du Père (voir commentaire de Luc 1,26). Pourquoi donc l'Évangile parle-t-il des *frères* et des *sœurs de Jésus* ?

D'abord, en hébreu, tout parent s'appelle *frère ou sœur*. Lorsqu'on veut souligner qu'il s'agit d'un frère au sens strict, on emploie l'expression *fils de sa mère* ou, s'il s'agit seulement d'un demi-frère, l'expression *fils de son père*.

D'autre part, dans la première communauté chrétienne, au moment d'écrire les Évangiles, il y avait un groupe important formé par les parents de Jésus et ses compatriotes de Nazareth. On les appelait « les frères du Seigneur » et l'un d'entre eux, Jacques, est devenu l'évêque de la communauté de Jérusalem. L'évangile ne dit pas grand chose d'eux, sinon qu'ils ont tardé à croire en Jésus (Mc 3,21 ; Jn 7,3-5).

Ces *frères* de Jésus sont nommés lors de la visite de Jésus à Nazareth, ce sont : Jacques et Joset, Jude et Simon. Or parmi les saintes femmes qui sont au pied de la croix, Marc mentionne une certaine Marie "mère de Jacques le petit et de Joset" (voir Mc 15,40). Le texte de Jean 19,25 affirme qu'elle était la femme de Clopas, et la *sœur* de la Vierge, c'est-à-dire probablement — là encore — une proche parente de Marie. Si ici Simon et Jude sont mentionnés après Jacques et Joset, c'est parce que leur parenté avec Jésus était plus éloignée encore.

Ce n'est pourtant que le charpentier ! L'évangile utilise un mot dont le sens est assez large, un *artisan* faisant les choses simples dont le peuple des campagnes a besoin. Mais les premiers chrétiens de Palestine disaient déjà que Jésus avait été charpentier.

Il a reçu une étrange sagesse Beaucoup disent que parce que le Christ était Dieu, il savait tout. Mais la science divine n'est rien d'autre que Dieu lui-même : tout y est présent à la fois dans un instant qui ne passe pas, c'est l'éternité. Les hommes, au contraire, pensent avec des idées qui se développent dans le temps. La science de Dieu ne peut donc pas être dans un homme s'il est réellement homme. Jésus a dû apprendre comme nous, expérimenter et découvrir.

Jésus a reçu sa formation humaine de Marie, de Joseph et de ses compatriotes de Nazareth. Il a reçu d'eux la Bible et la culture de son peuple. Mais aussi le Père lui donnait son Esprit pour qu'il puisse juger comme Dieu fait, et reconnaître Dieu en toutes choses. Pour lui comme pour nous, l'important n'était pas d'accumuler les livres et les expériences, inspiré par l'Esprit, Jésus découvrait un sens nouveau aux réalités de la vie, et c'était là sa sagesse.

• **6.b** Voir le commentaire de Mt 10,5 ; Luc 10,1 ; Mt 28,8. Jésus commence une troisième étape de son ministère en organisant une mission dans toute la région. Jusque-là les apôtres avaient accompagné Jésus, mais maintenant ils les *envoie* devant lui.

Jésus est un éducateur. Ses apôtres doivent mettent en pratique ce qu'ils ont découvert du royaume de Dieu. C'est pourquoi ils leur faut vivre au jour le jour, confiants dans la providence du Père. Ils parleront sans crainte, toujours conscients de leur mission et de la force de Dieu.

• **6.14** La Bible souligne la responsabilité particulière de ceux qui sont au pouvoir : s'ils ont à conduire le peuple, ils doivent être des exemples. Jean-Baptiste ne pouvait parler de justice, sans reprocher à Hérode son infidélité.

On disait que Jean-Baptiste était ressuscité d'entre les morts. Beaucoup regardaient Jean comme un martyr et pensaient qu'il reviendrait à la vie pour punir Hérode. D'autres faisaient courir des rumeurs : Jésus était une réapparition de Jean.

faits : « D'où lui vient tout cela ? » disaient-ils. « Il a reçu là une étrange sagesse, et ce sont des miracles peu ordinaires qui tombent de ses mains ! [3] Ce n'est pourtant que le charpentier, le fils de Marie ; c'est un frère de Jacques, de Joset, de Judas et de Simon. Et ses sœurs, ne sont-elles pas ici chez nous ? » Ils butaient donc et ne croyaient pas en lui.

[4] Jésus leur dit : « Le seul endroit où l'on ne reconnaît pas un pro-phète, c'est dans sa patrie, entre ses parents et dans sa famille ! » [5] Il ne put faire là aucun miracle, si l'on néglige quelques malades qu'il gué-rit par une imposition de mains. [6] Il s'étonnait de leur manque de foi.

Jésus envoie les Douze

• Jésus parcourait donc les villages à la ronde et il enseignait. [7] Il appela à lui les Douze et commença à les envoyer deux par deux ; il leur donna autorité sur les esprits impurs.

[8] Il leur recommanda de ne rien prendre d'autre qu'un bâton pour la route ; ni pain, ni sac, ni monnaie dans la ceinture. [9] « Seulement des sandales aux pieds, leur dit-il, et n'emportez pas deux tuniques. »

[10] Il leur dit encore : « Quand une maison vous sera ouverte, restez-y jusqu'au moment de votre départ. [11] Si l'on ne vous reçoit pas, si l'on ne vous écoute pas, vous secouerez la poussière qui est sous vos pieds avant de partir, ce sera un avertissement. »

[12] C'est ainsi qu'ils partirent pour appeler à la conversion. [13] Ils chas-saient bien des démons et guérissaient de nombreux malades avec une onction d'huile.

Jean-Baptiste est décapité

• [14] Le roi Hérode entendit parler de Jésus car son nom était mainte-nant connu. Certains disaient : « Jean-Baptiste est ressuscité d'entre les morts, aussi les forces surnaturelles agissent-elles en lui. » [15] D'autres disaient : « C'est Élie ! » Et d'autres encore : « C'est un prophète, comme étaient les prophètes. » [16] Mis au courant des faits, Hérode disait : « J'ai fait décapiter Jean, mais le voilà ressuscité. »

[17] Il faut savoir qu'Hérode avait fait arrêter Jean-Baptiste et le gar-dait en prison enchaîné, pour l'affaire d'Hérodiade, la femme de son frère Philippe qu'il avait épousée. [18] Car Jean disait à Hérode : « Tu n'as pas le droit d'avoir la femme de ton frère. »

[19] Hérodiade lui en voulait terriblement ; elle voulait le tuer, mais elle ne le pouvait pas, [20] car Hérode respectait Jean : il savait que c'était un homme juste et droit et il le protégeait. Quand il l'écoutait il ne savait plus que faire, cependant il l'entendait volontiers.

UN PEUPLE SANS PASTEURS

Le prophète Ezéchiel reprochait déjà aux responsables de son temps de se conduire en mauvais pasteurs, mais les pasteurs ne manquaient pas : chefs, juges et prêtres.

Et pourtant c'est un peuple sans pasteurs qui vient à Jésus. Il n'a rien à leur donner, et ils viennent à lui !

Il suffit de voir aujourd'hui à quel point nos contemporains sont déroutés par les révolutions techniques et culturelles de notre siècle pour comprendre que la manque de pasteurs est la faille la plus grave de notre société. Comment s'étonner des foules qui errent à la recherche d'une parole ou d'une initiative prophétique. On connaît les institutions, on sait qu'elles parlent bien, mais elles ne répondent pas aux besoins essentiels.

Jésus a appelé ses Douze pour qu'ils soient pêcheurs d'hommes, et lorsqu'il veut donner à manger à la foule, il leur donne cet ordre étrange : Donnez-leur vous-mêmes à manger !

• **6.30** La mission finie, les apôtres ont besoin de se reposer. Jésus les instruit et les aide à réfléchir sur ce qu'ils ont fait et vu.

Tant de gens allaient et venaient. Après le passage des disciples dans les villages de Galilée, bien des gens voulaient connaître celui qui les avait envoyés : c'est alors que de vraies foules viennent à Jésus.

Il se sent plein de compassion. Maintenant Dieu ne parle plus d'en haut, mais en Jésus il se fait pauvre parmi les pauvres, communiant à leur vie, à leur souffrance et à leur espérance.

Jésus voit qu'ils sont accablés de difficultés, mais il va les encourager en leur donnant des signes d'espérance. Dans n'importe quelle situation, nous pouvons faire quelque chose pour nous relever. De plus, avant tout effort de notre part, Dieu nous donne déjà des signes qu'il ne nous abandonne pas et que nous pouvons lui faire confiance.

• **6.35** La Bible dit que le pain sort de la bouche de Dieu et il en est de même pour la parole dont nous avons besoin. En donnant le pain, Jésus révèle que ses paroles sont celles de Dieu.

A la lumière de l'Ancien Testament, ce récit nous permet de voir Jésus comme le Pasteur annoncé par les prophètes. La foule assise pour manger est l'image du Royaume, en ce jour où Jésus rassemblera l'humanité entière pour le banquet fraternel de Dieu (Lc 14,16).

Il lève les yeux vers le ciel (41). Par ce geste, Jésus exprime sa relation personnelle avec son Père, au lieu de réciter une prière comme les saints ou les prophètes l'auraient fait en cette occasion.

Jésus est le pain dont les hommes ont besoin (Jn 6). A ceux qui l'entendent, il donne la force de construire un monde de justice, de paix et de pain partagé.

Jésus a eu compassion de cette foule dont les dirigeants se préoccupaient fort peu. Ils avaient écouté Jésus qui leur donnait la Parole, sans s'inquiéter de ce qu'ils auraient ensuite à manger. A son tour, étant lui le Pasteur et le Pain de vie, il leur donne le pain et le partage.

[21] Un jour pourtant se présenta une occasion favorable. Hérode avait offert un festin à ses ministres, à ses officiers et aux notables de Galilée à l'occasion de son anniversaire. [22] La fille de cette Hérodiade entra pour danser et elle captiva Hérode comme ses invités. Le roi dit alors à la jeune fille : « Demande-moi ce que tu veux et je te le donnerai. » [23] Et il lui fait ce serment : « Demande-moi si tu veux la moitié de mon royaume, je te la donnerai. »

[24] Aussitôt la fille sort et dit à sa mère : « Qu'est-ce que je demande ? » La mère répond : « La tête de Jean-Baptiste. » [25] Vite elle revient auprès du roi et présente sa demande : « Je veux que tu me donnes tout de suite sur un plat la tête de Jean-Baptiste. »

[26] Le roi en est très contrarié, mais il a fait un serment et les invités du banquet en sont témoins, aussi ne veut-il pas lui refuser. [27] Sur le champ il envoie un garde avec l'ordre d'apporter la tête de Jean, et le garde va le décapiter dans la prison. [28] Il rapporte sa tête sur un plat et la donne à la jeune fille, et la jeune fille la donne à sa mère.

[29] Lorsque les disciples de Jean apprirent la chose, ils vinrent recueillir ses restes et les déposèrent dans une tombe.

Jésus, pasteur et prophète

• [30] Les apôtres se retrouvèrent autour de Jésus et lui rapportèrent tout ce qu'ils avaient fait et enseigné. [31] Il leur dit : « Venez donc à l'écart dans un lieu désert, vous vous reposerez un peu. » Car les gens allaient et venaient en si grand nombre qu'on n'avait même pas un instant pour manger.

[32] Ils partent donc en barque pour s'isoler dans un lieu désert, [33] mais on les voit partir et beaucoup comprennent ; de toutes les villes des gens accourent à pied et arrivent avant eux. [34] Lorsque Jésus débarque, il voit beaucoup de monde et il se sent plein de compassion pour ces gens, car ils font penser à des brebis sans berger. Et il se met à les instruire longuement.

La première multiplication des pains

• [35] Comme il se fait déjà tard, ses disciples s'approchent de lui et lui disent : « L'endroit est désert et l'heure est déjà passée. [36] Renvoie-les pour qu'ils aillent s'acheter de quoi manger dans les campagnes et les villages voisins. » [37] Jésus leur répond : « Donnez-leur vous-mêmes à manger. »

Ils lui disent : « Nous voilà partis pour acheter deux cent deniers de pain, et alors ils pourront manger ! » [38] Il leur dit : « Combien de pains

LES TRADITIONS ET LA TRADITION

Il ne faut pas confondre les multiples traditions, on devrait plutôt dire : les coutumes et les habitudes qui ont jalonné les siècles de l'histoire de l'Église, avec la Tradition de l'Église.

Aucun groupe, pas même l'Église, ne peut se maintenir sans traditions et sans coutumes. Mais, si bonnes soient-elles, ces traditions ont été établies par des hommes selon les nécessités de leur temps et de leur entourage. Tout cela peut changer, et n'est donc pas l'essentiel de la vie chrétienne.

Le sens est différent lorsqu'on parle de la Tradition. La foi chrétienne ne s'appuie pas seulement sur la lettre de la Bible. Il y a toujours mille façons d'interpréter un texte ou de souligner tel ou tel aspect de son message. Dès le début l'Église a considéré que la règle de la foi était le témoignage des apôtres, la façon dont ils avaient interprété tout ce qu'ils avaient vu et entendu de Jésus, la façon dont eux-mêmes avaient cru.

Nous disons que l'Église est apostolique : cela veut dire que sa foi est et restera celle des apôtres. Lorsque certains prêtres et catéchistes aujourd'hui pensent et disent que les apôtres ne croyaient pas à la divinité de Jésus et que cette croyance ne s'est imposée qu'avec le temps, ils se placent d'emblée hors de la foi chrétienne. Ce qui n'était pas déjà dans la foi des apôtres n'est que théologie et n'est pas la foi.

La Tradition est donc la façon dont les apôtres ont compris la révélation de Dieu en la personne de son Fils. Elle est présente dans la vie de l'Église, dans la liturgie, dans l'expérience du peuple chrétien. Lorsque la Tradition a besoin d'être précisée sur tel ou tel point, ce sont les successeurs de Pierre et des apôtres qui en ont la charge.

• **6.45** *Jésus obliga les disciples* à monter dans la barque. Pourquoi ? L'évangile de Jean nous l'explique (Jn 6,15). C'est parce que les gens, enthousiasmés par le miracle, voulaient le proclamer roi et libérateur envoyé par Dieu, et les apôtres étaient d'accord avec la foule.

• **7.1** Il se présente toujours des problèmes lorsqu'on cherche à appliquer les lois. Nécessairement certaines autorités s'imposent qui discutent sur les cas douteux et qui proposent des règles. Ces règles se transmettront et aideront à voir plus clair. Mais aussi le danger existe de vouloir en rajouter et, pour mieux protéger les objectifs que la loi se propose, on crée des obligations supplémentaires : ce qui était conseillé devient impératif. C'est le cas des purifications dont parle ce paragraphe.

Un des points essentiels de la religion juive était de se maintenir pur : on ne pouvait prendre part au culte sans être en état de pureté. Ce terme « pureté » n'avait pas le sens que nous lui donnons aujourd'hui. Un homme était pur s'il n'était pas contaminé, même sans s'en rendre compte, par des choses interdites par la Loi.

De là provenaient les nombreuses purifications avant de manger, surtout si l'on revenait du marché où l'on avait été en contact avec des gens de toute sorte. Jésus proteste contre le caractère sacré qu'on donne à tous ces rites, oubliant souvent l'essentiel de la foi et de l'amour du prochain.

avez-vous ? Allez voir. » Ils vérifient et lui disent : « Cinq, avec deux poissons. »

³⁹ Alors Jésus commande à tout ce monde de s'étendre par groupes sur l'herbe verte, ⁴⁰ et ils s'étendent par carrés de cent et de cinquante. ⁴¹ Jésus a pris les cinq pains et les deux poissons ; il lève les yeux vers le ciel et prononce la bénédiction, il rompt le pain et commence à en donner aux disciples pour qu'ils le servent. Il partage également les deux poissons pour tout ce monde.

⁴² Tous mangèrent et furent rassasiés. ⁴³ On ramassa même douze pleins paniers de morceaux de pain et de poissons. ⁴⁴ Il y avait pourtant là cinq mille hommes qui avaient mangé les pains.

Jésus marche sur les eaux

• ⁴⁵ Aussitôt Jésus obligea les disciples à monter dans la barque et à le précéder de l'autre côté, vers Bethsaïde, pendant qu'il renvoyait la foule. ⁴⁶ Après les avoir congédiés, il s'en alla dans la montagne pour prier.

⁴⁷ La nuit était tombée, la barque était au milieu de la mer, et lui seul à terre. ⁴⁸ Il put voir qu'ils se fatiguaient à ramer, car le vent leur était contraire, et peu avant le lever du jour il vint vers eux : il marchait sur les eaux et semblait vouloir les dépasser.

⁴⁹ Le voyant marcher sur la mer, ils crurent que c'était un fantôme et ils se mirent à crier, ⁵⁰ car tous étaient effrayés en le voyant ainsi. Lui leur parla aussitôt et leur dit : « Remettez-vous, c'est moi, ne craignez pas ! » ⁵¹ Il monta auprès d'eux dans la barque et le vent tomba. Ils en étaient totalement hors d'eux-mêmes, ⁵² car ils n'avaient pas encore réalisé ce qui s'était passé pour les pains : leur esprit était totalement fermé.

⁵³ Ils traversèrent de façon à atteindre la rive de Génésareth : c'est là qu'ils accostèrent. ⁵⁴ A peine étaient-ils descendus de la barque qu'on le reconnut ⁵⁵ et les gens se mirent en branle dans toute la région. On transportait les malades sur des brancards là où l'on apprenait qu'il était ; ⁵⁶ partout où Jésus passait, que ce soient les villages, les villes, ou les campagnes, on déposait les infirmes sur les places publiques. On le suppliait de pouvoir seulement toucher la frange de son vêtement, et tous ceux qui la touchaient étaient sauvés.

La véritable pureté

7 • ¹ Autour de lui s'étaient rassemblés les Pharisiens, ainsi que plusieurs maîtres de la Loi venus de Jérusalem. ² Ils virent que certains de ses disciples mangeaient leur pain avec des mains impures, c'est-à-dire non lavées.

• **7.14** Au lieu de se dédire, Jésus reprend les paroles qui viennent de choquer ses adversaires et il va beaucoup plus loin encore. Cette fois, c'est tout l'ensemble des lois sur les aliments purs et impurs, lois inscrites dans les livres les plus sacrés de la Bible, qu'il traite comme des obligations anciennes désormais inutiles ou dommageables.

Ces lois avaient été utiles pour protéger la foi des Juifs qui vivaient en pays païens. Comment auraient-ils pu maintenir leur foi en un seul Dieu s'ils avaient dû se mélanger à d'autres peuples, les avoir pour amis et imiter leurs coutumes ? Avec tant de pratiques religieuses à observer, tant de règles à observer dans le boire et le manger, tant d'usages et de purifications, les Juifs restaient à part de ceux qui ne partageaient pas leur foi. Ces pratiques leur rappelaient à tout moment qu'ils étaient un peuple différent porteur d'une mission unique dans le monde.

Mais voici que s'ouvrent des temps nouveaux. Jésus enlève à tous ces rituels leur caractère sacré : dans la création de Dieu rien n'est impur ; toucher les malades, les cadavres ou du sang n'offense pas Dieu. Le péché est quelque chose *qui sort du cœur* et non quelque chose que nous faisons sans le vouloir.

³ Il faut savoir que les Pharisiens, et les Juifs en général, ne mangent pas sans s'être lavé les mains jusqu'au coude pour respecter la tradition des anciens. ⁴ Lorsqu'ils reviennent des lieux publics, ils ne mangent pas avant de s'être aspergés d'eau, et il y a encore bien d'autres coutumes auxquelles ils sont attachés : purification des coupes, des pots et des cruches en bronze.

⁵ Voici donc les Pharisiens et les maîtres de la Loi qui l'interrogent : « Pourquoi tes disciples ne suivent-ils pas la tradition des anciens ? Tu vois qu'ils mangent leur pain avec des mains impures. »

⁶ Jésus leur répond : « Comédiens ! Isaïe a joliment bien parlé de vous quand il a écrit : *Ce peuple m'honore des lèvres, mais son cœur est loin de moi. ⁷ Leur culte ne vaut rien et les préceptes qu'ils enseignent ne sont que des lois humaines.* ⁸ Vous négligez le commandement de Dieu pour maintenir les traditions humaines ! »

⁹ Jésus reprit : « Comme vous savez rejeter le commandement de Dieu pour ne pas lâcher votre propre tradition ! ¹⁰ Voyez, Moïse a dit : *Honore ton père et ta mère*, et encore : *Celui qui maudit père ou mère sera mis à mort.* ¹¹ Mais selon vous, quelqu'un peut dire à ses père et mère : "J'ai déclaré *qorban*, c'est-à-dire consacré à Dieu, ce que tu pouvais attendre de moi." ¹² Et dans ce cas vous ne le laissez plus aider son père ou sa mère. ¹³ Ainsi vous annulez la parole de Dieu au profit d'une tradition que vous vous transmettez. Et que de choses semblables dans vos pratiques ! »

• ¹⁴ De nouveau Jésus appelle son monde. Il leur dit : « Écoutez et tâchez de comprendre. ¹⁵ Tout ce qui est extérieur à l'homme ne peut pas le rendre impur ; ce qui le rend impur, c'est ce qui est sorti de lui. ¹⁶ Que celui qui a des oreilles pour entendre, entende ! »

¹⁷ Lorsque Jésus a quitté la foule et rentre à la maison, les disciples l'interrogent sur cette sentence. ¹⁸ Il leur dit : « Vous aussi, vous êtes bouchés à ce point ? Ne comprenez-vous pas que tout ce qui du dehors entre dans l'homme ne peut le rendre impur ? ¹⁹ Cela ne va pas au cœur, mais au ventre, et finit sur le fumier. »

Donc, pour Jésus, tous les aliments devenaient purs.

²⁰ Et il continuait : « Ce qui sort de l'homme, c'est cela qui le rend impur. ²¹ Car du cœur sortent les réflexions malveillantes, ²² les prostitutions, les vols, les assassinats, les adultères, la soif d'argent, les méchancetés, les perfidies, la débauche, l'envie, les blasphèmes, l'orgueil et la démesure. ²³ Toutes ces choses mauvaises viennent du dedans et rendent l'homme impur. »

LES PAÏENS

Durant des siècles les chrétiens d'occident ont fait une division radicale entre la chrétienté et « les païens ».

Il faut savoir que « païens » et « paysans » sont le même mot : cela vient du temps où les villes avaient été évangélisées, mais non les campagnes. On appelait païens ceux qui n'avaient pas reçu la révélation chrétienne et on considérait habituellement qu'ils étaient privés de Dieu et qu'ils ne pourraient aller au Ciel.

A mesure que les peuples se mêlaient et se connaissaient davantage, on a pris conscience que le mot païen ne menait qu'à des confusions.

Ceux qu'on appelait ainsi étaient presque toujours des croyants, la majorité d'entre eux croyaient en un seul Dieu ou en un Dieu suprême. Les sagesses et les religions auxquelles ils se fiaient contenaient bien des orientations positives dans lesquelles se notait une connaissance réelle de Dieu et de sa volonté. Il faut donc remplacer le mot par une expression : ceux qui n'ont pas reçu la révélation biblique, ou : ceux qui n'ont pas été choisis pour être sur terre le peuple de Dieu. Précisons bien : sur terre. Car tous se retrouveront dans la cité céleste.

• **7.24** Les autorités sont entrées en conflit avec Jésus. Il doit s'éloigner et séjourner aux frontières de la Galilée où il est moins surveillé et d'où il peut facilement s'enfuir. L'incident rapporté ici a lieu près de Tyr, région habitée par les Syriens et les Phéniciens.

Les Juifs n'avaient jamais pu comprendre leur élection comme peuple de Dieu sans regarder de haut les autres peuples. Pour eux le monde se divisait en deux : il y avait « le peuple » (juif), et « les nations », c'est-à-dire tous les autres. Ces autres, apparemment, Dieu les ignorait, à moins qu'il ne leur fasse sentir le poids de sa justice.

Donc ces *Phéniciens*, appelés aussi *Grecs* parce qu'ils parlaient grec et non hébreu, vivaient tout à côté, mais étaient très loin des Juifs. Les Juifs regardaient habituellement avec beaucoup de mépris les païens : eux étaient *les fils*, les païens étaient *les chiens*. Jésus répond à cette mère affligée en répétant ces paroles. Il le fait pour éprouver la foi de cette femme : insistera-t-elle quand il semble que Dieu lui-même la repousse ?

• **7.31** *Ils lui demandent de lui imposer la main.* Ce geste servait à appeler sur quelqu'un la puissance de Dieu ; mais Jésus n'a pas besoin de "demander" ce pouvoir divin : son geste exprime qu'il tient en lui toute la santé dont nous avons besoin, et il la communique au malade.

Jésus les avertit de n'en rien dire à personne (36). Jésus se méfie de ceux qui "courent après les miracles" (Jn 4,48). Un miracle inespéré ou longtemps demandé peut nous faire découvrir la présence de Dieu, mais déjà dans l'Ancien Testament, le Deutéronome met en garde le peuple d'Israël contre toute exploitation des miracles et des prodiges (Dt 13) ; c'est sur la Parole de Dieu que s'appuie la foi, et non sur les miracles.

• **8.1** Ce second récit de la multiplication des pains n'est pas la répétition du premier. Il est évident que le seul fait d'avoir à transmettre oralement ces récits amenait fatalement à les couler dans un même moule, mais le sens est différent. La première fois, entre Tibériade et Capharnaüm (c'est-à-dire au centre de l'activité de Jésus en Galilée), la foule est venue à Jésus plus nombreuse et il leur a multiplié le pain, signe évident qu'il est le Messie annoncé par les prophètes.

Mais plus tard, Jésus se rend aux frontières de la Galilée où une grande partie de la population est païenne. Eux aussi veulent écouter Jésus et durant deux jours ils le suivent dans ce désert. Alors, sur l'autre rive, à l'est, il leur offre le pain comme repas d'adieux.

Jésus guérit la fille d'une étrangère

• ²⁴ Jésus quitta cet endroit, se dirigeant vers la frontière de Tyr. Il entra dans une maison, bien décidé à ce que personne ne le sache, mais il ne put rester inaperçu. ²⁵ Bientôt se présenta une femme qui avait entendu parler de lui. Sa petite fille était possédée par un esprit impur, et elle vint tomber à ses pieds. ²⁶ C'était une femme grecque de Syrie, d'origine phénicienne, et elle suppliait Jésus de faire sortir le démon de sa fille.

²⁷ Jésus lui répond : « Laisse d'abord les enfants manger à leur faim. On ne prend pas le pain des enfants pour le jeter aux petits chiens. » ²⁸ Mais elle réplique : « Seigneur, les petits chiens sous la table, mangent les miettes des enfants. » ²⁹ Jésus lui dit : « A cause de cette parole, tu peux t'en retourner : le démon est sorti de ta fille. »

³⁰ La femme rentra chez elle et trouva la petite fille allongée sur le lit : le démon était sorti.

Guérison d'un sourd-muet

• ³¹ De nouveau Jésus se déplace ; de la région de Tyr il passe par Sidon et, longeant la mer de Galilée, il arrive en territoire de la Décapole. ³² C'est alors qu'on lui amène un sourd-muet, en le suppliant pour qu'il lui impose les mains. ³³ Jésus le prend à l'écart de la foule, il lui met les doigts sur les oreilles, puis il crache et touche à sa langue. ³⁴ Alors il lève les yeux vers le ciel et dit, comme peiné : « Effata ! », c'est-à-dire : « Ouvre-toi ! » ³⁵ Aussitôt ses oreilles s'ouvrent et le lien de sa langue se délie : il commence à parler correctement.

³⁶ Jésus les avertit de n'en rien dire à personne ; mais plus il insistait, plus eux s'empressaient de le raconter partout. ³⁷ Les gens en étaient hors d'eux-mêmes et ils disaient : « Il a bien fait toutes choses, il fait entendre les sourds et parler les muets ! »

La seconde multiplication des pains

8 • ¹ De nouveau en ces jours-là une foule nombreuse était rassemblée, et elle n'avait rien à manger. Jésus appelle à lui les disciples et leur dit : ² « J'ai vraiment compassion de ces gens, car voilà trois jours qu'ils sont avec moi et ils n'ont rien à manger. ³ Si je les renvoie à jeun chez eux, ils ne supporteront pas la route, car certains sont venus de loin. »

⁴ Ses disciples lui répondent : « Qui pourrait leur donner ici tout le pain dont ils ont besoin, quand l'endroit est désert ? » ⁵ Jésus les interroge : « Combien avez-vous de pains ? » Ils répondent : « Sept. »

LE FILS DE L'HOMME

Cette expression est assez banale en hébreu. On dit : *fils de* pour désigner les membres d'un groupe ou les gens d'une certaine espèce. Fils de l'homme signifie ni plus ni moins que : un être humain, ou mieux encore : quelqu'un.

Lorsque Jésus s'applique ce terme, il se réfère à la prophétie de Daniel qui parle d'un mystérieux fils d'homme présent auprès de Dieu dans la nuée qui abrite sa Gloire et qui participe au Jugement final. C'est le texte que les évangiles citent explicitement lors du procès de Jésus, quand il annonce son retour glorieux, et lorsque Jésus utilise ce terme, c'est presque toujours pour parler de sa passion ou de sa venue glorieuse.

• **8.11** Voir le commentaire de Mt 16,1.

Jésus était d'accord avec les Pharisiens sur bien des aspects de leur interprétation de la Bible, non sur l'esprit de beaucoup d'entre eux. Et comme « maître », il avait pris un chemin opposé au leur.

Au lieu d'un enseignement qui se transmet d'en haut, il était entré dans un groupe naturel de gens tout simples et il les formait par l'action. Il les faisait réfléchir sur ce qu'ils voyaient, sur ce qu'ils faisaient, plus encore sur ce que Dieu faisait avec eux à mesure qu'ils travaillaient avec Jésus.

Les Pharisiens (le mot signifie : séparés), étaient issus d'un mouvement de renouveau spirituel, les hassidim, né deux siècles plus tôt. Deux points les caractérisaient : l'attachement à la pratique de la Loi, c'est-à-dire de la Loi de Dieu, et le sens de la responsabilité des personnes. La plupart des maîtres de la Loi appartenaient à leur groupe et c'est chez eux que se développait le meilleur de la tradition juive, entre autres la foi en la résurrection des morts.

Mais Jésus apportait le feu de Dieu qui brûle toute institution humaine, même les meilleures. Les Pharisiens formaient un groupe puissant, considéré, ils devenaient fatalement un milieu privilégié pour toutes les ambitions. Sûrs d'eux-mêmes, ils croyaient très peu en la grâce de Dieu, se croyaient et s'affichaient comme des hommes intègres alors même que l'amour de l'argent corrompait leurs bonnes œuvres.

Ceci explique leurs relations avec Jésus et quelques années plus tard avec l'Église. Beaucoup d'entre eux au début se sentirent attirés par Jésus, mais bien vite ils se reconnurent étrangers à celui qui avait choisi de relever les pécheurs et se passait de leurs vertus comme de leur patronage.

Plus tard ce sont eux qui ont décidé d'exclure de la communauté juive ceux qui avaient reconnu dans le Christ le Messie.

• **8.14** Jésus met en garde ses apôtres contre l'esprit des Pharisiens, mais il suffit d'un détail matériel (ils ont oublié de prendre du pain), pour qu'ils comprennent tout de travers.

Jésus dit : *gardez-vous du levain des Pharisiens*, ce qui veut dire : *de leur enseignement* (Mt 16,12). Jésus craint que ses disciples, qui sont des gens du peuple, ne se laissent impressionner par le savoir et la réputation des Pharisiens, et il les avertit que les Pharisiens se trompent dans leur manière de chercher Dieu et de le servir.

• **8.22** Quand un aveugle de naissance recouvre la vue, il lui faut un certain temps pour comprendre ce qu'il voit et apprécier les distances. C'est la même chose dans le domaine spirituel : Jésus ne nous laisse pas tout voir d'une seule fois, mais la conversion se fait par étapes.

N'entre même pas dans le village (26). S'il le faisait, tout le monde viendrait voir Jésus, le toucher et demander des miracles. Mais Jésus est venu pour avoir avec nous de vraies rencontres.

⁶ Alors Jésus commande à la foule de s'allonger par terre. Il prend les sept pains, il rend grâces, il rompt le pain et commence à le donner à ses disciples pour le servir ; et ils se mettent à servir la foule. ⁷ Ils avaient également quelques petits poissons : Jésus les bénit et dit de les servir aussi.

⁸ Ils mangèrent et furent rassasiés ; on ramassa ce qui restait, de quoi remplir sept corbeilles. ⁹ Ils étaient pourtant près de quatre mille. Après quoi Jésus les renvoya. ¹⁰ Aussitôt il monta dans la barque avec ses disciples et s'en alla vers Dalmanoutha.

Aucun signe ne leur sera donné

• ¹¹ Les Pharisiens arrivèrent et commencèrent à discuter avec Jésus : ils voulaient le mettre à l'épreuve, lui demandant un signe qui vienne du Ciel. ¹² Jésus soupira et dit : « Pourquoi cette génération demande-t-elle un signe ? En vérité, je vous le dis, aucun signe ne sera donné à cette génération. » ¹³ Il les planta là et s'embarqua pour regagner l'autre rive.

• ¹⁴ Ils avaient oublié de prendre des pains ; ils n'en avaient qu'un seul avec eux dans la barque. ¹⁵ Et voici que Jésus leur fait cette recommandation : « Ouvrez l'œil, gardez-vous du levain des Pharisiens, gardez-vous de celui d'Hérode. » ¹⁶ Aussitôt ils font entre eux cette remarque qu'ils n'ont pas de pain.

¹⁷ Jésus s'en aperçoit et leur dit : « De quoi discutez-vous : Vous n'avez pas de pain ? Vous ne comprenez toujours pas, vous ne réfléchissez pas ! Avez-vous donc l'esprit bouché ? ¹⁸ *Vous avez des yeux et vous ne voyez pas, vous avez des oreilles et vous n'entendez pas* ; vous ne vous souvenez pas.

¹⁹ « Le jour où j'ai partagé les cinq pains pour les cinq mille personnes, combien de paniers pleins de morceaux avez-vous ramassés ? » Ils lui répondent : « Douze. » ²⁰ « Et le jour des sept pains pour les quatre mille personnes, combien de corbeilles remplies de morceaux avez-vous ramassées ? » Ils disent : « Sept. » ²¹ « Alors, dit Jésus, ne comprenez-vous pas ? »

L'aveugle de Bethsaïde

• ²² Comme ils arrivent à Bethsaïde, on lui amène un aveugle et on le supplie de le toucher. ²³ Jésus prend l'aveugle par la main et le conduit hors du village. Là il crache sur ses paupières, et lui impose les mains. Puis il l'interroge : « Vois-tu quelque chose ? » ²⁴ L'homme lève les yeux et dit : « C'est sûrement des hommes que j'aperçois : c'est

LA TRANSFIGURATION

La transfiguration de Jésus (9, 2-10) se trouve au centre de l'évangile de Marc. Cette seconde manifestation divine, qui rappelle celle du baptême (Mc 1,9), annonce déjà la Passion.

La première partie se déroulait en Galilée, la province de Jésus, pour la seconde ce sera la Judée et Jérusalem, le cœur de la nation et le centre de l'Histoire Sainte.

Ces deux parties de l'Évangile de Marc sont comme les deux versants d'une même aventure ; la première montrait la force et la nouveauté de Jésus : impact de son enseignement, miracles, assurance face aux adversaires : l'espérance des foules se fixe sur lui, et c'est la multiplication des pains.

Et puis, vient la désillusion et c'est la seconde partie. Jésus refuse d'être ce qu'on voulait qu'il soit ; montée d'une opposition face à laquelle Jésus paraît impuissant. Et pour finir, sa mort en croix qui semble enterrer toute sa mission.

L'Évangile de Marc est, d'une certaine façon, la chronique d'une grande espérance mise au tombeau.

• **8.27** Pour la première fois, depuis plusieurs mois qu'ils cheminent avec lui, les apôtres découvrent qui est leur maître.

Tu es le Messie. Le terme Christ est un mot grec qui traduit le terme hébreu : Messie. Les deux termes signifient : « l'élu », ou : « celui qui est consacré ». Par ce terme les Juifs désignaient le Sauveur attendu. Les apôtres découvrent que Jésus est ce Christ, ce Libérateur, mais lui leur enseigne en même temps *que le Fils de l'homme doit beaucoup souffrir.*

Pourquoi Jésus s'appelle-t-il *le Fils de l'homme ?* Pour deux raisons : d'abord, parce que dans une page de la Bible, il est question du Fils de l'homme qui vient de Dieu dans la gloire pour juger toutes les nations. Ensuite parce que Jésus est l'Homme parfait qui porte en lui le destin de l'humanité.

Jésus *devait souffrir* parce que tel est le destin des pécheurs. Il devait souffrir et être repoussé par les autorités parce que c'est le destin de ceux qui proclament la vérité parmi nous. Il devait aller librement à sa mort, parce que le don de soi est le seul moyen de sauver le monde.

• **8.34** *Qu'il prenne sa croix.* Jésus nous dit qu'être son disciple signifie prendre le même chemin qui l'a conduit à la croix. Pour atteindre la maturité, nous devons renoncer à notre vie :

— nous risquer pour ce qui est noble au lieu d'assurer notre avenir ;

— trouver un mode de vie qui soit un dépassement sur le chemin de l'amour ;

— accepter que notre vie soit un échec selon la façon de penser du monde (Lc 17,33 ; Jn 12,23-25).

Observons que Jésus dit : *de moi, pour moi.* Il ne dit pas : « de Dieu, pour Dieu », car en Jésus, Dieu est venu frapper à notre porte et nous proposer des engagements bien spécifiques.

Celui qui rougira de moi et de mes paroles. Le croyant qui met en pratique les paroles de Jésus sans crainte est attaqué sans pitié par ceux qui se disent chrétiens. En effet, nous vivons parmi des *adultères,* c'est-à-dire, des gens qui sans renier Dieu par leurs paroles, servent en fait d'autres dieux (Mt 17,17).

comme des arbres, mais je les vois qui marchent. »

²⁵ Alors de nouveau Jésus lui impose les mains sur les yeux et l'homme est rétabli ; il voit clairement, et même de loin il distingue tout nettement. ²⁶ Jésus le renvoie chez lui en lui disant : « N'entre même pas dans le village. »

Pierre proclame sa foi

• ²⁷ Jésus partit avec ses disciples pour les villages qui entourent Césarée de Philippe. Comme ils étaient en route, il posa cette question à ses disciples : « Qui dit-on que je suis ? » ²⁸ Ils lui répondirent : « Pour les uns tu es Jean-Baptiste ; pour d'autres, Élie ; pour d'autres encore, l'un des prophètes. »

²⁹ Mais Jésus continua ses questions : « Et vous, qui dites-vous que je suis ? » Pierre répondit : « Tu es le Messie. » ³⁰ Alors il leur donna un avertissement : ils ne devaient rien raconter à son sujet.

JÉSUS SE RÉVÈLE COMME LE FILS DE DIEU

Qui veut me suivre, qu'il porte sa croix

³¹ Jésus commença à les instruire en ce sens : « Le Fils de l'homme doit souffrir beaucoup, il sera rejeté par les prêtres, les Anciens et les maîtres de la Loi ; on le tuera et après trois jours il ressuscitera. » ³² Il leur parlait de cela avec beaucoup d'assurance.

Pierre alors le prend à part et commence à lui faire la leçon. ³³ Mais Jésus se retourne, et comme il voit là ses disciples, il sermonne Pierre et lui dit : « Passe derrière moi, Satan ! Tu ne penses pas comme Dieu, mais de façon toute humaine. »

• ³⁴ Jésus avait appelé à lui la foule, en même temps que ses disciples, quand il leur dit : « Si quelqu'un veut marcher derrière moi, qu'il renonce à lui-même, qu'il prenne sa croix et qu'il me suive. ³⁵ Oui, celui qui veut se sauver lui-même se perdra ; mais celui qui se sacrifie (pour moi et) pour l'Évangile se sauvera.

³⁶ « Où est le bénéfice, si l'on gagne le monde entier et qu'on se détruit soi-même ? ³⁷ Avec quoi va-t-on racheter sa propre vie ? ³⁸ Celui qui rougira de moi et de mes paroles au milieu de cette génération adultère et pécheresse, le Fils de l'homme aussi rougira de lui quand il viendra dans la Gloire de son Père, entouré des saints anges. »

• **9.1** La transfiguration est le résumé de toute la révélation. Nous y voyons Moïse et Élie, les porte-parole de la Loi et des prophètes, en un mot, les porte-parole de l'Ancien Testament, présentant le Christ de l'Évangile aux apôtres.

Comme Moïse et Élie conduits par Dieu sur la montagne sainte, pour y être témoins de sa gloire les apôtres sont emmenés par Jésus à l'écart, ils gravissent la montagne où Jésus leur manifeste sa gloire.

Comme Moïse et Élie, ces deux grands témoins de l'ancienne alliance, ont d'une certaine façon échappé à la corruption de la mort, Jésus aussi, qui vient d'annoncer sa Passion et sa mort, donne aux apôtres un avant-goût de sa résurrection.

Écoutez-le (7) ! Les apôtres accompagnent Jésus depuis plus d'un an, et peu à peu le fossé se creuse entre Jésus et les autorités religieuses du peuple de Dieu. La question peut se poser pour eux : Jésus ne se trompe-t-il pas ?

C'est alors que le Père lui-même intervient : *Écoutez-le* ! car il est la Parole faite chair (Jn 1,14). Il est Le Prophète, et tous les autres ne parlent que pour lui.

Déjà, quand Jésus faisait des miracles, il montrait que l'ordre actuel du monde n'est pas l'ordre définitif. Maintenant le rideau s'est entrouvert : si seulement les apôtres pouvaient comprendre que le Fils de l'homme, comme Jésus se nomme lui-même, est proche de sa résurrection. D'ici peu, ses compatriotes vont le mettre en croix. D'ici peu aussi, le Père va lui donner la gloire qui l'attend.

• **9.11** En descendant de la montagne, les apôtres se sentent mal à l'aise : « Pourquoi est-ce que Moïse et Élie ont parlé de la mort imminente de Jésus ? » Alors ils s'accrochent à leurs illusions en s'appuyant sur une tradition qui parlait d'un retour sur terre du prophète Élie avant la venue du Messie, et pour que celui-ci ne rencontre pas d'opposition. Mais Jésus répète ce qu'il a déjà dit. Les paroles prophétiques de l'Ancien Testament lui annoncent humiliation et souffrance. De plus il invite les apôtres à ne pas prendre au pied de la lettre tout ce qui se lit dans l'Ancien Testament : Élie ne viendra pas personnellement ; c'est Jean-Baptiste qui est venu récemment comme un nouvel Élie.

• **9.14** *Pourquoi n'avons-nous pu le faire sortir ?* (28) Les apôtres s'étonnent : est-ce que Jésus ne leur a pas donné le pouvoir sur les démons ? Mais ils ne mesurent pas leur manque de foi, et ils oublient la distance qui les sépare de leur maître. C'est à eux que s'adressent les dures paroles de Jésus : *gens sans foi* ! Que de gens pensent être de grands croyants, alors qu'en réalité leur foi n'a encore rien fait bouger dans leur vie : *Tout est possible pour celui qui croit.*

La transfiguration de Jésus

9 • [1] Jésus leur dit encore : « En vérité, je vous le dis, certains qui sont ici ne feront pas l'expérience de la mort avant d'avoir vu le Royaume de Dieu venir avec puissance. »

[2] Six jours après, Jésus prit avec lui Pierre, Jacques et Jean, et les emmena à l'écart, seuls, sur une haute montagne. Là, devant eux, il fut transfiguré. [3] Ses vêtements devinrent éclatants de lumière, d'une blancheur telle qu'aucun blanchisseur sur la terre ne peut blanchir de la sorte. [4] Alors Élie leur apparut, avec Moïse : les deux étaient en conversation avec Jésus.

[5] Pierre prit la parole pour dire à Jésus : « Rabbi, cela tombe bien que nous soyons ici ; nous allons dresser trois tentes : une pour toi, une pour Moïse et une pour Élie. » [6] En réalité, il ne savait plus que dire, car ils étaient effrayés.

[7] Une nuée survint alors qui les prit sous son ombre, et de la nuée se fit entendre une voix : « Celui-ci est mon Fils, le Bien-Aimé, écoutez-le ! [8] « Et soudain, regardant autour d'eux, ils ne virent plus personne : seul Jésus était avec eux.

[9] Comme ils descendaient de la montagne, Jésus leur ordonna de ne raconter à personne ce qu'ils avaient vu, jusqu'à ce que le Fils de l'homme soit ressuscité d'entre les morts. [10] Ils respectèrent cet ordre, mais entre eux ils se demandaient ce que c'était que ressusciter d'entre les morts.

Le retour d'Élie

• [11] C'est alors qu'ils lui posèrent la question : « Pourquoi les maîtres de la Loi disent-ils que d'abord viendra Élie ? » [12] Jésus leur répondit : « Bien sûr, d'abord vient Élie qui remet tout en ordre… mais comment est-il écrit du Fils de l'homme qu'il doit souffrir beaucoup et être méprisé ? [13] Élie est bien revenu, et ils l'ont traité comme ils voulaient, selon ce qui est écrit de lui. »

Jésus guérit un jeune épileptique

• [14] Lorsqu'ils rejoignirent les disciples, ils virent tout un attroupement autour d'eux, et des maîtres de la Loi qui discutaient avec eux. [15] Ce fut une surprise pour tout ce monde quand ils virent Jésus ; ils coururent au-devant de lui pour le saluer.

[16] Alors Jésus demande aux gens : « Qu'avez-vous à discuter avec eux ? » [17] De la foule un homme lui répond : « Maître, je t'ai amené mon fils qui est possédé d'un esprit muet. [18] Quand il s'empare de

LA PASSION

Le mot passion signifie bien des choses. En latin il a surtout à voir avec passivité : ce que l'on subit, ce que l'on souffre. De là le sens courant d'une *passion*, un sentiment ou une ambition qui vous emporte.

Dans le cas de Jésus, la Passion est ce qu'il a souffert. Mais le mot va plus loin, il dit que Jésus a accepté de souffrir et d'être mené là où personne ne voudrait aller. Il y a donc là une obéissance qui, plus encore que la souffrance, donne un sens à sa mort.

ÉVANGÉLISATION

En dehors de l'Église catholique, Église des apôtres, d'autres dénominations chrétiennes font de l'évangélisation.

Cette évangélisation en dehors de l'Église, parfois contre elle, lui pose un défi. Si d'autres évangélisent, c'est peut-être parce que Dieu veut qu'ils fassent ce que nous ne faisons pas.

La prolifération des églises séparées est pour l'Église catholique un appel à se réformer. Le manque d'un véritable esprit de pauvreté aussi bien que ses structures massives empêchent souvent d'y retrouver l'air frais et vivifiant de l'Évangile.

Par ailleurs le sens missionnaire est souvent absent : une terrifiante passivité des catholiques face à l'œuvre d'évangélisation pour laquelle ils attendent tout de leurs prêtres chaque fois moins nombreux.

Dès lors, comment condamner ceux qui permettent à un grand nombre d'hommes de rencontrer Jésus-Christ au sein de communautés ferventes et chaleureuses, même si tout n'y est pas authentique ?

Cela ne veut pas dire que nous oublions les richesses de la tradition catholique, souvent perdues par ceux qui abandonnent l'Église, en particulier l'humble façon de croire et de faire la volonté du Père dont Marie est le symbole.

• **9.28** *Il n'y a que la prière pour faire sortir cette espèce-là.* Sans doute plusieurs des possédés mentionnés par l'évangile souffraient seulement de maladies mentales et pouvaient être guéris par une force naturelle (Mc 6,5), mais ce n'est pas le cas de ce garçon. La force du mal était là, et seule la prière peut la vaincre.

• **9.33** Les apôtres ont proclamé le royaume de Dieu, ils ont fait des guérisons, ils ont aussi chassé des démons. Mais il leur manque le plus important : l'humilité.

• **9.35** La dernière phrase de Jésus est aussi importante que la première : *Si quelqu'un reçoit en mon nom un de ces enfants…* Là est le fondement de la dignité de la personne humaine, anoblie par le Christ.

Depuis le commencement l'Église a enseigné l'éminente dignité de la personne humaine, même si trop souvent au cours de son histoire, ses actes n'ont pas été en accord avec cet enseignement. Plus que tout autre, les martyrs nous ont enseigné la valeur des personnes, supérieure à tous les intérêts ou liens collectifs.

mon fils, il le déchire : l'enfant bave, grince des dents et devient tout raide. J'ai demandé à tes disciples de le faire sortir, mais ils n'ont pas été capables. »

[19] Jésus répond : « Gens sans foi, jusqu'à quand serai-je avec vous ! Jusqu'à quand devrai-je vous supporter ? Amenez-le moi. »

[20] Ils le lui amènent. A la vue de Jésus, l'esprit secoue l'enfant violemment, il tombe à terre et se roule en bavant. [21] Jésus interroge son père : « Depuis combien de temps cela lui arrive-t-il ? » Le père répond : « Depuis son enfance. [22] Souvent même il l'a jeté dans le feu et dans l'eau : il pouvait le tuer. Aie pitié de nous, et si tu peux, viens à notre secours ! »

[23] Jésus lui dit : « Si tu peux… Mais tout est possible pour celui qui croit ! » [24] Aussitôt le père de l'enfant s'écrie : « Je crois, mais viens en aide à mon manque de foi ! » [25] Quand Jésus voit que les gens arrivent plus en nombre, il menace l'esprit impur : « Esprit muet et sourd, je te l'ordonne : sors de cet enfant et ne reviens plus jamais ! »

[26] A ce moment l'esprit pousse un cri, secoue violemment l'enfant et sort. L'enfant était resté comme mort, et plusieurs disaient : « Il est mort ! » [27] Mais Jésus le prend par la main et le réveille : l'enfant se remet sur pieds.

• [28] « Jésus revient à la maison ; quand ils sont seuls, ses disciples l'interrogent : « Pourquoi n'avons-nous pas pu le faire sortir ? » [29] Jésus leur répond : « Il n'y a que la prière pour faire sortir cette espèce-là. »

De nouveau, Jésus annonce sa Passion

[30] Ils quittèrent cet endroit, et ils allaient de place en place à travers la Galilée. Jésus ne voulait pas qu'on le sache, [31] car il était occupé à instruire ses disciples. Alors il leur dit : « Le Fils de l'homme sera livré aux mains des hommes. Ils le tueront, et trois jours après sa mort il ressuscitera. »

[32] Eux ne comprenaient pas cet avertissement, et ils avaient peur de lui en demander davantage.

Si quelqu'un veut être le premier…

• [33] Ils arrivèrent à Capharnaüm. Une fois à la maison, Jésus les interrogea : « De quoi discutiez-vous en chemin ? » [34] Ils se turent, car en chemin ils s'étaient disputés à propos de qui était le plus grand.

• [35] Alors Jésus s'assoit, il appelle les Douze et leur dit : « Si quelqu'un veut être le premier, qu'il soit le dernier de tous, qu'il soit le serviteur de tous. » [36] Puis il place au milieu d'eux un enfant, il l'em-

LA MARIAGE

On prend les choses à l'envers quand on regarde le mariage et l'amour humain comme les conséquences d'un fait premier, qui serait la sexualité. Ce qui est premier, dans le plan de Dieu sur l'univers, c'est le couple du Fils de Dieu fait homme et de l'humanité qu'il sauve.

C'est là qu'est la complémentarité, et l'alliance dans la tendresse et la fidélité. Et c'est là qu'est le modèle du couple. Tout le passé biologique qui a préparé les sexes, toute l'évolution humaine qui a fait mûrir le couple, ne viennent qu'ensuite : ce sont des reflets du projet éternel de Dieu dans la création et dans l'histoire.

L'idée que notre société se fait de l'amour et du sexe est au rebours du plan de Dieu. On prend la sexualité comme un fait dont la satisfaction s'imposerait avant toute autre considération, et cela, quelles que soient les déviations et les caprices des instincts mal éduqués.

L'homme est comme un édifice dont la base est chimique et biologique, dont le couronnement est l'esprit. Au lieu de vivre debout, même sachant que la station debout est toujours instable, et de tout soumettre à l'esprit, on préfère s'engluer au plus bas de soi-même.

Le mariage, pour sa part, sera comme toute la vie du chrétien une mission.

• **9.38** Tandis que Jésus forme ses apôtres à qui il va confier son Église, d'autres proclament l'évangile et expulsent les démons. Jésus nous invite à voir que son rôle unique dans le salut des hommes et plus encore son engagement ferme avec l'Église de ses apôtres n'empêchent pas que Dieu se serve de très multiples chemins pour mener à bien l'œuvre du salut.

• **9.42** Voir le commentaire de Mt 18,6.

Être jeté à la géhenne, dit Jésus : ce terme très imprécis désignait l'enfer.

Entrer dans la vie… entrer dans le royaume : c'est la même chose. Le royaume de Dieu n'est pas un endroit où Dieu nous place ; c'est une vie qui nous envahit : c'est pour chacun la rencontre avec soi-même, la pleine réalisation de nos richesses humaines, l'union parfaite avec Dieu dans laquelle les fils et les filles de Dieu sont transformés à la ressemblance du Père.

Ayez du sel en vous (50). C'est la conclusion du discours qui suit la discussion des apôtres (9,34). Nous devons naturellement servir les autres (9,35), mais cela ne veut pas dire que nous allons perdre notre personnalité. Le sel désigne la créativité et les talents de chacun de nous.

• **10.1** (Voir le commentaire de Mt 19,1). Jésus prend position contre la pratique et la législation sanctionnée par la Bible. Tous sont choqués, y compris les disciples.

Jésus invoque une autre loi de Dieu *au commencement*. Il oppose donc l'idéal et la pratique. Pourtant, cet idéal n'est pas quelque chose qu'on se contente d'admirer. Là où la Genèse disait : *ils seront une seule chair*, Jésus ajoute : *ils ne sont plus deux mais une seule chair*. Cela veut dire qu'avant toute discussion l'unité du couple s'impose.

Les paroles de Jésus ont été dites face à une pratique du mariage universellement acceptée ; elles valent tout autant aujourd'hui face à la pratique si répandue du « non-mariage ». Dans toute la Bible, amour et fidélité vont ensemble, et quand l'évangile parle de se perdre soi-même comme de la condition pour se trouver, cela vaut aussi pour le couple.

brasse et leur dit : [37] « Si quelqu'un reçoit en mon nom l'un de ces enfants, c'est moi qu'il reçoit. »

• [38] Jean lui dit : « Maître, nous avons vu quelqu'un qui se servait de ton nom pour chasser les démons, et nous l'avons empêché car il n'est pas disciple avec nous. » [39] Jésus lui répond : « Ne l'empêchez pas ! Car personne ne peut faire un miracle en mon nom et aussitôt après parler mal de moi.

[40] « Celui qui n'est pas contre nous est pour nous. [41] Celui qui vous donne un verre d'eau parce que vous êtes disciples du Christ, je vous dis qu'il ne perdra pas sa récompense. »

Si ton œil te fait pécher, arrache-le

• [42] « Si quelqu'un devait faire chuter l'un de ces petits qui croient, mieux vaudrait pour lui qu'on lui attache au cou une meule de moulin et qu'on le jette dans la mer.

[43] Si ta main doit te faire chuter, coupe-la ! Mieux vaut pour toi entrer dans la vie avec une seule main, que t'en aller avec tes deux mains à la géhenne, [44] au feu qui ne s'éteint pas. [45] Et si ton pied doit te faire chuter, coupe-le ! mieux vaut pour toi entrer dans la vie avec un seul pied, qu'être jeté avec tes deux pieds dans la géhenne. [(46)]

[47] Si ton œil doit te faire chuter, jette-le loin de toi ; mieux vaut pour toi entrer dans le Royaume de Dieu avec un seul œil que d'en avoir deux et d'être jeté dans la géhenne, [48] *où le ver ne meurt pas et où le feu ne s'éteint pas.* [49] Car ce feu fera l'office du sel.

[50] Le sel est bon ; mais si le sel n'est plus salé, comment lui redonnerez-vous du mordant ? Ayez du sel en vous-mêmes et vivez en paix les uns avec les autres. »

Ce que Dieu a uni, que l'homme ne le sépare pas

10 • [1] Jésus quitta cet endroit. Voici qu'il arrive aux frontières de la Judée par l'autre rive du Jourdain et de nouveau des foules se rassemblent autour de lui. Il recommence donc à les enseigner comme il avait coutume de faire.

[2] A ce moment (se présentèrent des Pharisiens, et) ils lui posèrent cette question pour le mettre à l'épreuve : « Un mari est-il autorisé à renvoyer sa femme ? » [3] Et lui leur demande : « Qu'est-ce que Moïse vous a commandé ? »

[4] Ils répondent : « Moïse a permis *d'écrire un acte de divorce et de renvoyer la femme.* »

LE SALUT

Bien des textes de l'évangile nous parlent du salut ; mais que signifie cela, être sauvés ?

Pour beaucoup des contemporains de Jésus, être sauvé signifiait se retrouver dans le camp des bons, de ceux que Dieu mettrait à l'abri le jour où il viendrait rétablir l'ordre dans le monde et où il détruirait les méchants et les ennemis de son peuple.

Jésus garde le mot, mais pour lui, être sauvé, c'est *sauver son âme*, au sens que cette expression avait dans le langage hébraïque. Sauver son âme signifie se sauver soi-même, ou, mieux encore, sauver sa personne.

Dieu nous appelle tous, non seulement pour faire un travail, mais plus encore pour nous faire nous-mêmes. Nous avons des talents à faire fructifier, il y aura des défis et des épreuves à surmonter. Sont sauvés ceux qui ont su vivre en enfants de Dieu, croire à ses promesses, répondre à ses invitations, risquer leur vie pour tout ce qui est plus grand et plus noble. L'évangile nous dit que ceux qui vont droit à la vérité et qui persévèrent sont très peu nombreux. C'est dans ce sens que très peu sont sauvés.

• **10.13** *Celui qui n'accueille pas le Royaume de Dieu comme un enfant.* Nous devons oublier notre sagesse, notre suffisance et l'amertume de nos expériences passées. afin de recevoir les dons de Dieu et ses paroles, dans l'émerveillement et la simplicité de l'enfant.

• **10.17** Selon Matthieu (19,20) celui qui s'approche de Jésus est un jeune homme, Luc l'appelle un chef (18,18) : peu importe d'ailleurs. Cet homme demande quel est le chemin qui conduit à la *vie éternelle*, mais Jésus n'a pas de commandement nouveau à lui enseigner. L'Ancien Testament avait déjà dit comment obtenir la vie éternelle par la pratique de la justice et de la compassion.

C'est alors que Jésus lui propose d'entrer, aujourd'hui même, dans une autre voie qui lui donnera la vraie liberté : *Vends tout ce que tu as.*

• **10.23** Jésus ne dit pas que le riche ne sera pas sauvé, mais qu'il *n'entrera pas dans le Royaume de Dieu* qui consiste à partager dès maintenant les inquiétudes, le bonheur et la liberté du Christ.

Tant qu'une personne n'a pas su se libérer de problèmes matériels urgents et dominer, en quelque sorte, les biens de ce monde, il manque quelque chose à son existence humaine. Mais à ceux qui déjà ont l'être et l'avoir, Jésus propose de tout laisser et de le suivre comme la condition pour expérimenter dès cette vie la présence de Dieu Père.

Il est plus facile pour un chameau de passer par le trou d'une aiguille. Nous voudrions bien pouvoir rectifier la parole catégorique de Jésus et dire plutôt : il est difficile, voire très difficile, à un riche d'entrer dans le Royaume de Dieu, mais non pas impossible.

Mais aussitôt Jésus s'adresse aussi bien au riche qu'à celui qui le juge : il rappelle à la fois la distance qui sépare l'homme pécheur de la sainteté de Dieu, et l'amour infini du Père qui accomplit pour nous l'impossible. Même s'il est vrai que la richesse nous laisse à la porte du Royaume, ce n'est pas en faisant de l'ascétisme, moins encore en condamnant les riches, que nous entrerons.

⁵ Jésus leur dit : « Il a écrit là une loi adaptée à votre cœur endurci. ⁶ Mais Dieu, au commencement du monde, *les fit homme et femme.* ⁷ *Pour cette raison, l'homme quittera son père et sa mère* ⁸ *et les deux seront une seule chair.*

Ils ne sont plus deux, mais une seule chair. ⁹ Que l'homme ne sépare pas ce que Dieu a uni. »

¹⁰ De retour à la maison, les disciples l'interrogent de nouveau à ce sujet ¹¹ et il leur déclare : « Celui qui renvoie sa femme et en épouse une autre, commet l'adultère à son égard ; ¹² et si une femme renvoie son mari et en épouse un autre, elle aussi commet l'adultère. »

Laissez les petits enfants venir à moi

- ¹³ Certains lui amenaient de petits enfants pour qu'il les touche ; mais les disciples leur faisaient des observations. ¹⁴ Voyant cela Jésus se fâcha et leur dit : « Laissez les petits enfants venir à moi, ne les empêchez pas. Sachez que le Royaume de Dieu est pour ceux qui leur ressemblent. ¹⁵ En vérité, je vous le dis : celui qui n'accueille pas le Royaume de Dieu comme un enfant n'y entrera pas. » ¹⁶ Puis il les embrassa et les bénit en leur imposant les mains.

Jésus et l'homme riche

- ¹⁷ Comme Jésus se mettait en route, un homme courut au-devant de lui ; il tomba à genoux devant lui et l'interrogea : « Bon maître, que dois-je faire pour hériter de la vie éternelle ? »

¹⁸ Jésus lui répondit : « Pourquoi m'appelles-tu : "bon"? Dieu seul est bon, nul autre que lui. ¹⁹ Tu connais les commandements : *Ne tue pas, ne commets pas l'adultère, ne vole pas, ne porte pas de faux témoignage, ne prends rien à autrui, respecte ton père et ta mère...* »

²⁰ L'autre déclara : « Maître, tout cela je l'ai observé depuis ma jeunesse. » ²¹ Alors Jésus le fixa du regard et l'aima ; il lui dit : « Une seule chose te manque. Va, vends ce que tu as et donne-le aux pauvres, tu auras ainsi un trésor dans le ciel ; puis reviens et suis-moi. »

²² L'homme fut très heurté par cette parole car il avait de grands biens ; il s'éloigna fort triste.

Il est plus facile à un chameau...

- ²³ Alors Jésus jeta un regard sur ses disciples autour de lui ; il déclara : « Comme il est difficile à ceux qui ont de l'argent d'entrer dans le Royaume de Dieu. » ²⁴ En entendant ces paroles, les disciples furent déconcertés ; mais de nouveau Jésus leur dit : « Mes enfants, comme

Paul, prisonnier, remercie la communauté qui lui a envoyé une aide. Philippiens 4,10.

J'ai été très heureux dans le Seigneur en voyant refleurir votre préoccupation pour moi. Elle était toujours là, mais l'occasion vous manquait. Ce n'est pas le besoin qui me fait parler car j'ai appris à me suffire, je sais vivre avec rien et je sais vivre dans l'abondance. De mille manières je suis entraîné pour la faim comme pour la satiété, pour le manque et pour l'abondance ; je peux tout en celui qui me fortifie. Mais vous avez bien fait de prendre part à mes épreuves.

Vous le savez, Philippiens, quand je suis parti de Macédoine, dans les débuts de l'Évangile, aucune Église ne m'a ouvert un compte d'avoirs et de dettes : il n'y a eu que vous. Et quand j'étais à Thessalonique, par deux fois vous m'avez envoyé ce dont j'avais besoin. Ce n'est pas que je coure après vos dons ; je désire plutôt que les intérêts s'accumulent sur votre compte.

LE MESSIE

La Bible nous parle du Messie, et notre langage religieux parle des temps messianiques. Le mot est décalqué de l'hébreu et signifie : celui qui a reçu l'onction d'huile sainte, celui qui est consacré. En grec on le traduira par *Christos*.

Dans la Bible, les rois sont ainsi consacrés, plus tard ce seront les prêtres. Comme un certains nombre de textes expriment l'attente d'un envoyé de Dieu, roi ou prêtre, roi et prêtre, qui sera son lieutenant sur terre pour établir un règne de justice, le Messie désigne celui qu'on attend.

Au temps de Jésus, chacun s'imagine le Messie à sa façon, pour certains, le Messie ne sera pas quelqu'un, il représente de peuple juif tout entier.

Quand les gens simples appellent Jésus : Fils de David, ou Fils de Dieu, c'est une façon de dire qu'il est le Messie.

• **10.28** *Celui qui laisse maison…* Jésus ne parle pas seulement de récompense dans l'autre vie. Dans ce monde déjà, *au milieu des persécutions*, ceux qui se sacrifient pour le royaume trouveront amitié, joie, et une plénitude humaine qu'ils n'auraient jamais pu espérer.

• **10.35** Jésus se sent plein de courage et sûr de lui quand, devançant ses disciples, il se dirige vers Jérusalem où le supplice l'attend. La demande de Jacques et de Jean l'amène à redire à ses disciples qu'il ne marche pas vers un succès facile, mais vers la mort.

Boire la coupe… être baptisé… expriment de façon imagée les souffrances et la mort de Jésus.

il est difficile d'entrer dans le Royaume de Dieu. ²⁵ Il est plus facile pour un chameau de passer par le trou d'une aiguille, que pour un riche d'entrer dans le Royaume de Dieu. »

²⁶ Les disciples étaient complètement déroutés et se demandaient les uns aux autres : « Qui donc sera sauvé ? » ²⁷ Jésus les fixa du regard et leur dit : « Pour les hommes, c'est impossible, mais non pour Dieu. Car pour Dieu tout est possible. »

La récompense de ceux qui renoncent à tout

• ²⁸ Pierre fit alors remarquer : « Nous, nous avons tout laissé pour te suivre. »

²⁹ Jésus répondit : « En vérité, je vous le dis : personne ne laissera maison, frères et sœurs, mère, père ou enfants, ou champs, à cause de moi et de l'Évangile, ³⁰ sans recevoir cent fois plus dès à présent en ce monde, en maisons, frères, sœurs, mères, enfants et champs, même avec les persécutions ; et dans le monde à venir il aura la vie éternelle.

³¹ Beaucoup qui sont parmi les premiers seront derniers, mais les derniers seront premiers. »

Pour la troisième fois, Jésus annonce sa Passion

³² Ils étaient en route, montant à Jérusalem, et Jésus marchait devant eux. Ils étaient déconcertés, et ceux qui suivaient avaient peur.

De nouveau Jésus prit avec lui les Douze pour leur dire ce qui allait lui arriver : ³³ « Maintenant nous montons à Jérusalem et le Fils de l'homme va être livré aux chefs des prêtres et aux maîtres de la Loi qui le condamneront à mort et le remettront aux mains des étrangers ; ³⁴ ils vont l'humilier, cracher sur lui, le fouetter et le tuer, mais il ressuscitera le troisième jour. »

Jacques et Jean demandent les premières places

• ³⁵ C'est alors que Jacques et Jean, les fils de Zébédée, s'approchent de lui et lui disent : « Maître, nous voulons que tu fasses pour nous ce que nous allons te demander. » ³⁶ Jésus leur répond : « Que voulez-vous que je fasse pour vous ? » ³⁷ Ils reprennent : « Accorde-nous d'être assis, l'un à ta droite et l'autre à ta gauche, pour partager ta gloire. »

³⁸ Jésus leur dit : « Vous ne savez pas ce que vous demandez. Pouvez-vous boire la coupe que je vais boire, ou être baptisés du baptême dont je vais être baptisé ? » ³⁹ Ils lui disent : « Nous le pouvons ! »

Jésus leur dit : « Vous boirez donc la coupe que je vais boire et vous serez baptisés du même baptême que moi. ⁴⁰ Mais les sièges à ma droite

180

Dans la Deuxième lettre aux Corinthiens (11,18) Paul se voit obligé de rappeler ce que lui a valu sa vie d'apôtre.

Mais puisque tant de personnes font valoir leurs mérites à la façon des hommes, moi aussi je vais le faire. Puisqu'ils sont si hardis, moi aussi je veux l'être — bien sûr ce sera de la folie. Ils sont Israélites ? Moi aussi. Ils sont descendants d'Abraham ? Moi aussi. Ils sont intendants du Christ ? Je vais dire des bêtises : je le suis bien plus qu'eux.

Le travail, j'en ai fait beaucoup plus ; les prisons, j'y ai été davantage ; les coups reçus : sans comparaison, et bien des fois j'ai frôlé la mort. Cinq fois les Juifs m'ont fait donner les trente-neuf coups de fouet ; trois fois j'ai reçu la bastonnade, une fois j'ai été lapidé ; trois fois j'ai fait naufrage, et j'ai surnagé un jour et une nuit entière.

J'ai accumulé les fatigues de voyage, avec rivières dangereuses et périls des bandits, avec les complots de mes compatriotes aussi bien que des païens. Périls dans les cités, périls dans la solitude, périls sur mer, périls au milieu des faux frères.

J'ai connu le travail et l'épuisement, les veilles fréquentes, la faim et la soif, les jeûnes répétés, le froid et le manque de vêtements. Et en plus de tout cela, ce qui m'obsède chaque jour, le souci pour toutes les Églises. Qui se laisse démonter sans que je le sois ? Qui vient à tomber sans qu'un feu me dévore ?

• **10.46** Bartimée est le type même du disciple. C'est à Dieu qu'il a demandé de « voir » et Jésus lui a ordonné de « voir ». A l'inverse du jeune homme riche, Bartimée se met à la suite de Jésus.

Fils de David ! C'était une façon de désigner le Messie.

• **11.1** Voir le commentaire de Mt 21,1.

De Jéricho à Jérusalem, Jésus « monte » avec ceux qui vont célébrer la fête. Comme lui, beaucoup viennent de Galilée ; en le voyant parmi les pèlerins, ils pensent qu'il va se faire proclamer Messie.

Jusqu'alors, Jésus avait refusé cette acclamation, mais en ce moment où sa mission s'achève, l'heure est venue pour lui de se prononcer publiquement. Il est l'Envoyé de Dieu et il n'y en aura pas d'autre après lui.

Les prophètes avaient annoncé un roi pacifique qui visiterait son peuple monté sur un âne (Za 9,9) comme le faisaient les gens simples et pacifiques, plutôt que sur un cheval comme le faisaient les militaires. Et Jésus choisit l'âne. L'enthousiasme des Galiléens fit du bruit dans Jérusalem, mais il fut loin d'entraîner la ville.

ou à ma gauche, ce n'est pas à moi de les donner ; ils sont réservés à d'autres. »

⁴¹ En entendant cela, les dix autres s'indignent contre Jacques et Jean. ⁴² Alors Jésus les appelle et leur dit : « Vous savez que chez les païens, ceux qui font figure de chefs se conduisent en dictateurs, et leurs grands personnages abusent de leur autorité. ⁴³ Cela ne se fera pas chez vous. Si l'un d'entre vous veut être grand, qu'il se fasse votre serviteur. ⁴⁴ Et si l'un d'entre vous veut être le premier, qu'il soit l'esclave de tous. ⁴⁵ Car le Fils de l'homme n'est pas venu pour être servi, mais pour servir et donner sa vie en rançon pour la multitude. »

L'aveugle de Jéricho

• ⁴⁶ Ils arrivent à Jéricho. Puis, comme il sort de la ville avec ses disciples et bon nombre de gens, un mendiant est là assis au bord du chemin ; c'est Bartimée, le fils de Timée, et il est aveugle.

⁴⁷ Quand il apprend que c'est Jésus de Nazareth, il se met à crier : « Jésus, fils de David, aie pitié de moi ! » ⁴⁸ Beaucoup le sermonnent pour le faire taire, mais il crie encore plus fort : « Fils de David, aie pitié de moi ! »

⁴⁹ Jésus s'arrête et dit : « Appelez-le. » On appelle l'aveugle et on lui dit : « Courage, lève-toi, il t'appelle. » ⁵⁰ L'aveugle laisse son manteau, et d'un bond il est près de Jésus.

⁵¹ Jésus lui dit : « Que veux-tu que je fasse pour toi ? » L'aveugle répond : « Rabbouni, que je voie ! » ⁵² Alors Jésus lui dit : « Va ! ta foi t'a sauvé ! » A l'instant même cet homme voit ; et il se met à suivre Jésus sur le chemin.

Entrée triomphale à Jérusalem

11 • ¹ Comme déjà ils arrivent à Bethphagé et Béthanie, près du mont des Oliviers, et qu'ils sont proches de Jérusalem, ² Jésus envoie deux de ses disciples et leur dit : « Allez jusqu'au village d'en face ; juste à l'entrée, vous trouverez un ânon attaché, sur lequel personne n'est encore monté. Détachez-le et amenez-le. ³ Si quelqu'un vous dit : "Pourquoi faites-vous cela ?", vous répondrez : "Le Seigneur en a besoin, et aussitôt après il le renverra." »

⁴ Ils s'en vont donc et trouvent dans la rue un ânon attaché près d'une porte ; ils le détachent. ⁵ Des gens qui sont là leur disent : « Pourquoi détachez-vous l'ânon ? » ⁶ Ils leur répondent comme Jésus l'a dit et on les laisse faire.

⁷ Ils amènent l'ânon à Jésus ; ils jettent sur lui leurs manteaux et

LE TEMPLE

Le Temple de Jérusalem n'était pas comme nos églises un édifice dans lequel les croyants se réunissent pour prier. Le Temple est avant tout la Maison de Dieu, et cette maison n'est pas très grande car seuls les prêtres y ont accès, et jamais en groupe.

Ce temple a une entrée et deux salles successives, dans la dernière, le lieu très saint, s'est établie la présence de Dieu. C'est là qu'habite son « nom » et c'est de là qu'il sanctifie sa terre et son peuple.

A l'extérieur, face au Temple, se trouve un grand autel de pierres sur lequel on entretient continuellement le feu et sur lequel sont offerts les animaux sacrifiés. On l'appelle autel des holocaustes.

Autour, des cours et des colonnades. C'est là que se réunissent les pèlerins, c'est là que viennent se placer les chœurs des lévites, les prêtres de second rang chargés du chant liturgique.

C'est à l'ombre de ces colonnades que les maîtres de la Loi dialoguent avec les fidèles pieux, et c'est là que Jésus enseigne le peuple.

• **11.12** *Que personne jamais plus ne mange de tes fruits.* Le geste de Jésus dont Marc souligne le caractère insolite — *ce n'était pas la saison des figues* — va susciter l'étonnement des disciples. Lorsque le lendemain les disciples auront constaté l'état du figuier, ils comprendront ce que Jésus leur dit de la puissance de la foi.

• **11.15** Dans chaque ville ou village les Juifs avaient des synagogues pour se réunir, pour lire la Bible et chanter les psaumes, mais ce n'était que dans le temple que les prêtres offraient des sacrifices et célébraient le culte.

Jésus n'était ni prêtre, ni garde du Temple, mais ce temple était la maison de son Père. C'est pourquoi il jeta dehors les acheteurs et les vendeurs.

Elle sera appelée Maison de prière pour toutes les nations. Les cours où se trouvaient les vendeurs étaient précisément celles qu'on destinait aux étrangers. « Purifier le temple » c'est donc pour Jésus lui redonner son véritable sens et l'ouvrir aux autres nations.

• **11.20** Jésus parle ici plus précisément de « la foi qui accomplit des miracles » (voir 1Co 13,2). Jésus ne dit pas que cette foi sera donnée à tout le monde et à chaque instant : il s'agit d'un charisme, ou don de Dieu, et il le donne à qui il veut (1Co12,9). C'est une conviction intérieure que Dieu veut faire un miracle, et cette certitude nous donne le courage d'agir et de commander en son nom.

Mais cette promesse de Jésus a aussi un sens pour toutes nos prières. Celui qui aime Dieu humblement, comprend dans ses épreuves que Dieu veut l'aider. C'est pourquoi il prie avec ferveur car il sait que Dieu l'écoute. Celui qui se passionne pour le Royaume de Dieu demande au Seigneur de supprimer les obstacles qui s'opposent au développement du Royaume.

Nous avons du mal à demander de grandes choses ou des choses qui se voient, parce que, si Dieu refuse de nous les donner, comment allons-nous continuer de croire en lui ? Certes, il est fort beau de ne demander à Dieu que « sa grâce », sa force intérieure ; mais beaucoup le font moins par estime de la vie intérieure que parce qu'ils ont peur de ne rien voir venir. Qui osera demander la pluie ou la sécheresse comme l'a fait Élie et comme le font encore des pauvres que Dieu écoute ? Ceux qui savent risquer pour l'Évangile obéissent aux suggestions de l'Esprit et demandent l'impossible à Dieu.

Jésus s'assoit dessus. ⁸Beaucoup étendent leurs manteaux sur le chemin, et d'autres des feuillages qu'ils ont coupés dans les champs. ⁹Ceux qui vont devant et ceux qui suivent lancent des acclamations : « Hosanna ! Béni soit celui qui vient au nom du Seigneur ! ¹⁰Béni soit le Royaume qui vient, le règne de David, notre père ! Hosanna dans les hauteurs du ciel ! »

¹¹Jésus entra dans Jérusalem, et jusque dans le Temple où il inspecta tout du regard. Il était déjà tard lorsqu'il repartit avec les Douze en direction de Béthanie.

Jésus maudit le figuier

• ¹²Le lendemain, comme on sortait de Béthanie, Jésus eut faim. ¹³Voyant de loin un figuier couvert de feuilles, il s'approcha pour voir s'il y trouverait quelque chose.

Mais en s'approchant il ne trouva rien ; il n'y avait que des feuilles, car ce n'était pas la saison des figues. ¹⁴Jésus dit alors au figuier : « Que personne jamais plus ne mange de ton fruit ! » Et ses disciples l'entendirent.

Jésus chasse les vendeurs du Temple

• ¹⁵Ils arrivèrent à Jérusalem. Jésus entra dans le Temple et commença à jeter dehors tous ceux qui vendaient et achetaient dans le Temple. Il retourna les tables des changeurs de monnaie et les sièges des vendeurs de colombes ; ¹⁶il ne permettait pas qu'on transporte des paquets à travers les parvis du Temple.

¹⁷Jésus leur fit la leçon : « N'est-il pas écrit : *Ma maison sera appelée Maison de Prière pour toutes les nations ?* Et vous, vous en avez fait *une caverne de voleurs.* »

¹⁸Les chefs des prêtres et les maîtres de la Loi en furent informés, et dès lors ils voulaient sa perte. Ils le redoutaient, car tout le monde était impressionné par son enseignement.

¹⁹Quand arrivait le soir, ils sortaient de la ville.

La puissance de la foi

• ²⁰Au matin, en repassant, ils voient le figuier desséché jusqu'aux racines. ²¹Pierre alors se rappelle, et il dit à Jésus : « Rabbi, regarde ! Le figuier que tu as maudit est tout desséché. »

²²Jésus répond : « Ayez foi en Dieu ! ²³En vérité, je vous le dis, si quelqu'un dit à cette montagne : "Enlève-toi et jette-toi dans la mer !" il ne faut pas qu'il hésite. S'il croit de tout son cœur que ce qu'il dit va

SITUATION POLITIQUE

Nous aimerions savoir ce que Jésus pensait du colonialisme romain et ses prises de position face à l'humiliation de son pays.

De fait Jésus ne condamne pas la domination romaine, il ne la justifie pas non plus. Le problème de la paix et de la justice est primordial et l'histoire biblique nous montre que Dieu désire pour chaque homme la liberté, et pour les nations la possibilité de développer culture et vie nationale.

Mais Jésus sait que la véritable libération de l'homme se joue bien au-delà des rivalités partisanes. Or le peuple Juif est divisé en factions irréconciliables qui seront une des causes de la ruine nationale au cours de la grande révolte de 66-71 après J.-C. Jésus va donc inviter ses adversaires à remettre la vie politique à sa véritable place et à ne pas confondre la foi et le fanatisme religieux.

• **11.**27 Jésus agit en toute liberté comme l'avaient fait les prophètes. Comme les prêtres étaient chargés de préserver la foi, il était normal qu'ils vérifient si Jésus était un vrai prophète ou non. Mais étaient-ils vraiment préoccupés de la vérité ? Étaient-ils prêts à reconnaître en Jésus l'envoyé de Dieu ?

Apparemment, ils ne pensaient qu'à défendre un ordre qui leur convenait et, avant même d'écouter Jésus, ils le jugeaient déjà comme un être subversif.

C'est pourquoi Jésus les interroge au sujet de Jean-Baptiste. Les prêtres auraient dû se prononcer au sujet de Jean, car sa prédication avait remué le peuple au cours des deux années précédentes, mais ils ne l'avaient pas fait et n'étaient pas disposés à le faire. Alors, comment pouvaient-ils demander des explications à Jésus ?

• **12.**1 Dans cette comparaison, *la vigne* représente le royaume de Dieu. Les Juifs étaient le peuple de Dieu et ils en étaient arrivés à considérer que leurs propres intérêts se confondaient avec ceux de Dieu. Dieu les avait aidés contre les autres nations et ils étaient sûrs d'être sauvés ; ils ne s'intéressaient guère au sort des autres qui ne connaissaient pas Dieu.

Dieu leur avait confié son royaume ; autrement dit, il les guidait tout au long de leur histoire afin qu'ils soient un exemple pour les autres peuples. Ils devaient leur communiquer leurs expériences afin qu'ils développent la justice, un esprit de responsabilité et le sens de la fraternité : tels étaient *les fruits* que Dieu voulait récolter.

Dieu leur avait envoyé des prophètes pour leur rappeler leur dette : on les avait à peine écoutés. Finalement se présente le Fils de Dieu fait homme, et c'est la même chose. Il *sera jeté hors de la vigne,* c'est-à-dire rejeté par son propre peuple. Et le royaume de Dieu sera *confié à d'autres,* à ceux qui sont rassemblés dans l'Église.

Si l'Église a les promesses de la vie éternelle, et la certitude que Dieu ne l'abandonnera jamais quelles que soient ses infidélités, cela ne veut pas dire que telle ou telle portion de l'Église ne puisse disparaître.

Nous voyons aujourd'hui comment l'Église s'étiole en bien des régions qui comptaient autrefois des communautés chrétiennes nombreuses et renommées. Devant de telles situations, il est souvent plus facile de chercher des « causes historiques » que de s'interroger sur la dégradation de l'esprit évangélique de ces communautés.

se faire, eh bien oui, il l'aura. ²⁴ Aussi je vous dis : Tout ce que vous demandez dans la prière, croyez que vous l'avez reçu et vous le recevrez.

²⁵ Quand vous êtes en train de prier, si vous avez quelque chose contre quelqu'un, pardonnez ; et votre Père qui est dans les cieux vous pardonnera aussi vos fautes. » ⁽²⁶⁾

De quel droit fais-tu cela ?

• ²⁷ Ils revinrent à Jérusalem. Tandis qu'ils allaient et venaient dans le Temple, les chefs des prêtres, les maîtres de la Loi et les Anciens vinrent à lui ²⁸ et lui dirent : « De quelle autorité fais-tu cela ? Qui t'a chargé de le faire ? »

²⁹ Jésus leur répond : « Je vous poserai une question, une seule. Répondez-moi et je vous dirai de quelle autorité je fais cela. ³⁰ Le baptême de Jean, était-ce une initiative du Ciel, ou simplement humaine ? Répondez-moi. »

³¹ Les autres commencent à se dire : « Si nous répondons que cela venait du Ciel, il nous dira : Pourquoi n'avez-vous pas cru en lui ? ³² Mais comment dire que c'était chose humaine ? » Ils ne le pouvaient par crainte du peuple, car tous considéraient Jean comme un vrai prophète.

³³ Aussi répondent-ils à Jésus : « Nous ne savons pas. » Et Jésus leur dit : « Je ne vous dirai pas non plus de quel droit je fais tout cela. »

Parabole des vignerons assassins

12 • ¹ Jésus se mit à leur parler en paraboles : « Un homme *a planté une vigne, il l'a entourée d'un mur, il a creusé un pressoir et bâti un abri pour le garde.* Et puis il l'a remise à des fermiers pendant que lui s'en allait à l'étranger.

² Quand la saison en est venue, il envoie un serviteur pour rencontrer les fermiers et recevoir de leurs mains les fruits de la vigne. ³ Mais les fermiers le prennent, le battent et le renvoient les mains vides. ⁴ De nouveau il leur envoie un autre serviteur ; lui aussi ils le frappent à la tête et le couvrent d'insultes. ⁵ Il en envoie un autre qui est tué ; puis beaucoup d'autres qu'ils battent ou qu'ils tuent.

⁶ Il lui en restait un, son fils bien-aimé ; il le leur envoie en dernier en se disant : Ils auront du respect pour mon fils. ⁷ Mais ces fermiers se disent entre eux : "C'est lui l'héritier, allons-y, tuons-le ! L'héritage sera pour nous." ⁸ Ils le prennent donc et le tuent ; puis ils le jettent hors de la vigne.

• **12.**13 Le piège est le suivant : Jésus doit prendre position sur une question grave devant deux partis opposés. Car la Palestine a été colonisée par les Romains, et les Juifs doivent payer de lourds impôts à César, c'est-à-dire à l'empereur.

Les Pharisiens sont nationalistes, et si Jésus dit qu'ils doivent payer, ils le discréditeront devant le peuple. S'il dit le contraire, les partisans d'Hérode pourront le faire arrêter.

Le César de Rome n'était pas Dieu, même s'il le prétendait. Il avait imposé son autorité et l'usage de la monnaie romaine, mais il ne pouvait exiger la soumission d'une conscience qui n'appartient qu'à Dieu. Il n'était pas non plus « l'ennemi de Dieu » comme le pensaient les Pharisiens, et pour servir le royaume de Dieu, il n'était pas nécessaire de refuser l'impôt ou l'obéissance civique à César.

Par sa réponse « à César ce qui est de son domaine, à Dieu… » Jésus distingue la religion et la politique dans une société où les hommes politiques cherchaient toujours une justification dans la religion et où, par le fait même, les adversaires politiques étaient regardés comme des ennemis de Dieu. Jésus montre à ses disciples le chemin qui seul permet d'établir une laïcité vraie ; il laisse aux religions du passé le fanatisme et les guerres saintes.

• **12.**18 Marc a voulu mettre côte à côte les affrontements de Jésus avec les deux partis les plus importants du peuple juif : après les Pharisiens, les Sadducéens. Les Sadducéens — les chefs des prêtres — sont des gestionnaires du peuple de Dieu. Ils ne croient pas au spirituel ni à la résurrection, innovations funestes selon eux, qui affaiblissent l'esprit nationaliste et le pouvoir de l'appareil central. Leur Bible se réduit au Pentateuque où l'on parle beaucoup des prêtres et pas du tout de la résurrection.

Mais que signifie la « résurrection » ? Lorsque Jésus a rappelé à la vie la fille de Jaïre (Mc 5,21), ou Lazare (Jn 11,1), ils n'ont retrouvé que la vie qu'ils avaient auparavant ; et après un temps il leur a fallu mourir une seconde fois. Ce n'était pas la véritable résurrection.

Beaucoup de gens pensent qu'il y a « quelque chose » après la mort, et que quelque chose de nous survit : « l'âme. » C'est vrai mais ce n'est pas l'essentiel. La résurrection n'est pas la survie de « quelque chose de nous », mais une transformation, une transfiguration de toute la personne. Cela sera une œuvre de grâce, un don de Dieu : nous renaîtrons de Dieu lui-même.

On comprend donc les deux reproches de Jésus adresse aux Sadducéens :

Vous ne connaissez pas la puissance de Dieu. Ils n'imaginent qu'une caricature de la résurrection.

Vous ne connaissez pas les Écritures. Seuls les livres les plus tardifs de l'Ancien Testament parlaient de la résurrection, et les Sadducéens rejetaient ces livres. Mais de fait, toute la Bible nous présente un Dieu vivant qui fait des hommes ses amis.

Je suis le Dieu d'Abraham, le Dieu d'Isaac et le Dieu de Jacob. Si Dieu s'est lié à eux d'une telle façon, comment pourrait-il être indifférent à leur mort et les laisser disparaître à jamais tandis qu'il jouit tranquillement de sa Gloire ?

⁹ Que fera le propriétaire de la vigne ?

Il viendra, il fera périr ces fermiers et confiera la vigne à d'autres. ¹⁰ Peut-être avez-vous lu cette Écriture : *La pierre rejetée par les constructeurs est devenue la pierre d'angle. ¹¹ C'est le Seigneur qui l'avait donnée, et nous restons à l'admirer. »*

¹² Les chefs auraient voulu s'emparer de lui, mais ils avaient peur de la foule. Ils avaient bien compris en effet que cette parabole de Jésus était pour eux. Ils le laissèrent là et s'en allèrent.

L'impôt à César

• ¹³ Alors on lui envoie quelques Pharisiens, avec des Hérodiens, pour le prendre au piège dans ses paroles.

¹⁴ Ils arrivent et lui disent : « Maître, nous savons que tu es droit, tu ne te laisses influencer par personne et tu ne cherches pas à te faire bien voir des gens ; mais tu enseignes les chemins de Dieu selon la vérité. Est-il permis de payer l'impôt à César ou non, devons-nous donner ou non ? »

¹⁵ Jésus a vu leur hypocrisie ; il leur dit : « Pourquoi essayez-vous de m'avoir ? Apportez-moi un denier pour que je le voie. » ¹⁶ Ils en apportent un et Jésus leur dit : « Cette tête et ce nom qu'on a gravé, de qui sont-ils ? » Ils lui répondent : « De César. » ¹⁷ Alors Jésus leur dit : « Rendez à César ce qui est de César, et à Dieu ce qui est de Dieu. »

Ils en restèrent fort étonnés.

Est-ce que les morts ressuscitent ?

• ¹⁸ Des Sadducéens vinrent trouver Jésus ; ces gens-là disent qu'il n'y a pas de résurrection. Ils l'interrogent donc de la façon suivante : ¹⁹ « Maître, Moïse nous a dit ceci dans l'Écriture : Si un homme perd son frère qui est marié mais qui n'a pas encore d'enfants, il prendra la femme de ce frère pour lui assurer une descendance. ²⁰ Or il y avait sept frères ; le premier s'est marié et est mort sans avoir d'enfants. ²¹ Le deuxième a pris la veuve et est mort sans laisser non plus d'enfants. Il en a été de même pour le troisième. ²² Aucun des sept n'a laissé d'enfants ; la femme est morte la dernière.

²³ A la résurrection, s'ils ressuscitent, duquel d'entre eux sera-t-elle la femme ? Car les sept l'ont eue pour femme. »

²⁴ Jésus leur dit : « Vos difficultés viennent sûrement de ce que vous ne connaissez, ni les Écritures, ni la puissance de Dieu. ²⁵ Quand ils ressuscitent d'entre les morts, ni hommes, ni femmes ne se marient : ils sont dans les cieux semblables aux anges.

188

• **12.**28 *Tu aimeras le Seigneur, ton Dieu.* Bien des chrétiens s'étonnent de découvrir que ce premier commandement ne se trouve pas parmi les dix commandements donnés par Moïse dans le désert au peuple d'Israël. Ils ne parlent que de « servir Dieu » ; nous le trouvons cependant en Dt 6,5.

C'est qu'il est assez facile d'éprouver de l'admiration et de la reconnaissance pour la générosité de Dieu dans sa création, mais c'est tout autre chose que d'entrer dans une relation d'amour mutuel. Cette découverte n'est venue qu'avec le temps des prophètes, ils l'ont fortement ancrée dans les discours du Deutéronome, et nous n'y atteindrons nous-mêmes qu'à partir d'une expérience chrétienne.

Aimer Dieu n'est pas un commandement comme les autres qui indiquent des actions particulières que nous devons faire ou éviter, par exemple : « tu te reposeras le jour du Seigneur », ou « tu ne commettras pas d'adultère ». Quand il s'agit d'aimer Dieu, c'est toute la vie qui est en cause.

C'est la raison pour laquelle l'amour de Dieu n'est pas présenté dans le Nouveau Testament comme un commandement, mais comme le premier fruit de l'Esprit que Dieu donne à ses fils et filles d'adoption. Il n'y a pas d'amour authentique du prochain sans cet amour de Dieu.

Tu aimeras Dieu de tout ton cœur. Tu l'aimeras plus que tu n'aimes ceux qui te sont chers. Tu le désireras ardemment, et en toutes choses tu rechercheras ce qu'il attend de toi.

Tu l'aimeras de toute ton âme, de toute ton intelligence. Tu consacreras le meilleur de ton intelligence à le connaître. En regardant ta propre vie, tu comprendras à quel point il a guidé tes pas. En regardant ce qui se passe dans le monde et les événements de tous les jours, tu essaieras de comprendre comment vient le royaume de Dieu. Persévérant dans la prière et la lecture de la Bible, tu demanderas à Dieu de te communiquer son propre Esprit pour que tu puisses mieux le connaître.

Tu l'aimeras de toute ta force. Et puisque tu es très faible, tu lui demanderas de t'aider et tu essaieras de te joindre aux vrais serviteurs de Dieu en te servant des moyens que l'Église met à ta disposition.

Le commandement d'aimer notre prochain comme nous-mêmes vient en second lieu parce qu'il est impossible de le comprendre ou de l'observer sans aimer Dieu. Car Dieu nous demande plus que d'être solidaires de notre prochain ou de nous préoccuper de ceux qui souffrent. Nous devons nous efforcer de voir nos frères et sœurs comme Dieu les voit, et de vouloir pour eux ce que lui-même leur veut. Parmi toutes les bonnes choses que nous pourrions faire pour notre prochain, nous devons choisir celles que nous conseille l'Esprit de Dieu.

• **12.**37 Les maîtres de la Loi n'étaient pas de mauvaises personnes. Ils étaient devenus maîtres en religion parce qu'ils s'intéressaient à la religion, mais dès que le maître cesse de vouloir être saint, il n'est plus qu'un homme faible. Le respect même qu'on lui témoigne le conduit à se permettre bien des déviations qui seraient sévèrement censurées chez d'autres.

• **12.**41 Marc rapporte l'épisode de la veuve pauvre en opposition avec le passage précédent. Cette femme est la seule, parmi tant de fidèles, qui ait donné à Dieu ce qu'il méritait : elle personnifie les nombreux pauvres qui n'ont pratiquement rien mais qui trouvent pourtant la façon de partager le peu qu'ils possèdent : leur temps, leur écoute gratuite, le service humble et sans relief. Seul le pauvre peut donner tout ce qu'il a pour vivre.

²⁶ Quant à savoir si les morts ressuscitent, n'avez-vous pas approfondi le livre de Moïse au passage du Buisson Ardent ? Dieu lui dit : *Je suis le Dieu d'Abraham, le Dieu d'Isaac, le Dieu de Jacob !* ²⁷ Il n'est pas un Dieu des morts mais des vivants. Vous êtes complètement dans l'erreur. »

Le commandement le plus important

• ²⁸ Un maître de la Loi avait suivi leur discussion. Voyant comment Jésus avait su leur répondre, il lui posa cette question : « Quel est le premier de tous les commandements ? »

²⁹ Jésus lui répond : « Voici le premier : *Écoute, Israël, le Seigneur notre Dieu est un Seigneur unique.* ³⁰ *Tu aimeras le Seigneur ton Dieu de tout ton cœur, de toute ton âme, de toute ton intelligence et de toute ta force.* ³¹ Et voilà le deuxième : *Tu aimeras ton prochain comme toi-même.* Il n'y a pas de commandement plus grand que ces deux là. »

³² Le maître de la Loi lui dit : « Bien, Maître ! Tu as dit en toute vérité que Dieu est unique et qu'il n'y en a pas d'autre que lui. ³³ L'aimer de tout son cœur, de toute son intelligence, de toute sa force, et aimer le prochain comme soi-même vaut mieux que tous les holocaustes et tous les sacrifices. »

³⁴ Voyant qu'il disait là quelque chose de très juste, Jésus lui dit : « Tu n'es pas loin du Royaume de Dieu. » Dès ce moment, personne n'osa plus lui poser de questions.

Fils de David ou Fils de Dieu ?

³⁵ Jésus était en train d'enseigner dans le Temple. Et voici qu'il demande : « Comment les maîtres de la Loi peuvent-ils dire que le Messie est fils de David ? ³⁶ Car l'Esprit Saint a fait dire à David : *Le Seigneur a dit à mon Seigneur : Siège à ma droite, et vois comment je fais de tes ennemis ton marchepied.* ³⁷ Si David lui-même l'appelle "Seigneur", comment peut-il être son fils ? »

• Une foule nombreuse l'écoutait avec plaisir. ³⁸ Dans son enseignement il leur disait : « N'imitez pas les maîtres de la Loi qui se plaisent à circuler en longues robes, ou qui aiment les salutations sur les places publiques, ³⁹ les premiers fauteuils dans les synagogues et les premières places dans les festins. ⁴⁰ Ils s'introduisent avec leurs longues prières, et ensuite ils dévorent les maisons des veuves. Leur condamnation sera terrible. »

L'offrande de la veuve

• ⁴¹ Jésus s'était assis devant le trésor du Temple et observait com-

SITUATION POLITIQUE

Peu d'années après la mort de Jésus les violences reprenaient en Palestine, alimentées par les provocations des gouverneurs romains et le fanatisme des zélotes extrémistes.

En l'an 64 c'est un véritable soulèvement national que se produit. Bien des « messies » apparurent, des hommes qui prétendaient être les sauveurs de la nation et qui entraînaient derrière eux de nombreux partisans.

Après leurs premiers revers, les armées romaines se réorganisent et entreprennent la soumission systématique du pays. Elles viennent mettre le siège devant Jérusalem où se sont enfermés les Juifs les plus fanatiques, convaincus d'une intervention de Dieu.

Mais ils sont tellement divisés qu'ils s'entretuent dans la ville affamée. Ceux qui ont fui de la ville à cause de la famine sont arrêtés par les Romains et crucifiés devant les murs. A la fin, quand les Romains entrent, brûlant le temple et les palais, tous ceux qui n'ont pas été tués — hommes, femmes et enfants — sont vendus sur place ou emmenés à Rome comme esclaves.

PAROUSIE

Ce long chapitre, qu'on retrouve à peine différent en Matthieu et en Luc, fait de l'attente du retour du Christ un élément essentiel de l'esprit chrétien.

La première génération de l'Église attendait son retour glorieux, mais cet évangile a été écrit lorsque déjà les plus réfléchis entendaient que l'histoire allait se prolonger.

Au long des siècles, dans toutes les périodes de crise, des voix se sont élevées pour annoncer un retour imminent du Christ Juge. En revanche de très nombreux chrétiens construisent leur vie sur terre fort peu préoccupés d'une rencontre avec celui qui sera tout pour eux dans le monde définitif.

L'attente du Christ est donc avant tout une attitude spirituelle, une façon de vivre dans le monde sans s'y attacher, un amour vrai de Jésus, Fils de Dieu qu'on cherche à connaître mieux chaque jour, sachant qu'il nous attire vers lui. C'est une façon de regarder les événements et l'évolution du monde avec la certitude que les énergies du Christ ressuscité le conduisent infailliblement, de crise en crise, vers le drame final qui conclura l'histoire.

• **13.**1 Les prophètes de la Bible avaient parlé d'une façon assez obscure de la crise qui inaugurerait le royaume universel de Dieu. Selon plusieurs d'entre eux, toutes les nations du monde s'uniraient pour détruire Jérusalem, la ville sainte, mais au moment le plus désespéré, Dieu interviendrait pour établir son propre royaume.

C'est la raison pour laquelle les apôtres pensent à une tragédie mondiale lorsque Jésus parle de la destruction du temple. La réponse de Jésus est claire : la tragédie qui se terminera par la chute de Jérusalem est proche, mais ce ne sera pas la fin du monde.

Ce discours commence avec les avertissements de Jésus au sujet de la ruine de Jérusalem dont beaucoup de ses auditeurs vont être les témoins.

Quand on vous parlera de guerres (7). Cela ne veut pas dire que Dieu abandonne le monde aux forces du mal. La crise que la nation juive a souffert à l'époque de Jésus ressemble à celles que d'autres peuples ont connues : quelque chose meurt et quelque chose renaît.

La peur rend les gens aveugles, ils suivent les extrémistes et ils persécutent ceux qui ne partagent pas leur fanatisme. Jésus demande donc à ses disciples persécutés de *rendre témoignage* (9) qu'il est le seul Sauveur et de proclamer les exigences de l'Évangile pour les individus comme pour les sociétés.

ment la foule jetait des monnaies dans le tronc. Il y avait des riches qui en jetaient beaucoup ; [42]puis vient une veuve pauvre qui jette deux petites pièces d'un demi-quart.

[43]Alors Jésus appelle à lui ses disciples et leur dit : « En vérité, je vous le dis : cette veuve toute pauvre a jeté plus que tous les autres dans le tronc du Trésor. [44]Car tous ceux-là ont donné de ce qui ne leur manquait pas ; mais elle, dans sa pauvreté, a mis tout ce qu'elle avait pour vivre. »

Jésus parle de la ruine de Jérusalem et de la fin des temps

13 • [1]Comme Jésus sortait du Temple, un de ses disciples lui dit : « Maître, regarde : quelles pierres et quelles constructions ! [2]Jésus lui dit : « Tu vois ces grandes constructions ? Eh bien, il ne restera pas ici pierre sur pierre : tout sera détruit. »

[3]Après cela, comme Jésus s'était assis au mont des Oliviers, faisant face au Temple, Pierre, Jacques, Jean et André lui posèrent cette question en particulier : [4]« Dis-nous quand cela aura lieu et quel sera le signe annonçant que tout cela va s'accomplir. »

[5]Alors Jésus commence à leur dire : « Ne vous laissez pas égarer, [6]car plusieurs revendiqueront mon titre, disant : C'est moi ! Et ils égareront bien des gens. [7]Quand on vous parlera de guerres et de rumeurs de guerres, ne cédez pas à la panique. Cela doit arriver, mais ce ne sera pas encore la fin. [8]On verra des soulèvements : peuple contre peuple et royaume contre royaume. Il y aura des tremblements de terre en divers lieux et des famines ; mais ce ne sera que le début, les premières douleurs.

[9]C'est de vous-mêmes qu'il faudra vous préoccuper. Ils vous livreront à leurs conseils de communauté, vous serez battus dans les synagogues ; à cause de moi ils vous feront comparaître devant les gouverneurs et les rois, et vous devrez rendre témoignage devant eux. [10]Il faut d'abord que l'Évangile soit proclamé à toutes les nations.

[11]Quand ils vous conduiront et vous livreront, ne vous inquiétez pas d'avance de ce que vous pourrez dire ; vous direz ce qui vous sera donné à cette heure-là. Car ce n'est pas vous qui parlerez, mais l'Esprit Saint.

[12]Le frère livrera son frère à la mort, et le père son enfant. Les enfants accuseront leurs parents et les feront mourir. [13]Rien qu'à cause de mon nom vous serez haïs de tous, mais celui qui restera ferme jusqu'à la fin sera sauvé.

[14]Quand vous verrez *l'abomination du dévastateur* installée là où elle

• **13.**24 *Mais après cette épreuve…* Après avoir annoncé la fin du monde juif, Jésus parle d'un événement encore plus important : la fin du monde, ou plutôt, sa transformation.

Le soleil s'obscurcira, la lune ne donnera plus sa clarté (24). Ce sont des images tirées d'Isaïe qui expriment la confusion, la désintégration des hommes et de l'univers face à la majesté du juge suprême.

• **13.**28 *Apprenez cette leçon…* Jésus revient sur la destruction de Jérusalem.

• **13.**32 Dans ce paragraphe, nous revenons à la fin du monde. Le *Jour* en question est le jour du jugement que les prophètes appellent aussi le « jour de Yahvé ».

Personne ne les connaît… : Jésus le dit clairement. Pourtant, nombreux sont ceux qui tout au long des siècles ont prédit la fin du monde à brève échéance.

Même pas le Fils, seul le Père. Certains en sont troublés. Est-ce que cela ne veut pas dire que Jésus n'est pas Dieu comme le Père ? N'oublions pas que si Jésus est « Dieu né de Dieu », « vrai Dieu né du vrai Dieu », comme nous le proclamons dans le Credo, il est véritablement homme. La connaissance infinie de Dieu ne peut pas être contenue dans l'esprit humain de Jésus (voir Lc 3,21 ; Mc 6,1).

• **13.**33 Ce paragraphe nous demande d'attendre le Seigneur en accomplissant son œuvre. Le portier symbolise les responsables de l'Église ; ils n'en sont pas les propriétaires, ils ne détiennent que les clefs de l'Église.

ne doit pas être (que le lecteur comprenne !), alors, si vous êtes en Judée fuyez à la montagne. ¹⁵ Si tu es sur la terrasse, ne redescends pas pour prendre tes affaires à l'intérieur de ta maison. ¹⁶ Si tu es aux champs, ne reviens pas pour prendre ton vêtement. ¹⁷ Ce sera grande malchance pour une femme que d'être enceinte ou d'allaiter en ces jours-là. ¹⁸ Demandez à Dieu de n'avoir pas à fuir en hiver.

¹⁹ Car ce sera un temps d'épreuve *comme il n'y en a pas eu depuis le début du monde* que Dieu a créé, *jusqu'à maintenant,* et il n'en arrivera plus. ²⁰ Si le Seigneur n'avait pas abrégé ces jours, personne n'en serait sorti vivant, mais Dieu a abrégé ces jours par égard pour ses élus.

²¹ Alors, si l'on vous dit que le Messie est ici ou qu'il est là, ne le croyez pas. ²² Car de faux messies et de faux prophètes se présenteront ; ils feront des signes et des prodiges au point d'égarer, s'il était possible, même les élus. ²³ Vous donc, faites attention, je vous ai tout dit d'avance. »

La venue du Fils de l'homme

• ²⁴ « Mais après cette épreuve, d'autres jours viendront. Alors, *le soleil s'obscurcira, la lune ne donnera plus sa clarté, ²⁵ les astres se mettront à tomber* du ciel *et l'univers entier* sera ébranlé. ²⁶ Alors on verra *le Fils de l'homme venant sur les nuées du ciel* avec puissance et grande gloire. ²⁷ Il enverra les anges *rassembler ses élus des quatre points du ciel, du plus lointain de l'univers.*

• ²⁸ Apprenez cette leçon tirée du figuier. Lorsque déjà sa ramure devient flexible et que ses feuilles poussent, vous savez que l'été est proche ; ²⁹ vous de même, quand vous verrez tous ces événements, sachez que c'est tout proche, sur le pas de la porte. ³⁰ En vérité je vous le dis, cette génération ne passera pas que tout cela n'arrive. ³¹ Le ciel et la terre passeront, mes paroles ne passeront pas.

• ³² Quant à ce Jour, quant à cette Heure, personne ne les connaît, pas même les anges dans le ciel, pas même le Fils : seul le Père.

• ³³ Faites attention, restez éveillés ! Car vous ne savez pas quand ce sera le moment. ³⁴ Il en sera comme d'un homme qui part à l'étranger et laisse sa maison ; il a donné des responsabilités à ses serviteurs : à chacun son travail, et il a demandé au portier de rester éveillé.

³⁵ Veillez donc ! Vous ne savez pas si le maître de maison reviendra le soir, au milieu de la nuit, au chant du coq ou au petit matin. ³⁶ Il ne faudrait pas qu'il vous trouve en train de dormir lorsqu'il reviendra à l'improviste. Ce que je vous dis, je le dis à tous : restez éveillés ! »

194

La vigilance en un monde qui s'endort lorsqu'il est satisfait, c'est ce que nous rappelle la Première lettre de Pierre (5,6) :

Courbez-vous donc sous la main puissante de Dieu, pour qu'il vous relève le moment venu. Rejetez sur lui tous vos soucis, il s'en chargera pour vous. Soyez sur vos gardes et restez éveillés : le diable, votre adversaire, est comme un lion rugissant, il va et vient cherchant qui dévorer. Restez fermes dans la foi de façon à lui résister. Vous savez que les nôtres qui vivent en ce monde sont en butte aux mêmes épreuves.

Dieu n'est que bonté : après vous avoir appelés dans le Christ à sa gloire éternelle, il vous laisse souffrir un moment pour vous façonner, vous affermir, vous fortifier et vous donner votre place définitive.

A lui la puissance pour les siècles des siècles ! Amen.

• **14.**1 Jésus avait accompli peu de choses en ces deux années, mais c'était assez pour que les autorités le craignent. Aucune société ne pourrait supporter la présence d'un homme libre et sans péché. Par ailleurs, depuis 40 ans les Juifs avaient perdu leur indépendance. C'est pourquoi la Pâque était l'occasion de troubles et les chefs redoutaient l'impact des paroles de Jésus.

• **14.**3 Voir Jn 12,1 et le commentaire de Lc 7,36.

Quelques jours avant la Pâque, Marie montre publiquement son amour tendre et passionné pour Jésus. Certains se scandalisent parce que Marie s'intéresse davantage à Jésus qu'aux pauvres.

Elle a fait une bonne œuvre. Enterrer les morts faisait partie des « bonnes œuvres ». A travers le geste de Marie, Jésus a vu le geste d'adieu. Il ne faut plus rien perdre des quelques heures qui lui restent parmi nous. Aujourd'hui il est plus important de l'accompagner en ses derniers moments que d'aller servir les pauvres.

• **14.**12 Jésus a voulu préciser le sens de sa mort au cours de ce repas. Il avait présenté un message qui guiderait l'humanité, mais il fallait aussi un peuple de Dieu qui se sente engagé dans l'œuvre de Dieu, et envers qui Dieu s'engagerait lui-même.

Douze siècles avant la naissance de Jésus, Dieu avait conclu au mont Sinaï une alliance qui faisait d'Israël le peuple de Dieu parmi tous les autres peuples. Mais à mesure que le temps passait et que les infidélités du peuple de Dieu apparaissaient plus clairement, les prophètes attendaient autre chose : une alliance dont le premier effet serait le pardon des péchés. La famille de Dieu ne s'identifierait plus à une race, elle serait une famille de croyants dont les péchés seraient pardonnés : c'est l'Église.

La veille de sa mort, Jésus rappelle la première alliance du mont Sinaï, quand le *sang* des animaux avait été *répandu* (Ex 24,8). Il allait bientôt verser son propre sang *pour une multitude* (Is 53,11). Cette « multitude » vise, d'une façon spéciale, tous ceux qui seront son propre peuple dans le monde.

Chaque fois que nous célébrons l'eucharistie (la messe), nous renouvelons cette alliance. Au lieu des cérémonies solennelles qui se faisaient dans le Temple, le moment liturgique le plus important de la vie de l'Église sera un repas fraternel où redevient présent le mystère de mort et de résurrection.

Le complot contre Jésus

14 • ¹ Encore deux jours, et c'était la Pâque et la fête des Pains sans levain. Les chefs des prêtres et les maîtres de la Loi cherchaient la manière de s'emparer de Jésus dans un coup monté et de le mettre à mort. ² Mais ils se disaient : « Pas durant la fête, car le peuple pourrait s'agiter. »

Une femme verse du parfum sur la tête de Jésus

• ³ Jésus se trouvait à Béthanie dans la maison de Simon le lépreux. Pendant qu'il était à table, une femme s'approcha de lui, portant un vase d'albâtre avec une essence de myrrhe d'un très grand prix. Elle brisa le col du vase et versa le parfum sur la tête de Jésus.

⁴ Plusieurs d'entre eux en furent indignés ; ils se disaient : « Pourquoi avoir gâché ce parfum ? ⁵ On aurait pu vendre cette myrrhe plus de trois cents deniers et les donner aux pauvres. » Et ils lui en faisaient le reproche.

⁶ Mais Jésus leur dit : « Laissez-la tranquille, pourquoi lui cherchez-vous des ennuis ? Ce qu'elle vient de faire pour moi est une bonne œuvre. ⁷ Les pauvres, vous en aurez toujours avec vous et vous pourrez leur faire du bien chaque fois que vous le voudrez, mais moi vous ne m'aurez pas toujours. ⁸ Elle a fait ce qui lui correspondait : elle a embaumé par avance mon corps pour la sépulture. ⁹ En vérité, je vous le dis, partout où cet Évangile sera proclamé, jusqu'au bout du monde, on dira aussi ce qu'elle a fait et on gardera sa mémoire. »

¹⁰ Alors Judas Iscariote, qui était l'un des Douze, s'en alla trouver les chefs des prêtres pour leur livrer Jésus. ¹¹ Ils en furent très heureux et promirent de lui donner de l'argent. Dès lors il chercha le moment favorable pour le livrer.

Le dernier repas de Jésus

• ¹² Le premier jour des Pains sans Levain, où l'on devait immoler l'agneau de la Pâque, les disciples dirent à Jésus : « Où veux-tu que nous allions faire les préparatifs pour manger la Pâque ? »

¹³ Alors il envoie deux de ses disciples en leur disant : « Allez à la ville ; un homme portant une cruche d'eau vous rejoindra : suivez-le. ¹⁴ Et là où il entrera, dites au propriétaire : "Le Maître te fait dire : Où est ma salle où je mangerai la Pâque avec mes disciples ?" ¹⁵ Il vous montrera à l'étage une grande pièce garnie de coussins, bien aménagée ; vous y préparerez tout ce qu'il nous faut. »

LA SAINTE CÈNE

Comme tous les pèlerins, les disciples cherchent à Jérusalem un lieu pour célébrer la Pâque : on ne pouvait la célébrer hors du district de la ville sainte. Ils ne resteront sans doute que deux ou trois jours dans cette salle où les coussins permettent de s'installer pour la nuit. Jésus leur indique l'endroit.

La dernière cène de Jésus, son dernier repas, a lieu fort probablement la veille du jour où l'on doit célébrer le repas de l'agneau pascal : c'est au soir du vendredi saint, après la mort de Jésus, que se célèbre la fête (voir en Jean 19,31).

Donc, selon toute probabilité, l'Eucharistie n'est pas célébrée au cours du repas pascal. Jésus a voulu un repas solennel, mais où l'évangile ne mentionne pas l'agneau.

Ce soir là Jésus célèbre la nouvelle Pâque dont l'agneau pascal n'était que la figure, il n'est pas question pour lui et pour les siens de célébrer l'ancienne Pâque. L'Eucharistie est la célébration du véritable « passage du Seigneur » (c'est le sens du mot *pâque*) lequel s'est réalisé lors de la mort et de la résurrection de Jésus.

Je ne boirai plus du produit de la vigne (25). L'eucharistie annonce le jour où le Christ célébrera le banquet dans le royaume avec toute l'humanité réunie en lui.

Pour comprendre le sens de la Cène, il faut lire les discours d'adieux de Jésus à ses apôtres, discours que Jean situe en cette nuit du Jeudi saint (Jn 14-17). Jésus était venu préparer par sa parole l'effusion de son Esprit parmi les croyants. Maintenant il est présent d'une manière spéciale et agit en ses disciples avec une nouvelle efficacité quand ils se réunissent pour célébrer le Repas du Seigneur.

• **14.**32 Jésus est seul pour affronter la mort et pour la vaincre en prenant sur lui le destin de tous les hommes. Il voit la méchanceté de ceux qui vont le maltraiter ou qui permettront qu'il soit maltraité. Et derrière eux il voit la Puissance des ténèbres.

A ce moment-là, Jésus est l'homme des douleurs. Dans sa prière, face à son Père juste et bien-aimé, il ressent une angoisse mortelle.

Jésus ne fait que répéter une phrase qui exprime la prière parfaite : *Abba (Père) que ta volonté soit faite*. Il y a des moments et des endroits où l'Église persécutée est à l'agonie et ne peut rien faire d'autre que de prier pour que la volonté de Dieu s'accomplisse. Sa prière est alors plus efficace que jamais.

Mystérieuse agonie du Fils de Dieu (agonie signifie lutte). Se faisant homme pour nous, il n'a pas triché : il a voulu connaître jusqu'au désespoir de la nature humaine face à la mort. Il était sans péchés et n'avait pas besoin d'être purifié, mais il devait connaître l'humiliation, les souffrances et même le silence de Dieu pour parvenir à cette maturité qui ferait de lui « l'Homme », le chef de l'humanité tout entière.

[16] Les disciples partirent, arrivèrent à la ville et trouvèrent tout comme Jésus le leur avait dit ; ils firent les préparatifs de la Pâque.

[17] Le soir venu, Jésus arrive avec les Douze. [18] Pendant qu'ils sont à table et mangent, Jésus leur dit : « En vérité je vous le dis : L'un de vous va me livrer, *un de ceux qui mangent avec moi* ».

[19] Profondément peinés, ils se mettent à lui dire l'un après l'autre : « Serait-ce moi ? » [20] Mais il leur dit : « C'est l'un des Douze, celui qui plonge avec moi la main dans le plat. [21] Le Fils de l'homme s'en va comme l'Écriture le dit de lui, mais malheur à cet homme par qui le Fils de l'homme est livré ! Il vaudrait mieux pour lui qu'il ne soit pas né. »

[22] Pendant qu'ils mangent, Jésus prend du pain, prononce une bénédiction et le rompt. Puis il le leur donne en disant : « Prenez, ceci est mon corps. » [23] Il prend ensuite la coupe, il rend grâces, il la leur donne et ils en boivent tous. [24] Puis il leur dit : « Ceci est mon sang, le sang de l'alliance, qui est versé pour une multitude. [25] En vérité je vous le dis : Je ne boirai plus du produit de la vigne jusqu'au jour où je le boirai nouveau dans le Royaume de Dieu. »

Jésus annonce le reniement de Pierre

[26] Après cela ils chantèrent les hymnes et partirent vers le mont des Oliviers. [27] Alors Jésus leur dit : « Vous allez tous chuter, car il est écrit : *Je frapperai le pasteur et les brebis seront dispersées.* [28] Mais quand je me relèverai, j'irai vous attendre en Galilée. »

[29] Pierre alors déclare : « Même si tous doutent de toi et chutent, moi non ! » [30] Jésus lui répond : « En vérité, je te le dis, cette nuit même, avant que le coq ne chante pour la seconde fois, toi, tu m'auras renié trois fois. » [31] Mais lui insistait encore : « Même si je devais mourir avec toi, je ne te renierais pas. » Et tous disaient la même chose.

L'agonie de Jésus à Gethsémani

• [32] Ils arrivent à une propriété du nom de Gethsémani et Jésus dit à ses disciples : « Asseyez-vous là pendant que j'irai prier. » [33] Il prend avec lui Pierre, Jacques et Jean, et il commence à être envahi par la frayeur et l'angoisse. [34] Il leur dit : « Mon âme est triste à en mourir, restez ici et veillez. »

[35] Puis il s'éloigne un peu et se prosterne face contre terre ; il demande que cette heure passe loin de lui si cela se peut. [36] Et il dit : « Abba, Père, tout t'est possible, éloigne cette coupe loin de moi ! Et cependant, non pas comme je veux, mais comme tu veux. »

Dans une des visions de l'Apocalypse (11,3), Jean révèle ce que sera l'apostolat chrétien dans un monde gouverné en bonne part par Satan, l'adversaire de Dieu et de l'Église. Il ne fait que suivre l'exemple de Jésus.

Je vais faire venir mes deux témoins qui doivent prophétiser durant mille deux cent soixante jours, vêtus de toile à sac. Ils sont les deux oliviers et les deux lampes qui brûlent devant le Seigneur de toute la terre. Si quelqu'un leur fait du mal, un feu sortira de leur bouche pour consumer leurs ennemis : ainsi périra celui qui s'avise de leur faire du mal.

Tout le temps de leur activité prophétique, ils ont le pouvoir de fermer le ciel de sorte qu'il ne donne plus une goutte de pluie. Ils ont le pouvoir de changer les eaux en sang et de frapper la terre de toutes sortes de plaies aussi souvent qu'ils le veulent. Puis, quand ils auront fini de donner leur témoignage, la bête qui monte de l'abîme leur fera la guerre, les vaincra et les fera mourir.

Leur cadavre est resté sur la place de la Grande Ville qu'on appelle de façon symbolique Sodome, ou encore l'Égypte, là même où leur Seigneur a été crucifié. Durant trois jours et demi les humains de toute race et tribu, de toute langue et de toute nation contemplent leurs restes, car on ne permet pas de les ensevelir.

Quelle joie alors pour les habitants de la terre ! Ils en sont ravis et même ils échangent des cadeaux, car ces deux prophètes mettaient au supplice les habitants de la terre.

Mais après ces trois jours et demi un souffle de vie, un esprit de Dieu, entra en eux. Ils étaient là debout, et tous les spectateurs furent saisis d'une grande crainte. J'entendis alors une voix qui venait du ciel et leur disait : « Montez jusqu'ici ! » Et ils montèrent au ciel dans la nuée sous les yeux de leurs ennemis.

• **14.**43 Judas était l'un des Douze. Comment Jésus a-t-il pu choisir, après une nuit de prière (Lc 6,12), celui qui allait le trahir ? Là encore, Jésus n'a triché ni avec sa propre condition d'homme, ni avec le respect de la liberté de l'autre.

Judas a trahi Jésus en un moment où il voulait se venger du maître qui l'avait déçu. Faisant partie du groupe d'intimes de Jésus, il avait été incapable de répondre à son affection : il finit par s'enfoncer dans le mal.

• **14.**53 Jésus comparaît devant deux tribunaux. D'abord, devant le Sanhédrin, ou Conseil Suprême des Juifs : là on l'accuse de blasphème. Ensuite, on le conduit devant Pilate, le gouverneur romain, et là on l'accuse d'être un agitateur politique.

Le motif de ce double procès vient du fait que les Romains avaient retiré aux autorités juives le droit de condamner à mort. Aussi, après avoir jugé Jésus selon les lois de la Bible, les responsables du peuple de Dieu demandent à Ponce Pilate d'appliquer la peine de mort. Ils présentent alors de nouvelles accusations capables d'impressionner le gouverneur romain.

Le procès de Jésus ressemble à beaucoup d'autres jugements dans lesquels les autorités, fortes de leur pouvoir, peuvent condamner leurs adversaires sans violer ouvertement la légalité.

[37] Après quoi Jésus va vers les disciples et les trouve endormis ; il dit à Pierre : « Simon, tu dors ? Tu n'as pas été capable de rester une heure éveillé ? [38] Veillez et priez pour ne pas être pris dans la tentation. Car l'esprit est plein d'ardeur, mais la chair est faible. »

[39] De nouveau il s'éloigne pour prier et redit les mêmes paroles. [40] Puis il revient vers les disciples et les trouve endormis ; leurs yeux étaient lourds de sommeil et ils ne savaient que lui répondre.

[41] Une troisième fois il revient et leur dit : « C'est bien le moment de dormir et de vous reposer ! Cette fois l'heure est venue où le Fils de l'homme est livré aux mains des pécheurs. [42] Levez-vous, allons ! Celui qui me livre est proche ».

Jésus est arrêté

• [43] Alors que Jésus parlait encore, arriva Judas, l'un des Douze, et avec lui tout un groupe armé d'épées et de bâtons, envoyé par les chefs des prêtres, les maîtres de la Loi et les Anciens. [44] Celui qui le trahissait leur avait donné un signe : « Celui que j'embrasserai, c'est lui ; arrêtez-le et emmenez-le sous bonne garde. »

[45] Aussitôt arrivé, Judas s'avança vers lui en disant : « Rabbi ! » Et il l'embrassa. [46] Les autres mirent la main sur Jésus et l'arrêtèrent. [47] Un de ceux qui étaient là sortit son épée, frappa le serviteur du Grand Prêtre et lui coupa l'oreille.

[48] Alors Jésus prit la parole et leur dit : « Pour m'arrêter vous êtes venus avec épées et gourdins, comme si j'étais un brigand ! [49] Tous les jours pourtant, j'étais au milieu de vous dans le Temple pour y enseigner et vous ne m'avez pas arrêté. Mais il fallait que s'accomplissent les Écritures. »

[50] Tous l'abandonnèrent et prirent la fuite. [51] Un jeune homme le suivait, qui n'avait sur lui qu'un drap, et ils l'arrêtèrent. [52] Mais lui s'enfuit tout nu, laissant le drap entre leurs mains.

La séance de nuit chez le grand prêtre

• [53] Ils conduisirent alors Jésus chez le Grand Prêtre, et tous les chefs des prêtres, les Anciens et les maîtres de la Loi se rassemblèrent. [54] Pierre avait suivi de loin jusqu'à l'intérieur de la cour du Grand Prêtre ; il s'assit et resta à se chauffer près du feu avec les hommes de la police du Temple.

[55] Les chefs des prêtres et tout le conseil du Sanhédrin cherchaient un témoignage pour condamner Jésus à mort, mais ils n'en trouvaient pas ; [56] plusieurs avaient témoigné faussement contre Jésus, mais leur

LE SANHÉDRIN

Le sanhédrin, ou grand conseil, ne pouvait prononcer de nuit une condamnation. De plus ses 71 membres ne tenaient pas dans la maison du grand prêtre. Il y a donc deux séances pour le procès juif de Jésus. La première, dans la maison du grand prêtre, n'est pas légale, mais c'est là que se dit tout ce qui est important. C'est pourquoi l'Évangile de Marc ne parle que de celle-là. Il ne mentionnera qu'en passant (15,1) la séance officielle de la matinée.

• **14.**60 Les prêtres n'arrivent pas à condamner Jésus à mort pour infractions à la Loi. C'est pourquoi ils doivent aborder quelque chose de beaucoup plus important, qui se trouve au cœur même de l'évangile : *Es-tu le Fils de Dieu ?*

Fils de Dieu pouvait signifier tout simplement : « le Messie ». Mais parmi tant de textes bibliques se rapportant au Messie, Jésus en choisit deux qui laissent entrevoir la personnalité divine du Sauveur : *Fils de l'homme* qui vient de Dieu lui-même (Dn 7,13) qui *siège à la droite de Dieu* comme un égal (Psaume 110). Par cette déclaration, Jésus affirme qu'il n'est pas seulement fils de Dieu comme le serait un saint ou un envoyé de Dieu : il est celui qui partage la divinité du Père.

Les grands prêtres ne se sont pas trompés quant aux prétentions de Jésus : s'il ne s'était présenté que comme le Messie, il n'y aurait pas eu de blasphème. Ce n'était pas une question de mots, ils l'ont condamné parce que, par toute sa façon d'agir, Jésus se mettait à la place qui ne revient qu'à Dieu.

Jésus est donc condamné au nom de Dieu, et il ne se révolte pas contre cette condamnation injuste prononcée par les chefs religieux de son propre peuple, car ils sont les représentants légitimes, bien qu'indignes, de Dieu.

• **14.**66 Les apôtres ne manquaient pas de courage, sinon Jésus ne les aurait pas choisis. Ils étaient prêts à mourir pour Jésus dans l'enthousiasme d'un combat commun, mais tout se passe autrement qu'ils n'avaient pensé. Quand on arrête Jésus, il n'oppose aucune résistance à ses ennemis, et les apôtres sont déconcertés.

Leur fuite accompagne un désarroi de la foi. Pierre renie Jésus, non seulement parce qu'il a peur, mais encore parce qu'il ne sait plus qui est Jésus.

Pierre, responsable de l'Église universelle, restera conscient de sa faiblesse, et il ne sera pas tranquille tant qu'il n'aura pas suivi Jésus en donnant sa vie pour lui (Jn 21,19).

témoignage ne concordait pas. [57] Certains lancèrent cette fausse accusation : [58] « Nous l'avons entendu affirmer : Je détruirai ce Temple, construit de main d'homme, et en trois jours j'en bâtirai un autre qui ne sera pas fait de main d'homme. »

[59] Mais là encore leurs témoignages ne concordaient pas.

• [60] Alors le Grand Prêtre se lève au milieu du conseil et il interroge Jésus : « Tu ne réponds rien ? Quelle est cette histoire dont ils t'accusent ? »

[61] Mais Jésus garde le silence et ne répond rien. De nouveau le Grand Prêtre l'interroge et lui dit : « Es-tu le Messie, le Fils du Béni ? » [62] Jésus répond : « Je le suis, et vous verrez *le Fils de l'homme siéger à la droite du Tout-Puissant et venir sur les nuées du ciel.* «

[63] Le Grand Prêtre alors déchire sa tunique et dit : « Qu'avons-nous encore besoin de témoins ? [64] Vous venez d'entendre le blasphème. Quel est votre avis ? » Et tous décident qu'il mérite la mort.

[65] A ce moment plusieurs se mettent à cracher sur lui, ils lui cachent le visage avec un linge et lui donnent des gifles, puis ils disent : « Fais le prophète ! » Et les auxiliaires de police lui donnaient des coups.

Pierre renie Jésus

• [66] Pierre était toujours dehors dans la cour. Arrive une des filles au service du Grand Prêtre ; [67] elle voit Pierre qui se chauffe, elle le dévisage et lui dit : « Toi aussi tu étais avec Jésus le Nazaréen. » [68] Mais lui le nie et dit : « Je ne sais pas ce que tu veux dire, je ne comprends pas. » Et aussitôt, il se dirige vers le vestibule.

[69] La servante qui l'a vu dit de nouveau à ceux qui sont là : « Celui-ci fait partie de la bande. » [70] Pour la deuxième fois Pierre le nie.

Un peu plus tard, ceux qui sont présents relancent Pierre : « Allons, tu es sûrement l'un des leurs ; d'ailleurs tu es de Galilée. » [71] Mais il commence à lancer des malédictions et à jurer : « Je ne connais pas cet homme dont vous parlez. »

[72] Et c'est alors le second chant du coq. Pierre se rappelle les paroles que Jésus lui a dites : « Avant que le coq ne chante deux fois, tu m'auras renié trois fois. » Et il commence à pleurer.

Jésus devant Pilate

15 [1] Dès le matin, les chefs des prêtres, les Anciens et les maîtres de la Loi, en un mot tout le Sanhédrin, se réunirent en conseil. Après avoir lié Jésus, ils l'emmenèrent et le livrèrent à Pilate.

[2] Pilate l'interrogea : « Es-tu bien le roi des Juifs ? » Jésus lui répondit :

LA PASSION DE JÉSUS

La Passion de Jésus est un fait unique qui domine l'histoire.

Il y a là comme un parcours modèle menant à la condamnation unanime de celui à qui l'on ne pouvait rien reprocher. Même les disciples y ont eu leur part puisqu'ils ont été choqués et déconcertés au point de ne plus savoir que penser de Jésus et de l'abandonner.

Ici Marc résume sans le commenter le transfert du procès de Jésus des prêtres à Pilate. Tous sont dépassés par les circonstances, les sentences ne sont pas celles qu'on pouvait attendre. Jusqu'à Barabbas dont la présence était nécessaire pour souligner la perversion de la sentence et la valeur exceptionnelle du message non violent de Jésus.

• **15.**6 La foule a choisi Barabbas. Le chemin de libération que Jésus proposait exigeait du temps, un sens des responsabilités et du sacrifice. Barabbas, au contraire, c'était la violence irresponsable qui satisfait notre désir de vengeance.

Ici, l'Évangile ne prétend pas rendre tous les Juifs du temps de Jésus responsables de sa mort. Il témoigne d'un fait : l'ensemble du peuple, et non seulement les chefs, avait déjà rejeté Jésus, comme il allait bientôt rejeter la prédication chrétienne.

L'Esprit enseignera aux apôtres que ce rejet faisait partie du plan de Dieu. Jésus est la victime pour le péché du monde (1J 4,10). Il y avait mille façons pour lui de donner sa vie pour ceux qu'il aimait, mais ce rejet du Messie par les siens donnait à son sacrifice une signification nouvelle. Le reniement de Jésus par son peuple prolonge l'histoire passée du peuple de Dieu qui tant de fois s'est refusé à entrer dans le chemin de salut que Dieu lui offrait.

Dieu avait dit : « C'est moi qu'ils rejettent, ils ne veulent pas que je règne sur eux ». Or voici que Dieu envoie son Fils, et la communauté le livre aux païens. L'apôtre Jean nous invite à nous poser la question : Dieu pouvait-il venir chez nous sans que nous le rejetions (Jn 1,15) ?

• **15.**21 Conformément à la loi romaine, Jésus est flagellé, mais ce n'est pas une cruauté supplémentaire : la perte de sang et l'épuisement provoqués par les coups devaient hâter la mort du crucifié et abréger ainsi son agonie.

Suspendu à la croix par les bras, le condamné étouffe. Afin de pouvoir respirer, il doit s'appuyer sur les pieds et les bras, ce qui augmente la douleur insupportable causée par les clous passés au milieu des pieds et des poignets. Dès qu'il n'a plus la force de se relever, le condamné meurt asphyxié.

Le *vin acidulé* était la boisson habituelle des soldats romains. La *myrrhe* atténue la douleur ; mais Jésus refuse ce qui aurait pu diminuer ses souffrances.

« C'est toi qui le dis. » [3] Les chefs des prêtres lançaient contre lui toutes sortes d'accusations, [4] aussi Pilate l'interrogea-t-il de nouveau : « Tu ne réponds rien ? Regarde tout ce dont ils t'accusent ! » [5] Mais Jésus ne répondait toujours rien, si bien que Pilate était déconcerté.

• [6] Chaque année, pour la fête, Pilate leur relâchait un prisonnier, celui qu'ils réclamaient. [7] Or il y avait un certain Barabbas qui était dans les chaînes avec ses complices : ils avaient commis un meurtre au cours d'une émeute. [8] La foule vint donc réclamer ce qu'il leur accordait d'habitude.

[9] Pilate leur répondit : « Voulez-vous que je vous relâche le roi des Juifs ? » [10] Il savait bien en effet, que c'étaient les chefs des prêtres qui le livraient par jalousie. [11] Mais les chefs des prêtres manœuvrèrent la foule et elle demanda que Pilate relâche plutôt Barabbas.

[12] Pilate leur adressa de nouveau la parole : « Que vais-je donc faire de celui que vous appelez le Roi des Juifs ? » [13] Ils crièrent : « Mets-le en croix ! » [14] Pilate insista : « Qu'a-t-il donc fait de mal ? » Mais ils crièrent de plus belle : « Mets-le en croix ! »

[15] Pilate leur relâcha donc Barabbas, car il lui fallait contenter la foule ; puis il fit flageller Jésus et le livra à ceux qui allaient le crucifier.

La couronne d'épines

[16] Les soldats emmènent donc Jésus à l'intérieur de la cour de garde et rassemblent tout le bataillon. [17] Ils le couvrent d'un manteau rouge de l'armée et lui mettent une couronne qu'ils ont tressée avec des épines. [18] Puis ils se mettent à le saluer : « Salut, roi des Juifs ! » [19] Ils lui frappent la tête avec un roseau, ils crachent sur lui et lui font de grandes salutations en pliant le genou devant lui.

[20] Quand ils se sont bien moqués de lui, ils lui enlèvent le manteau rouge, lui remettent ses vêtements et le conduisent dehors pour le crucifier.

Jésus est mis en croix

• [21] Pour porter sa croix, les soldats réquisitionnèrent un homme qui passait par là en revenant des champs : c'était Simon de Cyrène, le père d'Alexandre et de Rufus. [22] Ils conduisirent Jésus à l'endroit qu'on appelle Golgotha (ce qui veut dire lieu du Crâne). [23] Arrivés là, ils lui donnèrent un mélange de vin et de myrrhe mais Jésus ne voulut pas en prendre.

[24] Après l'avoir crucifié, *ils partagèrent ses vêtements, tirant au sort* la part de chacun.

LE CALVAIRE

Juste à côté des remparts de Jérusalem, à l'ouest, une ancienne carrière abandonnée depuis plusieurs siècles, avait été inclue dans les travaux d'urbanisme du roi Hérode le Grand, peu avant la naissance de Jésus.

Le sol de la carrière est remblayé et on en fait un jardin. Il n'émerge plus qu'un bloc de pierre qui se dressait au milieu, on l'avait épargné à cause de sa mauvaise qualité. Maintenant on n'en voit plus que la partie supérieure, d'environ quatre mètres de haut.

Ce rocher va devenir le gibet de Jérusalem. Des poteaux verticaux y sont à demeure, auxquels on fixera la traverse de la croix. On l'appelle le Golgotha, *le crâne*, ce qui a donné en latin *le calvaire*, c'est-à-dire la roche pelée.

Dans les contremarches de la carrière s'ouvraient des galeries horizontales qui desservaient des tombes : sépultures privées pour les riches, sépultures publiques pour les personnes plus modestes. C'est ainsi que la tombe où l'on dépose le corps de Jésus est toute proche de la croix.

• **15.33** *Elôï, Elôï, lema sabachthani ?* C'est le début du psaume 22 qui commence par un cri d'angoisse et se termine par l'assurance de la victoire.

Le cri de Jésus quand il meurt présente un mystère, puisque normalement un crucifié mourait d'épuisement, asphyxié, et donc incapable de crier ainsi. Mais personne ne peut prendre à Jésus sa vie : elle est en son pouvoir et il la donne au moment où il le veut (Jn 10,18). Ceux qui sont près de lui s'étonnent : cri de vaincu ou de vainqueur ?

La croix sur laquelle Jésus meurt est formée de deux poutres, l'une verticale, l'autre horizontale : suspendu entre ciel et terre, Jésus réconcilie tous les hommes entre eux et avec Dieu.

Le rideau dissimulant le sanctuaire du temple se déchire en deux. Dieu ne réside plus à cet endroit où aucun mortel ne pouvait pénétrer. Dieu a laissé ce sanctuaire qui inspirait la crainte, et maintenant il se révèle à tous par son Fils blessé — blessé par le péché, mais plus encore par la passion qu'il ressent pour nous.

Vraiment cet homme était Fils de Dieu. Le capitaine romain a proclamé que Jésus était *un homme juste* (Lc 23,47) ; mais Marc lui attribue cette parole : « Fils de Dieu » car il voit en cet officier païen le représentant des nations qui, bientôt, reconnaîtront le Fils de Dieu en ce crucifié.

• **15.42** *Joseph d'Arimathie* se hâte de réclamer le corps de Jésus pour l'enterrer, parce que la loi juive exige que les cadavres des condamnés soient enterrés avant la tombée de la nuit, et à plus forte raison en ce jour qui précédait une fête si importante. La tombe taillée dans le roc se trouve sur le versant d'une colline. On y entrait par une porte très basse, fermée par une énorme pierre ronde, comme la meule d'un moulin (voir le commentaire de Jn 19,41).

²⁵ On était au milieu de la matinée quand ils le crucifièrent. ²⁶ Une inscription mentionnait le motif de sa condamnation : LE ROI DES JUIFS. ²⁷ Avec lui on avait crucifié deux brigands, l'un à sa droite et l'autre à sa gauche. ²⁸ Ainsi s'accomplissait l'Écriture qui dit : *Il a été compté parmi les malfaiteurs.*

²⁹ Ceux qui passaient l'insultaient. *Ils hochaient la tête* et disaient : « Eh ! Toi qui détruis le Temple et le rebâtis en trois jours, ³⁰ sauve-toi toi-même, descends de la croix ! » ³¹ De même les chefs des prêtres et les maîtres de la Loi ricanaient entre eux : « Il en a sauvé d'autres, mais il ne se sauvera pas lui-même. ³² Que le Messie, le roi d'Israël, descende maintenant de la croix : alors nous verrons et nous croirons. » Même ceux qu'on avait crucifiés avec lui l'insultaient.

La mort de Jésus

• ³³ Il était environ midi, mais ce fut l'obscurité dans tout le pays jusqu'au milieu de l'après-midi. ³⁴ On était à la neuvième heure du jour lorsque Jésus s'écria d'une voix forte : « *Elôï, Elôï, lama sabacthani ?* Ce qui veut dire : *Mon Dieu, mon Dieu, pourquoi m'as-tu abandonné ?* » ³⁵ En l'entendant, plusieurs de ceux qui étaient présents firent cette réflexion : « Voilà qu'il appelle Élie ! » ³⁶ Quelqu'un courut, remplit une éponge de vinaigre, et la fixa à un roseau pour lui donner à boire ; il disait : « Attendons, Élie viendra peut-être pour le faire descendre. »

³⁷ C'est alors que Jésus poussa un grand cri et rendit le dernier soupir. ³⁸ Le rideau du Sanctuaire se déchira en deux, du haut en bas, ³⁹ et au même moment, voyant comment Jésus était mort, l'officier romain qui se tenait en face de lui déclara : « En vérité cet homme était fils de Dieu. »

⁴⁰ Un groupe de femmes regardait à distance ; parmi elles se trouvaient Marie de Magdala, Marie, mère de Jacques le petit et de Joset, et Salomé, ⁴¹ qui le suivaient et l'assistaient quand il était en Galilée. Avec elles il y en avait d'autres qui étaient montées avec lui à Jérusalem.

Jésus est mis au tombeau

• ⁴² On était déjà au soir ; comme c'était la Préparation (c'est-à-dire la veille du sabbat), ⁴³ Joseph d'Arimathie arriva. C'était un membre important du Conseil, et un de ceux qui attendaient le Royaume de Dieu. Il n'hésita pas à se rendre chez Pilate pour demander le corps de Jésus.

⁴⁴ Pilate s'étonna que Jésus soit déjà mort. Il appela donc l'officier et

• **16.1** L'histoire de Jésus se termine par la découverte du tombeau vide. A la dernière page de l'évangile, nous trouvons un bref récit des apparitions les plus importantes de Jésus après sa mort. Il ne s'agit plus du Jésus d'avant, mais de celui qui est rené du Père pour ne plus jamais mourir, comme l'annonçait le psaume 2 : *Tu es mon Fils, aujourd'hui, je t'ai donné la vie.*

Jésus est ressuscité. L'évangile nous parle d'événements qui ont lieu après sa mort et mentionne le nom des témoins qui ont vu Jésus ressuscité. Pouvons-nous les croire ?

Nous aimerions avoir plus de détails à l'appui de notre foi, des milliers d'entrevues de témoins, avec des photos pour confirmer leurs déclarations… En réalité, peu importe qu'il y ait peu ou beaucoup de témoins. Nous avons des doutes, non pas parce que les preuves manquent, mais parce que l'événement nous dépasse. Les témoignages sont là, et ils ont résisté à la critique moderne. Mais comment croire à une résurrection, et à ce Jésus de Galilée maintenant Seigneur de l'histoire ?

La foi est une démarche personnelle, et ici, seuls croiront ceux que leur propre expérience a préparés à accepter cette vérité fondamentale : le Dieu vivant aime les hommes et il leur redonne la vie.

Il n'est pas plus difficile de croire en la résurrection du Christ que de croire en ses paroles : les deux sont inséparables. « Celui qui croit est déjà vainqueur du monde », nous dit l'apôtre Jean (1Jn 5,4), c'est-à-dire qu'il a dépassé la signification erronée qu'on donne ordinairement à l'existence, il a surmonté la peur que nous ressentons tous quand nous devons laisser de côté nos raisonnements pour nous remettre entre les mains de Dieu.

• **16.8** L'évangile de Marc se termine de façon abrupte au v.8. Nous attendions la rencontre de Jésus et de ses apôtres en Galilée, mais elle n'a pas lieu. Pourquoi ? Nous ne le savons pas. Au lieu de cela, nous n'avons qu'un bref rappel des apparitions de Jésus après sa résurrection.

• **16.9** *Portez la Bonne Nouvelle à toute la création.* La Bonne Nouvelle est la graine qui sera semée dans le monde et qui, en son temps, germera dans tous les domaines de l'activité humaine. Ceux qui ont été renouvelés par le baptême sont le ferment qui transformera le monde.

• **16.15** Au jour de la Résurrection, la nature humaine de Jésus a commencé à participer pleinement à la gloire divine. Maintenant Jésus est « Fils de Dieu avec puissance ». Il nous demande de croire *en son Nom*, c'est-à-dire en la puissance divine qu'il vient de recevoir.

Les apôtres sont envoyés au monde pour le guérir et le sanctifier. Les miracles et guérisons dont cette page montre l'importance ne sont pas des fins en eux-mêmes, mais des signes. Le but de l'évangélisation est que toute la création (v.15) se rassemble autour du Fils de Dieu fait homme, par l'action de l'Esprit Saint.

l'interrogea pour savoir s'il était bien mort depuis un moment. [45] Renseigné par cet officier, Pilate autorisa Joseph à prendre le corps.

[46] Il acheta un drap, descendit le corps de la croix et l'enveloppa dans le drap. Puis il le déposa dans un tombeau taillé dans le roc et roula une pierre devant l'entrée du tombeau. [47] Marie de Magdala et Marie, mère de Joset, observaient l'endroit où on le déposait.

Il est ressuscité : il n'est pas ici

16 • [1] Une fois terminé le sabbat, Marie de Magdala, Marie, mère de Jacques, et Salomé achetèrent des parfums afin d'embaumer le corps.

[2] De grand matin, le premier jour de la semaine, elles vinrent au tombeau au lever du soleil. [3] Elles s'étaient bien posé la question : « Qui nous roulera la pierre de devant le tombeau ? » [4] Mais au premier regard, elles virent que la pierre avait été roulée de côté, et il s'agissait d'une pierre énorme.

[5] Elles entrent alors dans le tombeau et elles voient un jeune homme assis à droite, vêtu d'une tunique blanche. Elles sont saisies de frayeur, [6] mais il leur dit : « Ne vous effrayez pas ! Vous cherchez Jésus le Nazaréen, celui qu'on a crucifié ? C'est bien ici qu'on l'avait mis, mais il est ressuscité, il n'est pas ici. [7] Allez dire à ses disciples, et à Pierre, qu'il vous précède en Galilée ; là vous le verrez comme il vous l'a dit. »

• [8] Aussitôt elles sortent du tombeau et prennent la fuite, saisies de frayeur et d'étonnement. Leur peur est telle qu'elles ne disent rien à personne.

Brève conclusion de l'Évangile

• [9] Ressuscité au matin du premier jour de la semaine, Jésus apparut tout d'abord à Marie de Magdala dont il avait chassé sept démons. [10] Elle alla le dire aux compagnons de Jésus qui étaient tristes et qui pleuraient. [11] Quand ils entendirent qu'il était vivant, qu'elle l'avait vu, ils ne la crurent pas.

[12] Après cela Jésus se manifesta sous une autre forme à deux d'entre eux qui s'en allaient à la campagne. [13] Eux aussi allèrent le dire aux autres, mais ils ne les crurent pas davantage.

[14] Finalement, Jésus se manifesta aux Onze alors qu'ils étaient à table. Il leur reprocha de manquer de foi, d'être si peu ouverts, et de n'avoir pas cru ceux qui l'avaient vu ressuscité.

• [15] Puis il leur dit : « Allez dans le monde entier, portez la Bonne

LE LINCEUL

Aussitôt après la mort de Jésus le texte mentionne le drap dans lequel le corps est enveloppé. Il est difficile de lire ces lignes sans penser au drap conservé jusqu'à ce jour qu'on appelle le Saint Suaire de Turin.

Ce drap présente des particularités si remarquables qu'on l'a étudié par tous les procédés actuellement connus pour savoir si c'était là comme on le pensait, un objet authentique.

Une épreuve au carbone 14 semblait dire qu'il était d'une date plus tardive, mais depuis on a vu qu'il était impossible d'en tirer une conclusion valable. Il est certain que ce n'est pas une peinture, qu'il n'a pas été teint, qu'il n'a pas subi de manipulation.

L'empreinte est parfaitement tridimensionnelle, les marques, tout spécialement de sang, montrent que c'est le linceul d'un crucifié. Ce qui est plus notable encore, c'est qu'on n'y voit pas les traces qui seraient restées si le corps avait été enlevé du linceul. Et il est impossible que le corps s'y soit décomposé. Tout se présente comme si le corps avait purement et simplement disparu.

Celui qui ne croira pas sera condamné (16). Il y a là une menace dont l'interprétation erronée aurait des effets incalculables.

Celui qui ne croit pas est l'un de ceux à qui l'on présente le message et qui, en même temps, a vu et reçu des signes assez parlants pour qu'il puisse y reconnaître la main de Dieu. Il sera condamné, c'est-à-dire que, lorsqu'il rendra compte de ses actes bons et mauvais, il recevra sur ce point « une » condamnation : même s'il a été victime de bien des influences, il devra reconnaître que ce jour-là il y a eu faute, et peut-être grave, de sa part. Par contre, celui qui croit et est baptisé *est sauvé*, c'est-à-dire qu'il jouit des dons que Dieu nous donne par son Fils Jésus : il a été renouvelé en profondeur et sa vie a pris un autre sens. Il participera à la mission du peuple de Dieu dans l'histoire, une œuvre sans laquelle l'humanité serait condamnée à se perdre, dans tous les sens du terme.

Et voici les signes qui accompagneront ceux qui auront cru (17). Les Actes des Apôtres nous racontent quelques uns de ces signes et de ces miracles dans les premiers temps de l'Église. Aujourd'hui même on les observe partout où les croyants veulent évangéliser avec l'Évangile.

Nouvelle à toute la création. ¹⁶Celui qui croira et sera baptisé, sera sauvé ; celui qui ne croira pas, sera condamné.

¹⁷ « Voici les signes qui accompagneront ceux qui auront cru : par mon Nom ils chasseront les démons et parleront des langues nouvelles. ¹⁸Ils saisiront les serpents, et s'ils boivent un poison mortel, il ne leur fera aucun mal ; ils imposeront les mains aux malades et ils seront guéris. »

¹⁹Après leur avoir parlé, le Seigneur Jésus fut enlevé au ciel et *il s'assit à la droite de Dieu.* ²⁰Quant à eux, ils partirent prêcher en tout lieu ; le Seigneur était à l'œuvre avec eux et confirmait leurs paroles par les signes qui l'accompagnaient.

✠

Origine de l'Évangile de Luc

On ne sait pas comment Luc, un médecin de la région d'Antioche selon toute probabilité, est devenu disciple et compagnon de Paul. Il a dû être l'un de ses catéchistes, on parlait alors d'évangélistes, et il a certainement eu en mains assez tôt le principal document de la catéchèse des apôtres. Ses voyages avec Paul à Jérusalem et à Césarée lui ont permis de le compléter, et c'est ainsi qu'il a pu commencer son œuvre en deux volumes.

L'évangile n'en était que la première partie, car il voulait mettre en parallèle l'action de l'Esprit tout au long de la vie de Jésus et l'action de l'Esprit dans l'évangélisation de l'Église primitive, tout spécialement celle de Pierre et de Paul. Le second volume de son œuvre avait sans doute pour titre « Actes d'Apôtres », et ce sont les Actes de notre Nouveau Testament.

S'il fallait caractériser d'un mot l'Évangile de Luc, on dirait sans doute qu'il est le plus humain des quatre. Pour parler de la miséricorde de Dieu, du privilège des pauvres, de la façon dont Jésus a refusé la discrimination des femmes, il a trouvé les mots et les images qui ont marqué toute la culture chrétienne - et occidentale.

Luc a sans doute publié son évangile et les Actes avant les premières persécutions juive et romaine, dans les années 62-63.

ÉVANGILE SELON
SAINT LUC

• **1.**1 Luc dédie son livre à Théophile qui était peut-être un chrétien aisé. Selon les coutumes de l'époque, où l'imprimerie n'existait pas, Luc lui confie son manuscrit pour qu'il en fasse plusieurs copies à ses frais.

Après avoir tout étudié depuis le début. Les deux premiers chapitres de cet évangile nous parlent de l'enfance de Jésus. Mais l'esprit est fort différent du récit de Matthieu 1-2. Luc pour sa part s'est défié des rumeurs et il a recherché les témoignages ; il utilise un très ancien document que gardaient les communautés chrétiennes de Palestine.

Ces deux premiers chapitres nous offrent sept tableaux :

L'annonciation de Jean

L'annonciation de Jésus

La visitation

La naissance de Jean

La naissance de Jésus

La présentation

Jésus au Temple

• **1.**5 *Au temps d'Hérode.* Cet Hérode, connu comme Hérode le Grand, était le père du « tétrarque » Hérode, celui dont il est question en 3,1 et que Jésus a connu. Il a été le dernier roi des Juifs, et à sa mort la nation perd son autonomie.

L'œuvre de Dieu commence chez des croyants simples, comme il y en avait beaucoup en Israël, ceux que les Psaumes appellent les « pauvres de Yahvé ».

Zacharie était *prêtre.* Chez les Juifs il y avait un certain nombre de familles sacerdotales, les *descendants d'Aaron,* et tous les hommes de ces familles étaient prêtres de père en fils. A tour de rôle, ils remplissaient certaines fonctions dans le Temple de Jérusalem. Le reste du temps ils travaillaient comme n'importe quel autre dans leurs villes et villages.

Élisabeth était stérile (7)*.* Tout comme Sara, Rébecca et Rachel, illustres ancêtres du peuple d'Israël, ou encore Anne, la mère du prophète Samuel. Car Dieu s'abaisse vers ceux qui sont humiliés : *rien n'est impossible à Dieu.*

Ta prière a été exaucée (13)*.* Zacharie avait désiré un fils, mais il ne l'attendait plus. Par contre, au Temple, il venait de demander le salut que Dieu promettait à son peuple. Les deux choses lui sont promises à la fois.

Il ne boira pas de vin. En Israël certains hommes se consacraient à Dieu de la façon suivante : ils ne se coupaient pas les cheveux, ne buvaient pas d'alcool et se retiraient du monde pendant un certain temps. On les appelait *nazirs.* Mais le fils de Zacharie doit être nazir *dès le sein de sa mère* et jusqu'à sa mort. Il prêchera la pénitence, et sa propre vie sera un modèle d'austérité. En ceci il sera différent de Jésus qui vit comme tout le monde et n'exige de ses disciples aucun jeûne particulier (Lc 7,33).

L'ange indique ensuite quelle sera la mission du fils de Zacharie : *Il marchera avec l'esprit et la puissance d'Élie.* Dans la Bible Élie est le grand prophète et l'on rapporte qu'il fut enlevé au ciel. Beaucoup pensaient qu'Élie reviendrait du ciel pour rétablir la fidélité du peuple avant la venue du Dieu sauveur.

L'ange précise et rectifie : c'est Jean-Baptiste qui agira *avec l'esprit d'Élie* afin de *réconcilier* tous les fils d'Israël par la justice et la fidélité à la Loi de Dieu.

1 • [1] Plusieurs se sont appliqués à composer un récit des événements qui ont eu lieu parmi nous, [2] tels qu'ils nous ont été transmis par ceux qui en furent les premiers témoins et qui par la suite sont devenus serviteurs de la Parole.

[3] Après avoir tout étudié depuis le début et avec soin, il m'a paru bon à moi aussi, cher Théophile, de t'en faire un récit suivi. [4] Ainsi tu pourras mesurer la solidité de l'enseignement que tu as reçu.

Un ange annonce la naissance de Jean-Baptiste

• [5] Au temps d'Hérode, roi de Judée, vivait un prêtre du nom de Zacharie. Il était du clan d'Abias ; sa femme, qui s'appelait Élisabeth, était aussi de la descendance d'Aaron. [6] Tous deux étaient justes au regard de Dieu et mettaient scrupuleusement en pratique toutes les lois et toutes les ordonnances du Seigneur. [7] Mais ils n'avaient pas d'enfant : Élisabeth était stérile et tous les deux étaient déjà très âgés.

[8] Or, pendant que Zacharie assurait avec son groupe le service de Dieu dans le Temple, [9] selon la règle établie pour les prêtres, il fut désigné par le sort pour entrer dans le sanctuaire du Seigneur et y faire brûler l'encens. [10] Et quand ce fut l'heure d'offrir l'encens, toute la foule était en prière sur le parvis. [11] C'est alors qu'un ange du Seigneur lui apparut debout à droite de l'autel de l'encens.

[12] A sa vue Zacharie se troubla et la peur l'envahit. [13] Mais l'ange lui dit : « N'aie pas peur Zacharie, voici que ta prière a été exaucée ; ta femme Élisabeth va te donner un fils que tu appelleras Jean. [14] Ce sera pour toi une vraie joie et beaucoup d'autres se réjouiront de sa naissance [15] car il sera un grand serviteur du Seigneur.

« Il ne boira ni vin ni liqueur. Dès le sein de sa mère il sera rempli de l'Esprit Saint ; [16] il ramènera en grand nombre les enfants d'Israël au Seigneur leur Dieu. [17] Il passera en avant du Seigneur, avec l'esprit et la puissance d'Élie, pour réconcilier les pères avec leurs enfants, et ramener les rebelles à la sagesse des justes. Il préparera ainsi pour le Seigneur un peuple bien disposé. »

[18] Zacharie dit à l'ange : « Comment puis-je croire cela ? Je suis un vieillard, ma femme est très âgée ! » [19] Mais l'ange lui répondit : « J'ai été envoyé pour te parler et te l'annoncer, moi Gabriel qui ai accès au conseil de Dieu. [20] Mes paroles se réaliseront au moment voulu, mais puisque toi tu n'y as pas cru, tu vas être réduit au silence ; tu ne pourras plus dire un mot jusqu'au jour où tout s'accomplira. »

[21] Le peuple attendait Zacharie et l'on s'étonnait qu'il s'attarde ainsi

Luc a repris volontairement le style d'un récit de l'Ancien Testament dans lequel Dieu promettait un fils à un couple sans enfants, et un sauveur au peuple opprimé. Voici ce récit relatif à la naissance de Samson dans le livre des Juges 13,3-5. L'appel de Jean-Baptiste s'inscrit dans les façons de faire de Dieu.

L'Ange de Yahvé apparut à la femme et lui dit : « Jusqu'à présent tu étais stérile, et tu n'as pas enfanté, mais tu vas concevoir et enfanter un fils. Maintenant donc, fais attention à ne plus boire ni vin ni boisson enivrante, et ne mange rien d'impur à cause de ce fils que tu vas concevoir et enfanter. Car dès le sein de sa mère le garçon sera consacré à Dieu : le rasoir ne passera pas sur sa tête, et c'est lui qui commencera à libérer Israël de la main des Philistins. »

• **1.26** Le récit de l'Annonciation va nous montrer combien Jésus est supérieur à Jean dans sa personne et dans sa mission.

Le nom de la vierge était Marie. Luc utilise le mot *vierge* deux fois. Pourquoi ne dit-il pas : une « *jeune fille* » ou une « *jeune femme* » ? Simplement pour faire écho aux prophètes qui affirmaient que Dieu serait accueilli par la *vierge d'Israël.* Le Dieu Sauveur voulait être accueilli par un peuple vierge, un peuple qui soit neuf et tout à lui. Et Luc nous dit : Marie est la *vierge* qui donne le jour au Messie.

Il fallait que soit vierge celle qui, dès le début, avait été choisie par Dieu pour accueillir son Fils dans un acte de foi parfaite. Celle qui allait donner à Jésus son sang, ses traits héréditaires, son caractère, sa première formation, devait avoir grandi à l'ombre du Tout-Puissant, telle une fleur secrète que nul n'avait possédée, ayant fait de sa vie un don sans réserve au Dieu vivant.

Comment cela se fera-t-il ? L'ange précise que l'enfant naîtra sans l'intervention de Joseph : celui qui va naître de Marie est le même qui déjà est en Dieu, né de Dieu, Fils du Père (Voir Jn 1,1).

La puissance du Très-Haut te prendra sous son ombre. L'ombre était l'une des figures utilisées pour exprimer la présence de Dieu dans son Temple : Marie devient la demeure de Dieu. L'Esprit Saint vient d'abord sur Marie : elle concevra par l'Esprit Saint, sans intervention humaine. La conception de Jésus en Marie est la conséquence et l'expression, sur le plan biologique, de cet acte de foi, unique dans l'histoire, par lequel elle a reçu sans réserve la Parole Éternelle du Père.

Un enfant est toujours l'alliance entre deux familles jusque-là étrangères l'une à l'autre. Ainsi Jésus, en naissant du Père et de Marie, est l'Alliance entre Dieu et la famille humaine, et comme le dit la foi de l'Église, Jésus est vraiment Dieu et vraiment homme.

« Marie toujours vierge » est une affirmation de la tradition chrétienne, laquelle ne fait jamais qu'approfondir le donné de l'Écriture. Comment penser qu'après avoir été ainsi aimée, visitée par Dieu pour qu'en elle se réalise son alliance définitive avec l'humanité, elle ait pu se replier sur un amour humain et se donner à un autre, cet autre fût-il Joseph, parfait serviteur de Dieu ? Il est vrai que l'Évangile parle des « frères de Jésus » : nous éclairons ce point en Mc 3,31.

C'est une autre question que de savoir si Marie avait eu avant la visite de l'ange un propos de virginité. L'Évangile n'indique rien d'autre à ce sujet que les paroles de Marie : *Je ne connais pas d'homme,* ce qui dans la Bible signifie : « Je n'ai pas de relations avec. » Rappelons que Marie est déjà promise en mariage à Joseph, ce qui, selon la loi juive, leur donne tous les droits du mariage (Mt 1,20). Le dialogue avec l'ange est bien plus naturel si l'on suppose que Marie s'était déjà réservée pour Dieu.

dans le sanctuaire. [22] Lorsqu'il sortit, il avait perdu l'usage de la parole et l'on se douta bien qu'il avait eu une vision dans le Temple. Il essayait de se faire comprendre, mais il restait muet.

[23] Il arriva ainsi au terme de son temps de service et il retourna chez lui. [24] Dans les jours qui suivirent, Élisabeth, sa femme, devint enceinte. Durant cinq mois elle dissimula son secret. Elle se disait : [25] « Voilà bien ce que le Seigneur a fait ! Je me sentais humiliée devant tout le monde, et c'est le moment qu'il avait fixé pour me délivrer. »

L'annonce faite à Marie

• [26] Le sixième mois, l'ange Gabriel fut envoyé par Dieu dans une ville de Galilée appelée Nazareth, [27] auprès d'une vierge déjà promise en mariage à Joseph, un homme de la famille de David ; le nom de la vierge était Marie.

[28] L'ange vint à elle et lui dit : « Réjouis-toi, comblée de grâce, le Seigneur est avec toi. » [29] Marie était toute troublée de ces paroles et se demandait ce que voulait dire cette salutation.

[30] Mais l'ange lui dit : « Ne crains pas, Marie ! Tu as trouvé grâce auprès de Dieu. [31] Tu vas être enceinte et tu mettras au monde un fils que tu appelleras du nom de Jésus. [32] Il sera grand, il sera appelé Fils du Très-Haut, et c'est à lui que le Seigneur Dieu donnera le trône de David son père. [33] Il régnera pour toujours sur la maison de Jacob, et son règne n'aura pas de fin. »

[34] Marie dit à l'ange : « Comment cela se fera-t-il puisque je n'ai pas de relations avec un homme ? » [35] Mais l'ange lui répondit : « L'Esprit Saint viendra sur toi, la puissance du Très-Haut te prendra sous son ombre. C'est pourquoi le saint enfant qui naîtra de toi sera appelé Fils de Dieu.

[36] « Sache que ta cousine Élisabeth a conçu elle aussi un fils dans sa vieillesse ; elle en est à son sixième mois, elle qu'on appelait "la stérile". [37] Car rien n'est impossible à Dieu ! »

[38] Marie dit alors : « Je suis la servante du Seigneur, qu'il m'arrive selon ta parole ! » Et l'ange se retira d'auprès d'elle.

Marie visite sa cousine Élisabeth

[39] En ces jours-là Marie prit sa décision et partit sans perdre de temps vers une ville de Juda dans la région montagneuse. [40] Elle entra dans la maison de Zacharie et salua Élisabeth.

[41] Or, quand Élisabeth entendit la salutation de Marie, l'enfant tressaillit dans son ventre. Élisabeth fut remplie de l'Esprit Saint [42] et elle

L'ANNONCIATION

Seule Marie pouvait communiquer à l'Église primitive le secret de la conception de Jésus. Mais comment aurait-elle décrit une expérience si intérieure et comment l'aurait-on rapportée ? L'évangile va donc l'exprimer grâce à des mots et des figures bibliques connues de ses lecteurs.

L'ange Gabriel. Dans le livre de Daniel un certain ange Gabriel venait annoncer l'œuvre du salut : pour Marie c'est la certitude d'être à l'endroit et au moment où se décide le sort du monde.

Marie était toute troublée de ces paroles. Il n'est pas question de peur lorsque Marie se trouve plongée dans le mystère. Mais elle est troublée en apprenant sa vocation unique.

Tu vas être enceinte. Ici l'évangile s'inspire de divers textes de l'Ancien Testament, tout spécialement celui que reproduit Mt 1,23. Marie l'appellera *Jésus* ce qui veut dire : *Sauveur.*

Fils du Très-Haut et fils de David : pour cela il était important que Joseph, père adoptif de Jésus, soit *de la famille de David :* voir Mt 1,20.

Je suis la servante du Seigneur (38). Le mot *servante* pourrait égarer ceux qui voient Dieu utilisant ses serviteurs pour ses propres fins sans les avoir vraiment aimés. Mais ceci est tout à fait contraire à l'esprit de la Bible : Dieu n'avait pas besoin d'une servante pour donner à son Fils un corps humain, mais il cherchait pour lui une mère, et pour que Marie soit cette mère, il fallait d'abord que le Père l'ait regardée et aimée plus que toute autre créature. C'est pourquoi elle est dite : *pleine de grâce.* Nous appelons *grâce* ce pouvoir que Dieu a pour guérir notre esprit, pour le disposer à croire, et pour que le geste d'amour vrai naisse spontanément de nous. Nous appelons *grâce* tout ce qui a son origine dans le Dieu vivant, mais doit germer sur notre terre. Marie est *pleine de grâce* et Jésus est né d'elle comme il naît du Père. C'est la raison pour laquelle Marie occupe une place unique dans notre salut. Elle est la merveille unique que Dieu a voulu réaliser au commencement d'une humanité refaite à son image.

• **1.44** La visite de Marie à Élisabeth entend souligner le lien entre Jean-Baptiste et Jésus, si différents. Marie doit être fort jeune et n'est sans doute guère sortie de la maison paternelle. Elle est partie comme pour une mission à remplir, et cette mission s'accomplit lorsqu'elle entre dans la maison de Zacharie, porteuse de l'Esprit qui s'empare de Jean-Baptiste avant même sa naissance (voir 1,15).

Des années plus tard, les foules juives iront chercher près de Jean-Baptiste une parole du Ciel. Mais personne ne se demandera comment il a reçu l'Esprit de Dieu ; Marie, la toute humble, a mis le dessein de Dieu en marche en ce jour de la Visitation.

Heureuse parce que tu as cru ! L'important n'est pas que Marie soit la mère de Jésus selon la chair, et Jésus le redira : 11,27. Marie, devenue le Temple de Dieu, communique l'Esprit, et c'est l'Esprit de Jésus.

A propos du *Cantique de Marie.* Marie, si discrète dans l'Évangile, proclame la révolution historique déjà commencée avec la venue du Sauveur :

— miséricorde de Dieu qui tient toujours ses promesses,

— renversement des conditions humaines.

Le Cantique de Marie exprime et exprimera toujours les sentiments les plus profonds de l'âme priante. Il y a un temps pour chercher la vérité, pour découvrir devant Dieu nos responsabilités. Il y a un temps pour implorer Dieu et le servir. Mais à la fin nous comprenons que tout est grâce de Dieu, lequel cherche ce qui est pauvre et faible afin de le combler et de l'exalter. Il ne nous reste plus alors que l'action de grâces : nous sommes sauvés au cœur du monde entier.

s'écria : « Tu es bénie parmi les femmes et le fruit de ton ventre est béni ! [43] Que m'arrive-t-il donc ? La mère de mon Seigneur vient à moi !

• [44] Sais-tu qu'à l'instant même où ta salutation est parvenue à mes oreilles, l'enfant a tressailli de joie dans mon ventre ! [45] Tu as cru, toi, en l'accomplissement de ce que le Seigneur t'a fait dire : Heureuse es-tu ! »

Le cantique de Marie

[46] Marie dit alors :
« Mon âme exalte le Seigneur,
[47] mon esprit tressaille de joie en Dieu mon Sauveur !
[48] Car il a regardé son humble servante
et tous les âges désormais me diront heureuse.
[49] Le Puissant a fait pour moi de grandes choses,
Saint est son Nom !
[50] Sa miséricorde s'étend d'âge en âge sur ceux qui le craignent.
[51] Il a fait un coup d'éclat,
il a dispersé les orgueilleux et leurs projets.
[52] Il a renversé les puissants de leur trône,
il a élevé les humbles.
[53] Il a comblé de biens les affamés
et renvoyé les riches les mains vides.
[54] Il a repris de la main Israël, son serviteur,
il s'est souvenu de sa miséricorde,
[55] comme il l'avait promis à nos pères,
à Abraham et à sa descendance pour toujours. »
[56] Marie resta trois mois auprès d'Élisabeth, puis elle retourna chez elle.

Les premiers pas de Jean-Baptiste

[57] Le temps d'accoucher arriva pour Élisabeth, et elle mit au monde un fils. [58] Ses voisins et ses proches se réjouirent avec elle lorsqu'ils apprirent cette chose extraordinaire que le Seigneur avait faite pour elle dans sa miséricorde. [59] Lorsqu'ils vinrent au huitième jour pour circoncire le petit enfant, ils voulurent l'appeler Zacharie du nom de son père. [60] Mais sa mère déclara : « Non ! Il s'appellera Jean ! » [61] Ils lui répliquèrent : « Personne dans ta famille ne porte ce nom. »

[62] Alors ils demandèrent par signes à son père quel nom il voulait lui donner. [63] Il se fit donner une tablette et écrivit ceci : « Son nom est Jean. » Ce fut une surprise pour tous. [64] C'est alors que sa bouche

Dans le livre d'Isaïe en 45,8 nous lisons cet appel à une venue de la grâce divine - qu'il s'agisse du Juste ou de la justice divine - qui viendra féconder notre terre, tous les efforts anonymes et cachés de ceux qui croyaient à l'impossible.

Cieux, faites tomber de là-haut la rosée,
et que les nuées donnent une pluie de justice.
Que s'ouvre la terre, et que fleurisse le salut,
tandis que la justice germera :
c'est mon œuvre à moi, Yahvé.

Dire que le oui de Marie a décidé de l'avenir du monde, ce n'est pas oublier qu'elle n'était qu'une petite galiléenne d'une bourgade ignorée. Et elle n'a pris part à aucune action d'éclat. Dans la Première Lettre aux Corinthiens, en 1,25, Saint Paul redira ce qu'est la façon d'agir de Dieu lorsqu'il veut remettre en ordre le monde :

Oui, les folies de Dieu ont plus de sagesse que les hommes, et la faiblesse de Dieu est plus forte que les humains. Voyez un peu, frères, quelle est votre condition : combien d'entre vous passent pour des gens cultivés, ou sont de familles nobles et influentes ? Bien peu.

Mais Dieu a choisi ce que le monde considère comme ridicule pour ridiculiser les sages, et il a pris ce qui est faible en ce monde pour humilier les forts. Dieu a choisi ce qui est commun et méprisé en ce monde, ce qui ne compte pas, pour réduire à rien tout ce qui compte.

Et ainsi, nul mortel ne pourra se vanter devant Dieu.

Dans la Lettre aux Galates, en 4,1, Paul nous montre le sens de cette entrée du Verbe de Dieu dans la race et dans l'histoire des hommes. C'est la charnière de l'histoire, l'homme accède à sa majorité lorsqu'il lui est permis de s'initier à ses droits et ses responsabilités de fils.

Tant que le fils du propriétaire est un enfant, on ne le distingue pas des esclaves, bien qu'il soit leur maître à tous. Il dépend d'un tuteur ou d'un économe jusqu'à l'âge fixé par son père. C'était pareil pour nous, car nous étions des mineurs et nous étions soumis aux règlements de ce monde.

Mais lorsque fut arrivée la plénitude des temps, Dieu envoya son Fils, né d'une femme, né sous la Loi afin de racheter ceux qui étaient sous la Loi, pour que nous recevions notre titre d'enfants. Et parce que vous êtes fils, Dieu a fait venir à vos cœurs l'Esprit de son Fils, celui qui peut crier : Abba, Père !

• **1.80** *L'enfant vécut dans des lieux retirés.* Jean-Baptiste va grandir et découvrir sa vocation dans la région du désert de Juda proche de Jéricho (3,2).

s'ouvrit et que sa langue put articuler. Il se mit à parler, bénissant Dieu.

⁶⁵ Cette affaire impressionna fortement le voisinage et, dans toute la région montagneuse de Judée on commentait ces événements. ⁶⁶ Tous ceux qui en entendaient parler les gardaient dans leur cœur et disaient : « Que sera donc cet enfant ? » Il était clair que la main du Seigneur était avec lui.

Le cantique de Zacharie

⁶⁷ Zacharie, son père, fut alors rempli de l'Esprit Saint, il dit de façon prophétique :
⁶⁸ « Béni soit le Seigneur, le Dieu d'Israël,
car il a visité et délivré son peuple.
⁶⁹ Voici que pour nous se lève en force le salut
dans la maison de David son serviteur.
⁷⁰ Comme il l'avait dit dès les temps anciens,
par la bouche de ses saints prophètes ;
⁷¹ il nous sauverait de nos ennemis,
de la main de ceux qui nous haïssent,
⁷² il montrerait de quel cœur il aimait nos pères,
et comment il se souvenait de son alliance sainte.
⁷³ Comme il l'avait juré à notre père Abraham,
⁷⁴ il nous a libérés des mains ennemies
⁷⁵ et nous a donné de le servir sans crainte
dans la sainteté et la justice,
sous son regard, tout au long de nos jours.
⁷⁶ Et toi, petit enfant,
tu seras appelé prophète du Très-Haut,
toi qui passeras en avant du Seigneur
pour préparer ses chemins,
⁷⁷ pour dire à son peuple ce que sera le salut :
ils recevront le pardon de leurs péchés,
⁷⁸ fruit de la miséricorde de notre Dieu.
Elle fera qu'il nous visite d'en-haut,
tel un Soleil levant,
⁷⁹ pour illuminer ceux qui sont dans les ténèbres
et demeurent dans les ombres de mort,
pour conduire nos pas sur un chemin de paix. »

• ⁸⁰ L'enfant grandissait, et il lui venait la force de l'Esprit. Il vécut dans des lieux retirés jusqu'au jour où il se manifesta à Israël.

L'une des nombreuses promesses de Dieu à son peuple dispersé et humilié se lit dans le prophète Ezéchiel 36,22 :

Je vous prendrai du milieu des nations, je vous rassemblerai d'entre les peuples et je vous ramènerai sur votre terre. Je vous aspergerai d'une eau pure et vous serez purifiés ; je vous purifierai de toutes vos impuretés et de toutes vos sales idoles.

Je vous donnerai un cœur nouveau et je mettrai au dedans de vous un esprit nouveau. J'enlèverai de votre chair le cœur de pierre et je vous donnerai un cœur de chair.

Je mettrai en vous mon Esprit et je ferai que vous marchiez selon mes commandements, que vous observiez mes lois et les mettiez en pratique. Vous habiterez le pays que j'ai donné à vos pères, vous serez mon peuple et je serai votre Dieu.

Je vous délivrerai de toutes vos impuretés. J'appellerai le blé et il poussera en abondance ; je ne vous enverrai plus la famine. Je multiplierai les fruits des arbres et les produits des champs ; vous ne serez plus humiliés par la famine aux yeux des autres nations.

• **2.1** *César Auguste ordonna un recensement.* La Palestine est déjà dans l'orbite de l'Empire Romain lorsque Jésus naît, quatre ans sans doute avant la mort de Hérode le Grand. Après l'échec d'Arquelaüs, successeur d'Hérode (Mt 2,22), la Palestine sera administrée directement par un gouverneur romain, Quirinus. Il fera un autre recensement.

Il est fort probable que Joseph avait des parents à Bethléem, et c'est là que Jésus naît. La colline calcaire sur laquelle était construit le village était creusée de nombreuses grottes naturelles qui servaient d'habitations aux familles modestes. La grotte dans laquelle est né Jésus comportait deux salles séparées par une sorte d'étranglement de la roche. La salle du fond servait de remise et d'étable. Il y avait des hommes et des enfants dans la pièce de devant, et la maîtresse de maison installe Joseph et Marie à côté des animaux pour qu'elle accouche avec un minimum d'intimité.

Elle enfanta son fils, le premier-né. Ce terme de *premier-né* soulignait les privilèges d'un fils aîné qui, comme tel, appartenait à Dieu, on l'utilisait tout aussi bien pour un fils unique.

• **2.8** L'ange annonce aux bergers *la paix et la grâce.* Durant des siècles Dieu avait donné à son peuple le sens du péché, maintenant l'heure est arrivée où il se risque à montrer jusqu'où va son amour pour les hommes.

Et voici son signalement. Il ne s'agit pas seulement d'un détail qui permettra de le retrouver dans Bethléem, c'est un signe qui révèle la personnalité de l'enfant. Le signe est double : ce sauveur de race royale est né dans la pauvreté d'une étable ; ce Seigneur d'origine divine est entre les hommes comme un enfant démuni et silencieux.

Les bergers repartirent, chantant les louanges de Dieu (20). Alors que l'obscurité règne sur le monde, quelques bergers ont vu Dieu. Pourquoi ont-ils été appelés à la crèche ? Peut-être tout simplement parce que Dieu prend son plaisir à se révéler aux pauvres ; Marie et Joseph ont eu la joie de partager avec eux quelque chose de leur secret.

• **2.18** *Marie gardait le souvenir de ces choses,* parce que chaque événement de sa vie était pour Dieu le moyen de lui révéler ses intentions, et plus encore maintenant qu'elle était près de Jésus. Elle s'étonnait, s'émerveillait, mais elle n'était pas déconcertée parce que sa foi était sans faille. *Elle méditait ces choses* jusqu'au jour de la Résurrection et de la Pentecôte où tous les gestes et les paroles de Jésus devaient s'éclairer et où elle les révélerait à l'Église.

Naissance de Jésus à Bethléem

2 • [1] En ces jours-là un édit de César Auguste ordonna de recenser toute la terre. [2] On en fit le « premier » recensement lorsque Quirinus était gouverneur de Syrie. [3] Tous commencèrent à se déplacer, chacun vers sa propre ville, pour y être recensés. [4] Joseph aussi, qui était en Galilée dans la ville de Nazareth, monta en Judée jusqu'à la ville de David dont le nom est Bethléem, car il était de la descendance de David. [5] Il alla se faire recenser avec Marie, son épouse, qui était enceinte.

[6] Or, pendant qu'ils étaient là, le jour où elle devait accoucher arriva. [7] Elle enfanta son fils, le premier-né ; elle l'emmaillota et l'installa dans une mangeoire, car il n'y avait pas de place pour eux dans la salle commune.

L'annonce aux bergers

• [8] Il y avait dans la région des bergers qui restaient aux champs et se relayaient pour garder leurs troupeaux durant la nuit. [9] Un ange du Seigneur se trouva soudain devant eux, en même temps que la Gloire du Seigneur resplendissait tout autour. Ils furent saisis d'une grande crainte. [10] L'ange leur dit : « Ne craignez pas, c'est une bonne nouvelle que je vous apporte, et qui fera la joie de tout le peuple. [11] Aujourd'hui, dans la ville de David vous est né un Sauveur. C'est le Messie, le Seigneur. [12] Et voici son signalement : vous trouverez un nourrisson emmailloté et déposé dans une mangeoire. »

[13] Tout à coup se joignit à l'ange une multitude d'esprits célestes qui louaient Dieu en disant :

[14] « Gloire à Dieu dans les cieux, et sur la terre paix aux hommes, car il les prend en grâce. »

[15] Lorsque les anges furent repartis vers le ciel, les bergers se dirent l'un à l'autre : « Allons donc jusqu'à Bethléem, voyons ce qui vient d'arriver et que le Seigneur nous a fait connaître. » [16] Ils y allèrent sans perdre un instant et trouvèrent Marie et Joseph ainsi que le petit enfant déposé dans la mangeoire. [17] Alors ils firent connaître ce qui leur avait été dit à propos de cet enfant.

• [18] Tous ceux qui en entendirent parler restèrent fort surpris de ce que racontaient les bergers. [19] Quant à Marie, elle gardait le souvenir de ces événements et les reprenait dans sa méditation.

[20] Les bergers repartirent ; ils ne faisaient que remercier et chanter les louanges de Dieu pour tout ce qu'ils avaient entendu et vu, tel qu'on le leur avait annoncé.

Dieu promet la paix aux humbles, et s'il a dû frapper, il reprend en grâce. En Isaïe 57,14 nous lisons :

Voici ce que dit le Très-Haut, le Très-Grand, celui qui demeure et dont le Nom est saint :

Je suis saint et je réside dans les hauteurs, mais je suis proche de l'homme contrit et humble d'esprit. Je fais revivre l'esprit des humbles et les cœurs brisés.

Je ne discuterai pas toujours, et ma colère ne sera pas sans fin ; sinon les esprits se décourageraient, ces pauvres vivants que j'ai faits.

Je l'ai frappé, et dans ma colère je lui ai caché ma face. Car lui, le rebelle, il ne faisait que suivre la pente de son cœur. Et j'ai vu sa conduite.

Pourtant je le guérirai et je le guiderai, je lui donnerai le réconfort. Et tous les siens qui sont en deuil, je ferai naître la louange sur leurs lèvres. Paix ! paix pour celui qui est loin comme pour celui qui est proche, dit Yahvé, je le guérirai !

Peuple choisi par Dieu, peuple consacré à Dieu : ce n'est pas un vain mot. Dieu demande que tout garçon premier-né lui soit consacré. La famille est une mission et les enfants ne sont pas là pour réaliser les ambitions de leurs parents. La loi se lit au livre des Nombres 3,13 :

Tout premier-né m'appartient depuis le jour où j'ai frappé les premiers-nés au pays d'Égypte ; je me suis alors consacré tout premier-né en Israël, aussi bien parmi les hommes que parmi les animaux, et ils sont à moi : je suis Yahvé !

• **2.22** *Pour accomplir le rite de la purification.* En réalité, purification de la mère et consécration à Dieu d'un premier-né.

Siméon et Anne, comme Marie et Joseph, font partie de cette minorité du peuple de Dieu qui vit sa foi dans l'humilité et la fidélité aux enseignements des prophètes : pour elle Dieu sait toujours se rendre visible.

Quel est le sens de l'*épée* qui transpercera l'âme de Marie ? Ce mot indique sans doute la douleur de Marie qui verra son fils mourir en croix ; mais il indique aussi tout ce que Marie souffrira lorsqu'elle ne comprendra pas ce que fait son fils. L'amour le mieux partagé n'empêchera pas que chacun reste mystère pour l'autre, et Dieu plus que quiconque. L'amour du Père sera la croix de Marie comme il sera celle de Jésus.

Le Christ est la *lumière* qui éclaire et qui parfois aveugle et confond les peuples. Il divise les personnes et les collectivités. Ceux qui s'opposent à lui ne sont pas toujours les mauvais. Certains qui sont mauvais se rangent aux côtés du Christ car ils ne voient pas que cette lumière les condamne. Et pendant ce temps, d'autres, qui sont bons, ne croient pas, car Dieu les guide par un autre chemin.

[21] Quand arriva le huitième jour, ils circoncirent l'enfant selon la loi et lui donnèrent le nom de Jésus, ce nom que l'ange avait indiqué avant que sa mère ne soit enceinte.

Jésus est présenté au Temple

• [22] Puis arriva le jour où, selon la loi de Moïse, ils devaient accomplir le rite de la purification. Ils portèrent alors l'enfant à Jérusalem pour le présenter au Seigneur, [23] comme il est écrit dans la Loi du Seigneur : *Tout enfant mâle premier-né sera consacré au Seigneur.* [24] Ils offrirent le sacrifice ordonné par la Loi : *une paire de tourterelles ou deux petites colombes.*

[25] Il y avait à Jérusalem un homme fidèle et pieux appelé Siméon. Cet homme attendait le jour où Dieu aurait pitié d'Israël, et l'Esprit Saint était sur lui. [26] Il avait été averti par l'Esprit Saint qu'il ne mourrait pas avant d'avoir vu le Messie du Seigneur.

[27] Ce fut l'Esprit encore qui le fit venir au Temple. Au moment où les parents amenaient l'enfant Jésus pour accomplir les rites de la Loi qui le concernaient, [28] Siméon le prit dans ses bras et bénit Dieu par ces paroles :

Le cantique de Siméon

[29] « Laisse maintenant ton serviteur
mourir en paix, Seigneur, comme tu l'as dit,
[30] parce que mes yeux ont vu ton Sauveur.
[31] Tu l'as préparé, tu l'offres à tous les peuples,
[32] lumière qui sera révélée aux nations,
et gloire de ton peuple Israël. »

[33] Son père et sa mère étaient émerveillés de ce qui était dit de l'enfant. [34] Siméon les félicita ; il dit ensuite à Marie sa mère : « Regarde, cet enfant apportera aux masses d'Israël, soit la chute, soit la résurrection : il sera un signe de division, [35] et toi-même, une épée te transpercera l'âme. Mais par ce moyen les hommes mettront à nu le secret de leur cœur. »

[36] Il y avait là également une femme très âgée, une prophétesse nommée Anne, fille de Phanouël, de la tribu d'Aser. Elle n'avait pas connu d'autre homme que son premier mari, mort au bout de sept ans. [37] Restée veuve, elle avait atteint les quatre-vingt quatre ans. Elle ne s'éloignait pas du Temple et servait le Seigneur nuit et jour dans le jeûne et la prière.

[38] Elle aussi se présenta à cette heure et à son tour elle se mit à

• **2.**41 Au cours des années à Nazareth, Jésus découvre la vie comme n'importe quel enfant ou adolescent de son âge. Joseph lui transmet la foi d'Israël, la communauté de Nazareth, si insignifiante soit-elle, fait de lui un Juif observant, soumis à la Loi. Mais quelle a été l'expérience profonde de Jésus, comment le Fils de Dieu s'est-il situé dans ce monde des hommes à mesure qu'il le découvrait ? Luc ne nous a rapporté qu'un seul fait, qui lui a paru significatif comme il avait paru à Marie elle-même.

A douze ans, un adolescent devait observer les préceptes religieux, entre autres le pèlerinage à Jérusalem pour les fêtes. Assis à l'ombre des galeries du Temple, les *maîtres de la Loi* enseignaient aux groupes de pèlerins et dialoguaient avec eux.

C'est à cette occasion que pour la première fois Jésus déconcerte son entourage. *Pourquoi nous as-tu fait cela ?* L'évangile fait ressortir cette incompréhension : reproche de Marie à Jésus et reproche de Jésus à ses parents. Puis il met en relief la conscience que Jésus a de sa relation privilégiée au Père, et sa totale disponibilité pour sa mission.

Si la découverte du Temple, cœur de la nation, éveillait en lui des sentiments tout nouveaux, il aurait pu demander la permission ou prévenir ses parents. Comment a-t-il pu rester deux jours sans penser que ses parents le cherchaient ? Mais non, il a pensé que cette souffrance était nécessaire et il a conquis sa liberté d'une manière radicale avant de rentrer avec eux.

Il semblerait étrange que Marie n'ait pas pensé dire un jour à Jésus son origine et ce que Joseph était pour lui. Si l'on s'en tient à ce récit, c'est Jésus qui devance Marie et Joseph et leur dit lui-même de qui il est le Fils : *Je dois être chez mon Père.*

Ils ne comprirent pas une telle réponse. Marie avait entendu le message de l'Annonciation et elle savait se dire que Jésus était le Fils de Dieu. Mais elle n'avait jamais pensé que d'être Fils de Dieu serait cela même que Jésus venait de faire.

• **2.**51 Luc ne dit rien de plus sur la vie de Jésus à Nazareth jusqu'au moment où il commence à prêcher. Il a été l'apprenti de Joseph et à la mort de celui-ci, il est devenu le charpentier de Nazareth. Joseph a dû mourir avant que Jésus ne se manifeste, car autrement Marie serait restée avec Joseph quand Jésus quitta la maison. Le fils de Marie a été homme parmi les hommes, et la communauté chrétienne de Nazareth a conservé longtemps des objets fabriqués par le charpentier, Fils de Dieu.

• **3.**1 Luc donne des détails qui nous permettent de situer Jésus dans l'histoire. Nous sommes en l'an 27 (« après Jésus-Christ ») et Jésus a entre trente et trente-cinq ans. Les Juifs ont perdu leur autonomie et leur pays est divisé en quatre petites provinces. *Hérode et Philippe,* fils de l'Hérode mentionné au moment de la naissance de Jésus, gouvernent deux de ces provinces.

• **3.**3 *Écoutez ce cri dans le désert.* Jean renoue la tradition des prophètes après quatre siècles d'interruption, et, comme beaucoup d'entre eux, il va parler d'un jugement imminent. Affronter le jugement de Dieu, c'est quelque chose de redoutable, et Jean parle de retrouver le sens de la justice.

Jean parle de la *Colère qui vient.* Ce mot signifiait pour les Juifs une grande épreuve à l'échelle nationale, dans laquelle les croyants reconnaissent le jugement de Dieu. C'est alors que les mauvais reçoivent leur châtiment, tandis que les justes, ceux qui ont misé sur Dieu, sont sauvés. Jean réveille donc l'attente d'un sauveur.

chanter les louanges de Dieu, parlant de l'enfant à tous ceux qui attendaient la libération de Jérusalem.

[39] Quand ils eurent accompli tout ce qu'ordonnait la Loi du Seigneur, ils retournèrent en Galilée dans la ville de Nazareth. [40] L'enfant grandissait et prenait des forces ; il était plein de sagesse et la grâce de Dieu était sur lui.

Première initiative du jeune Jésus

• [41] Tous les ans les parents de Jésus se rendaient à Jérusalem pour la fête de la Pâque, [42] et quand il eut douze ans, comme c'était de règle, il monta avec eux. [43] Lorsque les jours de fête furent achevés, ils s'en retournèrent, mais l'enfant Jésus resta à Jérusalem sans en avertir ses parents. [44] Eux pensaient qu'il était dans la caravane, et ils marchèrent ainsi tout le jour. Puis ils le cherchèrent parmi leurs amis et leurs connaissances. [45] Ne le trouvant pas, ils retournèrent à Jérusalem, toujours à sa recherche.

[46] Le troisième jour ils le trouvèrent dans le Temple, assis au milieu des maîtres de la Loi : il les écoutait et les interrogeait. [47] Tous ceux qui l'entendaient étaient étonnés de son intelligence et de ses réponses. [48] En le voyant, ses parents furent très émus et sa mère lui dit : « Mon fils, pourquoi nous as-tu fait cela ? Ton père et moi nous te cherchions, très inquiets. » [49] Alors il répondit : « Pourquoi me cherchiez-vous ? Ne savez-vous pas que je dois être chez mon Père ? »

[50] Mais ils ne comprirent pas une telle réponse.

• [51] Il descendit alors avec eux et revint à Nazareth. Par la suite il continua à leur obéir ; sa mère, pour sa part, gardait tout cela dans son cœur. [52] Quant à Jésus, il grandissait en sagesse, en âge et en grâce, aussi bien devant Dieu que devant les hommes.

Jean-Baptiste prépare le chemin du Seigneur

3 • [1] C'était la quinzième année du règne de l'empereur Tibère. Ponce Pilate était gouverneur de Judée, Hérode était responsable de la province de Galilée, son frère Philippe de la province d'Iturée et de Trachonitide, et Lysias avait en charge l'Abilène. [2] Anne et Caïphe étaient grands prêtres cette année-là, lorsque la parole de Dieu fut adressée à Jean fils de Zacharie dans le désert.

• [3] Jean commença à parcourir toute la région du Jourdain, prêchant baptême et conversion en vue d'obtenir le pardon des péchés. [4] C'était écrit déjà dans le livre du prophète Isaïe :

« Écoutez ce cri dans le désert :

Nous sommes les fils d'Abraham ! Jean nous met en garde contre le fanatisme national ou religieux : il ne suffit pas de prendre comme drapeau le Dieu d'Israël (ou l'appartenance à l'Église) car beaucoup de ceux qui prétendent défendre sa cause ne sont que *race de vipères* : Dieu demande la justice.

Jean ne rejetait personne : ni les prostituées, ni les collecteurs de l'impôt romain. Mais à tous il demandait de s'engager dans un mouvement de solidarité. Quand la corruption est installée, ou qu'on a perdu de vue l'Alliance de Dieu, ceux qui reconnaissent leur participation dans le mal doivent faire des gestes concrets vis-à-vis de l'argent et du désir de jouir. Ces gestes seront pour tous un signe et un appel à la conversion.

Le renoncement total de Jean et son austérité donnent un poids à sa parole. Les chefs religieux et les Pharisiens qui se veulent des modèles vont rester à distance, peut-être se moquer (7,30 et 33), mais le peuple vient demander le baptême de Jean.

• **3.**15 Être baptisé signifie : être plongé dans l'eau et en ressortir. Jean baptise ceux qui veulent rectifier leur vie : il confirme leur engagement par un rite visible.

Ici l'Évangile compare Jésus et Jean, le baptême de Jean et le baptême chrétien. *Baptême avec de l'eau… Baptême par le feu :* Cette comparaison fait allusion à une expérience commune. Avec de l'eau on enlève les taches sur le linge, mais ce qui est lavé ne sera jamais comme le neuf ; il y a même des taches qui restent. Le feu, au contraire, purifie le métal rouillé, et le métal sort du creuset brillant comme le neuf. Mais aussi le feu peut détruire à la fois les taches et la chose tachée.

Jean baptise avec de l'eau ceux qui veulent redresser leur vie. Pour eux, le baptême est une manière d'exprimer publiquement leur engagement.

Jésus pour sa part demandera de baptiser ceux qui ont cru et qui s'incorporent à l'Église. C'est alors que Dieu donne son Esprit qui nous transforme intérieurement.

Le baptême de Jean faisait appel à la volonté de changer de vie, il ne pouvait donc s'adresser qu'à des adultes. En revanche, le baptême chrétien puise sa force, moins dans l'engagement des baptisés, que dans le don de Dieu qui fait de nous ses enfants.

Je ne suis pas digne (16). La coutume voulait que celui qui baptise déchausse celui qu'il allait baptiser, avant de l'aider à se dévêtir. Jean dit simplement qu'il n'est pas digne de baptiser Jésus.

• **3.**21 Jésus n'a besoin ni de se convertir ni d'être baptisé par Jean, mais, puisqu'il est le Sauveur, il désire être avec ses frères pécheurs qui cherchent le chemin du pardon. En recevant le baptême de Jean, Jésus affirme que son chemin est le bon : rechercher la justice et réformer notre vie.

Depuis des siècles il n'y avait plus eu de prophètes. Dieu semblait muet et les Juifs disaient que « le ciel était fermé ». Mais maintenant Jésus prend la relève des prophètes. *Le ciel s'ouvre :* c'est-à-dire que Jésus reçoit une révélation de Dieu.

Tu es mon Fils (22). L'Évangile ne nous dit pas clairement qui a vu et qui a entendu cette voix (Mt 3,16 ; Mc 1,10 ; Jn 1,32). Mais, pourquoi une telle manifestation ? Jésus avait-il besoin de savoir qu'il était le Fils de Dieu ?

N'oublions pas que l'expression *fils de Dieu* peut avoir plusieurs sens. Dans les années avant Jésus, on appelait le roi d'Israël, *fils de Dieu.* On parlait aussi du *fils de Dieu* pour désigner le messie attendu, choisi par Dieu pour sauver Israël.

Jésus est Fils de Dieu dès le moment de sa conception, dans le sens de : Fils Unique du Père. Et dès ce moment il est conscient d'être le Fils de Dieu. En revanche c'est seulement quand il est baptisé par Jean que Dieu lui dit « son Fils » au sens ancien de la Bible, à savoir, prophète et roi de son peuple. Disons que Dieu l'appelle à commencer son ministère.

Jésus reçoit donc la plénitude de l'Esprit des prophètes. Il *est consacré* pour proclamer le règne de Dieu et pour y inviter les pauvres (4,18).

« Préparez le chemin du Seigneur, aplanissez le sol devant lui. [5] Comblez tous les ravins, aplanissez bosses et collines. Les chemins tortueux seront redressés et les chemins malaisés, aménagés. [6] Tout mortel alors, verra le salut de Dieu. »

[7] Il disait donc aux foules qui de tous côtés venaient à lui pour être baptisées : « Race de vipères, qui vous a dit que vous échapperez à la Colère qui vient ? [8] Montrez donc les fruits authentiques de la conversion ! Ne croyez pas qu'il vous suffise de dire : Abraham est notre père ! Car, je vous le dis, Dieu est capable de faire sortir, même de ces pierres, des enfants d'Abraham !

[9] Déjà la hache est au pied de l'arbre : tout arbre qui ne produit pas de bons fruits va être abattu et jeté au feu. »

[10] Les foules l'interrogeaient : « Que devons-nous faire ? » [11] Il répondait : « Que celui qui a deux vêtements en donne un à celui qui n'en a pas, et que celui qui a de quoi manger fasse de même. »

[12] Arrivent alors des collecteurs de l'impôt pour être baptisés ; ils lui disent : « Maître, que devons-nous faire ? » [13] Jean leur répond : « Ne percevez rien de plus que ce qui est dû. » [14] Des soldats l'interrogent à leur tour ; ils lui disent : « Et nous, que devons-nous faire ? » Il leur répond : « Ne brutalisez personne et ne faites pas de chantage. Contentez-vous de votre paie. »

• [15] Le peuple était dans l'attente et tous se demandaient si Jean ne serait pas le Messie. [16] Alors Jean leur répondit à tous : « Moi, je vous baptise avec l'eau. Mais un autre vient, plus fort que moi : je ne suis pas digne de délier les lacets de ses sandales. Lui vous baptisera dans l'Esprit Saint et le feu. [17] Il tient dans sa main la pelle pour nettoyer son blé ; il rassemblera le grain dans son grenier, mais la paille, il la brûlera dans le feu qui ne s'éteint pas. »

[18] Avec ces instructions et beaucoup d'autres, Jean annonçait au peuple la Bonne Nouvelle.

[19] Jean avait fait des reproches à Hérode, le gouverneur, à propos d'Hérodiade femme de son frère, mais aussi à propos de tout ce qu'il faisait de mal. Pour cette raison Hérode [20] ajouta à tous ses autres crimes celui de faire jeter Jean en prison.

Jésus est baptisé par Jean

• [21] Avec tout le peuple qui recevait le baptême, Jésus aussi se fit baptiser. Comme il priait, le ciel s'ouvrit [22] et l'Esprit Saint descendit sur lui sous une forme visible, comme une colombe. Et du ciel vint une voix : « Tu es mon Fils : moi aujourd'hui je t'ai engendré. »

Le récit des Actes 19,2 nous confirme le témoignage que Jean-Baptiste rendait à celui qui viendrait après lui.

Dans le temps qu'Apollos était à Corinthe, Paul voyageait à Éphèse, passant par la montagne, et il y trouvait quelques disciples. Paul leur dit : « Quel baptême avez-vous reçu ? » Ils répondent : « Le baptême de Jean. »

Alors Paul explique : « Lorsque Jean baptisait en vue d'un changement de vie, il disait au peuple de croire en celui qui viendrait après lui, et c'est Jésus. »

Le psaume 110 était alors interprété comme une parole de Dieu adressée au Roi-Messie. On reprenait la vieille formule selon laquelle le roi nouvellement consacré devenait fils de son Dieu. Jésus est donc envoyé comme le Messie sauveur.

Oui, je vais proclamer le décret du Seigneur,
il m'a dit : « Tu es mon fils,
moi aujourd'hui, je t'ai transmis la vie.
Demande-moi et je te donnerai les nations,
elles seront à toi jusqu'au bout du monde.
Tu les mèneras avec un sceptre de fer,
tu les briseras comme un pot de terre. »

• **3.23** Luc nous donne une liste des ancêtres de Jésus bien différente de celle de Matthieu (Mt 1,1). Luc ne la fait pas seulement remonter jusqu'à Abraham, mais il nous donne aussi une liste légendaire des ancêtres d'Abraham qui remonte au premier homme, comme pour souligner que Jésus vient sauver toute l'humanité.

Pour la partie qui s'étend de Joseph à Abraham, on est très loin de la liste donnée par Matthieu. Les ancêtres n'étaient pas les mêmes suivant que l'on comptait les parents naturels ou adoptifs : l'adoption était en effet une pratique fréquente parmi les Juifs.

• **4.1** Nous parlons de tentation quand nous sentons la pression de nos mauvais instincts ou quand nous sommes poussés au mal par les circonstances. Jésus n'avait pas nos mauvais instincts, mais l'Esprit Saint l'a conduit au désert pour y être éprouvé — tenté et éprouvé ont le même sens — et c'est là que Jésus a ressenti fortement les suggestions du démon pour le détourner de sa mission (voir Mt 4,1).

Jésus, *rempli de l'Esprit Saint,* a commencé son ministère en se soumettant à une très rude épreuve : *quarante jours* de solitude totale et de jeûne. Jésus a fait cette expérience, à la fois de fragilité et de force, avant de s'engager dans l'inconnu. Il abandonnait la vie de Nazareth pour commencer une mission qui en peu d'années le conduirait à la mort.

Et c'est alors que parla en lui le *Diable,* ou Accusateur. C'est ainsi que le nomme l'Écriture parce qu'il critique sans cesse. Il nous amène à accuser Dieu et, quand il nous a fait succomber, c'est lui qui nous accuse, essayant de nous convaincre que Dieu ne nous pardonnera pas.

Si tu es Fils de Dieu (3). Jésus n'avait pas mis son pouvoir à l'épreuve. Ne pourrait-il pas user de sa force divine alors que son corps était affaibli par le jeûne ? Ne pourrait-il pas non plus, un jour, descendre de la croix pour se sauver ?

Jésus refuse de se servir : son but est plus élevé. Alors le diable *l'emmène plus haut.* Jésus pourrait se dire que, les hommes étant ce qu'ils sont, la seule façon de s'imposer est de transiger avec les armes du démon, lequel ne respecte ni la vérité, ni la liberté des consciences. Alors il lui serait facile de régner sur les nations « au nom de Dieu », comme le font tant de gouvernants, puisque le démon *les donne à qui il veut.*

Une liste des ancêtres de Jésus

• [23] Lorsque Jésus commença, il avait environ trente ans, et pour tous il était fils de Joseph, fils d'Héli, [24] fils de Matthat, fils de Lévi, fils de Melki, fils de Jannaï, fils de Joseph, [25] fils de Mattathias, fils d'Amos, fils de Naoum, fils d'Esli, fils de Naggaï, [26] fils de Maath, fils de Mattathias, fils de Séméin, fils de Josek, fils de Joda, [27] fils de Joanam, fils de Résa, fils de Zorobabel, fils de Salathiel, fils de Néri, [28] fils de Melki, fils d'Addi, fils de Kosam, fils d'Elmadam, fils d'Er, [29] fils de Jésus, fils d'Eliézer, fils de Jorim, fils de Matthat, fils de Lévi, [30] fils de Syméon, fils de Juda, fils de Joseph, fils de Jonam, fils d'Eliakim, [31] fils de Méléa, fils de Menna, fils de Mattatha, fils de Nathan, fils de David, [32] fils de Jessé, fils de Jobed, fils de Booz, fils de Sala, fils de Naasson, [33] fils d'Aminadab, fils d'Admin, fils d'Arni, fils de Hesron, fils de Pharès, fils de Juda, [34] fils de Jacob, fils d'Isaac, fils d'Abraham, fils de Thara, fils de Nakor, [35] fils de Sérouk, fils de Ragau, fils de Phalec, fils d'Eber, fils de Sala, [36] fils de Kaïnam, fils d'Arphaxad, fils de Sem, fils de Noé, fils de Lamek, [37] fils de Mathousala, fils d'Henok, fils de Iaret, fils de Maléléel, fils de Kaïnam, [38] fils d'Enos, fils de Seth, fils d'Adam, fils de Dieu.

La tentation de Jésus au désert

4 • [1] Jésus revint du Jourdain rempli de l'Esprit Saint ; il se laissa conduire par l'Esprit à travers le désert [2] où, durant quarante jours, il fut tenté par le diable. De tous ces jours il ne mangea rien, et lorsqu'ils s'achevèrent il eut faim.

[3] Le diable lui dit alors : « Si tu es Fils de Dieu, commande à cette pierre qu'elle devienne du pain. » [4] Jésus lui répondit : « Il est écrit : *L'homme ne vit pas seulement de pain.* »

[5] Le diable alors l'emporta et lui montra, le temps d'un clin d'œil, tous les royaumes de la terre. [6] Il lui dit : « Je te donnerai autorité sur tous ; toute cette gloire sera tienne, car elle m'a été remise et je la donne à qui je veux ! [7] Elle sera tout entière à toi si tu te prosternes devant moi. » [8] Mais Jésus lui répondit : « Il est écrit : *Tu te prosterneras devant le Seigneur ton Dieu et tu n'adoreras que lui.* »

[9] Le diable alors le conduisit à Jérusalem. Il le plaça sur le haut du rempart du Temple et lui dit : « Si tu es Fils de Dieu, jette-toi d'ici en bas. [10] Car il est écrit : *Il donnera des ordres à ses anges à ton sujet, pour qu'ils te gardent.* [11] Et encore : *Leurs mains te saisiront, de peur que ton pied ne heurte quelque pierre.* »

[12] Mais Jésus lui répliqua : « Il est dit : *Tu ne mettras pas à l'épreuve le Seigneur ton Dieu.* »

Le Deutéronome, en 8,2, nous invite à méditer sur les attentions de Dieu à notre égard dans les moments où tout nous manque :

Tu te souviendras de tout le chemin par lequel Yahvé ton Dieu t'a fait marcher pendant ces quarante ans dans le désert. Il t'a humilié, il t'a mis à l'épreuve pour connaître le fond de ton cœur, pour voir si tu gardais ou non ses commandements. Il t'a humilié et t'a fait connaître la faim, puis il t'a donné à manger la manne : tu ne la connaissais pas, tes pères non plus.

Il voulait t'apprendre que l'homme ne vit pas seulement de pain, mais que tout ce qui sort de la bouche de Dieu est vie pour l'homme.

Cependant Jésus a choisi de *ne servir que Dieu*. Le diable demande alors : « Pourquoi ne pas commencer ta prédication par quelque chose de spectaculaire, comme de te jeter du haut du rempart au milieu de la foule qui vient prier dans le Temple ? Ne crois-tu pas que Dieu ferait un miracle pour toi ? » Cette fois, le diable emploie les propres paroles de l'Écriture : en les lisant, on pourrait penser que si la foi est grande, on sera toujours assuré de la santé et du succès. Mais Jésus ne demandera pas de miracle à son Père pour éviter les humiliations et le rejet, qui sont la part des messagers de Dieu. Ce serait *mettre Dieu à l'épreuve* sous prétexte d'avoir confiance en lui.

• **4.14** Jésus vient alors à Capharnaüm avec quelques disciples. Il se loge chez Simon et André, au 4,14 bord du lac.

Il enseignait dans les synagogues des Juifs. Il n'y avait qu'un Temple en Israël, celui de Jérusalem dans lequel les prêtres offraient les sacrifices. Mais, dans chaque lieu où au moins dix hommes s'étaient inscrits, il y avait une synagogue. Les membres de la communauté célébraient un service liturgique tous les samedis. Jésus se fait connaître en participant au service du sabbat dans les synagogues de Galilée, sa province.

• **4.16** Après un certain temps, déjà connu, Jésus passe par Nazareth et il y est mal reçu. Dans son récit, Luc montre pourquoi Jésus attirait les gens et pourquoi, à Nazareth au moins, il fut rejeté.

Il trouva le passage où il est écrit (17). Le prophète y parle de sa propre mission : Dieu l'a envoyé aux Juifs exilés pour leur annoncer qu'il les visiterait bientôt. Mais ces paroles s'appliquent encore mieux à Jésus.

Cette Écriture est en train de s'accomplir. Les miracles que Jésus a faits autour de Capharnaüm et dont on a eu des échos à Nazareth sont un signe : Jésus vient inaugurer les temps nouveaux. Tous les cinquante ans Israël célébrait l'Année du Jubilé, au cours de laquelle on remettait les dettes (Lv 25,10). De même une *année de grâce du Seigneur* commence.

L'Ancien Testament avait annoncé Jésus comme celui qui sauverait son peuple et sa race. Ses paroles et ses actions réveillaient l'espoir des faibles et ouvraient le chemin d'une libération humaine à tous les niveaux. Mais c'étaient comme des graines et il fallait de la patience pour voir mûrir leurs fruits.

Jésus n'avait aucun désir de s'unir aux fanatiques et aux violents de son peuple pour imposer une souveraineté nationale, aussi écrasante sans doute que la domination romaine. Il a porté témoignage à la vérité, et posé les bases pour tout mouvement de libération à venir. Luc explique pourquoi les gens de Nazareth ont rejeté Jésus :

— Bien des gens s'enthousiasment pour un étranger, mais ils n'acceptent pas que l'un d'entre eux puisse devenir leur maître : *Ce n'est que le fils de Joseph* (voir commentaire de Mc 6,1).

— A cause de leur orgueil national : Dieu ne peut pas bénir les autres. Alors Jésus leur rappelle que les prophètes anciens n'ont pas limité leurs bienfaits à leurs seuls compatriotes (Voir 1R 17,7 et 2R 5).

¹³ Le diable avait tenté Jésus de toutes les façons possibles ; il s'éloigna de lui, attendant une occasion.

LA MISSION DE JÉSUS EN GALILÉE

A Nazareth, Jésus proclame sa mission

- ¹⁴ Jésus revint en Galilée avec la puissance de l'Esprit et l'on commença à parler de lui dans toute la région. ¹⁵ Il s'était mis à enseigner dans leurs synagogues et tous chantaient ses louanges.
- ¹⁶ Jésus vint ainsi à Nazareth où il avait grandi. Il se rendit à la synagogue comme il avait coutume de faire le jour du sabbat, et il se leva pour faire la lecture. ¹⁷ On lui passa le livre du prophète Isaïe et, en le déroulant, il trouva le passage où il est écrit :

¹⁸ « L'Esprit du Seigneur est sur moi : il m'a consacré pour donner aux pauvres une bonne nouvelle. Il m'a envoyé annoncer la libération aux captifs, la lumière aux aveugles ; il me faut libérer ceux qui sont écrasés, ¹⁹ et proclamer une année de grâce de la part du Seigneur. »

²⁰ Il roule alors le livre et le redonne au servant, puis il s'assoit, et tous dans la synagogue ont les yeux fixés sur lui. ²¹ Alors il commence sur ce thème : « Cette Écriture est en train de s'accomplir : voyez les nouvelles qu'on vous rapporte ! »

²² Tous l'approuvaient et admiraient cette révélation de la grâce divine qui tombait de ses lèvres. Ils disaient : « Et penser que c'est le fils de Joseph ! » ²³ Mais il leur dit : « Sûrement vous allez me citer ce proverbe : médecin, guéris-toi toi-même ! On nous a parlé de bien des merveilles survenues à Capharnaüm : fais-les donc ici dans ta patrie ! »

²⁴ Jésus ajouta : « En vérité, je vous le dis, aucun prophète n'est bien reçu dans sa patrie ! ²⁵ Croyez-moi, il y avait beaucoup de veuves en Israël au temps d'Élie lorsque le ciel retint l'eau pendant trois ans et demi, et qu'il y eut une grande famine dans tout le pays. ²⁶ Cependant Élie ne fut envoyé à aucune d'elles, mais bien à une femme de Sarepta dans le territoire de Sidon ! ²⁷ Il y avait de même de nombreux lépreux en Israël au temps du prophète Élisée, et aucun d'eux ne fut guéri, sinon Naaman le Syrien ! »

²⁸ En l'entendant, tous dans la synagogue sentaient monter leur colère. ²⁹ Ils se lèvent, le poussent hors de la ville et le conduisent jusqu'à un ravin de la colline sur laquelle leur ville est construite, pour le jeter en bas. ³⁰ Mais lui passe au milieu d'eux et il va son chemin.

Année Sainte

C'est dans le Lévitique 25,1 que la Bible nous parle du Jubilé, l'année de grâce où les dettes sont remises. Jésus proclame l'année de grâce offerte par Dieu lui-même.

Lorsque tu auras compté sept semaines d'années, c'est-à-dire quarante-neuf ans, au dix du septième mois tu feras sonner du cor. Ce sera alors le Jour du Pardon, et tu feras sonner du cor dans tout le pays.

L'année des cinquante ans sera pour vous une année sainte où vous proclamerez l'affranchissement pour tous les habitants dans le pays : ce sera pour vous le Jubilé. Chacun reprendra sa propriété, chacun retournera dans sa famille.

Cette cinquantième année sera pour vous un Jubilé. Vous ne sèmerez pas, vous ne moissonnerez pas le regain, vous ne récolterez pas sur la vigne non taillée, car c'est un Jubilé. Ce sera pour vous une année sainte, vous mangerez de ce que la terre produit naturellement.

• **4.31** Voir commentaire de Marc 1,21.

• **4.33** Pourquoi Jésus ordonne-t-il à l'esprit impur de se taire ? Il agit de même en 4,41.

C'est que Jésus ne veut pas qu'on parle de lui en disant : c'est *le Christ*, ou *le Messie*, ou *le Saint de Dieu* (tous ces termes ont le même sens de Sauveur, *oint* par Dieu). Jésus ne se reconnaît pas dans le sauveur que les hommes espèrent, et si les démons l'acclament, n'est-ce pas pour semer la confusion et l'accabler ensuite ?

• **4.42** Dès que Jésus a réuni quelques fidèles, ceux-ci cherchent à le garder parce qu'ils voient en lui un prophète. Ils voudraient qu'il les instruise davantage, afin de former une bonne communauté sous sa direction.

Mais Jésus laisse à d'autres la tâche de pasteur (dans le sens de guide d'une communauté particulière) parce qu'il pense à tous ceux qui attendent encore l'Évangile.

• **5.1** Jésus s'invite sur la barque de Pierre, qui ne refuse pas de lui rendre ce service. Mais Jésus veut plus : beaucoup sont prêts à l'aider, mais lui cherche ceux qui se donneront entièrement à sa tâche. Les auditeurs sont nombreux, mais Jésus a besoin *d'apôtres*.

Les miracles sont une autre façon d'enseigner de Jésus. Ceci est donc parole de Dieu pour les futurs apôtres. *Jetez vos filets :* Pierre obéit bien qu'il pense ne rien prendre, mais… *les filets commençaient à se rompre…*

Ce sont des hommes que tu pêcheras (10). Pierre devient l'artisan d'une autre pêche : rassembler dans l'unité les enfants de Dieu dispersés (Jn 11,52).

Éloigne-toi de moi car je suis un pécheur (8). Crainte soudaine de Pierre, qui pourtant croyait connaître Jésus : il vient de sentir le passage de Dieu dans sa vie, on a pénétré au plus intime de lui-même. C'est un premier acte de foi en Jésus. Mais Jésus a besoin de pécheurs pour sauver les pécheurs.

Ils laissèrent tout et le suivirent. Ils ne possédaient pas grand chose, mais c'était toute leur vie : travail, famille, et tout leur passé de pêcheurs.

Apôtre veut dire *envoyé.* C'est le Christ qui choisit ses apôtres et les envoie en son nom, mais qui enverra-t-il si ce n'est ceux qui acceptent de coopérer avec lui ?

On commence à être apôtre, ou du moins coopérateur du Christ, quand on accepte de faire plus que de rendre des services dans une institution ou une paroisse, quand on accepte d'être responsable des personnes : *pêcheur d'hommes.*

Ici, Luc a peut-être réuni deux événements différents : l'appel des disciples brièvement présenté dans Marc 1,16 et la pêche miraculeuse. Jean rapporte aussi une pêche miraculeuse (Jn 21) mais il la situe après la résurrection. Il existe de sérieuses raisons de penser qu'il s'agit du même miracle mais Jean a préféré l'associer à l'apparition de Jésus ressuscité aux apôtres, événement qui a eu lieu plus tard sur les mêmes lieux.

Avec la puissance de l'Esprit, Jésus à Capharnaüm

- [31] Jésus descendit à Capharnaüm, une ville de Galilée. Les jours de sabbat il les enseignait, [32] et son enseignement faisait forte impression sur eux parce qu'il parlait avec autorité.

- [33] Il y avait dans la synagogue un homme possédé par un démon impur. Voici qu'il se met à pousser des cris : [34] « Que nous veux-tu, Jésus de Nazareth ? Es-tu venu pour nous perdre ? Je sais qui tu es : le Saint de Dieu ! »

[35] Jésus le menace et lui dit : « Tais-toi ! Sors de cet homme ! » Alors le démon le projette en plein milieu, puis sort de lui sans lui avoir fait le moindre mal.

[36] C'est une vraie stupeur chez tous ; ils se disent l'un à l'autre : « Où veut-il en venir ? Avec quelle autorité et quelle puissance il commande aux esprits impurs ! Et ils sortent ! »

[37] C'est ainsi que la renommée de Jésus commence à se répandre partout aux alentours.

[38] Au sortir de la synagogue, Jésus vient à la maison de Simon. La belle-mère de Simon est alors alitée avec une forte fièvre, et ils lui présentent son cas. [39] Jésus se penche sur elle et menace durement cette fièvre : elle la quitte, et à l'instant même la femme se lève pour leur faire le service.

[40] Au coucher du soleil, tous ceux qui ont des infirmes atteints de diverses maladies les lui amènent. Il leur impose les mains à chacun et les guérit. [41] Des démons sortent également de plusieurs d'entre eux en criant : « Tu es le Fils de Dieu ! » Mais lui les menace et ne leur permet pas de dire qu'il est le Messie, car ils le savent.

Jésus missionnaire

- [42] Au matin Jésus sortit à la recherche d'un lieu désert. Les foules le cherchaient et ceux qui purent le joindre essayaient de le retenir pour qu'il ne parte pas de chez eux. [43] Mais il leur dit : « Je dois aussi annoncer la Bonne Nouvelle du Royaume de Dieu aux autres villes : c'est pour cela que j'ai été envoyé. »

[44] Il alla donc porter le message dans les synagogues des Juifs.

La pêche miraculeuse

5 • [1] Un jour la foule s'écrasait autour de lui pour mieux entendre la parole de Dieu, et lui se tenait au bord du lac de Génésareth.

[2] À ce moment il vit deux barques amarrées sur le bord du lac : les pêcheurs en étaient descendus et lavaient leurs filets. [3] Il monta dans

Les Actes des Apôtres 19,11 nous montrent la puissance de l'Esprit accompagnant l'apôtre Paul.

Dieu opérait des miracles peu ordinaires par les mains de Paul. C'était à tel point qu'on allait poser sur des malades les linges et les bandes qu'il avait en sous-vêtements et ils étaient soulagés de leurs maux. De la même façon les esprits mauvais sortaient.

Il y eut des Juifs, des exorcistes ambulants, qui firent l'essai d'invoquer le Nom du Seigneur Jésus sur ceux qui étaient au pouvoir d'esprits mauvais. Parmi eux se trouvaient les fils d'un prêtre juif nommé Escéva. Mais un jour qu'ils se risquèrent à le faire là où ils étaient entrés, l'esprit mauvais leur répondit : « Je connais Jésus et je sais qui est Paul, mais vous, qui êtes-vous ? » L'homme qui avait cet esprit mauvais se jeta sur eux, les maîtrisa tous les deux et les brutalisa de telle manière qu'ils s'enfuirent nus et blessés.

La nouvelle fut connue de tous les habitants d'Éphèse, Juifs ou Grecs ; tous en furent fortement impressionnés et le Nom du Seigneur Jésus y gagna en prestige.

•**5.12** Voir commentaire de Marc 1,40.

Offre le sacrifice ordonné par Moïse. La même loi qui exigeait qu'un lépreux soit isolé (Lv 13,45) prévoyait qu'en cas de guérison il pourrait être réintégré à la communauté après avoir été examiné par les prêtres. La lèpre étant considérée comme un châtiment de Dieu, la guérison signifiait que Dieu avait pardonné le pécheur ; il devait exprimer sa reconnaissance par un sacrifice.

• **5.15** *Là, il priait.* Luc mentionne plusieurs fois la prière de Jésus. Jésus ne se retirait pas pour être tranquille mais parce qu'à tout instant la prière — disons : la communication avec le Père — s'imposait à lui comme une nécessité.

• **5.17** Il y avait là *des Pharisiens et des maîtres de la Loi.* Les Pharisiens et les enseignants de la Loi ne s'opposaient pas encore à Jésus mais, du fait de leur formation religieuse, ils étaient les premiers à s'interroger au sujet de ses prétentions : était-il seulement un croyant passionné pour les choses de Dieu, ou bien agissait-il comme le fondateur d'une nouvelle secte ? Jésus profite de leur présence pour démontrer qu'il n'est pas un simple disciple de Moïse et des prophètes, mais leur maître à tous.

Il est facile de comprendre que les enseignants de la Loi soient choqués (voir com. de Mc 2,1). Mais ils ont aussi des raisons inavouées : comment cet homme sans préparation ni diplôme peut-il leur tenir tête et les enseigner ? Ils espéraient la venue d'un Dieu qui confirmerait leur propre enseignement et reconnaîtrait leurs mérites. Or Jésus, un homme sans passé, sans titres ni études religieuses, ne cherche pas à passer par eux. Ne pouvant se soumettre aux faits et croire, ils seront fatalement des opposants.

l'une des barques, qui était à Simon, et lui demanda de s'écarter un peu de la rive. Puis, de la barque où il était assis, il continua d'enseigner les foules.

⁴Quand il eut fini de parler il dit à Simon : « Avance vers le large et jetez vos filets pour la pêche. » ⁵Simon répondit : « Maître, nous avons eu beau faire, nous n'avons rien pris de toute la nuit. Mais si tu le dis, je vais jeter les filets. »

⁶C'est ce qu'ils firent, et ils ramassèrent une telle quantité de poissons que leurs filets étaient près de se déchirer ! ⁷Alors ils firent signe à leurs associés qui étaient dans l'autre barque pour qu'ils viennent les aider. Ils arrivèrent et remplirent les deux barques presqu'à les faire couler.

⁸Voyant cela, Simon-Pierre se jeta aux pieds de Jésus et lui dit : « Éloigne-toi de moi, Seigneur, car je suis un pécheur ! » ⁹Lui et ses aides étaient en effet sous le coup de la stupeur à cause de cette pêche qu'ils venaient de faire ; ¹⁰de même Jacques et Jean, les fils de Zébédée, qui étaient des compagnons de Simon.

Jésus dit alors à Simon : « Ne crains pas ! A partir de maintenant, ce sont les personnes que tu pêcheras ! »

¹¹Ils ramenèrent les barques à terre, puis ils laissèrent tout et le suivirent.

La guérison d'un lépreux

• ¹²Comme Jésus se trouvait dans une certaine ville, voici qu'un homme se présente, couvert de lèpre. Arrivé devant Jésus, il se prosterne et le supplie : « Seigneur, si tu le veux, tu peux me guérir ! » ¹³Aussitôt Jésus étend la main et le touche en disant : « Je le veux : sois guéri ! » Sur ce, la lèpre le quitte. ¹⁴Jésus alors lui fait la leçon : « Ne le dis à personne, mais va te montrer au prêtre et offre pour ta purification le sacrifice ordonné par Moïse : tu feras ainsi ta déclaration. »

• ¹⁵Malgré cela, sa renommée se répandait de plus en plus. Des foules nombreuses se regroupaient pour l'entendre et pour se faire guérir de leurs infirmités, ¹⁶mais lui cherchait des endroits retirés pour y prier.

Le paralytique

• ¹⁷Il était un certain jour en train d'enseigner. Dans l'assistance se trouvaient des Pharisiens et des maîtres de la Loi venus de tous les coins de Galilée et de Judée, et même de Jérusalem. Juste à ce moment la force du Seigneur lui permettait de faire des guérisons.

¹⁸Se présentent alors des hommes qui amènent un paralysé sur un

Dans les Actes 28,1 nous voyons encore comment Paul, rescapé du naufrage, apporte la guérison à ceux qui l'ont recueilli.

Les terres près de là appartenaient au premier personnage de l'île : il s'appelait Publius. Il nous a accueilli et nous a offert très aimablement l'hospitalité durant trois jours.

Le père de Publius était retenu au lit par une dysenterie et il avait de la fièvre. Paul est allé le voir ; il a prié et lui a fait l'imposition des mains, et il l'a guéri.

Du coup tous les autres de l'île qui avaient des malades se sont présentés et ils ont été rétablis. Ils nous ont donc montré beaucoup d'égards, et quand nous sommes repartis, ils nous ont pourvus de tout le nécessaire.

Dans les Actes 18,7 Paul prêche malgré les menaces et il fait bonne pêche, les conversions se multiplient.

Paul changea d'endroit ; il alla vivre chez Titus Justus, un adorateur de Dieu dont la maison était juste à côté de la synagogue. Un chef de la synagogue, Crispus, crut au Seigneur ainsi que toute sa maison ; de même, parmi les Corinthiens qui l'écoutaient, beaucoup croyaient et se faisaient baptiser.

Une nuit le Seigneur dit à Paul dans une vision : « Ne crains pas, continue de parler, ne te tais pas. Je suis avec toi et personne ne te fera de mal ; sache que j'ai ici dans cette ville un peuple nombreux. » Paul continua donc de leur enseigner la parole de Dieu ; il demeura là un an et six mois.

Psaume 32,1-5

Heureux qui a sa faute pardonnée, son péché effacé ;
heureux cet homme que le Seigneur voit sans dette
et dont l'esprit n'a rien à cacher.
Tant que je me suis tu, un feu rongeait mes os.
Tout le jour je criais ma plainte
car nuit et jour ta main pesait sur moi ;
pour moi plus de verdeur mais le feu de l'été.
Je t'ai fait connaître mon péché,
je n'ai plus caché ma faute, j'ai dit :
« Devant le Seigneur je reconnaîtrai mon tort »,
et tu as remis ma dette, pardonné mon péché.

• **5.27** Voir commentaire de Mc 2,13.

Les événements réunis dans ce chapitre montrent comment Jésus se situe dans la société et avec qui il entre en relation : quelques pêcheurs seront les responsables de son nouveau mouvement ; les lépreux et les malades viennent à lui ; il appelle ceux qui, comme Lévi, appartiennent à un milieu déconsidéré.

brancard. Ils cherchent à le faire entrer pour le déposer devant Jésus, [19] mais ils ne voient pas comment le faire passer, tellement il y a de monde. Alors ils montent sur la terrasse et, au travers des tuiles, ils le descendent avec sa paillasse en plein milieu, devant Jésus. [20] Lui, voyant leur foi, dit simplement : « Mon ami, tes péchés te sont pardonnés ! »

[21] Aussitôt les maîtres de la Loi et les Pharisiens commencent à faire des réflexions : « Cet homme vient de dire un blasphème ; qui peut pardonner les péchés sinon Dieu ? »

[22] Mais Jésus sait ce qu'ils pensent et il leur répond : « Pourquoi réagissez-vous ainsi ? [23] Est-il plus facile de dire : "Tes péchés te sont pardonnés", ou : "Lève-toi et marche" ? [24] Eh bien vous saurez que sur la terre le Fils de l'Homme a autorité pour remettre les péchés. » Et Jésus dit au paralysé : « Lève-toi, tu m'entends ! prends ta paillasse et rentre chez toi. »

[25] A l'instant même il se leva sous leurs yeux ; il prit la paillasse sur laquelle il était allongé et rentra chez lui, chantant la gloire de Dieu. [26] Tous étaient bouleversés et rendaient gloire à Dieu ; ils disaient : « Aujourd'hui nous avons vu des choses incroyables ! » et tous étaient sous le coup d'une crainte religieuse.

Lévi suit Jésus

• [27] Comme Jésus sortait, il aperçut un employé de l'impôt du nom de Lévi, assis à son poste de percepteur. Jésus lui dit : « Suis-moi ! » [28] Lévi laissa tout ; il se leva et le suivit.

[29] Lévi prépara dans sa maison un grand repas en l'honneur de Jésus ; il y avait là à table avec eux tout un monde de collecteurs de l'impôt et d'autres du même genre. [30] Voyant cela, les Pharisiens et les maîtres de la Loi faisaient des réflexions aux disciples : « Comment pouvez-vous manger et boire avec les collecteurs de l'impôt et les pécheurs ? »

[31] C'est Jésus qui leur répondit : « Les biens portants n'ont pas besoin du médecin, il est pour les malades. [32] Ce ne sont pas les justes que je viens appeler à la conversion, mais les pécheurs. »

Le groupe de Jésus ne jeûne pas

[33] Ils dirent à Jésus : « Les disciples de Jean-Baptiste jeûnent souvent et font des prières, et c'est pareil chez les Pharisiens, mais les tiens mangent et boivent ! » [34] Jésus leur dit : « Vous ne pouvez pas faire jeûner les compagnons du nouvel époux tant que l'époux est avec eux. [35] Mais un jour l'époux leur sera enlevé ; en ces jours-là, oui, ils jeûneront. »

Ce début de la Première Lettre à Timothée (1,5) montre comment les discussions religieuses peuvent nous égarer si nous ne sommes pas inspirés par un amour vrai.

Ce que je veux avec cette mise en garde, c'est l'amour qui naît d'un cœur pur, d'une conscience droite et d'une foi sans mensonge. Quelques uns l'ont oublié, et ils se sont perdus dans des discussions creuses. Ils veulent être des Maîtres de la Loi, alors qu'ils ne savent pas ce qu'ils disent ni de quoi ils parlent.

Nous savons que la Loi est bonne, pourvu qu'on en fasse un usage légitime.

On doit savoir que la Loi n'est pas là pour les personnes droites mais pour les gens sans loi, les insoumis, les esprits irréligieux et les pécheurs, pour les impurs et les gens souillés, ceux qui tuent père et mère, les assassins, les adultères, ceux qui ont des rapports entre hommes ou avec des enfants, ceux qui trompent, ceux qui font de faux serments. Et il faudrait ajouter tout le reste de ce qui est contraire à une saine éducation selon le glorieux évangile du Dieu béni, lequel m'a été confié.

• 6.1 Ici, à deux reprises, Jésus s'oppose à tous les groupes religieux de son temps à propos de l'observance du sabbat. Voir le commentaire de Marc 3,1.

N'oublions pas que le mot *sabbat* veut dire *repos*. Dieu avait demandé qu'un jour par semaine soit sanctifié par le repos de tous. Car le Dieu Saint ne veut pas qu'un peuple saint se rende esclave de sa subsistance quotidienne ou de son travail.

Dans le premier cas, Jésus ne discute pas avec les Pharisiens pour qui le simple fait d'arracher quelques épis et de les égrener est un travail. Il leur rappelle seulement que de grands croyants, comme David, ont parfois contourné les lois. Mais il ajoute ensuite : *Le Fils de l'Homme est maître du sabbat.* Pour qui Jésus se prenait-il ? Personne, parmi les Juifs, pas même le grand prêtre, ne pouvait dispenser de l'observance du sabbat.

Dans le deuxième cas, Jésus aurait pu dire à l'homme : Pourquoi me demandes-tu ce qui n'est pas permis le jour du sabbat ? Reviens demain pour être guéri. Mais Jésus préfère un affrontement, parce que l'Évangile est une libération et l'on est libéré quand on reconnaît qu'il n'y a aucun absolu dans la société, même si elle prétend imposer ses lois comme intouchables. La loi du repos (ou du « sabbat ») est bien une des lois fondamentales de la Bible, mais cela n'empêche qu'il y a des cas où, au lieu de libérer, elle opprime, et donc il faut passer à côté. Il en va de même pour les lois de l'Église : toutes, à quelque moment, peuvent devenir un obstacle à l'Évangile.

• 6.12 Jésus porte dans sa prière ceux qu'il aime le plus. Le succès de sa mission dépendra d'eux ; la foi des autres reposera sur eux. Avant de les appeler il veut être sûr, par sa prière, que telle est la volonté du Père (Ac 1,24). Ils seront éprouvés de mille manières, simplement parce que Jésus les a choisis (Lc 22,31). C'est pourquoi Jésus veut les protéger par la force de sa prière (Jn 17,9).

³⁶ Il leur dit encore cette parabole : « Personne ne prend une pièce sur un vêtement neuf pour réparer un vieux vêtement. Vous ne le voyez pas déchirant le neuf pour qu'ensuite la pièce prise sur le neuf ne s'accorde pas avec le vieux. ³⁷ Personne non plus ne met le vin nouveau dans de vieilles outres. Sinon le vin nouveau fera éclater les outres : voilà le vin répandu et les outres perdues. ³⁸ Mettez le vin nouveau dans des outres neuves !

³⁹ « Celui qui est habitué au vin vieux n'a aucun désir du nouveau ; il dit en effet : "Le vieux est excellent !" »

Le Fils de l'homme, maître du sabbat

6 • ¹ Un jour de sabbat, comme Jésus traversait des blés mûrs, ses disciples commencèrent à cueillir des épis et à les écraser dans leurs mains pour les manger. ² Quelques Pharisiens leur dirent : « Pourquoi faites-vous ce qui n'est pas permis le jour du sabbat ? »

³ Jésus leur répondit : « Vous n'avez donc pas lu ce qu'a fait David, et avec lui ses hommes, un jour qu'ils avaient faim ? ⁴ Il est entré dans la Maison de Dieu et il a pris les pains de l'offrande, il en a mangé et en a donné à ses hommes, alors que seuls les prêtres peuvent en manger. »

⁵ Jésus ajoutait : « Sachez que le Fils de l'homme est Seigneur du sabbat ! »

Guérisons un jour de sabbat

⁶ Un jour de sabbat encore, il était allé à la synagogue et il enseignait. Or il y avait là un homme dont la main droite était paralysée. ⁷ Les maîtres de la Loi et les Pharisiens l'épiaient pour voir s'il allait le guérir un jour de sabbat : ils auraient alors un motif pour l'accuser.

⁸ Mais Jésus connaissait leurs pensées ; il dit à l'homme qui avait la main paralysée : « Lève-toi ! Tiens-toi là au milieu. » L'autre se leva et resta debout. ⁹ Alors Jésus leur dit : « Je vous pose une question : le jour du sabbat, est-il permis de faire du bien ou de faire du mal, de sauver une vie ou de donner la mort ? » ¹⁰ Jésus promena son regard sur l'assistance, puis il dit à l'homme : « Étends ta main ! » L'autre étendit la main : elle était guérie. ¹¹ Eux alors, au comble de la colère, commencèrent à discuter entre eux sur ce qu'ils allaient faire à Jésus.

Jésus choisit les Douze

• ¹² En ces jours-là Jésus partit prier dans la montagne et il passa la nuit en prière avec Dieu. ¹³ Puis, quand vint le jour, il appela ses disciples et il en choisit douze à qui il donna le nom d'apôtres :

• **6.17** Voir le commentaire des Béatitudes dans Mt 5,1. Matthieu les a adaptées pour les membres de l'Église de son temps. Luc, en revanche, les présente ici comme Jésus les a proclamées aux Galiléens. Pour Jésus, les Béatitudes sont un appel et un message d'espoir adressés à tous ceux que ce monde oublie, en commençant par les pauvres de son peuple, héritiers des promesses de Dieu aux prophètes.

Il y a mille manières de présenter Jésus et son œuvre. Mais pour que cet enseignement mérite le nom d'*évangélisation*, il faut que les pauvres puissent le reconnaître comme une Bonne Nouvelle. Si ce sont d'autres catégories sociales qui s'identifient à cet enseignement, si ce sont elles qui sont invitées en premier lieu, cela veut dire qu'il manque quelque chose, soit dans le contenu, soit dans la manière de proclamer un message qui rend justice aux déshérités.

Les trois Béatitudes vont à ceux qui n'ont pas ce qui est nécessaire pour une vie pleinement humaine. Elles annoncent un renversement de la situation actuelle, comme dans le Magnificat (1,46), et les pauvres seront les premiers à travailler à l'œuvre de salut du monde.

Aussitôt après ces Béatitudes, Luc présente des lamentations comme on en en faisait pour les morts. Car le riche oublie Dieu et il devient imperméable à la grâce (12,13 ; 16,19. Ainsi Jésus affirme aux déshérités qu'il va détruire les structures de l'injustice, et il donne un avertissement aux autres : la richesse apporte la mort.

Les Béatitudes ne disent pas que les pauvres sont meilleurs, mais elles promettent un renversement. Le royaume signifie une nouvelle société : Dieu bénit les pauvres, mais non la pauvreté.

• **6.27** Ici Luc ne présente que quelques-unes des paroles de Jésus que Matthieu réunit dans les chapitres 5 à 7 de son Évangile. Nous en avons déjà fait le commentaire.

Certains sont déçus de voir que Jésus parle de changer notre vie au lieu de réformer la société. Ne reprochons pas à Jésus de ne pas parler de réformes sociales à une époque où on n'en avait même pas la notion. Mais la raison est ailleurs. Jésus va à l'essentiel : la racine du mal se trouve en nous. Il est évident que les structures injustes nous empêchent de vivre et nous déforment ; mais aucune révolution, quels que soient les bienfaits qu'elle apporte, ne peut établir une société moins oppressive si les hommes ne se transforment pas selon l'Évangile.

Tous ont besoin de se convertir aux paroles de Jésus. La prédilection évidente de Jésus pour les pauvres et les opprimés ne signifie pas qu'ils sont meilleurs mais que dans sa compassion, Dieu se montre plus miséricordieux là où la misère est plus grande.

Les opprimés ne sont pas des innocents : s'ils n'étaient pas paralysés par la peur ou l'esprit de discorde, avides des avantages offerts par l'oppresseur, ils auraient déjà acquis une force morale capable de renouveler le monde. Les opprimés ne seront libérés que là où leur confiance en Dieu est grande ; ils seront alors capables de s'accepter les uns les autres et d'accepter les risques d'un chemin de réconciliation dans la justice.

Les paroles de Jésus qui viennent ensuite signalent les réformes les plus indispensables de nos jugements et de nos attitudes.

Donne à celui qui te demande (30). Jésus ne nous donne pas une règle immédiatement applicable dans tous les cas : il y a des occasions où nous ne devons pas donner parce que cela encouragerait des abus. Jésus veut éveiller notre conscience : pourquoi refuses-tu de donner ? N'est-ce pas le moment d'avoir confiance en ton Père et de te défaire de « ton trésor » (12,34) ?

¹⁴Simon, auquel il donna le nom de Pierre, André, son frère, Jacques, Jean, Philippe, Barthélemy, ¹⁵Matthieu, Thomas, Jacques fils d'Alphée, Simon, appelé le Zélote, ¹⁶Judas fils de Jacques, et Judas Iscariote, celui qui devait le trahir.

L'appel à la foule : heureux êtes-vous…

• ¹⁷Jésus descendit avec eux et s'arrêta dans la plaine. Il y avait là un nombre impressionnant de disciples et une foule nombreuse venue de toute la Judée, de Jérusalem et des rives de Tyr et de Sidon. ¹⁸Ils étaient venus pour l'entendre et pour être guéris de leurs maladies ; s'ils étaient tourmentés par des esprits impurs, il les rétablissait. ¹⁹Toute cette foule cherchait à le toucher, parce qu'une force sortait de lui qui les guérissait tous.

²⁰Levant les yeux vers ses disciples, Jésus leur dit :

« Heureux, vous les pauvres, parce que le Royaume de Dieu est à vous !

²¹Heureux, vous qui avez faim maintenant, parce que vous serez rassasiés !

Heureux, vous qui pleurez maintenant, parce que vous rirez !

²²Heureux êtes-vous lorsque les hommes vous haïssent, lorsqu'ils vous chassent, et vous insultent, et vous mettent au rang des malfaiteurs à cause du Fils de l'Homme ! ²³Réjouissez-vous ce jour-là, dansez de joie, car dans le ciel votre récompense est grande. Pensez que leurs pères ont traité les prophètes de la même manière.

²⁴Mais malheureux, vous, les riches, car vous avez reçu votre consolation !

²⁵Malheureux, vous, les nantis d'aujourd'hui, parce que vous aurez faim !

Malheureux, vous qui riez aujourd'hui, parce que vous serez dans les pleurs et les larmes !

²⁶Malheureux êtes-vous si tout le monde parle bien de vous : c'est de cette manière que leurs pères ont traité les faux prophètes ! »

L'amour des ennemis

• ²⁷« Oui, je vous le dis à vous qui m'écoutez : aimez vos ennemis, faites du bien à ceux qui vous détestent, ²⁸bénissez ceux qui vous maudissent, priez pour ceux qui vous calomnient. ²⁹Si on te frappe sur une joue, présente encore l'autre ; si on te prend ton manteau, ne refuse pas ta tunique. ³⁰Donne à celui qui te demande, ne réclame pas ton bien à celui qui le prend !

242

Menaces de Dieu en Isaïe 65,13 et 66,3 :

Mes serviteurs mangeront, mais vous, vous aurez faim. Mes serviteurs boiront, mais vous, vous aurez soif. Mes serviteurs se réjouiront, mais vous, vous serez honteux. Mes serviteurs chanteront la joie au cœur, mais vous, vous gémirez le cœur en peine.

Puisqu'ils ont choisi le chemin qui leur plaît et qu'ils prennent leur plaisir dans leurs ordures, à mon tour je prendrai plaisir à causer leur malheur et je ferai venir sur eux ce qui les fait trembler.

Car j'ai appelé et nul n'a répondu, j'ai parlé et on n'a pas écouté ; ils ont fait ce qui ne me plaît pas, ils ont choisi ce que je n'accepte pas.

Dans la Lettre aux Romains, en 12,17 Paul rappelle cette sagesse du Christ que nulle autre religion n'a osé proclamer.

Ne rendez à personne mal pour mal ; avec tous ayez le souci de faire le bien, et si c'est possible essayez de vivre en paix avec tous. Ne vous faites pas justice vous-mêmes mais laissez agir la justice de Dieu, car il est écrit : A moi la vengeance, c'est moi qui rendrai à chacun — parole du Seigneur.

Au contraire, si ton ennemi a faim, donne-lui à manger, s'il a soif, donne-lui à boire. Et ce seront autant de charbons brûlants sur sa conscience. Tu ne te laisseras pas vaincre par le mal, mais tu vaincras le mal par le bien.

• **6.32** Ici, Jésus ne pense pas d'abord aux rancunes et aux inimitiés personnelles mais à la distinction que nous faisons entre les gens de notre groupe ou de notre parti et ceux du parti opposé. On aime et on respecte ceux de son propre groupe, et on ne soucie que très modérément des droits des autres ; ils sont probablement des pécheurs, et dans le meilleur des cas, peu intéressants.

Jésus nous invite à surmonter les différences : c'est la personne qui compte, et quand mon prochain a besoin de moi, je dois oublier sa couleur ou l'étiquette qu'il porte.

Si vous prêtez... (34). Une fois de plus, il s'agit d'une attitude sociale : les hommes se cherchent leurs amis parmi ceux qui les aideront à arriver, et ils évitent ceux qui ne peuvent être qu'une charge pour eux : Lc 14,2.

• **6.35** Voir le commentaire de Mt 7,1.

Notre perfection consiste à imiter le Père. Sa façon d'être Dieu est d'être miséricordieux : il est capable de s'émouvoir face à la pauvreté et à l'angoisse de ses créatures.

On versera dans votre tablier (38). Jésus parle de la façon dont Dieu nous conduit dès à présent. Beaucoup ignorent l'intérêt que Dieu prend à nos problèmes et les réponses personnelles qu'il sait nous donner. Mais le Royaume de Dieu, c'est Dieu qui aujourd'hui même a toute liberté pour retourner toutes les situations, même si pour cela il a son propre calendrier.

• **6.43** *Il n'y a pas de bon arbre...* Ici Luc applique ces paroles à la conscience droite. Nous devons purifier notre pensée et notre esprit pour qu'ensuite, comme d'un bon arbre, sortent de bons fruits.

³¹ « Traitez les autres comme vous voulez qu'ils vous traitent.

• ³² Si vous aimez ceux qui vous aiment, faut-il vous en savoir gré ? Les pécheurs eux-mêmes aiment ceux qui les aiment. ³³ Si vous faites du bien à ceux qui vous font du bien, faut-il vous en savoir gré ? Les pécheurs eux-mêmes en font autant. ³⁴ Et si vous prêtez à ceux dont vous espérez recevoir, faut-il vous en savoir gré ? Les pécheurs eux-mêmes prêtent à d'autres pécheurs pour recevoir les mêmes faveurs.

• ³⁵ Donc aimez vos ennemis, faites du bien et prêtez sans rien attendre en retour. Votre récompense alors sera grande et vous serez les fils du Très-Haut, car il est bon avec les ingrats et les mauvais. ³⁶ Soyez miséricordieux comme votre Père est miséricordieux. »

Ne vous faites pas juges

³⁷ « Ne jugez pas et vous ne serez pas jugés. Ne condamnez pas et vous ne serez pas condamnés. Pardonnez, et l'on vous pardonnera. ³⁸ Donnez, et l'on vous donnera. On versera dans votre tablier une belle mesure, tassée, secouée, débordante de tous côtés ; car on utilisera pour vous la même mesure que vous utilisez. »

³⁹ Il leur donna cette comparaison : « Un aveugle peut-il guider un autre aveugle ? Ne tomberont-ils pas tous les deux dans le trou ? ⁴⁰ Le disciple n'est pas au-dessus du maître, mais s'il se laisse former il sera comme son maître.

⁴¹ « Quoi ! Tu vois la paille qui est dans l'œil de ton frère, et tu n'as pas remarqué la poutre qui est dans le tien ? ⁴² Comment peux-tu dire à ton frère : "Laisse-moi t'enlever cette paille que tu as dans l'œil", alors que tu ne vois pas la poutre qui est dans le tien ? Hypocrite, enlève d'abord de ton œil la poutre, et ensuite tu verras clair pour enlever la paille qui est dans l'œil de ton frère. »

On reconnaît l'arbre à ses fruits

• ⁴³ « Il n'y a pas d'arbre sain qui donne de mauvais fruits, ni d'arbre malade qui donne de bons fruits. ⁴⁴ D'ailleurs, chaque arbre se reconnaît à son fruit : on ne ramasse pas des figues sur des épines, on ne vendange pas de raisins sur un buisson. ⁴⁵ L'homme bon dit ce qui est bon à partir du bon fond qui est en lui, mais l'homme mauvais fait sortir le mal du mauvais fond qui est en lui. La bouche parle de l'abondance du cœur.

⁴⁶ Pourquoi me donnez-vous ce titre : "Seigneur, Seigneur !" et ne faites-vous pas ce que je dis ? »

Les paroles de Jésus sont reprises dans la Lettre de Jacques 4,11 :

Frères, ne dites pas du mal les uns des autres. Celui qui parle contre son frère et se fait le juge de son frère, parle contre la Loi et se fait juge de la Loi. Mais toi qui juges la Loi, es-tu vraiment le juge ou celui qui doit obéir à la Loi ?

Un seul est le juge, celui qui a donné la Loi et qui a pouvoir aussi bien pour perdre que pour sauver. Mais toi qui juges le prochain, qui es-tu ?

Dans le Livre des Proverbes 1,25, la sagesse met en garde ceux qui ne veulent pas regarder en face les enjeux de la vie.

Voulez-vous négliger tous mes conseils et repousser mes avis ?
A mon tour je rirai de votre détresse,
je me moquerai lorsque la peur vous saisira,
lorsque le jour du malheur fondra sur vous :
il viendra comme une tornade,
vous serez pris dans le tourbillon fatal.

Alors on m'appellera et je ne répondrai pas ;
on me cherchera et on ne me trouvera pas.
Mais voilà : on n'avait pas voulu du savoir,
on n'avait pas choisi la crainte de Yahvé ;
ces gens-là ne cherchaient pas mes conseils,
ils avaient méprisé tous mes avertissements.

Mais ils mangeront les fruits de leurs entreprises,
ils pourront se repaître de leurs initiatives.

Car le refus de la sagesse mène les sots à la mort,
l'insouciance des têtes en l'air fera leur perte.
Mais celui qui m'écoute dormira en paix,
il n'aura pas à craindre le malheur.

• **7.1** Ce capitaine de l'armée étrangère avait su mériter l'estime des Juifs. Le plus étonnant n'était pas qu'il ait contribué à la construction de la synagogue, mais que les Juifs aient accepté sa contribution. Cet homme était certainement bon. Mais il connaissait les interdits de la Loi juive et n'osait donc s'adresser à Jésus : répondrait-il à la requête d'un officier romain ? C'est pourquoi il envoie à Jésus ses amis juifs.

Mais cela ne suffit pas à le tranquilliser : Jésus acceptera-t-il d'entrer chez un païen et de « devenir impur » (Mc 7,14) ? C'est pourquoi le capitaine va plus loin : alors que les autres malades exigent que le maître les touche, cet homme comprend que Jésus a le pouvoir même de Dieu et qu'il n'a pas besoin d'être près du malade ; il ne lui est pas plus difficile de donner de loin un ordre.

• **7.11** Personne n'a jamais attribué à un homme un pouvoir sur la mort. Seul Jésus triomphe de la mort, et avec quelle simplicité ! Jésus n'a connu ce jeune qu'à travers sa mère, et c'est pour elle qu'il l'a rendu à la vie. Veuve et sans enfants : c'est pour la Bible le comble de la détresse.

La maison bâtie sur le roc

⁴⁷ « Celui qui vient à moi, qui écoute mes paroles et les met en pratique, je vais vous en donner une image : ⁴⁸ il ressemble à un homme qui a bâti une maison ; il a creusé profondément et a posé les fondations sur la pierre. Une crue est venue, le torrent s'est jeté sur cette maison, mais il n'a pas été capable de la renverser car elle était bien bâtie.

⁴⁹ En revanche, celui qui entend et ne met pas en pratique est semblable à un homme qui a construit la maison à même le sol, sans fondations. Le torrent s'est jeté sur elle et elle n'a pas été longue à s'écrouler : ce fut un vrai désastre. »

La foi d'un païen

7• ¹ Après avoir donné tout cet enseignement au peuple, Jésus rentra à Capharnaüm. ² Le serviteur d'un officier était si malade qu'il était sur le point de mourir ; or cet officier l'estimait beaucoup.

³ Comme il avait entendu parler de Jésus, il envoya vers lui quelques Juifs importants pour lui demander de venir guérir son serviteur. ⁴ Arrivés près de Jésus, ceux-ci insistent : « Il mérite que tu fasses cela pour lui, ⁵ car il aime notre nation et c'est lui qui nous a construit la synagogue. »

⁶ Jésus part donc avec eux. Quand déjà il n'est plus loin de la maison, l'officier envoie d'autres amis pour lui dire : « Ne prenez pas tant de peine ! Qui suis-je pour que vous veniez sous mon toit ? ⁷ C'est pourquoi déjà je n'ai pas voulu aller moi-même vous chercher.

Dites seulement une parole et mon serviteur sera guéri ! ⁸ J'ai beau n'être qu'un subalterne, j'ai des soldats sous mes ordres et quand je dis à l'un : "Va !" il va. A un autre je dis : "Viens !", et il vient, et à mon serviteur : "Fais cela", et il le fait. »

⁹ En l'entendant parler ainsi, Jésus était dans l'admiration. Il se tourna alors vers la foule qui le suivait et déclara : « Je vous le dis : même en Israël je n'ai pas rencontré une telle foi ! »

¹⁰ Les envoyés s'en revinrent à la maison, ce fut pour y trouver le serviteur en parfaite santé.

Jésus ressuscite le fils d'une veuve

• ¹¹ Un peu plus tard Jésus se rendit dans une ville appelée Naïn. Ses disciples faisaient route avec lui, c'était toute une troupe. ¹² Comme il approchait de la porte de la ville, voici qu'on emportait pour l'enterrer, un fils unique dont la mère était veuve. Les gens de la ville, en grand nombre, l'accompagnaient.

Dans le livre des Actes, en 10,1, l'appel par Dieu du centurion Cornélius, qui sera baptisé par Pierre, marque une étape importante. Lui aussi s'était fait estimer des Juifs.

Un certain Cornélius vivait à Césarée. C'était un centurion du bataillon Italique, un vrai serviteur de Dieu ; avec tous ceux de sa maison il faisait partie des adorateurs de Dieu. Il faisait au peuple Juif beaucoup d'aumônes et priait Dieu constamment.

Or voici qu'en milieu d'après-midi il voit sans possibilité d'erreur un ange de Dieu qui entrait chez lui et l'appelle : « Cornélius ! » Lui le regarde en face et il est rempli de crainte. Il demande : « Mais, qu'y a-t-il, Seigneur ? »

La réponse vient : « Tes prières et tes aumônes sont montées jusqu'à Dieu, elles viennent d'être rappelées à son attention. Maintenant tu vas envoyer des hommes à Joppé pour faire venir un certain Simon surnommé Pierre. Il se loge chez un tanneur du nom de Simon dont la maison est sur le bord de mer. »

• **7.18** Jésus et Jean-Baptiste. Au départ Jean était plus considéré. Mais les temps ont changé, maintenant Jean est en prison et Jésus a une auréole de guérisseur.

Jean, dans sa prison, avait-il des doutes ? Rien n'est impossible.

Les disciples de Jean sont témoins des guérisons, mais les guérisons ne sont pas tout, et Jésus ajoute : *Une bonne nouvelle est annoncée aux pauvres.*

Les aveugles voient, les éclopés marchent… Les guérisons opérées par Jésus étaient un signe de la libération qu'il apportait : non pas le châtiment des mauvais (qui occupait une grande place dans la prédication de Jean-Baptiste), mais avant tout, une réconciliation capable de guérir un monde de pécheurs, de violents et de rancuniers.

Heureux celui qui me voit si ce n'est pas pour sa chute (23). Heureux ceux qui ne disent pas : ce chemin est trop lent, c'est beau en paroles, mais le mal est le plus fort… L'Évangile démontre sa richesse en faisant vivre les personnes, en rendant l'espérance à ceux qui ont fait l'expérience de la faiblesse et du péché. Il faut l'avoir vu, et avoir compris que c'est cela l'essentiel.

Peu importe si le monde semble continuer à céder aux forces du mal. La présence de personnes libérées force les autres à choisir entre le bien et le mal ; et c'est cela qui fait mûrir le monde.

• **7.24** *Lorsque les envoyés de Jean furent partis.* La plupart des disciples de Jean étaient restés avec lui et n'avaient pas reconnu Jésus. Il ne leur fait pas de reproches, mais il loue Jean et se situe par rapport à lui.

Personne parmi les fils de la femme (ce qui veut simplement dire : personne) *n'est plus grand que lui.* Le peuple considérait Jean comme le plus grand personnage de son temps. Jésus reconnaît que Jean-Baptiste portait en lui, et dans son message, tout le meilleur de l'Ancien Testament.

Le plus petit dans le Royaume est plus grand que lui, en ce sens que les disciples de Jésus entrent dans le Royaume que Jean ne faisait qu'annoncer. Jésus veut souligner la supériorité de sa propre mission sur celle de Jean et non la supériorité personnelle de ses disciples sur Jean.

Jean disait que chacun devait redresser sa vie ; Jésus affirme que tous nos efforts ne sont rien tant que nous ne croyons pas en l'amour du Père. Les disciples de Jean jeûnaient ; ceux de Jésus sauront pardonner. Jean attirait au désert ceux qui savaient se détacher de leur confort ; Jésus vit au milieu des hommes et guérit leurs blessures. Ceux qui demandaient le baptême de Jean étaient prêts à abandonner leurs vices, tandis que le baptême de Jésus donne l'Esprit de Dieu.

¹³ A sa vue le Seigneur eut pitié d'elle ; il lui dit : « Ne pleure pas. » ¹⁴ Puis il s'approcha et toucha le brancard : les porteurs s'arrêtèrent. Jésus dit alors : « Jeune homme je te parle : lève-toi ! » ¹⁵ Et voici que le mort se redresse, s'assoit et commence à parler. Et Jésus le rend à sa mère.

¹⁶ Une crainte religieuse saisit toute l'assistance ; ils louaient Dieu en ces termes : « Un grand prophète s'est levé parmi nous : Dieu a visité son peuple ! »

¹⁷ C'est cela même qu'on entendait dire de lui par tout le pays des Juifs aussi bien que dans les régions voisines.

Jésus et les envoyés de Jean-Baptiste

• ¹⁸ Les disciples de Jean-Baptiste le tenaient au courant de tous ces événements. Il appela deux de ses disciples ¹⁹ et les envoya au Seigneur pour lui dire : « Es-tu celui qui doit venir ou devons-nous en attendre un autre ? »

²⁰ Lorsque ces hommes arrivèrent près de Jésus, ils lui dirent : « Jean-Baptiste nous envoie vers toi pour te demander : Es-tu celui qui doit venir ou devons-nous en attendre un autre ? »

²¹ A ce moment même Jésus rendit la santé à bien des gens affligés de maladies, d'infirmités et d'esprits mauvais ; et il redonna la vue à plusieurs aveugles. ²² Puis il répondit aux envoyés : « Repartez dire à Jean ce que vous venez de voir et d'entendre : les aveugles retrouvent la vue, les éclopés marchent, les lépreux sont purifiés, les sourds entendent, les morts se réveillent et les pauvres entendent une bonne nouvelle. ²³ Mais heureux particulièrement celui qui me voit si ce n'est pas pour sa chute ! »

Un éloge de Jean-Baptiste

• ²⁴ Lorsque les envoyés de Jean furent partis, Jésus commença à parler de Jean à la foule : « Que cherchiez-vous à voir quand vous alliez au désert ? Un roseau agité par le vent ? ²⁵ Qu'alliez-vous voir ? Un homme avec des habits douillets ? Mais ceux qui portent des habits douillets et font les bons repas se trouvent dans les palais des rois ! ²⁶ Alors, qu'alliez-vous voir ? Un prophète ? Oui, je vous le dis, et plus qu'un prophète ! ²⁷ Car c'est de lui qu'il est écrit : *J'envoie mon messager devant toi pour qu'il te prépare le chemin.*

²⁸ « Oui, je vous le dis, personne n'est plus grand que Jean parmi les fils de la femme. Et cependant le plus petit dans le Royaume de Dieu est plus grand que lui.

• 7.36 Le Pharisien Simon avait quelques principes religieux clairs et simples : le monde se divise en deux : les bons et les pécheurs. Les bons sont ceux qui obéissent à la Loi, et les pécheurs ceux qui commettent des fautes notoires. Dieu aime les bons, il n'aime pas les pécheurs ; il s'écarte d'eux. Simon est un « bon » : il s'écarte des pécheurs. Puisque Jésus ne s'écarte pas de la pécheresse, ce n'est pas l'Esprit de Dieu qui le guide.

Simon était un Pharisien, et Pharisien veut dire : « séparé ». Tout un courant de la Bible invitait les justes à se séparer des pécheurs, et l'on pensait que l'*impureté* des uns contaminait nécessairement les autres.

Jésus montre que ce besoin de se séparer, tout comme le désir de punir les pécheurs, ignore à la fois la sagesse de Dieu et la réalité du cœur humain. Dieu sait qu'il nous faut du temps pour faire l'expérience du bien et du mal ; nos erreurs ne sont pas le plus grave si en fin de compte nous savons mieux que nous sommes mauvais, et que c'est de lui que nous avons besoin.

Jésus s'était allongé comme les autres convives sur des coussins autour de la table, selon la coutume des gens aisés (c'est pour cela que la femme arrivera par derrière et versera le parfum sur ses pieds).

C'est pourquoi ses nombreux péchés sont pardonnés (47). Certains voient une contradiction entre le v.42, où l'amour est fruit du pardon, et le v.47 où c'est l'amour qui obtient le pardon. Mais c'est trop de logique. Jésus ne prétend pas dire si c'est l'amour ou le pardon qui vient en premier lieu : les deux vont ensemble. Jésus oppose la religion des Pharisiens, qui est une sorte de comptabilité des fautes et des bonnes actions, et l'Évangile, où seule compte la qualité de l'amour et de la confiance. Et généralement, nous aimons dans la mesure où nous sommes conscients du pardon que Dieu nous a accordé.

Celui à qui l'on pardonne peu (47). C'est une maxime, ce n'est pas valable dans tous les cas. Beaucoup ont aimé passionnément Jésus, qui n'étaient pas de grands pécheurs. Mais Jésus ironise en s'adressant à un homme « très bien » : Simon, tu penses que tu dois peu, c'est pourquoi tu aimes peu.

Tes péchés sont pardonnés (48). Essayons de comprendre le scandale produit par de telles paroles. En effet, qui *avait-elle aimé* sinon Jésus, et qui pouvait *pardonner ses péchés* sinon Dieu ? Il nous est facile, de loin, de prendre parti pour Jésus contre Simon et ses amis, mais mesurons-nous l'acte de foi qui leur était ainsi demandé ?

Depuis les débuts on s'est posé la question : quel rapport y a-t-il entre la « pécheresse » de ce paragraphe, Marie de Magdala du paragraphe suivant, et Marie de Béthanie qui, au cours d'un autre repas, verse le parfum sur les pieds de Jésus (un geste très étrange), en la maison d'un autre Simon, et pour se voir elle aussi critiquer ? (Jn 12,3) Sont-elles une, comme Jean semble le dire, ou deux, ou trois ? Ce qui est certain, c'est que la Marie de Magdala prostituée est une invention. La *pécheresse* qui entre sans problèmes chez le pharisien est une femme socialement considérée.

Quoi qu'il en soit, il y a des liens entre ces divers épisodes. Le scandale n'était pas qu'une fois Jésus se soit laissé approcher par une pécheresse, mais que, d'une façon habituelle, des femmes faisaient partie du groupe des disciples. Et l'une d'elles, Marie de Magdala, n'avait pas dû être un modèle au temps de ses démons (8,2).

²⁹ « Tout le peuple est venu l'entendre, même les collecteurs de l'impôt : ils ont confessé leurs fautes et reçu le baptême de Jean. ³⁰ Et quand les Pharisiens et les maîtres de la Loi ne se sont pas fait baptiser par lui, ils ont dit non à ce que Dieu leur demandait.

³¹ « Comment donc vais-je dépeindre les hommes de la présente génération ? ³² Ils font penser à des gamins assis sur la place ; un groupe interpelle les autres : "Nous avons joué de la flûte pour vous et vous n'avez pas dansé. Et quand nous avons fait la lamentation, vous n'avez pas pleuré !"

³³ « Rappelez-vous Jean ; il ne mangeait pas de pain, il ne buvait pas de vin, et quand il est venu on a dit : "Il a un démon." ³⁴ Et puis vient le Fils de l'homme qui mange et qui boit, et l'on dit : "Voilà un mangeur et un buveur de vin, un ami des collecteurs de l'impôt et des pécheurs !" ³⁵ Mais les enfants de la Sagesse savent qu'elle a bien agi. »

Le Pharisien et la femme pécheresse

• ³⁶ Un Pharisien avait invité Jésus à manger chez lui. Il entra dans la maison du Pharisien et s'allongea pour le repas. ³⁷ Or dans cette ville il y avait une femme connue comme pécheresse. Sachant que Jésus était à table dans la maison du Pharisien, elle se procura un vase précieux rempli de parfum. ³⁸ Elle se tenait en arrière, aux pieds de Jésus, et elle pleurait. Bientôt ses larmes commencèrent à inonder les pieds de Jésus. De ses cheveux elle les essuyait et les embrassait longuement puis elle y versait du parfum.

³⁹ En voyant cela, le Pharisien qui l'avait invité se dit en lui-même : « Si cet homme était prophète, il saurait que celle qui le touche est une pécheresse ; il connaîtrait cette femme et comment elle est. »

⁴⁰ Jésus prend alors la parole et lui dit : « Simon, j'ai quelque chose à te dire. » Et celui-ci de répondre : « Parle, maître ! » ⁴¹ Jésus reprend : « Un homme a prêté de l'argent à deux clients, l'un lui doit cinq cents pièces d'argent, l'autre cinquante. ⁴² Comme aucun des deux n'a de quoi lui rendre, il efface leurs dettes à tous les deux. Lequel, à ton avis, l'aimera davantage ? »

⁴³ Simon répond : « Je suppose que c'est celui qui avait la plus grande dette. » Jésus lui dit : « Tu as bien jugé ! » ⁴⁴ Et se tournant vers la femme, il dit à Simon : « Tu vois cette femme. Je suis entré chez toi et tu ne m'as pas versé d'eau sur les pieds, mais elle, elle les a inondés de ses larmes et les a essuyés de ses cheveux. ⁴⁵ Tu ne m'as pas embrassé ; mais depuis qu'elle est entrée, elle n'a pas cessé de m'embrasser lon-

250

A Naïm Jésus était tout près de Sunem où le prophète Élisée avait ressuscité un enfant. Le récit est tiré du Deuxième Livre des Rois 4,31.

Guéhazi revint donc vers Élisée et lui fit savoir : « L'enfant ne s'est pas réveillé. »

Élisée entra dans la maison ; l'enfant était là, mort, couché sur son lit. Il entra et ferma la porte sur eux deux, puis il pria Yahvé. Il se coucha ensuite sur l'enfant, il mit sa bouche sur sa bouche, ses yeux sur ses yeux, ses mains sur ses mains ; il resta là penché sur lui et la chair de l'enfant se réchauffa. Puis il redescendit dans la maison et fit quelques pas de long en large, il remonta et se pencha de nouveau sur l'enfant. Il fit ainsi sept fois. Alors l'enfant remua et il ouvrit les yeux.

Élisée appela Guéhazi ; il lui dit : « Fais venir cette Sounamite. » Il l'appela et elle monta vers lui ; il lui dit : « Emporte ton fils. » Elle tomba à ses pieds et se prosterna à terre, puis elle prit son fils et sortit.

• **8.1** Voir le commentaire de Mt 1,18 en ce qui concerne la situation d'infériorité des femmes au temps de Jésus, et très spécialement dans la société juive. Aucun maître spirituel n'aurait parlé à une femme en public : les femmes n'entraient même pas dans les synagogues.

Certaines femmes avaient interprété l'attitude et les paroles de Jésus comme un appel à la liberté ; elles allèrent jusqu'à s'intégrer au groupe de ses disciples intimes, sans faire cas des bavardages. Jésus n'avait donc pas fait le moindre cas de préjugés universellement admis : c'est sans doute sur le plan de la discrimination des femmes qu'il a eu les gestes les plus révolutionnaires.

Marie de Magdala (Magdala était un village au bord du lac de Tibériade) se trouvera au pied de la croix avec *Marie,* la femme de Cléophas, la mère de Jacques et de Joset. Ces deux femmes, ainsi que *Jeanne,* recevront la première proclamation de la résurrection (Lc 24,10).

• **8.9** Voir le commentaire de Mt 13,1-23.

Voici le sens de la parabole. La comparaison (ou parabole) du semeur nous aide à comprendre ce qui se passe autour de Jésus. Beaucoup s'enthousiasment au début mais s'éloignent au bout d'un certain temps. Quelques uns seulement persévèrent et il est permis de se demander : comment le Royaume viendra-t-il si personne ne s'y intéresse ?

L'Évangile a gardé l'explication de Jésus au sujet des terrains sur lesquels les graines sont tombées. Mais il restait encore bien des choses à expliquer. D'abord ses auditeurs devaient être surpris de sa comparaison du Royaume de Dieu avec quelque chose que l'on sème. On avait abondamment semé tout au long de l'histoire sainte et les contemporains de Jésus avaient le droit d'attendre impatiemment la récolte.

Mais si le Royaume de Dieu est déjà parmi nous, cela ne veut pas dire que nous allons en voir tous les fruits. Le Royaume de Dieu est là où Dieu règne, et Dieu règne là où il peut être Père et où ses enfants acceptent le projet qu'il a formé à leur égard.

Dès lors, les personnes mûrissent de mille manières et la conscience sociale se développe aussi.

guement les pieds. ⁴⁶ Tu ne m'as pas parfumé la tête, alors qu'elle a couvert mes pieds de parfum.

⁴⁷ C'est pourquoi, je te le dis, ses péchés, ses nombreux péchés lui sont pardonnés, parce qu'elle a beaucoup aimé ! Mais celui à qui l'on pardonne peu, montre peu d'amour ! »

⁴⁸ Jésus dit alors à la femme : « Tes péchés sont pardonnés ! » ⁴⁹ Et les invités commencèrent à se dire les uns aux autres : « Comment peut-il maintenant pardonner les péchés ? » ⁵⁰ Mais de nouveau Jésus s'adressa à la femme : « Ta foi t'a sauvée, va en paix. »

Les femmes qui accompagnaient Jésus

8 • ¹ Jésus parcourait ainsi villes et villages, prêchant et donnant la bonne nouvelle du Royaume de Dieu ; les Douze l'accompagnaient ² et aussi certaines femmes qu'il avait guéries d'esprits mauvais ou d'infirmités : Marie, appelée la Magdaléenne, qu'il avait délivrée de sept démons ; ³ Jeanne, femme de Chouza intendant d'Hérode ; Suzanne ; et beaucoup d'autres qui les assistaient de leurs biens personnels.

La comparaison du semeur

⁴ Une foule nombreuse s'était rassemblée, car on venait à lui de toutes les villes. Jésus alors leur donna cette comparaison :

⁵ « Le semeur est sorti pour semer la semence et il se met à semer. Une partie tombe au long du chemin : elle est piétinée et les oiseaux du ciel la mangent. ⁶ Des graines tombent sur la rocaille ; là elles germent, mais elles se dessèchent par manque d'humidité. ⁷ D'autres tombent au milieu des épines ; les épines poussent en même temps qu'elles et les étouffent. ⁸ D'autres encore tombent sur la belle terre ; là elles poussent et donnent du fruit, cent pour un. »

En disant cela, Jésus criait : « Que celui qui a des oreilles pour entendre entende ! »

Jésus explique la parabole

• ⁹ Ses disciples lui demandèrent : « Que veut dire cette comparaison ? » ¹⁰ Il leur répondit : « A vous il a été donné de connaître les mystères du Royaume de Dieu, mais les autres n'ont que des comparaisons, *de sorte qu'ils voient sans voir et entendent sans comprendre.*

¹¹ Voici le sens de cette parabole : la semence est la parole de Dieu. ¹² Ceux qui sont sur le bord du chemin l'ont entendue, mais le diable vient et enlève de leur cœur la parole pour les empêcher de croire et

Amour humain, amour divin, l'un n'est pas vrai sans l'autre. Le Cantique des cantiques (3,1) exprime cette recherche dans l'obscurité :

Sur ma couche j'ai cherché, dans la nuit,
celui que mon cœur aime :
je l'ai cherché et ne l'ai pas trouvé.
Debout ! que j'arpente la ville,
parcourant les rues et les places,
que je cherche celui que j'aime !
Je l'ai cherché et ne l'ai pas trouvé.
Les gardes m'ont rencontrée,
ceux qui font les rondes dans la ville :
« Avez-vous vu celui que j'aime ? »
A peine les avais-je passés
que j'ai trouvé celui que j'aime.
Je l'ai saisi ! Je ne le lâcherai pas.

La Lettre de Jacques (5,7) nous invite à la patience si nous voulons que la semence porte ses fruits.

Frères, sachez attendre le jour où viendra le Seigneur. Voyez comment le cultivateur reçoit les précieux fruits de la terre : il les attend jusqu'à ce que viennent les premières et les dernières pluies. Vous aussi sachez attendre sans perdre cœur car la visite du Seigneur n'est plus loin.

Frères, voyez ce qu'ont souffert les prophètes qui parlaient au nom du Seigneur, voyez leur patience : qu'ils soient vos modèles. Nous proclamons heureux ceux qui persévèrent. On vous a parlé de la patience de Job et vous savez ce que le Seigneur a fait tout à la fin. C'est que le Seigneur est plein de tendresse et de bonté.

• **8.**19 Voir le commentaire de Mc 3,31.

d'être sauvés. [13] Ce qui est tombé sur la pierre, ce sont ceux qui accueillent la parole avec joie lorsqu'ils l'entendent, mais ils n'ont pas de racines : ils ne croient que pour un temps et, venu le temps de l'épreuve, ils se retirent. [14] Ce qui est tombé dans les épines, ce sont ceux qui entendent mais avec le temps se laissent étouffer par les soucis, la richesse et les plaisirs de la vie : ils n'arriveront pas à maturité. [15] Ce qui est tombé dans la belle terre, ce sont ceux qui entendent la parole avec un cœur sincère et généreux ; ils la gardent, et portent du fruit par leur persévérance. »

La lampe sur le lampadaire

[16] « Quand on a allumé une lampe, on ne met pas une caisse par dessus, on ne la cache pas sous un lit, mais on la met sur un lampadaire pour que ceux qui entrent voient la lumière. [17] Il n'y a rien de caché qui ne doive être mis au jour, rien de secret qui ne doive être éclairci. [18] Faites donc bien attention à la manière dont vous écoutez ! Car on donnera à celui qui produit, mais à celui qui n'apporte rien, on lui prendra même ce qu'il croit avoir. »

Voici ma mère et mes frères

• [19] Sa mère et ses frères vinrent à passer, mais ils ne pouvaient l'approcher à cause de la foule. [20] Quelqu'un le prévient : « Ta mère et tes frères sont là dehors : ils veulent te voir. » [21] Jésus répond : « Ma mère et mes frères sont ceux qui écoutent la parole de Dieu et la mettent en pratique. »

La tempête apaisée

[22] Un jour Jésus monta dans la barque avec ses disciples et il leur dit : « Passons sur l'autre rive ! » Ils gagnèrent donc le large [23] et, tandis qu'ils naviguaient, lui s'endormit. C'est alors qu'une rafale de vent s'abattit sur le lac ; la barque prenait l'eau au point de les mettre en danger.

[24] Ils s'approchent, le réveillent et lui disent : « Maître ! Maître ! Nous sommes perdus ! » Lui, à peine réveillé, rappelle à l'ordre le vent et les eaux déchaînées : ils s'apaisent et le calme revient.

[25] Alors il leur demande : « Où est votre foi ? » Ils avaient eu peur, et maintenant ils étaient hors d'eux-mêmes et se disaient l'un à l'autre : « Qui est-il donc ? Il commande même au vent et à la mer, et ils obéissent ! »

254

La lettre aux Hébreux (6,4) met en garde ceux qui, après avoir reçu la parole, se sont fatigués d'espérer.

On ne peut renouveler ceux qui ont déjà été illuminés, qui ont goûté le don surnaturel, qui ont eu leur part de l'Esprit Saint et ont goûté la merveilleuse parole de Dieu avec des expériences du monde nouveau. S'ils viennent à retomber, on ne peut pas les renouveler.

La terre qui boit la pluie quand régulièrement elle tombe, et qui donne de la bonne herbe au cultivateur, est bénie de Dieu. Mais si elle ne produit qu'épines et chardons, elle devient sans valeur. Un peu plus et on la maudit : pour finir, tout sera brûlé.

Même quand nous parlons ainsi, frères bien-aimés, nous sommes sûrs que vous êtes dans une meilleure situation et qu'il y a de l'espoir. Dieu serait injuste s'il oubliait ce que vous avez fait par amour pour son Nom et pour le service des saints, et comment vous les servez encore. Mais nous voudrions que chacun d'entre vous garde jusqu'au bout le même intérêt, pour que votre espérance devienne réalité.

Le psaume 107 (21-27) rappelle l'action de grâces de ceux qui ont échappé de la tempête. Mais tout le problème ici vient de ce que Jésus a donné l'ordre.

Qu'ils rendent grâces au Seigneur pour sa grâce,
pour ses miracles en faveur des humains !
Qu'ils lui offrent un sacrifice de louange,
que dans leur joie ils disent et proclament ses œuvres,
ceux qui descendent en mer sur des navires,
pour leur négoce au-delà de l'océan !
Ceux-là ont vu le travail du Seigneur
et ses miracles sur les abîmes.
Car à son ordre une bourrasque s'est levée,
qui soulevait les vagues de la mer.
Portés aux cieux, retombant dans les abîmes,
leur âme fondait dans les malaises.
Pris de vertige, ils titubaient comme un ivrogne,
leur sagesse était toute avalée.
Mais dans l'angoisse ils crièrent vers le Seigneur,
et il les tira de leur détresse.
Il rétablit le calme après la tempête,
il apaisa les flots.
Quelle joie pour eux quand tout fut tranquille,
quand il les mena au port désiré !

Le démoniaque et les cochons

²⁶ La traversée prit fin au pays des Géraséniens, de l'autre côté du lac, face à la Galilée. ²⁷ Comme il débarquait, un homme de la ville, possédé par des démons, vint à sa rencontre. Depuis longtemps il ne portait plus de vêtements et ne restait plus dans une maison mais au milieu des tombes.

²⁸ Lorsqu'il vit Jésus, il poussa des hurlements et vint se jeter à terre en criant d'une voix forte : « Qu'est-ce que tu me veux, Jésus, fils du Dieu Très-Haut ? Je t'en supplie : ne me torture pas ! »

²⁹ En effet, Jésus ordonnait à l'esprit impur de sortir de cet homme. Bien des fois le démon s'était emparé de lui et l'avait entraîné dans le désert ; dans ces moments c'était inutile de le lier avec des chaînes ou de lui entraver les pieds pour le retenir : il cassait tout.

³⁰ Jésus l'interrogea : « Quel est ton nom ? » Il répondit : « Légion ! » Car de nombreux démons étaient entrés en lui, ³¹ et maintenant ils suppliaient Jésus : « Ne nous ordonne pas de retourner à l'abîme. » ³² Or il y avait là des bandes de cochons qui cherchaient leur nourriture dans la montagne. Les démons le supplièrent de les laisser entrer dans les cochons et Jésus le leur permit. ³³ Les démons sortirent donc de l'homme pour aller vers les cochons ; le troupeau se précipita dans le lac du haut de la falaise et s'y noya.

³⁴ Voyant cela, les gardiens du troupeau prirent la fuite et portèrent la nouvelle à la ville comme dans la campagne. ³⁵ Les gens sortirent pour voir ce qui était arrivé et vinrent jusqu'à Jésus. Près de lui ils trouvèrent assis, à ses pieds, cet homme dont les démons étaient sortis : il était habillé et il avait tout son bon sens.

Alors tous ces gens prirent peur. ³⁶ Les témoins leur racontèrent comment le démoniaque avait été délivré ³⁷ et, pour finir, toute la population du secteur le pria de quitter les lieux, car ils étaient complètement terrifiés.

Jésus monta dans la barque et s'en retourna. ³⁸ L'homme dont les démons étaient sortis demandait à rester avec lui, mais Jésus le renvoya et lui dit : ³⁹ « Retourne chez toi ; là tu raconteras tout ce que Dieu a fait pour toi. » Et l'homme s'en alla raconter par toute la ville les merveilles que Jésus avait faites pour lui.

Jésus ressuscite la fille de Jaïre

⁴⁰ Il y avait du monde pour accueillir Jésus à son retour, car tous l'attendaient. ⁴¹ Un homme du nom de Jaïre, président d'une synagogue, se présenta à ce moment. Il tomba aux pieds de Jésus et le supplia

Extrait des Actes des Apôtres 16,16-24.

Un jour où nous nous rendions à la prière, une fille qui avait un esprit de divination se trouva sur notre chemin. Elle disait la bonne aventure et procurait ainsi de gros revenus à ses maîtres. Et voici qu'elle se met à nous suivre, avec Paul, en criant : « Ces gens sont des serviteurs du Dieu Très-Haut, ils vous annoncent le chemin du salut ! » Et cela se répète un certain nombre de jours. A la fin Paul est excédé, il se retourne et dit à l'esprit : « Je te l'ordonne par le Nom de Jésus-Christ, sors de cette fille ! » L'esprit sort à l'instant même.

Mais du coup les patrons de la fille voient s'envoler les profits sur lesquels ils comptaient. Ils mettent la main sur Paul et Silas et les traînent devant les magistrats à la cour de justice. Ils les présentent aux officiers de police en disant : « Ces gens-là sont Juifs et ils viennent mettre le trouble dans notre ville. Ils prêchent des usages que nous, Romains, ne pouvons pas accepter ni mettre en pratique. »

L'assistance se tourne contre eux ; les officiers de police ordonnent de leur arracher les vêtements et de les frapper à coups de bâton. Après quoi ils les font jeter dans la prison couverts de plaies, et ils ordonnent au gardien de prison de bien veiller sur eux. Avec une telle consigne, il les jette dans le cachot intérieur de la prison et leur immobilise les pieds dans des entraves.

Dans le Premier Livre des Rois (17,17) le prophète Élie ressuscite le fils de la veuve qui le logeait.

Dans la suite il arriva que le fils de la maîtresse de maison tomba malade ; sa maladie empira et il rendit le dernier souffle. Alors elle dit à Élie : « Pourquoi t'es-tu mis dans mes affaires, homme de Dieu ? Es-tu venu chez moi pour remettre devant Dieu toutes mes fautes et pour faire mourir mon fils ? » Il lui répondit : « Donne-moi ton fils. »

Élie le prit des bras de cette femme, il le monta dans la chambre haute où il logeait et le coucha sur son lit. Puis il invoqua Yahvé : « Yahvé mon Dieu, dit-il, feras-tu venir le malheur même sur cette veuve qui me loge, feras-tu mourir son fils ? »

Alors il s'allongea par trois fois sur l'enfant et il invoqua Yahvé : « Yahvé mon Dieu, redonne à cet enfant le souffle de vie. »

Yahvé entendit l'appel d'Élie et le souffle de l'enfant lui revint : il était vivant ! Élie prit l'enfant, le fit descendre de la chambre haute dans la maison, et le redonna à sa mère.

Élie lui dit : « Regarde, ton fils est vivant. » Alors la femme dit à Élie : « Maintenant je sais que tu es un homme de Dieu, et quand tu dis la parole de Dieu, c'est vrai ! »

de venir chez lui, [42] car sa fille unique qui avait une douzaine d'années était sur le point de mourir.

Comme Jésus s'y rendait, la foule le pressait au point de l'étouffer. [43] C'est alors qu'une femme qui depuis douze ans souffrait d'hémorragies, et que personne n'avait pu guérir, [44] s'approcha par derrière et vint toucher la frange de son manteau. Aussitôt l'hémorragie s'arrêta. [45] Jésus demanda : « Qui m'a touché ? » Tous s'en défendaient et Pierre lui dit : « Maître, c'est la foule qui te presse et te bouscule ! » [46] Mais Jésus dit : « Quelqu'un m'a touché, j'ai senti qu'une force était sortie de moi. »

[47] Se voyant découverte, la femme arriva toute tremblante et tomba à ses pieds. Devant tout le monde elle fit savoir pour quelle raison elle l'avait touché et comment elle avait été guérie à l'instant même. [48] Alors Jésus lui dit : « Ma fille, ta foi t'a sauvée : va en paix ! »

[49] Il parlait encore lorsque quelqu'un arriva de chez le président de synagogue. C'était pour lui dire : « Ta fille est morte, tu n'as plus à déranger le Maître. » [50] Jésus l'entendit et il s'adressa au père : « Ne crains pas, crois seulement et elle sera sauvée. » [51] Arrivé à la maison, il ne laissa entrer avec lui que Pierre, Jean et Jacques, ainsi que le père et la mère de l'enfant.

[52] Tous étaient là qui pleuraient et se lamentaient, et lui leur dit : « Ne pleurez pas, elle n'est pas morte, elle dort ! » [53] Mais on se moquait de lui car les gens savaient bien qu'elle était morte.

[54] Jésus la prit par la main et l'appela : « Enfant, lève-toi ! » [55] Son esprit revint en elle ; aussitôt elle se leva, et Jésus insista pour qu'on lui donne à manger. [56] Ses parents étaient comme perdus ; Jésus, lui, leur commanda de ne dire à personne ce qui était arrivé.

Jésus envoie les Douze

9 [1] Jésus réunit les Douze ; il leur donna autorité sur tous les démons, et puissance pour guérir les malades. [2] Puis il les envoya proclamer le Royaume de Dieu et rendre la santé aux infirmes.

[3] Il leur dit : « Ne prenez rien pour la route : ni sac qu'on accroche à son bâton, ni pain, ni argent ; n'ayez pas une seconde tunique. [4] Quand une maison vous sera ouverte, restez-y jusqu'au moment de votre départ. [5] Mais là où on ne vous recevra pas, ne sortez pas de la ville sans avoir secoué la poussière de vos pieds : ce sera un témoignage contre eux ! »

[6] C'est ainsi qu'ils allèrent parcourant les villages : ils proclamaient partout la Bonne Nouvelle et multipliaient les guérisons.

• **9.12** Voir le commentaire de Mc 6,34.

Cette multiplication des pains se trouve dans les quatre évangiles, ce qui est rare. En plus de ce récit, il y a une autre multiplication des pains dans Mt 15,32 et Mc 8,1.

Cette profusion de récits est due peut-être au fait que la multiplication des pains est le miracle de Jésus qui démontre le mieux son pouvoir absolu sur les lois de la nature (Voir commentaire de Mt 15,29). Elle est due aussi au fait qu'on y voyait l'annonce de l'eucharistie, comme le soulignera l'évangile de Jean (ch.6).

Mais souvenons-nous aussi que les Juifs du temps de Jésus étaient un peuple pauvre, trop nombreux pour ce pays fertile mais limité. Les Romains qui l'occupaient et les riches propriétaires se réservaient une grosse partie des récoltes.

Dans la vie quotidienne, nombreux devaient être ceux qui partageaient leurs dernières ressources avec quelqu'un de plus pauvre, confiant que Dieu le leur rendrait. Jésus, à son tour, ne pouvait faire moins. Le miracle qu'il accomplit alors confirmera la foi de ceux qui savent risquer pour d'autres tout ce qui leur reste.

• **9.18** Ceci a lieu à Césarée de Philippe, ville située tout au nord de la Palestine, au pied du Mont Hermon. Jésus n'était plus en sûreté en Galilée et s'était éloigné.

Qui disent-ils que je suis ? Et vous, que dites-vous de moi quand vous êtes parmi eux ? *Qui leur dites-vous que je suis ?* Pierre répond le premier, sûr qu'il ne se trompe pas en présentant leur Maître comme le Messie, l'envoyé de Dieu.

Jésus ne le nie pas, mais il leur défend de le dire dès maintenant. C'est que, selon le peuple, le Libérateur doit écraser ses ennemis. Les apôtres peuvent-ils utiliser un terme qui sera entendu de travers ? Jésus déjà sait qu'il va à un échec.

Si nous comparons ce récit avec Mc 8,27 et Mt 16,13, nous arrivons à la conclusion suivante : Matthieu a réuni en un seul récit deux événements différents où Pierre a été le premier à proclamer sa foi. Le premier épisode est celui que Luc raconte ici. Dans le second, Pierre reconnaît en Jésus le Fils de Dieu et il reçoit les promesses que Matthieu présente. Cela a peut-être eu lieu après la multiplication des pains (voir Jean 6,66), peut-être après la résurrection : voir Jean 21,15-17.

• **9.21** Pourquoi est-ce que Jésus pose les questions que nous venons de lire ? L'Évangile le dit : parce qu'il était temps que Jésus leur annonce sa passion. Puisque ses apôtres le reconnaissent comme le Sauveur promis à Israël, ils doivent apprendre qu'il n'y a pas de salut si la mort n'est pas vaincue. Et Jésus remporte cette victoire quand il choisit librement le chemin de la croix : *le Fils de l'Homme doit beaucoup souffrir et être rejeté par les autorités.*

Tout de suite après, Jésus ajoute que nous devons tous partager sa victoire sur la mort, et que cela se verra dans l'orientation que nous donnons à notre vie. Nous devons choisir entre servir et être servis, entre nous sacrifier pour les autres ou profiter d'eux. C'est dès les premières années que l'enfant est orienté vers ce choix : il n'est pas le centre et le roi de la famille, avec ses parents pour esclaves, mais il doit apprendre à servir et se donner.

[7] Hérode, le tétrarque, apprit tout ce qui se faisait. Il ne savait que penser car les uns disaient : « Jean a été ressuscité d'entre les morts », [8] d'autres disaient : « Élie a réapparu », et d'autres encore pensaient : « C'est l'un des anciens prophètes qui est ressuscité. »

[9] Hérode se disait : « Je suis bien sûr d'avoir décapité Jean ! Qui est maintenant celui-ci dont on raconte tant de merveilles ? » Et il aurait aimé voir Jésus.

[10] A leur retour, les apôtres racontèrent à Jésus tout ce qu'ils avaient fait. Il les prit avec lui et se retira dans les environs d'une ville appelée Bethsaïde, de façon à être tranquille. [11] Mais les foules le surent et y arrivèrent derrière lui. Il les reçut et continua de leur parler du Royaume de Dieu, tout en rendant la santé à ceux qui étaient malades.

Jésus multiplie le pain

• [12] Le jour commençait à baisser. Les Douze s'approchèrent et lui dirent : « Renvoie la foule pour qu'ils aillent se chercher un toit et de la nourriture dans les villages et les campagnes des environs, car ici nous sommes loin de tout. » [13] Il leur dit : « Donnez-leur vous-mêmes à manger ! »

Ils répondirent : « Nous n'avons que cinq pains et deux poissons. Tu nous vois sans doute y aller nous-mêmes et acheter de quoi manger pour tout ce monde ? » [14] Car il y avait bien là cinq mille personnes. Jésus dit à ses disciples : « Faites-les s'asseoir par groupes de cinquante. » [15] Les disciples firent ainsi et tout le monde s'installa.

[16] Alors Jésus prend les cinq pains et les deux poissons, il lève le regard vers le ciel, il prononce la bénédiction, il rompt le pain et commence à en donner aux disciples pour qu'ils servent la foule.

[17] Ils mangèrent et tous eurent à leur faim. Après quoi on ramassa les restes : il y en avait douze paniers !

Pierre reconnaît Jésus comme le Messie

• [18] Un jour, Jésus était allé un peu à l'écart pour prier, mais ses disciples étaient avec lui. Il les interrogea sur ce que pensait la foule : « Qui disent-ils que je suis ? » [19] Ils répondirent : « Pour certains tu es Jean-Baptiste, pour d'autres Élie, pour d'autres encore un des anciens prophètes qui est ressuscité. »

[20] Il leur demanda : « Et vous, qui dites-vous que je suis ? » Pierre répondit : « Le Messie de Dieu ! »

• [21] Jésus leur fit un avertissement et leur commanda de ne le dire à

Pierre était ici l'un des témoins. Dans les Actes (9,36), il ose demander à Dieu de ressusciter la fidèle Tabitha : c'était bien pour cela qu'on l'avait fait venir.

A Joppé vivait une certaine Tabitha. Ce nom se traduit Dorcas, c'est-à-dire Gazelle. C'était une disciple dont on ne pouvait compter les bonnes œuvres et les aumônes qu'elle faisait. Elle tomba malade à ce moment-là et elle mourut.

Comme Lydda est près de Joppé, les disciples apprirent que Pierre se trouvait là et ils lui envoyèrent deux hommes pour l'inviter de façon pressante : « Passe jusque chez nous, fais au plus vite. »

Pierre se lève et part avec eux. Aussitôt arrivé, ils le conduisent à l'étage et lui font voir toutes les veuves en pleurs. Elles-mêmes lui montrent les tuniques et les manteaux que faisait Dorcas quand elle était avec elles.

Pierre les fait toutes sortir et se met à genoux en prière. Puis il se tourne vers le corps et il dit : « Lève-toi, Tabitha ! » Elle ouvre les yeux, elle reconnaît Pierre et elle s'assied. Alors il lui donne la main et la fait lever ; après avoir appelé les saints et les veuves, il la leur présente en vie.

La chose fut connue dans tout Joppé et beaucoup de gens crurent dans le Seigneur. Pierre resta à Joppé un bon bout de temps ; il se logeait chez un certain Simon, tanneur de son métier.

• **9.**23 *Celui qui veut se sauver lui-même.* Jésus revient à l'orientation générale de notre vie. Il n'a rien à voir avec ceux qui cherchent à profiter de cette vie au maximum. Le simple fait de vouloir vivre sans risque nous éloigne du chemin de Dieu.

Celui qui rougira de moi (26). Dieu nous demande de témoigner de notre foi par une fidélité concrète aux exigences de l'Évangile. Cela nous conduira à prendre des risques, ne serait-ce que la moquerie de nos collègues ou de nos voisins. Et dans les périodes de violence, que feront les communautés chrétiennes ?

• **9.**28 Jésus a reçu une révélation divine au début de son ministère (Lc 3,21). Ce nouveau signe divin que Jésus reçoit dans la Transfiguration, annonce une nouvelle étape : la passion. Même les miracles de Jésus n'ont pas convaincu ses compatriotes. Jésus devra donc affronter les forces du mal ; son sacrifice sera plus efficace que ses paroles.

Il prit avec lui Pierre, Jacques et Jean. Ces trois occupaient une place privilégiée parmi les Douze (Mc 1,29 ; 3,16 ; 5,37 ; 10,35 ; 13,3), comme pour nous faire comprendre que les futurs « apôtres » devaient dans l'ensemble réagir fort lentement.

Il gravit la montagne pour prier. L'événement que Jésus attendait dut avoir lieu au cours d'une nuit de prière. Jésus ne savait pas tout d'avance, et les doutes, les angoisses ne lui ont pas été épargnés. Il ne semble pas que le Père se soit montré avec lui très prodigue de ses faveurs : il a bien plutôt servi sans attendre de récompenses célestes. Ce jour-là, pourtant, il a reçu des certitudes sur la fin de sa mission.

Pour les apôtres, c'est un témoignage décisif, et qui les aidera à croire à la Résurrection. Ici ceux qui témoignent en faveur de Jésus sont Moïse, le fondateur d'Israël, et Élie, le père des prophètes.

Celui-ci est mon Fils. Voir le commentaire de ces paroles en 3,22 et en Mc 9,1.

personne, [22] car, leur disait-il : « le Fils de l'homme doit souffrir beaucoup et être rejeté par les anciens, les chefs des prêtres et les maîtres de la Loi. Il sera mis à mort et le troisième jour il ressuscitera. »

• [23] D'ailleurs Jésus disait à tous : « Si quelqu'un veut marcher derrière moi, qu'il renonce à lui-même, qu'il prenne chaque jour sa croix et qu'il me suive ! [24] Oui, celui qui veut se sauver lui-même se perdra ; mais celui qui se sacrifie pour moi se sauvera. [25] Où est le bénéfice si l'on a gagné le monde entier et qu'on s'est détruit ou diminué soi-même ? [26] Celui qui rougira de moi et de mes paroles, le Fils de l'Homme aussi rougira de lui quand il viendra dans sa gloire avec le Père et les saints anges.

[27] Je vous le dis en toute vérité : il en est parmi ceux qui sont ici présents qui ne mourront pas sans avoir vu le royaume de Dieu. »

La transfiguration de Jésus

• [28] Huit jours après ces paroles, Jésus prit avec lui Pierre, Jean et Jacques, et il gravit la montagne pour prier. [29] Pendant qu'il priait, son visage changea d'aspect et son vêtement devint d'une blancheur éblouissante. [30] Voici que deux hommes parlaient avec lui : c'étaient Moïse et Élie ; [31] Ils apparaissaient dans un état de gloire et parlaient de son départ qui devait avoir lieu à Jérusalem.

[32] Pierre et ses compagnons étaient accablés de sommeil, mais une fois réveillés, ils virent sa gloire et les deux hommes qui se tenaient près de lui. [33] Comme ceux-ci allaient se séparer de lui, Pierre dit à Jésus : « Maître, cela tombe bien que nous soyons ici. Nous allons dresser trois tentes : une pour toi, une pour Moïse et une pour Élie. » Il ne savait pas ce qu'il disait.

[34] Tandis qu'il parlait ainsi, une nuée vint les prendre sous son ombre, et lorsqu'ils entrèrent dans la nuée la crainte s'empara d'eux. [35] Mais des paroles se firent entendre venant de la nuée : « Celui-ci est mon Fils, et l'homme de mon choix, écoutez-le ! »

[36] Aussitôt après ces paroles, Jésus se trouva seul.

Les disciples gardèrent le silence ; en ces jours-là ils ne racontèrent rien à personne de ce qu'ils avaient vu.

Jésus guérit un jeune épileptique

[37] Le jour suivant, comme ils descendaient de la montagne, tout un groupe vint à la rencontre de Jésus. [38] Il y avait dans ce groupe un homme qui se mit à crier :

« Maître, je t'en supplie, occupe-toi de mon garçon qui est mon seul

Élisée, le secoureur des pauvres, avait déjà multiplié les pains (Deuxième Livre des Rois 4,42). Ne disons pas que l'Évangile a recopié de vieilles légendes, parlons plutôt d'une habitude que Dieu a prise de multiplier les aliments quand il lui semble bon, et cela jusque de nos jours.

Un homme arriva de Baal-Chalicha ; dans son sac il apportait du pain à l'homme de Dieu : vingt pains d'orge et de blé que l'on avait faits avec la farine de la nouvelle récolte. Élisée lui dit : « Donne à ces hommes pour qu'ils mangent. »

Mais son serviteur lui dit : « Je ne vais tout de même pas servir cela pour cent personnes. » Il reprit : « Donne à ces gens et qu'ils mangent, car voici ce que dit Yahvé : On en mangera et il en restera. » Il les servit donc, ils en mangèrent et laissèrent des restes comme Yahvé l'avait dit.

La parole divine rappelle les poèmes du Serviteur, dans le livre d'Isaïe (42,1).

Voici mon serviteur que je soutiens,
mon élu que je regarde avec plaisir.
J'ai mis mon esprit sur lui :
il établira sa justice parmi les nations.
Il ne crie pas, il n'élève pas la voix,
on n'entend pas ses proclamations sur les places.
Il ne brise pas le roseau qui plie,
il n'éteint pas la mèche qui faiblit ;
en toute vérité il fait avancer la justice
Il ne faiblira pas, on ne le brisera pas,
il établira sa justice parmi les nations :
les îles attendent sa loi.

• **9.46** En Marc 9,33 Jésus a pris un enfant dans ses bras : quelque chose de notable à cette époque où les enfants ne comptaient pas et les maîtres en religion recommandaient seulement de bien les punir.

Jésus ne répond pas à la question des apôtres : qui est le plus grand ? Ce qui importe n'est pas de devenir le plus grand, mais d'être le plus proche du Christ, et pour recevoir le Christ, il faut l'accueillir parmi les plus petits.

• **9.51** Avec ce verset commence la seconde section de cet Évangile. Après avoir rappelé le ministère de Jésus en Galilée, Luc veut nous transmettre de nombreuses paroles que Jésus avait prononcées en diverses occasions, et pour garder une continuité à son récit, il imagine que Jésus donne ces réponses au cours d'un voyage de Galilée à Jérusalem, où se déroulera la troisième partie de son évangile.

La *Samarie* se trouvait entre les deux provinces de Galilée et de Judée. Les *Samaritains* qui y demeuraient n'étaient pas des Juifs et les deux peuples se détestaient cordialement. Lorsque les Juifs de Galilée traversaient la Samarie pour se rendre à Jérusalem, toutes les portes leur étaient fermées.

Il semblerait que chaque fois que Jésus rencontre des Samaritains, c'est pour nous enseigner une nouvelle manière de regarder ceux qui ne partagent pas notre foi. Les religions ont été souvent agressives, parfois très violentes, tout spécialement celles qui se présentent comme une révélation du Dieu unique, et c'était déjà le cas de l'Ancien Testament. Jésus n'entre pas dans ce fanatisme, il nous enseigne à ne pas confondre la cause de Dieu avec la nôtre : c'est un respect absolu pour ceux que Dieu mène par un autre chemin.

enfant ! [39] Le démon s'empare de lui à l'improviste, et alors il se met à crier. Le démon le secoue violemment et le fait baver, et il ne le lâche qu'à grand-peine, le laissant à demi-mort. [40] J'ai demandé à tes disciples de le jeter dehors, et ils n'y sont pas arrivés. »

[41] Jésus prend alors la parole : « O génération sans foi, égarée, jusqu'à quand serai-je avec vous et me faudra-t-il vous supporter ? Amène ici ton fils ! » [42] A peine arrivé, le démon le jette à terre et le secoue violemment. Mais Jésus parle sévèrement à l'esprit impur, il guérit le garçon et le rend à son père.

[43] Tous restèrent sous le coup d'une telle intervention de Dieu.

Comme tous étaient émerveillés de ce qu'il faisait, Jésus dit à ses disciples : [44] « Vous, mettez-vous bien ceci dans la tête : le Fils de l'homme va être livré aux mains des hommes. » [45] Mais ils ne comprirent pas cette déclaration : elle restait comme voilée pour eux et ils n'en saisissaient pas le sens. Cependant ils craignaient de l'interroger à ce sujet.

Qui est le plus important ?

• [46] Ils en étaient venus à se demander lequel d'entre eux était le plus important. [47] Mais Jésus savait à quoi ils pensaient. Il prit un petit enfant et le plaça près de lui, [48] puis il leur dit : « Celui qui reçoit ce petit enfant en mon nom, c'est moi qu'il reçoit. Et celui qui me reçoit, reçoit celui qui m'a envoyé. Le plus petit d'entre vous, c'est lui qui est grand ! »

[49] Jean prit la parole : « Maître, dit-il, nous avons vu quelqu'un qui se sert de ton nom pour chasser les démons. Nous l'en avons empêché, car il ne vient pas avec nous. » [50] Jésus lui répondit : « Ne l'empêchez pas ! Celui qui n'est pas contre vous est avec vous. »

LA MONTÉE DE JÉSUS À JÉRUSALEM

Un village refuse de recevoir Jésus

• [51] Comme le temps approchait où il devait être enlevé de ce monde, Jésus prit résolument le chemin de Jérusalem.

[52] Voici qu'il envoie des messagers devant lui, ils partent et entrent dans un village de Samaritains pour préparer son arrivée. [53] Mais les gens ne veulent pas les recevoir, car ils font route vers Jérusalem. [54] Voyant cela, les disciples Jacques et Jean disent à Jésus : « Seigneur, si tu voulais, nous dirions une parole pour que le feu descende du ciel et les réduise en cendres. »

• **9.**57 Jésus ne peut pas perdre son temps avec des disciples s'ils ne sont pas disposés à tout sacrifier pour l'Évangile.

Le troisième de ces candidats espérait peut-être secrètement qu'au moment de prendre congé, sa famille le supplierait de ne pas faire une telle folie.

Le second cas est différent : *Laisse les morts enterrer leurs morts.* Devant ces paroles abruptes que nous rencontrons parfois dans l'Évangile, deux attitudes sont à éviter. La première consiste à prendre ces paroles comme un précepte qui s'adresserait à tous sans nuances ; la seconde, beaucoup plus fréquente, est de dire : « Il ne faut pas le prendre au pied de la lettre, c'est une manière orientale de parler ».

Mais pour Jésus il n'y a, ni disciple, ni entrée dans le Royaume, sans une expérience de liberté, et il est difficile de penser qu'on est vraiment libre si l'on n'a pas été capable de prendre à contre pied ce que notre milieu accepte. Pensons à François d'Assise qui mendie dans sa propre ville après avoir vécu en fils de riche.

Que je puisse enterrer mon père. Très probablement, il voulait s'occuper de son père âgé jusqu'au moment où il l'aurait enterré.

Toi, pars annoncer le Royaume de Dieu. Laisse là tes excuses ; tes devoirs ne sont tels, peut-être, que dans un monde de « morts ».

• **10.**1 Voir commentaire de Mt 10,5 et Mc 6,7.

Luc rapporte une mission des *Soixante-dix* (ou soixante-douze), après celle des Douze (9,1). Il y avait *douze* apôtres selon le nombre des tribus d'Israël. La mission des Soixante-dix préfigure la tâche qui sera celle de l'Église jusqu'à la fin du monde : évangéliser toutes les nations (Mt 28,19).

Pas de disciples qui ne soient missionnaires. Jésus ne les forme pas seulement en les instruisant, mais en leur donnant une tâche.

Il les envoya deux par deux… Que demande Jésus ? Qu'il y ait un témoignage collectif, que la rencontre de l'autre soit une démarche de communauté.

Dites : Paix à cette maison. Il faut une rencontre vraie, non une simple prédication. Alors on pourra partager la foi dont on vit, et ceux qu'on aura rencontrés sentiront qu'en vérité, le *Royaume de Dieu s'est fait tout proche.*

Vous n'irez pas saluer qui que ce soit (4). Les missionnaires perdraient vite leurs ailes s'ils restaient à bavarder ou demandaient l'hospitalité à des amis qui n'ont pas accueilli le Royaume. Qu'ils comptent plutôt sur la Providence du Père pour leur ouvrir la maison de l'un de ceux qui ont cru.

• **10.**8 *Guérissez les malades.* Jésus n'était pas venu pour guérir tous les malades, mais pour apporter le salut. Parce que nous sommes pécheurs, notre salut s'accomplit par la souffrance et par la croix. Les envoyés de Jésus ne prétendent pas remplacer les médecins. Ils ne proclament pas la foi comme le moyen de guérir : ce serait la diminuer. Ils offrent cependant la guérison à tous ceux qui n'ont pas encore découvert que le *Royaume de Dieu* et sa miséricorde leur sont proches. Jésus ne veut pas que nous quémandions des signes, mais il en offre constamment dans la communauté chrétienne.

Là où il y a une communauté chrétienne, elle doit s'occuper des malades. Dans l'exercice de ce « ministère », le chrétien découvre chaque jour un peu plus que Dieu le précède. L'amour montré par les visiteurs met le malade sur la voie de la conversion et de l'accueil de la miséricorde de Dieu.

⁵⁵ Jésus alors se retourne et les reprend, ⁵⁶ et ils se dirigent vers un autre village.

Les exigences du Maître

• ⁵⁷ Tandis qu'ils faisaient route, quelqu'un lui dit : « Je suis prêt à te suivre partout où tu iras ! » ⁵⁸ Jésus lui répondit : « Les renards ont un terrier, les oiseaux du ciel ont un nid, mais le Fils de l'Homme n'a pas où reposer sa tête. »

⁵⁹ Il dit à un autre : « Suis-moi ! » Celui-ci répondit : « Seigneur, permets-moi d'abord de retourner, que je puisse enterrer mon père. » ⁶⁰ Jésus lui dit : « Laisse les morts enterrer leurs morts, mais toi, pars annoncer le Royaume de Dieu ! »

⁶¹ Un autre encore lui dit : « Je suis prêt à te suivre, Seigneur ; mais laisse-moi d'abord dire adieu à ma famille. » ⁶² Jésus lui dit : « Celui qui a mis la main à la charrue et puis regarde en arrière, n'est pas bon pour le Royaume de Dieu. »

Jésus envoie les soixante-douze disciples

10 • ¹ Après cela, le Seigneur en choisit soixante-douze autres. Il les envoya deux par deux en avant de lui vers toutes les villes et tous les endroits où lui-même pensait aller. ² Il leur disait : « La moisson est abondante et les ouvriers sont peu nombreux ! Priez donc le Seigneur de la moisson pour qu'il envoie des ouvriers à sa moisson !

³ « Allez ! Je vous envoie comme des agneaux au milieu des loups. ⁴ Vous n'emporterez ni bourse, ni sac, ni chaussures, et sur le chemin vous n'irez pas saluer qui que ce soit. ⁵ Lorsque vous entrerez dans une maison vous commencerez par dire : Paix à cette maison ! ⁶ Si la paix trouve là un de ses fils, elle reposera sur lui, sinon elle reviendra sur vous.

⁷ « Le temps que vous restez dans cette maison, acceptez ce qu'ils ont à boire et à manger, car l'ouvrier mérite son salaire. Mais ne passez pas de maison en maison.

• ⁸ « Dans les villes où vous entrez et où l'on vous reçoit, mangez ce qu'on vous sert. ⁹ Guérissez leurs malades et dites-leur : "Le Royaume de Dieu est maintenant tout proche de vous !"

¹⁰ « Mais si vous êtes entrés dans une ville où l'on ne vous reçoit pas, vous irez dire sur les places : ¹¹ "Même la poussière de votre ville qui s'est collée à nos pieds, nous vous la laissons ! Vous saurez quand même que le Royaume de Dieu est tout proche !" ¹² Je vous le dis : au jour du jugement Sodome s'en tirera à meilleur compte que cette ville-là ! »

• **10.**17 Voici un court texte qui nous enseigne beaucoup sur ce qui est au fond de l'expérience chrétienne. Car elle dépasse de beaucoup ce qu'on pourrait écrire pour caractériser les croyances des chrétiens. La joie marque tellement les disciples de Jésus qu'eux-mêmes se reconnaissent entre eux à ce signe. Ici Luc montre en Jésus, le premier, cette joie si différente des contentements qu'on peut éprouver en telle ou telle circonstance. Les contentements les plus grands laissent le goût de ce qui n'a qu'un temps, la joie vraie jaillit de l'intérieur, elle est donnée et elle ouvre le cœur : *Jésus fut pris par la joie de l'Esprit Saint.* Et aussitôt il parle de la joie que connaîtront ses apôtres en voyant les merveilles que Dieu réalise avec eux.

Quelles sont *ces choses* que le Père *a révélées aux petits,* sinon la capacité mystérieuse de l'Évangile pour transformer les hommes et leur apporter la lumière ? Les apôtres s'étonnent de cette force qui émane du *Nom* de Jésus (Mc 16,17). Jésus souligne la défaite de l'Adversaire, Satan, le père du mensonge, de la fausse liberté et des chaînes dorées.

Les sages et les intelligents pensent savoir, mais ils ne savent sans doute pas l'essentiel. *Les petits* par contre, ceux qui n'ont pas de titres, reçoivent maintenant la lumière. Jusque là, ils se voyaient comme une génération sacrifiée. Maintenant ils possèdent tout s'ils possèdent Jésus, car *tout lui a été donné par le Père.* Leurs désirs et leurs prières sont puissants parce qu'ils sont arrivés au centre d'où Dieu dirige les forces qui sauvent l'humanité : *vos noms sont inscrits dans le ciel* et vous travaillez pour l'éternité.

Le paragraphe suivant (v.22) est l'une des paroles de Jésus qui manifestent le plus ouvertement le sens qu'il a de sa relation unique avec le Père. Mais immédiatement il rappelle à ses disciples qu'eux aussi doivent vivre face au Père et estimer grandement leur propre destin : cessez d'envier les rois et les saints du passé, vous avez reçu aujourd'hui la meilleure part !

• **10.**25 Le maître de la Loi pose à Jésus une question classique : quels étaient les principaux commandements ? Et si l'amour du prochain avait quelque priorité, qui était le prochain que l'on doit aimer – ou pour parler de façon plus concrète, le prochain que l'on doit aider ?

Jésus transforme le commandement de l'amour du prochain, et pour commencer, l'extension du mot *prochain* ; on discutait pour savoir si c'était seulement un membre de la famille, un membre de l'entourage, un compatriote… mais jamais on ne voyait plus loin que la communauté religieuse. L'exemple que Jésus donne était très choquant avec l'opposition du prêtre et du Samaritain, l'étranger qu'on ne peut pas aimer.

Mais Jésus fait bien plus qu'ouvrir la notion du prochain, il échappe à la grande préoccupation d'alors : ce que la loi permet et ce à quoi elle oblige. Il fait de l'amour du prochain un amour vrai, qui naît du cœur et d'un appel intérieur plus fort que le danger. Car le Samaritain est allé plus loin que son émotion, il s'arrête dans un endroit dangereux, il paie, et il court d'autres risques encore quand il s'engage à couvrir les frais nécessaires.

Jésus invite à créer un nouveau type de relations dans lequel l'ouverture du cœur et l'amour vrai ont l'initiative. Et c'est ainsi qu'il renverse la notion habituelle du prochain dans sa conclusion qu'on lit presque toujours sans la comprendre : le prochain n'est pas celui qu'on aidera, mais celui qui a aimé. On lui a demandé : qui est mon prochain ? et il répond : fais-toi le prochain.

Ceux qui n'ont pas accueilli la Parole

[13] « Malheur à toi, Corazïn ! Malheur à toi Bethsaïde ! Car si l'on avait eu dans Tyr et dans Sidon les miracles qui ont eu lieu chez vous, depuis longtemps elles auraient fait pénitence avec le sac, assises sur la cendre. [14] Tyr et Sidon s'en tireront sûrement à meilleur compte que vous au jour du jugement ! [15] Et toi, Capharnaüm, vas-tu t'élever jusqu'au ciel ? Non, tu descendras jusque chez les morts !

[16] Celui qui vous écoute, c'est moi qu'il écoute ; celui qui vous rejette, c'est moi qu'il rejette, et celui qui me rejette, rejette celui qui m'a envoyé ! »

Jésus rend grâces au Père

• [17] Les soixante-douze revinrent tout joyeux : « Seigneur, disaient-ils, on prononçait ton nom, et même les démons nous étaient soumis ! » [18] Jésus leur dit : « Je voyais Satan descendre du ciel en flèche, comme un éclair ! [19] Voyez, je vous ai donné autorité pour piétiner serpents et scorpions, et toute la puissance de l'ennemi : aucune arme ne vous atteindra.

[20] Mais s'il faut vous réjouir, ce n'est pas parce que les esprits vous sont soumis ; réjouissez-vous de ce que vos noms sont inscrits dans les cieux. »

La joie de Jésus, celle de l'Esprit Saint

[21] A cette heure même Jésus fut pris tout entier par la joie de l'Esprit Saint. Il éleva la voix et dit : « Je proclamerai tes grandeurs, Père, Seigneur du ciel et de la terre, car tu as caché ces choses aux sages comme aux intelligents et tu les as révélées à des tout-petits. Oui Père, c'est cela qui t'a paru bon !

[22] Tout m'a été remis par mon Père et personne ne sait qui est le Fils, si ce n'est le Père ; ni le Père, si ce n'est le Fils, et celui à qui le Fils veut le révéler. »

[23] Jésus se tourna vers les disciples, à un moment où ils étaient seuls, et il leur dit : « Heureux les yeux qui voient ce que vous voyez. [24] Oui, je vous le dis : beaucoup de prophètes et de rois ont voulu voir ce que vous voyez et ne l'ont pas vu, entendre ce que vous entendez, et ne l'ont pas entendu ! »

Le bon Samaritain

• [25] Un maître de la Loi se leva et lui dit pour l'embarrasser : « Maître, que dois-je faire pour recevoir la vie éternelle ? » [26] Jésus lui dit :

Le livre des Actes (13,6) nous rappelle qu'on n'évangélise pas sans que l'Esprit manifeste sa force contre les forces du mal.

Parcourant l'île entière, ils tombèrent sur un magicien juif, un soi-disant prophète du nom de Barjésus.

Cet homme s'accrochait au gouverneur Sergius Paulus, un homme ouvert. Celui-ci fit appeler Barnabé et Saül car il voulait entendre la parole de Dieu, mais l'autre se mit en travers. L'Élymas (c'était son nom, qui signifie le Mage) s'efforçait de détourner de la foi le gouverneur.

Alors Saül, qui n'est autre que Paul, le fixa du regard, rempli de l'Esprit Saint. Il lui dit : « Fils du diable, ennemi de tout ce qui est juste, tu es sans scrupules et tu ne fais que tromper : tu ne cesses de fausser les chemins droits du Seigneur. Mais déjà vient sur toi la main du Seigneur et tu vas te retrouver aveugle ! Pour un temps tu ne verras plus la lumière du soleil. »

A l'instant même tombèrent sur lui ténèbres et nuit obscure et il tournait en rond, cherchant une main pour le conduire. A la suite de cet incident, le gouverneur eut la foi. Il était très impressionné par la doctrine du Seigneur.

• **10.**38 Beaucoup de choses semblent nécessaires dans la vie de famille : nettoyer, préparer les repas, s'occuper des enfants. Mais si, avec tout cela, on n'a plus le temps d'écouter les autres, que vaut cette vie ? Nous faisons peut-être bien des choses nécessaires au service de Dieu et du prochain ; *une seule chose* néanmoins est nécessaire pour tous : être disponible pour Jésus quand il est présent.

Le groupe de Jésus fait la pause, et Marie écoute avec les hommes (est-ce la même que Marie de Magdala qui suivait le groupe des disciples ?) au lieu d'aller se joindre aux femmes pour faire le service ménager. La coutume le demande, d'autant qu'on s'est arrêté chez Marthe, sa sœur ou sa parente.

Marie s'était assise à ses pieds. C'est l'attitude traditionnelle du disciple, aux pieds de son maître. Marie se sentait bien là, et elle savait que sa présence n'était pas pour déplaire à Jésus. Marie a su profiter de ces courts instants où Jésus pouvait être à elle, et elle est là pour lui, restant à l'écoute. L'évangile notera ses intuitions et le traitement privilégié qui lui est réservé durant les derniers jours de Jésus sur terre.

Ces quelques données ont profondément marqué la façon chrétienne de comprendre la contemplation, la vie spirituelle et la vocation religieuse chez les femmes : Jésus, premier aimé, en occupe toujours le centre.

• **11.**1 Les apôtres savaient déjà prier et ils priaient comme tous les Juifs, dans la synagogue et aux moments importants de la journée. Néanmoins, aux côtés de Jésus, ils ont découvert une autre manière d'être et de vivre ensemble, et ils éprouvent le besoin de s'adresser au Père (voir Mt 6,9).

« Que dit l'Écriture, que vois-tu dans la Loi ? »

²⁷ L'homme répondit : « *Tu aimeras le Seigneur ton Dieu de tout ton cœur, de toute ton âme, de toute ta force, de toute ton intelligence, et ton prochain comme toi-même.* » ²⁸ Jésus lui dit : « Ta réponse est exacte. Fais cela et tu vivras. »

²⁹ Mais lui voulut s'expliquer, il dit à Jésus : « Et qui est mon prochain ? »

³⁰ Jésus alors se mit à raconter : « Un homme descendait de Jérusalem à Jéricho. Il tomba au milieu de bandits qui lui enlevèrent jusqu'à ses vêtements. Ils s'enfuirent le laissant couvert de plaies et à demi mort. ³¹ Un prêtre par hasard descendait ce même chemin ; il vit l'homme et passa de l'autre côté. ³² Un Lévite venait par la même route ; arrivé à cet endroit, lui aussi vit l'homme ; il changea de côté et passa. ³³ Mais voici qu'un Samaritain fait le même trajet, et quand il se trouve face au blessé, il a vraiment pitié de lui. ³⁴ Il s'approche et bande ses blessures en y mettant de l'huile et du vin. Puis il l'installe sur sa propre bête et le conduit jusqu'à une auberge où il prend soin de lui. ³⁵ Le lendemain il sort deux pièces d'argent et les donne à l'hôtelier en lui disant : "Fais pour lui le nécessaire ; si tu dépenses davantage, je te le rembourserai au retour." »

³⁶ Jésus alors demanda : « A ton avis, lequel des trois s'est fait le prochain de l'homme qui a été victime des bandits ? » ³⁷ L'autre répondit : « Celui qui a eu pitié de lui. » Et Jésus lui dit : « Va, et fais pareil. »

Marthe et Marie

• ³⁸ En cours de route, Jésus entra dans un village et une femme nommée Marthe le reçut chez elle.

³⁹ Elle avait une sœur, du nom de Marie, qui s'était assise aux pieds du Seigneur et restait à écouter sa parole. ⁴⁰ Marthe, pendant ce temps, était absorbée par tout le service. A la fin elle se tourne vers Jésus et lui dit : « Seigneur, ne vois-tu pas que ma sœur me laisse seule avec le service ? Dis-lui donc de m'aider ! »

⁴¹ Mais le Seigneur lui répond : « Marthe, Marthe, tu t'inquiètes et tu t'agites pour tant de choses ! ⁴² Une seule est nécessaire. Marie a choisi la meilleure part, elle ne lui sera pas retirée. »

Jésus nous dit comment prier

11 • ¹ Jésus était un jour quelque part en train de prier. Quand il eut fini, un de ses disciples lui dit : « Seigneur, apprends-nous à prier comme Jean-Baptiste a fait avec ses disciples. »

**Jacques et Jean en sont restés à l'histoire relative au prophète Élie :
Deuxième Livre des Rois 1,9.**

*Le roi Okozias envoya vers Élie cinquante hommes avec leur chef, qui montè-
rent à sa recherche ; il était assis au sommet de la montagne.*

*Le chef lui cria : « Homme de Dieu, c'est un ordre du roi, descends ! » Élie
répondit au chef des cinquante : « Si je suis un homme de Dieu, que le feu du
ciel descende et te dévore, toi et tes cinquante hommes ! »*

Et le feu du ciel descendit : il le dévora, lui et ses cinquante hommes.

**En tout temps se pose le problème : faut-il ou non accepter des aides qui
hésitent à s'engager totalement ? Actes 15,36.**

*Un jour Paul dit à Barnabé : « Retournons là-bas pour visiter les frères, voyons
où ils en sont dans les différentes villes où nous avons annoncé la parole du
Seigneur. »*

*Barnabé voulait prendre avec lui Jean Marc. Mais Paul était décidé à ne pas
emmener celui qui les avait abandonnés en Pamphylie alors qu'il devait les accompagner dans leur entreprise.*

*Ils s'échauffèrent tellement qu'ils se séparèrent l'un de l'autre et Barnabé prit
le bateau pour Chypre avec Marc. Paul, de son côté, choisit Silas. Les frères le
recommandèrent à la grâce de Dieu et il partit.*

**Dans la Première Lettre aux Corinthiens (9,13) Paul rappelle la parole de
Jésus demandant à la communauté de prendre en charge ses apôtres.**

*Ne savez-vous pas que ceux qui préparent les choses saintes reçoivent du
Temple leur nourriture ? Ceux qui servent à l'autel ont leur part de ce qui est
sur l'autel. Et de même le Seigneur a ordonné que ceux qui annoncent l'Évangile vivent de l'Évangile.*

**Dans les Actes 13,50 Paul se souvient des paroles de Jésus quand il doit
abandonner la ville d'Antioche de Pisidie.**

*Les Juifs montèrent la tête aux femmes de bonne condition qui adoraient Dieu,
ainsi qu'aux notables de la ville. Ils suscitèrent une persécution contre Paul et
Barnabé et les chassèrent de leur territoire. Ceux-ci secouèrent dans leur direction la poussière de leurs pieds et partirent vers Iconium. Ils laissaient les disciples remplis de joie et de l'Esprit Saint.*

• **11.5** Jésus nous invite à demander avec persévérance, sans jamais nous fatiguer, mais
plutôt fatiguant Dieu.

• **11.14** Voir Mc 3,22 et Mt 12,23. *Par le doigt de Dieu* (20). Cette expression désigne le
pouvoir de Dieu qui accomplit des miracles.

[2] Il leur dit : « Quand vous priez, dites :
Père,
que ton Nom soit sanctifié,
que ton règne vienne.
[3] Donne-nous chaque jour le pain qu'il nous faut ;
[4] pardonne-nous nos péchés car nous aussi nous pardonnons à celui qui nous doit,
et ne nous laisse pas tomber dans la tentation. »

• [5] Il leur dit encore : « Imaginez ceci : l'un d'entre vous va trouver son ami au milieu de la nuit pour lui dire : "Ami, prête-moi trois pains ! [6] Un ami qui voyage vient de m'arriver, et je n'ai rien à lui offrir." [7] L'autre lui répond de l'intérieur : "Laisse-moi tranquille, la porte est maintenant bloquée et nous sommes au lit avec les enfants. Je ne peux pas me lever pour te les donner."

[8] Je vous le dis : même si celui qui est au lit ne se lève pas pour vous le donner parce que vous êtes un ami, à force d'insister, vous l'obligerez à se lever et à vous donner tout ce dont vous avez besoin.

[9] Et je vous dis : demandez et l'on vous donnera, cherchez et vous trouverez, frappez à la porte et l'on vous ouvrira. [10] Car quiconque demande reçoit, celui qui cherche trouve, et l'on ouvre à celui qui frappe.

[11] Quel père parmi vous, si son fils demande un poisson, lui donnera un serpent à la place du poisson ? [12] Et s'il demande un œuf, lui donnera-t-il un scorpion ? [13] Mauvais comme vous êtes, vous savez donner de bonnes choses à vos enfants : combien plus alors le Père du ciel donnera-t-il un esprit saint à ceux qui le prient. »

Jésus traité d'agent du démon

• [14] Un autre jour Jésus chassait un démon : il s'agissait d'un muet. Le démon sorti, le muet se mit à parler et la foule resta émerveillée. [15] Il y eut quand même des gens pour dire : « Il chasse les démons avec l'aide de Béelzéboul, le chef des démons ! »

[16] D'autres, pour l'embarrasser, lui demandaient un signe qui vienne vraiment du Ciel.

[17] Mais Jésus savait ce qu'ils pensaient, et il leur dit : « Tout royaume qui se divise court à la ruine : les différents partis s'écroulent l'un après l'autre. [18] Si vous dites que je m'appuie sur Béelzéboul pour chasser les démons, Satan est divisé ; donc son pouvoir ne durera pas.

[19] Et si c'est Béelzéboul qui m'aide à faire sortir les démons, qui donc aide les gens de chez vous quand ils les font sortir ? Ce sont eux qui

Celui qui a expérimenté la joie de l'Esprit sait que nulle autre ne lui ressemble : Première Lettre de Pierre 1,3.

En ressuscitant Jésus-Christ d'entre les morts, il nous a donné une vie nouvelle et une vivante espérance.

C'est à vous qu'il réservait l'héritage céleste, ce trésor qui ne se perd pas, qui ne se gâte pas, qui ne vieillit pas. La puissance de Dieu vous garde, par le moyen de la foi, en vue du salut qu'il a préparé et qu'il est près de nous dévoiler aux derniers temps.

C'est là votre joie, même si pour un moment vous êtes affligés de toutes sortes de calamités. Vous en recevrez louange, gloire et honneur quand Jésus-Christ se montrera à découvert.

Sans le voir vous l'aimez, puisque dès maintenant sans le voir vous croyez en lui, et personne ne saurait exprimer cette joie si élevée d'avoir déjà, car c'est le but de votre foi, le salut de vos âmes.

• **11.23** *Qui n'est pas avec moi…* Cette phrase semble contredire Lc 9,50 : *Qui n'est pas contre vous est avec vous.* En fait, dans Lc 9,50 Jésus reconnaît que sa famille spirituelle dépasse de beaucoup le groupe visible de ses disciples : ceux qui, sans appartenir au groupe, travaillent dans le même sens, doivent être considérés comme amis.

Au contraire, dans Lc 11,23, Jésus parle de ceux qui refusent de prendre position face à son message et prétendent rester neutres : ils ne le rejoignent pas, et plus tard ils le critiqueront.

• **11.24** Les Juifs croyaient que les esprits impurs recherchaient les lieux déserts, que Dieu les y avait bannis. La maison dont parle Jésus est le peuple qui l'entoure : voir le commentaire de Mt 12,43.

• **11.27** *Heureuse celle qui t'a porté !* Cette femme se trompe si elle pense à l'orgueil que les proches de Jésus peuvent tirer de lui, et elle perd son temps si elle admire la Parole au lieu de la faire sienne. Jésus la renvoie donc au Père, dont il donne la parole, et à elle-même que Dieu invite à entrer dans la famille de ses enfants.

• **11.29** Les Ninivites, qui étaient pécheurs, n'avaient pas reçu d'autre signe divin que la venue de Jonas qui les invitait à se repentir. Les contemporains de Jésus se croyaient « bons » parce qu'ils appartenaient au peuple de Dieu, et ils ne se rendaient pas compte que le moment de se repentir était venu également pour eux.

Les hommes de Ninive accuseront (32). Jésus reprend l'image traditionnelle d'un jugement collectif où chacun s'excuse en montrant que d'autres ont fait pire que lui. Mais il retient dans cette image une vérité profonde : tout ce que Dieu a donné à chacun devait produire des fruits pour l'humanité entière.

jugeront vos paroles. ²⁰ Quand je fais sortir les démons, le doigt de Dieu est là : comprenez donc que le Royaume de Dieu est venu jusqu'à vous.

²¹ Quand le fort, bien armé, garde sa demeure, ses biens sont en sûreté. ²² Mais voici qu'un autre, plus fort, arrive et triomphe de lui : il lui enlève les armes qui faisaient sa force, et distribue ses dépouilles.

• ²³ Qui n'est pas avec moi est contre moi, qui ne rassemble pas avec moi disperse.

• ²⁴ Quand l'esprit impur est sorti de son homme, il va errant par des lieux arides à la recherche de quelque repos. Comme il n'en trouve pas, il se dit : "Retournons à ma maison d'où je suis sorti." ²⁵ En arrivant il la trouve balayée et décorée. ²⁶ Alors il va et ramène sept autres esprits plus méchants que lui ; ils entrent et s'installent, et la nouvelle situation de cette personne est alors pire que la première. »

• ²⁷ Pendant que Jésus parlait ainsi, du milieu de la foule une femme éleva la voix et lui cria : « Heureuse celle qui t'a porté et qui t'a allaité ! » ²⁸ Lui aussitôt répondit : « Heureux, dans ce cas, ceux qui entendent la parole de Dieu et qui la gardent ! »

Jésus met en garde ses contemporains

• ²⁹ Comme la foule devenait plus nombreuse, Jésus se mit à dire : « Cette génération est une génération mauvaise. Elle peut chercher un signe, on ne lui en donnera pas d'autre que le signe de Jonas. ³⁰ Tout comme Jonas a été un signe pour les habitants de Ninive, le Fils de l'Homme aussi le sera pour cette génération.

³¹ La reine du Sud ressuscitera pour le Jugement avec les hommes de cette génération et elle les accusera ; car elle-même est venue du bout du monde pour entendre la sagesse de Salomon, et ici il y a mieux que Salomon. ³² Les hommes de Ninive ressusciteront pour le Jugement tout comme cette génération et ils l'accuseront ; car eux se sont convertis à la prédication de Jonas, et ici il y a mieux que Jonas.

³³ Si quelqu'un allume une lampe, il ne la mettra pas dans un trou ou sous un meuble mais sur le lampadaire, pour que ceux qui entrent voient la lumière. ³⁴ Ta lampe, c'est ton œil. Si ton œil est transparent, toute ta personne sera lumineuse. Mais s'il est mauvais, tu seras toi aussi dans l'obscurité. ³⁵ Fais donc attention à ce que ta lumière intérieure ne devienne pas ténèbres. ³⁶ Mais si ta personne toute entière devient lumineuse sans aucun recoin de ténèbres, elle rayonnera, tout comme lorsque la lampe jette un éclair sur toi. »

Ces versets du Deutéronome 6,4 dans lesquels Jésus voit le premier commandement sont devenus de fait la profession de foi d'Israël.

Écoute, Israël, Yahvé notre Dieu est Yahvé-Unique. Tu aimeras Yahvé ton Dieu, de tout ton cœur, de toute ton âme et de tout ton pouvoir.

Ces paroles que je te dicte aujourd'hui resteront gravées sur ton cœur. Tu les enseigneras à tes fils ; tu en parleras, que tu sois assis dans ta maison ou que tu marches sur la route, lorsque tu te couches et lorsque tu te lèves.

La Lettre de Jacques (1,5) nous rappelle que prier, ce n'est pas simplement souhaiter que quelque chose arrive.

Si quelqu'un voit que la sagesse lui fait défaut, qu'il demande à Dieu et il recevra, car Dieu donne volontiers à tous, sans se faire prier.

Mais il faut demander avec foi, sans avoir peur, car celui qui hésite est comme les vagues de la mer, livrées aux vents.

Celui qui en est là ne doit pas croire qu'il recevra quoi que ce soit du Seigneur. L'homme incertain, toute son existence sera instable.

• **11.37** Voir commentaire de Mt 23. La Bible n'exigeait pas ces purifications rituelles dont Marc parle en 7,3, et Jésus proteste contre ces nouvelles obligations religieuses. Pourquoi les maîtres ne se préoccupent-ils pas davantage de la purification intérieure ?

Si Luc, comme Matthieu, a gardé ces paroles si dures de Jésus, peut-être était-ce une manière de rappeler que l'Évangile va beaucoup plus loin que ce que voyaient les Pharisiens, si attentifs au service de Dieu. En théorie, c'est une grâce que d'avoir une bonne formation religieuse ou de faire partie d'un groupe qui prend au sérieux la pratique chrétienne. Mais tout ceci nous rend la véritable humilité beaucoup plus difficile et nous empêche souvent d'aller occuper la dernière place, qui est la nôtre.

• **11.49** *Je leur enverrai des prophètes…* Ceux qui ont mis par écrit cette phrase de Jésus avant Luc (nous la lisons aussi dans Mt 23,34), l'avaient fait précéder de la formule : « La Sagesse dit », et c'était une manière de désigner Jésus. En replaçant ces lignes à l'intérieur du discours de Jésus, Luc a oublié de supprimer ces mots, ce qui aurait rendu le texte plus clair.

Voir le commentaire de Mt 23,24. Jésus affirme que les Pharisiens et les maîtres de la loi seront les premiers responsables de la persécution contre les Chrétiens de la première heure (contre ces *apôtres* et ces *prophètes* qu'il va envoyer).

Vous n'êtes pas entrés et vous empêchez les autres d'entrer (52). N'est-ce pas une des raisons pour laquelle tant de gens simples sont allés à d'autres églises ou se sont tournés vers les sectes ?

Contre les Pharisiens et les maîtres en religion

• [37] Lorsque Jésus termina de parler, un Pharisien l'invita à prendre le repas chez lui ; il entra et se mit à table. [38] Le Pharisien alors s'étonna en voyant qu'il ne s'était pas purifié les mains avant le repas.

[39] Mais le Seigneur lui dit : « Voilà bien les Pharisiens ! Vous purifiez l'extérieur de la coupe et du plat, mais votre intérieur à vous n'est que soif d'argent et méchanceté ! [40] Insensés ! Celui qui a fait l'extérieur, n'a-t-il pas fait également l'intérieur ? [41] Mais pour vous il suffit de faire l'aumône et ensuite tout est pur !

[42] Malheur à vous, Pharisiens ! Vous payez la dîme jusque sur la menthe, les épices et toutes les infusions, mais vous passez à côté de la justice et de l'amour de Dieu ! Là sont les œuvres à faire, sans pour autant oublier le reste.

[43] Malheur à vous, Pharisiens, qui aimez les premières places dans la synagogue et les salutations sur la place ! [44] Malheur à vous, vous êtes comme un tombeau qui n'est pas signalé ; sans s'en apercevoir on a marché dessus ! »

[45] Un maître de la Loi lui répliqua : « Maître, en parlant ainsi, tu nous insultes également ! » [46] Jésus répondit : « Malheur à vous aussi, maîtres de la Loi : vous faites porter aux gens des fardeaux impossibles, et vous, vous ne les touchez même pas du bout du doigt !

[47] Malheur à vous qui élevez des monuments pour les prophètes que vos pères ont tués ! [48] Vous reconnaissez donc ce qu'ils ont fait, mais vous prenez leur suite : après qu'ils les ont éliminés, vous pouvez construire !

• [49] La Sagesse de Dieu a dit de même : « Je leur enverrai des prophètes et des apôtres, mais ils en tueront plusieurs et ils persécuteront les autres. » [50] C'est pourquoi cette génération devra répondre de tout le sang des prophètes qui a été répandu depuis la création du monde, [51] depuis le sang d'Abel jusqu'au sang de Zacharie, assassiné entre l'autel et le Temple. Oui, je vous le dis : cette génération devra répondre !

[52] Malheur à vous, maîtres de la Loi, car vous êtes partis avec la clé de la connaissance ! Vous n'êtes pas entrés, et vous avez empêché les autres d'entrer ! »

[53] Quand Jésus sortit de là, les maîtres de la Loi et les Pharisiens commencèrent à lui en vouloir terriblement : ils essayaient de le faire parler sur des tas de choses, [54] afin de le prendre au piège par ses propres paroles.

En Luc 12,13 Jésus reprend le texte de Sirac 11,19, mais il fait dire à cet exemple bien plus que ce que disait Sirac.

Pense au sort d'un homme qui s'est enrichi à force de calculs et d'économies.

Peut-être se dit-il : « J'ai bien gagné mon repos, je peux vivre maintenant sur ce que j'ai acquis ».

Mais il ne sait pas le temps qui lui reste, il mourra bien et laissera tout à d'autres.

PERSÉVÉRER DANS LA PRIÈRE

Une page du Père Molinié éclaire l'importance de la prière qui persévère sans se lasser.

« Si Dieu ne nous ouvre pas immédiatement, ce n'est pas parce qu'il prend plaisir à nous faire attendre. Si nous devons persévérer dans la prière, ce n'est pas parce qu'il faut un certain nombre d'invocations, mais parce qu'il faut une certaine qualité, un certain ton dans la prière. Si nous étions capable de l'atteindre dès le début, notre prière serait immédiatement entendue.

La prière, c'est *le gémissement en nous de l'Esprit* comme le dit Paul. Mais la répétition est nécessaire pour que ce gémissement s'ouvre un chemin à travers notre cœur de pierre, comme le fait la gouttière qui peu à peu use les roches les plus dures. A force de répéter le Notre Père ou le Je vous salue Marie, nous pouvons espérer qu'un jour nous parviendrons à les dire en parfaite harmonie avec la volonté de Dieu. Lui-même attend ce gémissement qui est le seul à pouvoir le toucher parce qu'en réalité il vient de son propre cœur.

L'homme se fatigue dans sa prière ; pourtant, s'il persévère au lieu de se décourager, il se défera peu à peu de son orgueil jusqu'à ce que, épuisé et vaincu, il obtienne beaucoup plus qu'il n'aurait pu désirer. »

• **12.1** *Il n'y a rien de caché qui ne doive être découvert* : on peut interpréter de diverses manières ces mots de Jésus. Dans ces paragraphes, il s'agit de témoigner courageusement de la foi. Ici l'*hypocrisie* s'applique à ceux qui refusent de se compromettre pour la vérité ou la justice et dont le principal souci est de ne perdre aucune amitié.

Ne craignez pas : voir en Mt 10,28.

Celui qui attaque en paroles le Fils de l'homme (10) : voir en Mc 3,29.

• **12.13** *Qui m'a établi juge entre vous ?* Jésus ne résout pas les différends juridiques, comme faisaient les maîtres de la Loi ; celle-ci décidait en effet des affaires civiles comme des questions religieuses. Cela lui permet de réserver son autorité pour l'essentiel : dévoiler la cupidité qui nous habite est plus important qu'examiner les droits de chacun.

Gardez-vous du désir de posséder (15). Rechercher la justice, sans laquelle il n'y a ni paix ni communion entre les personnes, est une chose, rester à regarder ce que les autres possèdent, tout aussi avides qu'eux de le posséder, en est une autre. Aujourd'hui nous parlons de justice, mais demain nous ne penserons qu'à avoir plus. La cupidité nous ferme la porte du Royaume (Mc 10,23).

Ce n'est pas cela qui donne la vie. Que la préoccupation d'obtenir ce qui te manque ne te fasse pas oublier ce qui te donnerait la vie dès aujourd'hui. La cupidité est un des plus grands obstacles à la libération des hommes. Le jour où ils consentiront les sacrifices exigés par les grands boycottages, ils seront plus forts que les trusts et les mafias, et ils commenceront à vivre en tant que peuples.

Que vais-je faire ? Le riche de la parabole projetait de plus grands greniers pour son seul profit, et Jésus le condamne. Nous aussi nous devons nous interroger sur ce que nous devons changer dans nos comportements pour que l'économie permette une meilleure répartition des richesses du monde.

Pas de croyants honteux !

12 • ¹Sur ces entrefaits une foule se rassembla, si nombreuse qu'on se marchait les uns sur les autres. Alors il se mit à leur dire, et tout d'abord à ses disciples : « Gardez-vous bien du levain des Pharisiens : c'est l'hypocrisie.

²Il n'y a rien de caché qui ne doive être découvert, rien de secret qui ne doive être connu. ³Au contraire, tout ce que vous avez dit dans l'obscurité sera entendu en plein jour, et ce que vous avez répété à l'oreille dans les chambres sera crié sur les toits.

⁴Je vous le dis à vous, mes amis : ne craignez pas ceux qui tuent le corps et ensuite ne peuvent rien faire de plus. ⁵Je veux vous indiquer celui qu'il vous faut craindre : craignez celui qui, après avoir tué, a encore le pouvoir de jeter dans la géhenne. Oui, je vous le dis, craignez-le ! ⁶Cinq moineaux valent deux monnaies tout juste, n'est-ce pas ? Or pas un d'eux n'a été oublié de Dieu. ⁷Même les cheveux de votre tête ont été comptés ! Ne craignez donc pas : vous valez tout de même plus qu'une volée de moineaux.

⁸Je vous le dis : celui qui m'aura reconnu devant les hommes, le Fils de l'homme à son tour le reconnaîtra devant les anges de Dieu. ⁹Mais si quelqu'un me renie devant les hommes, il sera renié en présence des anges de Dieu !

¹⁰Si l'on a attaqué en paroles le Fils de l'homme il y aura pardon ; mais si l'on a blasphémé contre l'Esprit Saint, il n'y aura pas de pardon.

¹¹Quand ils vous traîneront devant les conseils de synagogues, ou devant les pouvoirs publics et les autorités, ne vous inquiétez pas de ce que vous direz pour votre défense et comment vous le direz. ¹²Car l'Esprit Saint vous donnera à cette heure même ce que vous aurez à dire. »

S'enrichir selon Dieu

• ¹³Du milieu de la foule quelqu'un lui dit : « Maître, dis à mon frère de partager avec moi l'héritage. » ¹⁴Jésus lui répondit : « Mon ami, qui m'a établi juge ou arbitre entre vous ? »

¹⁵Il ajouta : « Soyez bien en garde contre tout désir de posséder, car même quand on a tout, ce n'est pas cela qui donne la vie. » ¹⁶Et Jésus leur dit cette parabole :

« Il y avait un homme riche dont le domaine avait bien rapporté. ¹⁷Il commence alors à se demander : que vais-je faire ? Je n'ai pas où engranger toute ma récolte. ¹⁸Et il se dit : "Voilà ce que je vais faire : je mettrai par terre mes greniers et j'en bâtirai de plus grands, j'y entas-

Dans la Lettre aux Éphésiens (4,17), Paul rappelle aux convertis qu'ils ne peuvent retourner aux vices auxquels se sont habituées les consciences aveugles.

N'imitez pas la conduite des païens, car ils se laissent mener par des ambitions vaines. Leur esprit n'est que ténèbres ; ils sont totalement étrangers à la vie de Dieu avec l'ignorance qui les habite et leur conscience endurcie. Ils se sont souillés, ils se sont livrés à l'impureté, ils recherchent avec frénésie les actions impures qu'ils pourraient commettre.

Ce n'est pas pour cela que vous êtes devenus disciples du Christ, prenant comme vérité ce qui est en Jésus lui-même.

Vous devez renoncer à votre ancienne façon de vivre, à cet homme déjà vieux qui se laisse égarer par ses passions et se détruit lui-même. Il faut vous renouveler spirituellement à partir de l'intérieur, et revêtir l'Homme Nouveau, l'homme selon Dieu, qui est créé dans la vraie droiture et sainteté.

• **12.32** *N'aie pas peur, tout petit troupeau.* Quand, dans le monde chrétien, beaucoup délaissent la pratique religieuse, nous comprenons mieux que l'Église est à la fois un signe et un petit troupeau.

Jésus demande à chacun de se détacher des choses de la terre, et le demande aussi au troupeau comme tel. Ce qui importe pour l'Église n'est pas de bâtir de puissantes institutions. Une Église qui attend le retour du maître se soucie avant tout d'être prête à plier bagages, dans quelque domaine que ce soit, lorsque le Seigneur la renverra sur les routes, lui demandant de redevenir missionnaire.

Il a plu au Père de vous donner le Royaume : comparez ceci avec Lc 10,23 et Mt 16,16. L'Église : le petit troupeau qui poursuit l'essentiel.

Vendez vos biens. Dieu demande à tous la justice, et à son Église la pauvreté. Notre appel à la justice ne sera pas entendu tant que l'Église elle-même n'acceptera pas l'Évangile dans sa totalité.

• **12.35** Le serviteur qui attend le retour de son maître s'oppose à l'homme riche du paragraphe précédent dont le seul souci était une vie longue et confortable. Ce serviteur *accumule pour Dieu.*

Heureux les serviteurs que le maître trouvera éveillés (37). Éveillés, c'est-à-dire en attente du monde nouveau que Dieu est en train de créer avec nous. Éveillés signifie aussi vigilants et clairvoyants : nous refusons d'appeler le bien, mal, et le mal, bien ; nous nous reconnaissons infidèles lorsque nous consentons au mal ou que nous restons silencieux.

Le Fils de l'Homme viendra… comme un voleur (39-40). Pourquoi penser seulement au jour de la mort, ou craindre le jugement de Dieu si nous vivons dans sa grâce ? Jésus nous dit que le maître, au retour des noces, est si heureux qu'il renverse les rôles habituels et se met à servir ses serviteurs.

Pierre lui dit (41). Ce paragraphe est destiné à ceux qui ont une responsabilité dans l'Église.

serai tout mon blé, tous mes biens, [19] et je n'aurai plus qu'à me dire :
Mon gaillard, tu as là des tas de choses en réserve pour beaucoup
d'années ; repose-toi, mange, bois et fais la fête !"

[20] Mais Dieu lui dit : "Tu es fou ! Cette nuit même on va te réclamer
ta vie, qui va recueillir ce que tu as préparé ?" [21] Cela vaut pour quiconque cherche à se faire des réserves, au lieu d'accumuler pour Dieu. »

Ne vous tourmentez pas

[22] Jésus s'adressa alors à ses disciples : « Je vous le dis, ne vous tourmentez pas pour votre vie avec des questions de nourriture, ni pour
votre corps avec des questions de vêtement. [23] Voyez que la vie est
plus que la nourriture et le corps plus que le vêtement.

[24] Observez les corbeaux : ils ne sèment pas, ils ne moissonnent pas,
ils n'ont ni cave ni grenier et Dieu les nourrit. Il vous traitera tout de
même mieux que les oiseaux ! [25] Qui d'entre vous à force de s'inquiéter, pourra prolonger sa vie d'une coudée ? [26] Et si la moindre chose
vous dépasse, pourquoi vous inquiéter du reste ?

[27] Observez les lys : ils ne filent pas, ils ne tissent pas. Mais je vous
dis que Salomon dans toute sa gloire n'était pas habillé comme l'un
d'eux. [28] Si Dieu revêt ainsi la plante sauvage qui aujourd'hui se dresse
mais demain sera jetée au four, combien plus le fera-t-il pour vous !
Vous avez bien peu la foi !

[29] Ne vous tracassez pas pour ce que vous mangerez et boirez, laissez vos soucis. [30] C'est bien là ce qui donne du tracas aux nations de ce
monde, mais votre Père sait que vous en avez besoin. [31] Tracassez-
vous donc pour son Royaume, et cela vous sera donné en plus.

• [32] N'aie pas peur, tout petit troupeau : car il a plu à votre Père de
vous donner le Royaume !

[33] Vendez vos biens et donnez-les en aumônes ! Faites-vous dans les
cieux des bourses qui résistent au temps et des réserves qui ne s'épui-
sent pas : là, point de place pour le voleur qui dérobe, ni pour la mite
qui détruit ! [34] Et là où est ton trésor, là aussi sera ton cœur. »

Le Seigneur reviendra : veillez !

• [35] « Soyez prêts, la ceinture bouclée, avec vos lampes allumées !
[36] Soyez comme des gens qui attendent leur maître : il va rentrer des
noces et l'on s'apprête à lui ouvrir aussitôt qu'il sera là et frappera.

[37] Heureux ces serviteurs que le Seigneur à son retour trouvera
éveillés ! En vérité, je vous le dis, c'est lui qui se mettra le tablier ; il les
fera passer à table et les servira l'un après l'autre. [38] Et si c'est tard le

Dans la Lettre de Jacques 1,23 revient l'avertissement à ceux qui ont reçu une formation chrétienne : on leur demandera plus.

Ne soyez pas seulement des auditeurs de la parole ; passez à l'action, ou bien vous êtes dans l'illusion.

Un auditeur de la parole qui ne passe pas à l'action est comme cet homme qui observait son visage dans un miroir ; il se regardait, mais sitôt parti il ne savait plus comment il était.

C'est le contraire pour celui qui se penche sur la loi parfaite, la loi libératrice, et qui s'y attarde, et qui passe aux œuvres au lieu de rester un auditeur. Heureux est-il, car il a mis en pratique.

• **12.49** *Je suis venu jeter le feu.* Le feu qui purifie, qui brûle tout ce qui est vieux, qui réchauffe et favorise la vie ; à la fois l'Esprit, et le jugement de Dieu détruisant tout ce qui ne peut pas se soumettre à son action réformatrice. Jésus vient pour refaire le monde et pour tirer de leur gangue les pierres précieuses qui dureront éternellement. Les temps chrétiens ne seront donc pas moins tragiques que ceux qui les ont précédés : voir l'Apocalypse. *Je dois passer par un baptême…* Jésus est à la fois le chef et le premier de ceux qui vont affronter la mort comme le passage nécessaire vers la résurrection. Ce pas si « angoissant » pour Jésus comme pour nous est le baptême de feu (voir Lc 3,16) qui nous introduit dans la vie glorieuse et éternelle. Et c'est le vrai baptême dont les autres, baptêmes d'eau et d'esprit, ne sont que la préparation (Rm 6,3-5).

Je suis venu mettre la division. Ensuite viennent des paroles de Jésus capables de déconcerter ceux qui cherchent auprès de lui la tranquillité. Jésus divise les nations (voir commentaire de Jn 10,14), les familles et les groupes sociaux.

Il est vrai que la foi est un facteur de paix et de compréhension ; mais elle sépare aussi celui qui vit dans la vérité, de ses frères ou amis qui ne peuvent partager tout ce qui lui importe maintenant. La blessure et le scandale de cette séparation sont à l'origine de bien des persécutions. L'Évangile ne mène pas ce monde à un paradis terrestre, mais il le fait mûrir. La mort de Jésus met en lumière ce qui était caché dans les cœurs (Lc 2,35) ; elle révèle le mensonge et la violence présents dans la société.

• **12.54** *Quand vous voyez le ciel couvert.* Les signes qui se manifestent autour de Jésus sont suffisants pour faire comprendre qu'il s'agit des temps, annoncés par les prophètes, où les hommes sont appelés à se convertir. Israël devrait reconnaître son Sauveur : demain il sera trop tard (57-59). *Lorsque tu vas devant les autorités.* Matthieu applique cette sentence de Jésus à la réconciliation fraternelle. Ici, Luc l'applique à notre conversion. Le jugement de Dieu est comme une convocation devant les autorités ; il faut profiter du temps qui nous est accordé pour nous mettre en règle.

soir quand il arrive et les trouve ainsi, ou même passé minuit, heureux ces serviteurs !

[39] Si le maître de la maison savait à quelle heure viendra le voleur, vous comprenez bien qu'il resterait éveillé et ne le laisserait pas perforer sa maison. [40] De même soyez prêts, car le Fils de l'Homme vient à l'heure que vous ne savez pas. » [41] Pierre lui dit : « Seigneur, est-ce pour nous que tu dis cette parabole, ou bien pour tous ? »

[42] Le Seigneur lui répondit : « Imaginez un intendant, digne de confiance et capable. Son seigneur lui a confié la responsabilité de ses serviteurs, et c'est lui qui leur donne les rations de blé en temps voulu. [43] Heureux ce serviteur que son seigneur surprend tout occupé à son travail ! [44] Je vous l'affirme, il lui mettra entre les mains tout ce qui lui appartient.

[45] Mais le serviteur peut-être pensera : "Mon seigneur va rentrer tard." Si alors il commence à frapper serviteurs et servantes, s'il mange, boit et s'enivre, [46] son seigneur arrivera au jour et à l'heure que ce serviteur ne pensait pas ; il lui enlèvera sa charge et l'enverra chez ceux dont on se méfie.

[47] Ce serviteur connaissait la volonté de son seigneur ; s'il n'a rien préparé, s'il n'a pas respecté ses ordres, il recevra le maximum de coups. [48] Mais si c'est un autre qui a fait sans le savoir de quoi se faire battre, il n'en recevra pas trop. On sera plus exigeant si l'on a donné plus, on demandera davantage à qui on aura beaucoup confié. »

Jésus divise les familles

• [49] « Je suis venu jeter le feu sur la terre, et comme je voudrais qu'il soit déjà allumé ! [50] Mais je dois passer par un baptême, et quelle angoisse tant que ce n'est pas fait !

[51] Pensez-vous que je sois venu mettre la paix sur la terre ? Non, je vous le dis, mais la division. [52] Car désormais, même une famille de cinq personnes sera divisée : trois contre deux, et deux contre trois. [53] Le père s'opposera au fils et le fils au père ; la mère à sa fille et *la fille à sa mère* ; la belle-mère à l'épouse et *l'épouse à sa belle-mère* ! »

• [54] Jésus dit encore aux foules : « Quand vous voyez le ciel couvert à l'ouest, vous dites aussitôt : voilà la pluie ! et cela ne manque pas. [55] Et quand le vent du sud se lève, vous dites : il fera chaud ! et c'est ce qui arrive. [56] Gens superficiels ! Vous savez reconnaître la physionomie de la terre et du ciel, mais vous n'êtes pas capables d'identifier le temps présent !

[57] Serez-vous incapables de juger par vous-mêmes ce qui est juste ?

La parole de Jésus ne désavoue pas les sentiments exprimés dans le Psaume 79.

Ô Dieu, les païens sont entrés dans ton domaine,
ils ont profané ton sanctuaire,
ils ont laissé Jérusalem en ruines.
Ils ont livré les corps de tes serviteurs
aux oiseaux du ciel pour les déchirer ;
la chair de tes fidèles est la proie des bêtes.
Ils ont versé le sang comme l'eau, partout, dans Jérusalem !
Décharge ta fureur sur les nations qui t'ignorent,
sur les royaumes qui n'invoquent pas ton nom.
Ne nous tiens pas rancune des fautes de nos pères,
que ta miséricorde coure à notre rencontre,
délivre-nous, pardonne-nous pour l'honneur de ton nom.
Veux-tu que les païens disent : « Où est leur Dieu ? »

• **13.1** *C'est alors qu'on mit Jésus au courant.* Un soulèvement des Galiléens dans le Temple et l'intervention immédiate des soldats romains stationnés dans la forteresse voisine. Ils ont profané les lieux sacrés strictement réservés aux Juifs et ont fait couler le sang dans le lieu saint.

Ceux qui racontent cet incident attendent de Jésus qu'il manifeste sa solidarité nationale et religieuse après le massacre de ses compatriotes et l'offense faite à Dieu. Mais Jésus passe à côté de ces considérations. Il laisse les hommes s'enflammer pour des causes plus humaines que divines, et il leur fait remarquer que ces patriotes galiléens n'étaient ni meilleurs ni pires que les soldats romains, ou que les Juifs qui l'entourent à cet instant. En ce moment Dieu les appelle tous à une conversion dont dépend leur survie. Car l'atmosphère de violence est telle sous l'occupation romaine, que la seule issue est la foi qui rend possible le pardon.

Dans ce passage Jésus met en cause l'idée que nous nous faisons des châtiments de Dieu. On ne peut pas croire en Dieu sans croire à la justice, et il est certain que Dieu donne des signes de sa justice, aussi bien pour les personnes que pour les collectivités. Parlons de signes plutôt que de châtiments, car Dieu dans son amour tire le bien du mal pour celui qui met en lui sa confiance. Et souvent Dieu convertit un pécheur en lui faisant une grâce inespérée (voir le cas de Zachée : 19,1)

Mais la justice de Dieu dépasse de beaucoup la nôtre, elle ne se réalise vraiment que dans l'autre monde (le cas de Lazare : 16,19).

• **13.10** Les Juifs employaient le terme *délier* pour dire qu'un péché, une peine étaient pardonnés. Mais délier, c'était aussi libérer un animal de son joug. Jésus est celui qui libère les hommes et nous invite à suivre son exemple.

⁵⁸ Lorsque tu vas avec ton adversaire devant les autorités, essaie de t'arranger avec lui en chemin ; sinon il te traînera devant le juge, le juge te livrera à la police et le policier te jettera en prison. ⁵⁹ Je te le dis, tu ne sortiras pas de là tant que tu n'auras pas restitué le dernier centime ! »

Tragédies, appels à la conversion

13 • ¹ C'est alors qu'on mit Jésus au courant d'un massacre de Galiléens : Pilate avait fait couler leur sang là même où ils sacrifiaient leurs victimes.

² Jésus alors leur dit : « Croyez-vous que ces Galiléens étaient plus pécheurs que tous les autres Galiléens pour avoir eu ce sort ? ³ Non, je vous le dis ; mais si vous ne vous convertissez pas, vous périrez tous pareillement !

⁴ Et les dix-huit personnes de Siloë sur qui la tour est tombée, et qui ont été tuées, étaient-elles plus coupables que tous les autres habitants de Jérusalem ? ⁵ Non, je vous le dis ; mais si vous ne vous convertissez pas, vous périrez tous pareillement ! »

⁶ Jésus leur dit cette parabole : « Un homme avait un figuier planté dans sa vigne ; il vint pour y chercher du fruit et il n'en trouva pas. ⁷ il dit alors à celui qui soignait la vigne : voilà trois ans que je viens chercher des fruits sur ce figuier, et je n'en trouve pas. Coupe-le donc, il ne fait qu'épuiser la terre ! ⁸ Mais l'autre répondit : Maître, laisse-le encore cette année, je piocherai tout autour et je mettrai du fumier. ⁹ Peut-être après cela donnera-t-il du fruit ; sinon, tu le couperas. »

D'abord donner la vie

• ¹⁰ Un jour de sabbat, Jésus était en train d'enseigner dans une synagogue ¹¹ lorsqu'arriva une femme toute courbée ; un esprit la tenait malade depuis déjà dix-huit ans et elle était totalement incapable de se redresser.

¹² Dès que Jésus la voit, il l'interpelle : « Femme, te voici délivrée de ton infirmité ! » ¹³ Jésus lui impose les mains, et aussitôt elle se redresse, rendant gloire à Dieu.

¹⁴ Mais le chef de la synagogue intervient, scandalisé, car Jésus l'a guérie un jour de sabbat, et il dit à la foule : « Il y a six jours pour travailler ; venez ces jours-là pour vous faire guérir, mais pas le jour du sabbat ! »

¹⁵ Le Seigneur lui répond en ces termes : « Comme vous êtes faux ! Chacun de vous ne détache-t-il pas de la mangeoire son bœuf ou son âne, même le jour du sabbat, pour le conduire à l'abreuvoir ? ¹⁶ Et vous

Dans les Actes 10,25, Pierre est envoyé par Dieu vers un officier non Juif, mais « adorateur de Dieu » qu'il va baptiser avec tous les siens.

A peine Pierre est-il entré que Cornélius va vers lui, tombe à ses pieds et se prosterne. Pierre le relève en lui disant : « Lève-toi donc, je ne suis qu'un homme. » Il commence à lui parler et fait son entrée ; il découvre alors tout ce monde qui s'est rassemblé et il leur dit :

« Vous savez très bien qu'il est totalement interdit à un Juif de se lier à un étranger ou d'entrer dans sa maison. Mais Dieu m'a fait voir que personne ne doit être considéré comme impur ou souillé. C'est pourquoi je suis venu quand vous m'avez appelé, sans faire la moindre objection. Et maintenant je voudrais savoir pourquoi vous m'avez fait venir. »

Cornélius dit alors : « Il y a quatre jours déjà, j'étais en prière dans ma maison en milieu d'après-midi quand un homme en vêtements resplendissants s'est planté devant moi. Il m'a dit : Ta prière a été exaucée, tes aumônes ont été rappelées en présence de Dieu. Envoie donc chercher à Joppé Simon surnommé Pierre, qui se loge chez le tanneur Simon sur le bord de mer ; quand il sera là, il te parlera. Aussitôt je t'ai envoyé chercher et tu as bien fait de venir, car maintenant nous sommes tous ici devant Dieu, prêts à écouter tout ce qui t'a été commandé par Dieu. »

Alors Pierre prend la parole. Il leur dit : « Je réalise vraiment que Dieu ne fait pas de différence entre les personnes. Dans toute nation il regarde avec bienveillance celui qui le craint et fait des œuvres de justice. Là est bien le message de paix, la bonne nouvelle qu'il a envoyée aux enfants d'Israël par Jésus-Christ ; car il est, lui, Seigneur de tous. »

• **13.18** Voir Mt 13,31. Au moment où Jésus termine son ministère en Galilée, il invite à l'espérance : les résultats sont peut-être modestes, mais quelque chose a été semé et le royaume de Dieu s'étend.

• **13.22** Voir le commentaire de Mt 7,13.

Est-ce vrai que peu de gens seront sauvés ? Pour Jésus c'est une question inutile. il faut plutôt se demander si Israël a entendu l'appel de Dieu, et s'il suit le chemin étroit qui conduit au salut.

D'autres viendront de l'orient et de l'occident (29) : des gens de toutes les nations se convertiront et entreront dans l'Église au cours des siècles, alors que le peuple juif, dans sa majorité, restera en dehors.

avez là une fille d'Abraham que Satan avait liée voici dix-huit ans : le sabbat n'était-il pas justement le jour pour la délier de son mal ? »

[17] Après ces paroles de Jésus, ses adversaires ne savaient plus que dire, mais tout le public était en joie pour tant de merveilles qu'on lui voyait faire.

Deux paraboles : la graine, le levain

• [18] Il disait donc : « A quoi comparer le Royaume de Dieu, quelle image puis-je en donner ? [19] Il est tout comme la graine de moutarde qu'un homme a prise pour la semer dans son jardin ; elle a grandi et elle est devenue un arbre, si bien que les oiseaux du ciel se sont abrités dans ses branches. »

[20] De nouveau Jésus leur dit : « Quelle image puis-je donner du Royaume de Dieu ? [21] Il est tout comme le levain qu'une femme prend et enfouit dans trois mesures de farine jusqu'à ce que tout soit levé. »

La porte étroite

• [22] Jésus faisait route vers Jérusalem, et il continuait d'enseigner tout en traversant villes et villages. [23] Quelqu'un lui dit : « Seigneur, est-ce vrai que peu de gens seront sauvés ? »

Il répondit : [24] « Efforcez-vous d'entrer par la porte étroite car, je vous le dis, beaucoup chercheront à entrer et ne pourront pas.

[25] Quand le maître de maison se sera levé pour fermer la porte, vous serez là dehors et vous appellerez à la porte : "Seigneur, ouvre-nous donc !" Mais lui vous répondra : "Je ne sais pas d'où vous êtes." [26] Alors vous saurez dire : "Nous avons mangé et bu avec toi, tu as enseigné sur nos places !" [27] Mais lui dira : "Je ne sais pas d'où vous êtes : *éloignez-vous de moi, vous qui travaillez pour le mal.*"

[28] Alors il y aura pleurs et grincements de dents, lorsque vous verrez Abraham, Isaac et Jacob avec tous les prophètes dans le Royaume de Dieu, et vous pendant ce temps, mis à la porte ! [29] Et d'autres viendront de l'orient et de l'occident, du nord et du midi pour s'installer à la table dans le Royaume de Dieu.

[30] Quelle surprise : certains qui étaient parmi les derniers se retrouvent premiers, et d'autres qui étaient premiers sont les derniers ! »

C'est Jérusalem qui tuera son Messie

[31] A ce moment plusieurs Pharisiens s'approchèrent et lui dirent : « Ne reste pas ici, poursuis ta route, car Hérode cherche à te tuer ! » [32] Il leur répondit : « Allez dire à ce renard : "Aujourd'hui et demain je

Ezéchiel nous dit (15,1) que si le peuple de Dieu ne remplit pas sa mission propre, il ne sert à rien et Dieu le détruit.

Le bois de la vigne vaudrait-il mieux que les autres bois, que les branches des arbres de la forêt ? Prend-on du bois de vigne pour en fabriquer un objet ? En fait-on une cheville pour y accrocher quelque chose ?

Pire encore s'il a été livré au feu : le feu en a dévoré les deux bouts, le milieu est brûlé, peut-on encore le travailler ? Déjà, quand il était entier, on ne pouvait rien en faire, combien plus maintenant qu'il est dévoré et brûlé par le feu.

Écoutez donc ce que dit Yahvé : Je regarde les habitants de Jérusalem comme le bois de la vigne qu'on livre au feu avec les arbres sauvages.

Je vais me tourner contre eux ma face : ils ont échappé au feu mais le feu les dévorera, et ils sauront que je suis Yahvé lorsque je tournerai contre eux mon visage.

Au Livre des Proverbes :

L'arrogance de l'homme a précédé sa ruine ; l'humilité a précédé la gloire. (18,12)

Ne fais pas l'important devant le roi, ne te mets pas au milieu des grands ; mieux vaut qu'on te dise : « Monte ici ! » que de te voir rabaissé en présence du prince. (25,6)

Dans les Actes (13,44) la parabole de Jésus devient réalité.

Le sabbat suivant, presque toute la ville était là pour entendre Paul qui fit une longue exposition sur le Seigneur.

Les Juifs furent pris de jalousie en voyant tout ce monde et ils commencèrent à contredire Paul avec des insultes. Paul et Barnabé ne se laissèrent pas démonter ; ils leur dirent :

« C'est à vous qu'il fallait d'abord annoncer la parole de Dieu. Mais, puisque vous la rejetez, nous allons nous adresser aux païens. Le Seigneur lui-même nous en fait un devoir : Je fais de toi la lumière des nations, tu porteras mon salut jusqu'aux extrémités du monde. »

• **13.34** Voir commentaire de Mt 23,37.

• **14.7** Jésus développe ici un proverbe biblique qui invitait à la modestie dans les activités sociales (Pr 25,6-7). C'est l'attitude qui convient aux enfants de Dieu. Dans n'importe quel domaine de l'activité humaine, n'envions pas ceux qui prennent les premières places en piétinant les autres. Dieu sait « élever les humbles « et les placer là où cela lui convient.

• **14.12** Nous recherchons la compagnie de ceux qui sont au-dessus de nous plutôt que d'avoir des rapports avec ceux qui nous sont inférieurs. Ces paroles de Jésus signalent une des principales causes de l'injustice. Nous sommes tous coupables quand nous décidons de ne nous lier qu'à ceux qui nous seront utiles ; chacun essaie de s'élever, laissant les plus faibles dans l'isolement et l'abandon.

chasse les démons et je fais des guérisons ; c'est au troisième jour que j'arrive à ma fin." [33] Mais je dois poursuivre mon chemin aujourd'hui, demain et le jour suivant, car un prophète ne peut pas mourir ailleurs qu'à Jérusalem !

• [34] « Jérusalem ! Jérusalem ! Tu assassines les prophètes et reçois à coups de pierre ceux qui te sont envoyés ! Combien de fois ai-je voulu rassembler tes enfants, comme l'oiseau couvre ses petits de ses ailes ; mais vous n'avez pas voulu. [35] *Vous vous retrouverez seuls avec votre Maison.*

Oui, je vous l'affirme, vous ne me verrez plus jusqu'au temps où vous direz : *Béni soit celui qui vient au nom du Seigneur !* »

Guérison un jour de sabbat

14 [1] Un jour de sabbat Jésus se rendit chez un personnage important des Pharisiens pour y prendre le repas ; tous étaient là et l'observaient. [2] Or il y avait là devant lui un homme atteint d'hydropisie.

[3] Jésus pose alors la question aux maîtres de la Loi et aux Pharisiens : « Oui ou non, est-il permis de guérir un jour de sabbat ? » [4] Ils gardent le silence. Jésus prend donc soin de l'infirme, le guérit et le renvoie. [5] Puis il leur dit : « Si votre fils ou votre bœuf tombe dans un puits un jour de sabbat, lequel d'entre vous ne l'en retirera pas aussitôt ? »

[6] Et à cela ils n'avaient rien à répondre.

Qui s'abaisse sera élevé

• [7] Jésus avait vu comment les invités cherchaient les premières places. Il dit à leur adresse : [8] « Lorsque quelqu'un t'invite à des noces, ne te précipite pas à la première place, car il a peut-être invité quelqu'un de plus important que toi. [9] Ne vois-tu pas que celui qui vous a invités tous les deux vienne te dire : Cède-lui la place ? Tu devrais alors te glisser tout honteux à la dernière place.

[10] Si l'on t'invite, va te mettre à la dernière place ; lorsque celui qui t'a invité fera son tour, il te dira : Mon ami, avance plus haut ! Et ce sera un honneur pour toi devant tous les invités.

[11] Car celui qui s'élève sera abaissé, et celui qui s'abaisse sera élevé. »

• [12] Jésus dit encore à celui qui l'avait invité : « Lorsque tu prépares un déjeuner ou un dîner, n'invite pas tes amis, ni tes frères, ni tes proches, ni de riches voisins ; ils t'inviteraient à leur tour et tu aurais là ta récompense.

[13] Mais quand tu organises un festin, invite les pauvres, les estropiés, les boiteux et les aveugles. [14] Heureux seras-tu s'ils n'ont pas les

Au livre de l'Exode (32,26), nous voyons comment dans un autre contexte les lévites avaient mérité leur consécration à Dieu et sa bénédiction en passant par-dessus les liens du clan.

Alors Moïse, debout à la porte du camp, s'écria : « Que ceux qui sont pour Yahvé viennent à moi ! » Et tous les fils de Lévi se rassemblèrent autour de lui.

Il leur dit : « Voici ce que dit Yahvé, le Dieu d'Israël : Prenez chacun votre épée, et passez et repassez dans le camp, d'une porte à l'autre ! Exterminez frères, compagnons ou amis ! »

Les fils de Lévi firent ce que Moïse leur avait dit, et ce jour-là il y eut environ trois mille victimes dans le peuple.

Alors Moïse leur dit : « Aujourd'hui vous vous êtes consacrés à Yahvé, peut-être au prix d'un fils ou d'un frère, c'est pourquoi il vous donne aujourd'hui la bénédiction. »

• **14.15** Dans l'ancien Testament il était souvent question d'un banquet que Dieu offrirait à ses fidèles serviteurs, quand il viendrait établir son royaume. Jésus à son tour développe ce thème, parce que le banquet représente la communion des saints (la communauté de ceux qui vivent du Royaume). Voir Matthieu ch. 22.

Heureux celui qui prendra part au banquet dans le Royaume de Dieu, dit celui qui parle à Jésus. Il ne soupçonne peut-être pas que pour participer au banquet éternel il faut répondre maintenant à l'appel de Dieu qui nous invite à bâtir un monde plus fraternel. Celui qui aujourd'hui se désintéresse de ses frères, ne partagera pas le banquet dans le royaume de Dieu.

On nous donne les motifs pour lesquels les invités ne répondent pas quand le Seigneur les appelle à entrer dans un monde solidaire. *J'ai acheté un champ… Je viens de me marier…* Toutes ces raisons sont bonnes, mais c'est ainsi que les intérêts économiques de la famille viennent paralyser nos engagements communautaires et nous laissent à la porte du banquet.

Amène les pauvres… oblige-les à entrer, force-les à occuper la place qui leur revient dans la société comme dans l'Église. Dieu compte sur les pauvres et les marginalisés pour maintenir dans le monde le désir de droiture et de justice, pour réveiller la conscience de ceux qui sont confortablement installés.

• **14.25** Jésus pense à ceux qui, après s'être enthousiasmés pour lui et avoir abandonné leurs ambitions pour se consacrer à l'Évangile, reviennent en arrière, à une vie plus « normale » et plus sûre, selon la mentalité commune. Jésus a besoin de disciples qui s'engagent une fois pour toutes.

Pourquoi cette comparaison avec un *roi qui part en guerre ?* Parce que celui qui se libère pour le service de l'Évangile est en réalité un roi, et que Dieu le traitera royalement (Mc 10,30). Mais il doit savoir qu'il lutte contre le « gouverneur de ce monde », le démon, qui le bloquera par mille épreuves et ruses inattendues. S'il ne s'est pas complètement engagé, le disciple échouera et sa situation sera pire que s'il n'avait rien commencé.

moyens de te le rendre, car on te le rendra lors de la résurrection des justes. »

Les invités remplacés par les pauvres

• [15] En entendant parler Jésus, un des convives lui dit : « Heureux celui qui prendra part au banquet dans le Royaume de Dieu ! »

[16] Jésus lui répondit : « Un homme avait préparé un grand dîner, avec beaucoup d'invités. [17] Quand vint l'heure du dîner, il envoya son serviteur pour dire aux invités : "Venez, tout est prêt !" [18] Mais tous, comme un seul homme, commencèrent à s'excuser. Le premier lui fait dire : "J'ai acheté un champ, il faut absolument que j'aille le voir. Tu voudras bien m'excuser." [19] Un autre dit : "J'ai acheté cinq paires de bœufs et je pars les essayer. Tu voudras bien m'excuser." [20] Un autre encore dit : "Je viens de me marier, c'est pourquoi je ne viens pas."

[21] Le serviteur revint et fit le rapport à son maître. Alors le maître de maison se mit en colère et dit à son serviteur : "Va tout de suite sur les places, parcours les rues de la ville ; tu amèneras ici les pauvres, les estropiés, les aveugles et les boiteux."

[22] Le serviteur revint lui dire : "Seigneur, on a fait ce que tu as commandé, mais il y a encore de la place." [23] Le maître dit au serviteur : "Va voir aux sorties de la ville, du côté des baraquements, et oblige les gens à entrer pour que ma maison soit pleine. [24] Mais ces messieurs que j'avais invités, je vous dis que pas un d'eux ne goûtera de mon festin." »

Des disciples sûrs, qui renoncent à tout

• [25] Comme une foule nombreuse faisait route avec Jésus, il se tourna vers eux pour leur dire : [26] « Si quelqu'un vient à moi sans se détacher de son père, de sa mère, de sa femme, ses enfants, ses frères, ses sœurs, et même de sa propre personne, il ne peut pas être mon disciple. [27] Celui qui ne marche pas à ma suite en portant sa croix ne peut pas être mon disciple.

[28] Si l'un d'entre vous pense à se bâtir une tour, ne va-t-il pas d'abord s'asseoir pour calculer la dépense et voir s'il ira jusqu'au bout ? [29] Car s'il pose les fondations et n'est pas capable de terminer, tous ceux qui le verront se moqueront de lui : [30] "Il a commencé à bâtir et il n'a pas été capable de terminer !"

[31] Si un roi part en guerre contre un autre roi, ne va-t-il pas d'abord s'asseoir et voir s'il peut avec dix mille hommes affronter l'autre qui en amène vingt mille contre lui. [32] Sinon, quand l'autre est encore loin, il envoie une ambassade pour parler de paix.

Dans la Première Lettre de Pierre, le Christ est à la fois l'agneau sacrifié et le berger.

Car en souffrant pour vous le Christ vous a laissé un exemple : vous devez suivre ses traces.

Lui n'a pas fait le mal et n'a pas dit de mensonge. On l'insultait et il n'a pas insulté. Il n'a pas maudit quand il souffrait mais il s'en est remis à celui qui juge avec justice.

Il a pris nos péchés sur lui-même, sur le bois de la croix, pour que nous soyons délivrés de nos péchés et que nous vivions saintement. Vous avez été guéris grâce à son supplice. Car vous étiez des brebis égarées, mais maintenant vous êtes revenus au berger qui veille sur vos âmes.

Dans le Deuxième Livre de Samuel (19,1) David se lamente parce qu'Absalom, son fils révolté, est mort dans la bataille. David a réagi comme Dieu face au fils prodigue, et le livre montre que c'était une folie.

Alors le roi se troubla, il monta à la chambre haute de la porte et se mit à pleurer. Tout en marchant il parlait ainsi : « Mon fils Absalom ! Mon fils ! Mon fils Absalom ! Pourquoi ne suis-je pas mort à ta place ? Absalom, mon fils ! Mon fils ! » Ce jour-là la victoire se changea en deuil pour tout le peuple, car tout le peuple apprit que le roi était désespéré à cause de son fils.

Joab entra dans la chambre du roi et lui dit : « Aujourd'hui tu couvres de honte tous tes serviteurs. Ils t'ont sauvé la vie, la vie des tes fils et de tes filles, la vie de tes femmes et de tes concubines. Mais tu aimes ceux qui te haïssent et tu haïs ceux qui t'aiment. Tu le montres bien aujourd'hui : tes serviteurs et leurs chefs ne sont rien pour toi et si aujourd'hui Absalom était en vie, et que tous nous soyons morts, tu serais très content. »

• **15.3** Pourquoi les Pharisiens se plaignent-ils ? Parce qu'ils sont très soucieux de la pureté rituelle. Dans cette optique, qui est inscrite dans l'Ancien Testament, si deux personnes entrent en relation, celui qui est impur contamine l'autre. Comme, par définition, les *pécheurs* ne pensent pas à se purifier des mille impuretés de la vie quotidienne, Jésus passe pour un Maître qui accepte de se rendre impur à chaque instant. Jésus parlera donc de la miséricorde de Dieu qui n'a pas rayé de son horizon les pécheurs.

Et puis il y a quelque chose de plus humain dans l'indignation des « bons » : il faut tout de même qu'on voie la différence entre nous et les autres ! Et Jésus de nouveau part en guerre contre la vieille idée des mérites qu'on acquiert et que Dieu doit récompenser.

Heureuse la brebis que Jésus, laissant les quatre-vingt-dix-neuf autres, est allé chercher ! Malheur aux justes qui n'ont pas besoin du pardon de Dieu !

Qui *allume une lampe,* balaie la maison et cherche avec soin, si ce n'est Dieu lui-même ? Mais, par respect pour Dieu, les Juifs de l'époque de Jésus préféraient ne pas le nommer ; ils employaient des expressions comme *les anges* ou *le Ciel.*

• **15.11** Dans cette parabole il y a trois personnages : le *père* représente Dieu ; le *fils aîné,* les Pharisiens. Mais qui est le fils cadet ? Un pécheur, ou bien « l'homme » ?

On veut sa liberté et on pense souvent que Dieu nous en prive. On s'éloigne du Père dont on ne connaît pas l'amour et dont la présence nous devient pesante. Après avoir gaspillé un héritage dont on ne sait pas apprécier la valeur, on se déshonore et on se fait esclave d'autres hommes et d'actions honteuses (les cochons sont des animaux impurs pour les Juifs).

³³ C'est pareil pour vous : si on ne renonce pas à tous ses biens, on ne peut être mon disciple. »

Ne pas s'affadir

³⁴ « Le sel est bon ; mais si le sel perd son mordant, comment va-t-on le lui redonner ? ³⁵ Il n'est plus bon, ni pour la terre, ni pour le fumier, il faut le jeter dehors ! Qui a des oreilles pour entendre, qu'il entende ! »

Paraboles de la miséricorde

15 ¹ On voyait tous les collecteurs de l'impôt et les pécheurs s'approcher de Jésus pour l'écouter. ² Les Pharisiens et les maîtres de la Loi s'en plaignaient : « Cet homme, disaient-ils, fait bon accueil aux pécheurs et mange avec eux ! »

La brebis perdue

• ³ Aussi Jésus dit-il à leur intention cette parabole : ⁴ « Imaginez que l'un d'entre vous possède cent brebis, et il en a perdu une. Est-ce qu'il ne va pas laisser les quatre-vingt-dix-neuf autres dans le désert, et courir après celle qui s'est perdue jusqu'à ce qu'il la retrouve ? ⁵ Quand il l'a retrouvée, il la met tout joyeux sur ses épaules et, ⁶ rentré chez lui, il rassemble amis et voisins et leur dit : "Partagez ma joie, car j'ai retrouvé ma brebis perdue !"

⁷ Je vous le dis : il y aura plus de joie dans le ciel pour un pécheur qui se repent que pour quatre-vingt-dix-neuf justes qui n'ont pas besoin de se repentir. »

La pièce perdue

⁸ « Si une femme a dix pièces d'argent, et elle en perd une, ne va-t-elle pas allumer une lampe, balayer la maison et chercher soigneusement jusqu'à ce qu'elle la trouve ? ⁹ Et quand elle l'a retrouvée, elle rassemble ses amies et voisines et leur dit : "Partagez ma joie, car j'ai retrouvé la pièce que j'avais perdue !" ¹⁰ De même, je vous le dis, on est tout joyeux chez les anges de Dieu pour un seul pécheur qui se repent. »

Le fils prodigue

• ¹¹ Jésus dit encore : « Un homme avait deux fils. ¹² Le plus jeune dit à son père : "Père, donne-moi la part du domaine qui me revient." Et le père leur partagea son bien. ¹³ Le plus jeune fils ramassa tout et

Dans la Première Lettre à Timothée (6,5) nous lisons :

Ils sont tellement loin de la vérité, qu'ils considèrent la religion comme une bonne affaire.

Elle est une bonne affaire, mais dans un autre sens, si avec elle nous savons nous contenter. Car nous sommes arrivés dans ce monde les mains vides et nous n'emporterons rien avec nous.

Soyons donc satisfaits si nous avons de quoi manger et nous couvrir.

Ceux qui cherchent à s'enrichir tomberont dans la tentation, dans les pièges de tous ces désirs insensés et pernicieux qui détruisent les personnes et les mènent à leur perte.

Car l'amour de l'argent est la racine de tous les maux. Quelques uns s'y sont laissé prendre et par là se sont égarés loin de la foi ; ils ont eu à souffrir de mille manières.

Cependant le fils revient. Il a pris conscience de son esclavage, et il est certain que Dieu lui réserve un meilleur sort. En arrivant, il découvre que le Père est très différent de l'idée qu'il s'était faite de lui : le Père l'attendait et court le retrouver, il lui redonne sa dignité et efface le souvenir de l'héritage perdu. Et l'on célèbre le *banquet* dont Jésus a tant parlé.

C'est alors que nous comprenons que Dieu est Père. Il ne nous a pas mis sur terre pour accumuler des mérites et des récompenses, mais pour découvrir que nous sommes ses enfants. En effet nous sommes des pécheurs : dès le début de notre vie nous sommes sous l'emprise de nos sentiments et des pressions perverses de la société.

Nos fautes ne surprennent pas Dieu, puisqu'en nous créant libres il a accepté le risque de notre chute. Dieu est avec nous dans nos expériences du bien et du mal jusqu'à ce qu'il puisse nous appeler ses enfants, grâce à son Fils unique, Jésus.

Tel est Dieu notre Père, qui nous crée jour après jour sans que nous nous en rendions compte, alors que nous suivons nos propres chemins ; le Dieu qui recherche des pécheurs pour les combler de ses richesses.

Mais le fils aîné, l'homme sans faute mais dont le cœur est fermé, n'a rien compris à tout cela. Il est incapable d'accueillir les pécheurs ou de participer à la fête du Christ, parce qu'en réalité il ne sait pas aimer.

partit peu après pour un pays lointain où il dépensa son héritage dans une vie de désordres.

[14] Quand il eut tout dépensé, une grande famine s'abattit sur ce pays et il commença à manquer de tout. [15] Il alla donc se mettre au service d'un des habitants du pays qui l'envoya dans ses champs pour garder les cochons. [16] Là il aurait bien voulu se remplir le ventre des caroubes que mangeaient les cochons, mais à lui, personne ne lui donnait rien.

[17] Il rentra alors en lui-même : "Combien d'ouvriers de mon père, se dit-il, ont du pain plus qu'il n'en faut, et moi ici je meurs de faim. [18] Je vais me lever, retourner vers mon père, et je lui dirai : Père, j'ai péché contre le Ciel et devant toi. [19] Je ne suis plus digne d'être appelé ton fils, mais prends-moi comme l'un de tes ouvriers." [20] Il se mit donc en route et retourna chez son père.

Quand il était encore loin, son père l'aperçut et fut pris de pitié ; il courut se jeter à son cou et l'embrassa tendrement. [21] Le fils alors lui dit : "Père, j'ai péché contre le Ciel et devant toi, je ne suis plus digne d'être appelé ton fils."

[22] Mais le père dit à ses serviteurs : "Apportez vite la plus belle tunique et habillez-le, mettez-lui un anneau au doigt et des chaussures aux pieds. [23] Allez chercher le veau gras et tuez-le, car il nous faut manger et faire la fête : [24] mon fils que voici était mort et il est revenu à la vie, il était perdu et il est retrouvé." Et ils commencèrent à faire la fête.

[25] Le fils aîné était aux champs, mais il finit par rentrer. Comme il approchait de la maison, il entendit la musique et les danses. [26] Il appela l'un des garçons et lui demanda ce qui se passait. [27] L'autre lui répondit : "C'est ton frère qui est arrivé et ton père a tué le veau gras car il l'a retrouvé en bonne santé."

[28] Il se mit en colère. Comme il refusait d'entrer, son père sortit pour l'en prier. [29] Mais il répondit à son père : "Voilà tant d'années que je te sers sans avoir jamais désobéi à un seul de tes ordres, et à moi tu ne m'as jamais donné un chevreau pour faire la fête avec mes amis. [30] Mais lorsque revient ton fils que voilà, celui qui a mangé toute ta fortune avec les prostituées, tu fais tuer pour lui le veau gras !"

[31] Le père lui dit : "Toi, mon enfant, tu es toujours avec moi et tout ce qui est à moi est à toi. [32] C'est maintenant qu'il fallait faire la fête et se réjouir, car ton frère que voilà était mort et il est revenu à la vie ; il était perdu et il est retrouvé !" »

Lu en Isaïe 2,12.

Oui, Yahvé Sabaot aura son jour contre tout orgueil ou insolence,
contre tous ceux qui se croient quelque chose : ils seront abaissés !
Il aura son jour contre les cèdres du Liban, élevés et hautains,
contre les montagnes superbes et toutes les collines élevées,
contre les hautes tours et les remparts fortifiés,
contre les vaisseaux de Tarsis et les navires princiers.
L'orgueil de l'homme sera abaissé, l'insolence du mortel, humiliée ;
Yahvé, lui seul, sera élevé ce jour-là,
tandis que des idoles il ne restera rien.
On se cachera dans les grottes des rochers,
loin de la terreur de Yahvé et de l'éclat de sa majesté,
quand il se lèvera pour faire trembler la terre.

• **16.**1 Jésus ne se soucie pas de condamner la malhonnêteté de l'intendant ; il ne souligne que sa clairvoyance pour assurer son avenir : cet homme a compris à temps que les amis durent plus que l'argent. De même *les enfants de lumière* doivent enlever à l'argent cette auréole de bien suprême. A tous il semble que l'argent bien placé est le moyen d'assurer notre existence et notre avenir. Au contraire Jésus nous dit de le dépenser et de l'échanger, sans hésitation, contre un bien plus précieux.

L'argent n'est pas une mauvaise chose pourvu que nous nous en servions comme d'un moyen qui facilite les échanges. Jésus pourtant l'appelle *injuste* (nous employons le terme *maudit*) parce que l'argent n'est pas le vrai bien (il ne nous rend pas *justes* c'est-à-dire tels que Dieu nous veut), parce qu'il est également impossible d'amasser de l'argent sans manquer de confiance envers le Père et sans faire de mal à notre prochain.

L'argent est une chose que l'on acquiert et que l'on perd ; il ne peut pas s'intégrer à notre personne ; il ne fait donc pas partie des *biens qui sont vraiment nôtres* (12).

• **16.**13 Plus que les autres évangélistes, Luc montre que la démarche chrétienne est incompatible avec *l'amour de l'argent*. Les Pharisiens pouvaient justifier leur amour de l'argent en citant la Bible. En effet, au début, les Juifs considéraient la richesse comme une grâce de Dieu. Elle était la récompense donnée par Dieu à ceux qui lui plaisent et qui savent comment agir intelligemment en ce monde.

Les Pharisiens se moquaient de lui. Quand on a su se faire une situation respectée, on se sent vite autorisé à juger et à décider des choses de Dieu.

• **16.**16 Nous avons ici trois paroles de Jésus dont le seul point commun est qu'elles nous parlent de la *Loi*. *La Loi* voulait dire les lois que Dieu avait données aux Juifs. Par ailleurs *la Loi et les prophètes* était une manière de désigner la totalité de la Bible. Ici, Jésus parle de « La Loi » pour désigner le temps de l'Ancien Testament, tout ce qui a préparé sa venue.

Le gérant malhonnête

16 • ¹Jésus dit encore aux disciples : « Quelqu'un de riche avait un intendant, et on vint lui rapporter que l'intendant dissipait ses biens. ²Il l'appela et lui dit : "Qu'est-ce que j'entends dire de toi ? Donne-moi les comptes de ta gestion, car tu ne peux pas continuer de gérer mes biens."

³ L'intendant se dit en lui-même : "Que vais-je faire, si mon maître me retire la gestion ? Bêcher la terre ? Je n'en ai pas la force. Mendier ? J'en aurais honte. ⁴Eh bien, je sais ce que je vais faire : il y aura des gens pour m'accueillir chez eux quand j'aurai été renvoyé de mon poste."

⁵ Il appelle donc un à un ceux qui doivent de l'argent à son maître. Il dit au premier : "Combien dois-tu à mon maître ?" ⁶ Celui-ci répond : "Cent barils d'huile." L'intendant lui dit : "Prends ton reçu, assieds-toi et écris vite : cinquante." ⁷ Il dit à un autre : "Et toi, combien dois-tu ?" Celui-là répond : "Cent mesures de blé." L'intendant lui dit : "Prends ton reçu et écris : quatre-vingts."

⁸ Le maître ne put qu'admirer cet intendant malhonnête, car il avait agi en homme sage. Oui, les fils de ce monde tirent plus de profit de leurs semblables que ne font les enfants de lumière. ⁹Et moi je vous dis : faites-vous des amis avec ce maudit argent, et quand il viendra à vous manquer, eux vous accueilleront dans les demeures éternelles. »

Le serviteur sur qui on peut compter

¹⁰ « Celui qui est digne de confiance dans de petites choses le sera pour de plus grandes ; celui qui est malhonnête pour de petites choses, le sera également pour de plus grandes. ¹¹ Donc, si on ne peut compter sur vous pour ce maudit argent, qui vous confiera les vrais biens ? ¹²Si on ne peut compter sur vous pour des choses extérieures, qui vous donnera ce qui est vraiment vôtre ?

• ¹³Un serviteur ne peut pas servir deux maîtres ; ou bien il détestera l'un et aimera l'autre, ou bien il soignera le premier et se moquera de l'autre. Vous ne pouvez pas servir Dieu et le Dieu-Argent. »

¹⁴Les Pharisiens aimaient l'argent ; quand ils entendaient tout cela, ils se moquaient de lui. ¹⁵Mais Jésus leur dit : « Vous, vous jouez les justes aux yeux des hommes, mais Dieu connaît votre cœur : ce qui s'élève haut chez les humains, Dieu l'a en horreur. »

• « ¹⁶La Loi et les Prophètes vont jusqu'à Jean. Depuis, c'est l'annonce du Royaume de Dieu, et chacun fait effort pour l'atteindre.

Luc s'est intéressé dans les Actes (8) à l'évangélisation de la Samarie :

C'est alors le début d'une grande persécution contre l'Église à Jérusalem, et tous sauf les apôtres se dispersent dans les districts de Judée et de Samarie.

Mais ceux qui se sont dispersés répandent la Bonne Nouvelle là où ils passent. C'est ainsi que Philippe annonce le Christ à des Samaritains dans une de leurs villes où il est descendu.

En entendant parler Philippe, en voyant les miracles qu'il fait, toute la population accueille son message. Car plusieurs démons impurs sont sortis des possédés en poussant de grands cris, des gens paralysés ou impotents ont été guéris, et c'est une véritable joie dans cette ville.

Pas un seul détail de la Loi ne tombera (17) : c'est-à-dire, restera sans effet. Cependant Jésus affirme que ce qui était nécessaire pour préparer sa venue ne sera plus observé comme avant (voir Mt 5,17-20).

Pour les Juifs qui observaient la *Loi* et en particulier pour ceux qui avaient suivi Jean-Baptiste, il fallait faire un nouveau pas pour croire en Jésus et *faire effort pour atteindre ainsi le Royaume de Dieu* (Lc 7,24). Malgré les apparences, il est beaucoup plus facile de suivre des pratiques religieuses, de se plier à des lois et des jeûnes, que de croire et de risquer l'inconnu en suivant Jésus crucifié.

• **16.**19 Cette parabole nous parle de l'abîme qui dans le monde entier sépare les riches des miséreux. Une loi fatale de l'argent fait que les riches vivent à part : logements, transports, loisirs, soins médicaux. Les murs que le riche construit dans cette vie, deviendront à sa mort un abîme infranchissable. Celui qui a accepté cette séparation se retrouvera à jamais de l'autre côté.

Certains voudraient savoir quel péché avait condamné le riche à l'enfer. Peut-être avait-il refusé à Lazare les miettes de sa table ? L'Évangile ne le dit pas. Son péché, c'était de ne pas voir Lazare couché devant sa porte. *Souviens-toi que tu as reçu toutes tes bonnes choses pendant ta vie.*

Le riche ne voyait pas Lazare à sa porte. Le Lazare d'aujourd'hui est légion, et il se multiplie à la mesure des avancées techniques : il s'appelle tiers ou quart-monde. À l'échelle mondiale les pays plus avancés et les minorités privilégiées se sont emparés de la table à laquelle tous avaient droit. : le pouvoir réel, et la culture imposée par les médias. Grâce au libre-échange affranchi de toute morale sociale, des centaines de millions de Lazare s'enfoncent dans la marginalisation jusqu'à ce qu'ils meurent de misère, ou par la violence née d'une vie déshumanisée.

S'ils n'écoutent pas Moïse et les prophètes, c'est-à-dire la parole de Dieu qui nous enseigne la justice et l'amour du prochain. Seule cette parole pouvait convertir les frères du riche et les sauver.

¹⁷ Pas un seul détail de la Loi ne tombera : il serait plus facile que passent le ciel et la terre.

¹⁸ Celui qui renvoie sa femme et en épouse une autre, est un adultère. Et celui qui épouse une femme renvoyée par son mari est aussi un adultère. »

Lazare et le riche

• ¹⁹ « Il y avait un homme riche qui s'habillait de pourpre et de lin fin et mangeait royalement tous les jours. ²⁰ Un pauvre du nom de Lazare, tout couvert d'ulcères, était allongé à côté de sa porte. ²¹ Il aurait bien voulu se nourrir de ce qui tombait de la table du riche ; même les chiens venaient lécher ses ulcères. ²² Or le pauvre mourut et les anges l'emportèrent jusque dans le repli du manteau d'Abraham. Le riche aussi mourut et il eut un enterrement.

²³ Comme il était au supplice dans le séjour des morts, il leva les yeux et aperçut de loin Abraham avec Lazare auprès de lui. ²⁴ Alors il se mit à crier : "Père Abraham, aie pitié de moi et envoie-moi Lazare ! Qu'il trempe dans l'eau le bout de son doigt et qu'il vienne me rafraîchir la langue, car je suis au supplice dans cette flamme !"

²⁵ Abraham répondit : "Mon enfant, souviens-toi que pendant ta vie tu as reçu toutes tes bonnes choses, et Lazare, lui, bien des maux. Maintenant il est ici consolé et toi torturé. ²⁶ De plus, vois ce chaos formidable entre nous et vous : ceux qui voudraient passer d'ici vers vous ne le peuvent pas, et de même on ne peut traverser de là-bas vers nous."

²⁷ L'autre reprit : "Dans ce cas, père, envoie-le chez mes parents, ²⁸ chez mes cinq frères ; qu'il leur apporte son témoignage pour qu'ils ne viennent pas eux aussi dans ce lieu de tortures." ²⁹ Abraham répondit : "Ils ont Moïse et les prophètes, qu'ils les écoutent !" ³⁰ L'autre lui dit : "Ils ne le feront pas, père Abraham, mais si un mort allait les trouver, ils se repentiraient !"

³¹ Abraham répondit : "S'ils n'écoutent pas Moïse, et les prophètes, même avec la résurrection d'un mort on ne les convaincrait pas." »

Quelques paroles du Seigneur

17 ¹ Jésus dit à ses disciples : « Il est impossible qu'il n'y ait pas de scandales, mais malheur à celui par qui il arrive. ² Pour lui ce serait préférable qu'on le jette à la mer avec une pierre de moulin attachée à son cou, plutôt que de scandaliser un des petits que voilà. ³ Surveillez-vous de très près !

La foi qui obtient le miracle : dans les Actes 3,1.

Comme Pierre et Jean étaient sur le point d'entrer au Temple, l'infirme leur demanda l'aumône.

Alors Pierre le fixe du regard, tout comme Jean, et il lui dit : « Regarde-nous ! »

L'homme ne les lâchait pas du regard car il s'attendait à recevoir quelque chose. Mais Pierre lui dit : « Je n'ai ni or ni argent, je te donnerai ce que j'ai : au nom du Messie, Jésus de Nazareth, lève-toi et marche ! »

Pierre le prend de la main et le met debout : l'autre aussitôt sent que ses pieds et ses chevilles deviennent fermes. Il saute, se met sur pieds et commence à marcher, puis il entre au Temple avec eux, marchant, sautant et rendant grâces à Dieu.

Tout le monde le voit marcher et rendre grâces à Dieu, et alors on le reconnaît : « C'est lui le mendiant de la Belle Porte du Temple ! »

Cela produisit un vrai choc : tous étaient stupéfaits de ce qui venait de lui arriver. L'homme ne quittait pas Pierre et Jean, si bien que tout le peuple accourut et se retrouva autour d'eux au Portique de Salomon, incapable de dire un mot.

• **17.11** Les dix lépreux ont été guéris, mais à un seul Jésus a dit : *Ta foi t'a sauvé,* parce que sa réponse à lui venait du fond du cœur. Tandis que les autres ne se souciaient que de se faire réintégrer par les prêtres, lui avait tout de suite voulu remercier Dieu là même où la grâce de Dieu l'avait rencontré : telle est la foi qui nous sauve et nous transforme. Parmi tous ceux qui demandent des guérisons ou des faveurs, combien sauront aimer Dieu ?

• **17.20** *Quand viendra le Royaume de Dieu ?* Il n'arrive pas comme une révolution ou un changement de saison : il est à l'œuvre en ceux qui ont accepté la Bonne Nouvelle. Ceux qui croient possèdent déjà le Royaume.

Ensuite, Jésus parle de la fin de Jérusalem et de son second avènement (Mc 13,14). Les contemporains voyaient ce triomphe du Messie de façon très matérielle, lié à une libération du pouvoir romain. Pour ouvrir leurs esprits, Jésus propose deux comparaisons : l'*éclair* que l'on voit de partout et les *vautours* qui se dirigent infailliblement vers le cadavre. De même, tous se rendront compte du retour du Christ, sans aucun doute possible.

Ce retour prendra au dépourvu ceux qui ne l'attendaient pas (comme au jour de Noé). Le jugement séparera les élus des condamnés alors que rien ne les séparait dans la vie quotidienne : de *deux personnes travaillant* côte à côte, une sera prise et l'autre laissée.

Lorsque Matthieu 24,17 parlait de « l'homme qui se trouve sur la terrasse », il s'agissait de la destruction de Jérusalem ; cela voulait dire qu'il devrait s'enfuir rapidement. Dans ce texte-ci, le sens est différent : quand la fin du monde viendra, il sera trop tard pour se soucier de sauver sa vie ou ses biens.

Où donc cela aura-t-il lieu ? (37) : question déplacée, comme dans Lc 17,20, parce que le Seigneur ne viendra pas réunir ses élus dans un endroit matériel.

Si ton frère pèche contre toi, reprends-le, et s'il regrette, pardonne-lui. [4] S'il pèche contre toi sept fois le jour et que sept fois il revienne vers toi en disant : "Je regrette", tu lui pardonneras. »

[5] Les apôtres dirent alors au Seigneur : « Donne-nous un peu plus la foi ! » [6] Le Seigneur répondit : « Si vous avez un peu la foi, gros comme une graine de moutarde, vous direz à cet arbre : Arrache-toi et plante-toi dans la mer, et il vous obéira.

[7] Lorsque votre serviteur a labouré ou gardé le troupeau, et qu'il revient des champs, lequel d'entre vous lui dira : "Allons, viens te reposer !" [8] Vous lui direz sûrement : "Prépare-moi à dîner. Boucle ta ceinture et sers-moi, que je puisse manger et boire, ensuite tu mangeras et tu boiras." [9] Et quand il aura fait ce qu'on lui a commandé, qui d'entre vous lui en saura gré ?

[10] Cela vaut pour vous : lorsque vous aurez fait tout ce qui vous a été commandé, dites : "Nous ne sommes que de la main d'œuvre, nous avons fait ce que nous devions faire." »

Les dix lépreux

• [11] Comme Jésus faisait route vers Jérusalem, il arriva aux frontières de la Samarie et de la Galilée. [12] Il entrait dans un village quand dix lépreux vinrent à sa rencontre ; se tenant à distance, [13] ils lui crièrent : « Jésus, Maître, aie pitié de nous ! »

[14] Voyant cela, il leur dit : « Allez vous montrer aux prêtres. » Et pendant qu'ils y allaient ils furent guéris. [15] Se voyant guéri, l'un d'eux revint, rendant gloire à Dieu à haute voix. [16] Il tomba le visage contre terre aux pieds de Jésus et il le remercia. Or lui était un Samaritain.

[17] Jésus demanda : « Les dix n'ont-ils pas été guéris ? Où sont les neuf autres ? [18] Il n'y a donc eu que cet étranger pour revenir et rendre gloire à Dieu ? » [19] Jésus lui dit : « Relève-toi et va ton chemin, ta foi t'a sauvé. »

Comment vient le Royaume

• [20] Les Pharisiens le questionnaient : « Quand viendra le règne de Dieu ? » Il leur répondit : « La venue du Royaume de Dieu ne fait pas l'objet d'un constat. [21] On ne va pas dire : Il est ici ! Il est là ! Et voyez, le Royaume de Dieu est au milieu de vous. »

[22] Jésus dit aux disciples : « Des jours viendront où vous voudrez voir une manifestation du Fils de l'Homme, et vous n'en verrez pas. [23] On vous dira : il est ici ! Il est là ! N'y allez pas, n'y courez pas ! [24] Tout comme la déchirure de l'éclair projette sa lumière d'un bout

Dans les Actes (5,33) Gamaliel, un des membres du Conseil Suprême qui juge les apôtres rappelle les continuelles révoltes à l'appel de chefs qui prétendaient être le Messie.

Gamaliel dit à ceux du Conseil : « Israélites, n'agissez pas à la légère avec ces hommes. Rappelez-vous Theudas qui s'est lancé il y a un certain nombre d'années. Il se présentait comme un grand personnage et quatre cents hommes ont pris son parti. Puis il a été tué et tous ceux qui croyaient en lui se sont désorganisés, il n'en est rien resté.

Plus tard est venu Judas le Galiléen, à l'époque du recensement ; il a entraîné tout un monde derrière lui. Puis il a été tué lui aussi, et tous ceux qui croyaient en lui se sont dispersés.

Voilà pourquoi je vous dis : Laissez ces hommes, ne vous occupez plus d'eux. Si leur projet, ou leur activité, vient des hommes, cela se défera. Mais si cela vient de Dieu, vous ne pourrez pas le détruire : voudriez-vous vous retrouver luttant contre Dieu ? »

Une vision de l'Apocalypse (6,9) nous montre le sang des martyrs comme un appel à la justice de Dieu.

Quand le cinquième sceau est ouvert, je vois sous l'autel les âmes de ceux qui ont été massacrés à cause de la parole de Dieu et du témoignage qu'ils avaient à rendre.

Ils appellent à grands cris : « Quand donc vas-tu faire justice, ô Maître saint et vrai ? Quand donc demanderas-tu compte de notre sang aux habitants de la terre ? »

On donne alors à chacun d'eux un manteau blanc, et on les prie de patienter un moment jusqu'à ce que soit au complet le nombre de leurs frères et compagnons de service qui, comme eux, doivent être massacrés.

• **18.**1 Si Dieu est juste, pourquoi ne fait-il pas justice ? Jésus répond : Le désirez-vous vraiment, priez-vous comme il le faut pour que Dieu fasse justice ?

Un juge qui se moquait des gens : c'est ce que bien des gens pensent de Dieu quand ils voient l'injustice et les absurdités de la vie. Mais si nous prions avec persévérance, nous découvrirons peu à peu que tout n'est pas aussi absurde qu'il semblait et nous reconnaissons dans les événements le visage du Dieu qui nous aime.

S'ils crient vers lui jour et nuit. Jésus, qui insiste tellement sur notre responsabilité envers le monde, est aussi celui qui nous invite à prier Dieu jour et nuit. Pourquoi les gens se divisent-ils si facilement (ou les divisons-nous) entre ceux qui prient et ceux qui agissent ?

Trouvera-t-il encore la foi sur terre ? Jésus confirme une opinion que l'on trouvait déjà chez les Juifs de son époque. Aux derniers jours avant le jugement, le pouvoir du mal sera si grand que *l'amour se refroidira chez beaucoup* (Mt 24,12).

De fait, au premier avènement de Jésus, l'Ancien Testament semble s'être terminé par un échec : bien peu ont cru en lui et, quarante ans après sa mort, la plupart se sont laissé emporter par la confusion, les faux messies et la violence qui ont précipité la chute de la nation.

du ciel à l'autre, ainsi en sera-t-il du Fils de l'homme quand viendra son jour. [25] Mais il faut d'abord qu'il souffre beaucoup et qu'il soit rejeté par cette génération.

[26] Voyez ce qui est arrivé au temps de Noé : ce sera pareil pour la manifestation du Fils de l'homme. [27] Les gens mangeaient, ils buvaient, hommes et femmes se mariaient… jusqu'au jour où Noé entra dans l'arche ; alors vint le cataclysme qui les fit périr tous. [28] Voyez encore ce qui s'est passé avec Lot : on mangeait et buvait, on achetait, on vendait, on plantait, on bâtissait… [29] Mais le jour où Lot sortit de Sodome, ce fut du haut du ciel un déluge de feu et de soufre qui les fit tous périr. [30] Ce sera pareil le jour où le Fils de l'Homme se manifestera.

[31] Si l'on est alors sur la terrasse, ce ne sera pas le jour pour redescendre et prendre ses affaires dans sa maison. Et si quelqu'un est aux champs, *qu'il ne regarde pas en arrière !* [32] Rappelez-vous la femme de Lot !

[33] Celui qui cherchera à sauver sa vie la perdra, celui qui la sacrifiera la fera renaître. [34] Cette nuit-là, je vous le dis, deux personnes seront côte à côte sur un même lit, l'un sera pris et l'autre laissé. [35] Et si deux femmes sont à moudre ensemble, l'une sera prise et l'autre laissée. »

[36/37] Les disciples lui disent : « Où donc, Seigneur ? » Il leur répond : « Là où est le corps, là se rassemblent les vautours. »

Prier sans se lasser

18 • [1] Il leur raconta cette parabole pour dire qu'il faut prier sans cesser ne pas se décourager : [2] « Il y avait dans une ville un juge qui ne craignait pas Dieu et se moquait des gens. [3] Dans cette même ville il y avait une veuve qui venait lui dire : "Rends la sentence contre mon adversaire."

[4] Tout un temps il refusa ; puis il se dit : "C'est vrai que je ne crains pas Dieu et que je n'ai rien à faire des gens, [5] mais cette veuve me dérange à un tel point que je vais lui faire justice ; sinon elle finira par me casser la tête." »

[6] Le Seigneur ajouta : « Écoutez bien ce qu'a dit ce juge très peu juste. [7] Dieu ne fera-t-il pas justice à ses élus s'ils crient vers lui jour et nuit alors qu'il les fait attendre ! [8] Je vous le dis : il leur fera justice, et vite. Mais quand viendra le Fils de l'homme, trouvera-t-il encore la foi sur la terre ? »

Rendre quatre fois plus se lit dans l'Exode 21,37 :

Si un homme vole un bœuf ou une brebis, puis l'égorge et le vend, il paiera cinq têtes de gros bétail pour le bœuf, et quatre de petit bétail pour la brebis.

Mais ailleurs, dans l'Exode 22,2-8, on ne demandait que le double.

Celui qui a volé devra rembourser, et s'il n'a pas de quoi payer, il sera vendu en échange de ce qu'il a volé. Si l'on retrouve chez lui ce qu'il a volé, que ce soit un bœuf, un âne ou un agneau, il rendra le double.

Le Prophète Michée, déjà, rappelait l'essentiel (6,6).

« Avec quoi me présenterai-je devant Yahvé ? Avec quoi irai-je me proster- ner devant le Dieu Très Haut ?

Faudra-t-il que je me présente avec des holocaustes, avec des veaux d'un an ? Prendra-t-il plaisir à des milliers de béliers, à l'offrande de torrents d'huile ? »

- « On t'a fait savoir, homme, ce qui est bien, ce que Yahvé attend de toi ; rien d'autre que ceci : accomplir la justice, aimer la bonté et marcher humblement avec ton Dieu. »

• **18.9** *Les Pharisiens* observaient fidèlement la loi de Dieu : ils multipliaient les jeûnes et les œuvres de charité. Beaucoup, malheureusement, s'attribuaient le mérite de leur vie exemplaire : leurs bonnes actions obligeaient Dieu à les récompenser.

Le publicain, par contre, se reconnaît pécheur envers Dieu et envers les hommes : il ne peut que demander le pardon. C'est lui qui est dans la vérité et il est en *grâce de Dieu* quand il rentre chez lui (le texte dit qu'il était justifié, c'est-à-dire tel que Dieu voulait le voir).

Jésus parlait pour ceux *qui se flattaient d'être des gens bien* (9). Le texte dit précisément : « d'être des justes », ce qui fait contraste avec justifié au verset 14. La Bible appelle justes ceux dont la vie est en ordre devant Dieu parce qu'ils observent sa Loi ; ainsi dans Mt 1,19 et Lc 1,6 Joseph et Zacharie sont appelés justes. Cependant, en bien des endroits, le regard s'arrête sur les actes extérieurs qui font l'homme « juste », et chez les pharisiens comme dans tout groupe religieux qui est en même temps un parti, ou un groupe social, cela voulait dire qu'on était des gens bien.

Jésus nous invite à l'humilité si nous voulons avoir la seule « justice » ou droiture qui compte aux yeux de Dieu, elle est un don que Dieu fait à ceux qui attendent de lui pardon et sainteté. Ce n'est pas par hasard que cette parabole se trouve dans Luc, le disciple de Paul, car justement Paul, le Pharisien converti, revient constamment sur ce qu'est la vraie justice du chrétien.

Le Pharisien et le publicain

• ⁹Jésus dit cette autre parabole pour certains qui se flattaient d'être des gens bien et regardaient avec mépris le reste des hommes : ¹⁰« Deux hommes étaient montés au Temple pour prier, l'un était un Pharisien, et l'autre un publicain.

¹¹Le Pharisien se tenait debout, et il priait ainsi en lui-même : O Dieu, je te rends grâce parce que je ne suis pas comme le reste des hommes, rapaces, injustes, adultères, ou même comme ce publicain. ¹²Je jeûne deux fois par semaine et je paie la dîme de tous mes revenus.

¹³Le publicain, lui, se tenait à distance : il n'osait même pas lever les yeux vers le ciel, mais il se frappait la poitrine et disait : O Dieu, aie pitié du pécheur que je suis !

¹⁴Je vous le dis : celui-ci était en grâce de Dieu quand il est descendu chez lui, mais pas l'autre ! Car celui qui s'élève sera humilié, et celui qui s'humilie sera élevé. »

L'art d'accueillir le Royaume

¹⁵On lui présentait jusqu'à des bébés pour qu'il les touche ; voyant cela, les disciples sermonnaient tout ce monde. ¹⁶Jésus alors les fait approcher et il dit : « Laissez les enfants venir à moi, ne les empêchez pas ! Sachez que le Royaume de Dieu est pour ceux qui leur ressemblent. ¹⁷En vérité, je vous le dis, celui qui n'accueille pas le Royaume de Dieu comme un petit enfant n'y entrera pas. »

Les riches et le Royaume

¹⁸Un chef interrogea Jésus : « Bon maître, que me faut-il faire si je veux recevoir la vie éternelle ? » ¹⁹Jésus lui répondit : « Pourquoi m'appelles-tu *bon ?* Dieu seul est bon, et personne d'autre. ²⁰Tu connais les commandements : *ne commets pas l'adultère. Ne tue pas. Ne vole pas. Ne porte pas de faux témoignage. Respecte ton père et ta mère.* »

²¹L'autre reprit : « J'ai observé tout cela depuis ma jeunesse. » ²²Alors Jésus lui dit : « Quelque chose te manque encore : vends tout ce que tu as et distribue-le à des pauvres, tu auras ainsi un trésor dans le ciel ; puis reviens et suis-moi. » ²³En entendant ces paroles l'homme devint tout triste, car il était fort riche.

²⁴Voyant cela, Jésus dit : « Comme il est difficile à ceux qui ont de l'argent d'entrer dans le Royaume de Dieu ! ²⁵Il est plus facile pour un chameau de passer par le trou d'une aiguille que pour un riche d'entrer dans le Royaume de Dieu. » ²⁶Ceux qui l'entendaient lui dirent alors : « Qui donc peut être sauvé ? » ²⁷Jésus répond : « Ce qui est im-

---

• **19.**1 A Jéricho Zachée était catalogué : comment cet homme, habitué à des affaires louches, pourrait-il se convertir ? Quel châtiment Dieu devait-il lui réserver ! Au lieu de cela, Dieu vient chez lui.

Jésus prouve que l'Esprit le guide lorsqu'il aperçoit Zachée parmi la foule ; il comprend au même instant qu'il est venu à Jéricho ce jour-là pour sauver un homme riche.

Zachée sait que les gens le détestent et l'envient. Pourtant il n'est pas foncièrement mauvais : il admire secrètement le prophète Jésus. La faveur que Jésus lui fait le force à manifester tout ce qu'il y a de bon et d'humain enterré au fond de sa conscience.

Luc nous dit qu'il accueille Jésus *avec joie :* cette joie manifeste la transformation qui s'est déjà opérée en lui. Après cela, il saura réparer ses mauvaises actions. Le peuple est furieux, et en cela il imite les Pharisiens : le prophète Jésus devrait partager leur cause et leurs rancunes ! Mais Jésus n'est pas un démagogue. L'incompréhension de la foule ne lui importe pas plus que celle des Pharisiens. Jésus a détruit le mal en sauvant le pécheur.

possible aux hommes est possible pour Dieu. »

[28] Pierre lui dit : « Nous, nous avons tout quitté pour te suivre. » [29] Jésus répondit : « En vérité, je vous le dis, personne ne laissera maison, femme, frères, parents ou enfants à cause du Royaume de Dieu, [30] sans recevoir beaucoup plus dès à présent et, dans le monde à venir, la vie éternelle. »

Dernière annonce de la Passion

[31] Jésus prit avec lui les Douze et leur dit : « Voici que nous montons à Jérusalem et tout ce qui a été écrit par les prophètes à propos du Fils de l'Homme va s'accomplir. [32] Il sera livré aux païens, humilié, insulté, couvert de crachats, [33] et après l'avoir fouetté, ils le tueront. Mais le troisième jour il ressuscitera. »

[34] Eux ne comprenaient rien de tout cela ; ce langage leur paraissait mystérieux et ils ne voyaient pas ce qu'il voulait leur dire.

L'aveugle de Jéricho

[35] Jésus approchait de Jéricho, et il y avait un mendiant assis sur le bord du chemin. C'était un aveugle. [36] Quand il entendit passer la foule, il demanda ce que c'était [37] et on le mit au courant : « C'est Jésus de Nazareth qui passe ! » [38] Il se mit alors à crier : « Jésus, fils de David, aie pitié de moi ! »

[39] Ceux qui étaient en tête voulurent le faire taire, mais lui criait de plus belle : « Fils de David, aie pitié de moi ! » [40] Jésus s'arrêta et ordonna de le lui amener. Quand il fut tout près, Jésus l'interrogea : [41] « Que veux-tu que je fasse pour toi ? » L'aveugle répondit : « Seigneur, que la vue me revienne ! »

[42] Jésus lui dit : « Recouvre la vue, ta foi t'a sauvé ! » [43] Aussitôt il recouvra la vue, et il suivait Jésus en glorifiant Dieu. Voyant cela, tout le peuple proclama la louange de Dieu.

Jésus s'invite chez Zachée

19 • [1] Jésus était entré dans Jéricho et traversait la ville. [2] Or il y avait là un homme du nom de Zachée, un homme fort riche qui était chef des collecteurs de l'impôt. [3] Il voulait absolument voir qui était Jésus, mais il ne le pouvait pas car il était de petite taille et il y avait beaucoup de monde. [4] Il courut donc en avant, là où il devait passer, et il monta sur un sycomore afin de le voir.

[5] Quand Jésus arriva à cet endroit, il leva les yeux et lui dit : « Zachée, dépêche-toi de descendre, car c'est chez toi que je dois m'arrêter

Dans les Actes 4,7 Luc nous a conservé la déclaration de Pierre et Jean arrêtés par les grands prêtres peu après la Pentecôte.

Ils firent avancer les apôtres au milieu d'eux et les interrogèrent : « Avec quelle force avez-vous fait cela, vous ? Avec quelle puissance supérieure ? »

Alors Pierre, rempli de l'Esprit Saint, leur dit ceci : « Chefs du peuple et Anciens, on nous demande aujourd'hui des explications pour avoir guéri un infirme. Comment a-t-il été rétabli ? Sachez-le tous, c'est grâce au Nom de Jésus de Nazareth, le Messie que vous avez crucifié et que Dieu a relevé d'entre les morts.

Il est la pierre dont les constructeurs, c'est-à-dire vous, n'ont pas voulu, et qui est devenue la pierre d'angle. Le salut ne se trouve en aucun autre. Aucun autre Nom sous le ciel n'a été donné aux hommes par lequel nous devrions être sauvés. »

Quelques mois plus tard les prêtres interrogeront de même les apôtres au Temple : Actes 5,27.

Le grand-prêtre leur dit : « Nous vous avons avertis, nous vous avons défendu d'enseigner au nom de cet homme, mais à présent on n'entend plus que votre enseignement dans Jérusalem et vous nous rendez responsables de la mort de cet homme. »

Alors Pierre leur dit, avec les apôtres : « C'est à Dieu qu'il faut obéir d'abord, non aux hommes. Le Dieu de nos pères a ressuscité ce Jésus que vous avez fait mourir, suspendu au bois.

Dieu l'a élevé, il l'a mis à sa droite comme un chef, un Sauveur, pour donner à Israël la repentance et le pardon des péchés.

Nous sommes témoins de ces choses, et avec nous l'Esprit-Saint que Dieu a donné à ceux qui lui obéissent. »

• **19.**11 Les Galiléens vont à Jérusalem pour célébrer la Pâque et Jésus monte avec eux. Il sait que la mort l'attend ; eux par contre sont convaincus qu'il fera un coup d'éclat.

Cette parabole fait allusion à un événement politique qui a eu lieu trente ans auparavant : la succession mouvementée d'Hérode le Grand. Jésus fait de cet événement une image pour inviter ceux qui l'écoutent à attendre autre chose. Il régnera *à son retour d'un pays lointain* (sa propre mort) à la fin des temps. En attendant, les siens ne doivent pas rester les bras croisés, parce que ses ennemis profiteront de son absence pour lutter contre son influence. Les serviteurs de Jésus prendront part à son triomphe dans la mesure où ils auront travaillé.

Cette page ressemble beaucoup à la parabole des talents (Mt 25,14). Observons cependant les différences. D'une part, dans l'introduction et dans la conclusion, Jésus fait allusion à l'histoire d'Hérode et d'Arquelaüs : on dépendait de l'Empire Romain, et les roitelets locaux devaient plaire à Rome qui les protégeait.

D'autre part, la parabole insiste sur la justice de Dieu : chacun reçoit selon ses mérites (sans oublier que ces mérites sont dons de Dieu). Chacun connaîtra Dieu et partagera ses richesses dans la mesure où il aura su aimer au cours de sa vie.

• **19** et **20** Voir les commentaires de Marc, chapitres 11 et 12.

aujourd'hui. » ⁶ Zachée aussitôt s'empressa de descendre, et c'est avec grande joie qu'il le reçut.

⁷ Voyant cela, tous murmuraient et l'on disait : « Il s'est arrêté chez un pécheur de bonne condition ! » ⁸ Mais Zachée faisait le pas et disait au Seigneur : « Je vais donner aux pauvres la moitié de mes biens, Seigneur, et si j'ai extorqué quelque chose à quelqu'un, je vais rendre quatre fois plus. » ⁹ Jésus dit alors, pensant à lui : « Aujourd'hui le salut est entré dans cette maison ; n'est-il pas lui aussi fils d'Abraham ? ¹⁰ Le Fils de l'Homme est venu chercher et sauver ce qui était perdu. »

La parabole des mines

• ¹¹ Comme Jésus approchait de Jérusalem, il dit cette autre parabole car ses auditeurs étaient convaincus que le Royaume de Dieu allait se manifester maintenant.

¹² Il leur dit : « Un homme de grande famille partit dans un pays lointain pour y recevoir le pouvoir royal et ensuite revenir. ¹³ Il appela dix de ses serviteurs et leur confia dix mines, dix sacs d'argent, en leur disant : "Faites-les fructifier jusqu'à mon retour."

¹⁴ Comme ses concitoyens le détestaient, ils envoyèrent une ambassade derrière lui avec ce message : "Nous ne voulons pas de celui-là comme roi." ¹⁵ Il revint pourtant, ayant reçu le pouvoir royal, et il fit appeler les serviteurs auxquels il avait confié l'argent pour voir comment chacun d'eux l'avait fait valoir.

¹⁶ Le premier arrive et dit : "Seigneur, ta mine a rapporté dix autres mines !" ¹⁷ Le roi lui répond : "Très bien, tu es un bon serviteur et tu t'es montré digne de confiance dans cette petite affaire ! A cause de cela tu auras dix villes sous ta dépendance." ¹⁸ Le deuxième vient à son tour et dit : "Ta mine, seigneur, en a produit cinq autres." ¹⁹ Le roi lui dit : "Toi, tu auras cinq villes sous ta dépendance."

²⁰ Et puis arrive un autre qui dit : "Seigneur, voici ta mine ! Je l'avais mise de côté dans un linge. ²¹ Car j'avais peur de toi, je sais que tu es un homme exigeant, tu prends là où tu n'as rien engagé, et tu moissonnes là où tu n'as pas semé."

²² Le roi lui dit : "Mauvais serviteur, je te juge sur tes propres paroles. Tu me connaissais comme un homme exigeant qui prend là où il n'a rien engagé et moissonne là où il n'a pas semé. ²³ Pourquoi n'as-tu pas déposé mon argent à la banque ? A mon retour je l'aurais retiré avec les intérêts."

²⁴ Puis, se tournant vers ceux qui sont là, il leur dit : "Prenez-lui la mine, et donnez-la à celui qui en a dix." ²⁵ Ils répondent : "Seigneur, il

308

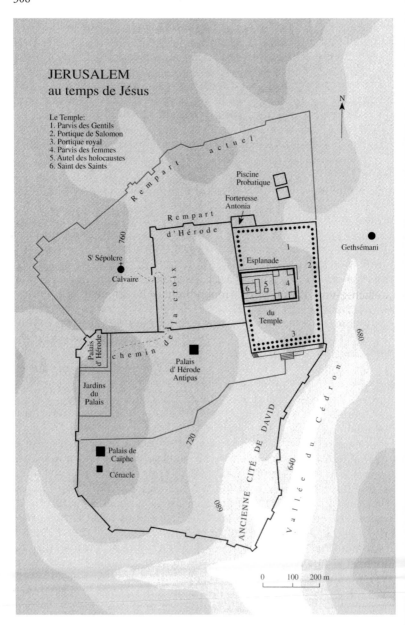

JERUSALEM
au temps de Jésus

Le Temple:
1. Parvis des Gentils
2. Portique de Salomon
3. Portique royal
4. Parvis des femmes
5. Autel des holocaustes
6. Saint des Saints

N

Rempart actuel

Piscine Probatique

Forteresse Antonia

Rempart d'Hérode

760

Esplanade

1

2

Gethsémani

S¹ Sépolcre

Calvaire

6 5 4

chemin de la croix

du Temple

3

689

Palais d'Hérode

Palais d'Hérode Antipas

Jardins du Palais

720

640

Palais de Caïphe

Cénacle

ANCIENNE CITÉ DE DAVID

Vallée du Cédron

680

0   100   200 m

a déjà dix mines !" [26] "Mais oui ! on donnera à celui qui a, mais à celui qui n'a pas, même ce qu'il a lui sera enlevé. [27] Maintenant, amenez ici mes ennemis, ceux qui ne voulaient pas que je règne sur eux, et égorgez-les devant moi." »

LES ÉVÉNEMENTS DE JÉRUSALEM

Jésus entre à Jérusalem

[28] Ayant dit cela, Jésus prit la tête du groupe et commença la montée vers Jérusalem. [29] Quand il approcha de Bethphagé et de Béthanie, au mont dit des Oliviers, [30] il envoya deux des disciples en leur disant : « Allez jusqu'au village que vous voyez en face ; à l'entrée vous trouverez un ânon attaché que personne n'a jamais monté. Détachez-le et amenez-le. [31] Si quelqu'un vous demande pourquoi vous le détachez, vous répondrez simplement : le Seigneur en a besoin. »

[32] Les envoyés partirent et trouvèrent tout comme il leur avait dit. [33] Au moment où ils détachaient l'ânon, les maîtres leur dirent : « Pourquoi détachez-vous l'ânon ? » [34] Ils répondirent : « Le Seigneur en a besoin. »

[35] Ils amenèrent à Jésus l'ânon, jetèrent sur lui leurs manteaux et firent monter Jésus. [36] A mesure qu'il avançait, les gens étendaient leurs manteaux sur le chemin. [37] Comme il approchait déjà de la descente du mont des Oliviers, toute la foule des disciples manifesta sa joie : ils se mirent à louer Dieu à pleine voix pour tous les miracles qu'ils avaient vus. [38] Ils disaient : « *Béni soit* ce roi *qui vient au nom du Seigneur !* Paix dans le ciel et gloire au plus haut des cieux ! »

[39] Dans la foule quelques Pharisiens lui dirent : « Reprends tes disciples, Maître ! » [40] Il leur répondit : « Je vous le dis : s'ils se taisent, les pierres crieront. »

[41] Lorsque déjà on approchait il aperçut la ville [42] et prononça une lamentation sur elle. Il dit : « Si toi aussi en ce jour tu pouvais reconnaître les chemins de la paix ! Mais désormais ils seront cachés à tes yeux. [43] Des jours viendront auxquels tu n'échapperas pas, où tes ennemis t'entoureront de tranchées, t'enfermeront, te presseront de toutes parts [44] et t'écraseront avec tes enfants au milieu de toi. Il ne restera pas de toi pierre sur pierre, parce que tu n'as pas reconnu le temps où tu étais visitée. »

[45] Alors Jésus entra dans le Temple. Il commença à jeter dehors les vendeurs [46] en leur disant : « Il est écrit : *Ma maison sera une maison de prière*. Mais vous, vous en avez fait *une caverne de brigands !* »

tandis qu'ils ne savaient pas.

⁴⁷ Chaque jour il était là dans le Temple et il enseignait. Les grands prêtres et les maîtres de la Loi voulaient sa perte, et de même les chefs du peuple, ⁴⁸ mais ils ne savaient que faire car tout le peuple l'écoutait, suspendu à ses lèvres.

Affrontement avec les autorités

20 ¹ Un certain jour, tandis qu'il enseignait le peuple dans le Temple et lui donnait la Bonne Nouvelle, les grands prêtres et les maîtres de la Loi se présentèrent avec les Anciens du peuple. ² Ils lui demandèrent : « Dis-nous : de quelle autorité fais-tu tout cela ? Qui t'a chargé de le faire ? »

³ Il leur répondit : « Moi aussi je vais vous poser une question et vous me répondrez. ⁴ Quand Jean s'est mis à baptiser, était-ce une initiative du Ciel, ou simplement humaine ? »

⁵ Ils firent entre eux ces réflexions : « Si nous disons que c'était chose du Ciel, il dira : pourquoi n'avez-vous pas cru en lui ? ⁶ Et si nous disons que c'était une affaire humaine, tout le peuple va nous lapider, car ils sont convaincus que Jean était un prophète. » ⁷ Aussi répondirent-ils qu'ils ne savaient pas. ⁸ Et Jésus leur dit : « Je ne vous dirai pas non plus de quelle autorité je fais tout cela. »

Les vignerons meurtriers

⁹ Jésus se mit à raconter au peuple cette parabole : « Un homme avait planté une vigne et l'avait louée à des fermiers, puis il était parti pour un long séjour à l'étranger. ¹⁰ Le moment venu il envoie un serviteur auprès des fermiers pour qu'ils lui remettent une part du produit de la vigne. Mais les vignerons le battent et le renvoient les mains vides. ¹¹ De nouveau, il envoie un autre serviteur ; les vignerons le battent, se moquent de lui et le renvoient les mains vides. ¹² Lui recommence : il envoie un troisième serviteur ; mais on le met à mal et on le jette dehors.

¹³ Le seigneur de la vigne se dit : "Que puis-je faire ? Je vais envoyer mon fils que j'aime, lui au moins ils le respecteront."

¹⁴ Mais en le voyant, les fermiers font ce calcul : "C'est lui l'héritier ; tuons-le, et l'héritage sera à nous." ¹⁵ Ils le jettent donc hors de la vigne et le tuent.

Comment le seigneur de la vigne va-t-il agir avec eux ? ¹⁶ Il viendra, il fera périr ces fermiers et donnera la vigne à d'autres. »

En entendant cela ils dirent : « Ne parlons pas de malheur ! » ¹⁷ Alors, les yeux dans les yeux, Jésus leur dit : « Que signifie cette Écriture : *La*

Dans la Première Lettre aux Corinthiens (15,11) Paul fait de la résurrection des morts un point essentiel de la foi.

Si nous proclamons un Christ ressuscité d'entre les morts, comment peut-on dire chez vous qu'il n'y a pas de résurrection pour les morts ?

Si les morts ne ressuscitent pas, le Christ non plus n'est pas ressuscité. Et si le Christ n'est pas ressuscité, notre prédication ne rime à rien, votre foi ne rime à rien !

Nous voilà donc devenus de faux témoins de Dieu, puisque nous affirmons au nom de Dieu qu'il a ressuscité le Christ — et de fait il ne l'a pas ressuscité, vu que les morts ne ressuscitent pas.

Si le Christ n'est pas ressuscité, votre foi n'est qu'une illusion et vous êtes encore dans vos péchés. Et finalement ceux qui se sont endormis dans le Christ sont tout à fait perdus.

Si notre espérance dans le Christ est simplement pour la vie présente, nous sommes les plus à plaindre de tous les hommes.

• **20.27** Voir le commentaire de Mc 12,8.

Luc a ses propres expressions pour parler de la résurrection dans les verset 34-36. C'est que dans les pays de culture grecque (et Luc écrit pour eux), beaucoup croyaient en une certaine immortalité de l'âme. Pour eux, Luc précise que la vie nouvelle promise par Jésus n'est pas un retour au grand tout, une fusion avec quelque esprit supérieur de l'univers. C'est un don de Dieu à *ceux qui en sont trouvés dignes.*

Ils sont fils de Dieu, puisqu'ils sont nés de la résurrection (36). Le texte dit : ils sont « fils de la résurrection », ce qui est une expression typiquement hébraïque. Cette résurrection ne consiste pas à revenir à la vie que nous connaissons ; elle est l'œuvre de l'Esprit de Dieu qui transforme et sanctifie ceux qu'il ressuscite. C'est pourquoi les ressuscités sont *fils de Dieu* (comme on le disait des anges), plus authentiquement que ceux de ce monde : libérés du péché, ils renaissent de Dieu.

Tous vivent pour lui. Ils ont commencé à vivre quand Dieu les a trouvés et appelés, et ils ne pourront pas disparaître parce que Dieu les a déjà fait entrer dans son propre monde.

La foi en la résurrection contraste avec la doctrine de la transmigration où l'âme renaît dans un corps, avec une situation sociale correspondant à ce qu'elle a mérité. Et le cycle se poursuivra tant qu'elle n'aura pas achevé sa purification.

Ce sont deux conceptions très différentes de l'homme. Dans l'une, l'âme est emprisonnée dans un corps. Dans l'autre, le corps est animé. Dans la première on libère l'âme, dans la seconde on sauve l'unité indivisible. Le corps n'est pas un revêtement de l'âme, qui pourrait passer d'un vieillard à un nouveau-né, mais l'expression matérielle de la personne. C'est pourquoi l'espérance chrétienne s'enracine dans la résurrection du corps, c'est-à-dire la possibilité pour chacun de renaître de Dieu en Dieu et de s'exprimer alors pleinement dans un corps « glorifié ».

pierre rejetée par les bâtisseurs est devenue la pierre d'angle ? [18] Quiconque tombera sur cette pierre se brisera, et si elle tombe sur quelqu'un, elle le réduira en poussière. »

[19] Les maîtres de la Loi et les grands prêtres avaient grande envie de mettre la main sur lui, mais ils craignaient le peuple ; ils avaient bien compris que cette parabole de Jésus était pour eux.

Rendez à César…

[20] C'est ainsi qu'ils préparent un piège : ils envoient des mouchards qui jouent les gens bien intentionnés, afin de le prendre en défaut dans ses paroles et de pouvoir ainsi le remettre aux mains du gouverneur et à son tribunal.

[21] Ils lui posent cette question : « Maître, nous savons que tu es droit dans tout ce que tu dis et enseignes. Tu ne cherches pas à te faire bien voir des gens, mais tu enseignes selon la vérité le chemin de Dieu. [22] Nous est-il permis de verser l'impôt à César, ou non ? »

[23] Jésus a compris leur astuce ; il leur dit : [24] « Montrez-moi un denier. De qui sont l'image et l'inscription ? » Ils répondent : « De César. » [25] Et lui leur dit : « Rendez donc à César ce qui est de César et à Dieu ce qui est de Dieu ! »

[26] Avec cela il leur fut impossible de prendre en défaut ses paroles devant le peuple. Ils furent très surpris de sa réponse et gardèrent le silence.

Les morts ressuscitent

• [27] Alors s'approchèrent quelques Sadducéens — ces gens-là nient qu'il y ait une résurrection — [28] et ils lui posèrent cette question : « Maître, Moïse nous a mis ceci dans l'Écriture : si un homme marié meurt sans enfants, son frère doit prendre la veuve et donner ainsi une descendance à celui qui est mort. [29] Or il y avait sept frères. Le premier s'est marié et il est mort sans enfants. [30] Le deuxième, [31] puis le troisième ont pris la veuve, et de même les autres jusqu'au septième : ils sont tous morts sans laisser d'enfant. [32] Ensuite la femme est morte. [33] S'il y a résurrection, duquel d'entre eux sera-t-elle la femme, puisqu'elle l'a été des sept ? »

[34] Jésus leur dit : « Les enfants de ce monde prennent mari ou femme ; [35] mais ceux qu'on a trouvés dignes d'avoir part à l'autre monde et à la résurrection des morts, ne prennent pas mari ou femme. [36] Par ailleurs ils ne peuvent plus mourir, mais ils sont comme des anges. Eux aussi sont fils et filles de Dieu, puisqu'ils sont nés de la résurrection.

Dans le livre de Daniel (7,13) on peut lire cette annonce d'un Fils d'homme qui vient d'auprès de Dieu et reçoit de lui le pouvoir universel.

Je regardais toujours ; on installa des trônes et un vieillard s'assit ; son vête-ment était blanc comme la neige, les cheveux de sa tête, comme la laine blanche, son trône était de flammes de feu avec des roues de feu ardent. Un fleuve de feu sortait et jaillissait de devant lui ; des mille et des milliers le servaient, des mil-lions et des millions se tenaient debout devant lui...

Tandis que je contemplais ces visions nocturnes, je vis comme un fils d'homme venant sur les nuées du ciel ; il s'avança vers le vieillard et on le conduisit en sa présence.

On lui donna le pouvoir, la gloire et la royauté : tous les peuples, nations et langues, le servirent. Son pouvoir est le pouvoir pour toujours, qui ne passera pas ; son royaume ne sera pas détruit.

Ce que Paul dit dans la Lettre aux Romains (10,1) vaut tout spécialement pour les maîtres de la Loi.

Je dois dire en leur faveur qu´ils sont pleins d´ardeur pour Dieu. Mais ils ne savent pas comment Dieu nous fait justes et ils veulent établir leur propre per-fection.

C´est pourquoi ils ne sont pas entrés dans le chemin de la droiture selon Dieu. Car le Christ est le but de la Loi, et c´est alors que tout croyant devient juste et saint.

• **20.45** *Ils dévorent les maisons des veuves.* On sait que de tout temps des veuves croyantes ont été souvent exploitées par des sans scrupules ou par des sectes.

• **21.5** Voir le commentaire de Mc 13,1 et Mt 24,1.

³⁷ Quant au fait que les morts ressuscitent, Moïse lui-même l'a insinué dans le passage du Buisson Ardent, là où il appelle le Seigneur : *Dieu d'Abraham, Dieu d'Isaac et Dieu de Jacob.* ³⁸ Il n'est pas un Dieu des morts, mais bien des vivants : tous vivent pour lui. »

³⁹ A ce moment quelques maîtres de la Loi prirent la parole et dirent : « Maître, tu as bien parlé. » ⁴⁰ Mais après cette réplique, plus personne n'osait l'interroger.

⁴¹ A son tour Jésus leur demanda : « Comment peut-on dire que le Messie est fils de David ? ⁴² David lui-même dit, au livre des Psaumes : *Le Seigneur a dit à mon Seigneur : Siège à ma droite* ⁴³ *et vois comment je fais de tes ennemis ton marchepied.* ⁴⁴ David l'appelle "Seigneur", et on voudrait qu'il soit son fils ? »

Professionnels de la religion

• ⁴⁵ Il dit à ses disciples, quand tout le peuple écoutait : ⁴⁶ « Méfiez-vous des maîtres de la Loi qui se plaisent à circuler en longues robes, qui aiment les salutations sur les places publiques, les premiers fauteuils dans les synagogues et les premières places dans les festins. ⁴⁷ Ils s'introduisent avec leurs longues prières, et ensuite ils dévorent les maisons des veuves. Leur condamnation sera terrible. »

L'offrande de la veuve

21 ¹ Levant les yeux, Jésus vit des riches qui déposaient leurs offrandes dans le trésor ; ² il vit ensuite une pauvre veuve qui jetait deux petites pièces. ³ Et il dit : « En vérité, je vous le dis, cette veuve sans ressources a mis plus que tous les autres : ⁴ car tous ceux-là ont donné de ce qui ne leur manquait pas, mais elle, n'ayant rien, elle a mis tout ce qu'elle avait pour vivre. »

Ruine de Jérusalem et du Temple

• ⁵ Comme certains faisaient l'éloge du Temple avec ses belles pierres et les ex-voto qui en faisaient l'ornement, ⁶ Jésus leur dit : « Vous voyez tout cela ? Le jour viendra où il n'en restera pas pierre sur pierre : tout sera détruit. » ⁷ On lui posa alors cette question : « Maître, quand cela arrivera-t-il ? A quel signe reconnaîtra-t-on que cela va se réaliser ? »

⁸ Il répondit : « Ne vous laissez pas égarer lorsque plusieurs revendiqueront mon titre et diront : "C'est moi, l'heure est arrivée !" Ne les suivez pas ! ⁹ Quand vous entendrez parler de guerres et de soulèvements, ne cédez pas à la panique : cela doit arriver d'abord, mais

Dans les Actes (20,22) Les adieux de Paul aux responsables des églises qu'il a fondées les avertissent de nouvelles épreuves.

Maintenant je pars à Jérusalem, enchaîné par l'Esprit. Je ne sais pas ce qui m'arrivera là-bas, bien que dans chaque ville l'Esprit Saint me réaffirme que la prison et les épreuves m'attendent. Mais ma vie ne compte pas pour moi si je peux courir jusqu'au bout et mener à bien la mission que le Seigneur Jésus m'a confiée : annoncer la Bonne Nouvelle de la grâce de Dieu.

Veillez sur vous-mêmes et sur tout le troupeau à la tête duquel l'Esprit Saint vous a placés : vous êtes inspecteurs pour prendre soin de cette Église du Seigneur qu'il s'est acquise par son propre sang.

Je sais qu'après mon départ des loups rapaces viendront chez vous et mettront à mal le troupeau. Certains d'entre vous se mettront à enseigner une doctrine falsifiée, dans le seul but de détacher les disciples pour qu'ils les suivent. Restez donc en éveil.

Attendre le retour du Christ, c'est être éveillé, nous dit Paul dans la Première Lettre aux Thessaloniciens (5,2).

Vous savez très bien que le Jour du Seigneur se présente de nuit, comme le voleur. Quand tous se sentiront en paix et sécurité, la catastrophe les surprendra, comme pour la femme les douleurs de l'accouchement, et ils n'y échapperont pas.

Mais vous, frères, vous n'êtes pas dans les ténèbres et ce jour ne vous surprendra pas comme un voleur. Vous êtes tous enfants de lumière et enfants du jour.

Mais alors, si nous sommes étrangers à la nuit et aux ténèbres, n'allons pas nous coucher comme les autres, mais veillons, et soyons sur nos gardes. Ceux qui se couchent, y passeront la nuit, et ceux qui s'enivrent, seront ivres toute la nuit. Mais nous sommes du jour, et c'est pourquoi nous veillons.

Dans sa Deuxième Lettre à Timothée Paul lui rappelle que le chrétien n'a pas honte des humiliations que lui vaut sa foi.

Je veux réveiller et raviver le don de Dieu que tu as reçu quand je t'ai imposé les mains. L'esprit que Dieu nous a donné n'est pas timidité, mais force, amour et maîtrise de soi.

Donc ne rougis pas du martyre de notre Seigneur ni de moi quand je suis en prison pour lui. Sois capable de souffrir pour l'Évangile avec la force de Dieu.

• **21.23** *Jusqu'à ce que les temps des nations arrivent à leur terme.* Luc divise l'histoire en deux périodes. L'une correspond à l'Ancien Testament : c'est l'époque où l'Histoire Sainte semble se confondre avec l'histoire d'Israël. Ensuite, après Jésus, viennent *les temps des nations*. La destruction de la nation juive et la dispersion de ses habitants inaugurent une nouvelle étape où l'Histoire Sainte sera faite de l'évangélisation et de l'humanisation des nations par l'Église. Ce sera la période du Nouveau Testament qui se terminera par la grande crise mettant fin à l'histoire humaine.

la fin ne sera pas de si tôt. »

¹⁰ Il leur dit encore : « On verra des soulèvements : peuple contre peuple et nation contre nation. ¹¹ Il y aura de grands tremblements de terre et, par endroits, des pestes et des famines. On verra des choses effrayantes et de grands signes venant du ciel. ¹² Mais avant tout cela, ils mettront la main sur vous, ils vous persécuteront, ils vous enverront aux conseils de synagogues et à leurs prisons. Ils vous traîneront devant les rois et les gouverneurs à cause de mon nom, ¹³ et ce sera pour vous l'occasion de témoigner.

¹⁴ Mettez-vous bien dans la tête que vous n'avez pas à vous soucier d'avance de votre défense ; ¹⁵ je vous donnerai, moi, une parole et une sagesse auxquelles tous vos adversaires ne pourront, ni résister, ni répondre.

¹⁶ Vous serez livrés par vos propres parents, vos frères, vos proches et vos amis, et on fera mourir plusieurs d'entre vous : ¹⁷ rien qu'à cause de mon nom vous serez haïs de tous. ¹⁸ Mais pas un cheveu de votre tête ne se perdra : ¹⁹ tenez bon, et vous sauverez vos âmes.

²⁰ Lorsque vous verrez Jérusalem encerclée par des armées, sachez que sa ruine est proche. ²¹ Alors, que les habitants de Judée fuient à la montagne et que ceux qui demeurent en ville partent au loin, que ceux des campagnes n'y rentrent pas. ²² Car ce seront les jours du règlement de comptes, et tout ce qui est écrit s'accomplira.

• ²³ Ce sera grande malchance pour une femme que d'être enceinte ou d'allaiter en ces jours-là. Le pays connaîtra une grande détresse et ce peuple sera livré à la Colère. ²⁴ Ils tomberont au fil de l'épée, ils seront déportés dans toutes les nations, et Jérusalem sera foulée aux pieds par les nations, jusqu'à ce que les temps des nations arrivent à leur terme. »

La venue du Fils de l'homme

²⁵ « Puis il y aura des signes dans le soleil, la lune et les étoiles, et sur la terre ce sera l'angoisse pour les nations effrayées par le fracas de la mer et des flots. ²⁶ Les gens s'évanouiront de frayeur dans l'attente de ce qui va tomber sur toute la terre habitée, car l'univers entier sera ébranlé. ²⁷ C'est alors qu'ils verront le Fils de l'homme venir dans une nuée avec puissance et grande gloire. »

La parabole du figuier

²⁸ « Dès que commenceront ces choses, redressez-vous et relevez la tête : votre délivrance est proche ! »

Invitation à persévérer dans la prière dans la Lettre aux Colossiens 3,16 et 4,2.

Que la parole du Christ habite chez vous et y soit au large. Ayez la sagesse ; alors vous vous instruirez et vous affermirez mutuellement avec des psaumes, des hymnes, des cantiques spirituels.

Que la grâce vous fasse chanter Dieu dans vos cœurs, et quoi que vous fassiez, que vous parliez ou que vous agissiez, faites-le toujours au nom du Seigneur Jésus-Christ, rendant grâces par lui à Dieu le Père.

Persévérez dans la prière, et prolongez-la de nuit pour l'action de grâces.

L'alliance maintenant *ancienne* est celle célébrée par Moïse au Sinaï : Exode 24,1.

Moïse prit la moitié du sang et le mit dans des bassins ; avec l'autre moitié du sang il aspergea l'autel. Il prit ensuite le livre de l'Alliance et le lut devant tout le peuple. Ils répondirent : « Nous ferons tout ce que Yahvé a dit et nous l'écouterons ! »

Alors Moïse prit le sang, il en aspergea le peuple, puis il dit : « Voici le sang de l'Alliance que Yahvé a conclue avec vous, selon toutes ces paroles. »

• **21.34** *Veillez sur vous-mêmes.* Après avoir parlé de la fin imminente de Jérusalem (28-32), Luc parle du *jour* où l'histoire humaine prendra fin avec le retour du Christ Juge (34-36). Encore une fois il nous invite à veiller et prier, à rester éveillés pour la prière de nuit.

Afin de pouvoir vous tenir debout. Afin d'éviter les erreurs et tromperies dans les grandes épreuves qui précéderont l'avènement du Christ. Le Notre Père exprime la même préoccupation pour ceux qui attendent la venue du Royaume : ne nous soumets pas à la tentation.

En réalité, la prière de jour et de nuit fait mieux que prévenir les chutes possibles : bien des fois dans l'histoire on en a vu l'efficacité pour hâter des délivrances ; elle avance la venue du Seigneur.

• **22.7** *Où veux-tu que nous la préparions ?* Tel était le premier souci des pèlerins : trouver une maison où ils pourraient manger l'agneau.

Vous rencontrerez un homme. C'étaient généralement les femmes qui portaient les cruches d'eau ; il était donc facile d'identifier un homme avec une cruche. Jésus savait que Judas le trahissait et il ne voulait pas indiquer à l'avance le lieu où il célébrerait la cène. C'est pourquoi il se fie à son intuition prophétique : le lieu sera désigné par le Père. C'était la maison d'un disciple de Jésus à Jérusalem. Cette maison est peut-être celle où les apôtres se sont réunis après la mort de Jésus et où l'Église a commencé.

²⁹ Et Jésus leur dit cette parabole : « Observez le figuier et les autres arbres : ³⁰ lorsque vous les voyez qui bourgeonnent, vous savez que l'été est proche. ³¹ De même, quand vous verrez ces choses arriver, sachez que le Royaume de Dieu est tout proche. ³² En vérité, je vous le dis, cette génération ne passera pas que tout cela n'arrive. ³³ Le ciel et la terre passeront, mes paroles ne passeront pas. »

Veillez et priez

• ³⁴ « Veillez sur vous-mêmes : il ne faudrait pas que la bonne chère, les excès de vin ou les soucis matériels vous endorment, et que ce jour tombe sur vous à l'improviste. ³⁵ Car ce sera comme un piège qui se referme ; il surprendra tout le monde, où que ce soit sur la terre. ³⁶ Veillez et priez sans cesse afin d'être assez forts pour échapper à tout ce qui doit arriver, et de pouvoir vous tenir debout devant le Fils de l'Homme. »

³⁷ Durant le jour Jésus était dans le Temple où il enseignait, puis il sortait et passait la nuit en plein air sur le mont dit des Oliviers. ³⁸ Dès qu'il faisait jour, tout le peuple venait à lui dans le Temple pour l'écouter.

Le complot contre Jésus

22 ¹ La fête des Pains sans Levain, qu'on appelle la Pâque, était proche ; ² aussi les grands prêtres se demandaient-ils avec les maîtres de la Loi, comment faire pour le supprimer, car ils avaient peur du peuple. ³ C'est alors que Satan entra en Judas, surnommé Iscariote, qui était du groupe des Douze : ⁴ il alla s'entretenir avec les grands prêtres et la police du Temple sur les moyens de le leur livrer. ⁵ Ils en furent tout heureux et lui offrirent une somme d'argent. ⁶ Judas accepta, et dès lors il chercha une occasion de le livrer en l'absence de la foule.

Le repas du Seigneur

• ⁷ Arriva le jour des Pains sans Levain où l'on doit sacrifier la Pâque. ⁸ Jésus envoya Pierre et Jean et leur dit : « Allez nous faire les préparatifs pour que nous mangions la Pâque. » ⁹ Ils lui demandèrent : « Où veux-tu que nous la préparions ? »

¹⁰ Jésus alors leur dit : « Lorsque vous entrerez en ville, un homme portant une cruche d'eau viendra à votre rencontre ; suivez-le jusqu'à la maison où il entrera. ¹¹ Vous direz au propriétaire de cette maison : Le Maître te fait dire : "Où est la salle où je mangerai la Pâque avec

• **22.14** *Jésus s'installe pour le repas*. Le texte dit plus précisément qu'il « s'allongea », selon la coutume dans les banquets : les invités s'allongeaient sur des coussins autour de la table.

Les évangiles parlent de *la Pâque*, mais il semble bien que Jésus n'a pas célébré le repas juif de la Pâque : il a fait son propre repas d'adieux. L'eucharistie sera pour l'Église ce que la Pâque était pour le peuple d'Israël.

Je ne boirai plus du produit de la vigne. Déjà pour les Juifs, le repas pascal était une image anticipée du banquet du Royaume de Dieu, et la dernière Cène de Jésus l'est plus encore.

Ceci est mon corps (19). Est-ce que le pain consacré est le symbole du corps du Christ, ou bien le corps du Christ ? Il y a eu à ce sujet des controverses interminables entre catholiques et protestants. De part et d'autre il y a eu un effort pour préciser la foi.

L'Église catholique affirme que le pain consacré est à la fois symbole et réalité. Il n'y a pas là seulement une image du corps du Christ. Cependant cette présence n'est pas celle d'une réalité matérielle, c'est la présence du corps ressuscité du Christ (lequel n'est pas de ce monde) à travers un signe sacré. N'oublions pas ce mot de signe : le Christ ressuscité est présent dans la mesure où il est signifié. Le pain étant aliment, le corps du Christ est présent comme pain de vie. A la communion nous recevons le corps du Christ ressuscité (raison de plus de penser qu'il ne s'agit pas d'une présence matérielle, mais d'une autre sorte, non moins réelle mais différente) pour qu'il soit en nous force et vie. Pour le croyant qui communie, sa présence est une réalité mystérieuse et intérieure. Le but premier de l'eucharistie est de renouveler et de renforcer la communion entre le Christ glorifié et ceux qui participent à la table du Seigneur.

Mon sang répandu pour vous (20). Jésus nous donne le sens de sa mort : il sera le serviteur de Yahvé promis par Isaïe (53,12) qui prend sur lui les péchés de *la multitude*. C'est pourquoi, dans Matthieu et Marc, Jésus dit : « Mon sang répandu pour une *multitude* ». Cette multitude désigne en premier lieu les chrétiens : c'est pourquoi nous lisons ici, *versé pour vous*, de même que dans 1Co 11,24.

La nouvelle alliance : voir le commentaire de Mc 14,12.

Faites cela en mémoire de moi. Jésus institue l'eucharistie que l'Église célébrera après lui, *en mémoire de lui*, mais pas pour se souvenir d'un mort.

• **22.24** Après avoir raconté la cène (Mc 14,12), Luc cite quelques souvenirs de la conversation qui suivit le repas et au cours de laquelle Jésus dit adieu à ses apôtres. En réalité, Jésus se retrouve seul. Il semblerait qu'ils n'ont rien appris pendant tant de mois et, à la fin de la cène qui était la première eucharistie, ils n'expriment que des préoccupations très humaines.

Les apôtres rivalisent pour avoir la première place dans le Royaume : quelle idée se font-ils encore du Royaume ? Pourtant pendant le repas Jésus s'était comporté comme le serviteur de la maison (Jn 13,1).

Vous siégerez… Jésus partage tout avec les siens, avec ceux qui se sont engagés dans son œuvre. *Les douze tribus d'Israël* : c'est-à-dire tout le peuple de Dieu, tous ceux qui, venus de partout, ont accepté la foi des apôtres.

Pierre croit que parce qu'il est le chef, il sera plus fort que les autres. Jésus par contre voit la future mission de Pierre et, malgré sa chute, il désire lui accorder une grâce spéciale afin qu'il puisse affermir les autres. Jésus *sauve ce qui était perdu* et, ayant rencontré chez Pierre l'incurable faiblesse humaine, il se sert de lui pour donner à l'Église une fermeté à laquelle aucune autre société humaine ne pourrait prétendre.

A la fin Jésus dit de façon figurée que la crise annoncée tant de fois est proche : les apôtres le comprennent mal et cherchent leurs épées.

mes disciples ?" ¹² Il vous montrera à l'étage une grande pièce aménagée et vous y ferez les préparatifs. »

¹³ Ils partirent donc et trouvèrent comme Jésus leur avait dit ; ils firent là les préparatifs de la Pâque.

Institution de l'Eucharistie

• ¹⁴ L'heure venue, Jésus s'installe pour le repas ainsi que les apôtres. ¹⁵ Il leur dit : « Je désirais beaucoup manger cette Pâque avec vous avant de souffrir. ¹⁶ Car, je vous le dis, je ne la mangerai plus avant qu'elle ne soit accomplie dans le Royaume de Dieu. »

¹⁷ On lui passe une coupe ; il rend grâces et dit : « Prenez-la et faites-la passer entre vous. ¹⁸ Je vous le dis : je ne boirai plus désormais du produit de la vigne jusqu'à la venue du Royaume de Dieu. »

¹⁹ Il prend un pain, il rend grâces, le partage et le leur donne en disant : « Ceci est mon corps, livré pour vous : faites cela en mémoire de moi. » ²⁰ Il fait de même pour la coupe après le dîner ; il dit : « Cette coupe, c'est la nouvelle alliance grâce à mon sang répandu pour vous. ²¹ Sachez-le, celui qui va me livrer est à cette table avec moi. ²² Pour le Fils de l'homme, c'est le chemin qui déjà lui était assigné ; mais quel malheur pour cet homme par qui il est livré ! » ²³ Alors ils commencèrent à se demander les uns aux autres lequel d'entre eux pourrait faire une telle chose.

Échanges après la Cène

• ²⁴ Une discussion surgit entre eux : lequel d'entre eux était le premier ? ²⁵ Jésus leur dit : « Les rois des nations païennes se comportent avec elles en maîtres, et quand ils les écrasent, ils se font appeler bienfaiteurs. ²⁶ Ce ne sera pas pareil chez vous : le plus grand sera comme le dernier arrivé, et celui qui est à la tête, comme celui qui sert.

²⁷ Qui donc est le plus grand : celui qui est à table, ou celui qui sert ? Celui qui est à table, bien sûr ; pourtant je suis au milieu de vous comme celui qui sert.

²⁸ Vous êtes ceux qui ne m'ont pas abandonné dans mes épreuves. ²⁹ Aussi je fais pour vous comme mon Père a fait pour moi en me donnant la royauté : ³⁰ vous mangerez et vous boirez à ma table dans mon Royaume, et vous siégerez sur des trônes pour gouverner les douze tribus d'Israël.

³¹ Simon, Simon ! Satan vous a réclamés pour vous secouer comme on fait pour le blé au tamis, ³² mais j'ai prié pour toi, pour que tu ne perdes pas la foi ; et toi, lorsque tu seras revenu, affermis tes frères. »

Au livre d'Isaïe (52,13) la prophétie du *serviteur de Yahvé*
annonce les épreuves, le jugement, le rejet du Sauveur avant
qu'il ne ressuscite pour voir son innombrable descendance : un
peuple de Justes.

*Mon serviteur enfin réussira : il s'élèvera et se verra porté
au plus haut.*
Une multitude a été horrifiée à son sujet,
car il n'avait plus figure humaine,
son apparence n'était plus celle d'un homme.
De même la multitude des peuples s'émerveillera,
et les rois eux-mêmes, à le voir, resteront sans paroles,
quand ils découvriront ce qu'ils n'ont pas appris.
Qui pouvait croire ce que nous venons d'apprendre,
le coup de maître de Yahvé, à qui en avait-il parlé ?
Il a grandi devant lui comme un rejeton,
comme une racine sortie d'une terre aride,
sans éclat ni beauté pour attirer nos regards.
Il était méprisé, rejeté par les hommes,
un homme de douleur marqué par la souffrance,
il n'était rien et nous l'avons négligé.
Or ce sont nos maladies qu'il portait,
nos souffrances dont il était chargé.
Nous pensions qu'une plaie de Dieu l'avait frappé, humilié,
mais c'est à cause de nos péchés qu'il était écrasé ;
le châtiment qui nous donnait la paix pesait sur lui,
et par ses blessures nous vient la guérison. .../...

• **22.**39 Il semble que Jésus ait célébré la Pâque dans une maison du sud-ouest de la vieille ville de Jérusalem. Il est descendu par une ruelle en escaliers conduisant à la vallée du Tyropéon ; il est monté jusqu'au quartier de l'Ophel, la vieille ville de David, pour redescendre vers le torrent du Cédron presque toujours sans eau. De là, il a dû prendre le sentier qui gravissait le Mont des Oliviers. On l'appelait ainsi parce que son versant ouest était couvert d'oliviers. Jésus est entré dans le jardin de Gethsémani, un nom qui veut dire en araméen « pressoir à huile ». Ce domaine appartenait peut-être à un des disciples de Jésus, puisque Jésus y était allé bien des fois (Jn 18,2).

Une bonne part des anciens manuscrits de l'évangile n'ont pas les versets 43-44 : ils ont été supprimés semble-t-il parce que beaucoup étaient choqués par ce témoignage de la « faiblesse » du Christ.

Il entra en agonie. Jésus a certainement ressenti comme nous tous, et plus encore peut-être, l'horreur de la mort. Mais il a dû aussi être assailli par une vision désespérante du péché du monde, par l'effet de la présence du Père Très Saint.

Un ange du ciel (43). Cet *ange* nous rappelle celui qui était venu encourager Élie. Là encore il nous faudrait le témoignage des saints pour comprendre un peu.

Sa sueur devint comme des *gouttes de sang.* Il s'agit d'un symptôme que les médecins connaissent, dû tout à la fois à l'anxiété et à la souffrance.

[33] Pierre lui dit : « Seigneur, je suis prêt à te suivre en prison et jusqu'à la mort. » [34] Jésus lui répond : « Je te le dis, Pierre : le coq ne chantera pas cette nuit avant que tu n'aies affirmé par trois fois que tu ne me connais pas. »

[35] Jésus leur dit : « Lorsque je vous ai envoyés sans bourse, ni sac, ni chaussures, quelque chose vous a-t-il manqué ? » Ils répondent : « Non. » [36] Alors il reprend : « Mais maintenant, si quelqu'un a une bourse, qu'il la prenne, et de même celui qui a un sac, et que celui qui n'a pas d'épée vende son manteau pour en acheter une. [37] Car, je vous le dis, il faut que s'accomplisse en ma personne cette Écriture : *on l'a mis au rang des malfaiteurs*. De fait, ce qui me concerne touche à sa fin. »

[38] Ils lui disent : « Seigneur, il y a ici deux épées. » Et lui répond : « C'est assez ! »

Jésus à Gethsémani

• [39] Sortant de là, il se dirige selon son habitude vers le mont des Oliviers et ses disciples le suivent. [40] Arrivé en ce lieu il leur dit : « Priez, pour ne pas être pris par la tentation. »

[41] Puis il s'éloigne d'eux, à la distance d'un jet de pierre, [42] et fléchissant les genoux il fait cette prière : « Père, si tu le veux, fais passer cette coupe loin de moi. Cependant, que ce ne soit pas ma volonté mais la tienne qui s'accomplisse. » [43] C'est alors que du ciel un ange lui apparaît, qui le réconforte.

[44] Jésus est entré en agonie et il prie plus intensément ; sa sueur se change en gouttes de sang qui tombent à terre. [45] Quand il se relève de sa prière et revient vers les disciples, il les trouve endormis, accablés de tristesse. [46] Alors il leur dit : « Vous dormez ? Levez-vous donc et priez pour ne pas être pris par la tentation. »

Arrestation de Jésus

[47] Il parlait encore lorsqu'arriva une troupe avec, en tête, le dénommé Judas, l'un des Douze. Comme il s'approchait de Jésus pour l'embrasser, [48] Jésus lui dit : « Judas, c'est donc par un baiser que tu livres le Fils de l'homme ? »

[49] Ceux qui entouraient Jésus devinèrent ce qui allait se passer ; ils dirent : « Seigneur, allons-nous frapper de l'épée ? » [50] L'un d'eux frappa le serviteur du Grand Prêtre et lui trancha l'oreille droite. [51] Mais Jésus intervint avec ces mots : « Restez-en là. » Puis il toucha l'oreille de cet homme et le guérit.

[52] Jésus dit alors à ceux qui étaient venus le surprendre, grands prêtres,

Tous, comme des brebis, nous étions errants,
chacun suivait son propre chemin.
Yahvé lui a fait porter notre dette à tous.
On le maltraitait, mais lui s'humiliait,
il n'ouvrait pas la bouche, comme le mouton conduit à l'abattoir.
Il a été détenu, puis jugé, puis éliminé ; qui a réfléchi à son sort ?
Car s'il était retranché de la terre des vivants et frappé,
c'était pour le péché de son peuple.
On lui a donné une sépulture au milieu des méchants,
et sa tombe est avec les riches,
alors qu'il n'a pas commis de violence
et qu'il n'y a jamais eu de mensonge en sa bouche.
Yahvé a voulu l'écraser par la souffrance,
mais s'il offre sa vie en sacrifice de pardon,
il verra une descendance,
ses jours seront prolongés
et le dessein de Yahvé réussira entre ses mains.
Après ses épreuves il sera comblé,
il jouira de la pleine connaissance.
Mon serviteur, le juste, fera une multitude de justes :
il aura pris sur lui leurs péchés.

• **22.54** Pour les deux jugements de Jésus, l'un religieux, l'autre politique, voir le commentaire de Mc 14,53.

Le jugement et la condamnation à mort de Jésus ne diffèrent pas tellement de ce qui est arrivé à beaucoup de chrétiens. Pour sa part, Jésus prêchait dans des circonstances extrêmement difficiles puisque sa nation était soumise à la loi de l'occupant romain et que tout message de libération sentait la subversion.

Les accusateurs et juges de Jésus avaient bien des raisons pour le détester. Cependant les accusations se sont centrées sur un point essentiel de son enseignement. On a condamné Jésus parce qu'il s'attribuait un rang divin : *le Christ, le Fils de Dieu,* celui qui siégerait *à la droite de Dieu.*

Les grands prêtres de l'époque étaient choisis parmi quelques grandes familles qui luttaient pour ce poste ; outre le pouvoir, il mettait entre leurs mains l'argent du Temple. Anne et ses fils (et son gendre Caïphe) sont connus pour avoir agi d'une manière scandaleuse, étouffant les protestations avec les bâtons de leurs gardes qui formaient une milice illégale. Depuis plus d'un siècle, avec les Pharisiens et les Anciens, membres des grandes familles du pays, ils formaient le Sanhédrin ou Grand Conseil.

• **23.1** Pilate ne veut pas condamner Jésus, en partie parce qu'il déteste les prêtres Juifs ; c'est pourquoi il l'envoie à Hérode. En revêtant Jésus d'un habit splendide, Hérode le traite comme un fou qui prétend être roi.

gardes du Temple et Anciens : « Vous êtes partis en expédition avec épées et gourdins, comme pour prendre un bandit ; [53] pourquoi ne m'avez-vous pas arrêté lorsque, jour après jour, j'étais avec vous dans le Temple ? Mais c'est votre heure lorsque règnent les ténèbres. »

Témoignage de Jésus et reniement de Pierre

• [54] Après s'être emparés de Jésus, ils l'emmenèrent et le firent entrer dans la maison du Grand Prêtre ; Pierre les suivait à distance. [55] Au milieu de la cour ils avaient allumé un feu autour duquel ils étaient assis, et Pierre vint s'asseoir au milieu d'eux. [56] Comme il était là assis, à la clarté du feu, une jeune servante le dévisage et dit : « Celui-ci était aussi avec lui ! » [57] Pierre le nie : « Femme, je ne le connais pas. »

[58] Peu de temps après un autre le voit et dit : « Toi aussi tu es du groupe. » Et Pierre de dire : « Non, je n'en suis pas. » [59] Une heure à peu près s'écoule, et un autre revient à la charge : « C'est exact, celui-ci aussi était avec lui. D'ailleurs, c'est un Galiléen ! » [60] Et Pierre répond : « Je ne sais pas ce que tu veux dire ! »

Il n'avait pas fini de parler que le coq chanta. [61] Le Seigneur se retourna et regarda Pierre ; Pierre alors se rappela la parole du Seigneur qui lui avait dit : « Aujourd'hui même, avant que le coq ne chante, tu m'auras renié trois fois. » [62] Il sortit au-dehors et pleura amèrement.

[63] Au même moment les hommes qui détenaient Jésus commencèrent à le tourner en ridicule et à le frapper. [64] Ils lui avaient couvert le visage et ils lui demandaient : « Fais le prophète : qui t'a frappé ? » [65] Ils lui lançaient encore bien d'autres insultes.

[66] Au lever du jour se réunirent les Anciens du peuple, les grands prêtres et les maîtres de la Loi, et l'on amena Jésus devant leur Conseil, ou Sanhédrin. [67] Là ils lui dirent : « Es-tu le Messie ? Réponds-nous ! »

Jésus leur répondit : « Si je vous le dis vous ne croirez pas, [68] et si je vous interroge, vous ne répondrez pas. [69] Mais désormais le Fils de l'Homme siégera à la droite de la Puissance divine. » [70] Ils lui dirent : « Tu es donc le Fils de Dieu ? » Il répondit : « Vous venez de le dire : je le suis. » [71] Et eux de dire : « Qu'avons-nous encore besoin de témoignages ? Nous l'avons entendu nous-mêmes de sa bouche ! »

Jésus devant Pilate

23 • [1] Alors toute l'assemblée se leva. Ils amenèrent Jésus devant Pilate [2] et là ils commencèrent à l'accuser : « Nous avons établi que cet homme sème le désordre dans notre nation ; il interdit de payer l'impôt à César et se présente comme le roi-Messie. » [3] Pilate alors lui

Lu dans la lettre aux Hébreux (5,1) :

Un grand prêtre est choisi d'entre les hommes pour les représenter dans les choses de Dieu, pour offrir leurs dons et les sacrifices pour le péché. Il sera capable de comprendre les ignorants et ceux qui se trompent, car lui-même sent le poids de sa faiblesse. Elle est cause qu'il lui faille offrir un sacrifice pour ses propres péchés, tout comme il en offre un pour les péchés du peuple.

Mais personne ne s'attribue cette charge : seulement celui qui est appelé par Dieu comme Aaron. Ainsi le Christ ne s'est pas attribué à lui-même l'honneur d'être grand prêtre…

Quand il vivait sur terre, il a offert ses prières et ses supplications à celui qui pouvait le sauver de la mort : ce fut là son sacrifice, fait de grands cris et de larmes, et son obéissance lui a valu d'être entendu. Tout Fils qu'il était, il a appris à obéir dans la souffrance. Et maintenant qu'il a acquis la perfection, il procure le salut définitif à ceux qui lui obéissent, d'accord avec le titre que Dieu lui a donné : Grand prêtre dans la ligne de Melquisédek.

posa la question : « Es-tu le roi des Juifs ? »

Jésus lui répondit : « Tu le dis. »

[4] Pilate déclara aux grands prêtres et à la foule : « Je ne trouve chez cet homme aucun motif de condamnation. » [5] Mais ils insistèrent : « Il enseigne à travers tout le pays des Juifs et il soulève le peuple ; il a commencé en Galilée et il est venu jusqu'ici. »

[6] Lorsque Pilate entend ces paroles, il demande si l'homme est Galiléen. [7] Il apprend que c'est un sujet d'Hérode, et aussitôt il le renvoie à Hérode qui se trouve lui aussi à Jérusalem durant ces jours.

Jésus devant Hérode

[8] Depuis longtemps Hérode désirait voir Jésus à cause de tout ce qu'on lui en disait. Il fut donc tout heureux de le voir car il espérait bien lui voir faire un miracle. [9] Il lui posa beaucoup de questions. Mais Jésus ne répondit rien, [10] alors qu'en face de lui les grands prêtres et les maîtres de la Loi multipliaient les accusations graves.

[11] Hérode profita de lui pour amuser sa garde : ils lui passèrent un habit somptueux et le renvoyèrent ainsi à Pilate. [12] Jusque là Hérode et Pilate étaient ennemis, mais à partir de ce jour ils devinrent amis.

[13] Pilate fit convoquer les grands prêtres, les chefs et le peuple ; [14] il leur dit : « Vous me l'avez présenté comme un meneur subversif, mais quand je l'ai interrogé devant vous, je ne lui ai trouvé aucun des délits dont vous l'accusez. [15] Hérode non plus : voyez comment il nous le renvoie. Il est clair qu'il n'a rien commis qui mérite la mort, [16] aussi, après l'avoir corrigé, je le relâcherai. »

[17] Car Pilate devait relâcher un prisonnier à l'occasion de la Pâque.

[18] Mais toute la foule se met à crier : « Supprime-le ; c'est Barabbas que tu dois nous relâcher. » [19] Ce dernier avait été jeté en prison à la suite d'une émeute et d'un meurtre commis dans la ville même.

[20] Pilate leur adressa encore une fois la parole, car il voulait relâcher Jésus, [21] mais les cris devinrent plus forts : « Mets-le en croix, oui, en croix ! »

[22] Une troisième fois Pilate leur dit : « Mais quel mal a-t-il donc fait ? Je ne trouve rien en lui pour une condamnation à mort. Je le corrigerai donc et je le relâcherai. » [23] Mais eux n'arrêtaient plus de demander à grands cris qu'on le mette en croix, et leur vacarme allait en croissant. [24] A la fin, Pilate décida de satisfaire leur demande : [25] il relâcha celui qu'on avait jeté en prison pour émeute et meurtre, celui qu'ils réclamaient, et il sacrifia Jésus à leur bon plaisir.

Quelques semaines plus tard Pierre donnera à la foule le sens de cette histoire qui finit apparemment dans un tombeau : au livre des Actes 2,22.

Hommes d'Israël, écoutez bien ces paroles :

Dieu avait accrédité au milieu de vous un homme, Jésus de Nazareth. Dieu lui avait donné de faire au milieu de vous des miracles, des choses étonnantes et des signes, vous le savez tous.

Cependant vous l'avez livré, vous l'avez fait supplicier et mourir par la main des païens ; cela répondait à un plan de Dieu qui d'avance avait prévu cela.

Mais Dieu l'a délivré des douleurs de la mort et l'a ressuscité : le royaume des morts ne pouvait pas le garder. Voyez ce que David dit à son sujet :

Je garde toujours le Seigneur devant mes yeux,
s'il se tient à ma droite, qui pourra m'ébranler ?
J'en ai le cœur joyeux, ma langue le chante,
même ma chair en éprouve sécurité ;
car tu ne donneras pas mon âme su royaume des morts,
tu ne voudras pas pour ton fidèle l'expérience de la corruption.
Tu me feras connaître le chemin de la vie,
une plénitude de joie en ta présence.

• **23**.27 *Une foule nombreuse le suivait…* surtout des femmes. Luc est le seul évangéliste à noter leur compassion. Alors que Matthieu insiste sur la culpabilité du peuple juif, Luc veut signaler que beaucoup se sont émus de la condamnation de Jésus. *Que fera-t-on du bois sec ?* (31) Jésus avait enseigné que le sacrifice accepté donne des fruits ; mais ici, il déplore les souffrances inutiles d'un peuple qui a laissé passer l'heure et qui va se perdre par sa propre faute.

• **23**.39 Les chefs des Juifs ont placé Jésus à l'endroit qui lui correspondait, puisqu'il avait décidé d'assumer nos péchés. Les deux hommes à ses côtés regardent celui qui est venu partager leur sort et mourir avec eux. Jésus n'avait cessé de rappeler l'absolue gratuité du salut, ; il était venu appeler non pas les justes mais les pécheurs. En cette heure décisive où il passe de ce monde à son Père, Jésus confirme sa parole de la façon la plus éclatante que l'on puisse imaginer. A ce condamné à mort, qui va jusqu'à reconnaître : *pour nous c'est justice* et qui n'a d'autre titre de recommandation que sa confiance humble et aimante, Jésus, du haut de sa croix, déclare : *aujourd'hui tu seras avec moi dans le Paradis.*

Le chemin de la Croix

²⁶ Comme ils l'emmenaient, ils arrêtèrent un certain Simon de Cyrène qui revenait des champs, et lui firent porter la croix derrière Jésus.

● ²⁷ Des gens du peuple en foule nombreuse le suivaient ; les femmes se lamentaient et pleuraient sur lui. ²⁸ Jésus se retourna vers elles et leur dit : « Filles de Jérusalem, ne pleurez pas sur moi ! Pleurez plutôt sur vous-mêmes et sur vos enfants, ²⁹ car les jours viennent où l'on dira : heureuses les femmes stériles, heureuses celles qui n'ont pas mis au monde et n'ont pas allaité ! ³⁰ On en viendra à dire aux montagnes : tombez sur nous ! et aux collines : couvrez-nous ! ³¹ Car si l'on traite ainsi l'arbre vert, que fera-t-on de l'arbre sec ? »

³² On emmenait également deux malfaiteurs pour être exécutés avec lui, ³³ et quand on arriva au lieu-dit du Crâne, on le mit en croix ainsi que les malfaiteurs, l'un à sa droite et l'autre à gauche. ³⁴ (Jésus disait : « Père, pardonne-leur, car ils ne savent ce qu'ils font. ») Puis ils se partagèrent ses vêtement en les jouant aux dés.

³⁵ Le peuple restait à regarder. Quant aux chefs, ils ricanaient en disant : « Il en a sauvé d'autres, qu'il se sauve lui-même s'il est le Messie de Dieu, l'Élu. » ³⁶ Les soldats aussi le tournèrent en ridicule lorsqu'ils s'approchèrent pour lui présenter du vin acidulé ; ³⁷ ils lui disaient : « Sauve-toi toi-même, si tu es le roi des Juifs. » ³⁸ Car au-dessus de lui on avait placé un écriteau : LE ROI DES JUIFS.

● ³⁹ Un des malfaiteurs crucifiés l'insultait : « N'es-tu pas le Messie ? Sauve-toi toi-même et nous avec toi. » ⁴⁰ Mais l'autre le reprit sévèrement : « N'as-tu donc pas la crainte de Dieu, toi qui subis la même condamnation ? ⁴¹ Pour nous c'est justice : nous payons ce que nous avons fait ; mais lui, il n'a commis aucun crime. » ⁴² Puis il dit : « Jésus, souviens-toi de moi quand tu viendras dans ton Royaume. » ⁴³ Jésus lui répondit : « En vérité, je te le dis, aujourd'hui même tu seras avec moi dans le paradis. »

⁴⁴ Il était environ midi, mais le soleil disparut et ce fut l'obscurité dans tout le pays jusqu'à trois heures ; ⁴⁵ au même moment le rideau du sanctuaire se déchirait par le milieu. ⁴⁶ Alors Jésus cria d'une voix forte : « Père, entre tes mains je remets mon esprit. » Ayant dit cela, il rendit le dernier soupir.

⁴⁷ Quand le capitaine de service vit ce qui venait d'arriver, il rendit gloire à Dieu : « En vérité, dit-il, cet homme était un juste. » ⁴⁸ De même, à la vue de tout ce qui arrivait, la foule de ceux qui étaient venus pour voir s'en retournait en se frappant la poitrine. ⁴⁹ A quelque distance

Jésus, mort pour le péché et ressuscité, c'est le cœur de l'Évangile : Première Lettre aux Corinthiens 15,1.

Frères, je veux vous rappeler l'Évangile avec lequel je vous ai évangélisés. Vous l'avez reçu, vous y êtes restés fidèles et par lui vous êtes sauvés, à condition que vous gardiez la bonne nouvelle comme je vous l'ai annoncée.

Je vous ai transmis ceci d'abord, comme je l'avais reçu moi-même, que le Christ est mort pour nos péchés, en accord avec les Écritures ; qu'il a été enterré, et qu'il est ressuscité le troisième jour, en accord avec les Écritures.

•**24.**1 *Le Seigneur Jésus* : avec ces mots, Luc nous dit que Jésus ressuscité est entré dans une existence différente de celle d'ici-bas. N'oublions pas ce qui suit :

1) Aucun des Évangiles ne décrit la résurrection de Jésus : c'est un événement qui échappe au regard de l'homme.

2) Passé de ce monde auprès du Père, Jésus échappe au temps et aux distances : ne cherchons donc pas à établir un itinéraire de Jésus ressuscité. Il apparaît désormais aux temps et aux lieux qu'il a choisis pour confirmer la foi de ceux qui vont être ses premiers témoins. De ces apparitions diverses, chacun des évangélistes retient celles qui lui semblent étayer le mieux son projet. Ensuite il les ordonne dans son texte en toute liberté, comme il le fait en regroupant les miracles ou les paroles de Jésus.

La prédication des apôtres concernant la résurrection repose sur deux faits : le tombeau vide et les apparitions (voir le commentaire de Mt 28,1).

3) Avant que les Évangiles ne soient écrits, la Première Lettre de Paul aux Corinthiens donnait déjà une liste des apparitions de Jésus (voir 1Co 15,3).

4) Bien que les quatre Évangiles soient d'accord sur l'essentiel, il y a de grosses différences quant à l'ordre et au lieu des apparitions. Luc ne parle pas d'apparitions en Galilée. Matthieu donne l'impression que tout ce qui était important a eu lieu en Galilée et que c'est là aussi qu'a eu lieu l'Ascension. D'ailleurs il est inutile de vouloir opposer sans plus les apparitions à Jérusalem et celles en Galilée : Jésus a pu se manifester les mêmes jours aux deux endroits.

Paul mentionne d'abord, comme Luc, une apparition à Pierre, mais il ne parle pas des femmes : que valait d'ailleurs leur témoignage pour des Juifs ?

restaient les gens de connaissance, en particulier les femmes qui avaient accompagné Jésus depuis la Galilée et qui regardaient tout cela.

[50] Alors intervint un homme du nom de Joseph, un homme bon et droit qui était membre du Conseil [51] mais qui n'avait pas approuvé le projet des autres ni leurs actes. Il était d'Arimathie, une ville juive, et il attendait le Royaume de Dieu.

[52] Il alla donc trouver Pilate pour lui réclamer le corps de Jésus. [53] Il le descendit de la croix, l'enveloppa dans un drap et le déposa dans une tombe taillée en plein roc où personne encore n'avait été déposé.

[54] C'était le jour de la préparation et l'étoile qui ouvre le sabbat commençait à briller. [55] Les femmes qui étaient venues de Galilée avec Jésus ne s'étaient pas éloignées ; elles virent de près la tombe et comment on déposait le corps. [56] Rentrées chez elles, elles préparèrent des aromates et de la myrrhe. Puis, durant le sabbat, elles restèrent tranquilles selon le commandement.

La Résurrection annoncée aux femmes

24 • [1] Le premier jour de la semaine, aux premières lueurs de l'aube, elles vont à la tombe emportant les aromates qu'elles ont préparés. [2] C'est alors qu'elles font une découverte : la pierre a été roulée de devant la tombe. [3] Elles y pénètrent et ne trouvent pas le corps du Seigneur Jésus. [4] Et comme elles sont là, ne sachant que penser, deux hommes se présentent à elles en habits éblouissants.

[5] Saisies de crainte, elles baissent leur visage vers la terre ; mais ils leur disent : « Pourquoi chercher le Vivant parmi les morts ? [6] Il n'est pas ici, il est ressuscité. Souvenez-vous de ce qu'il vous a dit quand il était encore en Galilée : [7] il faut que le Fils de l'homme soit livré aux mains d'hommes pécheurs, qu'il soit mis en croix et qu'il ressuscite le troisième jour. »

[8] A ce moment, elles se souvinrent de ces paroles. [9] De retour de la tombe, elles racontèrent tout cela aux Onze et à tous les autres ; [10] c'étaient Marie de Magdala, Jeanne, et Marie mère de Jacques. Les autres femmes qui étaient avec elles disaient la même chose aux apôtres, [11] mais ils ne les crurent pas : toute cette histoire leur paraissait pure fantaisie.

[12] Pierre cependant se lève, il court à la tombe, se penche et voit les linges, rien d'autre. Il rentre chez lui en se demandant ce qui a pu arriver.

Au cours d'une tempête Paul fait un partage du pain qui est cousin d'une vraie eucharistie (Actes 27,33). Il en est ainsi de tout repas chrétien en tout lieu où la société d'abondance n'a pas fait perdre l'habitude de bénir le repas.

En attendant qu'il fasse jour, Paul a invité tout le monde à s'alimenter. Il a dit : « Cela fait aujourd'hui quatorze jours que nous ne prenons rien, nous ne faisons qu'attendre et nous restons à jeun. J'insiste pour que vous preniez de la nourriture, car il y va de votre vie : pour le reste, pas un cheveu de votre tête ne se perdra. »

Sur ce il a pris du pain devant tout le monde, il a rendu grâces à Dieu, il l'a partagé et il a commencé à manger. Les autres ont repris courage et eux aussi ont pris de la nourriture : nous étions en tout (deux cent) soixante seize personnes.

Une fois l'estomac plein, on a jeté tout le blé à la mer pour alléger le bateau.

• **24.**13 Nous remarquerons dans cette page d'Évangile avec quel soin Luc emploie tour à tour les verbes : *voir* et *reconnaître*. L'évangéliste veut nous montrer qu'après sa résurrection Jésus ne peut plus être *vu* avec les yeux du corps, mais c'est avec un regard nouveau, et la lumière de la foi, que nous le *reconnaissons* présent et agissant en nous et autour de nous.

Cléophas (18) : il était marié avec Marie, la mère de Jacques et de Joset (voir Jn 19,25 et Mc 15,40).

Jésus lui-même fait route avec eux : lorsque deux ou trois sont réunis en mon nom, avait dit Jésus, je suis au milieu d'eux (Mt 18,20). Jésus en personne chemine avec eux, comme il le fait avec nous dans nos plus grands découragements. Et c'est alors qu'il leur enseigne le sens de toute l'Écriture : on n'entre pas dans le Royaume sans passer par la mort.

En commençant par Moïse, et ensuite les prophètes (27). « Moïse et les prophètes « est une façon de désigner l'Écriture. Jésus les invite donc à passer de la foi d'Israël, ou de l'espoir d'un heureux avenir pour toute la nation, à la foi en lui, acceptant le mystère de son rejet et de sa passion.

Il en est de même pour nous, croyants impatients qui nous plaignons si souvent. Jésus pourtant ne nous laisse pas seuls. Il est ressuscité, non pas pour siéger au ciel mais pour précéder l'humanité en pèlerinage, et il nous attire vers ce dernier jour où il viendra à notre rencontre.

L'Église fait pour nous ce que Jésus a fait pour les deux disciples. D'abord elle nous enseigne « l'interprétation des Écritures » : ce qui est important pour comprendre la Bible n'est pas de savoir beaucoup de textes par cœur, mais de découvrir les fils qui relient les divers événements et de comprendre le plan de Dieu à travers l'histoire des hommes.

L'Église ensuite célèbre l'eucharistie. Notons comment Luc s'exprime : *il prit le pain, il le bénit et, après l'avoir rompu, il le leur donna ;* les croyants employaient ces quatre expressions pour parler de l'eucharistie. Nous pouvons nous rapprocher de Jésus en conversant et en méditant ses paroles ; nous constatons sa présence dans nos réunions fraternelles, mais il se fait *reconnaître* d'une manière différente quand nous partageons le pain qui est son corps.

Sur la route d'Emmaüs

• [13] Ce même jour, deux d'entre eux se rendaient à un village du nom d'Emmaüs, éloigné de soixante stades de Jérusalem, [14] et ils parlaient entre eux de tous ces événements. [15] Tandis qu'ils parlaient et discutaient entre eux, voici que Jésus lui-même s'approcha et fit route avec eux. [16] Mais leurs yeux étaient empêchés de le reconnaître.

[17] Et voilà qu'il leur dit : « Mais quelle est donc cette affaire dont vous discutez tout en marchant ? » Ils s'arrêtent, l'air découragé, [18] et l'un d'eux nommé Cléophas lui répond : « Tu es bien le seul homme de passage à Jérusalem à ignorer ce qui s'est passé ici ces derniers jours. » [19] Il leur dit : « Quoi donc ? » Ils répondent : « Toute l'affaire de Jésus de Nazareth ! C'était un prophète puissant en œuvres et en paroles : Dieu en est témoin, et tout le peuple également ; [20] mais nos grands prêtres et nos chefs l'ont renié, ils l'ont condamné à mort et l'ont mis en croix. [21] Et nous, nous pensions que c'était lui qui délivrerait Israël. Mais tout est fait et c'est déjà le troisième jour.

[22] C'est vrai que quelques femmes de notre groupe nous ont déroutés. Quand elles sont allées au tombeau à l'aube, [23] elles n'ont pas trouvé son corps ; elles sont venues nous dire qu'elles ont eu une vision avec des anges qui disent qu'il est vivant. [24] Certains des nôtres sont allés au tombeau et ont trouvé les choses comme les femmes avaient dit, mais lui, ils ne l'ont pas vu. »

[25] Alors il leur dit : « Hommes sans intelligence, cœurs lents à croire ce qu'ont dit les prophètes ! [26] Le Messie ne devait-il pas souffrir pour entrer dans sa gloire ? » [27] Et il leur fit l'interprétation de ce qui le concernait dans toutes les Écritures, en commençant par Moïse et ensuite tous les prophètes.

[28] Lorsqu'ils approchèrent du village où ils se rendaient, il fit semblant d'aller plus loin. [29] Mais ils firent pression sur lui : « Reste avec nous, le soir tombe et déjà le jour baisse. » Il entra donc pour s'arrêter avec eux.

[30] Comme il était à table avec eux, il prit le pain, il le bénit et, après l'avoir rompu, il le leur donna. [31] Alors leurs yeux s'ouvrirent et ils le reconnurent ; mais lui déjà était devenu invisible à leurs yeux. [32] Ils se disaient l'un à l'autre : « Notre cœur n'était-il pas tout brûlant en nous quand il nous parlait sur le chemin et nous expliquait les Écritures ? »

[33] A l'heure même ils se levèrent et retournèrent à Jérusalem où ils trouvèrent rassemblés les Onze et ceux de leur groupe. [34] Ceux-ci leur dirent : « En vérité le Seigneur est ressuscité, il est apparu à Simon. »

Le livre des Actes (1,4) nous donne un autre récit de l'Ascension.

Un jour qu'il les tenait réunis, il leur dit de ne pas s'éloigner de Jérusalem, mais d'attendre ce que le Père avait promis : « Je vous en ai déjà parlé, leur dit-il : Jean a baptisé dans l'eau, mais vous, vous serez baptisés d'ici peu dans l'Esprit Saint. »

Ceux qui étaient venus là lui posèrent la question : « Seigneur, est-ce maintenant que tu vas rétablir le royaume pour Israël ? »

Il leur dit : « Vous n'avez pas à savoir les délais et les étapes que seul le Père avait autorité pour décider. Mais vous recevrez la force de l'Esprit Saint : il descendra sur vous et vous serez mes témoins, à Jérusalem d'abord, puis en Judée, en Samarie et jusqu'au bout du monde. »

Comme il disait cela, il fut enlevé sous leurs yeux ; une nuée le cacha bientôt à leurs regards. Ils restaient là à regarder vers le ciel pendant qu'il s'éloignait. Mais voici que deux hommes vêtus de blanc se trouvent à leurs côtés et leur disent : « Amis galiléens, pourquoi restez-vous là à regarder vers le ciel ? Ce Jésus qu'on vous reprend pour qu'il aille au ciel, il reviendra de la même façon que vous l'avez vu partir vers le ciel. »

• **24.36** Dès le jour de sa résurrection, Jésus est retourné à la vie glorieuse. S'il a voulu cependant rencontrer encore ses disciples à plusieurs reprises, c'était pour leur faire comprendre que sa nouvelle condition n'était pas une vie diminuée, mais bien au contraire la « plénitude de la vie ».

• **24.44** Jésus profite de ces rencontres pour expliquer à ses apôtres le sens de sa courte et fulgurante mission : il nous a sauvés du péché, ce qui veut dire aussi qu'il a réorganisé l'histoire de façon à ressusciter l'humanité.

Il faut que s'accomplisse tout ce qui a été écrit à mon sujet. Il fallait que s'accomplisse ce que les prophètes avaient annoncé d'un sauveur qui prendrait sur lui le péché de son peuple. Quel péché ? Les péchés individuels et collectifs du monde entier, sans aucun doute, mais plus immédiatement la violence du monde qui était le sien, c'est-à-dire de la société juive à cette époque.

Conversion et pardon en son nom. La conversion chrétienne n'est pas comme passer d'un parti à un autre, d'un groupe religieux à un autre. Elle signifie une refonte de la personne. Mais les personnes font partie d'une société, d'un monde, d'une histoire. C'est pourquoi la prédication *aux nations* ne se limite pas à proclamer le message de Jésus sauveur, elle signifie aussi l'éducation des nations pour qu'elles retrouvent le plan de Dieu sur l'homme. Luc a parlé des « temps des nations » (21,24), et déjà nous voyons se bâtir la communauté internationale. Cette évangélisation ne pouvait se faire en dix ou en cent ans.

De cela vous êtes témoins (48). Jésus fait de ses apôtres les témoins officiels de son Évangile ; ils seront les garants de la foi.

Restez dans la ville (49). Les apôtres ne sont pas en mesure de commencer tout de suite la mission. Ils vont se consacrer à renforcer les rapports fraternels et la ferveur de la communauté, attendant le moment choisi par le Père pour leur donner *la puissance d'en haut.*

Je vais envoyer sur vous ce que mon Père a promis. Jésus ne pouvait pas affirmer avec plus de force son autorité divine et l'unité des trois personnes en Dieu.

C'est ainsi que se termine le premier livre de Luc. Les Actes des Apôtres, écrits après l'Évangile, commencent précisément là où cet Évangile prend fin.

³⁵ Et eux de leur côté commencèrent à raconter ce qui s'était passé sur le chemin, et comment ils l'avaient reconnu à la fraction du pain.

Jésus se montre aux apôtres

• ³⁶ Ils parlaient encore lorsque Jésus lui-même se trouva au milieu d'eux (et leur dit : « Paix à vous ! ») ³⁷ Il y eut un moment d'épouvante : saisis de peur, ils croyaient voir un esprit. ³⁸ Alors il leur dit : « Pourquoi ce trouble, pourquoi de telles idées vous viennent-elles à l'esprit ? ³⁹ Voyez mes mains et mes pieds : oui, c'est moi. Touchez-moi et regardez : un esprit n'a ni chair ni os comme vous voyez que j'en ai. » ⁴⁰ En disant cela il leur montra ses mains et ses pieds. ⁴¹ Et comme, dans leur joie et leur étonnement, ils hésitaient encore à croire, il leur dit : « Avez-vous ici quelque chose à manger ? » ⁴² Alors ils lui donnent une part de poisson grillé (et une portion de miel), ⁴³ il le prend et le mange devant eux.

Dernières instructions aux apôtres

• ⁴⁴ Jésus leur dit : « Rappelez-vous mes paroles lorsque j'étais encore avec vous pour vous parler : il faut que s'accomplisse tout ce qui a été écrit à mon sujet dans la loi de Moïse, les Prophètes et les Psaumes. »

⁴⁵ Alors il leur ouvrit l'intelligence pour qu'ils comprennent les Écritures. ⁴⁶ Il leur dit : « Vous voyez, c'était dans l'Écriture : le Messie devait souffrir et ressusciter d'entre les morts le troisième jour. ⁴⁷ Et il faut ensuite que la conversion et le pardon des péchés soient proclamés en son nom à toutes les nations, en commençant par Jérusalem. ⁴⁸ De cela vous êtes témoins. ⁴⁹ De mon côté je vais envoyer sur vous ce que mon Père a promis ; restez en ville jusqu'à ce que vous soyez revêtus de la puissance d'en haut. »

⁵⁰ Jésus les conduisit jusque vers Béthanie. Là il éleva les mains et les bénit ; ⁵¹ et tandis qu'il les bénissait, il s'éloigna d'eux (emporté dans le ciel. ⁵² Ils se prosternèrent devant lui.) Puis ils revinrent à Jérusalem en grande joie, ⁵³ et sans cesse ils étaient dans le Temple à louer Dieu.

✠

Origine de l'Évangile de Jean

C'est vers l'an 95 que l'Évangile de Jean a été publié, quelque trente ans après les autres. Et cependant c'est celui dont on a les manuscrits, ou les citations, les plus anciens, dès les années 110-120.

Son auteur s'est laissé porter par une double certitude. D'une part, la foi reconnaissait que le Dieu unique et éternel était entré dans le monde des hommes en la personne du Fils fait chair, Jésus. C'était assez pour que ses faits et gestes, et jusqu'à leurs moindres circonstances aient été porteurs d'une signification qui les dépassait infiniment. D'autre part, le temps, l'expérience de l'Église et l'aide de Esprit permettaient de mieux comprendre tout le contenu des paroles de Jésus.

Cet Évangile rapporte donc des faits très précis, dont Jean nous ouvre le sens caché. Mais il contient aussi des « discours de Jésus » que Jean lui-même a rédigés. Il les a bâtis sur des paroles authentiques du Maître qu'il a composées et développées à l'usage de la première Église, les approfondissant grâce à ses dons prophétiques.

Jean proclame hautement son propos : ceci a été écrit pour que vous croyiez que Jésus est le Fils de Dieu et que vous ayez la vie grâce à sa puissance divine (20,31). Jean n'est pas un intellectuel qui développerait ses propres théories, il nous dit tout simplement comment il a été conquis par celui qui l'aimait et comment, à partir du cœur ouvert de Jésus (19,35) il a compris les seules choses qui comptent.

ÉVANGILE SELON
SAINT JEAN

338

• **1.1** *Au commencement était le Verbe.* Le vrai commencement n'est pas la création de l'univers. Car ce début du temps, de l'espace, de la matière et des existants n'explique rien mais au contraire demande une explication. Le vrai commencement est hors du temps. Jean ne dit pas qu'en ce commencement « était Dieu », car nous le savons. Mais il nous parle du *Verbe* : ce vieux mot signifie à la fois la parole et la pensée, c'est Dieu qui s'exprime.

Le Père, de qui viennent l'existence et tous les existants, est sans origine, et son jaillissement n'est connu que de lui seul. Mais Jean nous dit ici que pour lui, être, c'est se communiquer, se donner. Dieu se dit lui-même dans celui qui est à la fois son Verbe et son Fils, et à travers cette Parole unique, non créée, il crée un univers qui est encore une façon de se dire lui-même.

Le Verbe Fils n'est pas une partie du Père, ni un autre Dieu (voir en Jn 16,15).

• **1.3** *Ce qui a existé était vie grâce à lui.* Toute la splendeur de l'univers, la vie et les capacités infinies d'auto-développement qu'il recèle, lui viennent de ce qu'il est comme une projection visible et matérielle du Verbe de Dieu.

Mais ce n'est pas encore assez pour satisfaire le besoin de Dieu de se communiquer. Comme le disaient déjà plusieurs textes de l'Ancien Testament Dieu est entré, grâce à son Verbe, dans l'histoire des hommes. C'est lui que disaient à leur façon tous les porteurs de la Parole, tous les prophètes de la Bible, et aussi ceux des autres religions. Le Verbe éclairait tous les hommes, il était dans la conscience des justes de toutes les races et de tous les temps. Mais ce Verbe, Fils et Parole du Père, est venu un jour nous donner la parole définitive en devenant un homme parmi nous.

• **1.6** *Un homme est venu, envoyé par Dieu.* Dans les deux strophes 6-8 et 15, l'auteur de l'évangile, Jean, nous parle de Jean-Baptiste, précurseur de Jésus. Le Verbe a vraiment joué le jeu : il n'est pas venu avec éclat, il s'est fait introduire par une parole qui restait humaine, celle de Jean. Il était facile de rejeter ce témoignage, et de fait il est venu chez les siens, dans le peuple d'Israël, et les siens ne l'ont pas reçu.

• **1.14** *Le Verbe s'est fait chair.* Jean emploie le terme *chair* pour souligner l'humilité totale du Verbe qui, bien qu'il soit esprit, se fait créature avec un corps mortel. Jean dit : *s'est fait* et non pas « a pris l'apparence d'un homme » parce que le Fils de Dieu s'est vraiment fait homme.

Il a habité parmi nous. Jean utilise un verbe qui au début signifiait : « planter sa tente ». De cette manière, il fait allusion à la tente sacrée qui servait de sanctuaire aux Hébreux dans le désert et qui était la demeure de Dieu parmi eux. Jésus, le Fils de Dieu fait homme est le vrai temple de Dieu au milieu de son peuple (Jn 2,21), un temple aussi humble et apparemment aussi fragile que la tente du désert : néanmoins, c'est en lui que se trouve la plénitude de Dieu. Les apôtres ont vu sa gloire à certains moments de sa vie mortelle (Jn 2,11 et Lc 9,32). Ils ont vu sa gloire dans sa Passion et sa résurrection.

Comment le Verbe vient-il nous sauver ? Jean ne dira pas tellement que Jésus nous tire de l'abîme du péché ; il préfère affirmer que Jésus nous introduit dans une situation inespérée et hors de notre portée : *il leur a donné le pouvoir de devenir enfants de Dieu.* Nous sommes faits avec lui enfants de Dieu lorsque nous croyons en son Nom, c'est-à-dire en sa divinité.

En lui tout était don d'amour et vérité. La Bible nous dit que l'amour (ou faveur ou grâce) et la *fidélité* (ou vérité) sont deux qualités essentielles de Dieu. Jean veut donc dire que Dieu s'est donné pleinement en Jésus.

La Parole de Dieu s'est faite l'un de nous

1 • [1] Au commencement était *le Verbe*,
et *le Verbe* était auprès de Dieu,
et *le Verbe* était Dieu.
[2] Il était au commencement auprès de Dieu.
[3] L'univers n'a existé que par lui
et rien n'a existé sans lui.
• Ce qui a existé, [4] était vie grâce à lui,
et pour les hommes la vie se faisait lumière.
[5] La lumière brille dans les ténèbres,
et les ténèbres ne l'ont pas étouffée.
• [6] Un homme est venu, envoyé par Dieu,
son nom était Jean.
[7] Il est venu comme un témoin,
pour rendre témoignage à la lumière ;
ainsi, par lui, tous pourraient croire.
[8] Il n'était pas la lumière,
mais il venait pour rendre témoignage à la lumière.
[9] (Le Verbe) était la lumière véritable,
celui qui illumine tout être humain,
et il venait en ce monde.
[10] Il était déjà dans le monde,
ce monde existait grâce à lui,
et ce monde ne le connaissait pas.
[11] Quand il est venu chez lui,
les siens ne l'ont pas accueilli.
[12] Mais à tous ceux qui l'ont accueilli,
il a donné le pouvoir de devenir enfants de Dieu.
Oui, quand ils ont cru en son Nom [13] ils sont nés,
mais non pas du sang,
ni d'un appel de la chair
ni de la volonté d'un homme :
ils sont nés de Dieu.
• [14] Et *le Verbe* s'est fait chair
et il a habité parmi nous,
et nous avons vu sa gloire :
la gloire que seul un Fils Unique peut recevoir du Père :
en lui tout était don d'amour et vérité.
[15] Jean a rendu témoignage à son sujet :
il a dit bien haut : « C'est celui dont je parlais ;

Avant de rappeler les débuts du ministère de Jésus, avec son baptême par Jean-Baptiste, l'évangéliste Jean a rédigé un prologue. Il nous dit en quelques mots les origines et le sens de cette descente extraordinaire du Fils, ou Verbe, ou Sagesse de Dieu dans notre monde en la personne de Jésus. Dans le livre des Proverbes, en 8,22 un poème audacieux parlait déjà d'une Sagesse divine, enracinée en Dieu lui-même, architecte de la création, et qui venait s'introduire dans la famille humaine.

Yahvé m'a créée – ce fut le début de son œuvre –
avant toutes ses créatures, depuis toujours.
Avant les siècles je fus formée,
dès le commencement, bien avant la terre.
Les océans n'étaient pas là quand je suis née,
pas une des fontaines d'où jaillissent les mers.
Les montagnes n'étaient pas apparues,
pas de collines encore quand je fus enfantée.
J'étais là quand il mit les cieux en place,
quand il traça sur l'océan le cercle des terres.
Alors qu'il posait les fondements de la terre,
j'étais à ses côtés comme une enfant.

Les versets 14 et 17 rappellent les deux grandes qualités de Dieu selon les prophètes, la grâce, ou don d'amour, et la vérité (ou fidélité). Elles sont en Osée 2,21 lorsque Dieu promet à son peuple infidèle une union inviolable.

C'est pourquoi maintenant je vais la séduire ;
je la conduirai au désert et je parlerai à son cœur.
Alors elle me répondra comme aux jours de sa jeunesse,
comme au temps où elle montait du pays d'Égypte.
Tu seras ma fiancée pour toujours,
ce seront des fiançailles de justice, de droiture,
dans la tendresse et la miséricorde.
Je te fiancerai à moi dans la fidélité
et tu sauras qui est Yahvé.

• **1.17** *Par Moïse nous avons reçu la loi.* L'histoire biblique annonçait le moment où Dieu changerait le cœur des hommes pour que des rapports d'amour et de fidélité réciproques s'établissent entre lui et eux. Jean affirme que ce temps d'amour et de fidélité (la religion parfaite) est arrivé.

• **1.19** Les autorités se demandent : « Qui est cet homme qui se met à prêcher de sa propre initiative ? » A l'époque plusieurs groupes de Juifs « baptisaient » (plongeaient dans l'eau) : c'était comme une sorte de purification pour hâter la venue du Messie.

Le *Messie* est le nom que les Juifs donnaient au Sauveur attendu. On parlait aussi de la venue du *Prophète,* mais on ne voyait pas clairement si le prophète serait un autre que le Messie. On croyait aussi que le prophète Élie réapparaîtrait avant la venue du Messie (Mc 9,11).

il est venu après moi,
mais déjà il me dépasse,
car bien avant moi, il était. »
[16] Nous avons tous reçu de sa plénitude :
chaque don d'amour en préparait un autre.
• [17] Par Moïse nous avons reçu la Loi,
mais le don d'amour et la vérité sont venus par Jésus-Christ.
[18] Personne n'a jamais vu Dieu,
mais Dieu Fils unique nous l'a fait connaître,
lui qui est dans le sein du Père.

PREMIÈRE PARTIE :
JÉSUS SE FAIT CONNAÎTRE PAR SES SIGNES

Jean-Baptiste présente Jésus, l'Agneau de Dieu

• [19] Voici donc le témoignage de Jean lorsque les Juifs de Jérusalem lui envoyèrent des prêtres et des Lévites pour lui demander : « Qui es-tu ? »

[20] Jean répondit sans cacher la vérité ; il déclara : « Je ne suis pas le Christ. » [21] On lui demanda : « Qui es-tu donc ? Es-tu Élie ? » Il dit : « Non. » — « Es-tu le prophète ? » Il répondit : « Non. » [22] Les envoyés alors lui demandèrent : « Qui es-tu donc ? Nous devons donner une réponse à ceux qui nous ont envoyés. Que dis-tu de toi-même ? »

[23] Jean répondit : « Je suis, comme l'a dit le prophète Isaïe, *la voix qui crie dans le désert : Préparez un chemin droit pour le Seigneur.* »

[24] Ceux que l'on avait envoyés étaient des Pharisiens. [25] Ils lui demandèrent encore : « Pourquoi baptises-tu si tu n'es ni le Christ, ni Élie, ni le Prophète ? » [26] Jean leur répondit : « Je donne un baptême d'eau, mais au milieu de vous il y a quelqu'un que vous ne connaissez pas ; [27] bien qu'il vienne après moi, je ne suis pas digne de lui enlever la chaussure. »

[28] Cela se passait à Bétaraba, au-delà du Jourdain, là où Jean baptisait.

• [29] Le lendemain, Jean voit Jésus qui vient à lui et il dit : « Voici l'agneau de Dieu, celui qui enlève le péché du monde. [30] Je parlais de lui lorsque j'ai dit : après moi vient un homme qui déjà me dépasse, car bien avant moi il était.

[31] Je ne le connaissais pas, mais je suis venu avec le baptême d'eau pour qu'il puisse se manifester à Israël. »

Le livre du Deutéronome (18,15), annonce la venue d'un prophète, sem-blable à Moïse, que tous devront écouter. Les Évangiles diront que Jésus est à la fois le Prophète et le Messie.

Du milieu de toi, du milieu de tes frères, Yahvé ton Dieu fera que se lève pour toi un prophète comme moi, et c'est lui que vous écouterez.

C'est bien ce que tu as demandé à Yahvé ton Dieu au jour de l'assemblée, au mont Horeb. Tu as dit : « Je ne peux pas supporter plus longtemps la voix de Yahvé mon Dieu et ce feu terrible ; un peu plus et je meurs ! »

Alors Yahvé m'a dit : « Voilà une parole juste. C'est pourquoi, du milieu de leurs frères, je ferai que se lève pour eux un prophète comme toi et je mettrai mes paroles dans sa bouche. Et lui leur dira tout ce que je lui commanderai. »

Genèse (28,12) rapporte un songe de Jacob fugitif lorsqu'il passait à Béthel : il était au point où le ciel se joint à la terre.

Et puis il eut un songe. Une échelle était là, dressée sur la terre, et son sommet touchait les cieux ; des anges de Dieu montaient et descendaient sur cette échelle.

Yahvé se tenait à côté de lui, il lui dit : « Je suis Yahvé, le Dieu de ton père Abraham et le Dieu d'Isaac. La terre sur laquelle tu t'es couché, je te la donnerai ainsi qu'à ta descendance. Par toi et par ta descendance se béniront toutes les familles de la terre. »

Quand Jacob se réveilla de son sommeil, il dit : « Yahvé est donc en ce lieu, et je ne le savais pas ! » Il eut peur : « Que ce lieu est terrible, dit-il, ce n'est rien moins qu'une maison de Dieu et la porte du ciel. »

• **1.29** *Voici l'Agneau.* Jésus est le Serviteur de Dieu annoncé par les prophètes, celui qui devait se sacrifier pour ses frères. Il est aussi l'Agneau authentique qui remplace l'agneau pascal (Mc 14,12).

Un homme vient après moi. Dans l'histoire, Jésus apparaît après Jean, mais puisqu'il est le Verbe de Dieu, il existait avant les créatures. Et il marche en tête de tous, y compris Jean-Baptiste.

• **1.35** *Que cherchez-vous ?* Nous voulons savoir qui est Jésus, mais lui nous demande ce que nous cherchons ; cela ne nous sert à rien de le rencontrer si nous sommes sans désir.

Ces deux hommes commencent à vivre avec Jésus. Avec le temps, ils vont découvrir que Jésus est *le Maître, le Messie, le Fils de Dieu,* comme on le lira dans la suite du récit.

Ces deux disciples ont reconnu Jésus. Il serait aussi exact de dire que Jésus a reconnu ceux que son Père lui envoie. C'est ainsi qu'il a reconnu Nathanaël quand il *était sous le figuier.* C'était alors une façon de parler d'un maître de la Loi en train d'enseigner la religion, car ils le faisaient souvent sous un arbre feuillu comme le figuier. De la même manière Jésus reconnaît Simon, que le Père a choisi pour être la première pierre de l'Église (Mt 16,13).

Vous verrez le ciel ouvert (51). Jésus est le pont entre Dieu et les hommes. C'est à partir de lui que Dieu communique à l'humanité ses richesses.

[32] Jean fit cette déclaration : « J'ai vu l'Esprit qui descendait du ciel sur lui comme fait la colombe, et il est resté sur lui.

[33] Je ne le connaissais pas, mais celui qui m'a envoyé pour baptiser avec de l'eau m'a dit : Celui sur qui tu verras que l'Esprit descend et reste, c'est lui qui baptise dans l'Esprit Saint. [34] Cela, je l'ai vu, et je peux déclarer que c'est lui l'Élu de Dieu. »

Jésus appelle ses premiers disciples

• [35] Le lendemain, Jean était là de nouveau, et deux de ses disciples étaient avec lui. [36] Il fixa son regard sur Jésus qui passait et il dit : « Voici l'agneau de Dieu. » [37] Lorsque ces deux disciples l'entendirent, ils allèrent et suivirent Jésus.

[38] Jésus se retourna et vit qu'ils le suivaient ; alors il leur dit : « Que cherchez-vous ? » Ils lui dirent : « Rabbi, (c'est-à-dire Maître) où demeures-tu ? » [39] Jésus leur dit : « Venez et vous verrez ! » Ils vinrent donc pour voir où il restait, et ce jour-là ils demeurèrent avec lui. Il était environ quatre heures de l'après-midi.

[40] L'un de ces deux disciples qui avaient écouté Jean et avaient suivi Jésus, était André, le frère de Simon-Pierre. [41] Il alla d'abord trouver son frère Simon et lui dit : « Nous avons trouvé le Messie » (ce qui veut dire : le Christ). Et il l'amena à Jésus. [42] Jésus le regarda et dit : « Tu es Simon, fils de Jean ; tu t'appelleras Képhas » (ce qui veut dire Pierre).

[43] Le lendemain, Jésus décida de partir pour la Galilée ; c'est alors qu'il rencontra Philippe et lui dit : « Suis-moi. » [44] Philippe était de Bethsaïde, la ville d'André et de Pierre. [45] Philippe alla voir Nathanaël et lui dit : « Celui dont a parlé Moïse dans la Loi, et aussi les Prophètes, nous l'avons trouvé ; c'est Jésus, fils de Joseph, de Nazareth. » [46] Nathanaël lui dit alors : « De Nazareth ? Qu'est-ce qui peut en sortir de bon ? » Philippe lui répondit : « Viens et vois. »

[47] Lorsque Jésus vit Nathanaël qui arrivait, il parla de lui : « Voici un vrai Israélite : il est incapable de mentir. » [48] Nathanaël lui demanda : « Comment me connais-tu ? » Et Jésus répondit : « Avant que Philippe ne t'appelle, quand tu étais sous le figuier, je t'ai vu. » [49] Aussitôt Nathanaël déclara : « Maître, tu es le Fils de Dieu, tu es le Roi d'Israël ! »

[50] Jésus lui dit alors : « Tu crois parce que je t'ai dit que je t'ai vu sous le figuier, mais tu verras beaucoup mieux que cela. » [51] Et Jésus ajouta : « En vérité, en vérité, je vous le dis : vous verrez le ciel s'ouvrir, avec les anges de Dieu qui montent et descendent sur le Fils de l'homme. »

Les noces à Cana terminent la première section de l'Évangile que nous pourrions appeler : la semaine de la découverte. Une autre section commence où Jésus se définit par rapport au monde juif et aux espérances des Juifs. Jean nous présente quatre scènes :

1. *Jésus dans le Temple* : Les prêtres sont matérialistes et Jésus les juge sévèrement.

2. *Jésus et Nicodème* : Nicodème exprime les inquiétudes de la société juive instruite et croyante.

3. *La Samaritaine* : C'est le dialogue de Jésus avec les gens du peuple, qui croient à leur manière.

4. *Jésus guérit le fils d'un fonctionnaire* : Jésus remarque que la plupart de ceux qui viennent à lui le recherchent pour ses miracles.

• **2.1** Oui, Jésus est venu à la noce et il a amené ses disciples pour qu'ils participent aux chants, danses et boissons.

Jésus répond à sa mère comme le faisait un Galiléen de son temps : dignité, et non pas dureté, et qui n'exclut pas la compréhension réciproque. Apparemment Jésus ne pensait pas commencer de cette manière, ni à ce moment-là, mais son esprit reconnaît l'Esprit s'exprimant par sa mère, et il lui accorde ce premier *signe miraculeux.*

Jean ne présente que sept miracles de Jésus, et il les appelle *œuvres* ou *signes.* Ce sont des œuvres du Fils de Dieu par lesquelles il manifeste son pouvoir. Ce sont aussi des signes, c'est-à-dire des choses visibles qui nous orientent vers son œuvre véritable : donner la vie et renouveler le monde.

C'est pourquoi Jean mentionne quelques détails de cet événement, qui annoncent des réalités spirituelles. Jésus prend part à des noces, mais quel est le but de toute son œuvre si ce n'est préparer d'autres noces, celles de Dieu avec les hommes ? Jésus parle de son *heure* qui n'est pas encore arrivée, mais en réalité son *heure* sera celle de sa passion et de sa résurrection.

Jean ajoute que Jésus s'est servi de l'eau que les Juifs utilisaient pour se purifier. Les Juifs étaient obsédés par la préoccupation de ne pas se « souiller » : leur religion multipliait les *rituels de purification.* Mais en changeant l'eau bénite en vin, Jésus indique que la vraie religion ne doit pas se confondre avec la peur du péché : le meilleur, et Jésus le donnera, c'est l'Esprit.

L'eau changée en vin : Jésus vient chez nous pour transfigurer notre vie de tous les jours avec sa routine et ses corvées.

C'est ainsi que Jésus *manifeste sa gloire.* Marie avait amené la grâce à Jean-Baptiste (Lc 1,39) ; ici elle intervient pour hâter les commencements de l'Évangile. Elle n'a plus rien à dire, ses dernières paroles sont : *Faites tout ce qu'il vous dira.*

Jésus est encore avec un groupe de parents et de compatriotes que l'évangile appelle ses « frères » : voir en Marc 3,31.

• **2.13** Jésus va au Temple de Jérusalem qui est comme le cœur de la nation juive (Mc 11,12). Le peuple a besoin des prêtres pour offrir ses sacrifices, et le Temple est le lieu où affluent les offrandes et les dons de la communauté. Déjà les prophètes avaient stigmatisé bien des abus, et Zacharie avait annoncé cette purification que Jésus accomplit à sa manière.

Un amour jaloux pour ta maison me dévore : ainsi parle le psaume 69. En fait, c'est bien la haine des grands prêtres qui mènera Jésus à sa mort.

Les apôtres ne pouvaient pas comprendre ces paroles : il n'y avait alors pour eux rien de plus sacré que le Temple et les Écritures. Plus tard ils sauront que la moindre parole de Jésus pèse autant que toute la Bible. Ils comprendront aussi que Jésus est le vrai *Sanctuaire.* Jusqu'alors on cherchait des endroits où rencontrer Dieu et obtenir sa faveur. Maintenant Dieu se fait présent en Jésus : c'est lui qui nous livre toutes les richesses de Dieu.

Le premier signe : les noces de Cana

2 • ¹ Le troisième jour il y eut une noce à Cana en Galilée, et la mère de Jésus y était. ² Jésus aussi fut invité à la noce avec ses disciples. ³ Et voilà que le vin de la noce arrive à sa fin : ils n'avaient plus de vin. La mère de Jésus lui dit : « Ils n'ont plus de vin. » ⁴ Jésus lui répond : « Femme, pourquoi t'adresses-tu à moi ? Mon heure n'est pas encore venue. » ⁵ Mais sa mère dit aux serviteurs : « Faites tout ce qu'il vous dira. »

⁶ Il y avait là six jarres de pierre que les Juifs gardaient pour leurs purifications ; elles pouvaient contenir chacune cent ou cent cinquante litres. ⁷ Jésus leur dit : « Remplissez ces jarres avec de l'eau. » Ils les remplirent jusqu'au bord. ⁸ Jésus dit alors : « Prenez maintenant et portez-en au responsable de la fête. »

⁹ Le responsable de la fête goûta cette eau changée en vin, mais il ne savait pas comment on avait rempli les jarres, seuls les servants qui avaient pris l'eau le savaient. Alors il dit au marié : ¹⁰ « Tout le monde sert d'abord le bon vin, et quand les gens sont gais, on donne le vin ordinaire. Mais toi, tu as gardé le bon vin jusqu'à maintenant ! »

¹¹ C'est ainsi que Jésus fit le premier de ses signes, à Cana en Galilée. Là il manifesta sa gloire et ses disciples crurent en lui.

¹² Après cela Jésus descendit à Capharnaüm avec sa mère, ses frères et ses disciples ; il n'y resta que quelques jours.

Jésus chasse les vendeurs du Temple

• ¹³ La Pâque des Juifs était proche, et Jésus monta à Jérusalem. ¹⁴ Il rencontra dans le Temple les vendeurs de bœufs, de brebis et de colombes, et aussi les changeurs de monnaie assis à leurs comptoirs. ¹⁵ Alors il se fit un fouet avec des cordes et il commença à les jeter tous hors du Temple avec leurs bœufs et leurs brebis. Il renversa les tables des changeurs et fit rouler leur argent par terre. ¹⁶ Puis il dit aux vendeurs de colombes : « Enlevez-moi cela d'ici et ne faites pas de la maison de mon Père une maison de commerce. »

¹⁷ Ses disciples se rappelèrent les paroles de l'Écriture : « *Un amour jaloux pour ta maison me dévore.* »

¹⁸ Les Juifs répliquèrent : « De quel droit fais-tu cela, quel signe nous montres-tu ? » ¹⁹ Alors Jésus répondit : « Détruisez ce sanctuaire, et en trois jours je le relèverai. » ²⁰ Les Juifs lui dirent : « Voilà quarante-six ans qu'on travaille à ce sanctuaire, et toi, tu le relèverais en trois jours ? »

²¹ Mais le sanctuaire dont Jésus parlait, c'était son propre corps. ²² C'est pourquoi, lorsqu'il se releva d'entre les morts, ses disciples se

• **3.1** Nicodème venait à Jésus comme à un maître en religion. Mais ce dont il avait besoin, ce n'était pas de nouvelles connaissances, c'était un renouvellement intérieur. C'est la même chose pour nous habituellement. Nous devons reconnaître notre impuissance à renverser les barrières qui nous empêchent de vivre d'une manière authentique. En dépit de toute notre expérience et notre savoir (ou à cause d'eux), nous sommes comme Nicodème des gens vieillis.

Naître de nouveau et *naître d'en haut.* Personne ne se donne la vie et, de même que nous recevons d'autres personnes cette vie *selon la chair,* nous recevons de l'Esprit la vie des enfants de Dieu.

Tous disent qu'ils vivent, ils font des projets et ils jouissent de la vie. Pourtant, il ne s'agit peut-être que de la vie *de la chair,* la vie d'une personne non encore éveillée.

L'autre vie, née de l'Esprit, est plus mystérieuse parce que l'Esprit est à l'œuvre au plus profond de notre être. Nous voyons tout de l'extérieur ; nous observons les comportements, mais nous ne voyons pas ce que Dieu opère dans les esprits. Pourtant, un croyant attentif découvre peu à peu que ses raisons d'agir et ses ambitions ne sont plus les mêmes qu'avant. Il se sent bien avec Dieu et sans craintes près de lui. Il découvre que ce n'est pas tellement lui qui dirige sa vie, c'est Un Autre vivant en lui, bien qu'il ne sache pas dire exactement ce qui se passe en lui.

Jésus compare l'action de l'Esprit au passage du *vent* que nous sentons, sans le voir ou le saisir. Il faut savoir que dans la langue de Jésus le mot *souffle* signifie aussi bien *esprit* que *vent.*

Nous devons tous naître *d'eau et d'Esprit* : il y a là une allusion au baptême. Ne pensons pas que l'on commence à vivre selon l'Esprit par le seul fait d'avoir reçu l'eau du baptême ; on est plutôt baptisé pour commencer à vivre la vie de l'Esprit : les paroles de l'évangile en cet endroit s'appliquent aux personnes adultes qui se convertissent et sont renouvelées par la foi chrétienne. Le cas du baptême des enfants est différent. Le baptême agit en eux, mais il leur faudra un jour accepter la Parole et renoncer à eux-mêmes pour être portés par l'Esprit.

• **3.11** L'évangile de Jean est différent des trois autres. Souvent, après avoir présenté des paroles de Jésus, Jean ajoute une explication de la foi pour laquelle il s'appuie sur diverses déclarations faites par Jésus en d'autres occasions. C'est ce qui se passe ici.

Nicodème demande : *Comment cela est-il possible ?* C'est que la vie de l'Esprit fait partie du plan mystérieux de Dieu à notre égard. Personne ne peut parler de ces choses en vérité, excepté le Fils de Dieu : lui a vu *les choses du ciel,* la vie intime de Dieu ; et il peut aussi parler des *choses de la terre,* ou du Royaume que Dieu nous apporte. Si les auditeurs de Jésus n'acceptent pas ce qu'il dit du Règne de Dieu, ils feront encore moins de cas de ce qu'il révèle du mystère de Dieu. Jésus nous révèle ce que nous ne pouvons pas découvrir par nous-mêmes. Nous sommes chrétiens parce que nous croyons au *témoignage* de Jésus (11) sur Dieu et son plan de salut.

Il y avait dans ce plan quelque chose de difficile à accepter : le Fils de l'homme devait mourir sur la croix et ressusciter (*être élevé* fait allusion à la croix comme à la résurrection). Jésus rappelle *le serpent dans le désert.* Cet épisode de la Bible préfigurait le sort de Jésus, mais les Juifs ne comprenaient pas le sens de ce message ; en fait, ils laissaient de côté tout ce qui pouvait annoncer les souffrances de leur Sauveur.

De même ils espéraient que Dieu condamnerait le monde hostile. Mais voilà que Dieu envoie son Fils à la croix *pour le salut du monde.* En d'autres passages du Nouveau Testament, on nous dit de ne pas aimer le monde, et cela semble contradictoire, mais c'est que le mot *monde* a plusieurs sens.

D'abord, le *monde* signifie toute la création, laquelle est bonne puisqu'elle est l'œuvre de Dieu. Mais le centre de l'œuvre de Dieu est l'homme, qui s'est soumis à l'influence de Satan (8,34 et 44). Tout ce que crée l'homme pécheur : richesses, culture, vie sociale — est influencé, défiguré et utilisé par le Mal. Alors, Dieu *envoie son Fils pour que le monde soit sauvé.*

rappelèrent qu'il avait dit cela ; ils crurent à l'Écriture et à ce que Jésus avait dit.

²³ Beaucoup de personnes crurent au Nom de Jésus quand il était à Jérusalem pour cette fête de la Pâque, parce qu'on le voyait faire des miracles. ²⁴ Mais Jésus ne leur faisait pas confiance car il les connaissait tous. ²⁵ Il n'avait pas besoin qu'on lui recommande qui que ce soit, car il savait ce qu'il y a dans l'homme.

Jésus et Nicodème : il faut naître de nouveau

3 • ¹ Il y avait chez les Pharisiens un homme nommé Nicodème, c'était un chef des Juifs. ² Il vint trouver Jésus de nuit et lui dit : « Maître, nous savons que tu es venu de Dieu pour enseigner, car personne ne peut faire des signes comme ceux que tu fais si Dieu n'est pas avec lui. »

³ Jésus lui fit cette déclaration : « En vérité, en vérité, je te le dis : celui qui n'est pas né d'en haut ne peut pas voir le Royaume de Dieu. »

⁴ Nicodème lui répondit : « Quand l'homme est vieux, peut-il renaître ? Qui retournera au sein de sa mère pour naître une seconde fois ? »

⁵ Jésus dit alors : « En vérité, en vérité, je te le dis : si l'on n'est pas né de l'eau et de l'Esprit, on ne peut pas entrer dans le Royaume de Dieu. ⁶ Ce qui est né de la chair est chair, ce qui est né de l'Esprit est esprit.

⁷ Ne t'étonne pas si je te dis que vous devez naître d'en-haut. ⁸ Le vent souffle où il veut et tu entends sa voix, mais tu ne sais pas d'où il vient ni où il va : c'est la même chose pour celui qui est né de l'Esprit. » ⁹ Nicodème lui dit : « Comment cela est-il possible ? »

¹⁰ Jésus répliqua : « Tu es maître en Israël et tu ne sais pas cela !

• ¹¹ En vérité, en vérité, je te le dis : nous savons ce que nous disons et nous sommes témoins parce que nous avons vu ; mais vous ne recevez pas notre témoignage. ¹² Si vous ne me croyez pas quand je vous parle de choses de la terre, comment croirez-vous lorsque je parlerai des choses du ciel ? ¹³ Mais personne n'est monté au ciel si ce n'est le Fils de l'homme qui, lui, est descendu du ciel.

¹⁴ Rappelez-vous le serpent que Moïse a fait lever dans le désert ; il faut que le Fils de l'homme soit élevé de la même manière, ¹⁵ et alors quiconque croira en lui aura la vie éternelle. ¹⁶ Oui, comme Dieu a aimé le monde ! Il a donné le Fils unique pour que celui qui croit en lui ait la vie éternelle et n'aille pas à sa perte.

¹⁷ Dieu a envoyé le Fils dans le monde, non pas pour juger le monde, mais pour que le monde soit sauvé grâce à lui. ¹⁸ Pour celui qui croit en lui, il n'y a pas de jugement. Par contre, celui qui refuse de croire

Il nous semble parfois que le Dieu juge de l'Ancien Testament est bien inhumain. Voici pourtant ce qu'il dit en Ezéchiel 18,30 :

Je vous jugerai chacun selon votre conduite, gens d'Israël, dit Yahvé. Reprenez-vous et renoncez à toutes vos infidélités si vous ne voulez plus payer le prix de votre injustice.

Rejetez loin de vous toutes les infidélités que vous avez commises, faites-vous un cœur nouveau et un esprit nouveau ; voulez-vous donc mourir gens d'Israël ?

Moi je ne prends pas plaisir à la mort de qui que ce soit — parole de Yahvé ; convertissez-vous et vivez.

• **3.**22 Bien des disciples de Jean-Baptiste n'avaient pas accepté Jésus. Comme beaucoup de militants de n'importe quelle cause, ils étaient trop attachés à leur modèle pour accueillir autre chose. Pour devenir disciples du Christ il nous faut souvent dépasser nos prophètes.

Lui doit grandir, et moi, diminuer, affirme le plus grand des prophètes. Seul Jésus vient d'en haut et peut combler le cœur des hommes.

Il reste avec le Dieu qui condamne (36). Ceux qui n'acceptent pas le Fils de Dieu restent dans la situation où se trouvait l'humanité chassée du paradis. S'ils ne sont pas capables de recevoir le témoignage du Dieu-Fils, ils ne pourront résoudre les contradictions de leur vie et du monde où ils vivent.

• **4.**1 Les Juifs détestaient cordialement les Samaritains. D'autre part, il était fort mal vu en ce temps-là de parler à une femme dans un lieu public. Mais Jésus s'élève au-dessus des préjugés de race ou de société ; il entame une conversation avec une samaritaine.

Première préoccupation de la femme : comment étancher sa soif. Les ancêtres du peuple juif allaient de source en source avec leurs troupeaux. Les plus connus d'entre eux (comme Jacob) avaient creusé des puits autour desquels le désert commençait à fleurir. C'est donc ici comme une parabole : les hommes cherchent à étancher leur soif, mais ils doivent travailler dur pour creuser et ce n'est jamais que de l'eau de puits. Jésus par contre donne *l'eau vive,* le *don de Dieu* pour ses enfants, c'est-à-dire l'Esprit Saint (7,37).

Seconde préoccupation de la femme : Où se trouve la vérité ? Jésus lui dit : *tu as eu cinq maris…* Cela fait penser au destin de beaucoup : ils ont servi bien des maîtres ou « maris », sans jamais voir en qui reconnaître leur Seigneur. Et pour commencer, quelle est la vraie religion ?

Les Samaritains avaient leur Bible, un peu différente de celle des Juifs et, là même, à quelques kilomètres du puits de Sichar, se trouvait leur temple qui avait rivalisé avec celui de Jérusalem. Jésus maintient que la religion juive est la vraie : *le salut vient des Juifs.* Cependant, même si l'on a la chance d'être dans la vraie religion, il faut toujours en arriver à une connaissance spirituelle de Dieu (23). *L'Esprit* que nous recevons du Fils nous permet d'adorer Dieu *dans la vérité.*

Esprit et vérité (24). Ce ne sont pas nos prières que Dieu cherche, mais la simplicité et la noblesse de notre esprit. L'Esprit de Dieu ne peut être communiqué qu'à ceux qui le cherchent en vérité et qui vivent selon la vérité dans un monde de mensonges.

Encore quatre mois… (35) Les récoltes qui mûrissent représentent ceux à qui Jésus s'adresse, qui doivent aussi arriver à maturité.

Le moissonneur reçoit son salaire : Jésus lance une affirmation qui a mille applications. Peut-être au verset 36 faut-il entendre la joie partagée du Père qui a semé et du Fils qui récolta. Dans un autre sens, au verset 37, Jésus et ses disciples n'auront pas travaillé inutilement car avant eux *d'autres avaient peiné* : les prophètes, et en particulier Jean-Baptiste.

s'est déjà condamné, puisqu'il n'a pas cru dans le nom du Fils unique de Dieu.

[19] Le jugement, c'est cela même : la lumière est venue dans le monde et les hommes ont choisi les ténèbres plutôt que la lumière, car ils faisaient le mal. [20] Celui qui fait le mal n'aime pas la lumière, et il ne vient pas à la lumière, car alors il deviendrait clair que ses œuvres sont mauvaises. [21] Au contraire, celui qui vit dans la vérité vient à la lumière, pour qu'on voie clairement que toutes ses œuvres ont été faites en Dieu. »

Le dernier témoignage de Jean

• [22] Après cela Jésus alla avec ses disciples à la province de Judée. Il y resta avec eux un certain temps et se mit à baptiser. [23] Jean aussi baptisait à Enon près de Salim, parce que l'eau y était profonde ; on y venait pour se faire baptiser. [24] C'était avant que Jean ne soit mis en prison.

[25] Un jour les disciples de Jean eurent une discussion avec un Juif sur la façon de se purifier. [26] Ils vinrent trouver Jean et lui dirent : « Maître, celui qui était avec toi de l'autre côté du Jourdain, celui dont tu as fait l'éloge, il s'est mis à baptiser et tout le monde court vers lui ! »

[27] Alors Jean leur répond : « Personne ne peut s'attribuer plus que le Ciel ne veut lui donner. [28] Je ne suis pas le Messie, mais celui qu'on a envoyé devant lui : je l'ai dit et vous êtes mes témoins. [29] L'épouse est pour l'époux ; l'ami de l'époux se tient près de lui et fait ce qu'il lui dit. Et toute sa joie est d'entendre la voix de l'époux. Voilà pourquoi je suis pleinement heureux. [30] Lui doit grandir, et je dois diminuer.

[31] « Celui qui vient d'en-haut est au-dessus de tous. Celui qui vient de la terre sera toujours de la terre, et ce qu'il dit vient de la terre. Celui qui vient d'en-haut [32] a beau parler de ce qu'il a vu et entendu, personne ne tient compte de son témoignage. [33] Pourtant, recevoir son témoignage, c'est reconnaître que Dieu est fidèle à lui-même.

[34] « Celui que Dieu a envoyé dit les paroles de Dieu, et il donne l'Esprit sans mesure, [35] car le Père aime le Fils, il a tout mis dans ses mains. [36] Celui qui refuse de croire dans le Fils ne connaîtra pas la vie : il en reste au Dieu qui condamne. »

Jésus et la Samaritaine

4 • [1] Le Seigneur sut que les Pharisiens étaient informés à son sujet ; on disait qu'il faisait des disciples et baptisait plus que Jean. [2] En fait, ce n'était pas Jésus qui baptisait, mais ses disciples.

Au livre des Nombres (21,6) nous lisons cet épisode où le peuple murmure contre Dieu et des serpents viennent envahir le camp.

Alors Dieu envoya contre le peuple des « serpents brûlants ». Beaucoup parmi les Israélites moururent de leurs piqûres.

Le peuple vint trouver Moïse et lui dit : « Nous avons péché, nous avons murmuré contre Yahvé et contre toi. Prie Yahvé pour nous, pour qu'il éloigne de nous les serpents. »

Moïse pria pour le peuple, et Yahvé dit à Moïse : « Fabrique-toi un serpent brûlant et place-le sur un poteau. Celui qui sera piqué le regardera et sera sauvé. »

Moïse fit donc un serpent de bronze et le fixa sur un poteau. Lorsque quelqu'un était piqué par un serpent, il regardait le serpent de bronze et il était sauvé.

Jean-Baptiste parle de l'Épouse et de l'Époux : le poème qu'on lit en Isaïe 54,4 annonçait ce les noces du Créateur avec la communauté qu'il a choisie et aimée.

Ne crains pas, car tu ne seras plus humiliée ; n'aie pas peur, car tu n'auras plus à rougir.

Car te voici épousée par ton Créateur : son Nom est Yahvé Sabaot. Celui qui te rachète est le Saint d'Israël : il s'appelle le Dieu de toute la terre.

Oui, comme une femme renvoyée et désolée, Yahvé te rappelle. Qui rejettera la femme de ses premières années ? dit ton Dieu.

Pour un instant je t'avais abandonnée, mais avec grande tendresse je te reprends.

La colère m'a emporté, et pour un moment je t'ai caché mon visage, mais l'amour éternel me fait prendre pitié de toi, dit Yahvé, ton Rédempteur.

Dans la Genèse (24,10) on trouve une rencontre semblable au bord d'un puits.

Le serviteur d'Abraham fit agenouiller ses chameaux hors de la ville, à côté d'un puits : c'était à la tombée du jour, à l'heure où les femmes s'en vont puiser.

Alors il dit : « Yahvé, Dieu de mon maître Abraham, je vais dire à l'une d'elles : Penche ta cruche pour que je boive. Si elle me répond : Bois, et je donnerai aussi à boire à tes chameaux, fais que cette jeune fille soit celle que tu as choisie pour ton serviteur Isaac. »

Il parlait encore lorsque sortit Rébecca, portant sa cruche sur l'épaule. La jeune fille était très belle, elle était vierge et aucun homme ne s'était approché d'elle. Elle descendit à la source, remplit sa cruche et remonta.

Le serviteur d'Abraham courut alors à sa rencontre et lui dit : « Laisse-moi donc boire un peu d'eau de ta cruche. »

Elle dit : « Que mon seigneur boive », et penchant aussitôt sa cruche sur sa main, elle lui donna à boire. Lorsqu'elle eut fini de lui donner à boire, elle ajouta : « Je puiserai encore pour tes chameaux jusqu'à ce qu'ils aient fini de boire. »

³ Il quitta donc la Judée et se mit en route pour la Galilée. ⁴ Il lui fallait traverser la Samarie ⁵ et c'est ainsi qu'il arriva à une ville de Samarie appelée Sichar, tout près de la terre que Jacob a donnée à son fils Joseph. ⁶ Et c'est là que se trouve le puits de Jacob.

Jésus était fatigué de la marche et il s'assit sur le bord du puits. C'était l'heure de midi.

⁷ Arrive une femme de Samarie pour puiser de l'eau. Jésus lui dit : « Donne-moi à boire. » ⁸ A ce moment ses disciples étaient partis à la ville pour acheter de quoi manger.

⁹ La Samaritaine lui répondit : « Vous êtes Juif. Comment pouvez-vous demander à boire à une Samaritaine comme moi ? » (On sait que les Juifs ne veulent pas de rapports avec les Samaritains.) ¹⁰ Jésus lui dit : « Si tu connaissais le don de Dieu et si tu savais qui te demande à boire, c'est toi qui lui aurais demandé cette eau qui fait vivre, et il te l'aurait donnée. »

¹¹ Elle lui dit : « Vous n'avez pas de seau et le puits est profond. Où trouvez-vous cette eau vive ? ¹² Notre père Jacob nous a donné ce puits après y avoir bu lui-même avec ses fils et ses troupeaux ; êtes-vous plus grand que lui ? »

¹³ Jésus lui dit : « Celui qui boit de cette eau aura encore soif, ¹⁴ mais celui qui boit de l'eau que je lui donnerai ne connaîtra plus jamais la soif. L'eau que je lui donnerai deviendra en lui une source intarissable de vie éternelle. »

¹⁵ La femme lui dit : « Donnez-moi donc de cette eau ; je n'aurai plus soif et je n'aurai plus à venir en chercher ici. » ¹⁶ Jésus répond : « Va, appelle ton mari et reviens. » ¹⁷ Alors la femme lui dit : « Je n'ai pas de mari. » Jésus lui répond : « Tu dis que tu n'as pas de mari ? Comme c'est vrai ! ¹⁸ Tu as eu cinq maris et celui que tu as maintenant n'est pas ton mari. Tu as dit vrai ! »

¹⁹ Alors la femme lui dit : « Je vois que vous êtes un prophète. ²⁰ Dites-moi : nos pères ont toujours adoré sur cette montagne ; pourquoi donc dites-vous que Jérusalem est le Lieu où l'on doit adorer ? »

²¹ Jésus lui dit : « Femme, crois-moi, l'heure vient où vous adorerez le Père. Et alors ce ne sera pas sur cette montagne ou à Jérusalem. ²² Vous adorez sans avoir la connaissance, et nous, nous adorons et nous savons comment, parce que le salut vient des Juifs. ²³ Mais l'heure vient, et elle est déjà là, où les vrais adorateurs adoreront le Père en esprit et en vérité. Alors ils seront des adorateurs du Père comme lui-même les désire. ²⁴ Dieu est esprit ; quand on adore, il faut adorer en esprit et en vérité. » ²⁵ La femme alors lui dit : « Je sais que bientôt sera

La promesse de l'eau vive se lit dans Isaïe 55,1.

Holà, vous tous qui avez soif, venez vers les eaux ! Et vous qui êtes sans argent, venez, achetez et mangez ! Venez, achetez sans argent, sans payer, du vin et du lait.

Pourquoi dépenser pour ce qui n'est pas du pain, donner votre salaire pour ce qui ne nourrit pas ? Écoutez-moi bien, et vous mangerez ce qui est bon, vous ferez un festin des meilleurs.

Tendez l'oreille et venez vers moi, écoutez, et vous serez personnes qui vivent.

Je ferai avec vous une alliance éternelle, je vous accorderai les bienfaits promis à David.

Dans Isaïe 2,3 se lit cette certitude : Jérusalem est le lieu unique choisi par Dieu pour qu'en sorte le salut du monde.

Voici ce qui arrivera à la fin des temps :
la montagne du temple de Yahvé sera remaniée,
elle deviendra le premier des monts
et dominera toute autre hauteur.
Toutes les nations monteront vers elle,
des peuples nombreux se mettront en route et diront :
« Venez, montons à la montagne de Yahvé,
à la Maison du Dieu de Jacob,
il nous enseignera ses voies et nous suivrons ses sentiers. »
Oui, l'enseignement sortira de Sion,
et de Jérusalem, la Parole de Yahvé.

Le second miracle de Jésus à Cana conclut cette seconde partie de l'Évangile dans laquelle Jésus se définit par rapport à la société juive et à ses espérances.

Une nouvelle section commence : Jésus proclame *l'œuvre* pour laquelle il est venu sur terre ; son Père l'a envoyé juger et donner la vie. Mais il nous faut d'abord croire en cet Envoyé de Dieu. C'est le sujet des chapitres 5 et 6.

• **4.46** Voir Luc 7,1. *Tant que vous ne voyez pas des prodiges, vous ne croyez pas.* Le reproche de Jésus ne s'adresse pas au fonctionnaire qui bientôt fera preuve d'une si grande foi, mais aux Juifs et à nous. Jésus fait des miracles pour confirmer sa mission, mais il dit aussi que nous devrions le reconnaître rien qu'à le voir et à l'entendre. Si nous sommes enfants de la vérité, nous devons la reconnaître quand elle se présente à nous.

là le Messie (c'est-à-dire le Christ). Quand il sera là, il nous dira tout. »
[26] Jésus répond : « *Je le suis*, moi qui te parle. »

[27] A ce moment-là revinrent les disciples, et ils s'étonnaient de le voir parler avec une femme. Pourtant aucun d'entre eux n'osa lui demander : « Que cherches-tu ? » ou : « Pourquoi lui parles-tu ? » [28] Quant à la femme, elle laissa là sa cruche et s'en alla à la ville en courant. Elle dit aux gens : [29] « Venez voir quelqu'un qui m'a dit tout ce que j'ai fait ! Et si c'était le Christ ? » [30] Voici donc qu'ils sortent de la ville pour aller le trouver.

[31] Pendant ce temps les disciples lui disaient : « Maître, mange ! » [32] Il leur répondit : « La nourriture que je dois manger, vous ne la connaissez pas. » [33] Alors ils se dirent les uns aux autres : « Peut-être quelqu'un lui a-t-il apporté à manger ? »

[34] Mais Jésus leur dit : « Ma nourriture, c'est de faire la volonté de celui qui m'a envoyé et de mener à bien son œuvre. [35] Vous avez dit, n'est-ce pas : dans quatre mois ce sera la moisson. Alors je vous dis : Ouvrez les yeux et regardez les champs. Déjà ils blanchissent, et ce sera la moisson. [36] Voici le moissonneur qui reçoit son salaire et amasse du grain pour la vie éternelle, et voilà le semeur qui se réjouit avec le moissonneur.

[37] On a raison de dire que l'un sème et l'autre moissonne, [38] car je vous ai envoyés moissonner là où vous n'aviez pas peiné. D'autres avaient peiné, et vous avez repris leur travail. »

[39] Dans cette ville beaucoup de Samaritains crurent à cause de la femme qui affirmait : « Il m'a dit tout ce que j'avais fait. » [40] Quand les Samaritains étaient venus trouver Jésus, ils lui avaient demandé de s'arrêter chez eux, et il y resta deux jours. [41] Il y en eut beaucoup plus qui crurent à cause de sa parole ; [42] et ils disaient à la femme : « Maintenant nous croyons, non pas à cause de ce que tu as raconté, mais parce que nous l'avons écouté. Nous savons qu'il est vraiment le Sauveur du monde. »

[43] Après ces deux jours, Jésus repartit pour la Galilée. [44] Jésus a affirmé qu'un prophète n'est pas honoré dans son propre pays. [45] Cependant, quand il se trouva en Galilée, les Galiléens lui firent bon accueil, car eux aussi étaient allés à Jérusalem pour la fête et ils avaient vu tout ce que Jésus avait fait durant cette fête.

Jésus guérit le fils d'un fonctionnaire

• [46] C'est alors que Jésus vint de nouveau à Cana de Galilée où il avait changé l'eau en vin.

Paul reprend la parole de Jésus en 4,37 lorsqu'il écrit dans la Première Lettre aux Corinthiens (3,5) les mots suivants :

Qu'est-ce que Paul ? Qu'est-ce qu'Apollos ? Des serviteurs qui ont reçu de Dieu des dons différents, et grâce à eux vous avez cru. Moi j'ai planté, Apollos a arrosé, mais c'est Dieu qui a fait pousser. Celui qui compte, ce n'est pas le semeur ni l'arroseur, mais Dieu qui fait que cela pousse.

Le semeur et l'arroseur sont dans la même situation, et chacun d'eux sera payé selon son travail. Nous travaillons avec et pour Dieu, et vous, vous êtes son champ, vous êtes une construction de Dieu.

J'ai mis en place les fondations, comme un bon architecte, puisque c'est le talent que j'ai reçu de Dieu, et c'est un autre qui va construire par-dessus. Mais chacun doit se demander comment il construit. On ne peut pas poser une autre pierre de fondation que celle qui est déjà là : Jésus-Christ.

Mais sur cette fondation on peut construire avec de l'or, de l'argent, des pierres précieuses, ou avec du bois, ou de la paille et des bambous. Un jour on reconnaîtra le travail de chacun.

• **5.1** Cette piscine de Béthesda était un lieu païen consacré à Esculape, dieu de la santé. Le bruit courait que de temps en temps les malades y guérissaient. Les Juifs pieux, scandalisés de voir des guérisons se produire en un lieu païen, disaient qu'on n'y était pas guéri par Esculape mais par *un ange du Seigneur.* C'est ce qu'explique le v. 4. Des croyants peu scrupuleux venaient donc chercher la guérison au temple des païens. Jésus y alla aussi pour chercher le pécheur qu'il voulait sauver.

Jésus disparaît aussitôt après le miracle : il se fera reconnaître dans le Temple du vrai Dieu, son Père.

Les Juifs attaquent Jésus parce qu'il fait des miracles le jour du sabbat. Examinons de plus près la réponse de Jésus : *Mon Père est encore au travail.* C'était un sujet de discussion entre les maîtres de la Loi : Dieu est-il au travail dans le monde, s'il s'est reposé après la création ? Jésus se prononce : il est bon d'observer un jour de repos pour rendre hommage à Dieu, mais Dieu lui-même ne se repose pas : il n'est jamais absent du monde. Étant Dieu Fils, Jésus imite son Père au lieu de se reposer comme font les hommes.

Ses adversaires ne se trompent pas quant à ses prétentions : ils veulent le tuer parce qu'il se fait *égal à Dieu* (18).

Ne pèche plus (13). Jésus fait remarquer au malade son manque de foi qui l'a conduit à chercher la guérison dans un sanctuaire païen où il a attendu inutilement pendant 38 ans, tout comme autrefois les Israélites étaient restés 38 ans dans le désert avant de pouvoir entrer dans la Terre Promise. Jean note cette coïncidence. Cette guérison dans la piscine est l'image du baptême et la remarque de Jésus à l'homme guéri s'adresse à tous les convertis et à tous les baptisés : *Ne pèche plus.*

Il y avait à Capharnaüm un fonctionnaire du roi dont le fils était malade. [47] Quand il apprit que Jésus était retourné de Judée en Galilée, il vint le trouver et lui demanda de descendre pour guérir son fils, car il était près de mourir.

[48] Jésus lui dit : « Tant que vous ne voyez pas des signes et des miracles, vous ne voulez pas croire ! » [49] Le fonctionnaire lui dit : « Venez avant que mon enfant soit mort. » [50] Jésus lui dit : « Va, ton fils est bien vivant. »

Cet homme crut à la parole que Jésus lui disait et il partit. [51] Il était déjà dans la descente quand il rencontra ses serviteurs qui venaient lui dire que son enfant vivait. [52] Aussitôt il leur demanda à quelle heure il s'était trouvé mieux, et ils répondirent : « La fièvre est tombée hier un peu après midi. » [53] Le père reconnut alors que c'était l'heure où Jésus lui avait dit : « Ton fils est bien vivant. » Et il devint croyant, lui et toute sa famille.

[54] C'est là le deuxième signe miraculeux que Jésus a fait ; il venait de rentrer de Judée en Galilée.

Le paralysé de la piscine de Bétesda

5 • [1] Après cela il y eut une fête des Juifs, et Jésus monta à Jérusalem. [2] A Jérusalem, près de la Porte des Brebis, il y a une piscine appelée en hébreu Bétesda. Elle a cinq rangées d'arcades, [3] et sous les arcades étaient étendus une quantité de malades, avec des aveugles, des boiteux et des paralysés. (Tous attendaient que l'eau bouge, [4] car de temps en temps un ange du Seigneur descendait dans la piscine et faisait bouillonner l'eau. Lorsque l'eau avait été agitée, le premier qui descendait était guéri, quelle que soit sa maladie.) [5] Il y avait donc là un homme qui était infirme depuis trente-huit ans.

[6] Jésus le voit étendu. Quand il apprend que l'homme est là depuis fort longtemps, il lui dit : « Veux-tu guérir ? » [7] L'infirme lui répond : « Vous savez, je n'ai personne pour me jeter dans la piscine aussitôt que l'eau a été agitée, et avant que j'y aille, un autre est déjà descendu. » [8] Jésus lui dit alors : « Lève-toi, prends ton brancard et marche. » [9] Au même moment l'homme est guéri, il prend son brancard et il marche.

Mais voilà que c'était un jour de sabbat. [10] Les Juifs dirent à celui qui avait été guéri : « C'est le sabbat, tu ne peux pas transporter ton brancard. » [11] Il leur répondit : « C'est celui qui m'a guéri qui m'a dit d'emporter mon brancard et de marcher. » [12] Ils lui demandèrent donc : « Mais qui est cet homme qui t'a dit : Va, emporte-le ? »

Pour les prophètes la loi du sabbat ne devait pas être considérée comme une obligation : c'était le jour d'une rencontre avec Dieu. Nous le lisons en Isaïe 58,13.

Évite les marches quand c'est le sabbat, ne fais pas tes courses pendant mon saint jour. Traite le sabbat comme un jour délicieux, fais du jour saint de Yahvé un jour tout spécial. Honore-le, laissant là tes voyages, tes affaires et tes discours. Alors tu trouveras en Yahvé ta joie. Je te mènerai triomphalement sur les hauteurs du pays et je te nourrirai sur les terres de Jacob, ton père : la bouche de Yahvé a parlé.

Après ce récit nous trouvons une nouvelle présentation de la foi chrétienne (voir le commentaire de Jn 3,11). Ce discours occupe la fin du chapitre 5 : 5,19-47, et il se termine dans le paragraphe 7,19-24, qui, nous ne savons pourquoi, a été déplacé dans l'Évangile.

Dans tous ces « discours », Jean l'évangéliste aime répéter sept fois les mots-clefs du discours. Par exemple ici, nous trouvons *le sabbat, Jésus, Moïse*, répétés chacun sept fois, et le *Père* quatorze fois : Jean veut opposer la religion juive instituée par Moïse, dont l'un des préceptes essentiels est le repos du sabbat, à la religion des temps nouveaux que Jésus inaugure en nous révélant le Père.

• **5.19** Les adversaires de Jésus s'étonnent de le voir violer la loi du repos sacré ; mais ce n'est pas la première intervention de Jésus : 7,21 (rappelons que la fin de ce discours s'est égarée en 7,18-24). Jésus est plus qu'un réformateur religieux, il est venu renouveler la création. Les livres de l'Ancien Testament affirmaient avant toute chose que Dieu unique. Mais maintenant Jésus nous révèle un autre aspect de Dieu : Il est Père et il a envoyé son Fils compléter son œuvre. Par tout ce qu'il fait, Dieu nous donne la vie ; mais la *résurrection* est sa plus grande œuvre. Naturellement les morts ressusciteront, mais on peut aussi parler de résurrection dans la vie de ceux qui commencent à croire. Une parole de Jésus accueillie avec foi nous donne la vie ; elle s'enracine en nous et nous transforme. L'amour de Dieu qui engendre la vie nous parvient *par la voix du Christ* (25). Comparer v. 25 et v. 28.

Ici Jésus efface toute image d'un Dieu jaloux et paternaliste. L'évangile nous montre le Père donnant toute son autorité à un *fils d'homme* (27) et il s'agit d'une expression juive qui veut dire un *être humain*. Jésus est pleinement humain, il sauve l'humanité de l'intérieur.

Quand Jésus se présente comme le Fils, il joint ces deux affirmations :

— tout ce que fait mon Père, je le fais ; tout ce qui est au Père est à moi.

— Je ne peux rien faire de moi-même.

Ainsi, Jésus est le modèle des enfants de Dieu. Nous devons contempler le Père pour qu'il nous enseigne ses œuvres : il n'y a pas de vie chrétienne sans la prière, c'est-à-dire sans une relation personnelle avec Dieu.

• **5.30** Pour nous orienter dans la vie, il nous faut comprendre le monde et les hommes. Cette compréhension nous vient en partie de la raison et de la science, mais nous sommes encore plus fréquemment influencés et guidés par le témoignage des autres — par leurs paroles, leurs exemples et leurs qualités personnelles. C'est ainsi que ceux qui s'aiment se découvrent et que les amis s'accueillent. C'est ainsi que l'on se décide pour une carrière et que l'on prend un engagement religieux ou politique. C'est de cette manière encore que l'on découvre la Parole de Dieu. C'est pourquoi Jésus parle des témoignages qui l'accréditent :

— ses œuvres, ou ses miracles.

— le témoignage de Jean-Baptiste qui l'a signalé comme le Sauveur.

— les paroles de la Bible qui s'appliquent à lui.

[13] L'homme qui avait été guéri ne le savait pas, car Jésus avait disparu dans la foule. [14] Plus tard cependant, Jésus le rencontre dans le Temple et lui dit : « Te voilà guéri ; ne pèche plus, car il pourrait t'arriver bien pire. »

[15] L'homme alla donc dire aux Juifs que c'était Jésus qui l'avait guéri, [16] et les Juifs s'indignèrent contre Jésus parce qu'il avait fait cela le jour du sabbat. [17] Mais Jésus leur dit : « Mon Père est encore au travail, alors moi aussi je travaille. »

[18] Ainsi Jésus ne se contentait pas de violer la loi du sabbat, mais encore il appelait Dieu son propre Père, se faisant ainsi l'égal de Dieu. Avec cela les Juifs avaient bien plus envie de le tuer.

L'œuvre du Fils : ressusciter les morts

• [19] Jésus prit la parole ; il leur dit : « En vérité, en vérité, je vous le dis : le Fils ne peut rien faire de lui-même ; il faut qu'il le voie faire par son Père. Si celui-ci fait quelque chose, le Fils le fait également. [20] Comme le Père aime le Fils, il lui montre tout ce qu'il fait ; et il lui fera voir des œuvres bien plus importantes que ces choses-là : vous en serez tous stupéfaits. [21] Vous savez que le Père réveille les morts et leur donne la vie ; de la même façon le Fils donne la vie à qui il veut.

[22] « Sachez aussi que le Père ne juge personne ; mais il a donné au Fils la responsabilité de juger, [23] afin que tous respectent le Fils comme ils respectent le Père. Celui qui ne respecte pas le Fils ne respecte pas le Père qui l'a envoyé. [24] En vérité, en vérité, je vous le dis : celui qui écoute mes paroles et croit en celui qui m'a envoyé, vit de vie éternelle. Il n'a plus à être jugé, car il est passé de la mort à la vie.

[25] « En vérité, en vérité, je vous le dis : l'heure vient, et elle est déjà là, où les morts vont entendre l'appel du Fils de Dieu et ceux qui l'écouteront vivront. [26] Car le Fils possède en lui-même la vie, tout comme le Père possède en lui-même la vie. [27] Et le Père lui a donné le pouvoir de juger parce qu'il est un fils d'homme.

[28] « Ne soyez pas surpris : l'heure vient, et elle est déjà là, où tous ceux qui sont dans la tombe entendront son appel. [29] Ceux qui ont fait le bien sortiront et se relèveront pour la vie ; ceux qui ont fait le mal se relèveront pour la condamnation.

• [30] « Je ne peux rien faire de moi-même, mais je juge selon ce que j'entends, et mon jugement est juste parce que je ne cherche pas ma volonté, mais la volonté de celui qui m'a envoyé. [31] Si je me recommande moi-même, mon témoignage ne vaut pas, [32] mais c'est un autre

Si Dieu a donné le jugement au Fils, il ne faut pas penser tout de suite à une condamnation, sinon au pouvoir qui lui permet de donner la vie au monde, comme le dit Paul dans la Lettre aux Éphésiens 2,4.

Mais Dieu est riche en miséricorde : de quel amour ne nous a-t-il pas aimés ! Nous étions morts de nos péchés, et il nous a fait revivre avec le Christ : il vous a sauvés par pure bonté !

Dans le Christ Jésus il nous a ressuscités avec lui pour nous faire siéger avec lui dans le monde d'en-haut.

Dans le Christ Jésus il est toute bonté envers nous ; il veut montrer dans les temps à venir toute son extraordinaire générosité.

C'est à sa bonté que vous devez ce salut par la foi. Cela n'est pas venu de vous, car Dieu l'a donné ; ni de vos œuvres, et donc nul ne peut s'en vanter. Nous sommes une œuvre de Dieu, nous avons été créés dans le Christ Jésus en vue de toutes les belles choses que Dieu a préparées d'avance pour que nous les réalisions.

En Ezéchiel 37,12 une promesse de résurrection est adressée au peuple de Dieu :

Tu leur diras cette parole de Yahvé :

« Je vais ouvrir vos tombes, ô mon peuple, je vous ferai remonter de vos tombes et je vous ramènerai sur la terre d'Israël. Alors vous saurez que je suis Yahvé lorsque j'ouvrirai vos tombes, que je vous en ferai remonter.

Je mettrai en vous mon Esprit et vous vivrez ; je vous établirai sur votre terre et vous saurez que moi, Yahvé, je dis et je fais — parole de Yahvé. »

A la fin de ce chapitre 5, Jean fait encore allusion au texte du Deutéronome 18,15 qui annonce la venue d'un Prophète.

Du milieu de toi, du milieu de tes frères, Yahvé ton Dieu fera que se lève pour toi un prophète comme moi, et c'est lui que vous écouterez.

Dieu nous instruit à sa façon. Dans notre vie et dans l'histoire des peuples, Dieu a disposé des appels et des avertissements pour ceux qui savent écouter. Il nous guide grâce à une communauté chrétienne, l'Église. Or il se trouve que nous y rencontrons des personnes qui vivent selon l'Esprit tandis que d'autres n'ont que l'apparence de personnes religieuses et droites. Comment donc distinguer le vrai du faux ? Jésus dit que ceux qui aiment la vérité reconnaissent ceux qui la disent. Chacun apprécie le témoignage de ceux qui sont comme lui. Si nous voulons reconnaître les messagers de Dieu, nous ne devons pas être de ceux qui se guident par *la renommée qu'on se donne l'un à l'autre* (44), et qui se rendent ainsi esclaves de valeurs fausses. Celui qui recherche la vérité et la miséricorde reconnaîtra la garantie, *la gloire* que Dieu accorde aux paroles et aux exemples de ses serviteurs.

• **6.1** Voir Mc 6,30.

qui me recommande et je sais que son témoignage est vrai quand il me recommande.

[33] « De votre côté, vous avez fait demander à Jean et il a rendu témoignage à la vérité. [34] Je rappelle cela pour vous-mêmes, pour que vous soyez sauvés, car personnellement je ne me fais pas recommander par un homme. [35] Jean était une lampe qui brûle et illumine, et pour un moment vous vous sentiez bien avec sa lumière. [36] Mais moi, j'ai une recommandation meilleure que celle de Jean : ce sont les œuvres que mon Père m'a demandé de mener à bien.

« Les œuvres que je fais parlent en ma faveur et montrent que le Père m'a envoyé. [37] Et le Père qui m'a envoyé a aussi parlé en ma faveur. Vous n'avez jamais entendu sa voix, comme vous n'avez jamais vu sa face, [38] mais même sa parole ne demeure pas en vous si vous ne croyez pas celui qu'il a envoyé.

[39] « Cherchez dans les Écritures, puisque vous croyez que vous y trouverez la vie éternelle : ces Écritures, justement, parlent de moi. [40] Mais vous ne voulez pas venir à moi et trouver ainsi la vie.

[41] « Je ne cherche pas une gloire humaine. [42] Mais je sais qu'il n'y a pas d'amour de Dieu en vous, [43] car je suis venu au nom de mon Père et vous ne me faites pas accueil ; si un autre vient en son propre nom, vous le recevez. [44] Ainsi vous faites crédit à la renommée qu'on se donne l'un à l'autre, et vous ne recherchez pas la gloire qui vient du Dieu unique : comment donc pourriez-vous croire ? [45] Ne croyez pas que je serai votre accusateur auprès du Père : c'est Moïse qui vous accuse, celui en qui vous mettez vos espoirs. [46] Si vous aviez foi en Moïse, vous croiriez en moi, car il a écrit sur moi. [47] Mais si vous ne croyez pas ses écrits, comment croirez-vous mes paroles ? »

Le Pain de vie : la multiplication

6 • [1] Après cela, Jésus alla sur les bords de la mer de Galilée, du côté de Tibériade. [2] Une foule nombreuse le suivait, car elle voyait les signes miraculeux qu'il opérait sur les malades. [3] Jésus monta sur la colline, et là il s'assit avec ses disciples. [4] La Pâque, la fête des Juifs, était proche.

[5] Jésus, donc, leva les yeux et vit cette grande foule qui montait vers lui. Alors il dit à Philippe : « Où allons-nous acheter des pains pour qu'ils aient à manger ? » [6] Jésus disait cela pour voir comment Philippe allait réagir, car lui savait ce qu'il allait faire.

[7] Philippe lui répond : « Même avec deux cents pièces d'argent, le pain ne suffirait pas pour que chacun en ait un morceau. » [8] Un des

En Ezéchiel 33,30 nous lisons un avertissement pour tous ceux qui voient et qui écoutent sans jamais prendre le temps pour entendre et se convertir.

Alors ils viennent vers toi comme ils iraient ailleurs, ils s'asseyent près de toi pour entendre tes paroles, mais ils ne les mettent pas en pratique. Le mensonge est dans leur bouche et ils ne cherchent que leur intérêt. Tu es pour eux comme une chanson qu'on aime : la voix est belle et il joue bien ! Ils écoutent tes paroles mais ils n'en font rien. Mais quand cela arrivera — et cela va arriver — ils sauront qu'il y avait un prophète au milieu d'eux.

Dans un texte d'Ezéchiel (34,11) nous lisons la promesse de Dieu : il viendra visiter ses brebis et leur assurera la paix et le pain.

Me voici, je suis là ! Je viens rechercher les brebis et c'est moi qui m'en occuperai, comme le berger s'occupe de son troupeau le jour où il se trouve au milieu de ses brebis en liberté.

Je m'occuperai de mes brebis et je les tirerai de tous les lieux où elles ont été dispersées en un jour de brouillard et de sombres nuages.

Je les ferai sortir du milieu des autres peuples, je les rassemblerai des différents pays et je les conduirai sur leur propre terre.

Oui, je les ferai brouter dans un bon pâturage, sur les hautes montagnes d'Israël ; elles reposeront dans une bonne bergerie et se nourriront dans les grasses prairies des montagnes d'Israël.

C'est moi qui prendrai soin de mes brebis, c'est moi qui les ferai reposer — parole de Yahvé. Je chercherai celle qui est perdue, je ramènerai celle qui est égarée, je panserai celle qui est blessée, je raffermirai celle qui est malade, je veillerai sur celle qui est forte ; je prendrai soin d'elles avec justice.

• **6.22** Dans les pages suivantes Jean développe les déclarations de Jésus dans la synagogue de Capharnaüm. Jésus n'a sûrement pas précisé alors la doctrine de l'eucharistie (48-58). Cependant nous ne pouvons pas douter que Jésus s'est exprimé d'une manière qui a scandalisé ses auditeurs. Et qu'a-t-il pu dire si ce n'est que nous devons venir à lui qui est le vrai Pain pour recevoir la vie éternelle ?

L'homme ne possède pas la vie en soi : il doit constamment prendre de l'extérieur ce qui est nécessaire au maintien de la vie. Mais malgré tout, la vie un jour lui échappe parce qu'il n'a pas trouvé la *nourriture qui demeure* (27).

En réalité l'homme a besoin de beaucoup plus que de pain : quand il mange et boit, il est à la recherche de quelque chose qui lui permette de ne plus avoir faim et soif. Ayant sa nourriture assurée, il multipliera (ou la société multipliera) les objets de son désir, sans rien trouver qui le rassasie. Nous ne serons satisfaits qu'au jour de la résurrection, dans l'assemblée de tous les saints, au ciel, où régneront la paix et l'unité totales et parfaites. Et c'est cela précisément *l'œuvre du Fils de l'homme.*

Le discours est amorcé par une question des Juifs : Quelles sont *les œuvres* que Dieu attend de nous ? Jésus leur répond : *L'œuvre* que Dieu attend de vous c'est de croire. Le Père n'exige pas « les œuvres » d'une loi religieuse, mais la foi. Dans le chapitre précédent Jésus affirmait que son œuvre était de nous ressusciter. Ici il indique notre œuvre à nous : croire en celui que le Père envoie.

disciples de Jésus, André, le frère de Simon-Pierre, dit alors : [9] « Il y a là un garçon avec cinq pains d'orge et deux poissons : nous voilà bien pour nourrir toute cette foule ! » [10] Mais Jésus dit : « Faites asseoir tout ce monde. »

Il y avait beaucoup d'herbe à cet endroit et les hommes s'assirent ; ils étaient environ cinq mille.

[11] Jésus donc prend les pains et rend grâce, puis il en donne à ce monde qui s'est mis à l'aise, et il leur donne de même du poisson, autant qu'ils en veulent. [12] Quand ils ont tous mangé à leur faim, Jésus dit à ses disciples : « Ramassez les morceaux qui restent, il ne faut rien perdre. » [13] On les ramasse donc et on remplit douze corbeilles avec les débris des cinq pains d'orge, tout ce qu'on n'avait pas mangé.

[14] A la vue du signe que Jésus venait de faire, les gens commencèrent à dire : « Cet homme est vraiment le prophète qui doit venir dans le monde ! » [15] Jésus comprit qu'ils allaient l'enlever pour le proclamer roi ; alors, une fois de plus, il les laissa et s'en alla tout seul dans la montagne.

[16] En fin de journée les disciples descendirent vers le rivage. [17] Il faisait déjà nuit et Jésus n'était toujours pas là avec eux. Ils montèrent donc dans une barque, cherchant à traverser la mer en direction de Capharnaüm, [18] mais la mer était déchaînée car le vent soufflait très fort. [19] Quand ils avaient déjà ramé quatre ou cinq kilomètres, ils virent Jésus qui s'approchait de la barque : il marchait sur la mer et les disciples eurent vraiment peur.

[20] Mais lui leur dit : « C'est moi, ne craignez pas. » [21] Et comme ils voulaient le prendre dans la barque, au même moment la barque toucha terre à l'endroit vers lequel ils se dirigeaient.

Jésus marche sur les eaux

• [22] Le lendemain, la foule qui était restée de l'autre côté de la mer se rendit compte qu'il n'y avait pas eu d'autre barque que celle-là et que Jésus n'y était pas monté avec ses disciples : ils étaient partis seuls. [23] Cependant des bateaux étaient arrivés de Tibériade près de l'endroit où l'on avait mangé le pain lorsque le Seigneur rendit grâces. [24] Lorsque tous ces gens virent que Jésus n'était pas là, et ses disciples non plus, ils montèrent sur ces bateaux à la recherche de Jésus, et ils vinrent à Capharnaüm.

[25] A peine l'eurent-ils trouvé de l'autre côté de la mer qu'ils lui dirent : « Rabbi, Maître, comment es-tu venu ? »

[26] Alors Jésus leur répond : « En vérité, en vérité, je vous le dis : vous

En Isaïe 25,6 se trouve cette belle image du banquet des justes que Jésus reprend dans ses paraboles. Là est le Pain de vie et la mort a disparu.

Sur cette montagne Yahvé Sabaot prépare, pour tous les peuples, un banquet de viandes grasses, un banquet de bons vins, des viandes juteuses et des vins de qualité.

Sur cette montagne il déchirera le voile qui couvrait tous les peuples, le suaire qui enveloppait toutes les nations.

Pour toujours il fera disparaître la mort. Le Seigneur Yahvé essuiera les larmes sur tous les visages, il délivrera son peuple de ses humiliations, il le fera sur toute la terre — c'est Yahvé qui l'a dit.

En ce jour-là on dira : « Voici notre Dieu en qui nous avions mis notre espérance ; lui nous a délivrés. Grande est notre joie, notre allégresse, car il nous a sauvés. »

• **6.28** Ici commence la première partie du discours : Jésus devient notre pain lorsque nous croyons en lui. Le mot-clef de ce discours est *le pain.* C'est pourquoi Jean le répète sept fois dans chaque section de ce chapitre. Et l'expression *qui est descendu du ciel* apparaît également sept fois dans ce chapitre.

Autrefois, lorsque les Israélites erraient dans le désert et manquaient de tout, Dieu leur avait donné un aliment providentiel, *la manne.* Mais si Dieu n'est que bienfaiteur, on finira par ne penser qu'à ce qu'il donne ; c'est à peine si on le remerciera, et on recommencera à se plaindre. C'est ce qui était arrivé avec les Israélites : après avoir reçu la manne, ils s'étaient révoltés et ils étaient morts dans le désert ; en effet les choses matérielles, même lorsqu'elles viennent du ciel, ne nous font pas meilleurs : elles ne donnent pas la vraie vie.

C'est pourquoi le don de Dieu est autre. Le pain qui *descend du ciel* n'est pas quelque chose, mais Quelqu'un. Ce vrai pain communique la vie éternelle, mais pour le recevoir il faut une réponse personnelle : croire au Christ.

Tout ce que le Père me donne vient à moi (37). Tous ceux qui se glorifient d'appartenir à la vraie religion ne *viennent* pas pour autant au Christ. Seuls ceux auxquels le Père a accordé cette grâce trouveront les chemins du Christ contesté et humble. Quand nous aurons dit toute l'importance des sacrements et des bonnes œuvres, il ne faudra pas oublier cette affirmation très forte de Jésus : aucun de nos efforts ne peut remplacer l'élection par le Père, lequel nous appelle à connaître son Fils selon la vérité.

Il est le fils de Joseph (42). Les auditeurs de Jésus sont des Juifs qui croient à la Bible. Mais une chose est de croire aux prophètes du passé honorés après leur mort, autre chose est de reconnaître les messagers contemporains et contestés de Dieu, surtout lorsque le *messager de Dieu* est un simple charpentier. C'est toujours aussi vrai maintenant : beaucoup croient en la Bible ou au Christ, mais peu écoutent les voix qui appellent à la pauvreté et au refus des idoles.

Tous seront enseignés par Dieu (45). Divers textes des prophètes montraient comment la religion juive allait se dépasser. L'alliance célébrée au mont Sinaï avait donné les lois et obligations religieuses qui devaient éduquer la conscience du peuple juif. Mais ensuite s'ouvriraient de nouveaux temps où Dieu enseignerait chacun de ses fidèles comme il l'avait fait avec les grands prophètes. Jésus rappelle ces promesses, mais il donne une précision. Il ne s'agit pas de révélations données par Dieu un peu à tout le monde, mais de l'appel mystérieux qui nous conduit à Jésus. Du Père nous vient une attitude nouvelle : tout chercher en Jésus ; et en Jésus, parfait miroir de Dieu, nous découvrons la volonté du Père sur nous.

me cherchez, non parce que vous avez vu à travers les signes, mais parce que vous avez eu du pain et que vous avez bien mangé. ²⁷ Travaillez, non pas pour la nourriture qui disparaît, mais pour la nourriture qui demeure et qui devient vie éternelle. C'est le Fils de l'homme qui vous la donnera ; c'est lui que Dieu le Père a marqué de son sceau. »

Le Pain de vie : croire au Fils de Dieu

• ²⁸ Alors on lui dit : « Pour travailler aux œuvres de Dieu, que devons-nous faire ? » ²⁹ Et Jésus leur répond : « L'œuvre de Dieu, c'est que vous ayez foi en celui qu'il a envoyé. » ³⁰ Ils lui disent : « Que fais-tu, quel signe avons-nous vu pour que nous croyions en toi ? Qu'es-tu capable de faire ? ³¹ Nos pères ont mangé la manne dans le désert, comme dit l'Écriture : *Il leur a donné à manger le pain venu du ciel.* »

³² Jésus leur répond : « En vérité, en vérité, je vous le dis : ce n'est pas Moïse qui vous a donné le pain venu du ciel ; c'est mon Père qui vous donne le vrai pain descendu du ciel. ³³ Celui qui descend du ciel et donne la vie au monde, c'est lui le pain de Dieu. »

³⁴ Alors les gens lui disent : « Donnez-nous donc ce pain. » ³⁵ Et Jésus leur répond : « Je suis le Pain de vie : celui qui vient à moi n'aura jamais faim, celui qui croit en moi n'aura plus jamais soif. ³⁶ Mais vous avez vu et vous n'avez pas cru : cela, je vous l'ai déjà dit.

³⁷ « Tout ce que le Père me donne viendra à moi, et je ne rejetterai pas celui qui vient à moi. ³⁸ Car je suis descendu du ciel, non pour faire ma volonté, mais pour faire la volonté de celui qui m'envoie. ³⁹ Voici ce que veut celui qui m'a envoyé : que je ne perde rien de ce qu'il m'a donné, mais que je le ressuscite au dernier jour. ⁴⁰ Oui, c'est la volonté de mon Père : quiconque voit le Fils et croit en lui doit vivre de vie éternelle, et moi je le ressusciterai au dernier jour. »

⁴¹ Les Juifs commencèrent à protester parce que Jésus avait dit : « Je suis le pain qui est descendu du ciel. » ⁴² Ils disaient : « Nous connaissons son père et sa mère, n'est-ce pas ? Il n'est que Jésus fils de Joseph. Et maintenant il vient nous dire qu'il est descendu du ciel ! »

⁴³ Jésus leur dit ceci : « Ne protestez pas entre vous. ⁴⁴ Personne ne peut venir à moi si le Père qui m'a envoyé ne l'attire ; moi, alors, je le ressusciterai au dernier jour. ⁴⁵ Il est écrit dans les livres des prophètes : *Tous seront enseignés par Dieu.* C'est ainsi que vient à moi celui qui a entendu et s'est laissé instruire par le Père. ⁴⁶ Car personne, bien sûr, n'a vu le Père ; un seul a vu le Père, celui qui vient d'auprès de Dieu.

⁴⁷ « En vérité, en vérité, je vous le dis : celui qui croit vit de vie éternelle. »

• **6.48** Seconde partie du discours : Jésus se fait notre pain quand nous mangeons sa chair dans l'eucharistie. L'eucharistie, célébration de la Cène du Seigneur, (la « messe », comme nous disons souvent) est l'expression la plus forte de notre union à Dieu dans le Christ.

• **6.52** *Comment peut-il nous donner de la chair à manger ?* Ainsi parlaient les Israélites qui se méfiaient de Dieu dans le désert. Mais Jean qui aime les jeux de mots leur donne un sens différent ici : pourquoi est-ce qu'un messager du ciel donnerait sa chair au monde quand nous avons besoin de quelque chose de spirituel ? Jésus répond au verset 63 : bien que cette *chair* paraisse un aliment terrestre, il s'agit vraiment de partager la vie du Christ ressuscité et transformé *par l'Esprit*.

Par des gestes visibles, le croyant participe à une réalité invisible et entre en communion avec le Christ ressuscité. Quand nous prenons part aux sacrements avec la foi, nous rencontrons le Christ vivant qui renouvelle notre vie. Dans la Cène du Seigneur (la messe), nous recevons vraiment le corps et le sang du Christ dans ce qui ne semble être que pain et vin.

Jésus est le *pain vivant* ou actif. Quand nous mangeons *le pain de vie*, c'est lui qui nous « assimile ». Le Christ nous transforme : celui qui me mange *vivra par moi*.

Chair et sang Dans la culture hébraïque, *chair et sang* désignent l'homme entier dans sa condition mortelle. Jésus veut que nous fassions nôtre tout son être humain dans sa condition humble et mortelle, et lui nous communique sa divinité.

Une fois encore Jésus va « accomplir » ce que contenait l'Ancienne Alliance : accomplir, c'est-à-dire donner la réalité là où l'on n'avait encore que l'ombre. Parmi les sacrifices que l'on offrait au Temple, il y avait ceux dits de communion : les fidèles mangeaient au cours d'un repas une part de la victime. Ils la mangeaient « devant Dieu », s'unissant ainsi à leur Dieu à qui était consacrée la meilleure part de la victime.

Celui qui mange ma chair a la vie, celui qui ne le fait pas… Ces paroles de Jésus nous déconcertent souvent, et nous nous décourageons à la vue des nombreux défauts que nous avons encore, bien que nous recevions les sacrements. Mais le don de Dieu, qu'il s'agisse de sa parole ou du corps du Christ est une graine si petite qu'elle se perd très souvent et ne produit des fruits que pour ceux qui persévèrent.

• **6.59** *Ce langage est dur à accepter.* Comment les auditeurs de Jésus pourraient-ils croire que le « fils de Joseph » est venu de Dieu ? Jésus nous dit pourquoi il est venu : Le Fils de Dieu est descendu à nous pour ensuite *remonter où il était auparavant*. Il est venu de Dieu pour nous donner la vie même de Dieu qui nous ramènera jusqu'au sein du Père (Jn 14,12).

Les auditeurs de Jésus ne pouvaient pas comprendre (6,61) le mystère du Fils de Dieu qui a voulu s'humilier et se dépouiller de sa gloire divine. Il s'est fait homme et il est mort en croix afin qu'ensuite le Père le fasse *remonter où il était auparavant*. De même, nous avons du mal à croire en l'œuvre divine qui se réalise au milieu de nous : cette humanité si irresponsable et que Dieu aime, cette Église si indigne avec laquelle pourtant Dieu réalise son plan ; cette histoire si désespérante qui cependant prépare le banquet du Royaume.

Comprenons que par la résurrection du Christ, notre monde a été renouvelé. Même si en apparence la vie continue comme avant, nous devons croire qu'un autre monde, qui est le vrai, s'est fait présent. L'Esprit est à l'œuvre à l'intérieur des tourbillons énormes qui agitent et secouent la masse humaine. Il fait que l'humanité atteigne sa maturité, passant par d'innombrables crises, ou morts, qui préparent une résurrection.

Seigneur, à qui irions-nous ? Beaucoup de disciples de Jésus s'éloignent de lui, mais au nom de ceux qui restent, Pierre lui promet fidélité (voir aussi Mt 16,13).

Le corps du Christ, Pain de vie

- [48] « Je suis le Pain de vie. [49] Vos pères ont mangé la manne dans le désert, mais ils sont morts. [50] Voici maintenant le pain qui est descendu du ciel, celui qui en mange ne meurt pas. [51] Je suis le pain vivant qui est descendu du ciel ; si quelqu'un mange de ce pain, il vivra pour toujours. Et ce pain que je donnerai, c'est ma chair livrée pour la vie du monde. »

- [52] Les Juifs commencèrent à se diviser. Ils disaient : « Cet homme va-t-il nous donner à manger de la chair ? » [53] Jésus leur dit : « En vérité, en vérité, je vous le dis : si vous ne mangez pas la chair du Fils de l'homme et si vous ne buvez pas son sang, vous n'avez pas la vie en vous. [54] Celui qui mange ma chair et boit mon sang vit de vie éternelle, et moi je le ressusciterai au dernier jour.

[55] « Ma chair est vraiment nourriture, et mon sang est vraiment une boisson. [56] Celui qui mange ma chair et boit mon sang demeure en moi et moi en lui. [57] De même que je vis par le Père, car le Père qui m'a envoyé est vivant, de la même façon celui qui me mange vivra par moi. [58] Voici le pain qui est descendu du ciel. Ce ne sera pas comme pour vos pères qui ont mangé, et ensuite ils sont morts : celui qui mange ce pain vivra pour toujours. »

Allez-vous me laisser, vous aussi ?

- [59] Voilà ce que Jésus a dit dans la synagogue, quand il enseignait à Capharnaüm. [60] Après l'avoir entendu, bon nombre de ses disciples dirent : « Ce langage est dur à accepter, qui voudra l'écouter ? »

[61] Jésus savait en lui-même que ses disciples protestaient ; il leur dit : « Tout cela vous scandalise ? [62] Que direz-vous lorsque vous verrez le Fils de l'homme remonter où il était auparavant ? [63] C'est l'Esprit qui fait vivre, la chair ne sert de rien ; les paroles que je vous ai dites sont esprit, et elles sont vie. [64] Mais certains d'entre vous ne croient pas. »

Jésus savait en effet dès le début quels étaient ceux qui ne croyaient pas, et qui allait le trahir. [65] Et il ajouta : « Voici la raison pour laquelle je vous ai dit que personne ne peut venir à moi si cela ne lui a pas été donné par le Père. »

[66] Ce jour-là beaucoup de disciples firent marche arrière et cessèrent de le suivre. [67] Jésus dit alors aux Douze : « N'allez-vous pas partir, vous aussi ? » [68] Pierre lui répondit : « Seigneur, à qui irions-nous ? Tu as les paroles de la vie éternelle, [69] et nous, nous croyons et nous savons que tu es le Saint de Dieu. »

Le Psaume 78 (21-25) parle de la manne du désert comme d'un pain du ciel. Mais ce souvenir est inséparable de celui des refus de croire d'Israël.

Le Seigneur avait entendu, il s'emporta ;
un feu flamba contre Jacob,
une fois de plus la colère frappa Israël.
C'est qu'ils n'avaient pas cru en Dieu,
ils n'avaient pas compté sur lui pour les sauver.
Mais il donna un ordre aux nuées d'en haut,
il ouvrit les portillons du firmament.
Et l'homme a mangé le pain des Forts
quand Dieu donnait à la pause autant qu'on en voulait.

• **7.1** *Tu dois te montrer au monde* (3 et 4). Ces frères de Jésus étaient sa famille et ses compatriotes de Nazareth (voir Mc 6,3). Ils devaient entrer dans l'Église après la résurrection de Jésus, et alors ils se croiraient des gens importants du seul fait qu'ils faisaient partie des proches de Jésus. Mais lorsque Jésus prêchait, ils étaient encore très loin de le comprendre, ils voulaient que Jésus se rende célèbre par ses miracles.

Mon heure n'est pas encore venue (8). Jésus oppose deux conduites différentes. Ceux qui vivent selon leurs propres plans *n'ont pas d'heure* parce qu'ils ne connaissent pas l'appel de Dieu ; ils agissent comme et quand bon leur semble. Ceux qui se laissent guider par l'Esprit attendent l'heure de Dieu. Tout ce qu'ils entreprennent alors réussira pour la gloire de Dieu.

Les Juifs... (13,15, 35). Lorsque Jean a écrit ces discours, il affrontait dans ses communautés un fort courant qu'on a appelé plus tard les « judéo-chrétiens ». Ceux-ci croyaient bien que Jésus était le Messie, mais ils ne voulaient rien faire qui puisse les opposer à la communauté juive. Ils parlaient de « Jésus Fils de Dieu », mais ne donnaient pas à ce mot toute la force qu'il a pour la foi chrétienne. Aussi, lorsque Jean parle des *Juifs qui croyaient en Jésus* mais ne le comprenaient pas (8,31), nous devinons qu'il pense en réalité à ces judéo-chrétiens qui, trente ans plus tard, dominaient certaines églises de Palestine.

• **7.19** Tu as un démon : Il faut comprendre : Tu as l'esprit dérangé. Ceux qui ne savent pas reconnaître la vérité approuveront un jour la condamnation de Jésus.

⁷⁰ Jésus leur dit : « N'est-ce pas moi qui vous ai choisis, vous, les Douze ? Et pourtant l'un de vous est un démon. » ⁷¹ Jésus parlait de Judas, fils de Simon Iscariote. C'est lui, l'un des Douze, qui allait livrer Jésus.

SECONDE PARTIE : LE MONDE REJETTE JÉSUS, ON CHERCHE À LE TUER

Jésus monte en secret à la fête

7 • ¹ Après cela, Jésus resta en Galilée, passant d'une place à l'autre ; il ne voulait pas circuler en Judée car les Juifs cherchaient à le tuer. ² La fête des Tentes, une des fêtes juives, était alors toute proche, ³ et ses frères lui dirent : « Ne reste pas ici, monte en Judée : tes disciples là-bas ont besoin de voir les œuvres que tu fais. ⁴ On ne se cache pas quand on veut être connu : avec tout ce que tu fais, tu dois te montrer au monde. » ⁵ En réalité, ses frères non plus ne croyaient pas en lui.

⁶ Jésus leur dit : « L'heure pour moi n'est pas encore venue, tandis que pour vous, c'est toujours le moment favorable. ⁷ Le monde ne peut pas vous détester, alors que moi il me déteste parce que je montre que ses œuvres sont mauvaises. ⁸ Vous pouvez monter pour cette fête ; moi je ne monte pas pour cette fête, parce que mon heure n'est pas encore venue. » ⁹ Telle fut la réponse de Jésus, et il resta en Galilée.

¹⁰ Mais quand ses frères étaient déjà montés pour la fête, Jésus aussi monta sans le dire, et comme en secret. ¹¹ Les Juifs le cherchaient donc au milieu de la fête et ils demandaient : « Où est cet homme ? » ¹² Dans le peuple on parlait de lui à voix basse. Les uns disaient : « C'est un homme bien. » D'autres répondaient : « Pas du tout, il trompe le peuple. » ¹³ Mais personne ne parlait de lui ouvertement par peur des Juifs.

¹⁴ La fête était déjà à moitié passée quand Jésus monta au Temple et commença à enseigner. ¹⁵ Les Juifs en étaient tout étonnés, ils disaient : « Cet homme connaît donc les Écritures sans avoir eu de maître ? »

¹⁶ Alors vint la réponse de Jésus : « Ma doctrine ne vient pas de moi mais de celui qui m'a envoyé. ¹⁷ Si quelqu'un veut faire ce que Lui il veut, il saura bien si ma doctrine vient de Dieu ou si je parle pour mon compte. ¹⁸ Celui qui parle pour son propre compte, cherche sa propre gloire, mais si quelqu'un cherche la gloire de celui qui l'a envoyé, c'est un homme sans malice et qui dit la vérité.

• ¹⁹ C'est bien Moïse qui vous a donné la Loi ? Pourtant aucun de

Avec la fête des Azymes (ou de la Pâque) et la fête des Semaines (la Pentecôte), la fête des Tentes était l'une des trois fêtes où s'imposait le pèlerinage à Jérusalem : Deutéronome 16,13.

Tu célébreras chez toi la Fête des Tentes durant sept jours, après que tu auras recueilli tout ce qui vient de ton aire et de ton pressoir.

Tu feras la fête, toi, ton fils et ta fille, ton serviteur et ta servante, avec le Lévite, l'étranger, l'orphelin et la veuve qui habitent au milieu de toi.

Ainsi Yahvé ton Dieu bénira toutes tes ressources et tes entreprises et tu seras heureux.

Ainsi, trois fois dans l'année, tout mâle parmi vous se présentera devant Yahvé ton Dieu, dans le lieu qu'il aura choisi. Il y viendra pour la Fête des Azymes, la Fête des Semaines et la Fête des Tentes.

Nous avons dit que le passage 7,19-24 est la conclusion du discours qui occupe le chapitre 5. Pour des raisons que nous ignorons, il se trouve ici hors de son contexte.

• **7.25** Qui est Jésus ? Il est essentiel pour nous de le savoir parce qu'il ne nous offre rien de moins que de partager la vie de Dieu. Mais si Jésus ne vient pas de Dieu, que vaut cette promesse ?

Sa personne nous attire mais ses paroles nous choquent. Quand il déclare que le monde est déjà sauvé, que nous sommes déjà ressuscités et que nous sommes les enfants de Dieu, nous prenons cela pour de la littérature puisque la réalité nous semble bien différente. Nous avons besoin de temps, d'expériences et de souffrances pour modifier notre point de vue et nous élever jusqu'à l'endroit d'où nous découvrirons le monde et les hommes tels que Jésus les décrit.

• **7.33** *Vous me chercherez et vous ne me trouverez pas.* C'est le même avertissement que Dieu faisait par la voix des prophètes. Une fois de plus, Jésus s'applique des paroles et des prérogatives que la Bible réservait à Dieu.

• **7.37** A la fête des Tentes, au jour le plus solennel, une procession allait puiser de l'eau à la piscine de Siloé ; c'est alors que Jésus annonce le « don » (4,10), l'eau vive.

Le don de l'Esprit suit l'accueil de la Parole, qui est le Fils de Dieu. Et comme la Parole visite tous les humains, ils ont part aussi à l'Esprit de Dieu. Mais ceci, qui est donné en tous temps et en tous lieux, nous laisse loin de la communication de l'Esprit a ceux qui ont accueilli le Christ. Ici, Jean précise que les temps de l'Esprit ne pouvaient commencer avant que Jésus *n'entre dans sa gloire.*

Des fleuves d'eau vive jailliront de son sein. Ici Jean nous renvoie à des textes prophétiques qui visaient le Messie, source d'eau vive.

vous n'observe la Loi. Alors, pourquoi voulez-vous me tuer ? » ²⁰ Les Juifs lui répondent : « Tu as un démon ! Qui est-ce qui cherche à te tuer ? » ²¹ Jésus leur dit : « J'en suis à ma première intervention et déjà vous êtes scandalisés. ²² Voyez comment Moïse vous a ordonné la circoncision (en réalité elle ne vient pas de Moïse, mais des ancêtres) — et vous faites la circoncision même le jour du sabbat. ²³ Pour ne pas désobéir à la Loi de Moïse, on donne à quelqu'un la circoncision le jour du sabbat. Alors, pourquoi me faites-vous des reproches quand je donne à quelqu'un la pleine santé le jour du sabbat ? ²⁴ Ne jugez pas selon les apparences, jugez selon la justice. »

• ²⁵ Des gens de Jérusalem disaient : « C'est donc lui l'homme qu'on voudrait tuer ? ²⁶ Et maintenant il parle ouvertement et on ne lui dit rien. Nos chefs auraient-ils vraiment reconnu qu'il est le Messie ? ²⁷ Pourtant nous savons bien d'où il est, alors que pour le Messie, personne ne sait d'où il sortira. »

²⁸ C'est pourquoi Jésus, qui enseignait dans le Temple, éleva la voix et déclara : « Vraiment vous me connaissez et vous savez d'où je suis ! Je ne viens pas de moi-même. J'ai été envoyé par Celui qui est Vrai, par celui que vous ne connaissez pas. ²⁹ C'est lui qui m'a envoyé, et moi je le connais parce que je viens d'auprès de lui. »

³⁰ On aurait voulu l'arrêter, mais personne ne mit la main sur lui parce que son heure n'était pas encore venue. ³¹ Dans la foule beaucoup crurent en lui, car ils disaient : « Quand le Christ viendra, fera-t-il davantage de miracles que cet homme ? »

³² Les Pharisiens étaient au courant de tout ce qu'on disait dans le peuple à propos de Jésus. En accord avec les Pharisiens, les grands prêtres envoyèrent la police du Temple pour l'arrêter.

• ³³ Jésus dit alors : « Je suis avec vous pour très peu de temps encore, ensuite j'irai vers celui qui m'a envoyé. ³⁴ Vous me chercherez, mais vous ne me trouverez pas, car vous ne pouvez pas venir où je suis. » ³⁵ Aussitôt les Juifs se demandèrent : « Où veut-il aller que nous ne puissions pas le trouver ? Pense-t-il visiter ceux qui ont émigré vers le monde grec et prêcher également aux Grecs ? ³⁶ Qu'est-ce qu'il a dit là : Vous me chercherez et vous ne me trouverez pas, vous ne pouvez pas venir où je suis ? »

La promesse de l'eau vive

• ³⁷ C'était le dernier jour de la fête, qui est aussi le plus important. Jésus, qui s'était mis debout, éleva la voix : « Celui qui a soif, qu'il vienne à moi ! Qu'il boive, ³⁸ celui qui croit en moi ! L'Écriture l'a dit :

En Ezéchiel (47,1) se lit cette vision de l'eau vive qui sort du Temple — le cœur du Christ.

L'homme me ramena à l'entrée du Temple, et voici que des eaux sortaient de dessous le seuil de la Maison. Il me fit faire le tour par l'extérieur jusqu'au porche de l'est : l'eau courait alors sur ma droite.

L'homme s'éloigna vers l'orient. Il mesura mille coudées avec la perche qu'il tenait en main, puis il me fit traverser le cours d'eau : j'avais de l'eau jusqu'aux chevilles. Il compta encore mille coudées et me fit traverser le cours d'eau ; j'avais de l'eau jusqu'aux genoux. Il compta encore mille coudées et me fit traverser le cours d'eau ; j'avais de l'eau jusqu'aux reins.

Il mesura encore mille coudées : cette fois je ne pouvais plus traverser le torrent : les eaux avaient monté, c'était un fleuve qu'on ne traverse pas mais qu'on passe à la nage. Il me dit alors : « As-tu vu, fils d'homme ? » Après quoi il me fait marcher sur la rive. Cette fois je ne pouvais plus traverser le torrent : les eaux avaient monté.

Il me dit : « Cette eau court vers la région Est et se déverse dans la mer sur les eaux infectes. Aussitôt les eaux redeviennent saines. Tout ce qui vit, tout ce qui s'agite partout où le torrent parviendra, sera plein de vie. Il suffira que ces eaux y arrivent ; il y aura santé et vie partout où ces eaux parviendront.

Les pêcheurs se tiendront sur la rive depuis En-Guédi jusqu'à En-Eglayim : on y tendra des filets. Les poissons y seront très nombreux, des mêmes espèces qu'on trouve dans la grande mer.

Toutes sortes d'arbres fruitiers grandiront sur les rives du torrent, de part et d'autre ; leur feuillage ne se flétrira pas, ils auront des fruits en toute saison. Tous les mois ils produiront, grâce à cette eau qui vient du sanctuaire. On se nourrira de leurs fruits, et leurs feuilles seront un remède. »

• **8.1** Les plus anciens manuscrits de l'évangile de Jean ne contiennent pas le passage 8,1-11. Certains pensent que ce passage vient d'autres sources.

Si Jésus fait preuve de tant d'égards pour cette femme et s'il refuse de la condamner comme le font les hommes, est-ce parce qu'il considère que son péché est sans gravité ? Il vaut mieux dire que Dieu se sert d'autres moyens pour conduire les pécheurs au repentir et pour les purifier par la souffrance.

Il y a une énorme différence entre dire à quelqu'un que ses idées ou actions sont mauvaises et le condamner. Dans cet épisode Jésus est à la fois exigeant et miséricordieux envers la femme.

Des fleuves d'eau vive jailliront de son cœur. » [39] Quand Jésus disait cela, il pensait à l'Esprit que devaient recevoir ceux qui croient en lui. A ce moment-là on n'avait pas encore l'Esprit, puisque Jésus n'était pas encore entré dans sa gloire.

Discussions sur l'origine du Christ

[40] Bien des gens qui avaient entendu ces paroles disaient : « C'est sûrement lui le Prophète ! » [41] D'autres disaient : « C'est lui le Messie ! » Mais certains demandaient : « Le Messie peut-il venir de Galilée ? [42] Le Messie est descendant de David : n'est-ce pas dit dans l'Écriture ? Et il doit venir de Bethléem, la ville de David. » [43] Ainsi les gens se divisaient à cause de lui. [44] Certains voulaient l'arrêter, mais personne ne mit la main sur lui.

[45] Lorsque les policiers furent de retour chez les grands prêtres et les Pharisiens, ceux-ci leur demandèrent : « Pourquoi ne l'avez-vous pas arrêté ? » [46] Les policiers répondirent : « Jamais un homme n'a parlé ainsi. »

[47] Les Pharisiens répliquèrent : « Vous aussi vous vous êtes laissé prendre ? [48] Y a-t-il seulement un chef ou un Pharisien qui ait cru en lui ? [49] Mais ce peuple qui ignore tout de la Loi, ce sont des maudits ! »

[50] Alors intervint Nicodème, l'un d'entre eux ; c'était lui qui était venu voir Jésus au début, et il demanda : [51] « Est-ce que notre Loi condamne quelqu'un sans d'abord l'interroger pour savoir ce qu'il fait ? » [52] Les autres lui dirent : « Toi aussi tu es Galiléen ? Regarde un peu, et tu verras que les prophètes n'arrivent pas de Galilée. » [53] Et c'est ainsi que chacun retourna chez soi.

La femme adultère

8 • [1] Jésus était reparti vers le mont des Oliviers. [2] Dès le matin à la première heure il était de nouveau au Temple ; tout le peuple venait à lui, et lui s'asseyait pour les enseigner. [3] C'est alors que les maîtres de la Loi et les Pharisiens lui amènent une femme surprise en adultère. Ils la placent au centre, [4] puis ils lui demandent : « Maître, cette femme est une adultère et elle a été prise sur le fait. [5] Dans la Loi, Moïse nous a ordonné de lapider les femmes qui sont dans ce cas, mais toi, qu'est-ce que tu dis ? »

[6] Ils parlaient de cette façon pour le mettre à l'épreuve, car ils cherchaient un motif pour l'accuser. Mais Jésus se pencha et se mit à écrire sur le sol avec son doigt. [7] Comme ils insistaient avec leurs questions, Jésus se redressa et leur dit : « Que celui d'entre vous qui n'a pas de

La Loi punissait aussi les hommes, mais il était plus difficile de les accuser. En Osée 4 le prophète attaque l'hypocrisie des hommes et de leurs prêtres.

La prostitution, le vin et l'alcool leur ont fait perdre la tête, Mon peuple consulte un poteau de bois ; c'est son bâton qui lui donne des conseils. Un esprit de prostitution les égare, ils se conduisent en adultères avec leur Dieu.

C'est pourquoi, si vos filles se prostituent, si vos belles-filles commettent l'adultère, je ne punirai pas vos filles pour leurs prostitutions ou vos belles-filles pour leurs adultères, car vous-mêmes allez à l'écart avec les prostituées, vous offrez des sacrifices avec les prostitués sacrés.

Nous parlons toujours du Fils, n'oublions qu'il est le Verbe, la Sagesse du Dieu infini. Le Livre de la Sagesse disait déjà qu'elle est lumière (6,12).

La Sagesse est lumière et ne se flétrit pas ; elle se montre volontiers à ceux qui l'aiment, elle se laisse trouver par ceux qui la recherchent.

Elle va à la rencontre de ceux qui désirent la connaître ; celui qui pour elle s'est levé tôt n'aura guère à peiner : il la trouvera assise à sa porte. Se passionner pour elle est la meilleure des ambitions, celui qui aura veillé à cause d'elle sera bientôt sans soucis.

Elle part elle-même de tous côtés à la recherche de ceux qui sont dignes d'elle ; elle se montre avec bienveillance sur leurs chemins, elle vient les retrouver dans toutes leurs pensées.

• **8.12** Jésus est la lumière pour tous les hommes de tous les temps. Dieu avait guidé les Hébreux dans le désert par un nuage lumineux ; il nous guide par son Fils : qui suit Jésus ne marchera pas dans les ténèbres.

La lumière éclaire nos foyers tandis que l'obscurité règne au dehors ; la lumière brille pour tous, les riches comme les pauvres ; la lumière triomphe des forces du mal et de l'ignorance. Le Christ est tout cela et plus encore pour ceux qui le suivent, sa lumière nous permet d'attribuer aux choses et aux activités humaines le lieu et l'importance qu'elles méritent.

C'est grâce à la lumière du Christ que nous parvenons à triompher de tout ce qui est obscur en nous. Nous ne sommes conscients que d'une petite partie de notre moi intérieur, et à chaque instant nos actions répondent à des mouvements involontaires provenant de notre tempérament et de notre nature. Mais si nous vivons dans la lumière, peu à peu la lumière envahira tous les recoins de notre cœur.

Dans ce discours, Jésus témoigne de sa propre divinité : Il y a en lui un secret, un mystère concernant son origine. Nous trouvons sept fois dans cette page l'expression *Je suis* : Jean nous fait comprendre que c'est une expression clef du discours.

JE SUIS : c'est ainsi que Dieu s'était nommé, parlant à Moïse. Les Juifs l'appelaient : *Yahvé, Celui qui est.* Mais Jésus déclare : *Je Suis,* se réclamant du Nom que l'on ne devait donner à aucune créature. Certains « chrétiens » prétendent rabaisser le Christ. Tout en appelant le Christ, Fils de Dieu, ils n'acceptent pas qu'il soit Dieu, né de Dieu. Cependant Jésus EST, tout autant que le Père, et sans se confondre avec lui. Il dit en effet : *le Père m'a envoyé* et encore : *le témoignage de deux personnes est digne de foi.*

Vous mourrez dans vos péchés (24) et : *vous mourrez dans votre péché* (21). Le péché ne consiste pas seulement à faire le mal. Le péché, c'est refuser de *naître d'en haut* comme Jésus le dit à Nicodème (3,3). Ceux *d'en bas* (8,23) sont ceux qui se replient sur leur sagesse humaine.

péché lui jette la pierre le premier. » ⁸ Et de nouveau il se pencha et se mit à écrire sur le sol.

⁹ Après une telle réponse, ils commencèrent à s'en aller l'un après l'autre en commençant par les plus âgés, et Jésus se retrouva seul avec la femme au centre. ¹⁰ Alors il se redressa et lui dit : « Femme, où sont-ils ? Personne ne t'a condamnée ? » ¹¹ Elle répondit : « Personne, vous voyez. » Et Jésus lui dit : « Moi non plus, je ne te condamne pas ; va et ne pèche plus. »

Je suis la lumière du monde

• ¹² Jésus parla de nouveau à la foule, il leur dit : « Je suis la lumière du monde. Celui qui me suit ne marchera pas dans les ténèbres : il aura la lumière qui est vie. » ¹³ Alors les Pharisiens lui dirent : « Si tu te recommandes toi-même, ta recommandation ne vaut rien. »

¹⁴ Jésus leur répondit : « Même si c'est moi qui me recommande, ma recommandation vaut, parce que je sais d'où je suis venu et où je vais. C'est vous qui ne savez pas d'où je viens et où je vais. ¹⁵ Vous jugez, et c'est la chair qui parle : moi je ne juge personne. ¹⁶ Mais si je juge, mon jugement vaut, parce que je ne suis pas seul : il y a moi et le Père qui m'a envoyé. ¹⁷ Regardez votre Loi : il est écrit que le témoignage vaut s'il y a deux personnes. ¹⁸ Je donne un témoignage sur moi-même, et le Père qui m'a envoyé me donne aussi son témoignage. »

¹⁹ Alors ils lui dirent : « Où est ton Père ? » Jésus répondit : « Vous ne connaissez ni moi, ni mon Père. Si vous me connaissiez, vous connaî-triez aussi mon Père. »

²⁰ Jésus fit cette déclaration dans la salle des offrandes, au temps où il enseignait dans le Temple ; personne ne l'arrêta, car son heure n'était pas encore venue.

²¹ De nouveau Jésus leur dit : « Je m'en vais et vous me chercherez, et comme vous ne pouvez venir où je suis, vous mourrez dans votre état de péché. » ²² Les Juifs donc se demandaient : « Il dit que nous ne pouvons pas aller là où il va : est-ce que par hasard il pense à se tuer ? »

²³ Mais Jésus leur dit : « Vous êtes d'en bas et je suis d'en haut. Vous êtes de ce monde, et moi je ne suis pas de ce monde. ²⁴ Je vous ai donc dit que vous mourrez avec vos péchés : oui, si vous ne croyez pas que *Je Suis*, vous mourrez avec vos péchés. » ²⁵ Alors ils lui demandèrent : « Mais tu es qui ? » Jésus leur dit : « Exactement ce que je viens de vous dire. ²⁶ J'ai beaucoup à dire et à condamner chez vous, et ce que je dis au monde, je l'ai appris auprès de celui qui m'envoie : lui est Vrai. »

C'est dans l'Exode 3,14 que Dieu donne à Moïse l'interprétation du nom de Yahvé : *Il Est*. Et Lui dit : *Je Suis*.

Moïse dit à Dieu : « Bien ! Je vais aller trouver les Israélites et je leur dirai : Le Dieu de vos pères m'a envoyé vers vous. Mais ils me diront : Quel est son nom ? Que vais-je leur répondre ? »

Dieu dit à Moïse : « Je suis : JE SUIS ! » Puis il ajouta : « Tu diras aux Israélites : JE SUIS m'a envoyé vers vous. »

Dieu dit encore à Moïse : « Voici ce que tu diras aux Israélites : YAHVÉ, le Dieu de vos pères, le Dieu d'Abraham, le Dieu d'Isaac et le Dieu de Jacob m'a envoyé vers vous. Ce sera là mon nom pour toujours, c'est ainsi que l'on m'invoquera de génération en génération. »

Une parole de Dieu destinée à son Serviteur, en Isaïe 49,6

Il m'a dit : « Relever les tribus de Jacob,
rassembler les survivants d'Israël,
ce ne sera pas là tout ton service :
je veux encore faire de toi la lumière des nations,
pour que mon salut s'étende à la mesure de la terre. »

•8.31 Pour les Juifs, le monde se divisait en deux groupes : *les enfants d'Abraham*, c'est-à-dire eux-mêmes, et le reste. Ils se vantaient de leurs ancêtres, oubliant que pour Dieu chacun est ce qu'il est.

Jésus se présente à eux comme le témoin de la vérité et sa seule présence les force à s'examiner. La vérité dont Jésus parle n'a pas besoin de propagandistes tout bardés d'arguments et de citations bibliques, mais de témoins qui parlent de leur expérience. Jésus dit : *La vérité vous libérera*, mais aussi *Le Fils vous libérera* (32 et 36) ; « notre » vérité consiste donc à vivre selon notre vocation d'enfants de Dieu.

Le croyant qui se sait aimé de Dieu et qui s'efforce d'être vrai, est déjà dans la vérité, même s'il garde encore certains préjugés de son milieu, même s'il est inconsciemment guidé dans son mode de vie par bien des mensonges ou illusions.

Jésus parle aussi de *liberté*. Vérité et liberté vont ensemble. Les individus, comme les nations, n'épargnent aucun effort pour rompre leurs chaînes. Mais aussitôt libérés, ils retombent rapidement dans d'autres formes de soumission, parce que la racine de l'esclavage se trouve en nous.

Tant que nous nous agitons sans penser à notre vraie condition, nous ne sommes que des esclaves et nous grossissons les rangs du monde *d'en bas* toujours provisoire. Des générations *d'esclaves* se succèdent et passent comme les vagues de la mer : les esclaves restent dans la maison *pour un certain temps* (34). Par contre le Christ nous fait entrer dès maintenant dans un autre monde, *celui d'en haut*, où tout *demeure* (35). À partir du moment où nous sommes fils, tout ce que nous faisons donne des fruits pour l'éternité.

²⁷ Les Juifs ne comprirent pas que Jésus parlait de son Père. ²⁸ Alors Jésus leur dit : « Quand vous aurez élevé le Fils de l'homme, vous saurez que *Je Suis* mais que je ne fais rien de moi-même : je dis ce que le Père m'a fait savoir. ²⁹ Celui qui m'a envoyé est avec moi ; il ne me laisse jamais seul car je fais toujours ce qui lui est agréable. »

³⁰ Voilà ce que Jésus disait, et beaucoup eurent foi en lui.

Les fils de la vérité

• ³¹ Jésus disait donc aux Juifs qui croyaient en lui : « Vous serez mes vrais disciples si vous persévérez dans ma parole ; ³² alors vous connaîtrez la vérité et la vérité vous rendra libres. » ³³ Ils lui répondirent : « Nous sommes la race d'Abraham et nous n'avons jamais été esclaves de personne ; pourquoi nous dis-tu : Vous serez libres ? »

³⁴ Jésus leur dit : « En vérité, en vérité, je vous le dis : celui qui vit dans le péché est esclave du péché. ³⁵ Mais l'esclave ne reste pas toujours dans la maison. Celui qui est à demeure, c'est le fils. ³⁶ Donc si celui qui vous libère est le Fils, votre liberté est réelle. ³⁷ Je sais bien que vous êtes la race d'Abraham. Cependant ma doctrine ne vous touche pas et c'est pourquoi vous voulez me tuer. ³⁸ Je dis ce que j'ai vu chez le Père, et vous faites ce que vous avez appris de votre père. »

³⁹ Les Juifs alors lui coupèrent la parole : « Notre père est Abraham ! » Jésus leur dit : « Si vous étiez les enfants d'Abraham, vous agiriez comme Abraham a fait. ⁴⁰ Mais voilà quelqu'un qui vous dit la vérité, une vérité que j'ai apprise de Dieu, et vous voulez me tuer. Ce n'est pas la manière d'Abraham ; ⁴¹ vous agissez comme a fait votre père. » Alors ils lui dirent : « Nous ne sommes pas nés hors mariage, nous n'avons qu'un Père, Dieu. »

⁴² Jésus leur dit : « Si Dieu était votre Père, vous m'aimeriez, puisque je suis sorti de Dieu pour venir ici. C'est lui qui m'a envoyé et je ne suis pas venu de moi-même. ⁴³ Pourquoi ne comprenez-vous pas mon langage ? Parce que vous ne pouvez pas recevoir mon message. ⁴⁴ Vous appartenez à votre père, le diable, et vous cherchez à satisfaire les désirs de votre père. Depuis le commencement il a été homicide : c'est que la vérité n'était pas en lui et il ne s'est pas maintenu dans la vérité. Il est menteur et père du mensonge, et le mensonge lui vient tout naturellement.

⁴⁵ « Voilà bien pourquoi vous ne me croyez pas quand je vous dis la vérité. ⁴⁶ Qui d'entre vous me montrera que je suis en tort ? Et si je vous dis la vérité, pourquoi ne me croyez-vous pas ? ⁴⁷ Celui qui est de Dieu écoute les paroles de Dieu ; si vous ne m'écoutez pas, c'est

Toute l'histoire d'Israël est faite de libérations et de luttes pour la liberté. Israël, libéré, est au service de Dieu. Ici le Psaume 81 rappelle la sortie d'Égypte.

Alors ils entendirent une voix inconnue :
« J'ai enlevé le fardeau sur ton épaule,
tu n'auras plus les mains rivées aux corbeilles.
Tu criais dans la détresse, je t'ai délivré.
Écoute, mon peuple, car je veux t'avertir,
Israël, écoute-moi :
On ne verra pas chez toi un dieu étranger ;
tu ne serviras pas un dieu venu d'ailleurs :
je suis Yahvé qui t'ai fait remonter d'Égypte.
Ouvre ta bouche toute grande, que je la remplisse. »

En Isaïe 1,2, la plainte, ou la fureur du Dieu dont les fils sont des dégénérés.

J'ai fait grandir des fils, je les ai élevés,
mais ils se sont révoltés contre moi.
Le bœuf connaît son propriétaire
et l'âne, la mangeoire de son maître,
mais Israël ne me connaît pas ;
mon peuple ne comprend rien.
Malheur à cette nation qui fait le mal,
ce peuple chargé de péchés ;
c'est une race de malfaiteurs,
ce sont des fils égarés !
Ils ont abandonné Yahvé,
méprisé le Saint d'Israël.

• **8.57** *Avant qu'Abraham ne soit venu, moi Je Suis.* C'est la septième fois qu'apparaît « je suis » dans ce chapitre, et cette fois nous devons le prendre au sens fort qui ne convient qu'à Dieu lui-même, tel qu'il s'est révélé à Moïse. On ne trahirait pas le sens profond de cette déclaration en traduisant : « Avant Abraham, il y a Moi. »

• **9.1** Jésus est la lumière, mais les hommes se divisent à son égard. Certains s'ouvrent à la lumière, d'autres restent aveugles. Il est facile d'observer dans ce chapitre diverses réactions face au miracle. Voyez l'homme aveugle qui comprend immédiatement ce que sa guérison signifie, ses parents craintifs et opportunistes, les Pharisiens témoins de la scène qui ne savent que juger et ne se rendent pas compte qu'ils se condamnent eux-mêmes.

Maître, qui a péché, lui ou ses parents ? (2). Jésus refuse d'interpréter chaque malheur comme un châtiment de Dieu. Jésus guérit l'aveugle le jour du sabbat. Les témoins se demandent si Dieu prendra le parti de la Loi qui interdit le travail ce jour-là, ou celui de l'homme qui a fait cette bonne œuvre. L'aveugle *voit* : il découvre aussi le Christ et commence à croire. La foi nous donne de connaître à la lumière du Christ ce qui est vrai : les fins et les moyens. C'est pourquoi nous ne devons pas penser que croire ou ne pas croire au Christ est de peu d'importance dans les luttes de la vie. Même si, sur des objectifs concrets, croyants et incroyants font une même option, ils ne se rejoindront pas pour ce qui est le plus important.

que vous n'êtes pas de Dieu. »

⁴⁸ Aussitôt les Juifs lui dirent : « N'avions-nous pas raison ? Tu es un Samaritain, ou tu as un démon. » ⁴⁹ Jésus leur répondit : « Je n'ai pas de démon, simplement vous m'insultez parce que j'honore mon Père. ⁵⁰ Je n'ai pas besoin de défendre mon honneur : un autre s'en charge et fera justice. ⁵¹ En vérité, en vérité, je vous le dis : si quelqu'un garde ma parole, il ne connaîtra jamais la mort. »

⁵² Les Juifs lui dirent : « Maintenant nous savons que tu as un démon. Abraham est mort, et les prophètes également, et toi tu dis : Si quelqu'un garde ma parole, il ne connaîtra jamais la mort ? ⁵³ Tu es donc plus grand que notre père Abraham qui est mort, tout comme les prophètes sont morts ? Pour qui te prends-tu ? »

⁵⁴ Jésus alors déclara : « Si je fais mon éloge, cet éloge ne vaut rien. Mais c'est mon Père qui me glorifie, celui que vous appelez : notre Dieu. ⁵⁵ Vous ne le connaissez pas, alors que moi je le connais. Et si je disais que je ne le connais pas, je serais menteur comme vous. Car moi je le connais, et je garde sa parole. ⁵⁶ Quant à Abraham, votre père, toute sa joie était d'attendre ma venue. Il l'a vue et il s'est réjoui. »

• ⁵⁷ Les Juifs alors lui dirent : « Tu as vu Abraham, et cela ne fait pas cinquante ans ! » ⁵⁸ Jésus leur répondit : « En vérité, en vérité, je vous le dis : avant qu'Abraham ne soit venu, moi *Je Suis.* » ⁵⁹ Sur ce, ils cherchèrent des pierres pour les lui jeter, mais Jésus se cacha et sortit du Temple.

Jésus guérit un aveugle de naissance

9 • ¹ Comme Jésus passait, il vit un homme qui était aveugle de naissance. ² Ses disciples lui demandèrent : « Rabbi, qui a péché pour qu'il soit ainsi aveugle ? Est-ce lui ou ses parents ? »

³ Jésus leur dit : « S'il est ainsi, ce n'est pas à cause d'un péché, de lui ou de ses parents, mais pour qu'une œuvre de Dieu, et très évidente, se fasse en lui. ⁴ Aussi longtemps qu'il fait jour, nous devons faire les œuvres de celui qui m'a envoyé. Ensuite vient la nuit et l'on ne peut plus rien faire. ⁵ Tant que je suis dans le monde, je suis la lumière du monde. »

⁶ Après avoir ainsi parlé, Jésus crache à terre et avec sa salive fait un peu de boue dont il enduit les yeux de l'aveugle. ⁷ Puis il lui dit : « Va te laver à la piscine de Siloë (ce nom veut dire : l'Envoyé). » L'homme y va, se lave et repart : il voyait clair.

⁸ Les voisins et ceux qui auparavant l'ont vu mendier s'étonnent : « Mais c'est bien celui qui s'installait ici pour mendier ! » ⁹ Les uns

L'œuvre du berger, c'est toujours de rassembler, comme en Jérémie 31,10.

Nations, écoutez la parole de Yahvé, proclamez-la dans les îles lointaines et dites : celui qui a dispersé Israël le rassemble, il le gardera comme un berger garde son troupeau.

Car Yahvé a racheté Jacob, il l'a délivré de la main d'un plus fort que lui.

Ils arriveront, criant de joie, au haut lieu de Sion ; ils accourront vers les biens de Yahvé : le blé, le vin nouveau et l'huile, les brebis et les bœufs. Leur âme sera comme un jardin bien arrosé, ils ne se traîneront plus.

Alors les vierges danseront de joie, jeunes et vieux seront en fête ; je changerai leur deuil en joie, je leur donnerai du bonheur après leurs épreuves.

disent : « C'est lui », et d'autres : « Non, c'est un autre qui lui ressemble. » Et lui leur dit : « C'est bien moi. »

[10] On lui demande : « Mais comment tes yeux se sont-ils ouverts ? » [11] Il répond : « Celui qu'on appelle Jésus a fait de la boue et m'en a enduit les yeux, puis il m'a dit : Va te laver à Siloë. J'y suis allé et, aussitôt lavé, j'ai vu. » [12] Ils lui disent : « Où est cet homme ? » Il répond : « Je ne sais pas. »

[13] On amène donc aux Pharisiens l'aveugle guéri. [14] Mais voilà que c'était un sabbat, et Jésus avait fait de la boue et il lui avait enduit les yeux ! [15] A leur tour les Pharisiens l'interrogent : « Comment as-tu retrouvé la vue ? » Il leur répond : « Il a mis de la boue sur mes yeux, je me suis lavé et je vois. »

[16] Quelques-uns des Pharisiens disent alors : « Cet homme-là n'est pas avec Dieu puisqu'il ne respecte pas le Sabbat. » Mais d'autres répondent : « Un homme pécheur peut-il faire de tels signes ? » Et ils sont divisés. [17] Alors de nouveau on demande à l'aveugle : « Puisqu'il t'a ouvert les yeux, que penses-tu de lui ? » Et il répond : « C'est un prophète. »

[18] Les Juifs ne veulent pas croire qu'il voit après avoir été aveugle, tant qu'ils n'auront pas convoqué les parents du miraculé. [19] Ils leur demandèrent : « C'est bien votre fils ? Et vous dites qu'il est né aveugle ? Et alors, pourquoi voit-il maintenant ? » [20] Les parents répondirent : « Oui, c'est notre fils, et il est né aveugle. [21] Mais comment voit-il maintenant, nous n'en savons rien ; et qui lui a ouvert les yeux, nous n'en savons rien. Interrogez-le, c'est un adulte, il expliquera lui-même son cas. »

[22] Ses parents firent cette réponse parce qu'ils avaient peur des Juifs. En effet les Juifs avaient déjà décidé d'exclure de la communauté tous ceux qui reconnaîtraient Jésus comme le Messie. [23] Pour cette raison les parents dirent : « Demandez-lui, c'est un adulte. »

[24] On convoque donc une deuxième fois cet aveugle et on lui dit : « Dis toute la vérité. Nous savons que cet homme est un pécheur. » [25] Il répond : « S'il est un pécheur, je n'en sais rien. Je ne sais qu'une chose : j'étais aveugle et maintenant je vois. » [26] Ils lui disent : « Qu'est-ce qu'il t'a fait ? Comment t'a-t-il ouvert les yeux ? » [27] Et lui répond : « Je vous l'ai déjà dit et vous ne voulez pas m'écouter. Qu'est-ce que vous voulez savoir de plus ? Peut-être voulez-vous devenir ses disciples ? »

[28] Aussitôt ils commencent à l'insulter : « Toi, tu es son disciple, mais nous, nous sommes les disciples de Moïse. [29] Nous savons que Dieu a parlé à Moïse, mais celui-là, nous ne savons pas d'où il sort. »

En Isaïe 56,9 nous lisons la dénonciation de bergers pires que des loups.

Vous tous animaux des champs, et vous toutes bêtes de la forêt, approchez et dévorez !

Tous ces guetteurs sont des aveugles qui ne savent rien, ce sont des chiens muets incapables d'aboyer, qui rêvent et s'allongent et qui aiment dormir.

Oui, ce sont des chiens voraces qui n'en ont jamais assez. Ils sont pourtant des bergers, mais incapables de comprendre.

Tous cherchent leur intérêt, et chacun suit son propre chemin : « Venez ! Je vais chercher du vin, nous nous enivrerons de liqueurs, et demain sera comme aujourd'hui un grand, un très grand jour ! »

Le juste disparaît mais personne n'y fait attention, les hommes fidèles sont emportés mais personne n'y prend garde.

• **10.**1 Avec la parabole de Jésus, nous pouvons imaginer un de ces enclos où les troupeaux de plusieurs bergers se rassemblent pour la nuit sous la surveillance d'un gardien. Au lever du jour chaque berger appelle ses moutons et les fait sortir.

La Bible avait annoncé le jour où Dieu, le Berger, viendrait rassembler les brebis dispersées de son peuple pour les faire vivre en sécurité dans leur patrie. Jésus est *le Berger* et il vient accomplir ce qui était annoncé ; mais il ne le fera pas comme on le pensait.

Le peuple de Jésus ne se confond pas avec la nation juive. Seuls ceux qui croient lui appartiennent. Parmi les Juifs, il prendra *ceux qui sont à lui* et il choisira aussi des brebis *d'autres parcs à brebis* (16), c'est-à-dire venant de nations autres que la nation juive. Alors il prendra la tête de ce troupeau. Il ne l'enfermera pas dans une bergerie, mais il le conduira là où lui seul sait. Le *troupeau unique*, l'unique Église, chemine au cours de l'histoire sans s'identifier à une nation ou à une civilisation, sans s'enfermer dans ses institutions.

Le peuple du Christ n'est pas une masse, mais il est fait de personnes qui ont commencé avec Jésus une aventure de confiance et d'amour réciproques : *Je les connais,* et *elles entendront mon appel* (14 et 16). On a souvent utilisé cette parabole du bon Pasteur pour étayer la vision d'une Église où de bons pasteurs aident le troupeau à maintenir son unité dans la communion fraternelle et l'obéissance. Bien sûr ce sont là de bons enseignements, mais ce que la parabole met en valeur, c'est la responsabilité de chaque personne face à l'appel de Dieu.

En tout temps, seule une petite ou très petite minorité est capable de s'écarter de la pente douce et jalonnée qu'ont tracée les coutumes du groupe et que rafraîchissent ses leaders, et ceci est vrai même dans l'Église : il est rarement possible de suivre les appels du Christ qui propose à chacun sa voie de perfection sans s'attirer la persécution larvée ou ouverte.

³⁰ Alors l'homme leur répond : « C'est vraiment étonnant ! Il m'a ouvert les yeux et vous ne savez pas d'où il vient ? ³¹ Nous savons bien que Dieu n'écoute pas les pécheurs ; il écoute ceux qui respectent Dieu et qui font sa volonté. ³² On n'a jamais entendu dire que quelqu'un ait ouvert les yeux d'un aveugle de naissance. ³³ Cet homme ne pourrait rien faire s'il ne venait pas de Dieu. »

³⁴ Les autres ripostèrent : « Tu n'es que péché depuis ta naissance, et tu veux nous faire la leçon ? » Et ils l'expulsèrent.

³⁵ Jésus apprit qu'on l'avait expulsé. Quand il le rencontra, il lui dit : « As-tu foi dans le Fils de l'homme ? » ³⁶ Il répondit : « Qui est-il, Seigneur, que je croie en lui ? » ³⁷ Jésus lui dit : « Tu le vois, c'est lui qui te parle. » ³⁸ L'homme déclara : « Je crois, Seigneur. » Et il se prosterna devant lui. ³⁹ Jésus dit alors : « Je suis venu dans le monde pour une remise en cause : ceux qui ne voient pas verront, et ceux qui voient seront aveugles. »

⁴⁰ Quelques Pharisiens étaient là, et ils l'entendirent. Ils lui demandèrent : « Nous serions donc aveugles, nous aussi ? » ⁴¹ Jésus leur répondit : « Si vous étiez aveugles, vous n'auriez pas de péché. Mais vous dites que vous voyez, c'est la preuve de votre péché ».

Je suis le bon pasteur

10 • ¹ « En vérité, en vérité, je vous le dis : celui qui passe par-dessus le mur du parc à brebis au lieu d'entrer par la porte, c'est un voleur et un bandit. ² Celui qui entre par la porte, c'est le berger des brebis. ³ Le portier lui ouvre et les brebis reconnaissent sa voix ; il appelle ses brebis chacune par son nom, et il les fait sortir. ⁴ Quand il a fait sortir toutes celles qui sont à lui, il marche devant elles et les brebis le suivent, car elles connaissent sa voix. ⁵ Si c'est un autre, elles ne vont pas le suivre ; bien mieux, elles s'enfuiront, parce qu'elles ne connaissent pas la voix de l'étranger. »

⁶ Jésus leur donna cette comparaison, mais ils ne comprirent pas ce qu'il voulait leur dire.

⁷ Aussi de nouveau Jésus leur dit : « En vérité, en vérité, je vous le dis : je suis la porte des brebis. ⁸ Tous ceux qui sont venus sont des voleurs et des bandits, et les brebis ne les ont pas écoutés. ⁹ Je suis la porte. Celui qui entrera par moi sera sauvé ; il pourra entrer et sortir, il trouvera sa nourriture. ¹⁰ Le voleur ne vient que pour prendre, égorger et détruire, alors que moi je suis venu pour qu'on ait la vie, la vie en plénitude.

¹¹ « Je suis le bon berger. Le bon berger donne sa vie pour les brebis.

Seule l'expérience d'une résurrection nous enseignera qui est Jésus. On lit en Ezéchiel 37,12 :

Je vais ouvrir vos tombes, ô mon peuple, je vous ferai remonter de vos tombes et je vous ramènerai sur la terre d'Israël.

Alors vous saurez que je suis Yahvé lorsque j'ouvrirai vos tombes, que je vous en ferai remonter.

Je mettrai en vous mon Esprit et vous vivrez ; je vous établirai sur votre terre et vous saurez que moi, Yahvé, je dis et je fais — parole de Yahvé.

Promesses de Dieu à la nouvelle Jérusalem, le peuple de Dieu des derniers temps, en Isaïe 54,10.

Les montagnes peuvent se retirer,
les collines peuvent chanceler,
mais mon alliance de paix ne chancellera pas.
Tous tes fils seront instruits par Yahvé,
et tes enfants jouiront d'une paix profonde.
Tu seras fondée sur la justice
et tu n'auras plus à trembler,
car tu seras délivrée de l'oppression,
et la terreur ne s'approchera plus de toi.

Le prophète Amos (8,11) annonçait déjà :

Voici venir des jours où j'enverrai dans le pays la faim, non pas faim de pain ou soif d'eau, mais la soif d'entendre la parole de Yahvé.

Alors on courra d'une mer à l'autre, on ira du nord jusqu'au levant pour chercher la parole de Yahvé, mais on ne la trouvera pas.

En ce jour-là, les belles filles tomberont de soif et les jeunes gens de même, tous ceux qui ne juraient que par leurs idoles.

• **10.34** *Vous êtes des dieux*. Dans la Bible les anges sont appelés parfois : fils de Dieu ; Jésus observe que les dirigeants peuvent aussi y être appelés *dieux* au sens de personnages divins. C'est la raison pour laquelle Jésus ne voulait pas être proclamé fils de Dieu, car cela pouvait être pris dans un sens figuré. Mais maintenant il se définit de la façon la plus forte en disant : *Le Père est en moi et moi dans le Père* (38). Mais en même temps qu'il insiste sur son pouvoir divin (15, 18, 29, 38), il maintient aussi qu'il dépend entièrement du Père.

[12] Le salarié est tout différent du vrai berger ; les brebis ne sont pas siennes, et lorsqu'il voit venir le loup, il s'enfuit laissant là les brebis ; le loup s'en empare et les disperse. [13] C'est qu'il est là seulement pour le salaire et les brebis ne l'intéressent pas.

[14] « Je suis le bon berger et je connais les miens comme ils me connaissent, [15] tout comme le Père me connaît et moi je connais le Père. Et je donne ma vie pour les brebis. [16] J'ai d'autres brebis qui ne sont pas dans ce parc. Celles-là aussi je dois aller les chercher et elles entendront mon appel ; elles ne feront plus qu'un seul troupeau avec un seul berger.

[17] « Le Père m'aime parce que je donne ma vie pour ensuite la reprendre. [18] Personne ne me la prend : c'est moi qui la donne de moi-même. J'ai tout pouvoir pour la donner, mais aussi pour la reprendre : c'est là l'instruction que j'ai reçue de mon Père. »

[19] En entendant cela, les Juifs se divisèrent de nouveau. [20] Plusieurs d'entre eux disaient : « Il a un démon, il est dérangé ! Pourquoi restez-vous à l'écouter ? » [21] Mais d'autres disaient : « Quand on a un démon, on ne parle pas de cette façon. Et vous croyez qu'un démon peut ouvrir les yeux des aveugles ? »

[22] On eut alors à Jérusalem la fête de la Dédicace, et c'était l'hiver. [23] Comme Jésus se promenait dans le Temple sous le portique de Salomon, [24] les Juifs firent cercle autour de lui. Ils lui dirent : « Jusqu'à quand vas-tu nous tenir en suspens ? Si tu es le Messie, dis-le clairement. »

[25] Jésus leur répondit : « Je vous l'ai dit et vous ne me croyez pas : les œuvres que je fais au nom de mon Père disent clairement ce que je suis. [26] Mais, comme je vous l'ai dit, vous ne croyez pas parce que vous n'êtes pas de mes brebis.

[27] « Mes brebis entendent ma voix, et moi je les connais ; et elles me suivent. [28] Je leur donne de vivre pour toujours : jamais elles ne périront, et personne ne les arrachera de ma main. [29] Ce que mon Père me donne est plus fort que tout, et personne ne peut rien arracher de la main de mon Père. [30] Le Père et moi, nous sommes un. »

[31] De nouveau les Juifs ramassèrent des pierres pour les lui jeter. [32] Jésus leur dit : « J'ai fait, et vous avez vu, beaucoup de belles œuvres qui venaient du Père. Quelle est celle qui mérite ces pierres ? » [33] Les Juifs lui répondirent : « Ce n'est pas pour une belle œuvre que nous te lapidons, mais parce que tu blasphèmes : tu n'es qu'un homme et tu te fais Dieu. »

• [34] Alors Jésus leur dit : « Dans votre Loi il est écrit : *Je l'ai dit, vous*

Tout au long de l'histoire biblique il y a eu des œuvres, ou des signes, ou des miracles pour fonder la foi. Nous lisons dans l'Exode 14,31.

Alors Moïse étendit la main sur la mer.

Au petit matin la mer revint à sa place et, comme les Égyptiens s'enfuyaient devant elle, Yahvé les culbuta au milieu de la mer.

Ce jour-là Yahvé sauva Israël de la main des Égyptiens, et Israël vit les Égyptiens morts sur le bord de la mer. Israël vit les prodiges que Yahvé avait faits contre l'Égypte, et le peuple craignit Yahvé. Ils crurent en Yahvé et en Moïse, son serviteur.

• **11.1** Voici le septième et dernier miracle de Jésus dans l'évangile de Jean. Les premières paroles sont pour nous présenter *l'homme malade*. Lazare personnifie celui qui est blessé par le péché et qui va à la mort à moins que Jésus ne le rappelle à la vie.

Lazare revient à la vie ! N'envions pas trop Lazare qui eut la malchance de devoir mourir une seconde fois. Ce miracle ne fait qu'annoncer la vraie résurrection, laquelle n'est pas un prolongement de la vie, mais la transformation de tout notre être. La résurrection est chose essentiellement spirituelle, elle commence dès que la foi nous fait émigrer de notre mode de vie pour nous ouvrir à la vie de Dieu.

Tout comme Marthe (24), les Juifs croyaient en la résurrection des morts au dernier jour. De fait, la résurrection des morts émane du Fils de Dieu, qui possède tout le pouvoir nécessaire pour ramener à la vie et pour transformer la création. Celui qui vit soumis au Christ *est déjà passé de la mort à la vie* (5,24) et par conséquent, *il ne mourra pas pour toujours* (11,26).

C'est pour cela que Jésus est appelé sept fois *Le Seigneur*. Toutes les personnes dont il s'agit ici appelaient Jésus, « Maître », mais Jean leur fait dire *Seigneur*. Il veut ainsi nous enseigner que ce miracle de Lazare rappelé à la vie est une image de la résurrection glorieuse de Jésus, le Seigneur.

• **11.8** Les Juifs *voulaient tuer Jésus*, mais il leur était difficile de le faire arrêter légalement. Ils ne pouvaient le faire que dans la province de Jérusalem où leurs communautés religieuses et leur organisation politique étaient puissantes. Tant que Jésus restait de l'autre côté du Jourdain, il était en sécurité. La résurrection de Lazare va précipiter la mort et la résurrection de Jésus.

Il faut douze heures (9). Jésus achèvera les douze heures de sa journée, ou de sa mission, sans en craindre les risques. Ceux qui comme lui marchent *le jour*, c'est-à-dire selon le plan divin ne trébucheront pas ; pour eux le Christ sera *la lumière du monde*.

êtes des dieux. ³⁵ On ne peut changer l'Écriture, et ici elle appelle "dieux" ceux qui recevaient cette parole de Dieu. ³⁶ Mais moi, après que le Père m'a consacré et envoyé dans le monde, vous dites que je blasphème quand je déclare : "Je suis Fils de Dieu" ? ³⁷ Si je ne fais pas les œuvres de mon Père, ne me croyez pas. ³⁸ Mais si je les fais, croyez en moi. Si vous ne me croyez pas, croyez au moins à ces œuvres, et sachez et reconnaissez que le Père est en moi et moi dans le Père. »

³⁹ De nouveau on voulut l'arrêter, mais il leur échappa.

⁴⁰ Jésus passa alors de l'autre côté du Jourdain, à l'endroit où Jean baptisait au commencement, et il y demeura. ⁴¹ Beaucoup de gens vinrent le trouver qui disaient : « Jean n'a fait aucun miracle, mais tout ce que Jean a dit de celui-ci s'est vérifié. » ⁴² Et là, beaucoup crurent en lui.

Jésus ressuscite Lazare

11 • ¹ Il y avait un malade : c'était Lazare, de Béthanie, le village de Marie et de sa sœur Marthe. ² Cette Marie était la même qui a parfumé le Seigneur avec de la myrrhe et lui a essuyé les pieds avec ses cheveux. Son frère Lazare était malade.

³ Les sœurs envoyèrent donc à Jésus ce message : « Seigneur, celui que tu aimes est malade. » ⁴ Lorsque Jésus l'apprit, il déclara : « Cette maladie n'ira pas à la mort ; elle est pour la gloire de Dieu et par elle le Fils de Dieu sera glorifié. »

⁵ Jésus aimait Marthe, et sa sœur, et Lazare. ⁶ Pourtant, quand il sut que Lazare était malade, il resta encore deux jours au même endroit. ⁷ Après quoi il dit aux disciples : « Retournons en Judée. »

• ⁸ Les disciples lui dirent : « Rabbi, récemment les Juifs voulaient te tuer à coups de pierres, et tu retournes là-bas ? » ⁹ Jésus leur répondit : « Ne faut-il pas douze heures pour faire une journée ? Tant qu'on marche de jour on ne trébuche pas, parce qu'on voit la lumière de ce monde. ¹⁰ Mais si on marche de nuit, c'est qu'on n'a pas en soi la lumière, et alors on trébuche. »

¹¹ Telle fut la réponse de Jésus. Puis il leur dit : « Notre ami Lazare s'est endormi, mais j'y vais pour le réveiller. » ¹² Les disciples lui dirent : « Seigneur, s'il s'est endormi, il va guérir. » ¹³ Jésus voulait dire que Lazare était mort, et eux l'avaient compris du sommeil ordinaire.

¹⁴ Alors Jésus leur dit clairement : « Lazare est mort, ¹⁵ mais je suis heureux pour vous de ne pas avoir été là, car cela vous fera croire. Allons chez lui. » ¹⁶ A ce moment Thomas, qu'on appelait le Jumeau, dit aux autres disciples : « Allons-y, nous aussi, nous allons mourir avec lui ! »

Quelques paroles, bien courtes, de Daniel 12,1 sur la résurrection promise aux justes. C'est ce que Marthe pouvait en savoir.

En ce temps-là sera sauvé ton peuple, tous ceux qui sont inscrits dans le Livre.

Beaucoup de ceux qui dorment au pays de la poussière se réveilleront, les uns pour la vie éternelle, les autres pour la honte et l'horreur éternelle.

Ceux qui ont la connaissance brilleront comme un ciel resplendissant, ceux qui auront conduit les autres à la justice brilleront comme les étoiles pour les siècles des siècles.

Un texte du Deuxième Livre des Chroniques (30,17) nous rappelle que tous devaient se purifier pour pouvoir célébrer la Pâque.

Comme beaucoup dans l'assemblée ne s'étaient pas purifiés, les Lévites étaient chargés d'immoler les victimes pascales pour tous ceux qui n'étaient pas purs, et de les consacrer à Yahvé.

La plus grande partie du peuple, beaucoup de gens d'Ephraïm, de Manassé et de Zabulon, ne s'étaient pas purifiés : ils avaient mangé la Pâque sans se conformer à ce qui est écrit.

Ézéquias pria donc pour eux : « Que Yahvé qui est bon, pardonne à tous ceux qui s'appliquent à rechercher Yahvé, le Dieu de leurs pères, même s'ils n'ont pas la pureté nécessaire pour les rites sacrés. »

Yahvé écouta Ézéquias et il épargna le peuple.

• **11.24** *Je crois que tu es le Christ.* Quelle extraordinaire profession de foi que celle de Marthe ! Elle ressemble à celle de Pierre (Mt 16,16). Et d'ici peu, ce sera Marie qui annoncera la résurrection aux apôtres eux-mêmes.

• **11.41** *Père, je te remercie.* Cette action de grâces est la seule dans l'évangile de Jean, à part la longue prière du chapitre 17 qui, sous une apparence de pétition, est en réalité la louange du Père. Nous en avons une autre dans Luc 10,21. Ces actions de grâces attribuées à Jésus nous sembleront peut-être bien peu si nous croyons que la gratitude est une attitude chrétienne essentielle : mais Jésus exprime sa gratitude dans tout ce qu'il fait. Pendant toute sa vie humaine, il a renoncé à sa propre volonté afin que le Père puisse se servir de lui pour sa gloire (Jn 12, 27-28).

¹⁷ Lorsque Jésus arriva, Lazare était déjà dans la tombe depuis quatre jours. ¹⁸ Comme Béthanie est tout près de Jérusalem, à un peu plus de deux kilomètres, ¹⁹ beaucoup de Juifs étaient venus chez Marthe et Marie pour les consoler de la mort de leur frère.

²⁰ Quand Marthe apprit que Jésus arrivait, elle alla au-devant de lui pendant que Marie restait assise à la maison. ²¹ Alors Marthe dit à Jésus : « Seigneur, si tu avais été ici, mon frère ne serait pas mort. ²² Pourtant je sais que tu peux tout demander à Dieu, et Dieu te l'accordera. » ²³ Jésus lui dit : « Ton frère va se relever. »

• ²⁴ Marthe lui dit : « Je sais qu'il se relèvera au dernier jour, celui de la résurrection. » ²⁵ Jésus lui dit : « C'est moi qui suis la résurrection et la vie. Celui qui croit en moi, même s'il vient à mourir, vivra. ²⁶ Le vivant, celui qui croit en moi, ne mourra pas pour toujours. Crois-tu cela ? » ²⁷ Elle répondit : « Oui Seigneur, je crois que tu es le Christ, le Fils de Dieu, celui qui vient dans le monde. »

²⁸ Ayant dit cela, elle alla appeler sa sœur Marie et lui dit à voix basse : « Le Maître est là et il t'appelle. » ²⁹ Quand elle l'apprit, elle se leva aussitôt et vint à la rencontre de Jésus. ³⁰ Jésus n'était pas encore entré dans le village, il était là où Marthe l'avait rencontré. ³¹ En voyant Marie se lever précipitamment et sortir, les Juifs qui étaient avec elle à la maison pour la consoler la suivirent, car ils pensaient qu'elle allait pleurer à la tombe.

³² Mais lorsque Marie arriva là où était Jésus, dès qu'elle le vit elle tomba à ses pieds. Elle lui dit : « Seigneur, si tu avais été ici, mon frère ne serait pas mort. » ³³ Quand Jésus la vit qui se lamentait, et tous les Juifs qui reprenaient la lamentation, son esprit en fut secoué et il se troubla. ³⁴ Il dit : « Où l'avez-vous mis ? » Ils répondirent : « Seigneur, viens voir. » ³⁵ Et Jésus pleura.

³⁶ Les Juifs firent cette réflexion : « Voyez comme il l'aimait ! » ³⁷ Pourtant certains d'entre eux dirent : « S'il a ouvert les yeux de l'aveugle, ne pouvait-il pas faire que celui-ci ne meure pas ? »

³⁸ De nouveau Jésus frémit et il alla vers la tombe. C'était une caverne avec une pierre qui bouchait l'entrée. ³⁹ Jésus dit : « Enlevez la pierre. » Marthe, la sœur du mort, lui dit : « Seigneur, il en est à son quatrième jour et il sent déjà. » ⁴⁰ Jésus lui dit : « Ne t'ai-je pas dit que si tu crois, tu verras la gloire de Dieu ? »

• ⁴¹ On enlève donc la pierre. Jésus lève les yeux au ciel et dit : « Père, je te rends grâces car tu m'as écouté. ⁴² Je savais bien que toujours tu m'écoutes, mais je le dis en pensant à ces gens qui m'entourent, car ils pourront croire que tu m'as envoyé. » ⁴³ Puis Jésus appelle d'une voix

L'âne était indispensable pour que s'accomplisse la prophétie de Zacharie 9,9.

Réjouis-toi, fille de Sion, lance des cris joyeux, fille de Jérusalem,
car voici que ton roi vient à toi.
Il t'apporte justice et victoire, il est humble, monté sur un âne,
sur un ânon, petit d'une ânesse.
Il détruira les chars d'Ephraïm et les chevaux de Jérusalem ;
on pourra alors briser l'arc de guerre,
car il imposera sa paix aux nations.
Son empire s'étendra de la mer à la mer,
depuis l'Euphrate jusqu'aux confins du monde.

• **11.44** *Déliez-le.* Les Juifs bandaient les morts avant de les enterrer. Mais le terme « délier » est aussi celui que l'Église primitive utilisait pour signifier le pardon des péchés. Comme Lazare, ceux qui reçoivent le pardon reviennent à la vie.

• **11.45** Les paroles de Caïphe vont s'accomplir, mais pas dans le sens où il les avait dites. Jésus allait mourir *pour rassembler dans l'unité les enfants de Dieu dispersés* (52).

Ce rassemblement d'une humanité que le plan de Dieu voulait dispersée dès ses débuts devait être l'effet de la résurrection du Christ ; Jésus dit également : « Quand j'aurai été élevé de terre, j'attirerai tous les hommes à moi » (Jn 12,32).

L'Église réunit des croyants de toutes races et de toutes cultures : nous l'appelons « catholique » ou universelle. Mais elle n'est que le commencement et le signe de ce qui sera à la fin des temps lorsque toute l'humanité sera réunie dans le Christ. En réalité, que nous soyons chrétiens actifs ou paresseux, les énergies du Christ ressuscité travaillent le monde et le mènent à l'unité. Les chrétiens doivent être les premiers à se rendre compte que nous vivons dans un siècle exceptionnel où, pour la première fois, tous les hommes partagent la même histoire et doivent accepter le même destin, de bon gré ou non. Les chrétiens devraient être les premiers à favoriser la réunion des enfants de Dieu dispersés, grâce à l'action non violente et à l'esprit de réconciliation.

• **12.1** Matthieu et Marc racontent aussi cet incident du repas où Marie montra son amour passionné pour Jésus. Elle l'aimait de toutes ses forces, et loin de l'aveugler, son amour lui faisait percevoir et respecter la mystérieuse personnalité de Jésus. Tous les apôtres ne comprirent pas son geste, car il leur restait beaucoup à apprendre sur la façon d'aimer le Christ.

Souvent, comme Judas, nous parlons de *donner aux pauvres.* Pourtant le Seigneur ne nous commande pas de donner, mais d'aimer. Aimer les pauvres, c'est leur révéler que Dieu les appelle et les aider à se développer comme personnes en surmontant leurs faiblesses et leurs divisions et en accomplissant la mission que Dieu leur a confiée : être témoins de l'Évangile. Il est très difficile d'aimer véritablement les pauvres, et comment le pourrait-on sans aimer Jésus passionnément ?

Six jours avant la Pâque. Marc et Matthieu donnent l'impression que ce repas a eu lieu deux jours, et non pas six, avant la Pâque (Mt 26,2). Les évangélistes ne sont pas d'accord sur la date de la Pâque. Selon Jean, Jésus meurt la veille de la Pâque, c'est-à-dire juste avant le repas pascal (Jn 19,14) ; les trois autres placent la Cène le jour où les Juifs mangent la Pâque. Selon une très ancienne tradition, Jésus aurait célébré la Cène le mardi, et les deux jours qui suivent ne sont pas de trop pour situer son double procès ; et il serait mort le vendredi.

Tout s'explique si Jésus n'a pas célébré la Pâque : voir à ce sujet en Marc 15.

forte : « Lazare, dehors, viens ici ! »

• ⁴⁴ Et voilà que sort celui qui était mort ; ses mains et ses pieds sont liés avec les bandes, et son visage est encore enveloppé du couvre-tête. Alors Jésus leur dit : « Déliez-le, et qu'il puisse marcher ! »

Les chefs des Juifs décident d'éliminer Jésus

• ⁴⁵ Beaucoup de Juifs qui étaient venus chez Marie crurent en Jésus après avoir vu ce qu'il avait fait. ⁴⁶ Mais certains d'entre eux allèrent dire aux Pharisiens ce que Jésus avait fait.

⁴⁷ Les Pharisiens et les chefs des prêtres appelèrent à un conseil, et là ils dirent : « Où en sommes-nous ? Cet homme fait quantité de miracles. ⁴⁸ Si nous le laissons faire, tous vont croire en lui. Les Romains vont alors intervenir, et ils sont capables de tout détruire : nous-mêmes, le Temple et la nation. » ⁴⁹ A ce moment l'un d'eux intervint : c'était Caïphe, le Grand Prêtre pour cette année-là, et il dit : « Vous ne savez pas vous y prendre. ⁵⁰ Faites le compte : il vaut mieux qu'un seul homme meure pour tout le peuple, plutôt que de voir la ruine de toute la nation. »

⁵¹ Caïphe n'a pas dit cela de lui-même ; il était le Grand Prêtre de cette année-là, et il était prophète quand il disait que Jésus allait mourir pour la nation. ⁵² En fait, ce n'était pas seulement pour la nation mais aussi pour rassembler dans l'unité les enfants de Dieu dispersés. ⁵³ Ce jour-là ils décidèrent de le tuer. ⁵⁴ Pour cette raison Jésus ne pouvait plus circuler sans danger chez les Juifs. Il s'éloigna vers le désert et il demeura avec ses disciples dans une ville nommée Ephraïm.

⁵⁵ La Pâque des Juifs était proche et beaucoup montèrent de leurs campagnes à Jérusalem avant la Pâque pour se purifier. ⁵⁶ Ils cherchaient Jésus et, quand ils se retrouvaient dans le Temple, ils disaient : « Qu'en pensez-vous ? Êtes-vous sûrs qu'il ne viendra pas à la fête ? » ⁵⁷ Pour leur part, les grands prêtres et les Pharisiens avaient donné des instructions : si quelqu'un savait où il était, il devait le dénoncer pour qu'on l'arrête.

Le repas à Béthanie

12• ¹ Six jours avant la Pâque, Jésus vint à Béthanie, là où était Lazare, celui que Jésus avait fait se lever d'entre les morts. ² Là on lui prépara un dîner ; Marthe faisait le service et Lazare était l'un des convives aux côtés de Jésus.

³ Or voici que Marie prend un flacon de parfum, du vrai nard extrêmement cher, et elle le verse sur les pieds de Jésus ; puis elle lui essuie

La finale du Psaume 22 est le chant d'action de grâces de celui qui est arrivé aux portes de la mort mais en a été délivré : on ne saurait compter les descendants du grain tombé en terre.

Je paierai mes promesses devant ceux qui te craignent.
Partout alors on fera mention du Seigneur,
de toute la terre on reviendra vers lui,
toutes les familles des nations viendront adorer.
Ceux-là même qui dorment dans la terre se prosterneront devant lui ;
Mon âme vivra pour lui, ma race le servira,
pour parler du Seigneur à la génération qui vient,
pour annoncer sa justice au peuple qui va naître :
Voilà ce qu'a fait le Seigneur !

Le Psaume 110 exprime en des termes belliqueux cette certitude de la Bible : le triomphe du Messie sera définitif.

Le Seigneur a dit à mon Seigneur :
« Siège à ma droite,
et vois comme je fais de tes ennemis ton marchepied. »
De Sion le Seigneur étend ton sceptre, ta puissance,
domine au milieu de tes ennemis !
Le Seigneur a juré, il ne peut se reprendre :
« Tu es prêtre à jamais à la manière de Melquisédek ! »
Le Seigneur est à ta droite
pour briser les rois au jour de sa colère.
Il juge les nations :
on ne voit que cadavres et leurs têtes brisées sur la plaine immense.

• **12.20** Des étrangers (appelés *Grecs* à cause de leur langue) s'étaient convertis à la foi des Juifs. Bien qu'ils n'observent pas les lois juives, on les admettait au Temple de Jérusalem où une cour différente de celle des Juifs, leur était réservée. L'intérêt manifesté par ces étrangers donne à Jésus l'occasion d'annoncer que son royaume s'étendra au monde entier quand il aura été élevé sur la croix.

Si le grain ne meurt pas. Jésus va mourir et l'Église universelle verra le jour. Jésus laisse mettre en terre son corps sans vie ; quand il se relèvera de la tombe, ce sera pour rassembler tous les croyants en son corps glorifié.

Si le grain ne meurt pas. Telle est la loi de toute vie qui se veut féconde (Mc 8,34). Les premiers croyants disaient déjà : « Le sang des martyrs est une semence ».

les pieds avec ses cheveux pendant que l'odeur du parfum remplit la maison. [4] Intervient alors Judas Iscariote, l'un des disciples de Jésus, celui qui va le trahir : [5] « On aurait pu vendre ce parfum pour trois cents pièces d'argent, dit-il, et on l'aurait donné aux pauvres. »

[6] En réalité, Judas ne se souciait pas des pauvres, mais il volait ; comme il portait la bourse du groupe, tout ce qu'on y mettait passait par ses mains. [7] Mais Jésus dit : « Ne lui reproche pas d'avoir gardé ce parfum pour le jour de mon enterrement. [8] Vous avez toujours des pauvres parmi vous, mais moi vous ne m'aurez pas toujours. »

[9] Beaucoup de Juifs apprirent que Jésus était là, et ils vinrent pour lui, bien sûr, mais aussi pour voir Lazare qu'il avait fait se lever d'entre les morts. [10] C'est alors que les grands prêtres pensèrent à tuer aussi Lazare, [11] car beaucoup de Juifs les quittaient à cause de lui et croyaient en Jésus.

L'entrée à Jérusalem

[12] Le lendemain, beaucoup de ceux qui étaient venus pour la fête apprirent que Jésus venait à Jérusalem. [13] Ils prirent des palmes et vinrent à sa rencontre en criant : « *Hosanna, béni soit celui qui vient au nom du Seigneur,* c'est lui le roi d'Israël ! »

[14] Jésus avait trouvé un âne encore jeune, et il monta dessus, comme le dit l'Écriture : [15] *Ne crains pas Sion, ô ma fille, voici que ton roi vient à toi monté sur le petit d'une ânesse.* »

[16] Les disciples au début n'y pensèrent pas. Mais lorsque Jésus entra dans sa gloire, ils se souvinrent qu'ils avaient fait pour lui cela même, et que ç'avait été écrit pour lui. [17] Tout le peuple qui était auprès de Jésus quand il avait appelé Lazare dans sa tombe et l'avait réveillé d'entre les morts, rendait témoignage. [18] C'est donc une foule qui vint l'accueillir, parce qu'on leur avait parlé de ce signe que Jésus avait fait.

[19] Voyant cela, les Pharisiens se dirent entre eux : « Regardez, nous n'arrivons à rien ; le monde entier court après lui ! »

Si le grain ne meurt

• [20] Il y avait là des Grecs qui étaient venus à la fête pour adorer. [21] Ils vinrent trouver Philippe, celui qui était de Bethsaïde en Galilée, et ils lui firent cette demande : « S'il vous plaît, nous voudrions voir Jésus. »

[22] Philippe vient en parler à André, et André part avec Philippe pour le dire à Jésus. [23] Alors Jésus déclare : « L'heure est venue où le Fils de

Jésus sait, comme le prophète, que le peuple auquel Dieu l'envoie n'écoutera pas plus que dans le passé et qu'il se perdra par sa faute : Isaïe 6,8.

Alors j'entendis la voix du Seigneur : « Qui enverrai-je, disait-il, qui ira pour nous ? » Je répondis : « Me voici, envoie-moi ! »

Le Seigneur me dit : « Va ! Tu diras à ce peuple : Écoutez, écoutez donc sans comprendre ! Regardez, regardez toujours sans rien voir !

Tu ne feras qu'endurcir le cœur de ce peuple, boucher ses oreilles et obscurcir ses yeux ; que surtout ses yeux ne voient pas, que ses oreilles n'entendent pas… sinon son cœur comprendrait, il se convertirait et il moi je le guérirais. »

Je dis : « Jusqu'à quand Seigneur ? » Le Seigneur me répondit : « Jusqu'à ce que les villes soient détruites, inhabitées, les maisons sans personne, les champs dévastés et ravagés… »

• **12.29** Cette page de Jean rappelle à la fois la transfiguration de Jésus (Mc 8,34) et son agonie à Gethsémani (Mc 14,26).

Depuis le commencement de notre histoire le maître du monde, l'esprit du mal, a voilé en nous la capacité de reconnaître Dieu. Maintenant, à cause du péché, cette mise au monde sera caractérisée par la souffrance, le gâchis et la servitude. Le seul chemin de salut consiste à revenir à l'obéissance, non pas « à Dieu », mais *au Père*. Et le Christ nous a ouvert la voie par son sacrifice : *Je suis venu précisément pour connaître cette heure* (27).

Nous oublions aisément que le but de notre vie est de *glorifier Dieu*. Ce n'est pas d'abord en construisant des temples, ou en chantant « Gloire à Dieu ! », que nous le glorifions, mais en acceptant de devenir nous-mêmes des offrandes agréables à Dieu.

Glorifier Dieu, c'est donc accepter que Dieu nous donne la vie, qu'il nous fasse semblables à lui et nous prépare à rayonner sa propre gloire. Dieu nous fait passer par la mort pour parvenir à sa vie. Par le chemin de l'obéissance il nous dépouille de notre égoïsme et des limites de notre condition présente et il nous conduit à une autre manière d'être qui sera définitive. Dieu est glorifié quand ses enfants parviennent à la gloire, c'est-à-dire à leur propre refonte par le feu et l'Esprit Saint.

• **12.37** Ici nous avons la conclusion de la prédication de Jésus. Jean a du mal à comprendre que le peuple élu de Dieu ait pu demeurer aveugle face à son Messie. Et il essaie d'éclairer ce refus par deux textes des prophètes :

Le premier est un long poème consacré au serviteur de Yahvé, victime consentante pour ses frères. Il nous disait déjà qu'il est difficile pour les hommes d'accepter un Sauveur humilié.

Le second texte montre que l'échec du Christ était prévisible : on n'avait pas davantage écouté les prophètes antérieurs. Mais en cela se réalisait un plan mystérieux de Dieu.

Jean souligne le péché de la majorité : ils n'ont pas voulu prendre parti pour le Christ, alors qu'au fond ils le respectaient. Dans un certain sens le peuple juif soupçonnait que Jésus venait de Dieu, mais croire ce qu'il prétendait et demandait était autre chose.

Aujourd'hui encore, croire en l'Évangile signifie prendre parti : on ne peut pas passer à côté de l'Église que Jésus a fondée et qui n'est que très relativement transparente. Sa parole nous parvient au milieu de nombreuses préoccupations et, le plus souvent, nous ne nous sentons pas obligés de donner une réponse : Je verrai plus tard. Et cette parole négligée, nous pensons que ce n'est pas grave. Mais en fait c'est Dieu lui-même et sa vérité que nous avons rejeté et nous n'aurons pas d'autre occasion de la recevoir. Toute l'éternité se décide aujourd'hui même.

l'homme va être glorifié. [24] En vérité, en vérité, je vous le dis : si le grain de blé ne tombe pas en terre pour y mourir, il reste seul. C'est quand il meurt qu'il porte beaucoup de fruits. [25] Celui qui tient à sa vie la détruit, mais celui qui méprise sa vie dans ce monde la sauvegarde pour la vie éternelle. [26] Si quelqu'un veut me servir, qu'il me suive, et là où je suis, là aussi sera mon serviteur ; si quelqu'un me sert, le Père saura le récompenser.

[27] « Maintenant je suis dans un grand trouble. Je pourrais dire : Père, épargne-moi cette épreuve ! Mais je suis venu précisément pour connaître cette heure. [28] Père, glorifie ton Nom ! » A ce moment une réponse vint du ciel : « Je l'ai glorifié et je le glorifierai encore. »

• [29] Les gens qui étaient là et qui avaient entendu, disaient : « C'est le tonnerre. » D'autres disaient : « Un ange lui a parlé. » [30] Alors Jésus déclara : « Cette réponse était pour vous et non pour moi. [31] C'est maintenant le jugement de ce monde : le Gouverneur de ce monde va être jeté dehors. [32] Et moi, dès que j'aurai été élevé de terre, j'attirerai tout à moi. »

[33] En disant cela, Jésus faisait allusion au genre de supplice par lequel il allait mourir. [34] Aussi lui dit-on dans la foule : « Nous avons appris dans la Loi que le Messie demeure à jamais. Et toi, tu dis que le Fils de l'homme doit être élevé ? Qui est ce Fils de l'homme ? »

[35] Jésus leur dit : « La lumière est avec vous pour peu de temps encore. Marchez tant que vous avez la lumière, ne vous laissez pas surprendre par la nuit. Marcher de nuit, c'est ne pas savoir où l'on va. [36] Lorsque vous avez la lumière, croyez à la lumière et soyez fils de la lumière. »

Telles furent les paroles de Jésus. Ensuite il les quitta et ne se montra plus.

Ils préféraient être bien considérés par les hommes

• [37] Il avait fait tant de signes sous leurs yeux et ils ne croyaient pas en lui ! [38] C'est que les paroles du prophète Isaïe devaient s'accomplir : *Seigneur, qui a cru à notre message ? Les interventions du Seigneur sont restées un mystère pour tous.*

[39] Ils ne pouvaient pas croire ; Isaïe l'a dit en un autre passage : [40] *Il a rendu leurs yeux aveugles, il a engourdi leur intelligence, pour que leurs yeux ne voient pas, pour que leur intelligence ne comprenne pas et qu'ils ne se convertissent pas : autrement je les aurais guéris !*

[41] Ce sont les paroles d'Isaïe ; car il a vu sa gloire et il a parlé de lui. [42] Il est vrai que, même parmi les chefs, un certain nombre crurent

Ici commence la seconde moitié de l'évangile de Jean.

Dans la première moitié, Jésus annonçait au moyen de signes et de discours l'œuvre qu'il allait accomplir dans le monde et la gloire qu'il recevrait après avoir « été élevé ». Maintenant *l'heure de Jésus est arrivée*, l'heure où il va réaliser tout ce qui était annoncé.

La seconde moitié commence par les discours d'adieu de Jésus après la Cène.

Dans les chapitres précédents, chacun des discours de Jésus s'appuyait sur un miracle. Ici les discours d'adieu des chapitres 14-17 ont comme point de départ un geste surprenant, le « lavement des pieds ». Ce geste nous enseigne deux choses :

— Comment nous purifier avant de participer à la Cène du Seigneur.
— Comment mettre en pratique le commandement de l'amour.

• **13.**2 Jean ne fait pas allusion à l'eucharistie (Mc 14,12) lorsqu'il raconte la Cène, mais il parle du « lavement des pieds » dont on a un rappel en Lc 22,27.

Il commence à laver les pieds des disciples. En ce temps la plupart marchaient pieds nus et les autres portaient des sandales. A l'arrivée, l'hôte demandait à un serviteur de laver les pieds du marcheur. Cette nuit-là Jésus voulut être le Serviteur, tout comme il le serait (au sens de Is 52,13) dans la célébration de l'Eucharistie.

Ce lavement des pieds a le sens d'une purification. Dans le cas présent, les apôtres, tout comme Jésus, avaient pris le bain qui leur permettait d'être purs, avant de monter à Jérusalem pour y célébrer la Pâque. Ceci explique la réponse de Jésus à Pierre (v.10). Mais on voit que Jésus donne un deuxième sens à ses paroles.

Les apôtres étaient déjà dans la grâce de Dieu : la parole de Jésus qu'ils avaient accueillie les avait purifiés (15,3). Mais il leur fallait une préparation avant de partager le pain de vie à la table du Seigneur, et cette préparation n'était pas ce qu'on aurait pu attendre. Il ne leur a pas demandé d'abord de jeûner ou de confesser leurs péchés, ils ont dû accepter que leur Seigneur leur lave les pieds.

Cette action unit par des liens d'humilité et de miséricorde celui qui purifie et ceux qui sont purifiés. Dorénavant les apôtres feront ce que leur Seigneur a fait avant eux puisqu'il les enverra en son nom pour pardonner les péchés. Mais ils n'agiront pas comme des dignitaires ou des juges qui de haut accordent le pardon à des coupables. Ils feront le premier pas sur le chemin de l'humilité et de la miséricorde.

Dans ce chapitre nous trouvons le terme *Seigneur* sept fois. Nous comprenons de ce fait qu'en lavant les pieds de ses apôtres, Jésus a fait un geste significatif qui nous révèle, mieux que tout autre, qui est notre Seigneur et Dieu.

en lui, mais ils ne le dirent pas ouvertement pour ne pas être exclus de la communauté, car ils avaient peur des Pharisiens. [43] Ils voulaient être bien considérés par les hommes plutôt que par Dieu. [44] Or Jésus a dit bien haut : « Celui qui croit en moi ne croit pas seulement en moi, mais en celui qui m'a envoyé. [45] Celui qui me voit, voit celui qui m'a envoyé.

[46] « Je suis venu dans le monde comme une lumière, pour que l'on croie en moi et qu'on sorte des ténèbres. [47] Si quelqu'un entend mes paroles et ne les garde pas, ce n'est pas moi qui le condamne, car je ne suis pas venu pour condamner le monde mais pour le sauver. [48] Pourtant le juge est là pour celui qui me méprise et ne reçoit pas mon message, c'est la parole que j'ai dite. Elle le jugera au dernier jour.

[49] « Je n'ai pas parlé de moi-même ; le Père, lorsqu'il m'a envoyé, m'a ordonné ce que je dois dire et comment le dire ; [50] et je sais que ses ordres sont vie éternelle. Ainsi, quand je parle, je parle comme le Père me l'a demandé. »

TROISIÈME PARTIE :
JÉSUS ACCOMPLIT SON ŒUVRE
ET PORTE L'AMOUR À SA PERFECTION

13 [1] C'était avant la fête de la Pâque. Jésus savait que son heure était venue et qu'il devait passer de ce monde au Père ; lui qui avait aimé les siens qui sont dans le monde, il voulut les aimer jusqu'au bout.

Jésus lave les pieds de ses disciples

• [2] Ils prenaient ensemble le repas du soir et déjà le diable avait mis dans le cœur de Judas, fils de Simon Iscariote, la décision de le trahir. [3] Jésus, lui, savait bien que le Père avait tout mis entre ses mains et qu'il retournait à Dieu comme il était venu de Dieu.

[4] Alors il se lève de table, retire ses vêtements et passe une serviette dans sa ceinture ; [5] il verse de l'eau dans une cuvette et commence à laver les pieds des disciples. Ensuite il les essuie avec la serviette qu'il a dans la ceinture.

[6] Quand il s'approche de Simon-Pierre, celui-ci lui dit : « Seigneur, tu ne vas pas me laver les pieds ! » [7] Jésus lui répond : « Tu ne sais pas ce que je veux faire ; tu le comprendras plus tard. » [8] Pierre lui dit : « Non, tu ne me laveras jamais les pieds. » Et Jésus lui répond : « Si je ne te lave pas les pieds, tu ne peux pas rester avec moi. » [9] Alors Si-

Paul rappellera l'humilité du Fils de Dieu qui est venu se placer au plus bas : Lettre aux Philippiens 2,6.

Lui qui jouissait de la façon d'être de Dieu, il ne s'est pas attaché à cette égalité avec Dieu, mais il s'est réduit à rien, jusqu'à prendre la condition de serviteur.

Et devenu homme entre les humains, il s'est mis au plus bas, il s'est fait obéissant jusqu'à la mort, et la mort en croix.

C'est pourquoi Dieu l'a élevé et lui a donné le Nom qui passe tout autre nom,

afin qu'au Nom de Jésus tout genou fléchisse au ciel, sur terre, et en bas chez les morts,

et que toute langue proclame : Jésus-Christ est Seigneur, pour la gloire de Dieu le Père !

Le commandement de l'amour est neuf en Jésus, et il est toujours neuf. La Première Lettre de Jean (2,6) le répète.

Donc voilà comment nous saurons que nous sommes en lui : si quelqu'un pense qu'il demeure en lui, il lui faut vivre de la même façon que Lui a vécu.

Mes bien-aimés, ce n'est pas un commandement nouveau que je vous écris, mais le commandement d'autrefois que vous avez depuis le début. Ce commandement d'autrefois c'est la parole même que vous avez entendue.

Et pourtant c'est un commandement nouveau que je vous écris : il est vraiment neuf en lui et chez nous, et déjà les ténèbres reculent cependant que luit la vraie lumière.

• **13.21** *C'est ici qu'apparaît le disciple que Jésus aimait.* C'est ainsi que l'auteur de l'évangile se désigne lui-même (21,24).

Il était sans aucun doute l'un des deux disciples nommés en 1,35. On a pensé généralement que ce disciple aimé était Jean, frère de Jacques et fils de Zébédée. Mais il se pourrait bien qu'il soit aussi l'un des deux disciples nommés en 21,2. Dans ce cas il s'agirait d'un autre que l'apôtre Jean, frère de Jacques.

Il semble bien que cet auteur de l'évangile était un jeune prêtre, connu des autorités. Il n'intervient réellement et ne s'engage qu'à partir de la Cène et certains pensent qu'il était le maître de cette maison où Jésus célèbre son dernier repas. Pris de court par les événements, il accompagne Pierre, puis Marie, et c'est au pied de la croix qu'il comprend et qu'il croit, comme il le dit lui-même.

mon-Pierre lui dit : « Seigneur, dans ce cas, ne me lave pas seulement les pieds, mais aussi les mains et la tête. » [10] Jésus lui dit : « Quand on s'est déjà baigné, on est complètement pur, et il suffit de se laver les pieds. Vous êtes purs, mais pas tous. » [11] Jésus savait qui le trahissait ; c'est pourquoi il dit : « Vous n'êtes pas tous purs. »

[12] Après leur avoir lavé les pieds, Jésus remet ses vêtements et reprend sa place à table. Alors il leur dit : « Comprenez-vous ce que je viens de faire avec vous ? [13] Vous m'appelez le Maître et le Seigneur, et vous dites bien car je le suis. [14] Donc si moi, le Seigneur et le Maître, je vous ai lavé les pieds, vous aussi vous devez vous laver les pieds les uns aux autres. [15] C'est un exemple que je vous ai donné, et vous ferez comme je l'ai fait.

[16] « En vérité, en vérité, je vous le dis : le serviteur n'est pas au-dessus de son seigneur, et l'envoyé n'est pas au-dessus de celui qui l'envoie. [17] Si maintenant vous savez ces choses, heureux êtes-vous si vous les mettez en pratique !

[18] « Je ne parle pas pour vous tous, car je connais ceux que j'ai choisis. Il est écrit : *Celui qui partageait mon pain a levé son talon contre moi*. Et cela va se vérifier. [19] Je vous le dis maintenant avant que cela n'arrive ; ainsi, lorsque cela arrivera, vous saurez que *Je Suis*. [20] En vérité, en vérité, je vous le dis : celui qui reçoit mon envoyé me reçoit, et celui qui me reçoit, reçoit également celui qui m'a envoyé. »

• [21] A peine Jésus avait-il dit cela qu'il fut troublé en son esprit. Alors il dit très clairement : « En vérité, en vérité, je vous le dis : l'un de vous va me trahir. » [22] Les disciples se demandaient de qui il pouvait bien parler, et ils se regardaient les uns les autres. [23] Un des disciples, celui que Jésus aimait, était installé juste contre Jésus ; [24] Simon-Pierre lui fit donc un signe pour qu'il demande à Jésus de qui il parlait. [25] Et lui, qui se trouvait juste sur la poitrine de Jésus, se retourna vers Jésus pour lui dire : « Seigneur, qui est-ce ? »

[26] Jésus lui donna cette précision : « C'est celui à qui je vais passer un morceau trempé dans la sauce. » Il trempa le morceau et le donna à Judas, fils de Simon Iscariote. [27] Et avec ce morceau, Satan entra en lui. Alors Jésus lui dit : « Ce que tu veux faire, fais-le tout de suite. »

[28] Aucun de ceux qui étaient à table ne comprit de quoi Jésus parlait. [29] Comme Judas avait l'argent, on pouvait penser que Jésus lui disait d'acheter ce qui manquait pour la fête ou de donner quelque chose aux pauvres. [30] Judas prit donc ce morceau et sortit aussitôt. Il faisait nuit.

[31] Lorsque Judas fut sorti, Jésus déclara : « C'est maintenant que le

• **13.33** *Je vous donne un commandement nouveau* : c'est-à-dire un commandement pour les temps *nouveaux* qui commencent (1Jn 2,7-8). L'Ancien Testament parlait déjà de fidélité intérieure envers Dieu et de l'amour du prochain, mais ce message restait enfoui parmi les complexités de la Loi. Il y a d'autre part bien des façons d'aimer : même les fanatiques religieux prétendent aimer Dieu. Dans le Nouveau Testament Jésus déclare que l'amour de Dieu est la loi primordiale, et l'exemple que le Seigneur nous a donné pendant sa vie ici-bas nous indique le chemin de l'amour.

L'amour selon Dieu vise à libérer le prochain et à lui permettre de développer les talents qu'il tient de Dieu. A mesure que nous pénétrons davantage dans le mystère de l'amour de Dieu manifesté par Jésus, notre amour se transforme jusqu'à se confondre avec l'amour éternel de Dieu qui, à la fin, agira seul à travers nous.

• **14.1** Après le lavement des pieds, Jean nous présente trois discours d'adieu de Jésus à ses apôtres. Ceux qui ont partagé sa vie pendant plusieurs mois devront bientôt découvrir une autre manière de vivre avec le Christ ressuscité et présent, bien qu'invisible. Jésus dit : « J'étais *avec* vous » ; dorénavant, « Je serai *en* vous ». Le premier de ces discours occupe le chapitre 14.

L'ascension de Jésus auprès du Père nous ouvre le chemin de notre maison qui n'est pas située en haut, mais en Dieu. *Il y a beaucoup de chambres,* ce qui veut dire qu'il y a aussi une place pour nous. Cette *chambre* n'est pas une « propriété » où l'on s'enferme, elle signifie seulement que là Dieu se donne totalement : *nous viendrons à lui* (24). Nous aurons tout en Dieu, et son rayonnement fera jaillir de chacun de nous la résonance unique que lui seul peut donner. Chacun sera dans sa propre demeure et en communion avec tous.

Voici donc le but de notre ascension, et Jésus déclare : « *Je suis le chemin* ». Il s'est fait homme précisément pour que nous voyions le Père en lui. Même si au début, nous ne comprenons pas bien sa pensée, avec le temps nous découvrirons le Seigneur et nous comprendrons que son chemin est aussi le nôtre.

Je suis dans le Père et le Père est en moi, et vous en moi (11 et 20) Le Christ nous fait entrer dans la vie mystérieuse des Personnes divines qui sont le seul et unique Dieu. Les choses matérielles ne peuvent pas se pénétrer l'une l'autre, mais cela est possible dans le domaine de l'esprit. Le Christ est *dans le Père* et le Père *est en lui, et ils se font une chambre chez nous.*

Dans l'introduction de son évangile, Jean explique l'action de Dieu dans le monde à la lumière de la relation intime entre le Père et le Fils. Il ajoute ici que la présence de Dieu en nous se doit à l'Esprit. Ni le Père seul que personne n'a vu, ni le Fils qui s'est manifesté, ne peuvent par eux-mêmes s'unir aux hommes. Mais ils peuvent le faire par l'Esprit que nous devrions appeler : *Dieu qui se communique.* C'est pourquoi nous appelons *vie spirituelle* tout ce qui se rapporte à notre relation avec Dieu.

Le présent chapitre développe les trois pas de la vie spirituelle :

— garder les paroles de Jésus : les méditer, les mettre en pratique et les laisser prendre racine dans notre âme.

— ensuite, instruits par l'Esprit au sujet de ce que nous devons demander au nom du Christ, demander en toute confiance les choses qu'il désire lui-même.

— finalement, faire les mêmes choses que lui. Il n'a pas multiplié les bonnes œuvres, mais il a achevé ce que son Père lui demandait de faire, même quand son obéissance semblait un vain sacrifice.

Fils de l'homme est glorifié et que Dieu est glorifié en lui. [32] Aussi Dieu va-t-il lui faire partager sa gloire, et il le fera bientôt.

• [33] « Mes petits enfants, je suis encore avec vous pour très peu de temps. Vous me chercherez et, comme je l'ai dit aux Juifs, je vous le dis maintenant : vous ne pouvez pas venir où je vais. [34] Je vous donne ce commandement nouveau : aimez-vous les uns les autres. Aimez-vous les uns les autres comme je vous ai aimés. [35] Ayez de l'amour entre vous ; c'est ainsi que tout le monde reconnaîtra que vous êtes mes disciples. »

[36] Alors Simon-Pierre lui dit : « Seigneur, où vas-tu ? » Jésus lui répondit : « Tu ne peux pas me suivre là où je vais, mais tu m'accompagneras plus tard. » [37] Pierre lui dit : « Seigneur, pourquoi est-ce que je ne pourrais t'accompagner maintenant ? Je donnerais ma vie pour toi ! » [38] Mais Jésus lui répond : « Tu donneras ta vie pour moi ? En vérité, en vérité, je te le dis : avant que le coq chante, tu m'auras renié trois fois. »

Je vais vers le Père

14 • [1] « Que votre cœur ne se trouble pas : croyez en Dieu et croyez aussi en moi. [2] Dans la maison de mon Père il y a beaucoup de chambres. Sinon, je ne vous aurais pas dit que je m'en vais pour vous préparer une place. [3] Quand je serai allé et que je vous aurai préparé une place, je reviendrai et je vous prendrai près de moi, de sorte que vous soyez aussi là où je suis. [4] Et vous savez le chemin pour aller où je vais. »

[5] Thomas lui dit alors : « Seigneur, nous ne savons pas où tu vas, comment pouvons-nous en savoir le chemin ? » [6] Jésus lui dit : « Je suis le chemin, la vérité et la vie. Personne ne vient au Père sans passer par moi. [7] Si vous me connaissez, vous connaîtrez aussi mon Père. D'ailleurs, dès maintenant vous le connaissez et vous l'avez vu. »

[8] Philippe lui dit : « Seigneur, montre-nous le Père et cela nous suffit. » [9] Jésus lui dit : « Philippe, j'ai été si longtemps avec vous et tu ne me connais pas encore ? Celui qui m'a vu, a vu le Père. Comment peux-tu dire : Montre-nous le Père ? [10] Ne crois-tu pas que je suis dans le Père, et que le Père est en moi ? Tout l'enseignement que je vous ai donné ne vient pas de moi, mais le Père demeure en moi pour accomplir ses propres œuvres.

[11] « Je suis dans le Père et le Père est en moi ; faites-moi confiance en cela, ou sinon, croyez-le à cause de ces œuvres. [12] En vérité, en vérité, je vous le dis : si quelqu'un croit en moi, il fera lui aussi les œuvres que je fais, et comme je retourne vers le Père, il en fera de plus grandes encore. [13] Tout ce que vous demanderez confiant en mon Nom, je le

Le Nom de Jésus, c'est-à-dire sa puissance est celui-là même de Dieu : Actes 9.

Chefs du peuple et Anciens, on nous demande aujourd'hui des explications pour avoir guéri un infirme. Comment a-t-il été rétabli ? Sachez-le tous, c'est grâce au Nom de Jésus de Nazareth, le Messie que vous avez crucifié et que Dieu a relevé d'entre les morts. Le salut ne se trouve en aucun autre. Aucun autre Nom sous le ciel n'a été donné aux hommes par lequel nous devrions être sauvés.

• **14.**15 *Je demanderai au Père de vous donner un autre Protecteur.* Jésus se réfère au Saint-Esprit qu'il appelle le *Paraclet*. Ce mot grec a plusieurs sens. Ici nous traduisons : *le Protecteur.* L'Esprit donne aux croyants la confiance et inspire leurs prières pour qu'elles soient écoutées de Dieu.

• **14.**22 *Seigneur, veux-tu te manifester à nous et pas au monde ?* Jude a compris que Jésus parlait de rencontres secrètes : il ne s'agit pas de cela. Jésus voulait dire qu'il se manifesterait à eux par son Esprit pour les instruire et leur donner la paix.

• **14.**25 *Le Protecteur (ou l'Interprète) se chargera de vous enseigner.* L'Esprit nous permet de comprendre et d'interpréter les paroles de Jésus à chaque époque.

L'Esprit Saint que le Père vous enverra (26). Comparer avec 15,26 : *l'Esprit que je vous enverrai* Le Saint-Esprit procède du Père qui est la Source unique, mais le Fils donne cet Esprit qui pour lui n'est pas une chose reçue : c'est son propre Esprit.

Le Père est plus grand que moi (28). Cela ne contredit pas ce que Jean enseigne sur la divinité de Jésus tout au long de son évangile. Il faut lire ces paroles avec ce que Jésus dit en 5,18 ; 10,30 ; 16,15 si nous voulons comprendre un peu le mystère du Christ, « vrai Dieu ». Dès le quatrième siècle, le grand évêque et défenseur de la foi, saint Hilaire de Poitiers, écrivait : « Le Père est plus grand parce que c'est lui qui donne. Mais puisqu'il donne au Fils son être propre et unique, le Fils n'est pas inférieur au Père ».

• **15.**1 Dans ce second discours d'adieu, Jésus nous invite à rester fermes au milieu du monde. Ce discours se compose de quatre parties :

— la parabole de la vigne : « je vous ai envoyés porter du fruit. »

— « le monde vous détestera. »

— l'œuvre de l'Esprit Saint.

— « encore un peu et vous me reverrez. »

D'abord la parabole de la vigne. Jésus utilise une image biblique, mais il en change le sens, comme il l'avait fait en parlant du bon Pasteur (Jn 10,1...). La vigne représentait le peuple d'Israël. Faite de pieds choisis, soignée par le Seigneur, elle aurait dû produire des fruits de justice (Mc 12,1...). Mais en venant parmi nous Jésus met fin à cette période de l'histoire où le royaume de Dieu s'identifiait au peuple juif.

Maintenant la *vraie vigne* a poussé ses racines. Le Christ en est le tronc d'où sortent *les sarments, m*ais Jésus est aussi toute la plante, tronc et rameaux ensemble : les chrétiens sont vraiment le corps du Christ. Nous devons tous porter des fruits, et Jésus signale que ces fruits doivent provenir de son Esprit et être marqués de son propre sceau. La réussite de l'Église ne se mesure pas à ses exploits mais au progrès des personnes qui, en elle, approfondissent le mystère du Christ et partagent sa croix et sa résurrection.

Après avoir spécifié que nous dépendons totalement de lui, Jésus répète son commandement : l'amour. Mais pour que nous sachions aimer comme il aime, il nous demande d'abord de partager sa pensée : c'est le sens de l'expression : *gardez mes commandements.* Ainsi nous deviendrons ses amis et nous *produirons le fruit* authentique de l'amour dont le Christ est l'arbre unique.

ferai, pour que le Père soit glorifié à travers le Fils. [14] Et de même je ferai ce que vous me demanderez à moi, confiant en mon Nom.

• [15] « Si vous m'aimez, vous garderez mes commandements. [16] Moi, de mon côté, je demanderai au Père de vous donner un autre Protecteur qui sera pour toujours avec vous. [17] C'est l'Esprit de vérité que le monde ne peut recevoir, car il ne le voit pas et ne le connaît pas. Mais vous, vous le connaissez, puisqu'il est avec vous et demeure en vous.

[18] « Je ne vous laisserai pas comme des orphelins, puisque je reviens vers vous. [19] Encore un peu de temps et le monde ne me verra plus, mais vous, vous me verrez, puisque je suis vivant et que vous aussi vous vivrez. [20] Ce jour-là vous saurez que je suis dans mon Père, et vous en moi, et moi en vous. [21] Celui qui a reçu mes commandements et qui les garde, voilà celui qui m'aime ; et celui qui m'aime sera aimé de mon Père. Moi aussi je l'aimerai et je me manifesterai à lui. »

• [22] A ce moment-là Jude, non pas Judas Iscariote, dit à Jésus : « Mais comment cela ? Veux-tu te manifester à nous et pas au monde ? » [23] Jésus lui répondit : « Si quelqu'un m'aime, il gardera ma parole et mon Père l'aimera. Alors nous viendrons à lui et nous nous ferons une chambre chez lui. [24] Celui qui ne m'aime pas ne garde pas mes paroles, mais ce discours que vous écoutez n'est pas de moi, il vient du Père qui m'a envoyé.

• [25] « Je vous ai dit tout cela pendant que j'étais avec vous. [26] Mais le Protecteur, l'Esprit Saint que le Père vous enverra grâce à mon Nom, se chargera de vous enseigner toutes choses : il vous rappellera tout ce que je vous ai dit. [27] Je vous laisse la paix, je vous donne ma paix. Je ne vous la donne pas comme le monde la donne. Ne restez pas dans le trouble et dans la crainte. [28] Vous avez appris ce que je vous ai dit, que je m'en vais et je reviens vers vous. Si vous m'aimiez, vous vous réjouiriez de ce que je vais vers le Père, car le Père est plus grand que moi. [29] Et maintenant je vous l'ai dit avant que cela n'arrive, pour que, quand cela arrivera, vous croyiez.

[30] « Je ne vous parlerai plus beaucoup désormais : déjà s'approche celui qui gouverne le monde, mais en moi il n'y a rien qui soit à lui [31] Tout au contraire, et le monde doit le savoir, j'aime le Père et je fais comme le Père me l'a ordonné. Levez-vous, allons. »

Je suis la vigne, produisez des fruits en moi

15 • [1] « Je suis la vraie vigne et mon Père est le vigneron. [2] Quand une branche, en moi, ne porte pas de fruit, il l'enlève ; quand une branche donne du fruit, il la taille et la nettoie pour qu'elle en porte

Dans la Première Lettre de Jean (3,9) le même thème est repris.

C'est à cela qu'on reconnaît les enfants de Dieu et les enfants du diable : celui qui ne vit pas dans la droiture n'est pas de Dieu, et c'est celui qui n'aime pas son frère.

Il faut nous aimer les uns les autres : c'est le message que vous avez entendu dès le commencement. N'imitez pas Caïn qui appartenait au Mauvais et qui a tué son frère. Et pourquoi l'a-t-il tué ? Parce que ses œuvres à lui étaient mauvaises alors que son frère faisait le bien.

Donc ne vous étonnez pas, frères, quand le monde a pour vous de la haine. Nous voyons que nous sommes passés de la mort à la vie parce que nous aimons nos frères ; celui qui n'aime pas son frère reste en état de mort.

Celui qui a de la haine pour son frère est un homicide, et vous savez qu'un homicide n'a pas en lui la vie éternelle.

Lui, il a donné sa vie pour nous, et c'est là que nous avons connu l'amour. Aussi nous-mêmes, nous devons donner notre vie pour nos frères.

• **15.**18 Bien que Jésus retourne auprès de son Père pour inaugurer une présence plus efficace et universelle parmi les hommes, l'Église et les croyants vont être en butte à la haine de ceux qui sont, le plus souvent inconsciemment, les instruments de Satan.

Bien souvent, il suffit que quelqu'un commence à vivre d'une manière plus chrétienne et plus responsable, pour qu'il se heurte jusque dans sa famille à des oppositions ou des haines dont personne ne saurait dire la raison.

davantage. [3] Le message que je vous ai donné vous a déjà purifiés, [4] mais demeurez en moi, et moi en vous. Le sarment ne pourra pas donner de fruits par lui-même s'il ne reste pas sur la vigne ; ce sera pareil pour vous si vous ne restez pas en moi.

[5] « Je suis la vigne et vous êtes les sarments. Sans moi vous ne pouvez rien faire, mais celui qui demeure en moi et moi en lui, porte beaucoup de fruits.

[6] « Si quelqu'un ne demeure pas en moi, il est jeté dehors comme les sarments, et tout se dessèche ; on les met en tas, on les jette au feu et ils brûlent. [7] Mais tant que vous demeurez en moi et que mes paroles demeurent en vous, demandez ce que vous voulez et vous l'obtiendrez. [8] C'est ainsi que mon Père est glorifié, quand vous portez beaucoup de fruits ; et alors vous devenez mes disciples. /

[9] « Comme le Père m'a aimé, moi aussi je vous ai aimés : demeurez en mon amour. [10] Si vous gardez mes commandements, vous demeurerez en mon amour, tout comme j'ai gardé les commandements de mon Père et je demeure en son amour. [11] Je vous dis tout cela pour que ma joie soit en vous, et que votre joie soit entière.

[12] « Voici mon commandement : aimez-vous les uns les autres comme je vous ai aimés. [13] Il ne peut pas y avoir de plus grand amour que de donner sa vie pour ses amis, [14] et vous, vous êtes mes amis si vous faites ce que je vous commande. [15] Aussi, je ne vous appelle plus des serviteurs, car le serviteur ne sait pas ce que fait son maître ; je vous traite d'amis parce que je vous ai fait connaître tout ce que j'ai appris de mon Père.

[16] « Ce n'est pas vous qui m'avez choisi, mais je vous ai choisis et je vous ai donné mission pour que vous alliez et que vous portiez du fruit, et que ce fruit demeure. C'est ainsi que le Père vous donnera tout ce que vous demanderez en mon nom. [17] Aimez-vous les uns les autres, c'est là mon commandement. »

Le monde déteste Jésus et les siens

• [18] « Si le monde vous déteste, pensez qu'il m'a détesté avant vous. [19] Si vous étiez du monde, le monde reconnaîtrait les siens et les aimerait. Mais vous n'êtes pas du monde, et le monde vous déteste parce que je vous en ai tirés. [20] Rappelez-vous ce que je vous ai dit : le serviteur n'est pas au-dessus de son maître. Si l'on m'a persécuté, on vous persécutera de même. A-t-on accueilli ma parole ? Alors, va-t-on accueillir la vôtre ?

[21] « Tout ce qu'ils feront contre vous, ce sera à cause de mon nom,

Tout au long du livre des Actes nous voyons comment la prédication de l'Évangile provoque des divisions. Ceux qui refusent la foi poursuivent les apôtres de ville en ville et Paul sera souvent leur victime.

Paul et Barnabé restèrent tout un temps en cet endroit, où ils enseignaient. Ensuite arrivèrent les Juifs d'Antioche de Pisidie. Ils parlèrent avec beaucoup d'assurance, affirmant qu'il n'y avait rien de vrai dans toute cette prédication, que tout était inventions. Ils surent amener la population à s'éloigner d'eux et finalement ils lapidèrent Paul. Ils le traînèrent hors de la ville pensant qu'il était mort. Mais alors ses disciples vinrent l'entourer ; il se releva pour rentrer dans la ville, et le lendemain il sortit avec Barnabé pour Derbé.

L'Esprit promis par Jésus en ce chapitre a donné à Paul et à l'Église la compréhension du plan de Dieu qui supprime toutes les barrières entre les peuples : Lettre aux Éphésiens 3,2.

On a dû vous dire comment m'est venue cette grâce de Dieu que j'ai reçue pour vous : une révélation m'a fait connaître ce plan mystérieux dont je vous ai parlé en peu de mots. C'est assez pour que vous puissiez apprécier l'intelligence que j'ai du mystère du Christ.

Il n'avait pas été révélé aux humains des temps passés, mais les saints apôtres et prophètes savent maintenant par des révélations spirituelles que les nations païennes ont part à l'Héritage. Dans le Christ Jésus elles sont un même corps et elles ont part à la même Promesse.

• **15.**26 En faisant de nous des enfants de son Père, Jésus nous découvre le mystère intime de Dieu. En Dieu, il existe une communion entre les trois Personnes : le Père, le Fils et leur commun Esprit.

• **16.**8 Depuis le jour de la Pentecôte, l'Esprit a agi dans l'Église, montrant ainsi qu'il était l'Esprit du Christ. Les Juifs qui n'avaient pas cru pensaient que Dieu était avec eux, mais en réalité son Esprit n'agissait pas en eux de la même façon. Il était donc clair qu'ils avaient péché *en ne croyant pas au Christ.*

Où est la justice. Jésus est le Juste, et il nous montre le chemin de la justice, ou sainteté, lorsqu'au terme de ses épreuves il va vers le Père (10).

Les Actes des apôtres nous montrent l'action de l'Esprit parmi les premiers disciples. L'Esprit guide les missionnaires ; il leur donne force et charismes pour guérir, servir et secouer un monde endormi. Tout au long de l'histoire, l'Esprit fera surgir des hommes de foi, des martyrs, des prophètes, et par eux, il transformera le monde. Ainsi le Sauveur, apparemment vaincu, sera justifié : il deviendra alors évident que le perdant est Satan qui *a déjà été jugé* (11).

parce qu'ils ne connaissent pas celui qui m'a envoyé. ²² Si je n'étais pas venu pour leur parler, ils n'auraient pas de péché. Mais maintenant ils n'ont plus d'excuses pour leurs péchés.

²³ « Celui qui me déteste, déteste aussi mon Père. ²⁴ Si je n'avais pas fait parmi eux des œuvres que personne d'autre n'a faites, ils n'auraient pas de péché. Mais maintenant ils ont vu, et ils m'ont détesté aussi bien que mon Père. ²⁵ Il fallait que s'accomplisse cette parole qu'on lit dans leur Loi : *ils m'ont détesté sans raison.* »

L'Esprit viendra

• ²⁶ « Mais je vais vous envoyer d'auprès du Père le Protecteur, et quand il sera là, l'Esprit de vérité qui vient du Père, il me rendra témoignage. ²⁷ Et vous aussi, vous me rendrez témoignage, car vous êtes avec moi depuis le commencement.

16 ¹ Je vous ai dit tout cela pour que vous ne soyez pas déconcertés. ² Ils vous excluront de leurs communautés. Bien plus, l'heure vient où l'on pensera qu'il suffit de vous tuer pour rendre hommage à Dieu. ³ Ils agiront ainsi parce qu'ils ne connaissent, ni le Père, ni moi.

⁴ « Je vous ai dit tout cela pour qu'une fois l'heure venue, vous vous souveniez que je vous l'avais dit. Au début, j'étais avec vous, et c'est pourquoi je ne vous en parlais pas. ⁵ Mais maintenant je m'en vais chez celui qui m'a envoyé, et aucun de vous ne me demande où je vais. ⁶ Votre cœur s'est rempli de tristesse en entendant ce que je vous ai dit. ⁷ Pourtant je vous dis la vérité : il est bon pour vous que je m'en aille, car si je ne m'en vais pas, le Protecteur ne viendra pas. Et si je pars, c'est pour vous l'envoyer.

• ⁸ « Quand il viendra, il rétablira la vérité face au monde en matière de péché, de justice et de jugement. ⁹ Où est le péché ? Ils ne croient pas en moi. ¹⁰ Où est la justice ? Mais je m'en vais vers le Père tandis que vous ne me voyez plus !

¹¹ « Quel jugement ? Celui du gouverneur de ce monde : il est déjà condamné. ¹² J'ai beaucoup de choses à vous dire encore, mais vous ne pouvez pas les comprendre maintenant. ¹³ Quand il viendra, lui, l'Esprit de vérité, il vous conduira sur le chemin de toute vérité. Il n'a rien à dire de lui-même, mais il dira ce qu'il aura entendu et vous annoncera les choses à venir. ¹⁴ Il vous annoncera ce qu'il aura reçu de moi, et grâce à lui je serai glorifié. ¹⁵ Tout ce qui est au Père est à moi : c'est pourquoi je viens de dire qu'il vous fera savoir des choses prises chez moi.

La Première Lettre de Pierre (4,12) encourage des chrétiens déjà persécutés pour leur foi.

Frères bien aimés, ne vous étonnez pas du feu qui a flambé au milieu de vous : qu'une telle épreuve survienne n'a rien d'étrange.

Réjouissez-vous de communier aux souffrances du Christ : c'est ainsi que vous connaîtrez les grandes joies le jour où sa Gloire se montrera à découvert. Heureux êtes-vous si l'on vous traite de tous les noms à cause du Christ, car la gloire et l'Esprit de Dieu reposent sur vous.

Il ne faudrait pas que vous soyez condamnés comme meurtriers ou voleurs ou complices de malfaiteurs. Mais si c'est pour être chrétiens, n'ayez pas de honte : que ce nom soit un moyen de rendre gloire à Dieu.

Le moment est venu, et le Jugement commence par les familiers de Dieu. Si nous devons y passer les premiers, que sera-ce à la fin pour ceux qui n'ont pas cru à la Bonne Nouvelle de Dieu ?

•**16.**16 Jésus est parmi nous, et nous pouvons être conscients de sa présence même si cela ne réchauffe pas nos sentiments. Ce qui est important n'est pas de sentir sa présence mais de persévérer en suivant son chemin. Pour arriver à une foi adulte, il faut que nous soyons privés du réconfort de sa présence pour des temps plus ou moins longs : *encore un peu et vous ne me verrez plus.*

Pour ses disciples cela s'est vérifié une première fois au moment de sa mort : plus tard, ils *l'ont vu* ressuscité d'entre les morts. Cela se vérifiera aussi à la fin du monde, quand nous découvrirons le Christ glorieux que nous attendons dans la foi. Nous ne devons pas nous sentir trop sûrs de nous quand le Christ nous accorde de sentir sa présence, comme par exemple après une conversion. Quand tout semble facile, nous ne devons pas mépriser ceux qui semblent moins favorisés que nous par le Seigneur. *Encore un peu de temps* peut-être, et le Seigneur nous laissera dans l'obscurité.

Je vous parlerai clairement… La réponse naïve des apôtres (29) souligne par contraste ce que Jésus exprime au v. 25. Jésus ne parlait pas de revenir avec ou sans paraboles. Il faisait allusion à une connaissance spirituelle de lui et de ses paroles, que les disciples devaient recevoir de l'Esprit.

Vous demanderez en mon nom (26). Parce que les croyants connaîtront Jésus spirituellement, ils sauront ce qu'ils doivent lui demander et il le leur donnera. Ils sauront aussi ce que Dieu ne veut pas donner, et par conséquent ils ne le désireront pas et ne le demanderont pas.

D'ici peu, vous ne me verrez plus

• ¹⁶ Encore un peu de temps et vous ne me verrez plus, puis encore un peu de temps et vous me verrez. » ¹⁷ Plusieurs des disciples se demandaient : « Que nous dit-il là ? Un peu de temps et vous ne me verrez plus, puis encore un peu de temps et vous me verrez. Et aussi : je vais vers le Père. ¹⁸ Qu'est-ce que ce : un peu de temps ? Nous ne savons pas ce qu'il veut dire. »

¹⁹ Jésus vit qu'ils voulaient le lui demander, et il leur dit : « Vous vous interrogez parce que j'ai dit : un peu de temps et vous ne me verrez plus, et un peu de temps encore et vous me verrez. ²⁰ En vérité, en vérité, je vous dis que vous serez dans le deuil et les larmes pendant que le monde se réjouira. Vous serez dans la tristesse, mais votre tristesse deviendra joie. ²¹ Quand une femme est sur le point de mettre au monde, elle est dans la tristesse car le moment de ses douleurs approche. Mais quand l'enfant est né, sa joie est telle qu'elle ne se rappelle plus son angoisse : pensez donc, un nouvel être est apparu dans le monde !

²² Vous aussi, vous voilà dans la tristesse, mais je vous verrai de nouveau et votre cœur sera dans la joie ; et votre joie, personne ne vous l'enlèvera. ²³ Ce jour-là vous ne me demanderez plus rien car, je vous le dis et c'est vrai, tout ce que vous demanderez au Père en mon Nom, il vous le donnera. ²⁴ Jusqu'ici vous n'avez rien demandé en mon Nom : mais demandez et vous recevrez, et votre joie sera entière.

²⁵ Je vous ai dit tout cela avec des comparaisons. Mais l'heure vient où je ne donnerai plus des comparaisons, mais je vous parlerai clairement du Père. ²⁶ Ce jour-là vous demanderez en mon Nom. Mais ne pensez pas que je devrai intervenir auprès du Père en votre faveur : ²⁷ car le Père lui-même vous aime puisque vous m'aimez et vous croyez que je suis sorti de Dieu. ²⁸ Je suis sorti du Père et je suis venu dans le monde : mais maintenant je quitte le monde et je vais vers le Père. »

²⁹ A ce moment les disciples disent : « Tout de suite tu parles clairement, ce ne sont plus des comparaisons. ³⁰ Maintenant nous savons que tu sais tout et qu'il n'y a pas de questions à te poser. Car tu es sorti de Dieu ; cela, nous le croyons ! »

³¹ Jésus alors leur répond : « Vous dites que vous croyez ? ³² Pourtant l'heure est proche, et elle est déjà là, où vous allez vous disperser chacun de son côté et vous me laisserez seul. Mais je ne suis pas seul, car le Père est avec moi. ³³ Je vous ai parlé ainsi pour que vous ayez la paix en moi, car, dans le monde, vous connaîtrez la persécution. Mais courage : j'ai vaincu le monde ! »

Le Fils venu dans le monde retourne au Père pour y retrouver la Gloire qui était la sienne. Paul l'exprime magnifiquement dans la Lettre aux Colossiens (1,15).

Il est l'image du Dieu qu'on ne peut voir, et pour toute créature il est le premier-né.

Car en lui tout a été créé, dans les cieux et sur la terre, l'univers visible et invisible, Trônes, Seigneurs, Principautés, Autorités…

Tout a été créé grâce à lui et pour lui. Il était là avant tous et tout se tient en lui.

Il est aussi la tête du corps, de l'Église, lui qui avant tout autre est revenu d'entre les morts, afin d'occuper, en tout, la première place.

Car il a plu à Dieu que « le tout » se retrouve en lui,

et que tout soit réconcilié avec Dieu grâce à lui, après que le sang de sa croix ait rétabli la paix aussi bien sur la terre que dans le monde supérieur.

• **17.1** Beaucoup appellent prière sacerdotale cette prière où, avant sa mort, le Christ offre en sacrifice sa propre vie : prêtre et victime à la fois (19). Le terme *sanctifier* avait deux sens : le prêtre se sanctifiait, c'est-à-dire qu'il se préparait pour être digne d'offrir le sacrifice, et il sanctifiait la victime (ou la rendait sainte) en la sacrifiant.

Jésus prie pour les siens afin qu'ils soient un peuple saint, ou consacré à Dieu *dans la vérité* (17). Il répandra sur eux l'Esprit de la vérité qui avait été promis à Israël et cet Esprit les instruira intérieurement.

Garde-les en ce Nom (11). Autrement dit : garde-les dans le rayonnement de ton propre mystère. Le premier devoir de l'Église sera de connaître Dieu. (Le mot *connaître* revient sept fois, ce qui indique clairement que cette connaissance est au centre de la prière de Jésus). Ce serait un christianisme bien court que celui qui ne saurait dire que : Amour, amour ! Quelle que soit la situation de l'Église, sa mission propre et irremplaçable sera de préserver et de proclamer la vraie connaissance du Père et le commandement de son Fils.

Jésus veut que chacun des siens connaisse Dieu : ce qui exige l'approfondissement de la parole de Dieu, la persévérance dans la prière et la participation aux célébrations de la communauté. En tout cela, nous bénéficions de l'aide de l'Esprit Saint de qui viennent les dons de connaissance et de sagesse, puis les bonnes œuvres et l'amour : c'est le commencement de la *vie éternelle* (3).

Le Christ a prié pour que son Église soit une, c'est-à-dire signe d'unité dans un monde divisé. Il ne suffit pas de proclamer le Christ ; il faut aussi que les hommes voient l'Église une et unie parmi eux.

Église *catholique*, c'est-à-dire universelle, où personne ne se sente étranger. Église *une*, grâce à un même esprit, avec l'unité visible de ses membres.

Prière de Jésus pour le peuple saint

17 • [1] Telles furent les paroles de Jésus. Ensuite il leva les yeux vers le ciel et dit :

« Père, l'heure est arrivée : glorifie ton Fils pour que le Fils te glorifie !

[2] « Tu lui as donné autorité sur tout être mortel et tu veux qu'il donne la vie éternelle à tout ce que tu lui as donné. [3] Et la vie éternelle, c'est qu'ils te connaissent, toi, le Dieu Unique et Vrai, et celui que tu as envoyé, Jésus, le Christ.

[4] « Je t'ai glorifié sur la terre, j'ai achevé l'œuvre que tu m'avais donnée à faire. [5] Et maintenant, Père, glorifie-moi auprès de toi, donne-moi cette gloire que j'avais auprès de toi dès avant que le monde existe.

[6] « J'ai fait connaître aux hommes ton Nom. Je parle de ceux que tu as pris dans le monde pour me les donner. Ils étaient à toi et tu me les as donnés, et ils ont gardé ta parole.

[7] « Maintenant ils savent que tout ce que tu m'as donné vient vraiment de toi. [8] Je leur ai donné le message que tu m'as donné : ils l'ont reçu et ils ont su que je suis réellement sorti de toi, et ils ont cru que tu m'as envoyé.

[9] « C'est pour eux que je prie ; je ne prie pas pour le monde, mais pour ceux qui sont à toi et que tu m'as donnés, [10] car tout ce que j'ai t'appartient et tout ce qui est à toi m'appartient. Je suis glorifié à travers eux. [11] Je ne suis plus dans le monde, mais eux restent dans le monde alors que moi je retourne vers toi. Père Saint, garde-les en ton Nom, celui-là même que tu m'as donné, pour qu'ils soient un comme nous.

[12] « Quand j'étais avec eux, je les gardais en ton Nom, car tu me l'as donné. J'en ai pris soin, et aucun d'eux ne s'est perdu, sinon celui qui était déjà perdu : en cela aussi l'Écriture devait se vérifier.

[13] « Mais maintenant je dis cela dans le monde avant d'aller vers toi, pour que ma joie soit tout entière en eux. [14] Je leur ai donné ta Parole et le monde les a détestés, car ils ne sont pas du monde, comme moi-même je ne suis pas du monde. [15] Je ne te demande pas de les enlever du monde mais de les garder du Mauvais.

[16] « Ils ne sont pas du monde, comme moi-même je ne suis pas du monde. [17] Rends-les saints grâce à la Vérité : ta Parole est Vérité.

[18] « Comme tu m'as envoyé dans le monde, moi aussi je les envoie dans le monde, [19] et maintenant je me consacre pour eux, de façon qu'eux aussi soient consacrés dans la Vérité.

La Première Lettre de Pierre (1,13) rappelle aux chrétiens qu'ils sont le peuple saint de Dieu.

Mettez tous vos espoirs dans ce bien unique que vous apportera la manifestation du Christ Jésus.

Puisque vous avez accepté la foi, ne soyez plus à la remorque de vos anciennes passions, comme au temps où vous ne saviez pas. Celui qui vous a appelés est Saint : vous aussi soyez saints dans toute votre façon de vivre. L'Écriture l'a dit : soyez saints car je suis Saint.

Veillez sur votre conduite tout le temps que vous résidez ici-bas. Vous le savez : vous avez été libérés des vaines pratiques héritées de vos pères grâce au sang précieux de l'Agneau sans tache ni défaut.

Dieu pensait à lui dès la création de l'univers, mais c'est à la fin des temps qu'il l'a fait venir pour vous.

La Première Lettre de Jean (3,2) nous redira que le terme est de voir Dieu et d'être transformé en lui.

Mes bien-aimés, nous sommes enfants de Dieu mais on ne peut pas voir encore ce que nous deviendrons. Nous savons cependant que lorsqu'il se montrera à découvert nous serons semblables à lui, parce que nous le verrons comme il est. Quand on attend de lui une telle chose, on veut devenir saint tout comme lui il est saint.

[20] « Je ne prie pas seulement pour eux mais pour ceux qui croiront en moi grâce à leur parole. [21] Qu'ils soient tous un, comme toi, Père, tu es en moi et moi en toi. Qu'ils soient eux aussi en nous, pour que le monde croie que tu m'as envoyé.

[22] « Je leur ai donné la gloire que tu m'as donnée, pour qu'ils soient Un comme nous sommes Un : [23] moi en eux, et toi en moi : ainsi ils atteindront l'unité parfaite, et le monde connaîtra que tu m'as envoyé et que tu les as aimés comme tu m'as aimé.

[24] « Père, si tu me les as donnés, je veux qu'ils soient avec moi là où je suis : je veux qu'ils voient ma gloire, que déjà tu me donnes parce que tu m'as aimé dès avant la fondation du monde.

[25] « Père juste, le monde ne t'a pas connu, mais moi je t'ai connu, et ceux-ci ont reconnu que tu m'as envoyé. [26] Je leur ai fait connaître ton Nom, et je le ferai encore, pour que l'amour que tu as pour moi soit en eux, et que je sois moi aussi en eux. »

Jésus est arrêté

18 [1] Après avoir dit cela, Jésus sortit avec ses disciples et traversa le torrent du Cédron. Il y avait là un jardin où il entra avec ses disciples. [2] Judas qui le trahissait connaissait ce lieu, parce que Jésus s'était souvent retrouvé là avec ses disciples. [3] Judas prit donc avec lui des soldats de la garnison et des gardes fournis par les grands prêtres et les Pharisiens, et il arrive avec des torches, des lampes et des armes.

[4] Jésus savait tout ce qui allait lui arriver. Il s'avança et leur dit : « Qui cherchez-vous ? » [5] Ils lui répondirent : « Jésus le Nazôréen. » Il leur dit : « C'est moi. » Judas, le traître, se tenait là aussi avec eux. [6] A cette parole de Jésus : « C'est moi », ils reculèrent et tombèrent à terre.

[7] Jésus leur demanda de nouveau : « Qui cherchez-vous ? » Ils répondirent : « Jésus le Nazôréen. » [8] Jésus leur dit : « Je vous l'ai déjà dit : c'est moi. Si c'est moi que vous cherchez, laissez ceux-là s'en aller. »

[9] Ainsi devait s'accomplir la parole que Jésus avait dite : « Je n'ai laissé perdre aucun de ceux que tu m'as donnés. » [10] Simon-Pierre avait une épée, il la tira pour frapper le serviteur du Grand Prêtre et lui coupa l'oreille droite. Ce serviteur s'appelait Malkus. [11] Alors Jésus dit à Pierre : « Remets l'épée au fourreau. Est-ce que je peux ne pas boire la coupe que mon Père m'a donnée ? »

[12] Les soldats de la garnison et leur commandant, avec les policiers des Juifs, se saisirent alors de Jésus et le lièrent avec des cordes. [13] Ils le conduisirent d'abord chez Anne, le beau-père de Caïphe qui était

Les récits de la Passion citent divers passages de ce Psaume 22 :

Mon Dieu, mon Dieu, pourquoi m'as-tu abandonné ?
Que tu es loin de mon appel, loin des paroles que je crie !
Mon Dieu, je t'appelle de jour sans que tu répondes,
de toute la nuit je ne peux me taire.
C'est toi qui habites le Sanctuaire
et vers toi monte la louange d'Israël.
Nos pères ont mis en toi leur espérance,
ils espéraient et tu les sauvais.
Ils criaient vers toi et tu les délivrais,
ils avaient confiance et n'étaient pas déçus.
Mais moi je ne suis plus un homme, rien qu'un ver ;
on a honte de moi, le peuple me méprise.
Ceux qui me voient se moquent, ils ricanent,
ils hochent la tête et ils disent :
« Il s'en est remis au Seigneur, qu'il le délivre,
qu'il le sauve, s'il tient à lui. »
Au sortir du sein j'étais jeté sur toi,
c'est toi mon Dieu dès le sein de ma mère.
Ne t'éloigne pas de moi quand l'angoisse est là, .../...

•**18.28** Les mains liées, Jésus se comporte comme un roi devant le gouverneur Pilate, prisonnier de son poste et de ses propres ambitions. Jésus, le roi des Juifs, n'est pas venu restaurer la nation indépendante des Juifs, mais établir le *règne de la vérité* que Dieu leur promettait depuis des siècles.

Ma royauté ne me vient pas de ce monde. Jésus est différent des autres autorités qui ont obtenu le pouvoir par la force ou par une élection. C'est le Père qui a envoyé Jésus et l'a consacré roi.

Pilate au contraire avait été nommé par l'empereur de Rome : il devait sa carrière autant à sa propre ambition qu'à plusieurs protecteurs. Comment un tel homme aurait-il eu pouvoir sur le Fils de Dieu et comment l'aurait-il fait crucifier par peur du peuple, si ce n'avait été pour accomplir un décret *d'en haut* ? En effet, pas même un moineau ne tombe à terre sans que le Père le permette.

Comme Pilate avait scandaleusement exploité les Juifs, il craignait leurs accusations auprès de l'empereur. Néanmoins, il ne portait pas toute la responsabilité de cette condamnation, puisque ce genre de justice provenait du système colonial des Romains. Caïphe par contre, le grand prêtre, *avait livré Jésus* après avoir condamné ses actions et ses paroles en connaissance de cause : il était donc plus coupable (11).

Nous n'avons pas d'autre roi que le César ! (15). Ainsi criait la foule poussée par les dirigeants, en dépit de sa haine pour les Romains (dans ce texte le mot César ne désigne pas celui que l'histoire connaît sous le nom de Jules César, et qui était mort en 44 av J.C. ; le « César » ou empereur régnant à l'époque était Tibère). En fait quelques années plus tard les Juifs n'auront pas d'autre roi que le César et c'est lui qui détruira leur nation.

Pilate voulait sauver la vie de son prisonnier quand il le présentait si défiguré. Mais en présentant un roi humilié, il offensait profondément le peuple : ils ne pouvaient que se rebeller.

Grand Prêtre cette année-là. ¹⁴ Et c'était Caïphe qui avait donné aux Juifs cet argument : « Il vaut mieux qu'un homme meure à la place du peuple. »

¹⁵ Simon-Pierre et un autre disciple suivaient Jésus. Comme ce disciple était connu du Grand Prêtre, il entra avec Jésus dans la cour du Grand Prêtre, ¹⁶ et Pierre restait dehors à la porte. Mais l'autre disciple connu du Grand Prêtre, ressortit et dit un mot à la gardienne, et il fit entrer Pierre. ¹⁷ Alors cette jeune servante qui gardait la porte dit à Pierre : « Toi aussi tu es un des disciples de cet homme ? » Mais lui répondit : « Je n'en suis pas ! »

¹⁸ Les serviteurs et les gardes étaient là. Ils avaient fait du feu pour se chauffer car il faisait froid, et Pierre était là à se chauffer avec eux.

¹⁹ Pendant ce temps le Grand Prêtre interrogeait Jésus sur ses disciples et sur son enseignement. ²⁰ Jésus lui répondit : « J'ai parlé ouvertement au monde ; j'ai constamment enseigné dans la synagogue et dans le Temple, là où les Juifs se réunissent, et je n'ai rien dit en secret. ²¹ Pourquoi m'interroges-tu ? Demande à ceux qui m'ont écouté ce que je leur ai dit. »

²² A ce moment, un des gardes qui étaient là donna un coup à Jésus, en lui disant : « C'est ainsi que tu réponds au Grand Prêtre ? » ²³ Jésus lui répondit : « Si j'ai mal parlé, montre où est le mal ; mais si j'ai bien parlé, pourquoi me frappes-tu ? » ²⁴ Finalement, Anne envoya Jésus chez Caïphe ; on l'avait lié.

²⁵ Simon-Pierre était toujours là à se chauffer. On lui dit : « Bien sûr, toi aussi tu fais partie de ses disciples. » Mais il le nia et il répondit : « Je n'en suis pas. » ²⁶ Un des serviteurs du Grand Prêtre, un parent de celui à qui Pierre avait coupé l'oreille, affirma alors : « Mais oui, je t'ai vu avec lui dans le jardin ! »

²⁷ De nouveau Pierre nia et, aussitôt après, le coq chanta.

Jésus est jugé par les autorités civiles

• ²⁸ On emmena donc Jésus de chez Caïphe au palais du gouverneur romain. C'était le matin. Les Juifs n'entrèrent pas car ce lieu les aurait souillés, et ils voulaient pouvoir manger la Pâque. ²⁹ Pilate sortit donc vers eux à l'extérieur et leur demanda : « De quoi accusez-vous cet homme ? »

³⁰ Ils lui répondirent : « S'il ne faisait rien de mal, nous ne serions pas venus te l'amener. » ³¹ Pilate leur dit : « Gardez-le donc, et jugez-le selon votre loi. » Les Juifs lui dirent : « Mais nous n'avons pas le droit de condamner quelqu'un à mort. »

vois que personne ne me secourt.
Je crois voir la gueule grande ouverte
de lions rugissants prêts à me dévorer.
Je suis comme un vase qui perd l'eau,
tous mes os se disloquent,
mon cœur se défait dans mes entrailles.
J'ai la gorge sèche comme un tesson,
ma langue se colle au palais.
ils m'ont lié les mains et les pieds.
Ils ont pu compter tous mes os.
Ils se partagent mes vêtements ;
ma tunique, ils l'ont tirée au sort.
Mais toi, Seigneur, ne reste pas au loin,
toi qui es ma force, hâte-toi de me secourir.
Je ferai pour mes frères l'éloge de ton nom,
je te louerai dans la grande assemblée :
« Vous qui craignez le Seigneur, louez-le,
que toute la race de Jacob le vénère !
Car il n'a pas rougi de voir,
il n'a pas méprisé le malheur du malheureux. »
Qui vais-je louer sinon toi, dans la grande assemblée ?
Je tiendrai mes promesses devant ceux qui te craignent.
Tes pauvres mangeront et seront rassasiés :
vous qui cherchez le Seigneur, louez-le,
et que vos cœurs vivent à jamais.
Partout, alors, on fera mention du Seigneur,
de toute la terre on reviendra vers lui.

Dans la Première Lettre de Pierre (2,19) il nous est dit que le peuple de Dieu est appelé à souffrir bien des injustices : c'est un facteur irremplaçable du salut du monde.

Oui, c'est une bonne chose d'être puni injustement quand on agit en conscience et pour Dieu. Quel mérite y a-t-il à accepter les coups après qu'on a fauté ? Mais si vous êtes capables de souffrir après avoir bien agi, voilà qui est grand devant Dieu.

Et c'est à cela que vous avez été appelés. Car en souffrant pour vous le Christ vous a laissé un exemple : vous devez suivre ses traces. Lui n'a pas fait le mal et n'a pas dit de mensonge. On l'insultait et il n'a pas insulté. Il n'a pas maudit quand il souffrait mais il s'en est remis à celui qui juge avec justice.

Il a pris nos péchés sur lui-même, sur le bois de la croix, pour que nous soyons délivrés de nos péchés et que nous vivions saintement. Vous avez été guéris grâce à son supplice. Car vous étiez des brebis égarées, mais maintenant vous êtes revenus au berger qui veille sur vos âmes.

[32] C'est ainsi que devait se réaliser la parole de Jésus à propos du genre de supplice où il allait mourir.

[33] Pilate rentre donc dans le palais. Il fait appeler Jésus et lui demande : « C'est toi le roi des Juifs ? » [34] Jésus répond : « Ce que tu me dis là, est-ce que tu le penses, ou est-ce que d'autres te l'ont dit de moi ? » [35] Pilate dit alors : « Est-ce que je suis Juif, par hasard ? C'est ton peuple, ce sont les chefs des prêtres qui t'amènent devant moi. Qu'as-tu fait ? »

[36] Jésus répond : « Ma royauté n'est pas de ce monde. Si ma royauté était de ce monde, mes gens auraient combattu pour que je ne sois pas livré aux Juifs. Mais non, ma royauté n'est pas d'ici-bas. » [37] Alors Pilate lui dit : « Donc, tout de même, tu es roi ? » Jésus répond : « Tu dis bien : je suis roi. Je rends témoignage à la vérité, c'est pour cela que je suis né et que je suis venu dans le monde. Tous ceux qui sont pour la vérité écoutent ma voix. »

[38] Alors Pilate lui dit : « Où est la vérité ? » Il sortit de nouveau vers les Juifs et leur dit : « Je ne trouve rien à condamner chez cet homme. [39] D'ailleurs c'est une coutume chez vous que je vous relâche un prisonnier pour la fête de la Pâque. Si vous le voulez, je vais relâcher le roi des Juifs. » [40] Mais de nouveau ce furent des cris : « Pas celui-ci ! Relâche Barabbas ! »

Ce Barabbas était un bandit.

19 [1] C'est alors que Pilate ordonne de prendre Jésus et de le flageller. [2] Les soldats tressent une couronne avec des épines et la lui mettent sur la tête ; ensuite ils lui jettent sur les épaules un manteau rouge, couleur royale, [3] et ils commencent à se présenter devant lui en disant : « Salut, roi des Juifs ! » Et ils lui donnent des gifles.

[4] Pilate sortit de nouveau pour dire aux Juifs : « Je vais vous l'amener dehors, mais sachez bien que je ne trouve rien à condamner chez lui. » [5] Jésus sortit donc à l'extérieur avec la couronne d'épines et le manteau de pourpre, et Pilate leur dit : « Voici l'homme ! »

[6] Mais dès qu'ils le voient, les chefs des prêtres se mettent à crier avec leurs policiers : « Mets-le en croix ! Mets-le en croix ! » Pilate leur dit : « Prenez-le vous-mêmes et mettez-le en croix, car moi, je ne lui trouve rien à condamner. » [7] Les Juifs lui répondent : « Nous avons une Loi, et d'après la Loi il doit mourir, car il s'est proclamé Fils de Dieu. »

[8] Lorsque Pilate entend cela, ses craintes augmentent. [9] Il rentre dans le palais et dit à Jésus : « D'où es-tu ? » Mais Jésus ne lui répond pas. [10] Pilate lui dit alors : « Tu ne veux pas me parler ? Ne sais-tu pas que je peux te relâcher et que je peux aussi te faire mettre en croix ? » [11] Jésus

Dans les Actes (3,11) Pierre vient de guérir un infirme et il s'adresse à la foule pour dire que le miracle est l'œuvre de Jésus maintenant dans la gloire.

Le Dieu d'Abraham, d'Isaac et de Jacob qui vient de glorifier Jésus, son serviteur. Vous l'avez livré, et quand Pilate voulait le relâcher, vous l'avez renié. Vous avez demandé la grâce d'un assassin et vous avez renié le juste, le saint. Celui que vous avez tué était le Prince de la vie, et Dieu l'a relevé d'entre les morts : nous en sommes les témoins. Voyez ce que peut la foi en son Nom : son Nom vient de remettre sur pieds cet homme que vous voyez et que vous connaissez. La foi qui s'appuie sur Jésus lui a rendu la santé sous vos yeux à tous.

Maintenant, frères, je sais que vous avez agi par ignorance, tout comme vos chefs, et c'est ainsi que Dieu a accompli ce qu'il disait par la bouche de tous les prophètes, que son Messie devait souffrir. Il faut donc vous repentir et vous convertir pour que vos péchés soient effacés. Alors le Seigneur fera venir des temps meilleurs et il vous enverra ce Messie qui vous est destiné : Jésus lui-même. Car le ciel va le garder jusqu'au moment où l'univers sera restauré, comme Dieu l'a annoncé dans le passé par la bouche de ses saints prophètes.

Moïse a dit : Le Seigneur votre Dieu fera surgir d'entre vos frères un prophète comme moi ; vous l'écouterez, vous ferez tout ce qu'il vous dira. Si quelqu'un n'écoute pas ce prophète, il sera retranché de son peuple. Et à la suite de Moïse, tous les prophètes qui ont parlé, en commençant par Samuel, ont annoncé les jours présents.

N'êtes-vous pas les héritiers des prophètes, le peuple de l'Alliance que Dieu a faite avec vos pères ? Il a bien dit à Abraham : Toutes les familles humaines seront bénies à travers ta descendance. C'est donc pour vous d'abord que Dieu a ressuscité son Serviteur. Il l'a envoyé pour vous donner la bénédiction dès le moment où chacun de vous se détournera de sa vie mauvaise.

•**19.25** Marie n'a ni mari ni enfants pour l'accueillir, et Jésus confie Marie à Jean et Jean à Marie. Remarquez qu'il écrit : Jésus dit à *la* mère et non pas à *sa* mère.

Dans ce dernier geste de Jésus, l'Église a découvert quelque chose du mystère de la vie chrétienne. Les croyants font partie d'une famille spirituelle. Comme un enfant a besoin de son père et de sa mère pour se développer normalement, le croyant a besoin de Marie et du Père céleste. C'est une doctrine constante de l'Église qui ne prétend nullement mettre la créature au même niveau que le Créateur. Non sans raison Dieu nous a donné une mère : si c'est un malheur pour un enfant de ne pas avoir connu sa mère, c'en est un pour le croyant lorsque sa religion ne s'exprime qu'en termes masculins.

Le croyant qui accueille Marie chez lui comme le fait Jean, ne sera ni un fanatique, ni un homme raisonneur de la foi. Il existe une forme d'humilité, de joie et de paix intérieure, de piété simple, caractéristique de ceux qui, vivant dans l'Église catholique, ont su accueillir Marie sans pour autant rejeter leur Sauveur.

lui répond : « Tu n'aurais aucun pouvoir sur moi si tu ne l'avais pas reçu d'en haut. Pour la même raison, celui qui m'a livré entre tes mains porte un plus grand péché que toi. »

[12] Dès ce moment Pilate cherchait à relâcher Jésus, mais les Juifs criaient : « Si tu le relâches, tu n'es pas l'ami du César. Ceux qui se proclament roi se rebellent contre le César. »

[13] Quand Pilate entendit ces paroles, il leur amena Jésus dehors et le fit asseoir au tribunal à cet endroit qu'on appelle Lithostrotos (en hébreu on dit Gabbatha). [14] C'était le jour de la Préparation de la Pâque et il était environ midi. Pilate dit aux Juifs : « Voici votre roi. » [15] Mais eux criaient : « A mort ! A mort ! Crucifie-le ! » Pilate leur dit : « C'est votre roi que je dois mettre en croix ? » Et les chefs des prêtres répondirent : « Nous n'avons pas d'autre roi que le César ! »

[16] Alors Pilate leur livra Jésus pour être crucifié.

Jésus est mis en croix

On emmena Jésus, [17] et lui-même portait sa croix ; il sortit et gagna l'endroit qu'on appelle le Crâne (en hébreu cela se dit Golgotha). [18] Là on le mit en croix, et avec lui deux autres, un de chaque côté : Jésus était au milieu. [19] Pilate avait fait écrire la sentence et elle était affichée sur la croix. Il était écrit : *Jésus le Nazôréen, le roi des Juifs.*

[20] Beaucoup de Juifs lurent cet écriteau car l'endroit où Jésus avait été crucifié était tout proche de la ville. Et c'était écrit en hébreu, en latin et en grec. [21] Les chefs des prêtres des Juifs protestèrent auprès de Pilate : « N'écris pas : Le roi des Juifs. Mets : Il a dit qu'il était le roi des Juifs. » [22] Pilate leur répondit : « Ce que j'ai écrit, est écrit. »

[23] Quand les soldats mirent Jésus en croix, ils prirent ses vêtements et en firent quatre parts, une pour chaque soldat. Il y avait aussi la tunique ; elle était sans couture, tissée d'une pièce de haut en bas. [24] Ils se dirent donc entre eux : « Ne la déchirons pas : tirons-la au sort. » Ainsi devait s'accomplir l'Écriture ; il y est dit en effet : *Ils se sont partagé mes vêtements ; ils ont tiré au sort ma tunique.* C'est bien ce que firent les soldats.

Les dernières paroles de Jésus

• [25] Debout près de la croix de Jésus, se tenaient sa mère et la sœur de sa mère, Marie femme de Cléophas, et Marie de Magdala. [26] Jésus vit la Mère et auprès d'elle le disciple qu'il aimait. Il dit à la Mère : « Femme, voici ton fils. » [27] Ensuite il dit au disciple : « Voici ta mère. » Et à partir de ce moment le disciple la reçut chez lui.

• **19.**28 *J'ai soif.* Jésus est torturé par la soif ; mais il a soif aussi de ce que le Royaume de son Père s'établisse dans le monde. Il a soif de l'amour désintéressé de ceux qui essayeront de partager ses sentiments et son angoisse et qui seront capables de le suivre jusqu'au calvaire.

Tout est accompli. Jésus a bu la coupe de la douleur et de l'humiliation jusqu'à la dernière goutte. Le Père l'avait placée entre ses mains pour qu'il devienne le Sauveur dont nous avions besoin. Maintenant est achevée l'œuvre du Fils de Dieu fait homme : une nouvelle création du monde. L'existence terrestre du Fils de Dieu a pris fin, et de cette graine plantée en terre surgira l'Homme Nouveau.

Maintenant sont achevés les temps de préparation de la religion juive, où la Loi occupait la première place, et la crainte due aux péchés non pardonnés ne disparaissait jamais. Maintenant se termine une étape de l'histoire au cours de laquelle l'humanité se laissait dominer par ses craintes, consciente d'une fatalité qui était de fait sa dépendance de l'esprit du mal.

Ainsi commence une nouvelle étape de l'histoire, le temps de la Nouvelle Alliance de Dieu avec les hommes. L'Esprit va être communiqué à l'Église : c'est pourquoi Jean dit : *il remit l'esprit,* ce qui s'applique aussi au don de l'Esprit.

• **19.**31 Au terme du récit de la Passion et de la Mort de Jésus, Jean ajoute le sceau personnel de son témoignage trois fois répété. Le Christ est mort. Le soldat donne le coup de lance, et du cœur transpercé de Jésus jaillissent du sang et de l'eau. C'est pour Jean l'instant où se révèle le sens du drame.

Le sacrifice de l'agneau pascal inauguré par Moïse trouve aujourd'hui son accomplissement et sa transfiguration. Et comme le « sang et l'eau » de l'accouchement, *le sang et l'eau* jaillis du côté du Christ annoncent aujourd'hui les temps nouveaux dont le baptême et l'eucharistie sont les sacrements. Jean rappelle alors une autre prescription du rituel de l'agneau : *Aucun de ses os ne sera brisé* (Ex 12,46).

Le cœur ouvert de Jésus nous invite à découvrir le puissant et mystérieux amour qui a inspiré sa vie. Les disciples de Jésus qui ont partagé sa vie de tous les jours, vont voir leurs souvenirs et leurs émotions s'atténuer avec le temps. Mais ils vont découvrir aussi qu'il n'y a pas eu une parole, un geste, ou un silence de Jésus qui n'exprime son amour pour Dieu. Le cœur ouvert par la lance est à l'origine de notre dévotion au Sacré-Cœur de Jésus. Ne nous perdons pas en considérations pour expliquer notre foi : contemplons plutôt l'amour de Dieu et laissons-le nous transformer.

Jésus vient de mourir entre deux bandits, et ce sont deux Pharisiens qui se préoccupent de lui donner une sépulture convenable. Joseph d'Arimathie et Nicodème étaient disciples « en secret », et leur condition sociale leur permet d'aller trouver Pilate. Sur le Calvaire et la tombe, voir en Marc 15.

• **20.**1 Le deuxième jour après l'enterrement, les disciples se trouvent devant le fait du tombeau vide, et aussitôt commencent les apparitions. La résurrection a eu lieu le premier jour de la semaine, qui s'appellera dorénavant le Jour du Seigneur, ou dimanche.

Dans ces récits de Jean les croyants contemplent en silence leur Seigneur ressuscité. Le Christ apparaît à Marie-Madeleine qui ne le reconnaît pas. Quand il se présente parmi ses disciples, il doit leur montrer ses plaies pour leur prouver qu'il s'agit bien de lui, celui qui était mort. Jésus est parmi eux, mais son aspect est celui d'un étranger.

Pierre arrive alors. Plusieurs textes indiquent que Pierre est à la fois témoin du tombeau vide et de Jésus ressuscité d'entre les morts (Lc 24,12 et 24,44 ; 1Co 15,5). Notre foi repose principalement sur le témoignage des apôtres, et d'abord sur le témoignage de celui qui était à leur tête.

Il voit les linges posés à plat. Ces *linges* désignent le drap d'environ 4 mètres de long, placé sous le corps des pieds à la tête, et ensuite, sur le corps, de la tête aux pieds. Elles désignent aussi les bandes qui reliaient les deux pans du drap. Le visage était enveloppé dans un linge à part, le *suaire,* passant sous le menton et sur la tête.

• [28] Avec cela, Jésus voyait que tout était accompli. Mais une parole de l'Écriture devait encore s'accomplir. Jésus dit : « *J'ai soif.* » [29] Il y avait là un vase plein de vin fermenté et quelqu'un y plongea une éponge, la mit au bout d'une branche d'hysope et la porta à sa bouche. [30] Jésus prit ce vin fermenté et alors il dit : « Tout est accompli. » Il inclina la tête et il remit l'esprit.

Du côté ouvert jaillissent le sang et l'eau

• [31] Les Juifs ne voulaient pas que les corps des condamnés restent en croix durant le sabbat, d'autant plus que c'était la Préparation de la Pâque et ce sabbat était particulièrement important. Aussi les Juifs demandèrent-ils à Pilate de leur faire briser les jambes et de les enlever.

[32] Les soldats s'approchèrent donc de ceux qui étaient en croix avec Jésus et brisèrent les jambes au premier puis à l'autre. [33] Arrivés auprès de Jésus, ils virent qu'il était déjà mort et ils ne lui brisèrent pas les jambes. [34] Seulement l'un des soldats lui enfonça sa lance dans le côté et il en sortit du sang et de l'eau. [35] Celui qui l'a vu donne ici son témoignage pour que vous croyiez : son témoignage est vrai et lui sait qu'il dit vrai. [36] Ainsi s'accomplissait une parole de l'Écriture : *Pas un de ses os ne sera brisé.* [37] Et l'Écriture dit encore : *Ils verront celui qu'ils ont transpercé.*

[38] Après cela, Joseph d'Arimathie intervint auprès de Pilate. Il était disciple de Jésus, mais il ne le disait pas par crainte des Juifs. Il demanda de pouvoir retirer le corps de Jésus et Pilate le lui accorda. Il vint donc pour retirer le corps.

[39] Nicodème vint aussi, celui qui au début avait rencontré Jésus de nuit ; il amenait près de cent livres d'huile, de myrrhe et d'aloès. [40] Ils prirent le corps de Jésus et l'enveloppèrent de bandes par-dessus les huiles parfumées, comme c'est la coutume chez les Juifs pour ensevelir.

[41] A côté de l'endroit où l'on avait mis Jésus en croix, il y avait un jardin, et dans ce jardin un tombeau neuf où personne encore n'avait été mis. [42] Comme la fête juive de la Préparation était sur le point de commencer, et que ce tombeau était juste à côté, Jésus y fut déposé.

Le Seigneur est ressuscité

20 • [1] Le premier jour de la semaine, Marie de Magdala vient à la tombe très tôt le matin, quand il fait encore noir, et elle voit que la pierre a été retirée du tombeau. [2] Alors elle part en courant et arrive chez Simon-Pierre et l'autre disciple que Jésus aimait. Et elle leur dit :

A propos du linceul, voir en Marc 15.

Jésus n'est pas revenu à la vie dans son corps terrestre ; tout s'est passé comme si ce corps s'était dématérialisé dans cette naissance de l'Homme Nouveau. Lorsque nous parlons du corps ressuscité de Jésus, il s'agit d'une réalité nouvelle dont nous ne pouvons faire l'expérience sur terre. Ceux qui ont des rêves ou des visions de Jésus n'ont jamais que des images de lui.

• **20.11** Avant sa mort, Jésus ne désapprouvait pas les sentiments et les actions passionnées de Marie-Madeleine. Mais le geste familier de la femme qui voudrait s'emparer de son Maître bien-aimé ne convient plus. Jésus est maintenant le Ressuscité, et même s'il accepte de se montrer à ses disciples pendant quelques jours, il est déjà dans la Gloire du Père.

Les disciples doivent renoncer à cette présence physique de Jésus qui jusque là était la source de leur force. Désormais les croyants, ceux qui aiment Jésus, devront l'étreindre d'une manière secrète et merveilleuse à mesure qu'ils entreront dans l'épaisseur de la prière et de la foi.

Je ne suis pas encore remonté vers le Père. Jésus révèle le grand désir qui a rempli toute sa vie. Il est venu de Dieu et il doit retourner vers le Père. Tout l'amour que Jésus a pour nous n'est que le rayonnement de cet autre amour.

Ce n'est pas par hasard que le mot *Seigneur* revient encore sept fois ici, Thomas le répétant la dernière fois : « Tu es mon Seigneur et mon Dieu ». Telle est la foi de l'Église.

Peut-être ne voyons-nous pas maintenant tout ce que signifiait pour les premiers chrétiens ce terme de *Seigneur* appliqué au Christ. La Bible hébraïque utilisait presque toujours pour Dieu l'un de ces deux noms : *Dieu* ou *Yahvé*. Dans la Bible grecque qu'utilisaient Juifs et chrétiens du monde romain, Dieu se traduisait en grec ; quant à Yahvé, qui était comme le nom propre de Dieu, il était remplacé en grec par : Seigneur. Les apôtres prirent très vite l'habitude de réserver le nom *Dieu* pour le Père, et ils gardèrent le nom *Seigneur* pour Jésus. Ce faisant, ils montraient clairement leur foi en la divinité de Jésus.

• **20.19** De même que dans la première création l'haleine de Dieu avait donné à l'homme âme et vie, de même le souffle de Jésus communique la vie à la nouvelle création spirituelle. Le Christ, mort pour enlever le péché du monde, laisse maintenant aux siens le pouvoir de pardonner.

Ainsi se réalise l'espérance du peuple de la Bible. Dieu les avait éduqués pour qu'ils découvrent la présence universelle du péché. Dans le Temple on offrait sans interruption des victimes pour apaiser Dieu. Mais ce fleuve de sang n'arrivait pas à détruire le péché, les cérémonies et les rituels ne purifiaient pas le cœur et ne donnaient pas l'Esprit.

Mais maintenant, en la personne de Jésus ressuscité, un monde nouveau vient de naître. Certes les hommes restent pécheurs, mais le premier d'entre eux, le « frère aîné », partage déjà la vie sainte de Dieu.

Ceux qui avancent dans la vie spirituelle souffrent surtout de ne pas être encore totalement libérés du péché. Le péché est beaucoup plus que nos fautes journalières, dans lesquelles entre une grande part d'erreur et de faiblesse. C'est le refus ou la peur de nous perdre en Dieu, qui seul pourtant peut nous conduire à une vie dépouillée de tout et totalement comblée. Quand Dieu pardonne le péché, il nous donne de nous perdre en lui.

La capacité de pardonner est la seule force qui puisse résoudre toutes les tensions de l'humanité. Même si le pardon a du mal à conquérir notre cœur, il n'en est pas moins un précieux secret et l'Église doit le considérer comme son bien propre.

« Le Seigneur a été enlevé de la tombe et nous ne savons pas où on l'a mis. »

[3] Pierre sort aussitôt avec l'autre disciple, et ils vont à la tombe. [4] Ils courent tous les deux, et l'autre disciple, qui court plus vite, arrive avant Pierre à la tombe. [5] Là il se penche et voit les linges tombés à plat, mais il n'entre pas. [6] Pierre arrive alors derrière lui et pénètre dans la tombe ; lui aussi voit les linges posés à plat. [7] Le suaire qui enveloppait la tête n'est pas posé avec les linges, mais à part : il est roulé à un autre endroit.

[8] Alors entre l'autre disciple, celui qui est arrivé le premier à la tombe ; il voit et il croit. [9] C'est qu'ils n'avaient pas encore compris l'Écriture : « il fallait » qu'il ressuscite d'entre les morts !

[10] Après cela les disciples rentrent chez eux.

• [11] Marie était restée dehors, près de la tombe, et elle pleurait. Mais voici qu'au milieu de ses larmes elle se penche vers la tombe, [12] et elle voit deux anges en blanc assis là même où on avait mis le corps de Jésus, l'un à la tête et l'autre aux pieds.

[13] Ils lui disent : « Femme, pourquoi pleures-tu ? » Elle leur répond : « C'est qu'on a enlevé mon Seigneur et je ne sais pas où on l'a mis. » [14] Aussitôt qu'elle a dit cela, elle se retourne et voit derrière elle Jésus debout. Mais elle ne sait pas que c'est Jésus.

[15] Jésus lui dit : « Femme, pourquoi pleures-tu ? Qui cherches-tu ? » Elle croit que c'est le jardinier, et elle lui répond : « Seigneur, si c'est toi qui l'as enlevé, dis-moi où tu l'as déposé, que j'aille le prendre. » [16] Jésus lui dit : « Marie ! » Et elle se retourne et lui dit en hébreu : « Rabbouni ! » C'est-à-dire : Maître !

[17] Jésus lui dit : « Ne me retiens pas ! Je ne suis pas encore remonté vers le Père. Va donc vers mes frères et dis-leur : je monte vers mon Père qui est votre Père, vers mon Dieu qui est votre Dieu. »

[18] C'est ainsi que Marie de Magdala s'en va porter la nouvelle aux disciples : « J'ai vu le Seigneur, et voici ce qu'il m'a dit. »

Jésus envoie ses apôtres

• [19] Au soir de ce premier jour de la semaine, les portes étaient fermées par peur des Juifs là où les disciples étaient réunis. Jésus vint et se tint au milieu d'eux. Il leur dit : « Soyez en paix ! » [20] Ayant dit cela, il leur montra ses mains et son côté, et ce fut la joie pour les disciples qui voyaient le Seigneur.

[21] Et puis il leur dit de nouveau : « Soyez en paix ! Comme le Père m'a envoyé, moi aussi je vous envoie. » [22] Ayant dit cela, Jésus souffla

La lettre aux Hébreux (2,10) montre que pour nous comme pour Jésus la souffrance et l'opposition sont le chemin qui mène à une maturité humaine authentique.

Oui, Celui de qui tout vient et qui agit en tout, voulait faire entrer dans la Gloire de nombreux fils. Et il a jugé bon de rendre parfait par le moyen de la souffrance celui qui se chargeait de leur salut à tous. Celui qui sanctifie ne fait plus qu'un avec ceux qui deviennent saints, et c'est pourquoi il n'a pas honte de les appeler ses frères. Il dit : J'annoncerai ton nom à mes frères, je te chanterai devant toute l'assemblée. Et encore : Je mettrai en lui ma confiance. Et encore : Me voici, moi et les enfants que Dieu m'a donnés.

Et puisque ces enfants sont de chair et de sang, il a voulu partager avec eux, et donc mourir, afin de détruire celui qui était le maître de la mort, c'est à dire le diable. C'est ainsi qu'il a délivré ceux qui, par crainte de la mort, restaient esclaves dans toute la réalité de leur vie.

Ce ne sont pas les anges qu'il prend en charge : il prend en charge la race d'Abraham. Il lui fallait donc ressembler en tout à ses frères et devenir ce grand-prêtre plein de compassion, mais aussi fidèle au service de Dieu, qui obtiendra le pardon pour les fautes du peuple. Il a été éprouvé par la souffrance, il peut donc secourir ceux qui sont éprouvés.

• **21.**1 De nouveau Jésus se manifeste, cette fois sur les bords du lac de Tibériade. Ce récit qui suggère plus qu'il ne dit est rempli de la présence du Christ ressuscité, déjà là sur la rive du lac au lever du jour. Jean, le prophète, reconnaît Jésus dans ce visage étranger.

Les apôtres ramènent dans leur filet *cent cinquante-trois* gros poissons. Ce chiffre avait une valeur symbolique : il exprimait plénitude et universalité. Telle sera l'action de l'Église ; les apôtres de l'Église devront prendre au filet toutes les nations du monde pour les amener au Christ.

vers eux et leur dit : « Recevez l'Esprit Saint. [23] Ceux à qui vous enlèverez les péchés, ils leur seront enlevés ; quand vous les maintiendrez, ils seront maintenus. »

[24] L'un des Douze était Thomas, surnommé le Jumeau ; il n'était pas avec eux pour cette venue de Jésus. [25] Comme les autres lui disaient : « Nous avons vu le Seigneur », il leur répondit : « Tant que je ne vois pas ses mains avec la marque des clous et que je ne mets pas le doigt dans la marque des clous ; tant que je ne mets pas la main dans son côté, je ne crois pas. »

[26] Et voilà que de nouveau, huit jours plus tard, les disciples étaient à l'intérieur et Thomas avec eux. Alors que les portes étaient fermées, Jésus vint et se tint au milieu. Il dit : « Soyez en paix. » [27] Ensuite il dit à Thomas : « Mets ici ton doigt, regarde mes mains. Avance ta main et mets-la dans mon côté. Cesse de nier, et crois ! »

[28] Pour toute réponse Thomas lui dit : « Tu es mon Seigneur et mon Dieu ! » [29] Et Jésus lui dit : « Tu m'as vu et tu crois. Heureux ceux qui n'ont pas vu et qui croient. »

Conclusion de l'Évangile

[30] Jésus a fait devant ses disciples bien d'autres signes miraculeux qui ne sont pas écrits dans ce livre. [31] Ceux-ci ont été écrits pour que vous croyiez que Jésus est le Christ, le Fils de Dieu ; et si vous croyez, vous aurez la vie par l'effet de son Nom.

Les premiers disciples et le ressuscité :
... jusqu'à ce qu'il revienne

21 [1] Après cela Jésus se manifesta encore à ses disciples à la mer de Tibériade. Voici comment il se manifesta.

[2] Simon-Pierre, Thomas surnommé le Jumeau, Nathanaël de Cana en Galilée, et les fils de Zébédée étaient là ensemble avec deux autres disciples de Jésus. [3] Simon-Pierre leur dit : « Je vais pêcher » ; et eux lui disent : « Nous y allons aussi avec toi. »

Ils sortirent et montèrent dans la barque, mais cette nuit-là ils ne prirent rien. [4] Lorsque déjà le jour se levait, Jésus se tint là sur le rivage, mais les disciples ne savaient pas que c'était Jésus.

[5] Jésus les appelle : « Dites donc, les enfants, avez-vous quelque chose à manger ? » Ils lui répondent : « Rien. » [6] Alors il leur dit : « Jetez le filet sur la droite de la barque, vous allez trouver. » Donc, ils le jettent, mais ils n'arrivent pas à le ramener tellement il est plein de poissons. [7] Alors le disciple que Jésus aimait dit à Pierre : « C'est le Seigneur. »

Au livre de l'Exode (12,46) on lit ces prescriptions :

Yahvé dit à Moïse et à Aaron : « Voici le rite de la Pâque. Aucun étranger n'en mangera, mais l'esclave qui aura été acheté à prix d'argent et ensuite circoncis, en mangera.

Ni le résident, ni celui qui seulement travaille pour toi, n'en mangeront. On la mangera à l'intérieur de la maison, tu n'en transporteras pas la viande de l'intérieur à l'extérieur, et tu ne briseras aucun de ses os. »

C'est apparemment le même groupe qui se retrouvera, sans doute dans le même lieu, après l'Ascension de Jésus, dans l'attente de la venue de l'Esprit : Actes 1,12.

Alors ils retournèrent à Jérusalem depuis cet endroit qu'on appelle le Mont des Oliviers : il est tout près de Jérusalem, c'est juste le parcours autorisé un jour de sabbat.

Aussitôt arrivés ils montèrent à l'étage, là où se logeaient Pierre, Jean, Jacques et André, Philippe et Thomas, Barthélemy et Matthieu, Jacques fils d'Alphée, Simon le Zélote et Jude frère de Jacques.

Tous persévéraient d'un même cœur dans la prière, et avec eux des femmes, tout spécialement Marie mère de Jésus, et ses frères.

DERNIÈRE APPARITION

Cette manifestation de Jésus a été contée par l'auteur de façon à rappeler la rencontre des premiers disciples aux lieux où Jean baptisait (1,35). On retrouve les mêmes noms, en particulier Nathanaël, dont on précise qu'il était de Cana. Il est assez probable que le disciple que Jésus aimait, révélé ici comme l'auteur de l'évangile, soit l'un des *deux disciples* dont on ne donne pas le nom, tout comme pour l'un des deux disciples de 1,40.

L'évangéliste, déjà vieux, aura voulu mettre ici sa signature en bouclant la boucle, de la première rencontre de Jésus à la rencontre finale, toujours mystérieuse (« et si je voulais qu'il reste » ?). Il est fort probable que Jean a déplacé en cet endroit la pêche miraculeuse contée en Lc 5,1, la faisant fusionner avec une manifestation de Jésus ressuscité qui, sur le rivage, a déjà préparé le feu et le petit déjeuner (même le poisson) pour accueillir les apôtres qui reviennent bredouille. Et les premiers disciples se retrouvent pour contempler la gloire de Jésus ressuscité. .../...

• **21.**15 La triple question que Jésus pose à Pierre répond au triple reniement de Pierre au cours de la Passion de Jésus. Pierre, le pasteur des pasteurs, est lui aussi un pécheur pardonné. Jésus lui confie l'Église entière comme dans Mt 16,13. *Est-ce que tu m'aimes ?* C'est la première condition pour être pasteur dans l'Église.

Jésus ordonne à Pierre de s'occuper de son Église, et par là il nous commande d'obéir. Nous obéissons en toute liberté, non pas parce que les pasteurs sont toujours capables et infaillibles, mais parce qu'ils exercent une fonction d'autorité nécessaire. Nous croyons qu'historiquement ils sont les successeurs des apôtres, et que pour cette raison, ils ont reçu de Dieu la mission de conduire le troupeau.

L'évangile se termine en annonçant une destinée différente pour Pierre et Jean. Pierre mourra martyr à Rome en 64 ou 66. Jean vivait encore en 90. Jean était le dernier des témoins du Christ et beaucoup pensaient qu'il ne mourrait pas avant le retour du Seigneur : mais l'évangile souligne que Jésus n'avait pas fait cette promesse.

Quand Simon-Pierre l'entend dire que c'est le Seigneur, il remet son vêtement, car il est sans rien, et il se jette à l'eau. ⁸ Les autres disciples arrivent avec la barque ; de fait, ils ne sont pas loin du bord, une centaine de mètres, et ils traînent le filet avec les poissons.

⁹ Quand ils sont descendus à terre, ils voient un feu de braises préparé avec du poisson dessus et du pain. ¹⁰ Jésus leur dit : « Donnez-nous donc des poissons que vous avez pris. » ¹¹ Simon-Pierre monte dans la barque et amène le filet sur le rivage. Il était plein de gros poissons, cent cinquante-trois en tout, mais avec tout ce nombre le filet ne s'était pas déchiré.

¹² Alors Jésus leur dit : « Venez donc déjeuner. » Aucun des disciples n'osait lui demander : « Qui es-tu ? » Car ils savaient bien que c'était le Seigneur.

¹³ Jésus s'avança, il prit le pain et le leur donna, et de même pour les poissons. ¹⁴ C'était la troisième fois que Jésus se manifestait à ses disciples après sa résurrection d'entre les morts

• ¹⁵ Après le repas, Jésus dit à Simon-Pierre : « Simon, fils de Jean, m'aimes-tu plus que ceux-ci ? » Pierre lui dit : « Oui, Seigneur, tu sais que je t'aime. » Et Jésus lui dit : « Fais paître mes agneaux. » ¹⁶ Puis une seconde fois il lui demanda : « Simon, fils de Jean, m'aimes-tu ? » Il répondit : « Oui, Seigneur, tu sais que je t'aime. » Alors il dit : « Fais paître mes brebis. »

¹⁷ Pour la troisième fois il lui demanda : « Simon, fils de Jean, m'aimes-tu bien ? » Pierre devint triste parce que Jésus lui demandait pour la troisième fois : « M'aimes-tu vraiment ? » Il répondit : « Seigneur, tu sais tout, tu sais que vraiment je t'aime. » Et lui, il dit : « Fais paître mes brebis. ¹⁸ En vérité, en vérité, je te le dis : quand tu étais plus jeune tu te mettais ta ceinture et tu allais où tu voulais. Mais quand tu seras vieux, tu étendras les bras, et un autre te mettra ta ceinture et t'emmènera où tu ne veux pas. »

¹⁹ Jésus disait cela pour faire comprendre de quelle façon Pierre devait mourir et rendre gloire à Dieu ; car il disait bien : « Suis-moi ! »

²⁰ Pierre alors se retourne et voit le disciple que Jésus aimait, celui qui était à table juste contre la poitrine de Jésus et lui avait demandé : « Seigneur, qui va te trahir ? » ²¹ En le voyant, Pierre dit à Jésus : « Et lui, que devient-il ? » ²² Jésus lui répond : « Si je veux qu'il reste jusqu'à ce que je vienne, que t'importe ? Toi, suis-moi ! »

²³ Voilà pourquoi on s'est mis à dire parmi les frères que ce disciple ne devait pas mourir. Mais Jésus n'avait pas dit : « Il ne va pas mourir » ; il avait dit seulement : « Si je veux qu'il reste jusqu'à ce que je vienne. »

426

Psaume 85

Que tes demeures nous sont bonnes,
ô Seigneur Sabaot !
Mon âme désire, jusqu'à s'en consumer,
les esplanades du Seigneur.
Mon cœur et ma chair crient de joie :
je vais au Dieu vivant !

Même les moineaux trouvent là leur maison
et l'hirondelle un nid pour y loger ses petits
juste à côté de tes autels,
ô Seigneur Sabaot, mon roi et mon Dieu !

Heureux ceux qui demeurent en ta maison,
ils resteront là pour te louer !
Heureux ces pèlerins qui cherchent en toi la force
et qui ont à cœur de monter vers toi !

Ils font étape au val des Saules,
ils y boivent à la source
déjà bénie par les premières pluies ;
ils passent les murailles, l'une après l'autre,
jusqu'à se présenter devant Dieu à Sion.

Seigneur, Dieu Sabaot, entends ma prière,
écoute donc, Dieu de Jacob !
O Dieu, notre bouclier, ouvre les yeux,
aie un regard pour ton roi.
.../...

.../...

Jean a terminé son discours en 20.31 avec une proclamation de la foi, mais ici il fait œuvre poétique, disons : créative, quand il fusionne les deux récits ; mieux encore, il les a laissé parler, il n'a pas expliqué ou enseigné. L'essentiel ici, c'était ce que Jean, et Pierre, et chacun de nous éprouve lorsqu'il a laissé mûrir en lui l'amour de Jésus, lorsque nous voyons que notre vie se consume pour lui et ne peut plus se détacher de son mystère.

Jean a laissé voir ce que serait désormais la relation entre Jésus et ceux qu'il avait appelés. Le triple reniement de Pierre effacé ? Bien sûr, mais ce n'est pas le principal : l'important, c'est que Pierre aimera et connaîtra Jésus en aimant son Église. Des bruits couraient sur un vieux Jean toujours en vie ? Ils ne sont qu'un prétexte pour dire la soif de la vie éternelle, toujours plus ardente chez le disciple bien-aimé.

• 21.24 Le dernier paragraphe a été ajouté en conclusion par ceux qui se trouvaient avec Jean au moment de sa mort.

• [24] C'est ce même disciple qui s'est porté témoin de ces choses et les a écrites, et nous savons que son témoignage est vrai.

[25] Jésus a encore fait bien d'autres choses qui ne sont pas écrites dans ce livre. Si ou les racontait une par une, je crois que le monde entier serait bien petit pour les livres qu'on écrirait.

✠

Une journée sur tes esplanades en vaut mille
et je choisis de rester sur le seuil,
devant la maison de mon Dieu,
plutôt que de partager la demeure des méchants.

Le Seigneur est un rempart, un bouclier,
le Seigneur donne la grâce, et puis la gloire
à ceux dont la conduite est irréprochable :
aucun bien ne leur sera refusé.

O Seigneur Sabaot,
heureux celui qui espère en toi !

Lexique

Lieux, peuples et groupes sociaux
Personnages bibliques
Termes du vocabulaire biblique

Abel première victime de la violence : Mt 23,35.

Abiatar un prêtre du temps de David : Mc 2,26.

Abomination : désigne habituellement une idole : voir Mt 24,15.

Abraham : On sait peu de choses de ce père des croyants, pourtant personnage historique : Mt 22,32. Notre père Abraham : Mt 3,9 ; Lc 1,55 ; 13,16 ; 16,23 ; Jn 8,39.

Adam : est un nom collectif en hébreu ancien : *les gens*. Ben-Adam, fils d'Adam signifie *quelqu'un*. Adam : nom donné au premier homme dans le récit du jardin d'Eden. Voir Fils de l'homme. Pour la tradition Adam sera l'ancêtre : Lc 3,38.

Adoption : se pratiquait très communément et donnait tous les droits d'un fils : Mt 1,18.

Adultère : voir Mt 5,27 ; 19,9 ; Jn 4,18 ; 8,4.

Agneau pascal Chaque année l'immolation de l'agneau pascal et le repas rituel au cours duquel on le consommait rappelaient à Israël comment Dieu l'avait arraché à l'esclavage de l'Egypte pour le conduire vers la Terre Promise. Par sa mort sur la croix à l'heure même où l'on immolait dans le temple les agneaux pour la Pâque, Jésus accomplissait et transfigurait toutes les pâques de l'ancienne alliance (Jn 19,35 et 36). Il est l'Agneau de Dieu : Jn 1,29 et la note en Jn 19,31.

Alliance Ce seul mot résume toute la foi israélite, puis chrétienne. Nous sommes le peuple de l'Alliance avec Dieu. Une première alliance est donnée à l'humanité entière en la personne de Noé. Ensuite l'alliance est donnée à Abraham puis à Israël par l'intermédiaire de Moïse. La **nouvelle alliance** promise par Dieu sera célébrée par Jésus à la veille de sa mort (commentaire de Mc 14,12).

Alphée : un des apôtres est Jacques fils d'Alphée : Mt 10,3 ; Lc 6,15 ; Ac 1,13. Lévi est dit fils d'Alphée en Mc 2,14.

Âme : voir la note en Mc 8,34.

Amen : *Je crois, je dis oui.*

Anciens : Lorsque commencent à s'organiser les synagogues, elles sont dirigées par un conseil d'anciens, et c'est ce mode de gouvernement qu'adopteront les premières églises.

André apôtre : Mc 1,16 ; 3,18 ; 13,3 ; Jn 1,35 ; 12,22.

Anges Le mot signifie *messagers* ; il a dans la Bible des significations diverses. Il exprime habituellement la croyance en des êtres supérieurs qui entourent Dieu et sont à son service. Plus tard on voit des anges chargés de veiller sur ceux qui font la volonté de Dieu : Mt 18,10.

Anne : Le nom souvent féminin est aussi porté par des hommes : Lc 3,2.

Apocalypse : ce mot veut dire *révélation*. Ce n'est pas seulement l'Apocalypse du Nouveau Testament : le mot désigne toute une catégorie de livres qui prétendaient révéler le sens des années que l'on vivait et ouvrir une perspective sur l'avenir. **Apollos :** Ac 18,24 ; 1Co 1,12 ; Ti 3,13.

Apologétique : ce mot désigne les écrits destinés à défendre la foi.

Apostasie : c'est le fait de renoncer à son identité comme croyant ou intégrant du peuple de Dieu.

Apôtres Ce mot grec signifie *Envoyés*. Il est probable que Jésus a donné ce titre aux premiers missionnaires qu'il envoyait par toute la Galilée : Mc 3,13 et Lc 3,14. Ensuite les apôtres semblent s'identifier avec le groupe des Douze. C'est pourquoi Jésus donne tant d'importance à la formation de ces **Douze** Liste des Douze : Mt 10,2 ; Ac 1,13. Leur appel : Jn 1,35-51 ; Lc 5,1-11.

Araméen : la langue araméenne, de la même famille que l'hébreu, deviendra la langue courante d'Israël au retour d'exil. Mais l'hébreu restera la langue sacrée. Jésus parlait l'araméen mais comprenait l'hébreu et les premiers documents qui sont à la base de nos évangiles ont été écrits en araméen et en hébreu.

Asmonéens : C'est le nom qu'on donne aux souverains descendants de la famille des Maccabées qui régnèrent sur la Palestine durant les 150 ans avant le Christ.

Azymes ou pains sans levain : C'était le nom d'une fête cananéenne que les israélites adoptèrent et qui se fusionna avec la Pâque (Mc 14,1).

Baptême : C'est un rite utilisé en bien des religions avec un sens de purification. Baptiser est un mot grec qui signifie *laver* ou *plonger*. Le baptême apparaît dans la Bible avec Jean Baptiste. Il deviendra le rite de l'entrée dans l'Eglise. Baptême de Jean et Baptême de Jésus : voir le commentaire de Lc 3,15.

Barrabas : Mt 27,16 ; Jn 18,40.

Barthélemy : apôtre : Mt 10,3.

Béatitudes : voir Mt 5,1 et la note ; Lc 6,1. Mais les formules de béatitude sont nombreuses chez Luc (11,28 ; 12,37…).

Béelzéboul divinité cananéenne dont le nom signifie : *Baal, le Prince.* Autrefois vénérée dans la ville philistine d'Eqron, cette divinité symbolise dans les évangiles, à cause même de son nom, le prince des démons (Mt 12,24).

Bénédictus : c'est le nom latin du cantique de Zacharie en Lc 1,68.

Béthanie : village à la sortie de Jérusalem (Jn 11,18) sur l'autre versant du Mont des Oliviers. Là se placent la résurrection de Lazare (Jn 11) et l'onction de Marie (12,1).

Bethléem : signifie maison du dieu Lahamu ou maison du pain. David était de Bethléem (1S 16) ; le prophète Michée dit que le Messie sortira de Bethléem : Mi 5,4. C'est là que Jésus naît en un lieu identifié par la tradition chrétienne dès la fin du premier siècle.

Bethsaïde : village de pêcheurs au bord du lac. Philippe fils d'Hérode en fait une ville. Les apôtres Pierre, André et Philippe étaient de Bethsaïde (Jn 1,44). Voir pourtant Mt 11,21.

Blasphème Le mot *blasphémer* signifie : « diffamer » ou « calomnier ». La plupart du temps dans la Bible il s'agit du blasphème qui offense Dieu ou ceux qui lui sont consacrés. Il a été la cause de la condamnation de Jésus (Mc 15,26 ; Jn 10,33 ; Mt 26,63). Blasphème contre l'Esprit Saint : Mc 3,20

Caïphe : Lc 3,2 ; Mt 26,3 ; Jn 11,49.

Capharnaüm : peut signifier *beau village* ou *village du repos.* Bourg de Galilée situé à quelques kilomètres à l'ouest du Jourdain sur la rive du lac de Galilée. Ville frontière entre les territoires d'Hérode Antipas et de son frère Philippe, elle a un poste de douanes : Mt 9,9. Elle tirait de la pêche une partie de ses ressources. Les archéologues ont mis à jour les restes du bourg au temps de Jésus. La première église se fit sur les bases d'une maison privée qui doit avoir été celle de Pierre, où Jésus a résidé un temps : Mc 1,21 ; 1,29 ; 1,33 ; 2,1.

Cana : village de Galilée à 14 km au nord de Nazareth sur l'ancienne route de Nazareth à Capharnaüm. C'est lieu de deux miracles de Jésus (Jn 2,1 et 4,46).

Canaan, Cananéens : c'étaient les anciens habitants de la Palestine à l'époque où les Israélites y sont entrés. La langue de Canaan devint l'hébreu. *Cananéen* désigne parfois le Phénicien ou le marchand (Mt 15,22). Plus tard Simon le cananéen (Mc 3,19) est l'équivalent de Simon le zélote.

Canon : c'est une règle ou un tube droit. Le canon des Ecritures est la règle ou liste officielle des livres qui composent la Bible.

Catéchèse : désigne à la fois le cours de formation chrétienne et les contenus de cet enseignement. La catéchèse occupe une place très importante dans la vie primitive à côté de la liturgie et la prédication. Si, comme il semble, la source principale de nos évangiles a été rédigée avant l'année 36, ce document a été conçu comme une règle de la catéchèse dont les apôtres étaient encore directement responsables.

Catholique : un adjectif grec qui signifie universel. L'église latine s'est rapidement distinguée des églises qui se séparaient d'elle et se subdivisaient par l'affirmation de son universalité. Non seulement une, sinon capable d'embrasser tous les hommes et toute la réalité humaine. Cette catholicité s'op-pose au rêve d'une Eglise pyramidale dans laquelle tout vient d'en haut et les personnalités si diverses doivent se loger dans les cadres prévus pour elles. Cette catholicité suppose une intelligence à la fois du rôle unificateur du Christ et de la diversité et des tensions constamment renouvelés par l'Esprit.

Céphas : voir : **Képhas.**

César : surnom de Claudius Julius, conquérant des Gaules. Son neveu Octave voulut qu'on l'appelle César Auguste (*César divin*). Après sa mort, *le César* sera la façon de désigner les empereurs : Auguste (Lc 2,1) et Tibère (Lc 3,1).

Césarée de Philippe : Située à l'extrême nord de la Palestine. Jésus se réfugie dans cette province quand il n'est plus en sécurité en Galilée : Mt 16,13.

Christ : voir : **Messie.**

Ciel : la culture hébraïque oppose la terre et les cieux. *Les cieux,* voûte étendue par dessus la terre sont le plancher du monde où Dieu demeure, *les cieux des cieux.* Plus tard on remplace le nom de Dieu par *Le Ciel* : voir les notes en Mt 5,1 et 6,9. *Dans les cieux* signifie : près de Dieu ou, dans l'éternité : Lc 12,33 ; Ep 1,1.

Circoncision : Pratiquée en Egypte aux 3° et 2° millénaire, elle sera retenue par Israël comme le signe de son appartenance à Dieu.

Cleopas (ou **Clopas**) : Lc 24,18 ; Jn 19,25.

Cœur : Il ne faut jamais oublier que pour les hébreux le cœur ne désigne pas l'affectivité (c'est bien plutôt l'âme qui s'attache aux personnes et aux choses), mais l'intériorité. La promesse d'un cœur nouveau (Ez 36) et les textes sur l'Esprit en nos cœurs (Rom 8,27 ne se réfèrent pas à la générosité mais à l'intériorité.

Commandements : voir **Loi** et **Décalogue**.

Conversion : en hébreu le verbe *revenir*, se retourner, est devenu : se convertir. En grec on utilise un verbe qui signifie : changer sa façon de penser. Jean Baptiste prêche baptême et changement de vie : Mt 3,1. Jésus commence de même : voir la note en Mc 1,14, mais vite il insistera sur le cœur ouvert à la miséricorde : Mt 9,13. Conversion toujours refusée : Jn 12,40. *Convertissez-vous ou vous périrez* : Lc 13,5.

Correction fraternelle : Mt 18,15.

David : le véritable fondateur du royaume d'Israël, fondateur de la dynastie qui régna durant 4 siècles à Jérusalem. David, fondateur de la dynastie messianique, sera pour le N.T. une des figures privilégiées du Messie : Mt 12,23 ; 22,43.

Démon : Quelques passages de l'Ancien Testament mentionnent un adversaire de Dieu et d'Israël, le *Satan* en hébreu, le *Diabolos* en grec, c'est-à-dire celui qui met les bâtons dans les roues, ou l'accusateur. Dans les derniers siècles avant le Christ, la croyance populaire se fixe sur les *démons*, c'est-à-dire les esprits étranges ou mauvais (Jn 10,20). Jésus chasse les démons comme faisaient déjà les exorcistes juifs (Lc 11,19 ; Ac 19,13), et il invite ses disciples à partager sa victoire sur les esprits impurs (Lc 9,1 ; 10,17). Jésus laisse entendre que le mot *démons* recouvre des choses très diverses (Mc 9,29), mais il donne beaucoup plus d'importance au *Démon*, le *Diable*, adversaire de Dieu et du salut (Mc 3,27 ; Lc 10,18). Dans l'Evangile de Jean en particulier la rédemption entend reprendre au démon le contrôle d'un monde aliéné (Jn 12,31 ; 14,30).

Diaspora ou Dispersion. Ce mot désignait l'ensemble des Juifs dispersés dans les contrées environnantes, et tout spécialement dans le monde romain aux alentours de l'ère chrétienne. Ils étaient beaucoup plus nombreux que les Juifs de Palestine (Jn 7,35).

Disciple : Le disciple est habituellement celui qui s'attache à un maître et se laisse former par lui. Jésus donne le sens le plus fort à ce terme car il se présente avec l'autorité de Dieu (Mt 10,37 ; Mc 10,21). Dans l'évangile on confond souvent les termes disciple et apôtre (Mt 10,1), mais non

chez Luc. Les disciples forment un public fluctuant de personnes qui lui sont attachées mais ne vivent pas en communauté avec lui. Il y a parmi eux un bon nombre de femmes (Lc 8,2).

Divorce : les paroles de Jésus : Mt 5,31 ; Mt 19,4.

Les Douze : voir : **Apôtres**

Elie Le grand prophète d'Israël. Elie enlevé au ciel : Mt 11,14 ; 17,1-13.

Elisabeth : cousine de Marie et mère de Jean Baptiste : Lc 1,5 ; 1,40.

Elisée prophète successeur d'Elie, l'homme des miracles : Lc 4,27.

Emmaüs : un village qui pourrait être Amaüs, à 60 km au nord ouest de Jérusalem, mais en Emmaüs de Luc 24 la majorité des manuscrits donnent une distance de 20 km.

Emmanuel : *Dieu avec nous*, c'est le nom de l'enfant annoncé comme un signe de Dieu par le prophète Isaïe ; Mt 1,23. appliquera ce texte à Jésus et dès lors Emmanuel deviendra dans la tradition chrétienne un des noms du Sauveur.

Enfer : voir com. Mt 13,47 et Mt 25,31.

Esprit : en grec comme en hébreu c'est d'abord le souffle ou le vent. Ensuite il acquiert tous les sens du mot français esprit. Naître de l'Esprit : Jn 3,1 et 7,37. Adorer en esprit et et en vérité : Jn 4,24.

Eternité : elle n'est pas autre chose que Dieu Père, lequel n'a ni origine ni fin, de qui tout procède et à qui tout retourne (Rm 11,36). Une des faces de notre personne se développe dans le temps, l'autre est en Dieu et dans l'éternité. Dieu Amour et éternité ne passe pas : *Il Est*. L'éternité n'est pas après le temps ; elle n'est pas permanence mais créativité pure.

Eucharistie Lc 22,19 ; Jn 6,48.

Evangile : c'est la Bonne Nouvelle. Evangiles de l'enfance : les deux présentations de l'enfance de Jésus en Mt 1-2 et Lc 1-2. Evangiles apocryphes : évangiles plus tardifs, non reconnus par l'Eglise comme tradition authentique des apôtres.

Evangéliste : c'était l'un des ministères de l'Eglise primitive. Matthieu, Marc, Luc et Jean, auteurs des quatre évangiles sosnt les quatre évangélistes.

Exorcisme Action de chasser les démons des possédés. Voir : **Démons**

Expiation : signifie habituellement qu'on apaise Dieu par le sacrifice d'une victime : Mt 20,28. Jésus fait l'expiation pour nos péchés.

Fêtes juives voir Deut 16,1-15. La **Pâque**, liée à la fête des pains sans levain (commentaire de Ex 12,15), se situait au début des récoltes. La **fête des Semaines** – la Pentecôte, était action de grâces à la fin de la récolte de l'orge. La fête de **l'an neuf** se situait à l'automne (Lv 23,24), conformément à l'ancien calendrier. La **fête des Tentes** et le grand jour de l'**Expiation** (Lv 16) venaient à la même époque. Plus tard on ajouta la fête de la **Dédicace** du Temple (1M 4,36-59) et la fête des **Purim** (Es 9,17). Ces fêtes avaient presque toutes une origine agricole, mais on leur avait donné un sens religieux : la Pâque, sortie d'Egypte ; la Pentecôte, don de la Loi ; la fête des Tentes : le séjour au désert. Elles étaient donc une catéchèse vivante.

Fils de l'Homme C'est en hébreu : *Fils d'Adam*. Au pluriel c'est le genre humain. Au singulier, c'est l'homme du peuple. C'est dans la vision de Daniel 7,13 qu'apparaît dans l'auréole de Dieu un « fils d'homme » représentant le peuple de Dieu. Jésus s'applique à lui-même cette vision (Lc 22,69) et c'est sans doute la raison pour laquelle il s'appelle lui-même Fils de l'Homme, tout spécialement lorsqu'il parle de sa venue glorieuse (Lc 9,26).

Fondamentalisme : courant né aux Etats Unis autour de 1910, qui posait comme fondements de la foi chrétienne la naissance virginale de Jésus, sa résurrection physique et corporelle, sa deuxième venue comme juge comprise au sens littéral. Le lecteur fondamentaliste lit le texte de façon passive, comme il l'entend dans sa propre culture, sans se demander comment l'auteur sacré le comprenait et ce qu'il voulait dire. Il y a donc tout un discernement à faire dans ses exigences.

Fraction du pain Jésus avait repris lors de l'institution de l'eucharistie ce rite qui marquait le début des repas chez les juifs (Mc 6,41 ; Lc 24,30) ; très vite on prit l'habitude d'utiliser cette expression pour parler de la célébration eucharistique.

Frères du Seigneur : expression qu'utilisait l'Eglise primitive pour désigner le groupe influent constitué par les parents et connaissances de Jésus à Nazareth. Voir le commentaire de Mc 3,31.

Galilée : c'est la partie nord de la Palestine. Au temps de Jésus, Hérode Antipas la gouverne (Lc 3,1).

Géhenne : c'est la vallée qui entoure Jérusalem à l'ouest et au sud, appelée vallée de Hinnom (en hébreu : *gè-hinnom*). En ce lieu où abondent les sépultures, bien des Israélites immolaient leurs enfants par le feu au temps de Jérémie. Dans les évangiles la géhenne est l'image de l'enfer (Mc 9,43).

Gérasa : le possédé mentionné en Mc 5,1 (Lc 8,26) est de la Décapole (Mc 5,20). Certains manuscrits parlent du pays des géraséniens, d'autres des gadaréniens. Gadara et Gérasa sont en Décapole, mais non à proximité du lac.

Gethsémani : le pressoir à olives. Nom d'un jardin connu de Jésus sur le mont des Oliviers, à l'est de Jérusalem. Lieu où Jésus a donné le Notre Père et où a eu lieu son agonie (Mt 26,26).

Grâce Ce mot qui signifie originellement beauté (Ps 45,3) ou bonté (Ex 12,36) devient vite faveur. Il se charge de sens religieux dans le N.T. La grâce devient alors le plan de salut né de la bonté de Dieu (Lc 4,22 ; Ac 14,3 ; Rm 5,21). Il peut désigner l'état de la créature réconciliée avec Dieu (Rom 5,2) ; il désigne aussi les dons spirituels de Dieu (2Co 12,9 ; Ga 2,9) et les oeuvres bénies de Dieu (2Co 8,19).

Grand Prêtre A partir du règne de Salomon, ce terme désigne le chef des prêtres et le responsable du service du temple. Au temps de Jésus, il présidera le Sanhédrin ou Grand Conseil. L'Evangile parle aussi des « Grands Prêtres », les principaux chefs de service du temple.

Guérisons : voir les notes en Mt 9,35 ; Mc 5,33 ; Mc 16,17 ; Lc 10,8. l

Hadès : c'est dans la Bible grecque l'équivalent du shéol en hébreu. C'est le lieu réservé aux morts dessous terre : Lc 10,5 ; Lc 16,23. C'est aussi dans la Bible le lieu des pouvoirs mauvais, d'où partent les attaques contre l'œuvre de Dieu : Mt 16,18.

Hébreu Jusqu'à l'instauration de la monarchie, ce terme désigne aux yeux des peuples plus cultivés les nomades étrangers de condition sociale considérée inférieure Beaucoup plus tard, au temps des Grecs, ce mot désignera tout ce qui est langue et culture juive, par opposition aux Grecs.

Hérode Plusieurs rois régnèrent sous ce nom. Hérode le Grand régna sur la Palestine de 37 à 4 av.J.C. On lui attribue le massacre des Saints Innocents (Mat 2,7). Hérode Antipas, fils d'Hérode le Grand, hérita d'une partie de son royaume : la Galilée et la Pérée. Il régna de 4 av.J.C. à 39 ap.J.C., c'est devant lui que Jésus comparut (Lc 23,8-12). Hérode Philippe II, un autre fils d'Hérode le Grand, est nommé Philippe en Lc 3,1. Il faut encore nommer Hérode Philippe I, fils d'Hérode-le-Grand, que sa femme Hérodiade quitta pour son demi-frère, Hérode Antipas ; elle lui demanda la tête de Jean Baptiste (Mc 6,17-28).

Hypocrisie : voir le commentaire de Mt 6,1.

Incarnation : ce mot signifie : se faire chair et nous rappelle Jn 1,14. Ce mystère est propre à la foi chrétienne et continue d'effrayer même de nombreux chrétiens. Car il affirme que le Fils, Dieu né de Dieu, l'une des faces éternelles de l'Amour-Dieu, s'est fait homme de chair. Jésus est ce Fils ou Verbe de Dieu. Voir la note en Jn 1,1.

Israël. C'est le nom de l'ancêtre auquel se rattachaient plusieurs des tribus qui ont formé le peuple d'Israël. Il a été identifié plus tard à **Jacob**, un autre ancêtre (Gn 32,29). Lors de la division du royaume de David et Salomon, les tribus du nord ont gardé le nom d'Israël tandis que le royaume du sud s'appelait royaume de Juda. Après la destruction du royaume du nord, ceux du sud, les Judéens, seront tout ce qui reste de l'ancien Israël, et ils reprendront ce nom.

Jacques : le N.T. nomme Jacques, fils de Zébédée et frère de Jean, appelé communément Jacques le Majeur (Mt 4,21). Il y a aussi **Jacques**, fils de Clopas et de Marie, parente de Marie (Mc 6,3 et Jn 19,25). Ce Jacques, **frère du Seigneur**, deviendra le chef de l'Église de Palestine. Il faut sans doute le distinguer de Jacques, fils d'Alphée (Mt 10,3).

Jaïre : Jésus ressuscite sa fille : Mc 5,22

Jean, frère de Jacques et fils de Zébédée. L'un des douze apôtres : Mc 1,16 ; Lc 8,51 ; 9,28 ; 22,8 ; Jn 13,23 ; 18,15 ; 19,26 ; 20,2 ; 21. Selon l'opinion commune, il est l'auteur du 4ème Evangile, de l'Apocalypse et des 3 lettres qui portent son nom : voir cependant l'Introduction à l'Evangile de Jean.

Jean Baptiste Il est le dernier et le plus grand de tous les prophètes : Lc 1. Il prêche et baptise dans le désert : 3,1-18 ; Jn 1,19-28 ; Lc 7,18-35 ; Jn 3,22-36 ; 10,41 ; Mt 17,21. Avec lui s'achève l'A.T. Comme Moïse, il conduit le peuple de Dieu aux portes de la terre promise, mais il n'y entre pas car c'est là que s'arrête sa mission (Jn 3,30). Jésus soulignera la grandeur de Jean (Mt 11,11-14).

Jean Marc : voir : **Marc**.

Jeanne l'une des femmes qui suivent Jésus : Lc 8,3 ; 24,10.

Jéricho : *cité de la lune*, appelée aussi cité des palmiers. Un paradis dans la vallée du Jourdain. La tour sanctuaire qu'on a mise au jour est un des monuments les plus anciens du monde : 80 siècles avant notre ère ! De ses murailles il ne restait que des ruines lorsque Josué s'est présenté. Le récit de la procession qui fait tomber ses murs provient sans doute d'une liturgie annuelle qui célébrait le passage miraculeux du Jourdain (Jos 3). Voir la malédiction de Josué en Jos 6,26 : elle se réalise en 1R 16,34. Au temps de Jésus Jéricho était la résidence d'hiver d'Hérode. Là se situent les deux épisodes de Zachée et de Bartimée (Lc 19,1 et 18,35).

Jérusalem Sa conquête par David marque une étape décisive de l'histoire d'Israël et de la révélation biblique : voir commentaire de 2S 5,1. Sa libération miraculeuse au temps d'Ezéquias et Isaïe ne le sera pas moins (Is 37,21 ; Ps 46 et 48). L'image de Jérusalem, cité de paix, parfois esclave, parfois libre mais tout aussi décevante maintient éveillé le rêve de la cité céleste promise par Dieu (Is ch.60-62) dont l'expression la plus belle se trouve à la fin de l'apocalypse (ch. 21).

Jessé père de David : 1S 17,12 ; Is 11,1 ; Rm 15,12.

Jeûne Il faisait partie du rituel de pénitence lors de certaines fêtes juives. Jésus jeûna avant d'entreprendre sa mission (Mt. 4,2), les disciples de Jean Baptiste jeûnent ainsi que les Pharisiens (Mt 9,14 ; Lc 18,12).

Joseph : L'histoire de **Joseph, fils de Jacob**, vendu par ses frères, figure du futur Sauveur, occupe tout le troisième tiers de la Genèse.

Joseph, père adoptif de Jésus : Mt 1-2 ; Lc 1-2 ; 3,23 ; 4,22 ; Jn 6,42.

Joseph d'Arimathie : Mt 27,57 ; Jn 19,38.

Jourdain : Il prend sa source au pied du Mont Hermon, au nord de la Palestine et descend vers le sud pour se perdre dans les eaux de la Mer Morte. Le baptême de Jésus dans les eaux du Jourdain marque le début de la prédication évangélique (Act 1,21 et 22).

Juda est le nom de l'un des douze fils de Jacob, celui qui est censé être le père de la tribu de Juda.

Juda-Judée : C'est la partie sud de la Palestine. Après l'occupation de la Palestine par les Romains, elle recevra le nom de **Judée**.

Judaïsant, Judéo-chrétiens : le mot désigne les chrétiens qui, dès les premiers temps du christianisme, ont tout fait pour ne pas être rejetés par la communauté juive qui n'avait pas reçu le Christ. Ils s'opposaient à ce que soit proclamée la nouveauté totale de la foi au Christ dont la base était la croyance en sa personne divine. Il y a toujours eu un courant judaïsant dans l'Église, préoccupé, moins de révéler à tous et d'abord aux Juifs leur Sauveur, que de réduire au silence tout ce qui, dans la foi chrétienne, « pourrait faire de la peine » à ceux qui n'ont pas cru.

Judas iscariote, l'un des douze, qui trahit Jésus : Mt 10,4 ; Lc 6,16 ; Jn 6,70 ; 12,4 ; 18,3 ; Mt 27,3.

Juif : C'est la traduction française du mot Judéen : voir **Juda**.

Justice – (Justification) C'est un des mots les plus fréquents dans la Bible. L'histoire biblique connaît Dieu comme celui qui fait justice. Le Dieu d'Israël veut d'abord la loi juste et l'observation de la loi juste. Le sens du mot justice finira par exprimer la perfection de celui qui plaît à Dieu parce qu'il fait ce qui est agréable à ses yeux. Le juste est l'homme droit : Mt 1,19 ; 6,20.

Képhas (Pierre) Ce surnom signifie *roc* en araméen : Jn 1,42. Simon surnommé Képhas deviendra Simon Pierre dans l'Eglise grecque et latine : Mt 16,16.

Lazare que Jésus ressuscita : Jn 11,1-14 ; 12,1. Le même nom sera donné au pauvre de la parabole contée en Lc 16,19.

Légion : c'est la plus grosse unité de l'armée romaine, de 3000 à 6000 fantassins plus la cavalerie. Elle se divise en cohortes commandées par des tribuns, ou commandants (Ac 21-24) et les cohortes se subdivisent en centuries commandées par les centurions (Ac 10,1).

Lévi : nom de l'un des douze fils de Jacob, censé être le père des **lévites**. C'est le nom de l'un des Douze de Jésus : Mc 2,14 ; Lc 5,27.

Lévites Parmi les douze tribus d'Israël, la tribu de Lévi avait été choisie pour assurer le service du culte (Ex 32,22 ; Nb 3,12). Au temps de Jésus les membres de cette tribu étaient des prêtres de rang inférieur.

Liturgie : le mot désigne une célébration ou un acte public. Les premières liturgies chrétiennes ont adopté une bonne part des éléments des liturgies du sabbat dans les synagogues : lecture de l'Ecriture, interventions et commentaires, chant des psaumes.

Logos : mot grec qui se traduit trop facilement par *parole* : voir notes en Jn 1,1. Seul Jean identifie le Fils de Dieu avec sa Parole, l'appelant le Logos en Jn 1,1 ; 1,14.

Loi : On utilise souvent ce mot pour désigner les 5 premiers livres de l'A.T., en hébreu *la Torah* L'Evangile et la Loi : voir en Mt 5,17 ; 5,20 ; 7,12 ; 22,40 ; Lc 16,16 ; 24,44 ; Jn 1,17.

Madeleine : voir **Marie**.

Magdala Petit port sur les rives du lac de Tibériade ; Marie-Madeleine (Marie de Magdala) était de cette ville.

Magnificat : c'est en latin le premier mot du cantique de Marie (Lc 1,46-55), et il a désigné ce cantique en Occident.

Maîtres de la **Loi**, ou **Légistes**, ou **Scribes** : ces gens de classes moyennes étaient versés dans l'étude des Ecritures. Ils appartenaient généralement au parti des Pharisiens (Mc 2,16). Ces maîtres s'appuyaient sur la tradition qui commençait à se développer et qui bientôt serait écrite dans les livres rabbiniques. Ils président les services religieux de la synagogue, réunissent des disciples, font office de juges bénévoles (Lc 12,13), enseignent dans les cours du temple (Lc 12,46 ; 20,1). Jésus sera considéré comme un maître de la Loi autodidacte (Jn 7,15). Pour cette raison ses disciples l'appellent *rabbi* (maestro) : Mt 8,19 ; 9,11 ; 10,24.

Mammon : c'était le dieu syrien des affaires : nous traduisons : argent, ou dieu argent en Mt 6,24 ; Lc 16,9 ; 16,11 ; 16,13.

Manne : l'aliment trouvé au désert et dont la tradition a fait un pain tombé du ciel : Ex 16 et Nb 11.

Marc l'un des premiers disciples, compagnon de mission de Paul et Bernabé, évangéliste.

Mariage : le mot qui résume le terme de l'histoire humaine : voir la note en Jn 2,1. Le mariage, la loi du commencement : Mt 5,38 ; 19,1 ; 10,1.

Marie : transcription de l'hébreu *Miryam*. Mère **de Jésus**. Le Fils éternel du Père est né d'un peuple, Israël, et d'une femme, Marie, associée au plan du Père d'une manière unique (com. de Lc 1,26). Celui qui devait être accueilli par « la vierge d'Israël » est né d'une mère vierge (Mt 1,18 ; Lc 1,26 et com. de Mc 6,1). La foi de Marie et son consentement permettent que l'œuvre de l'Esprit s'accomplisse en elle (Lc 1,45). Marie intervient dans l'évangile : pour la sanctification de Jean-Baptiste (Lc 1,39), au début du ministère de Jésus (Jn 2) et pour nous accueillir comme ses enfants adoptifs (Jn 19,25). Sa grandeur n'est pas d'être liée à Jésus selon la chair, mais d'avoir cru (Mc 3,31 ; Lc 11,27).

Marie de Cléopas Mt 27,56 ; 28,1 ; Jn 19,25.

Marie Madeleine Mt 27,56-61 ; 28,1 ; Lc 8,2 ; 24,10 ; Jn 12,3 ; 19,25 ; 20,1 ; 20,11.

Marthe et **Marie** : Lc 10,38 ; Jn 11.

Matthieu l'un des **douze** : Mt 9,9 ; 10,3.

Mer Morte : Curiosité naturelle, ce lac salé long de 75 km et large de 15 est à 400 m au dessous du niveau des mers.

Messie : transcription de l'hébreu *mashiah*, celui qui a reçu l'onction. Les rois d'abord ont été oints, ensuite ce furent les prêtres. Jésus a été reconnu comme le Messie dans sa résurrection. Déjà Pierre l'avait reconnu : Mt 16,16 ; Jn 6,68. En grec Messie se traduit **Christ** : ce titre restera lié au nom de Jésus.

Miracle : c'est un événement qui ne suit pas les normes de la nature ou qui défie les probabilités et laisse un message au croyant. Les miracles apportent un salut en même temps qu'ils révèlent quelque chose de Dieu. En hébreu comme en grec le miracle peut recevoir des noms divers. C'est un *signe*, ou un *prodige*, ou une *œuvre de puissance*, ou l'un et l'autre à la fois. *La foi, le miracle et la santé* : voir les notes en Mc 5,33 ; Lc 8,43 ; Lc 17,11. Les *œuvres de puissance* : voir la note en Mt 15,29. Jean insistera sur le caractère de signe : Jn 2,11 ; 2,18 ; 4,54 ; 6,14 ; 12,18.

Mission : le mot a le sens d'un envoi. Envoyé est le même mot qu'apôtre. Jésus envoyé par le Père : Mt 10,40 ; 15,24 ; Lc 4,18 ; Jn 3,17 ; 6,44 ; 8,42 ; 17,3. Les apôtres envoyés par Jésus : Jn 17,18 ; 20,21. La mission en Galilée : Mt 10,16 ; Lc 9,1 ; 10,1. La mission universelle : Mt 28,18 ; Mc 16,15.

Moïse Choisi par Dieu, il a fait sortir d'Egypte les fils d'Israël et les a conduits aux portes de la terre promise. Il a reçu la révélation du nom de Yahvé et il a célébré la première alliance de Dieu avec Israël au mont Sinaï.

Monothéisme : c'est la croyance en un Dieu unique. De fait l'immense majorité des religions croient en une Divinité unique au-delà des dieux multiples. Au sens strict, la foi au Dieu unique est davantage propre aux Juifs, aux Chrétiens et aux Musulmans, lesquels s'appuient sur une révélation de ce Dieu. Pour les Juifs et les Musulmans la foi des Chrétiens au Dieu-Trinité affaiblit le monothéisme. Pour un Chrétien, elle nous fait entrer dans le mystère de Dieu. Cette foi a apporté au monde le sens de la personne, la priorité de l'amour, le sens du pardon, la découverte d'un prochain universel. Elle a mis fin au fanatisme inséparable du monothéisme révélé et nous a donné accès au monde qui est au-delà de la religion.

Mort : voir **Résurrection.**

Naïm : dans ce village de Galilée Jésus ressuscite un jeune : Lc 7,11.

Nathanaël l'un des premiers disciples : Jn 1,45.

Nazareth : village petit, bien que très ancien situé dans une petite dépression sur une colline de Galilée. Il est fort possible que la première communauté de Nazareth se soit réunie dans la « maison de Marie », le lieu où sans doute elle a reçu l'annonce (Lc 1,26). Sur cette maison s'est construite au siècle suivant l'église synagogale. A partir de ce moment une succession d'édifices se sont remplacés, confirmant ainsi l'authenticité du lieu. Jésus a grandi à Nazareth, il y est resté plus de trente ans, faisant l'expérience du monde. Jésus est *le nazaréen* (Mt 2,23 ; 26,71 ; Lc 4,34 ; Jn 1,45) tout comme il est *le galiléen* (Mt 26,69 ; Lc 22,59).

Nazir : Consacré à Dieu pour un temps ou définitivement, il s'abstient de boissons alcoolisées et ne coupe pas sa chevelure (Lc 1,15).

Nicodème : un chef des Juifs, disciple de Jésus : Jn 3,1 ; 7,50 ; 19,39.

Noé : constructeur de l'Arche mentionné en Lc 17,26.

Nom : Sur l'usage de ce mot pour exprimer le pouvoir d'un être supérieur, voir le commentaire de Mc 16,15.

Nunc dimittis : ce sont en latin les premiers mots du cantique de Siméon en Lc 2,29.

Œcuménisme : vient du grec *oikoumenè*, la terre habitée. Le mot avait un sens plus géographique qu'humain, car le mot humanité n'existait pas encore.

Orthodoxe : *vraie croyance.* Les Eglises d'Orient ont choisi ce terme pour souligner leur volonté de garder la foi authentique transmise par la liturgie et la tradition. Les Eglises catholique et orthodoxe partagent la même foi. Malgré cela la différence de culture et les blessures historiques ont maintenu des oppositions tenaces.

Païen : voir la note en Mc 7,24.

Paix : tout l'A.T. aspire à la paix car il a connu surtout la guerre, mais il ignore que la paix est pour tous et la paix signifie habituellement que les opposants sont réduits au silence. L'Evangile enracine la paix dans une réconciliation, dans la certitude d'un salut déjà donné par Dieu (Lc 2,14 ; 10,5). Jésus donne la paix (Jn 14,27) mais aussi il apporte la guerre (Lc 12,51) parce que l'appel de Dieu sépare : Mt 5,11 ; 10,16.

Palestine : nom dérivé des philistins qui occupèrent la côte tout au long de l'époque royale. Les frontières ont changé au long des siècles selon les hasards de l'histoire. Les limites que donne le Pentateuque et auxquelles s'accrochent les sionistes les plus rigoureux n'ont guère été atteintes que durant le règne de Salomon.

Pâque Elle est à l'origine une fête de nomades. Comme la sortie d'Egypte a coïncidé avec cette vieille fête de l'agneau sacrifié, elle s'est chargée d'une dimension nouvelle pour les générations suivantes. En passant de ce monde à son Père (pâque signifie passage) au temps de la Pâque, Jésus donnera à cette fête sa dimension totale et définitive : voir Mc 14,1 et la. note

Parabole voir Mt 13,1 ; 13,34 ; Mc 4,10 et leurs notes

Paraclet : signifie en grec *intercesseur* ou *dé-fenseur*. Titre donné à l'Esprit en Jn 14,16 ; 14,26 ; 15,26 ; 16,7.

Parole de Dieu : c'est dans la Bible qu'il faut d'abord la chercher. Mais il n'y a pas de Bible sans un peuple de Dieu qui en vit et qui en témoigne.

Pasteurs : La parabole du bon pasteur : Jn 10,1. Jésus pasteur : Mt 15,24 ; Lc 15,31.

Patriarches : ce mot désigne les grands ancêtres du peuple d'Israël, des chefs de clans du temps de la vie nomade : Abraham, Jacob et ses fils (Ac 7,8), et même David ancêtre des rois (Ac 2,29). On incluait dans cette catégorie quelques héros légendaires du passé, comme Hénoch (Jde 14).

Paul : Sa vie, sa conversion quelque 9 ans après la résurrection de Jésus, la mission qu'il a reçue d'évangéliser le monde grec, ses missions ont fait de lui « l'Apôtre ». Ac 9,23 ; 11,25 ; 13-21 ; 2Co 11. Voyage à Rome : Ac 21.

Péché : désigne au départ la rébellion contre Dieu en dépit de l'alliance faite avec lui. Tout au long de la Bible le sens du péché s'affine et s'intériorise. Les péchés et le péché : voir la note en Jn 8,31. Le pardon des péchés : voir Mt 18,18 et la note en Jn 20,19.

Pécheur : Dans le monde de Jésus les pécheurs étaient ceux qui, par ignorance ou négligence n'observaient pas la loi de Dieu ; c'étaient aussi les catégories sociales dont l'activité semblait condamnée par Dieu, par exemple les publicains ou les prostituées, ou même des professions qui obligeaient à un contact continuel avec les impurs (les non Juifs).

Pentateuque Terme très souvent utilisé pour désigner les 5 premiers livres de l'A.T. : la Genèse, l'Exode, le Lévitique, les Nombres et le Deutéronome. Ces livres étaient attribués à Moïse mais bien qu'ils contiennent des traditions parfois très anciennes, ils ont été rédigés sous la forme où nous les connaissons après le retour d'Exil. Ces livres sont aussi appelés : **La Loi**.

Peuples : En hébreu, *les peuples* (ou : *les nations*) désignent tous les peuples autres que les israélites, alors que le peuple, ou la nation désigne Israël. On peut donc traduire selon les cas : les étrangers, ou les païens.

Pharisiens Les Pharisiens (ou : séparés) étaient l'une des branches issues du mouvement des assidéens, ou hassidim, qui avait renouvelé l'esprit de foi un siècle et demi plus tôt. Ces laïcs donnaient peu d'importance au culte du Temple et beaucoup à la pratique de la Loi. C'était le parti (et la secte)

des « purs » (Mt, 16,5 ; 23,1 ; Mc 8,1 et notes). Bien des maîtres de la Loi appartenaient à leur parti (Mc 2,16). Depuis déjà un siècle ils avaient leur place au Sanhédrin à côté des Sadducéens (Ac 23,7). Après la tragédie nationale de l'an 70 ils deviendront les guides incontestés de la nation et c'est alors qu'ils excluront de la communauté juive ceux qui se sont fait baptiser.

Phénicie C'était le nord de la plaine côtière de Palestine, avec les ports de Tyr, Sidon, Byblos. La population, cananéenne, vivait du commerce.

Philippe L'un des **douze** : Mt 10,3 ; Jn 1,43 ; 12,21.

Pierre Son appel : Jn 1,42 ; Mt 4,17 ; Lc 5,1. **Pierre Jacques et Jean :** Mc 5,37 ; 9,2 ; 13,3 ; 14,33. Promesses à Pierre : Mt 16,13 ; Jn 21,15 ; Foi de Pierre : Jn 6,68 ; Lc 9,18 ; 22,31. Reniement de Pierre : Mc 14,53. Voir aussi **Képhas**

Pilate : Ponce Pilate (Lc 3,1) gouverna la Judée de 26 à 36 ap. J.C. Il était en poste au moment de la Passion de Jésus (Lc 23,1 ; Jn 18,28). Il dépendait du légat romain qui administrait les actuels territoires de la Syrie, du Liban, d'Israël, de la Palestine occupée, et de la Jordanie.

Possédés du démon voir Mc1,23 et la note.

Prêtres : Les familles sacerdotales de la tribu de Lévi avaient le monopole du service dans le temple de Jérusalem. Ce service consistait dans les sacrifices d'animaux, l'offrande de l'encens, les bénédictions. Les prêtres faisaient aussi office de juges. Voir aussi **Lévites**.

Prophètes

Prosélytes On nommait ainsi les païens qui se convertissaient à la foi juive et acceptaient toute la Loi, en commençant par la circoncision. A la deuxième ou troisième génération seulement ils étaient regardés comme des Juifs à part entière. C'est au 3ème siècle avant notre ère que l'apostolat juif commença à attirer à leur foi de nombreux étrangers.

Publicains : ceux qui, dans la Palestine occupée par les Romains, prélevaient l'impôt pour le César de Rome : Mc, 1,15 ; Lc 18,9 et 19,1.

Pur et impur C'est une classification fondamentale dans le monde de Jésus et des apôtres. Voir les commentaires de Mc 7,14.

Rabbi : vient de l'hébreu *rab* qui désigne une tête ou un chef. On donnait ce titre aux maîtres de la Loi qui avaient des disciples, comme c'est le cas de Jean Baptiste (Jn 3,26) et de Jésus (Mc 9,5). A une époque postérieure les rabbins recevront ordination et reconnaissance.

Rédemption, ou **rachat :** Israël est le peuple que Dieu a acquis, ou qu'il a acheté pour lui-même en le tirant d'Egypte. Dans la suite Israël « s'est vendu pour faire le mal » – ou lui-même les a vendus à des peuples étrangers pour les punir. Alors il décide de les racheter et de les ramener à la Terre Promise.

Résurrection de Jésus : Jésus est ressuscité comme il l'avait annoncé (Mc 9,9-10) selon les Ecritures (Lc 24,25-27). Les apparitions de Jésus ressuscité à Jérusalem et en Galilée (Mt 28 ; Mc 16 ; Lc 24 ; Jn 20 et 21). La résurrection a un double sens : Jésus s'est relevé d'entre les morts (Lc 24,5) et il a été glorifié ou exalté (Jn 17,1). La dernière apparition de Jésus (l'Ascension) exprime ce deuxième aspect de la résurrection (Mt 28,17-20 ; Mc 16,18 ; Lc 24,51).

Résurrection des morts : Nous attendons un Jugement de Dieu sur toute l'histoire, et une Résurrection. Nous ne vivons qu'une fois (Lc 16,27) et notre éternité se joue tout entière dans cette vie (com. de Mt 13,36). « Ils seront comme des anges » : voir Lc 20,27. Mais Jésus montre que cette vie en Dieu a un aspect communautaire : Mt 22 ; 25,1-30 ; Lc 22,30. Les morts ne restent pas sans vie jusqu'à la résurrection : Lc 23,43.

Révélation : enlever le voile. Toute la Bible est révélation, elle nous transmet la vérité et le sens, le chemin et le genre de salut que Dieu a confiés à son peuple et qui se sont manifestés pleinement en la personne de Jésus. Cette révélation a trait au mystère de Dieu et à son plan mystérieux, mais aussi elle nous révèle à nous mêmes notre vraie nature : Jn 3,12.

Rocher : Dieu est le rocher. Le Christ était le rocher : 1Co 10,4. Voir Képhas.

Rome était la capitale d'un vaste empire qui englobait tous les territoires situés autour de la Méditerranée, conquis peu à peu durant les trois derniers siècles av. J.C. Depuis une cinquantaine d'années avant la naissance de Jésus la Palestine faisait partie de cet empire : Rome était donc pour les Juifs le symbole de la puissance d'occupation et des malheurs qui en découlaient.

Royaume et Règne de Dieu : Jésus proclame le Royaume de Dieu (ou le Royaume des cieux : Mt 5,1 et com. de Mt 6,9). Ses miracles sont des signes : le royaume est déjà là (Mt 12,28 ; Lc 17,21), capable de guérir tous les maux : Mt 9,35.

Les paraboles du Royaume (Mt 13) développent les divers aspects de ce royaume.

Le royaume de Dieu signifie que Dieu se révèle comme Père (Mt 6,1 ; 6,9 ; 6,18...) et qu'il est reconnu comme tel par ses enfants (Mt 11,26-27). Une nouvelle approche de Dieu par nous (Jn 4,23),

une nouvelle connaissance du Père (Jn 7,28-29) et du Fils (Jn 17,3) qui nous permet d'entrer dans une parfaite communion avec Dieu (voir Jn 1,17 ; 3,36).

Le royaume des cieux est d'abord proclamé aux pauvres (Lc 4,18 ; 6,20 ; 7,22).

Sabbat : Voir Mc 1,21 ; 3,2 ; Jn 5 et 9.

Sacrifice : un mot qui en latin signifie : *faire sacré*. Les formes du et des sacrifices sont innombrables à travers le temps. Lorsque les Hébreux sont entrés en Canaan, ils ont adopté bien des coutumes religieuses de l'endroit, les offrandes et les animaux sacrifiés dans les sanctuaires. La lettre aux Hébreux montre comment cette liturgie annonçait le sacrifice du Christ qui donne sa vie pour réconcilier le monde.

Les **Saducéens** c'étaient les descendants de Sadoc, les grandes familles sacerdotales. Ils détenaient l'autorité religieuse et la majorité des sièges au Sanhédrin, ou grand conseil, ils dominaient la politique. Ils essayaient de tirer le meilleur parti de l'occupation romaine, ne connaissant d'autre salut que celui de la communauté nationale. Voir : Mc 12,18 et note.

Salomé : Mt 27,56 ; Mc 15,40 ; Mt 20,20.

Salomon fils de David et de Bethsabée (Mt 1,6), roi d'Israël, a laissé une réputation de richesse (Mt 6,29) et de sagesse (Lc 11,31).

Salut : voir Mc 11 (le sauveur qu'on n'attendait pas) ; Lc 2,22 (le salut paradoxal) ; Lc 8,48 (ta foi t'a sauvée).

Samarie : ville et province du centre de Palestine.

La **Samaritaine :** Jn 4,7.

Samaritains Population composite faite d'Israélites et de gens de diverses régions importés par les Assyriens après leur victoire sur le royaume du nord en 721 av.J.C. Bien que gardant les traditions de Moïse, ils étaient suspects aux yeux des Juifs et profondément méprisés par eux (Jn 4,9 ; Lc 17,16).

Sanhédrin : c'était le grand conseil des Juifs. Il comprenait 71 membres représentant les grandes familles sacerdotales (les grands prêtres), les gros propriétaires terriens (les anciens) et les scribes, représentant le parti des Pharisiens.

Satan : voir **démon.**

Scandale : la pierre sur laquelle on butte. Le scandale est devenu dans le langage ce qui choque la conscience et fait douter de la justice divine, ce qui incite à commettre le péché. Voir Mt 16,23 ; 18,8.

Scribes : voir **maîtres de la Loi.**

Sectes. Ce mot désignait à l'époque de Jésus les groupes ou mouvements importants qui divisaient la communauté juive. Selon l'historien juif Flavius Josèphe, leur division venait d'un concept différent de la liberté : disons, de la façon de répondre au plan sauveur de Dieu. Ces quatre sectes étaient : les **Sadducéens,** les **Pharisiens,** les **Zélotes** et les **Esséniens.** Dans les premiers temps l'Eglise sera considérée comme une nouvelle secte du judaïsme.

Le **Seigneur :** est dans la Bible grecque la traduction de Yavé. Le titre de Seigneur sera donné très vite à Jésus et tous les textes bibliques qui mentionnent le Seigneur lui seront appliqués : voir Jn 1,1 ; 4,11 ; 13,2 ; 20,1 ; 20,8 ; 20,11.

Sémitisme : ce qui est propre aux sémites, arabes ou juifs. Les sémitismes sont les tournures propres de ces langues.

Serviteur de Yahvé La seconde partie du livre d'Isaïe contient quatre poèmes admirables qui présentent ce parfait serviteur de Yahvé. Jésus a voulu s'identifier avec ce *saint serviteur* : voir la note en Lc 22,20.

Siméon : une des douze tribus d'Israël. Et c'est le nom du vieillard qui prophétise en Lc 2,25.

Simon, surnommé Képhas, deviendra Simon Pierre dans l'Eglise grecque et latine : Mt 16,16. Voir **Pierre.**

Sinaï ou Horeb. A la pointe sud de la presqu'île qui sépare l'Egypte de la Palestine, un massif montagneux s'élevant à plus de 2 300 mètres est regardé comme le lieu le plus probable de la manifestation de Dieu à son peuple conduit par Moïse.

Sodome : lieu désolé, un énorme bloc de sel couvert de plâtre et de roches. Il a fait naître bien des traditions. Sodome est mentionnée en Mt 10,15 et 11,23.

Suzanne Une des femmes qui suivaient Jésus : Lc 8,3.

Synagogue : le mot hébreu est presque le même que pour l'église. C'est à la fois la communauté et le lieu de culte. Elle est dirigée par un conseil de chefs : Mc 5,22 ; Ac 18,8 et 17. Sur le culte de la synagogue, voir la note en Mc 1,21.

Talent : en hébreu : une chose *ronde.* Au début c'était un poids de 59 kgs. Puis il s'est réduit à 48 et à 35 kgs.

Temple : un projet du roi David (2S 7,2) réalisé par Salomon. Détruit en 587 av. J.C., le Temple est rebâti avec des moyens pauvres au retour d'Exil. Construit de nouveau de façon magnifique par Hérode (Mt 24,1 ; Jn 2,20), il sera incendié et détruit par les Romains en l'an 70 de notre ère.

Terre : ce mot peut désigner la terre entière. *La Terre* peut aussi désigner la Palestine, terre promise par Dieu.

Thabor : un mont d'altitude fort modeste (600 mts) posé comme un chapeau sur la plaine de Yizréel. C'est le lieu le plus probable pour la transfiguration de Jésus : Mc 9,2 et la mission donnée aux apôtres (Mt 28,16).

Lac de **Tibériade :** ce nom (Jn 21,1) vient de la ville (Jn 6,23) construite sur la rive par Hérode Antipas au temps de Jésus. Dans le Nouveau Testament il est appelé *Mer de Génésareth* (Mt 14,34 ; Lc 5,1) ou *Mer de Galilée.* Le lac sert de modérateur au Jourdain. Il a 15 km de large et 20 de long. Situé dans la grande dépression, sa surface est à 200 mts au dessous du niveau de la mer.

Tradition et traditions. On appelle *tradition apostolique* l'ensemble des faits et gestes et paroles de Jésus que les apôtres ont transmis à la communauté. L'Eglise, comme toute communauté, a également ses *traditions,* règles et coutumes : voir la note en Mc 7,1.

Trinité : ce mot est une façon de nommer Dieu tel qu'il s'est révélé dans la Bible : le Père, le Fils et l'Esprit. Voir en Jn 1,1 ; Jn 15,26. Voir aussi Monothéisme.

Vocation : signifie appel. Le N.T. garde l'appel de Marie (Lc 1,26) ; des apôtres (Mc 1,16 ; 2,1 ; 3,14 ; Lc 5,11) ; de Paul (Ac 9,1).

Yahvé : (ou Yahweh). Au 4ème siècle avant le Christ les Juifs cessèrent de prononcer ce nom mais ils l'ont conservé de façon artificielle dans le texte sous la forme Yéhovah. Depuis le 16ème siècle certaines bibles écrivent Jéhovah. D'autres, plus fidèles au génie hébraïque, écrivent YHWH. Ici nous gardons le nom divin tel qu'Israël, Moïse et les prophètes l'ont connu et prononcé durant neuf siècles.

Zacharie : c'est le nom d'un prophète auteur du livre de ce nom. Il y a aussi le père de Jean Baptiste : Lc 1,5 ; 1,59.

Zachée le publicain : Lc 19,1.

Pour aller plus loin avec la Parole de Dieu, Le Sarment vous propose...

Elisabeth Bourgois, MARIE, 2000
Un roman plein de fraîcheur, pétri d'Évangile.
LA PAROLE DE DIEU, coll. "Ce que dit le Pape" n° 35, 2000
Anthologie des principaux textes de Jean-Paul II sur le sujet.
Daniel-Ange, TON ROI JEUNE COMME TOI, coll. "Lumière", 1997
Daniel-Ange, TON ROI LIVRÉ POUR TOI, coll. "Lumière", 1998
Des enseignements qui suivent Jésus pas à pas dans les Évangiles.
Éphraïm, JÉSUS, JUIF PRATIQUANT, coll. "Des Chrétiens", 1998
Jésus restitué dans le contexte religieux et social de son époque.
Éphraïm, LECTURE AMOUREUSE DE LA PAROLE, 1985
Une lecture spirituelle savoureuse de grands passages bibliques.
Henry Haas, DIEU EST FOU... D'AMOUR POUR TOI, coll. "Lumière", 1999
Pour les jeunes, des textes d'Évangile éclairés de témoignages.
Bernard et Louis Hurault, LA BIBLE DES PEUPLES, grand format, 1998
Bernard et Louis Hurault, LA BIBLE DES PEUPLES, poche vinyl, 1999
Bernard et Louis Hurault, LA BIBLE DES PEUPLES, poche cuir, 1999
Louis Hurault, GUIDE DE TERRE SAINTE, ROUTES BIBLIQUES, 1998
L'ouvrage le plus complet qui soit : géographie, histoire, spiritualité...
René Laurentin, VIE AUTHENTIQUE DE JÉSUS-CHRIST, t. 1 : " Récit ", 1996
René Laurentin, VIE AUTHENTIQUE DE JÉSUS-CHRIST, t. 1 : " Fondements, preuves et justifications ", 1996
Une vie à la fois nourrissante pour la foi et historiquement rigoureuse.
André Manaranche, UN AMOUR NOMMÉ JÉSUS, coll. "Lumière", 1986
L'un des meilleurs ouvrages pour découvrir la personne du Christ.
Pierre Perrier, ÉVANGILES DE L'ORAL À L'ÉCRIT, 2000
La démonstration de l'historicité absolue des paroles du Christ.
Alain Quilici, LA VOIX DU BONHEUR, coll. "Lumière", 1992
Une excellente initiation à la lecture de la Bible.

Table des thèmes développés en notes

Table des cartes

Table simplifiée des passages d'Évangile

	Matthieu	Marc	Luc	Jean
Un ange annonce la naissance de Jean-Baptiste			Lc 1,5	
L'annonciation à Marie			Lc 1,26	
Marie visite sa cousine Elisabeth			Lc 1.39	
Premiers pas de Jean-Baptiste			Lc 1,57	
Jésus naît à Bethléem			Lc 2,1	
Jésus est présenté au Temple			Lc 2,21	
Jésus est retrouvé au Temple			Lc 2,41	
Les ancêtres de Jésus	Mt 1,1		Lc 3,23	
Jésus est né d'une mère vierge	Mt 1,18			
Les mages viennent de l'orient	Mt 2,1			
La fuite en Egypte	Mt 2,13			
Jean-Baptiste	Mt 3,1	Mc 1,1	Lc 3,1	
Appel de Jean à la conversion	Mt 3,7		Lc 3,7	
Jean présente Jésus	Mt 3,11	Mc 1,7	Lc 3,15	Jn 1,19
Jésus reçoit le baptême de Jean	Mt 3,13	Mc 1,9	Lc 3,21	
Jésus est tenté au désert	Mt 4,1	Mc 1,12		
Jésus et ses premiers disciples				Jn 1,35
Premier miracle à Cana				Jn 2,1
Jésus proclame sa mission à Nazareth	Mt 4,12		Lc 4,14	
Jésus appelle les premiers disciples	Mt 4,18	Mc 1,14		
Jésus guérit un possédé		Mc 1,21	Lc 4,31	
Guérisons à Capharnaüm	Mt 8,14	Mc 1,29	Lc 4,40	
Prière nocturne de Jésus		Mc 1,35	Lc 4,42	
La pêche miraculeuse			Lc 5,1	
Guérison d'un lépreux	Mt 8,2	Mc 1,40	Lc 5,12	
Le paralytique guéri et pardonné	Mt 9,1	Mc 2,1	Lc 5,17	
Guérison du serviteur d'un officier	Mt 8,5		Lc 7,1	
Jésus appelle le publicain Lévi	Mt 9,9	Mc 2,13	Lc 5,27	
Vin nouveau et outres neuves	Mt 12,9	Mc 3,1	Lc 6,6	
Les douze apôtres de Jésus	Mt 10,1	Mc 3,13	Lc 6,12	
Les Béatitudes	Mt 5,1		Lc 6,20	

442

	Matthieu	Marc	Luc	Jean
Sel de la terre et lumière	Mt 5,13		Lc 12,34	
La loi parfaite : réconciliation	Mt 5,17			
L'adultère de désir	Mt 5,27			
Tu ne jureras pas	Mt 5,33			
Aimer sans distinction	Mt 5,38			
Faire le bien sans le dire	Mt 6,1			
Comment prier	Mt 6,5			
Le Notre Père	Mt 6,9	Mc 11,25	Lc 11,1	
Ne vous faites pas de réserves	Mt 6,19			
Confier en Dieu et non en l'argent	Mt 6,24		Lc 16,3	
La paille et la poutre	Mt 7,1		Lc 6,37	
Demandez et vous recevrez	Mt 7,7		Lc 11,9	
La porte étroite	Mt 7,13		Lc 13,23	
L'arbre se reconnaît à ses fruits	Mt 7,15		Lc 6,43	
La maison bâtie sur le roc	Mt 7,21		Lc 6,47	
Jésus et Nicodème				Jn 3,1
Dernier témoignage de Jean-Baptiste				Jn 3,22
Jésus et la samaritaine				Jn 4,1
Le paralysé de la piscine de Betesda				Jn 5,1
Jésus ressuscite le fils d'une veuve			Lc 7,11	
Jésus et les envoyés de Jean-Baptiste	Mt 11,2		Lc 7,18	
Jésus fait l'éloge de Jean-Baptiste			Lc 7,24	
La pécheresse et le Pharisien			Lc 7,36	
Les femmes qui suivaient Jésus			Lc 8,1	
La vraie famille de Jésus	Mt 12,46	Mc 3,31	Lc 8,19	
Le péché contre l'Esprit	Mt 12,25	Mc 3,23	Lc 11,17	
La parabole du semeur	Mt 13,1	Mc 4,1	Lc 8,4	
La graine qui pousse toute seule		Mc 4,26		
Le blé et les mauvaises herbes	Mt 13,24			
Le levain, la graine de moutarde	Mt 13,31	Mc 4,30	Lc 13,18	
Le trésor, la perle, le filet	Mt 13,44			
Jésus calme la tempête	Mt 8,18	Mc 4,35	Lc 8,22	
Le démoniaque de Gérasa	Mt 8,28	Mc 5,1	Lc 8,26	
Jésus ressuscite la fille de Jaïre	Mt 9,18	Mc 5,21	Lc 8,40	
N'est-ce pas le fils du charpentier ?	Mt 13,53	Mc 6,1	Lc 4,16	

	Matthieu	Marc	Luc	Jean
Jésus envoie les Douze	Mt 10,5	Mc 6,7	Lc 9,1	
Vous serez persécutés	Mt 10,16		Lc 12,2	
Je ne suis pas venu apporter la paix	Mt 10,34		Lc 12,51	
Celui qui aime son père plus que moi	Mt 10,37		Lc 14,26	
La mort de Jean-Baptiste	Mt 14,1	Mc 6,14		
Première multiplication des pains	Mt 14,13	Mc 6,34	Lc 9,10	Jn 6,1
Jésus marche sur les eaux	Mt 14,22	Mc 6,45		Jn 6,16
Discours sur le Pain de vie		Mc 7,31		Jn 6,30
La vraie pureté	Mt 15,10	Mc 7,1	Lc 6,39	
La deuxième multiplication des pains	Mt 15,32	Mc 8,1		
Pourquoi demandent-ils un signe ?	Mt 12,38	Mc 8,11		
Les signes du temps	Mt 16,1		Lc 16,54	
L'aveugle de Bethsaïde		Mc 8,22		
Allez-vous aussi m'abandonner ?				Jn 6,59
Foi de Pierre et promesses de Jésus	Mt 16,13	Mc 8,7	Lc 9,18	
Jésus annonce sa Passion	Mt 16,21	Mc 8,31	Lc 9,22	
Que mon disciple prenne sa croix	Mt 16,24	Mc 8,34	Lc 9,23	
La Transfiguration	Mt 17,1	Mc 9,1	Lc 9,28	
Le retour d'Elie	Mt 17,9	Mc 9,11		
Jésus guérit un jeune épileptique	Mt 17,14	Mc 9,14	Lc 9,37	
Jésus paie l'impôt du Temple	Mt 17,9			
Si quelqu'un veut être le premier	Mt 17,24	Mc 9,33		
Les petits et le scandale	Mt 18,1		Lc 9,46	
Vie de communauté	Mt 18,6	Mc 9,42	Lc 17,1	
Pardonner à ses frères	Mt 18,15		Lc 17,3	
La grande parabole du pardon	Mt 18,23			
L'exorciste qui n'est pas des nôtres		Mc 9,38	Lc 9,49	
On avait refusé d'accueilir Jésus		Mc 8,51		
Les exigences du Maître	Mt 8,19		Lc 9,57	
Jésus envoie les soixante-douze	Mt 9,37		Lc 10,1	
Malheur à toi, Corazaïn !	Mt 10,21		Lc 10,13	
Jésus rend grâce au Père	Mt 11,25		Lc 10,17	
Prenez sur vous mon joug	Mt 11,27			
Le bon Samaritain			Lc 10,29	
Marthe et Marie			Lc 10,38	
Jésus nous enseigne à prier			Lc 11,4	

	Matthieu	**Marc**	**Luc**	**Jean**
Heureuse celle qui t'a mis au monde !			Lc 11,27	
Jésus critique ceux de sa génération	Mt 12,38		Lc 11,29	
La vie n'est pas dans ce qu'on a			Lc 12,13	
Soyez vigilants	Mt 24,43		Lc 12,32	
Le figuier stérile			Lc 13,1	
Une guérison le jour du sabbat			Lc 13,10	
Les premiers sièges			Lc 14,7	
Les invités qui s'excusent			Lc 14,15	
La brebis perdue	Mt 18,12		Lc 15,1	
Le fils prodigue			Lc 15,11	
L'administrateur avisé			Lc 16,1	
Lazare et le riche			Lc 16,9	
Nous sommes des serviteurs inutiles			Lc 17,7	
Les dix lépreux			Lc 17,11	
Quand viendra le royaume de Dieu	Mt 24,26		Lc 17,20	
La veuve et le mauvais juge	Mt 21,20		Lc 18,1	
Le pharisien et le publicain			Lc 18,9	
Mariage et divorce	Mt 19,1	Mc 10		
Célibat choisi pour le Royaume	Mt 19,10			
Laissez venir à moi les enfants	Mt 19,13	Mc 10,13	Lc 18,15	
Le jeune homme riche	Mt 19,16	Mc 10,17	Lc 18,18	
Il est plus facile pour un chameau	Mt 19,23	Mc 10,23	Lc 18,24	
Récompense de ceux qui ont tout laissé	Mt 19,27	Mc 10,28	Lc 18,28	
Les ouvriers envoyés à la vigne	Mt 20,1			
Jacques et Jean demandent les premières places	Mt 20,20	Mc 10,35		
L'aveugle Bartimée de Jéricho	Mt 20,29	Mc 10,46	Lc 18,35	
Zachée reçoit Jésus			Lc 19,1	
Parabole des dix talents	Mt 25,14		Lc 19,11	
La femme adultère				Jn 8,1
Jésus guérit un aveugle de naissance				Jn 9,1
Je suis le bon Pasteur				Jn 10,1
La résurrection de Lazare				Jn 11,1
Les chefs décident la mort de Jésus				Jn 11,45
Jésus entre à Jérusalem : les Rameaux	Mt 21,1	Mc 11,1	Lc 19,28	
Jésus chasse les vendeurs du Temple	Mt 21,12	Mc 11,35	Lc 19,45	Jn 2,13

	Matthieu	Marc	Luc	Jean
Jésus maudit le figuier	Mt 21,18	Mc 11,12	Lc 13,6	
Le pouvoir de la foi	Mt 21,20	Mc 11,20		
De quelle autorité fais-tu cela ?	Mt 21,23	Mc 11,27	Lc 20,1	
La parabole des deux fils	Mt 21,28			
Les vignerons assassins	Mt 21,33	Mc 12,1	Lc 20,9	
Un roi célébrait les noces de son fils	Mt 22,1			
Rendez à César	Mt 22,15	Mc 112,13	Lc 20,20	
Les morts ressuscitent	Mt 22,23	Mc 12,18	Lc 20,27	
Le grand commandement	Mt 22,34	Mc 12,28	Lc 10,25	
Le Christ fils de David	Mt 22,41	Mc 12,35	Lc 20,21	
L'offrande de la veuve		Mc 12,41	Lc 21,1	
N'imitez pas les maîtres de la Loi	Mt 23,1	Mc 12,38	Lc 20,45	
Contre les pharisiens	Mt 23,13		Lc 11,39	
Lamentation sur Jérusalem	Mt 23,37		Lc 13,34	
Ruine de Jérusalem et fin du monde	Mt 24,1	Mc 13,1	Lc 21,8	
Restez éveillés	Mt 24,37	Mc 13,33	Lc 21,34	
Les dix demoiselles d'honneur	Mt 25,1			
Parabole des talents	Mt 25,14			
Le jugement des nations	Mt 25,31			
Le repas à Béthanie	Mt 26,6	Mc 14,1		Jn 12,1
Si le grain de blé ne meurt				Jn 12,20
La Cène	Mt 26,17	Mc 14,12	Lc 22,1	
Jésus lave les pieds des disciples				Jn 13,2
Discours d'adieu de Jésus				Jn 14,1
Je suis la vigne				Jn 15,1
Le monde déteste Jésus et les siens				Jn 15,18
Je vous enverrai l'Esprit				Jn 15,26
Bientôt vous ne me verrez plus				Jn 16,16
Prière de Jésus pour son Église				Jn 17,1
Au jardin de Gethsémani	Mt 26,36	Mc 14,32	Lc 22,39	
Jésus jugé par les autorités juives	Mt 26,57	Mc 14,55		Jn 18,12
Le reniement de Pierre	Mt 26,69	Mc 14,66	Lc 22,56	Jn 18,25
La mort de Judas	Mt 27,3			
Jésus devant Pilate	Mt 27,11	Mc 15,2	Lc 23,2	Jn 18,28
Le chemin de la croix	Mt 27,27	Mc 15,16	Lc 23,26	

	Matthieu	**Marc**	**Luc**	**Jean**
Jésus est crucifié	Mt 27,35	Mc 15,23	Lc 23,32	Jn 19,17
Les dernières paroles de Jésus				Jn 19,25
Jésus est ressuscité	Mt 28,1	Mc 16,1	Lc 24,1	Jn 20,1
Les disciples d'Emmaüs			Lc 24,13	
Jésus se montre à ses disciples			Lc 24,36	Jn 20,19
Jésus se montre sur les bords du lac				Jn 21,1
Jésus envoie ses apôtres	Mt 28,1	Mc 16,9	Lc 24,44	

Table des matières

CONCEPTION :

LES ATELIERS DU SARMENT.

COMPOSÉ ET MIS EN PAGE PAR :

.ELICOM.
Conseil en Communication

42480 LA FOUILLOUSE

04 77 30 22 17

ACHEVÉ D'IMPRIMER

EN FEVRIER 2001

SUR LES PRESSES

DE L'IMPRIMERIE HERISSEY À EVREUX

POUR LE COMPTE DES ÉDITIONS DU SARMENT

35-55-9951-01/1
ISBN 2-86679-307-2

Dépôt légal : février 2001.
N° d'édition : 9333.
N° d'impression : 89027.
Imprimé en France